북유럽인 이야기

Scandinavians

북유럽인 이야기

로버트 퍼거슨 지음 정미나 옮김

행복한 나라의 멜랑콜리한 사람들

ⓖ현암사

북유럽인 이야기

초판 1쇄 발행 2019년 4월 12일

지은이	로버트 퍼거슨
옮긴이	정미나
펴낸이	조미현

편집주간	김현림
책임편집	홍은선
디자인	나윤영

펴낸곳	(주)현암사
등록	1951년 12월 24일 · 제10-126호
주소	04029 서울시 마포구 동교로12안길 35
전화	02-365-5051
팩스	02-313-2729
전자우편	editor@hyeonamsa.com
홈페이지	www.hyeonamsa.com

ISBN 978-89-323-1980-3 (03900)

이 도서의 국립중앙도서관 출판예정도서목록(CIP)은 서지정보유통지원시스템 홈페이지
(http://seoji.nl.go.kr)와 국가자료공동목록시스템(http://www.nl.go.kr/kolisnet)에서
이용하실 수 있습니다.(CIP제어번호 CIP2019006487)

니나에게

일러두기

1. 외국의 인명과 지명은 국립국어원 외래어표기법을 따랐다.
2. 본문의 [ ] 속 설명은 저자가 추가한 것이고 각주는 모두 옮긴이의 주이다.
3. 국내에 소개된 도서, 영화 등은 국내 출간 및 상영 제목을 그대로 따랐고, 그 외에는 최대한 원제에 가깝게 옮겼다. 영문 제목의 접근성이 더 높은 경우에는 영문 제목으로 표기했다.

차례

머리말

 이 책에서 살펴보는 몇몇 사람들이 현실 속의 인물이 아니듯, 내가 1983년 겨울에 이주해온 이곳은 현실 속 노르웨이가 아니었다. 크누트 함순Knut Hamsun, 헨리크 입센Henrik Ibsen, 에드바르 뭉크Edvard Munch, 에드바르 그리그Edvard Grieg처럼 내가 이렇게 저렇게 흠모하는 예술계 천재들의 숨결이 깃든, 19세기의 꿈속 같은 노르웨이였다. 세계의 북쪽 끝자락에 자리 잡은 이 작은 사회에 처음 끌렸던 계기도 유럽을 넘어 세계적으로 인정받는 이 문화의 거장들 때문이었으니 그럴 만도 했다. 그 뒤로 어언 30년이 넘게 흐른 지금은 디지털 기반의 세계화 물결이 밀어닥치며 유럽에서 가장 꼭꼭 숨겨져 있던 비밀도 더는 비밀이 아니게 되었다. 찬란하지만 감춰져 있던 문화가 슬로모션으로 밀려오는 변화의 해일을 서서히 맞으면서 어느 사이에 그 가림막이 벗겨졌다.

 이 글을 쓰는 현재의 노르웨이는 1960년대의 북해 유전 발견 이후로 세계 최대의 부국 대열에 올라서 있으며, 전원적이고도 루터교적 특징을 띠는 신중한 투자 덕분에 국유 산업 수익 중 투자 기금의 투입액이 현재 이 지역 화폐가치 기준으로 6조 6,500억 크로네, 즉 **노르웨이인** 1인당 130만 크로네에 이른다. 아주 부유한 사회로 발전하면서, 21세기 초반에는 내국인 노동자 계층이 전멸하다시피 하여 주택과 아파트의 건설 및 개축, 대중교통과 택시의 운전, 병원과 양로원 운영, 공동 아파트 단지 내의 계단 청소 등의 업무에 종사할 인력을 수입해야 할 정도였다. 내가 처음 이주해왔던 1983년에만 해도 건물 청소는 세입자들이 당번제로 돌아가며 직접 했고 자신의 차례를 깜빡했다간 으레 사회적 처벌이 뒤따라 잔소리와 험담을 각오해야 했다. 대개 득달같이 찾아와 문을 탕탕 두드리는 나보크예링nabokjerring, 이웃집 여자에게 귀를 잡힌 채 질질 끌려나와 청소하는 일이 예사였다. 현재의 세입자들은 이제 청소 일을 하청 맡기면서 지난 10년 사이에 청소 대행업이 호황을 맞았다. 청소 대행업은 대체로 폴란드, 라트비아, 에스토니아 이주민들이 운영했는데, 이들이 종교개혁 이후 노르웨이에서 거의 사라졌던 로마가톨릭교 믿음까지 품고 오면서 신도들이 잔뜩 늘어난 통에 가톨릭교회들이 일요일마다 자리 부족으로 애를 먹을 지경이었다. 내가 구독하는 조간신문은 예전만 해도 생애 첫 자전거를 사려고 돈을 모으던 노르웨이인 남학생이 꼭두새벽에 배달해줬지만 이제는 관자놀이에 흰머리가 희끗희끗한 애처로운 인상의 에리트레아♦ 출신 배달원의 수고로 배달받고 있다. 노르웨이 곳곳에 스타벅스 복제판의 수많은 커피전문점이 속속 문을 열자 지난 10년 사이에는 스

♦ 아프리카의 홍해에 면한 국가.

웨덴에서도 젊은 구직자들이 몰려들어 요식업 종사 인원만 무려 5만 5,000명에 이른다. 이들은 '단지 이 나라를 다시 점령하기 위해 들어온 것'이라는 등 빈정거리며 스스로를 위안하고 있지만[♦] 노르웨이인은 지난 천 년의 세월 동안 '하층' 신세에 머물다 마침내 자국판 〈다운튼 애비Downton Abbey〉[♦♦]의 상층에 살며 비천한 일거리는 스웨덴인을 비롯한 여러 지역 이주민들에게 시중을 받는 일상을 만끽하고 있다.

나로선 이러한 변화의 추세를 지켜보면서, 점점 더 강렬해지는 바람이 생겼다. 과거의 흔적도 못 알아볼 정도로 변하기 전에, 과거를 되짚어보면서 비교적 영구적으로 발현된 스칸디나비아[♦♦♦]의 (딱히 만족스러운 용어는 아니지만 그나마 가장 적절한 표현이라고 생각되는) 정체성이나 정신, 혹은 혼이나 본질을 추적해보고 싶었다. 그동안 사느라 정신이 없어서 미처 생각해보지 못했던 이런저런 의문을 마음껏 파헤쳐보고 싶었다. 사회민주주의가 사실은 합리주의의 탈을 쓴 루터주의는 아닐까? 스칸디나비아의 교도소들은 왜 그렇게 호화판일까? 스칸디나비아의 징역 형기는 왜 그렇게 짧을까? 이런 사례들이 심약하거나 순진한 면모를 드러내는 특징일까, 아니면 발전을 위한 최선의 방법일까? 스웨덴인이 지난 2세기 동안 중립을 지켜온 이유는 무엇일까? 원칙 때문일까, 소심함 때문일까, 아니면 인류의 미래를 위해서일까? 스칸디나비아의 사회복지

♦   노르웨이는 1814년부터 1905년까지 스웨덴의 지배를 받았다.
♦♦ 20세기 초반 영국 상류층과 하인들의 이야기가 주된 내용인 드라마.
♦♦♦ 스칸디나비아반도에 있는 덴마크, 노르웨이, 스웨덴과 때에 따라 핀란드, 아이슬란드까지 포함해 스칸디나비아라고 부른다.

사업은 왜 그렇게 후한 걸까? 부유함 때문일까, 관대함이나 죄책감 때문일까, 아니면 이 세 가지가 복합적으로 뒤섞인 것일까? 그리고 역사적 맥락에서 볼 때, 지난 수백 년 사이에 덴마크인, 노르웨이인, 스웨덴인 간에는 어떤 내면적 역학 관계가 얽혀 있었을까? 이런 측면으로 말하자면 나보다 뛰어난 지성을 갖춘 인물들이 이미 다룬 바 있다. 한 예로 19세기의 노르웨이 극작가 헨리크 입센은 세 민족 사이의 위상 차이를 이렇게 규정했다. "우리 스웨덴인, 덴마크인, 노르웨이인은 정신적으로 한 민족을 이루는 데 필요한 모든 조건이 갖추어져 있다. 즉, 스웨덴인은 우리의 정신적 귀족이고 덴마크인은 우리의 정신적 부르주아계급이며 노르웨이인은 우리의 정신적 하층계급이다." 입센의 분석이 당시에 얼마나 타당한 것이었을까? 또 현재에는 얼마나 타당할까? 과연 현재의 스칸디나비아인은 어떤 이들일까?

————

6세기의 고트족 사학자, 요르다네스Jordanes는 '스칸드자Scandza'(스칸디나비아의 고대 지명)를 인류의 요람으로 여기며, "여러 국가의 중심지이자 여러 민족의 자궁"으로 보았다. 아이슬란드의 족장이자 시인이자 역사가였던 스노리 스툴루손Snorri Sturluson의 13세기 저서 『노르웨이 왕조사Heimskringla』 중 '잉글링가사가Ynglingasaga'라는 장을 보면, 로마제국 시대에 흑해의 연안에서 대족장 오딘Odin의 지휘에 따라 북쪽으로 이주한 부족이 있었다고 기록되어 있다. 또한 앨퀸Alcuin과 아세르Asser 같은 유럽의 기독교도들은 스칸디나비아인이라고 하면 무조건 바이킹으로 치부했다. 폭력배, 야만족,

도둑 무리, 정복자 정도로만 여겼다. 한편 여행 도중에 바이킹과 마주쳤다가 인류학적으로 보다 객관적 기록을 남긴 아랍의 여행자들과 학자들도 있다. 한 예로 시리아의 14세기 지리학자 알 디마슈키al-Dimashqi는 다음과 같이 묘사했다. "위도 63도에 위치한 키브가크 사막지대 너머로 얼어붙은 바다가 있다. 길이로는 8일이 걸리고 폭으로는 3일이 걸리는 이 넓은 바다에 큰 섬 하나가 자리 잡고 있는데 그곳에는 하얀 피부에 금발, 푸른 눈을 한 키 큰 사람들이 살고 있다." 17세기의 스페인 사람 발타사르 그라시안Baltasar Gracián도 나름대로 세 민족 간의 차이를 구분해놓으면서 스웨덴인의 포악한 성향에 특히 더 주목했다. 프랑스의 사상가 몽테스키외는 스칸디나비아인이 지능, 윤리 규범, 절대적 지력 및 체력 면에서 타민족보다 우월하다는 주장의 과학적 근거를 추운 기후에서 찾았다. 프랑스인 그자비에 마르미에Xavier Marmier는 1840년에 출간한 『북쪽으로부터의 편지Lettres sur le Nord』에서 안개가 뿌옇게 낀 발트해 지역에 관해 동포들이 알고 있는 것들은 엉터리라며 힐난했다.

19세기가 무르익는 사이에 스칸디나비아 국가들에 민주주의가 서서히, 그리고 다른 유럽 국가들에 비해 보다 안정적이면서 덜 급격한 방식으로 자리 잡아 나갔다. 스웨덴과 노르웨이에서는 봉건제가 없었고, 그 결과로 사회 계급 간의 정치적 갈등이 비교적 적어 평등주의적인 사회 구조에 대한 개념이 더 자연스럽게 받아들여졌다. 메리 울스턴크래프트Mary Wollstonecraft는 1795년 스칸디나비아 여행 중 고향으로 보낸 편지에서 스칸디나비아 3국의 전반적 교육 수준이 고국인 잉글랜드보다 높다고 호평했다. 게다가 메리는 노르웨이의 역사가들 상당수가 '400년간의 밤'이라고 칭하던 그때, 즉 1905년의 독립 성취 이전에 덴마크와 스웨덴에 종속되어 있던 그 시기에도 노르웨이인들이 "온갖 자유의 축복"과 "다른 곳에서는 좀처럼 본 적 없던 수준의 평등"을 누리고 있다는 인상도 받았다. 또 노르웨이인들을 가리켜 "분별 있고 영리한 사람들"이라면서 "과학 지식이 없고 문학 기호는 더 낮은" 편이지만 "예술과 과학이 도입되기 이전의 최고 수준에 도달해" 있는 것 같다고 평했다. 메리의 눈에 한 군주가 양국의 왕을 겸하던 당시의 덴마크-노르웨이 주민들은 "유럽에서 가장 압제를 받지 않는 국민"이었다. 한편 스웨덴인에 대해서는 예의 바른 사람들이라는 인상을 받았지만 가식에 가까운 예의라면서, 그런 예의는 열등함 속에서도 상스러워지지 않고 유연해진 정신의 영향이라고 평가했다. 19세기의 방문자 찰스 프랭클랜드 선장은 "스웨덴인만큼 게으른 사람은 보다 보다 처음이다. 덴마크인 못지않게 아둔한 데다 무례하기로는 덴마크인들보다 두 배"라고 평했다. 소설가 셀리나 번버리는 1847년의 스웨덴 여행기에서 이보다는 온정 어린 평을 내렸지만 여전히 영국의 문화적 우월성을 확신하며 덮어놓고 깔봤다. 또 그녀 자신이 직접 목격한 농경법의 원시성에 주목하면서 "잉글랜드나 스코틀랜드의 농부들에게 이 농경 국가로의 정착을 장려한다면 양국에 이득이 되겠다는 생각을 하지 않을 수 없었다"라고 밝혔다.

하지만 스칸디나비아 외부 사람들은 차츰차츰 이 북방 지역에서 펼쳐지는 평등주의의 강점을 알아보게 되었다. 이곳에서는 귀족층의 전통적 권력도 산업 계층의 신흥 권력도 과도한 지배력을 행사하지 않는 그런 강점이 있었다. 높은 수준의 읽고 쓰는 능력에 더해 부지런하고 근면하고 책임감 있는 윤리관이 어우러지면서 스칸디나비아 국가들은 이미지가 매우 진보적으로 바뀌었고, 19세기 말 무렵엔 여행가들과 탐방객들의 글에서 거의 한결같은 공감대가 자리 잡혔다. 덴마크, 스웨덴, 노르웨이가 평화롭고 부유한 사회의 바람직한 모습을 아주 비슷하면서도 뛰어난 모범 사례로 보여주고 있다는 공감대였다. 이런 찬사가 현재의 21세기까지도 이어지고 있다. 어찌 보면 희한한 노릇이지만, 이렇게 공감대를 가졌던 여행가들 그 누구도 멜랑콜리 이미지에 대해서는 그다지 언급을 하지 않았다. 외부 세계가 스웨덴, 노르웨이, 덴마크 하면 으레 떠올리는 이미지가 아닌가? 멜랑콜리는 예나 지금이나 깨끗하고 밝은 곳으로서의 이미지를 그림자처럼 졸졸 따라다녔는데, 왜 별 언급이 없었는지 정말 희한하다. 다만 유독 문학과 영화 분야에서는, 이러한 멜랑콜리 이미지가 이 지역이나 이 지역 사람들을 바라보는 관찰적 관점에서 비켜난 적이 없다. 때마침 이케아와 아바처럼 그림자라곤 없는 활기찬 이미지의 존재들이 등장해 대성공하고, 범죄소설이나 TV 드라마 작가로서의 스칸디나비아인에 대한 관심이 폭발적으로 늘면서 문학과 영화에서의 멜랑콜리한 성격 묘사도 결국엔 종지부가 찍힐지도 모른다. 하지만 멜랑콜리한 성격 묘사는 현재까지 지속되고 있는 현상이자 내가 더욱 주의 깊게 살펴보려는 통념 가운데 하나이기도 하다. 엄밀히 말하자면 내가 지금부터 착수하려는 일은 역사 이야기라기보다 여행기에 가깝다. 지난 천 년 동안의 스칸디나비아 문화 속을 이리저리 거닐며 가끔은 옆길로도 빠져보면서, 이곳 북유럽의 혼을 찾아 나서려 한다.

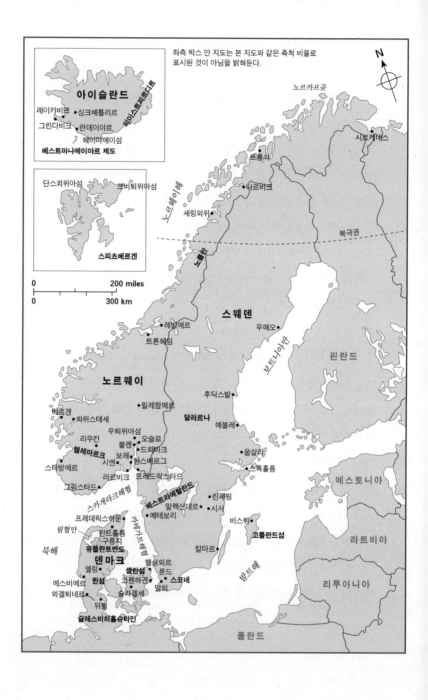

좌측 박스 안 지도는 본 지도와 같은 축척 비율로
표시된 것이 아님을 밝혀둔다.

N

아이슬란드

레이캬비크 • 싱크베틀리르
그린다비크 • 란데이야르
헤이마에이섬
베스트마나에이야르 제도

에이스토피에트네르

노르카프곶

시로케네스 •

트롬쇠 •

나르비크 •

단스쾨위아섬   크비퇴위아섬
스피츠베르겐

셰링외위 •

노르웨이해

북극권

0   200 miles
0   300 km

노를란   스웨덴

레방에르 •   우메오 •

트론헤임 •   핀란드

보트니아만

노르웨이

릴레함메르 •
베르겐 •   후딕스발 •
위위스테세 •   달라르나
우퇴위아섬 •   예블레 •
리우칸 •   볼렌 •오슬로
텔레마르크   보레 •드뢰바크
시엔 •   퇸스베르그
스타방에르 •   윤살라 •
라르비크 •   스톡홀름 •
그림스타드 •   프레드릭스타드

스카게라크해협   베스트라예탈란드
린셰핑 •
프레데릭스하운 •   예테보리   시사 •
말렉산데르
에스토니아

림협만   카테가트해협
린드홀름 •   비스뷔 •
구릉지   고틀란드섬   라트비아
유틀란트반도   칼마르 •
북해   헬싱외르
옐링 •   셸란섬
에스비에르 •   퓐섬   코펜하겐 • 룬드
뫼겔퇴네르 •   슬라겔세   말뫼   스코네
뒤뷜 •   발트해
슐레스비히홀슈타인   리투아니아

덴마크

폴란드

들어가는 글
지옥의 계절: 1969년 코펜하겐

내 나이 스무 살이던 1969년의 늦가을이었다. 스톡홀름에서는 길거리에 북극곰이 돌아다니고 헨리크 입센이 별난 이름을 가진 잉글랜드 사람인 줄 알았던 멋모르던 시절의 그때, 나는 리덤의 독 로드 소재 퀸튼 헤이즐 공장에 기계공으로 들어가 시급 7실링 6페니의 일당을 받고 자동차용 소음기를 생산하며 나날을 보내고 있었다. 그러던 어느 날, 현장 주임이 오더니 회사에서 성과급 방식으로 전면 전환하여 야근을 의무화하기로 운영 방침을 정했다고 알려주었다. 그날 나는 독 로드의 귀퉁이에 있는 피시 앤 칩스 가게에서 점심을 먹은 후 공장으로 복귀하지 않고 해안 길을 따라 한참을 슬렁슬렁 걷다가 페어헤이븐 호수까지 갔다. 친구 케빈이 정원사로 일하는 곳 근방이었다. 몇 분을 찾아 헤매고 나서야 호수의 정반대쪽 해안가 주차장 근처에서, 널찍한 원형 화단의 잡초를 뽑고 있던 케빈이 눈에 들어왔다. 나는 케빈을 마주하자마자 해변 산책길을 걸어오는 도중에 막연히 떠올랐던 계획부터 끄집어냈다. 둘이서 당장 리덤세인트앤스를 벗어나자고, 어딘가로 모험을 떠나 박진감을 누려보자고 했다. 나는 들떠서 얘기를 늘어놓고 있는데 케빈은 원예 삽에서 지렁이를 집어 들더니 자기 눈앞에 가져다 대고 달랑달랑 흔들며 재미있다는 듯 넋을 놓고 들여다봤다. 그 뒤에도 손가락에 침을 뱉어 정성스레 지렁이의 자주색 몸뚱이를 깨끗이 씻어주고는 풀밭 사이에 살살 내려놓으며 아무 대꾸가 없었다. 그렇게 대답에 뜸을 들인 끝에야 여전히 입은 꾹 다문 채로 가만히 삽을 풀밭 위에 내려놓았다. 이제 우리는 더 구체적인 계획을 논의하기 위해 걸음을 떼어 퍼팅 연습용 잔디를 가로질러 페어헤이븐 암스 쪽으로 갔다.

우리가 드디어 리덤세인트앤스를 떠난 것은 12월이었다. 지금도 그때 우리가 왜 북쪽인 스웨덴을 목적지로 정했는지 알쏭달쏭하다. 햇살이 화사한 스페인을 제안한 케빈의 아이디어가 훨씬 분별 있는 선택이었을 텐데 내 생각대로 스웨덴을 선택한 이유가 도통 이해되지 않는다. 어쩌면 아내 말대로 내가 전생에 스칸디나비아인이어서, 그 전생의 맹목적이고 분별없는 충동에 응했던 것일지도 모른다. 그게 아니면 내가 장차 스칸디나비아인이 될 운명이라 일종의 시험 여정에 나서게 된 것이었거나.

우리는 도버에서 밤배를 타고 영국해협을 가로질러 프랑스 북부의 됭케르크에 내린 다음 히치하이크를 해서 북쪽으로 갔다. 도중에 더는 차를 얻어 탈 여건이 안 되자 얼마 없는 여비를 탈탈 털어 기차표를 사고 독일까지 간 후에 트라베뮌데에서 스웨덴 남단 지역인 말뫼행 페리에 몸을 실었다. 가뜩이나 추운 날씨에 오전 10시경에 하선하는 배편이었다. 우리는 스톡홀름까지 가는 것 말고는 아무런 계획도 없이 무작정 배에서 내렸다. 그 뒤엔 E4 도로를 따라 북쪽으로 가는 차를 얻어 타려고 도시 외곽의 회전교차로에 5시간이 지나도록 서 있었다. 누구 하나 차를 세워주는 사람이 없었다. 차를 세워줄 생각조차 없어 보였다. 그때 케빈이 입고 있던 옷은 발목까지 내려오는 시커먼 더블버튼 코트였는데 번들거리는 단추에 민방위대 견장까지 달려 있었다. 아직까지도 떨칠 수 없는 추측으론, 아무래도 그런 차림새 때문에 차를 한 대도 얻어 타지 못했던 것 같다. 그때 케빈은 위드네일 같아 보였고 나는 나 같아 보였으니까.♦ 한 운전자는 우리를 지나가는 순간 속도를 늦추더니 빈정거리듯 얼굴을 찌푸리며 운전대를 잡지 않은 손을 자신의 머리 쪽으로 가져가 가위질하는 시늉을 했다. 머리카락 좀 자르라고. 오후 중반쯤 되어서 드디어 차 한 대가 멈춰 섰다. 다음 순간 엄한 표정을 한 장신의 경찰 두 명이 차 밖으로 나오더니 여권 좀 보자고 했다. 우리 둘의 호주머니를 수색하고는 배낭을 열게 해서 소지품을 검사하기까지 했다. 용무를 마치자 차를 몰고 쌩 가며 길가 쪽 흙받기로 케빈의 다리를 치고 갔다. 어느새 어둑어둑 해가 저물었고 지나가는 차도 점점 뜸해졌다. 한마디로 말해 야심 찬 모험이 시작부터 기운을 쏙 빼놓았다. 얼마 뒤, 차를 얻어 탔다가 회전교차로에서 내린 덴마크인 히피족과 이야기를 나누게 되었다. 그는 좌절에 빠져 있는 우리의 사연을 듣더니 스톡홀름은 단념하고 차라리 말뫼에서 배를 타면 금방인 덴마크 코펜하겐에 가보라고 권했다.

♦ 영화 〈위드네일과 나(Withnail And I)〉를 빗댄 표현. '위드네일'과 '나'라는 두 인물이 등장하는 이야기로, 일거리도 없이 그냥 빈둥빈둥 지내는 한심한 백수 청춘들의 엉망진창 나날을 그린 코미디다.

덴마크는 딴 세상 같았다. 사람들, 왁자함, 기회, 생기로 활기가 넘쳤다. 우리가 챙겨온 짐은 거의 청교도적 금욕주의에 비견될 만큼 빈약해서 둘 다 침낭조차 없었다. 그 바람에 초반 며칠 밤은 버스 정거장과 기차역에서 토막잠으로 30분씩 눈을 붙였다가 깨서 장소를 이동하는 식이었고, 한번은 도심지에 있는 나이트클럽 무대의 파란색 일렉트릭 조명 속에서 하룻밤을 꼬박 지새웠다. 낮에는 코펜하겐 중심지의 길거리를 이리저리 떠돌며《슈퍼러브Super-love》라는 히피 신문을 팔았다.《슈퍼러브》는 영국의 반문화적 일간지《인터내셔널 타임스International Times》의 덴마크판이라 할 만해서, '찰스 맨슨♦을 석방하라' 같은 황당하고 도발적인 제목의 기사를 주로 실었다. 우리는 그 신문의 발행사에 여권을 내어준 채로 판매부수 한 부당 받는 50외레의 소득에 기대어 하루하루를 버텨야 했다. 우리는 주로 도심지 쇼핑가를 판매처로 공략해서 일룸스 같은 대형 백화점이 들어서 있는 스트뢰에 거리를 돌아다녔다. 케빈과 나는 미리 정해둔 시간 간격에 맞춰 일룸스 백화점에서 만나 화장실에서 볼일을 본 후 입구의 대형 열풍기 밑에 서서 얼어붙은 등짝과 손을 녹였다. 한 이틀은 잘 팔렸지만 그 뒤로는 사볼 만한 사람은 이미 다 산 모양인지 운이 좋아봐야 겨우겨우 세 부를 파는 날들의 연속이었다. 케빈도 나도 영업 사원 소질은 없었다.

얼마 못 가 제대로 자지도 먹지도 못하는 데다 가진 돈도 떨어져가자 다 그만두고 잉글랜드로 돌아가자는 말이 입 밖으로 나오기 직전이었다. 모르는 사람에게, 그것도 정신적으로 문제가 있는

♦ Charles Manson. 희대의 살인마이자 사이비 종교 집단 '맨슨 패밀리'의 교주.

사람들에게 속아 넘어간 일도 여러 번이었다. 대체로 미국인이었던 그 사람들이 얼어붙을 듯한 추운 밤에 잠자리를 내주겠다고 말하면 그 말을 곧이곧대로 믿었다. 그중에서도 유독 잊을 수 없는 사람은 엘비스 프레슬리의 백 보컬 그룹 조더네이어스 출신이었다. 그 남자는 자기가 사는 집이 널찍하니 와서 자고 가도 괜찮다며 그날 밤 10시에 만나자고 했다. 그 이야기를 하는 내내 LSD로 심한 환각 상태에 빠져 있었지만 우리는 절박한 마음에 그의 횡설수설을 믿어보기로 하고 코펜하겐 복판의 호수를 가로지르는 루이스 여왕 다리로 시간을 맞춰 나갔다. 그곳에서 자정이 지나도록 기다렸는데 아니나 다를까 그는 나타나지 않았다. 우리는 어쩔 수 없이 근처 골목길의 공중전화 부스 안 돌바닥에서 몸을 웅크린 채로 서로 번갈아가며 눈을 붙였다.

　그러던 어느 날 우리에게 행운이 찾아왔다. 진짜 히피다운 히피가 길을 가다가 최신판 《슈퍼러브》 한 부를 사기 위해 걸음을 멈췄다. 이름은 포울 라스무센이었고 밤색 머리를 허리까지 기른 열여덟 살가량의 청년으로 유치원에서 일하고 있었다. 자신이 코르스가데의 작은 아파트에 산다면서 커피를 대접하겠다고 초대했다. 가서 보니 지하층의 방 두 칸짜리 아파트였다. 문을 열고 들어서면 계단 바로 아래쪽에 주방이 나왔는데 물건이 잔뜩 들어찬 흙바닥이었고 맞은편으로는 침실로 이어지는 문가가 보였다. 라스무센은 우리에게 바닥도 괜찮다면 자고 가라고 말했다.

　몇 년 전, 나는 소설가 헨리 밀러의 덴마크어판 전기 출간 일로 코펜하겐을 다시 찾게 되었다. 그 기간 중 어느 오후에 여유 시간이 생기자 호기심이 발동해 예전의 그 장소를 찾아 나섰다. 옛 자취는 좀처럼 찾기 힘들었다. 코르스가데 전역이 재개발되거나 새롭게 정비되어 있었다. 전 지역이 비핵지대임을 알려주는 표지판도 하나 보였다. 걷다 보니 록 음악 클럽이 있던 자리도 나왔다. 케빈과 내가 어느 날 저녁, 환각 상태에 빠진 채로 영국의 록 그룹 패밀리Family가 나오는 콘서트를 관람했던 곳이 바로 거기였다. 보컬의 고음이 어찌나 째지던지 소름이 끼칠 지경이었던 기억이 떠올랐다. 계속 걷다 보니 브라질 감독 글라우베르 호샤의 영화〈죽음의 안토니오Antonio das Mortes〉를 봤던 허름하고 오래된 예술 영화관도 눈에 띄었다. 영화를 보던 그 당시에 우리는 케루악의 『길 위에서On the Road』에 나오는 인물들을 흉내 낸답시고, 우리끼리 마리화나를 한다는 표현대로 '충전' 중이었던 터라 영화 내용은 하나도 몰랐다. 상영 시간 내내 관람객들이 이리저리 돌아다니고, 먹고 떠들고 빽빽 소리쳐대서 뉴캐슬의 성 니콜라스 병원의 영화관이 절로 떠오를 정도였다. 일곱 살 때였는데, 아버지가 한때 일했던 이 정신병원의 영화관에서 나는 금요일 저녁마다 다른 직원의 아이들 네다섯 명과 같이 맨 위층 관람석에 앉아 영화를 구경했다. 아래쪽 관람석에서는 환자들이 뭐라 뭐라 속닥거리고 갑자기 노래를 부르고 흐느끼고 자위행위를 하는가 하면 제수알도♦의 마드리갈 중 한 곡처럼 갑자기 별난 고함을 내지르는 등 별짓을 다 벌이며 요란을 떨어댔지만 나는 신경 쓰지 않으려 안간힘을 쓰며 영화를 봤다.〈황태자의 첫사랑The Student Prince〉♦♦의 주연 남자 배우 마리오 란차가 영

♦　Gesualdo. 이탈리아 르네상스기를 대표하는 최후의 마드리갈(세속 성악곡) 작곡가.
♦♦　동명의 오페레타를 토대로 만든 뮤지컬 영화.

화 중간중간에 대화를 하다 말고 갑자기 노래를 부르는 장면들이 왜 그렇게 많이 나오는지 어리둥절해하면서.

코르스가데 68B번지에서의 그 시절을 마감하기 전까지 케빈과 나는 하루하루 생활고와 씨름하느라 타협을 해야 했다. 별난 식으로 도덕의 선을 좀 넘어야 했다. 우리의 구세주였던 덴마크인 히피 친구는 자기 아파트에서 같이 지내자며 우리를 데려갔다가 얼마 후에 여자 친구 집으로 옮겨가 그 지하 아파트의 열쇠를 우리에게 내주었다. 케빈과 나는 번갈아가며 침대에서 잤지만 침대의 안락한 잠자리도 집세를 내야 한다는 부담감 때문에 마냥 편하지만은 않았다. 많은 액수는 아니었지만 어쨌든 집세를 내긴 내야 했다. 우리는 계속해서 《슈퍼러브》를 팔았지만 더는 운이 따라주지 않았다. 나중엔 굶어 죽지 않으려면 먹을 것을 훔치는 수밖에 없을 듯한 지경에 이르렀다. 케빈과 나는 교대로 먹을 것을 훔쳤다. 어느 날은 셀로판지에 싸인 치즈 한 덩어리를 슬쩍하고 또 어느 날은 스파이시 살라미 한 봉지를 몰래 집어왔다.

어느 날, 우리는 별난 조언을 듣고 나서 반신반의하는 심정으로 교외행 버스를 타고 로독스 필름스Rodox Films의 스튜디오를 찾아갔다. 로독스 필름스로 말하자면, 당시에 덴마크가 자타공인 세계 선두 주자였던 신흥 산업 분야인 에로 영화 산업에서 유명한 포르노 영화 제작사였다. 본사 앞에 도착하자 짙은 색 벽돌 건물이 보였다. 창문에는 창살이 달려 있고 정문은 못으로 철판이 대어져 있었다. 우리를 안으로 안내해준 사람은 30대 남자였다. 존 레넌 스타일의 안경, 동그랗게 말린 곱슬머리, 비틀스의 명반 〈페퍼 상사〉 앨범 재킷에서 봤던 우수 어린 콧수염이 인상적이었는데 자신을 모겐스라고 소개하며 미로처럼 이어진 짧은 복도들을 이리저리 지나 불이 환하게 켜진 사무실로 데려갔다. 사무실 안으로 들어가자 남자의 뒤쪽으로 비디오테이프 선반이 보였고 그 선반에 놓인 뱅앤올룹슨 트랜지스터라디오에서는 당시 덴마크 최고 인기 그룹이던 새비지 로즈의 노래가 흘러나왔다. 모겐스는 우리에게 무슨 일로 왔는지 물었다. 우리는 로독스사의 에로 영화에 출연해 돈을 벌고 싶어서 찾아왔다고 대답했다. 그 말에 모겐스는 안쓰러워하는 미소를 지으며 고개를 내저었다. 자신들은 남자를 모집하지 않고 여자만 모집한다고 했다. 자기 영화에 출연할 수 있다면 기꺼이 돈을 내겠다는 남자들이 줄을 섰다며 책상 위의 누런 A4 용지의 모서리를 잠깐 뜰썩이기까지 했다. 그 종이가 그런 남자들의 명단이라는 듯이. "당신들이 뵈세르bøsser, 게이라면 또 모르죠?" "아니, 저흰 뵈세르는 아닌데요."

책상 옆의 복사기 위쪽에 있는 비디오테이프 케이스 하나가 눈에 들어왔다. 케이스의 흑백 표지 사진에는 카우보이모자를 쓰고 그 외에는 뭘 별로 걸치지 않은 차림새의 예쁘장한 아가씨가 있었다. 시커먼 래브라도종 개 옆에 웅크리고 앉아 개의 목에 한 팔을 툭 걸친 자세였다. 개의 앞발을 보니 접착테이프로 칭칭 감겨 있었다. 모겐스는 내 시선을 따라 고개를 돌렸다.

"보딜이에요." 모겐스가 말했다.

"개의 앞발에 왜 테이프를 감아놓은 거예요?"

"보딜의 살에 상처를 낼까 봐요."

"그럼 개랑 그걸 한다고요?"

"그럼요. 다른 동물들하고도 해요."

내가 충격을 받았을까? 아니, 그랬던 것 같지 않다. 생각해보면 그때는 어지간해선 놀라지도 않았다. 당시엔 몰랐지만 바로 그해에 덴마크는 아동 포르노를 제외한 모든 장르의 포르노를 합법화했다.

1주일쯤 후, 침대에 누워 배 속에서 앨버트 에일러♦의 색소폰 소리처럼 요란하게 진동해대는 꼬르륵 소리를 듣고 있을 때였다. 아파트의 문이 벌컥 열리더니 케빈이 비틀비틀 계단을 내려왔다. 뒤이어 우비를 입은 덩치 큰 남자 두 명이 따라 들어왔다. 보아하니 케빈이 마트에서 치즈 한 덩어리를 시커먼 롱코트 안에 숨겼다가 들켜 마트 매니저가 경찰에 신고한 모양이었다. 우리가 찍소리도 못 내고 지켜만 보고 서 있는 사이 두 남자는 아파트를 여기저기 수색했다. 장작 난로, 빵 보관함, 커피 주전자 안을 들여다보고 매트리스 아래까지 뒤지면서 마약이 있는지 찾는 것이었다. 그러길 5분쯤 지나자 덴마크어로 몇 마디 나누더니 케빈에게 따라오라고 말했다. 케빈은 계단을 반 정도 올라가다 말고 이제 자기는 어떻게 되는 거냐고 물었다. 돌아온 대답은, 잉글랜드로 추방될 것이라는 얘기였다.

문이 닫히자마자 차라리 마음이 아주 편해졌다. 나는 뭔가 안 좋은 일이 생길 때면 늘 그런 식이다. 그때 철학자 키르케고르Kierke-gaard가 불안의 개념에 대해 썼던 글을 알고 있었다면 나는 그 글에 공감했을 것이다. 배경음처럼 내 주변을 계속 윙윙 따라다니던 불안이 사라졌다. 두려워하던 일이 일어났으니 이제는 두려워할 필요

♦ Albert Ayler. 1960년대를 풍미했던 색소폰 연주자.

가 없어졌다. 그리고 바로 다음 날 우편배달부가 문을 두드리며 케빈 앞으로 온 편지에 서명을 해달라고 했다. 주소 위쪽에 크레용으로 그려진 익숙한 십자 표시를 본 순간, 나는 안에 돈이 동봉되어 있다는 것을 눈치채고 냅다 봉투를 열었다. 카디프에 사는 케빈의 형이 보내준 것이었다. 접힌 편지 안에 끼워진 10파운드짜리 지폐 두 장을 보자 마음이 놓이다 못해 기절할 지경이었다. 나는 문을 열고 거리로 나갔다. 공기 사이로 기분 좋고 따사로운 햇살이 내리쬐며 우리 둘이 하루하루 버텨낸 그 길고 고달픈 겨울이 끝나가는 것과 성큼 다가온 봄기운이 어렴풋이 전해졌다. 몇 주 만에 처음으로 머리를 감고 싶어졌다. 식욕도 돋았다. 길모퉁이 가게에서 파는 덴마크 빵이 너무 먹고 싶었다. 노릇노릇한 빵 껍질 안에 연노랑에 가까운 속살이 숨겨진, 그 달고 짠맛의 말랑말랑한 빵 생각이 간절해졌다. 머리를 감는 내내, 은행에서 파운드를 크로네로 환전하는 내내, 다시 코르스가데로 돌아와 빵집으로 걸어가는 내내 첫 조각을 떼어내면 투명한 아카시아 꿀에 묻혀 먹을지 오독오독 알갱이가 씹히는 땅콩버터에 발라 먹을지 마음이 왔다 갔다 했다. 빵을 사 먹은 후엔 부두로 가서 DFDS♦의 잉글랜드 하리치행 페리 표를 샀다.

　그날 저녁, 페리가 부두를 떠날 때 서서히 멀어지는 도시를 쳐다보면서 나는 단단한 난간 위로 몸을 기댄 채 묘한 패배감과 씨름했다. 어떤 목적을 위해 코펜하겐에 왔지만 끝내 그 목적이 뭔지 발견하지 못한, 그런 기분을 떨칠 수 없었다. 얼마 후 그런 패배감은 경이로움으로 바뀌었다. 큰 배들이 부두에서 출항하는 모습이 무

♦　덴마크에서 가장 오래된 대형 해운회사.

슨 댄스 스텝을 밟는 듯하여 신기해 보였다. 방향을 틀며 후진하고, 옆으로 미끄러지듯 떠가고, 빙그르르 선회하는 배를 보고 있으니, 선장이 댄스 삼매경에 빠져 있어 이러다간 우리 승객들이 목적지에 닿지 못하는 것은 아닐까, 하는 느낌마저 들었다.

그 출발의 댄스를 회상하니, 키르케고르가 남긴 가장 인상적이고도 미묘한 명언 하나가 떠오른다. 인생은 과거를 되돌아보아야 비로소 이해되지만, 우리는 앞으로 나아가며 살아가야 한다. 이 말은, 현재를 이해하려면 돌아서서 되돌아 걸으며 과거를 마주해야 한다는 의미가 아닐까?

스칸디나비아어 관련 일러두기

학업에 전념하기 전에 내가 가졌던 마지막 직업은 차링크로스 로드 끄트머리의 트래펄가 광장에 있던 솔로시의 신문 가판대 두 개를 지키는 일이었다. 손님이 뜸할 때는 재고품이던 『3개월 만에 떼는 노르웨이어 독학Teach Yourself Norwegian in Three Months』이라는 책을 자주 꺼내 봤다. 그 책을 읽다가 스코틀랜드 출신인 할아버지, 할머니가 자주 입에 올리시던 barn(아이), kirk(교회) 같은 단어도 봤다. gate(거리)라는 단어도 나왔는데 내가 기억하기론, 태어나서 처음 배운 노래 〈킬 로The Keel Row〉♦에서 듣고 알게 된 단어였다. '샌드게이트Sandgate, 샌드게이트, 샌드게이트 지나가다가…'로 시작하는 노래였다. 밝혀졌다시피 이런 단어들은 19세기 초반부터 시작되어 약 300년 동안 지속된 바이킹의 영국 정착이 남겨놓은 언어적 유물이다. 현재 요크에 가보면 코퍼게이트, 스톤게이트, 포스게이트 같은 거리 이름이 쉽게 눈에 띈다. 요크가 바이킹 왕국의 중심지였던 시대로부터 유래된 거리명들이다. 영어의 요일명도 같은 시대에 같은 뿌리에서 유래된 것이다. 월요일부터 금요일까지의 어원과 함께 쭉 보면 Monday(Måne dag, 달의 날), Tuesday(Tyrs dag, 티르♦♦의 날), Wednesday(Odins dag, 오딘의 날), Thursday(Thors dag, 토르의 날), Friday(Freyjas dag, 프레이야♦♦♦의 날)이다. 노르웨이어 독학 책을 보면서 이내 든 생각이지만, 나는 이미 노르웨이어 입문의 문턱을 한 발 넘어서 있었다. 그렇게 생각하니 노르웨이어를 더 공부해서 제대로 배워 보고 싶은 의욕이 솟았다. 그런 데다 덴마크어, 노르웨이어, 스웨덴어는 한 언어를 알면 다른 두 언어를 더 쉽게 배울 수 있다는 사실을 알게 되어 의욕이 더욱 커졌다.

스칸디나비아의 언어는 모두 스칸디나비아반도에서 바이킹 시대부터 그 이후 시대까지 사용된 '고대 스칸디나비아어'의 변형이다. 노르웨이인, 스웨덴인, 덴마크인의 경우에는 현재도 여전히 서로의 말을 이해할 수 있지만 주로 국가 정체성과 자긍심을 이유로 소설과 교재는 자국의 언어로 번역되는 것이 일상화되어 있다. 아이슬란드어 문어는 고대 스칸디나비아어와 가장 유사해서 thorn(Þ)과 eth(ð) 같은 독특한 특징을 여전히 지키고 있다. Þ는 영어의 'think'에서처럼 무성음 'th'에 해당하며, 이에 따라 Þorgeir Þorkelsson 같은 이름은 대개 'Thorgeir Thorkelsson'으로 영어화되어 표기된다. 반면 유성음인 eth는 'father'에서의 'th'처럼 발음되며 어두에는 나오지 않는다. 문어에서는 곧잘 'd'로 영어화되어, Austfirðir는 'Austfirdir'로 표기되기도 한다. 이 책에서는 아이슬

♦ 영국 민요.
♦♦ 북유럽신화에서 전쟁과 승리의 신.
♦♦♦ 사랑과 풍요, 아름다움의 여신.

란드의 특수성을 살리기 위한 의미로, thorn과 eth를 모두 그대로 표기하려 한다.

현대의 노르웨이어 문어는 두 가지 양식을 병행 사용해서 복잡하다. 우선 부크몰Bokmål(서적어Book Language)은 덴마크식 노르웨이어Dano-Norwegian에서 발전한 언어로 덴마크가 노르웨이를 지배하던 수 세기 사이에 발전한 양식이다. 이른바 도시 언어로, 구어로나 문어로나 현재의 노르웨이인 다수가 압도적으로 사용하고 있다. 덴마크어와 마찬가지로 알파벳에 z 다음에 æ, ø, å가 더 있다. 뉘노르스크Nynorsk(신新노르웨이어)는 19세기 중반에 문어를 비교적 시골에 속하는 지역의 노르웨이어 구어와 일치시키려던 시도에 따라 인위적으로 형성된 양식이다. 대체로 시인들이 즐겨 쓰는 편이다.

스웨덴어의 알파벳은 1818년 이후 스웨덴이 프랑스의 베르나도트 왕가에 지배를 받으면서 프랑스어의 영향을 받아 z 다음에 å, ä, ö가 더 생겼다. 덴마크어, 노르웨이어와는 달리, 스웨덴어에는 여전히 미미하면서도 확실한 프랑스어 요소가 남아 있다.

이처럼 복잡한 역사적 내력상, 지명과 인명을 어떤 식으로든 일관되게 옮기기란 사실상 불가능하다. 따라서 앞으로의 지명과 인명의 표기에서는 이국 특유의 어법에 기만적 표준화를 들이대기보다 내 주관에 따라 원어 명칭의 신 형태, 구 형태, 변형 형태를 섞어 쓰려 한다.

1
선돌 유물

시골길에서 모퉁이를 돌자 그 유물들이 다시 시야에 들어왔다. 순간 눈을 뗄 수가 없어 그 자리에 못이 박힌 듯 섰다. 내가 그 유물을 최초로 발견한 장본인이기라도 한 것처럼, 천 년 만에 내가 처음 그 존재를 알아보기라도 한 것처럼 가슴이 벅차올랐다. 같은 방향의 길가에 농장이 있어서 그곳 들판으로 가려면 농가의 마당을 가로질러 50미터가량의 진창길을 지나가야 했다. 외국의 길을 돌아다니다 보면 괜스레 주눅이 들어 심란해질 때가 있는데 진창길을 따라 걷던 그 순간이 딱 그랬다. 악의 없는 사유지 침범으로 사소하나마 위반 행위를 저지르는 것 같아 주눅이 들었다. 금방이라도 농장주가 키우는 털이 덥수룩한 시커먼 셰퍼드가 짖어댈까 봐, 기다란 사슬 줄을 팽팽하게 당기며 나에게 덤벼들까 봐 덜컥 겁이 났다. 농장주가 엽총을 들고선 개까지 데리고 나타날 경우엔 어떻게 얘기하면 좋을지 고심하느라 머릿속이 바빠지기도 했다. '영어로 말하는 게 상책이겠지. 그러면 무슨 말인지 못 알아들어서 어리둥절해할 테니까.' 하지만 모든 게 괜한 조바심이었다. 나는 별 탈 없이 진 창길을 지난 후 왼쪽으로 틀어 문밖의 들판으로 들어섰다. 그러곤 눈발을 헤치며 한참을 터벅터벅 걸어 유물들 앞으로 다가갔다.

가까이서 보니 버스에서 봤을 때 어림짐작했던 것보다 유물 사이가 더 멀찍이 떨어져 있어, 간격이 15미터쯤 되었다. 둘 다 생 각했던 것보다 높이도 훨씬 높았다. 또한 둘 다 누가 봐도 남근이나 버섯 형상이었다. 나는 그 사이로 걸어 들어가 쪼그리고 앉아 하나 씩 번갈아 살펴보다가 눈밭의 바닥 바로 위쪽 가장자리 부분에서, 파편이 떨어져나간 자국을 손으로 더듬어보았다. 까치발로 서서 손가락을 최대한 뻗어 앞면을 만져보기도 했다. 손바닥을 펴서 폭 좁은 모서리 부분을 위아래로 쓰다듬어도 보고, 입김을 후 불어봤 다가 작은 소리로 말도 걸어봤다. 빙글빙글 몇 바퀴 돌아보기도 했 다. 구석구석 사진까지 찍으며 사방을 유심히 살펴봤는데도 바이 킹선船과 관련된 기록이나 룬 문자가 새겨졌던 자취가 보이질 않아 살짝 아쉬웠지만 그 외에는 모두 좋았다. 교감을 나눠볼 만한 다른 방법이 딱히 생각나지 않아 그 앞에서 잠깐 눈을 감고 서 있던 순간 엔 희열감마저 차올랐다.

내가 마주하고 있던 그 선돌은 브로 스톤Bro stones이었다. 발트 해 고틀란드섬의 중세도시 비스뷔에서 버스로 30분 거리인 브로 교회로부터 북동쪽으로 약 2킬로미터 떨어진 곳에 자리 잡고 있다. 관광객들 사이에 흔히 퍼진 전설에 따르면, 어느 일요일에 두 여인 이 교회에 가던 길에 말다툼을 벌이다 하느님에게 벌을 받아 이렇 게 돌로 변했다고 한다. 하지만 이 전설은 사후에 가져다 붙인 이 야기이자, 초창기 교회가 모든 만사를 하느님의 역사로 돌리기 위해 어떤 식으로 시도했는지 보여주는 좋은 사례다. 브로 스톤은 최소 1,400년 동안 바로 그 들판의 그 자리에 우뚝 서 있었으며 '블라인드blind' 스톤에 해당한다. 블라인드 스톤이란 잊힌 영웅과 사장된 신, 망각된 서사시, 사라진 종교 풍습, 신비로운 신앙 등과 관련된 이미지와 이야기가 새겨져 있었으나 이제는 오랜 세월 비바람에 쓸려 지워지고 희미한 흔적만 남아 있는 고틀란드 픽처 스톤picture-stone을 일컫는 통칭이다. 나는 브로 스톤에서 발길을 돌리면서 방금 본 유물의 의미를 마음속에 새기려고 일부러 거듭거듭 뒤를 돌아봤다. 인간이 만든 인공물. 선돌을 세웠던 이들이나 그 앞을 지나가는 이들에게 지대한 의미가 깃들었던 유물. 그런데 그들에게 이 선돌은 어떤 의미였을까? 그 형상은 인류의 역사까지는 아닐지라도 스칸디나비아 역사의 상당 시간 동안 나름의 의미를 띠었을 테지만, 그 의미를 묵묵히 숨기고 있다. 브로 스톤은 남근의 상징인 걸까? 상공의 공기와 교접하기 위해 지각을 뚫고 솟아오른, 우람한 발기를 상징하는 것일까? 사람들이 땅을 남성으로, 하늘을 여성으로 생각했던 시대의 사상이 담긴 것일까? 남근의 상징이 아니라면 다른 세계로 들어설 수 있는 통로의 상징은 아닐까? 그렇다면 그 통로를 만든 이들과 더 이상 소통할 길이 없어진 현재로선 어떻게 해도 들어설 수 없는 세계로 이어진 길목인 셈이다.

나는 고틀란드 북쪽의 분예Bunge 박물관에 있는 유명한 선돌을 보러 가는 길에 버스 안에서 이 두 선돌을 발견하고는 충동적으로 하차 벨 줄을 당겼다. 내가 이 섬에서의 2주일 일정 동안 가장 먼저 보러 가려고 찜해두었던 분예 스톤으로 말하자면, 화려하고 복잡 미묘한 그림이 새겨져 있는 데다 세계에서 가장 유명한 픽처 스톤으로 꼽히기에 손색이 없다. 브로 스톤은 분예 스톤과는 달랐다. 색다른 감동을 일으켰다. 분예 스톤이 야외 박물관에서 안전하게 관리되고 있었다면 브로 스톤은 선형적 시간의 개념♦이 생겨나기 한참 전부터 그 들판에서 거친 환경을 자신의 힘으로 헤쳐왔다. 이런 차이는 나에겐 가축과 야생 동물의 차이처럼 느껴졌다. 농장 출입문에 다가왔을 무렵엔, 두 스톤에 애초에 새겨졌을 법한 이야기의 흔적이 전혀 남아 있지 않아서 다행이라는 생각이 들기도 했다. 두 스톤의 침묵이 세월을 묵묵히 견뎌온 진지하고 성실한 침묵 같아서다. 게다가 여전히 비밀로 감추어져 있는 것들이 드문 요즘 세상에서, 그 존재감이 부각되는 듯했다. 출입문을 통과한 뒤에 문을 닫고 다시 진창길을 거슬러 길가 쪽으로 향할 때 열려 있는 헛간 문 앞에서 젊은 농부가 분주하게 샛노란 호스를 둘둘 말고 있었다. 농부는 그 와중에도 흘끗 올려다보더니 유쾌하게 손을 흔들어 보였다. 농부의 옆에서 덩치 작은 슈나우저 개가 고개를 쏙 내밀고 쳐다봤다.

───────

분예 스톤을 비롯해, 스웨덴 본토의 신비에 싸인 외스테르예틀란드의 뢱Rök 스톤이나 베스테르예틀란드의 스파르뢰사Sparlösa 스톤처럼, 픽처 스톤에 새겨진 도상학♦♦적 형상이나 룬 문자 비문이 또렷하게 남아 있는 경우에도 전보문처럼 간결하고 간소한 이야기

♦ 기독교적 세계관에 따라, 시간은 조물주가 천지를 창조할 때 시작해서 심판의 날에 끝나는 선과 같은 것이라고 보았던 시간관념.
♦♦ 조각이나 그림에 나타난 여러 형상의 종교적 내용을 밝히는 학문.

만을 전해주고 있다. 게다가 바이킹이 기독교 세계인 서유럽으로 갑자기 들이닥치면서 외지 사람들이 비로소 스칸디나비아인을 한 종족으로 강하게 인식하게 되었고, 결과적으로 스칸디나비아인의 초기 역사는 적들에 의해, 그리고 부단한 폭력에 들볶임을 당했던 이들에 의해 쓰였으며 이런 역사 기술자들은 대체로 기독교 수도사들이었다.

이와 같은 초기 역사 기록 가운데 가장 유명한 사례는 앵글로색슨계 수도사 앨퀸이 쓴 글이다. 바이킹의 793년 린디스판 기습 침략과 관련한 참상을 기록한 내용으로, 당시 잉글랜드 영토를 차지하고 있던 대여섯 개의 독립 왕국 중 하나인 노섬브리아의 애설레드에게 써 보낸 편지였다. "저희가 조상 대대로 이 아름다운 땅에서 살아온 세월이 어언 350년이 다 되어갑니다. 그런데 지금 브리튼은 이교도 무리의 손에 이제껏 유례가 없을 만큼 극악무도한 참상을 겪고 있사옵니다. 배를 타고 여기까지 쳐들어올 줄은 생각지도 못했습니다. 성 쿠트베르트 교회는 하느님의 사제들이 흘린 피로 피 칠갑이 되고 집기는 죄다 약탈당하면서 이교도들에게 유린당하고 있습니다." 많은 이들에게 앨퀸의 탄식은 바이킹 시대(약 800~1100년) 약 300년 동안 스칸디나비아인의 전체 역사를 압축적으로 보여주는 얘기로 들릴 테지만 이 대목에서 한 가지 확실히 짚고 넘어갈 점이 있다. 바이킹 시대의 스칸디나비아인은 기독교를 믿는 서쪽 지역과 이슬람교를 믿는 남쪽 지역을 기습적으로 쳐들어가기 위해 바이킹으로서 대대적 용병 부대로 뭉쳤을지는 몰라도 초창기 때부터 데인족, 스웨드족, 노르웨이족은 종족별로 정체성을 띠고 있었다. 현재의 덴마크, 스웨덴, 노르웨이와 크게 다르지 않은, 스칸디나비아반도의 독자적 지역별로 서로 다른 정체성을 갖춘 것이다.

린디스판 침략자들은 노르웨이 서해안 출신이었으며, 훗날 헤브리디스 제도, 맨섬을 비롯해 영국 제도의 북서쪽 연안 지대를 식민화했듯 당시에 이미 스코틀랜드의 셰틀랜드 제도와 북부 섬들을 식민화했을 가능성이 있다. 865년에 '이교도 대군세Great Heathen Army'가 잉글랜드 동부 연안에 입성한 이후 30년이 채 지나지 않아 요크에서부터 이스트앵글리아 왕국에 이르기까지 동쪽 해안 지대 전역에 걸쳐 지배권을 쟁취했고 데인족이 지배권의 주류 세력이었다. 이러한 세력 우위를 기반으로 일명 데인법이라는 스칸디나비아인의 자체적 법이 마련되어 120년 동안 시행되면서 정복이 서서히 진행되었고, 1013년에 데인족 왕이 잉글랜드의 왕위에 오르며 그 절정을 맞았다. 절정기에 옐링가※ 왕조가 이룬 북해 제국의 영토는 덴마크, 노르웨이, 스웨덴 남부 및 서부의 넓은 지대뿐만 아니라 잉글랜드, 스코틀랜드 북서부 제도까지 아우르게 되었다. 하지만 1035년 크누트 대왕의 서거 직후 북해 제국은 기운이 쇠하였고 정복왕 윌리엄의 1066년 침략 이후에는 회복하기 힘든 타격까지 입으면서 잉글랜드의 역사에서 거의 밀려났다.

스칸디나비아 역사의 초기에서 가장 많이 알려진 이름은 라그나르 로드브로크, 이바르 힌 베이늘라우시, 뵤른 야른시다이다. 셋 다 폭력성 빼면 별다른 개성이 없는 반¥전설적인 전사들이다. 당시의 스칸디나비아 실존 인물로 가장 유명한 사람이라면 아마도 오타르Ottar라는 노르웨이 교역상이자 농부일 것이다. 그 자신의 말마따나 "북쪽에서도 최북단 거주지"인 노르웨이 북서부 해안의 고

지대 홀로갈란 출신이던 오타르는 890년경 윈체스터에 모습을 드러냈다. 890년이면 앨프레드 대왕의 잉글랜드군이 바이킹 침략자들에 맞서 웨섹스 왕국을 지키기 위한 필사적 투쟁에 들어가던 시기와 얼추 비슷하다. 투쟁이 한창이던 당시에 오타르는 차분히 앉아서 앨프레드 대왕과 신하들에게 자신의 일생, 하는 일, 재정 상태, 고향, 거쳐온 여정, 앞으로의 계획을 죄다 말하며 자신이 살다온 세계의 이야기를 시시콜콜 들려주었다. 바로 이 얘기가 모두 글로 기록되어, 앨프레드 대왕이 번역한 오로시우스Orosius의 『이교도 대항사Histories Against the Pagans』에 부록으로 첨부되었다.

이야기가 기록된 형식으로 미루어 보건대 오타르, 아니 (앵글로색슨족이 옮겨놓은 이름대로 바꿔 말해서) 오데어는 흥미를 갖고 빙둘러앉은 신하들의 질문에 대답하고 있었던 듯하다. 오타르가 북쪽인 자신의 고향에서 시링살Skiringssal, 즉 지금은 사라졌으나 현재의 노르웨이 남부 도시 라르비크에서 남동쪽으로 5킬로미터가량 떨어진 곳에 있었던 대규모 중앙시장까지의 교역로에 대한 질문에 대답해나갈 때 필경사가 깃펜을 쥐고 글로 받아 적는 모습이 절로 상상된다. 기록의 구성은 질문에 답하는 식으로 되어 있다. "홀로갈란에서 시링살까지 한 달 안에 닿을 수도 있소? 순풍을 받고 항해하면?" 같은 질문 대목에 이어, "아니, 한 달 안에는 무리입니다. 밤마다 안전한 피난처를 찾으며 매일 순풍을 만난다 해도 그건 어림없는 일입니다"라는 식의 오타르의 대답이 적혀 있다. 경제적·사회적 지위와 관련된 질문이 나오자 오타르는 자신이 부자이고 순록을 무려 600마리나 거느리고 있으며 그중 여섯 마리는 덫을 위한 미끼로 쓰고 있다고 말한다. 그쯤에서 그치지 않고 자신이 고국에서 힘깨나 행사하는 사람이라고도 덧붙인다. 신하들은 그 말을 곧이곧대로 믿지 않는다. 앨프레드 대왕조차 마찬가지였는지, 소유한 소, 양, 돼지의 수는 20마리가 채 못 되고 손바닥만 한 밭을 말한 마리로 갈고 있는 점을 지적하며 의심을 내비친다. 오타르는 의혹의 분위기를 감지하고 말을 이어간다. 자신의 **실질적인 부의 원천**은 유목민인 사미족이 각자의 형편에 따라 가죽, 깃털, 고래수염, 고래 가죽과 물개 가죽으로 만든 밧줄 등으로 바치는 공물이라고. 자신의 조국은 농지가 빈약하다며 이렇게 털어놓기도 한다. "그나마도 농지의 일부는 목초지로나 쓸 만하고, 해안 지대라 곳곳이 바위투성이입니다. 동쪽과 북쪽은 경작지 전체가 척박한 산악 지대를 따라 자리 잡고 있고요." 자신의 조국이 "길쭉하고 폭이 아주 좁은" 지형이라고 말하기도 하는데 이런 설명은 노르웨이의 현재 지리 특성과도 흡사하다.

오타르의 조리 있는 설명을 읽다 보면 스칸디나비아에 거주하는 사람들을 종족별로 명확히 구별해서 말하는 부분이 인상적이다. '노르웨이족', '데인족', '스웨드족', '사미족'을 확실하게 구별해서 말하고 있을 뿐만 아니라 어떤 왕이 어느 영토를 차지하고 있는지도 명확히 짚어준다. 이후 시대의 더 구체적인 문헌에 의거하면, 스칸디나비아에서는 지리에 따라 각 종족의 주요 활동 무대가 결정되었다. 스웨드족의 경우에는 발트해를 건너 동쪽의 핀란드만으로의 진출이 타당한 활동 목표였다. 그래야 볼가강과 드네프르강♦으로 접근해 범선에 싣는 대형보트로 멀리 흑해까지 기습을 감

♦ 러시아 서부를 남쪽으로 흐르는 강과 러시아의 서부 흑해로 흘러들어가는 강.

행하고 교역 활동을 펼치기에 유리한, 구미가 당기는 연결망이 확보되었기 때문이다. 839년 5월 18일에 비잔틴(동로마)제국의 황제 테오필루스가 파견한 사절단이 독일의 인겔하임에 당도해 신성로마제국의 황제 루도비쿠스 경건왕의 궁으로 알현을 하러 갔다. 사절단의 방문 목적은 두 황제 간에 "평화와 영원한 우정과 애정"의 조약을 동의 및 확인받기 위함이었다. 이때 사절단에는 별도의 일행이 함께 따라와, 테오필루스 황제가 루도비쿠스 황제에게 보내는 친서를 바쳤다. 서신에는 이들 일행이 루도비쿠스 황제의 영토를 안전하게 통행해 북쪽의 고국까지 무사히 귀환하게 해달라는 청이 담겨 있었다. 루도비쿠스 황제는 테오필루스 황제에게 신중한 답장을 보냈다. 조사를 벌이는 동안 일행을 당분간 억류하겠으며 조사 결과가 만족스러우면 요청받은 대로 협조하겠지만 탐탁지 못한 부분이 발견되면 파견단을 다시 돌려보낼 테니 뒷일은 알아서 하라고. 루도비쿠스 황제로선 위험을 무릅쓸 이유가 없었다. 바이킹 시대에 들어선 지 50여 년이 되어갈 무렵인 당시엔 북쪽에서 온 사람들이 난폭하고 믿을 수 없는 이들로 명성이 자자했던 터라 그럴 만도 했다. 이 이야기가 실린 프랑스의 『성 베르탱 연대기 Annals of St Bertin』에는 이 북쪽 이방인들이 어떤 운명을 맞았는지 끝내 나오지 않는다. 다만, 이들이 스스로를 '루스Rus족'이라고 밝혔다는 기록만 있다. 루스족은 출신지인 스톡홀름의 북쪽 연안 지대 지명, 로슬라옌Roslagen에서 유래된 명칭이다. 또한 훗날 러시아가 되는 옛 키예프국을 세운 바로 그 루스 전사 귀족이다. 『성 베르탱 연대기』의 기록은 'Rus'라는 명칭이 문헌상에 처음 등장한 사례이지만 그들 자신이 직접 작성한 기록은 아니었다.

인젤하임에서 동쪽으로 수백 킬로미터 떨어진, 이슬람 제국의 최변방에서 아랍인 이븐 파들란Ibn Fadlan과 페르시아인 이븐 루스타 같은 10세기의 여행가들도 루스족 무리와 마주친 후 나름의 소감을 글로 남겼다. 서양의 기독교 성직자들이 서술한 난폭성 위주의 어둡고 두렵기 그지없는 이야기와 비교해보면 더 객관적인 데다 인류학적 관점도 더 공평하다. 이븐 파들란은 921년에 볼가강의 강둑에서 움막 생활을 하던 뜨내기 장사꾼 무리를 만났다가 장례식을 구경하게 되었다. 기독교도 앨퀸이 그랬듯, 또 이 시기에 이교도를 믿는 스칸디나비아인과 마주친 거의 모든 사람이 그러했듯 이븐 파들란 역시 자신의 문화가 더 우월하다고 자부하고 있었다. 그런데 이런 자부심에 노골적으로 반감을 표하는 루스족과 마주치게 되었다. 자신의 통역가가 한 루스족과 대화를 나누는 모습을 보고 이븐 파들란은 통역가에게 무슨 대화 중이었는지 물었다. 대답을 들어보니, 고인의 시신 처리 방식에 대한 얘기를 나누던 중에 그 루스족이 아랍의 방식을 놓고 미련하다고 얘기했단다. 가장 사랑하고 가장 공경하는 이들을 땅속에 구멍을 파고 묻어서 쥐와 벌레들에게 뜯어 먹히게 하다니 미련한 짓이라며, 자신들은 고인을 화장한다고 말했다. 그러면 고인이 순식간에 이승을 떠나 어느새 다른 세계로 들어서게 된다면서.

이븐 파들란은 루스족이 대소변을 보거나 성교를 나눈 뒤에 씻지 않는 생활 방식을 서술하며 혐오감을 숨기지 못했지만 그들처럼 완벽한 신체적 표상은 본 적이 없음을 인정하며 "혈색이 좋은" 데다 "대추야자 나무처럼 훤칠하다"라고 묘사했다. 9세기의 아일랜드 연대사 편찬자들 역시 바이킹들의 신체적 특징을 언급하며, 더블린을 서로 차지하려 경쟁을 벌이는 도당들을 핑갈Finn-gaill('살결이 희고 금발인 외국인', 노르웨이족)과 둡갈Dubgaill('피부가 거무스름한 외국인', 데인족)로 따로 구별 지어 묘사해놓았다. 하지만 아랍계 연대기 작가 중에서 스칸디나비아인 하면 으레 연상되는 흰 피부와 금발을 묘사한 사람은 알 디마슈키뿐이었다. 알 디마슈키가 덧붙여 써놓은 바에 따르면 스칸디나비아인이 자신들의 언어밖에는 알지 못했다고 하는데, 요즘 스칸디나비아인이 초등학생들조차 영어를 제법 잘하는 것과 비교하면 이는 아주 대조적인 특징이다.

섹스와 죽음의 얘기로 점철된 이븐 파들란의 루스족 장례식 관찰담은 스칸디나비아의 초기 역사를 통틀어 가장 유명하고도 유일한 장례식 기록일 것으로 추정된다. 이 기록 속 장례식에서는 저세상까지 주인을 모실 여종을 고르는 절차가 있었다. 선택된 여종은 남은 생의 마지막 몇 시간을 남겨놓고 억지로 술을 받아 먹었다. 그런 다음 사망한 주인의 전사들이 몸을 위로 들어 올리면, 높이 치켜 올려진 막대기를 보며 내세를 확인했다. 이 의식이 끝나면 전사들이 한 사람씩 돌아가며 여종을 취했고, 이후엔 루스족의 무당이 의식에 따라 목을 조르고 칼로 찔러 죽였다[1999년 〈13번째 전사The 13th Warrior〉(배우 안토니오 반데라스가 이븐 파들란으로 나옴)라는 영화로도 제작된 마이클 크라이튼Michael Crichton의 1976년 작 베스트셀러 『시체를 먹는 자들Eaters of the Dead』은 이 기록에 묘사된 여러 인상적인 대목을 소재로 삼아 쓰인 작품이다]. 강둑에서 주인의 관을 배에 싣고 태우는 것으로 마무리되었던 이 장례식은 어쩐지 즉흥적으로 짜인 절차라는 느낌이 드는데 충분히 가능성 있는 추정이다. 당시의 이교도식 장례 절차는 일정한 의례도 없고 성경 같은 참고할 만한 중요한 기준도 없이 치러졌던 만큼, 기독교 전도 이전에 떠돌이 생활을 하던 스칸디나비아인의 신앙과 관행은 장소별로나 무리별로 천차만별이었을 터이니 말이다. 초기 스칸디나비아인 사이에서 이런 인신 공양이 얼마나 흔했을지는 단정하기 어렵다. 당시 스칸디나비아인들이 생각했던 사후 세계에 대해서도 일관성 있는 추정을 내리기 어렵다. 분예 스톤의 윗부분에는 아이나 난쟁이로 보이는 작은 사람이 일종의 의자나 받침 위에 엎드려 있는 모습이 새겨져 있는데, 다른 것은 몰라도 그다지 유쾌하지 않은 상황이라는 점만은 확실하다. 희생 제물의 머리 위로 떠 있는, 삼각형 세 개가 겹쳐진 형상의 발크누트◆로 미루어 보건대 오딘에게 제물을 바치는 모습으로 추정된다. 신들은 신봉자들을 굽어살펴 주는 대가로 이와 같은 제물 봉헌을 받았다. 초기 스칸디나비아인이 섬긴 신들은 윤리적인 존재가 아니었다. 윤리는 인간의 영역이자 법의 영역일 뿐이었다. 기독교에서 말하는 죄의 개념도, 사기에서부터 냉혹한 살인에 이르기까지 같은 인간을 대상으로 온갖 악행을 저지르면 신의 노여움을 사게 된다는 개념도 당시 스칸디나비아인에게는 그저 우습게 들릴 만한 얘기였다. 실제로 고대 스칸디나비아 말로 죄를 뜻하는 단어 (synd)는 1030년이 되어서야 스칸디나비아 문헌에 처음 등장했다. 즉, 노르웨이인의 개종 후 10년쯤 지난 시기였던 그때, 아이슬란드의 시인 토라린 로브튕게Torarin Lovtunge가 「평화의 노래Glælognskvida」라는 시에서 노르웨이의 신성 왕 올라브 하랄손을 "죄 없이 순결한 죽음"을 맞이한 왕으로 칭송한 대목이 그 최초였다.

◆　valknut. 오딘의 힘을 상징하는 문양.

고틀란드섬에서 2주간 머물면서 바이킹 시대와 초기 벤델 시대[약 550~790년경. 바이킹 시대보다 앞선, 스웨덴의 독자적 시기. 벤델기는 우플란드의 벤델이라는 행정 교구에서 무덤 부장품이 발견되면서 붙여진 명칭이다]의 흥미로운 유적들을 찾아다녔다. 브로 스톤을 방문한 이후 구경했던 유적 가운데 유독 몇 가지는 지금도 기억에 남는다. 아프리카의 돌무덤과 흡사한 트룰할사르의 원형 석총石塚(석총 대다수는 가장자리 부분을 깎아서 다듬은 석회석들로 정교하게 빙 둘러져 있었다), 엥에의 농장에서 본 멋지고 거대한 '부부' 픽처 스톤, 릴라 비에르스의 선상열석♦과 석총뿐만 아니라, 어느 들판에서 우연히 보게 된 큼지막한 '석재 징'도 조약돌로 쳤을 때의 기분 좋게 울려 퍼지던 그 소리까지 생생하게 기억한다. 고틀란드섬에 머무는 동안 강하게 든 생각이 있었다. 초기 스칸디나비아인에게 석재는 두루두루 요긴하게 쓰였던 것 같다. 당시에는 배를 정박시킬 때도 큰 바위에 밧줄을 둘러맸을 가능성이 있다. 바이킹선도, 아니면 오타르도 타고 다녔을 법한 뭉툭한 선체와 가운데 쪽에 깊숙한 짐칸이 있는 상선의 일종인 '크나르'도 모두 그런 식으로 정박시켰을 만하다. 고인의 선상 무덤을 고정하는 데도 바위가 이용되었을 것으로 추정된다. 실제로 오세베르그호는 1905년 외스트폴의 흙무더기에서 발굴되던 당시, 바위에 밧줄로 잡아매어져 있었다. 배 안에는 한

♦ 船狀列石. 게르만족 특유의 초기 매장관습으로, 무덤을 가운데 두고 돌덩어리 또는 돌판들이 선박의 모양을 이루면서 무덤을 둘러싸는 형태.

데 묶인 노 꾸러미, 양동이, 갖가지 주방용품, 두 명의 고인이 떠나는 여정에 먹을 식량 거리로 실어준 도살된 개, 말, 소들이 천 년의 미스터리를 품은 채 온전한 형태로 보존되어 있었다. 초기 스칸디나비아인이 선택한 무기 역시 값비싸고 멋들어진 검과 창이 아니라 보잘것없는 석재였다. 나는 발트연안작가및번역가협회의 도서관에 들렀다가 아이슬란드의 전설 코너에서 『욤스바이킹의 사가 Saga of the Jomsvikings』◆를 훑어보던 중에 두 편으로 갈려서 사활을 건 전투를 벌이는, 아주 놀라운 해전 이야기를 보게 되었다. 한 나라와 한 왕국이 걸린 맹렬하고 무자비한 전투다. 전투 중인 이들은 여차하면 팔이나 발이나 귀가 잘려 나갈까 봐 한순간도 싸움을 멈추지 못할 것만 같다. 하지만 죽기살기식의 살벌한 전투가 한창인 와중에도 배들은 간간이 돌멩이를 싣기 위해 연안으로 돌아간다. 그것도 싸우다 말고 대수롭지 않게 배를 돌린다. 놀랍기로 말하자면 이것만이 아니다. 휴식 시간을 알리는 호루라기라도 울린 것처럼 전투의 어느 시점에서 싸움을 멈추는 대목이나, 낮의 뙤약볕 아래에서 무거운 옷을 입고 싸우려니 불편하다고 겉옷을 벗는 대목도 놀랍긴 마찬가지다. 목숨이 촌각에 달린 상황에서도 편안함을 따지다니, 정말 대단하다. 때로는 이런 시시콜콜한 이야기가 천 년의 간극을 순식간에 메워주기도 한다. 스웨덴의 대시인 토마스 트란스트뢰메르Tomas Tranströmer의 말을 빌리자면 시간은 직선처럼 곧게 뻗은 것이 아니라 미로처럼 뒤얽혀 있다. 그래서 적절한 곳에서 벽에

◆　사가는 '이야깃거리'라는 뜻으로, 중세 때 북유럽에서 발달한 산문문학을 통틀어 일컫는 말이다.

바싹 붙어 서면 발걸음 소리와 목소리를 들을 수 있고, 저 반대편에서 자기 자신이 움직이는 소리도 들을 수 있다[로빈 풀턴Robin Fulton 번역의 『새로 엮은 시선집New Collected Poems』(Bloodaxe Books, 1997)에서 발췌한 것으로, 136쪽에 수록된 「답장」의 한 구절이다].

예술 양식으로서의 픽처 스톤은 다소 고틀란드섬에 한정되어 발전했다. 반면 예술 양식으로서의 룬 스톤(룬 문자가 새겨진 돌)은 문자들이 여러 상징이나 이미지가 한데 뒤섞여 구불구불 굽이지는 띠를 두르며, 스웨덴 본토에서 발전하여 그 절정을 이루었다. 실제로 1500년 이전 시대의 룬 문자 비문 가운데 거의 60퍼센트가 스웨덴 본토에서 발견된 것이다. 이런 룬 문자의 메시지는 대체로 고인을 기리는 상투적 문구다. 또 대부분이 단편적 내용이다. 다만 우플란드의 힐레르셰Hillersjö 룬 스톤처럼, 몇몇 룬 문자 기록은 홀로갈란 출신인 오타르의 기록에 못잖은 역사적·문화적 의의를 띠기도 한다. 안개에 가려진 역사 속에서 한 개인이 등장하여 잠시나마 실제 인간의 모습을 살짝 엿보게도 해준다. 세상이 어찌 돌아갈지를 통찰하기 위해 깜빡이는 화면을 들여다보는 것이 아니라 날아다니는 까마귀 떼를 유심히 지켜보던 시대를 살았던, 이름과 나름의 개인사를 가진 누군가를 보여준다. 세상일의 통찰을 주재하는 그런 신령한 힘이 없었다면 아마도 우리와 다르지 않았을 만한 누군가를.

힐레르셰 스톤의 비문이 "다음의 룬 문자를 읽으시오"라는 준엄하게 명하는 투로 운을 떼며 전해주는 이야기는 이러하다. 예르문드는 아직 앳된 소녀이던 예르뢰그와 결혼을 했다. 두 사람 사이에는 아들이 하나 있었지만 예르문드가 물에 빠져 숨진 후 얼마 지나지 않아 아들마저 익사했다. 그 뒤에 예르뢰그는 이 룬 문자가 읽히고 있는 농장의 소유자였던 구드리크와 결혼했다. 예르뢰그와 구드리크는 자식을 여럿 낳았는데 모두 죽고 딸 하나만 무탈하게 자랐다. 딸의 이름은 잉가였다. 잉가는 어른이 되어 스노트스타드 출신의 라그느파스트와 결혼했다. 잉가와 라그느파스트에게는 외아들이 있었지만 라그느파스트가 세상을 떠난 후 얼마 지나지 않아 아버지의 뒤를 따라갔다. 그 후 잉가가 아들의 유산을 넘겨받았고, 에리크와 결혼해 살다가 사망한 뒤에는 잉가의 모친인 예르뢰그가 잉가의 유산을 넘겨받았다. 룬 문자는 이런 이야기로 쭉 이어지다가 다음과 같은 글로 맺어진다. "음유시인 토르비에른이 이 룬 문자를 새기다."

규모 면에서 상반되는 싱이토르수아크Kingittorsuaq 룬 스톤은 내용이 간결하다. 1834년 그린란드 중서부 연안의 인적 없는 연안에 쭉 늘어선 암초의 맨 끝 부근에서 발견된, 불과 10센티미터 길이에 평평한 직사각 형태의 이 룬 스톤이 전해주는 내용이라곤 기도절(로마가톨릭교의 달력에서 4월 25일)을 앞둔 토요일에 에를링, 비아르니, 에인드리디가 이 섬에 들어왔다는 얘기가 전부다. 몇 년인지도 안 나와 있다. 오래전에 세상을 떠났을 이 세 사람은 어떤 인물들이었을까? 아마도 스칸디나비아계의 그린란드 사람이었을 테고, 바다코끼리를 사냥하러 빙하 지대 남쪽을 정처 없이 떠돌던 이들이었을 가능성이 높다. 싱이토르수아크는 985년경 아이슬란드 사람들이 그린란드에 세운 두 식민지 중 한 곳이던 서부 정착지에서 북쪽으로 400킬로미터가량 떨어진 곳이다. 이곳의 아이슬란드인들은 14세기에 들어설 때까지도 건재하게 버텨왔으나 1350년에 노르웨이인 이바르 바르다르손이 배를 몰고 그린란드의 서쪽 연안으로 들어왔을 무렵엔 이미 두 식민지 모두 폐허가 되어 있었다. 버려진 농가마다 지붕이 내려앉고 벽은 폭삭 무너지고 울타리는 박살난 채로 폐허 여기저기에서 야생의 소, 염소, 양, 말이 풀을 뜯고 있었다. 그린란드의 서부 정착지와 동부 정착지가 몰락한 이유는 다음과 같은 추정만 가능하다. 당시엔 중세 온난기가 막을 내리고 기후학계에서 '소빙하기'로 통하는 시기가 이어지면서 기온이 급격히 떨어졌다. 기온이 하강하자 대륙 빙하가 확산되었고 농장 주변의 초원과 습지대는 물에 잠겨 침전물투성이의 쓸모없는 호수로 변했다. 이후 빙하가 그린란드의 남쪽과 남서쪽 연안까지 퍼져나가는 바람에 아이슬란드와 노르웨이에서 배를 타고 들어오기가 힘들어지자 중요한 연계망이 끊긴 식민지 개척자들이 시련을 겪었다. 식민지 개척자들은 수년간 이어진 중세 온난기 덕분에 그동안은 고국에서처럼 가축을 치며 살아갈 수 있었지만 중세 온난기가 끝나고 빙하가 확산된 이후론 그 땅의 경쟁자들인 이누이트족처럼 사냥과 낚시를 하며 목숨을 이어가는 식의 생활에 적응하지 못했던 듯하다.

———

2012년 여름에 나는 아내와 함께 여행 계획을 짰다. 차를 가지고 오슬로에서 프레데릭스하운♦행 페리를 탄 후 잉글랜드까지 들어가려고 했다. 프레데릭스하운에서 내린 후에는 느긋하게 운전하여 덴마크의 에스비에르까지 가서 하리치행 DFDS 페리에 승선할

♦ Frederikshavn. 덴마크 유틀란트반도 북동안에 있는 도시.

생각이었다. 그런데 승선 예정일을 한 주 앞두고 우리가 예약한 선박이 하리치의 부두를 들이받아 수리에 들어가면서 이후 3주일간의 항해가 전면 취소되었다. 우리는 이미 이스트앵글리아의 내셔널 트러스트♦에서 운영하는 숙소를 예약해둔 상태였다. 예약을 취소하기에는 날짜가 너무 촉박해서 여행 계획을 변경하는 수밖에 없었다. 우리는 페리를 타는 대신 오슬로에서 저가 항공 라이언에어를 타고 런던 스탠스테드 공항에 내린 후 렌터카를 빌렸다. 빨간케첩 색의 닛산 차였다. 차체는 유전자 조작 두꺼비처럼 우락부락한데 뒷면 유리 크기는 삶은 달걀만 했다. 우리는 스탠스테드 공항을 빠져나와 A11번 도로를 1시간쯤 달리다가 샌드위치와 커피를 사기 위해 쏟아져 내리는 빗발 속에서 주요소에 차를 세웠다. 내가 차를 세운 자리는 지붕이 반쯤만 덮인 일종의 공기 주입 펌프 구역이었다. 나중에 후진으로 차를 빼면서 작아도 너무 작은 뒷면 유리 때문에 애를 먹다가, 우리 뒤쪽 어딘가에서 찍 긁히는 불길한 소리를 듣고야 말았다. 차에서 내려 살펴보니 높이가 90센티미터쯤 되는 철제 기둥을 받은 소리였다. 기둥은 검은색과 흰색으로 눈에 띄게 페인트칠이 되어 있어 웬만해선 후진하다가 들이받을 일이 없을 듯해 보였다. 나는 비를 맞으며 빗물로 번들거리는 차체의 긁힌 자국에 손가락을 대고 문지르며 빗방울을 쓸어냈다. 흠집이 눈에 확 띌 정도로 심한지, 잘 분간이 안 될 정도인지 확인하기 위해서였다. 아무리 봐도 흠집은 눈에 확 띄는 것 같았다. 차를 빼서 도로를

♦ 영국, 웨일스, 북아일랜드에서 역사적 의미가 있거나 자연미가 뛰어난 곳을 소유, 관리하며 일반인들에게 개방하는 일을 하는 민간단체.

달리던 중에도, 또 이후로도 휴가 내내 이 접촉사고 때문에 기분이
편치 않았다.

사전에 예약한 후추통 모양의 숙소는 으리으리한 저택의 영내
에 있었다. 뜰에 차를 세워놓고 난 뒤 나는 날마다 못해도 대여섯
번씩은, 안에서 뭔가를 하고 있다가도 불쑥 밖으로 나가 흠집을 다
시 살펴봤다. 불안한 마음에 임대 계약서의 조항들을 꼼꼼히 훑어
보았는데 특히 흠집과 관련된 장문의 빽빽한 사항은 더 정신을 집
중해서 읽었다. 흠집의 크기와 깊이에 따라 구분되어 있는 변상 기
준을 보니 도색 전의 본래 철판 색이 드러날수록 변상 금액이 껑충
뛰었다. 렌터카 업체가 인심 좋게 넘어갈 리가 없을 테니 마음을 단
단히 먹어야 할 것 같았다. 변상 금액이 수백 파운드, 아니 어쩌면
수천 파운드까지 나올 것에 대비해 마음을 다잡고 또 다잡았다. 아
주 이따금씩 차가 긁힌 사실을 모르는 상태에서 보면 슈퍼맨 같은
투시력이 있어야만 발견해낼 흠집이라고 안심하기 일보 직전까지
갔다. 어느 날은 크로머 시장을 찾았다가 여러 가지 차량 관리 용품
을 양철통에 담아 늘어놓고 판매하는 노점상을 지나게 되었다. 마
침 차체의 흠집 보수용 페인트도 구비하고 있기에 그 노점상과 한
참을 이야기했다. 그러다 노점상의 부추김에 넘어가 나나 아내의
눈에는 닛산의 짙은 토마토색과 아주 비슷해 보이던 페인트 한 통
을 살 뻔했지만 아무래도 **똑같은** 색은 아닐 것 같은 확신이 들어 겨
우 참았다. 그런 식으로 어설프게 감추려 하다간 차를 반납할 때 두
배로 곤란해질 것 같았다. 후진하다 기둥에 차를 받은 일이 없는 척
시치미를 떼다가 사실대로 인정하게 되면, 색이 살짝 다른 페인트
로 부분 도색을 시도했다는 얌체 짓까지 실토하게 될 테고, 그렇게

되면 사실을 감추려 한 부분에 대해 특별 배상액까지 물어줘야 할 듯했다. 지금에 와서 돌이켜보면 왜 그렇게까지 심하게, 또 오래 우울감에 사로잡혀 있었는지 잘 이해가 되지 않는다. 가끔은 그 우울감이 차체의 흠집과는 전혀 상관없고 오히려 어떤 심오한 불안 때문이었다는 생각이 든다. 말하자면 키르케고르가 말한 개념의, 그런 불안의 발로였던 것 같다. 당시엔 우울감의 진짜 원인인 줄도 몰랐던 그 불안이 이제는 사라져서 다행일 따름이다.

다시 스탠스테드 공항으로 차를 몰아갈 때는 또 폭우가 쏟아져 닛산에 빗물 얼룩이 번들거렸는데 갑자기 햇빛이 쨍하고 나왔다. 못해도 열 명은 되는 듯한 사람들이 차를 반납하려고 기다리다가 짜증이 났는지 담당 직원에게 몰려들어 열쇠를 흔들어 보이고 서류를 들이대면서 와자하게 떠들고 있었다. 비행기 탑승 수속을 제때 하지 못할까 봐 안달들이었다. 내 차례가 되자 직원이 급하게 닛산을 한 바퀴 돌며 5초 정도 대충 살펴보고는 서류를 내밀어 서명을 받고 가도 된다는 손짓과 함께 지친 목소리로 '다음 분'을 외쳤다. 그곳을 걸어 나오는 순간, 비양심적이기 그지없는 감정이긴 했으나 굉장히 우쭐했다. 나 자신조차 어리둥절하게도 시스템을 이겼다는 묘한 승리감이 들어서였다.

하지만 휴가를 망쳤다는 기분은 여전히 가시질 않았다. 출발 전까지 기대가 컸던 터라 더했다. 우리 차를 몰고 덴마크를 돌아다닐 생각에 들떠 있었던 데다 특히 유틀란트반도 남동쪽의 옐링에 잠깐 들러 970년경 하랄 블루투스⁺가 덴마크 기독교의 제도화를 기리기 위해 세운 옐링 스톤을 두어 시간 둘러볼 생각에 한껏 기대하고 있었으니 말이다. 아내도 아쉬워하며 계획했던 대로 다시 휴가를 즐겨보자고 했다. 1주일 후, 우리는 처음의 구상대로 오슬로에서 페리를 타고 프레데릭스하운에 내린 후 우리 차로 아주 느긋하고 기분 좋게 덴마크 곳곳을 돌아다녔다. 가장 먼저 들른 곳은 덴마크 북쪽의 린드홀름 구릉지에 있는 바이킹 시대의 거대 공동묘지였다. 날씨가 화창한 평일 아침 일찍 도착한 덕분에 온 들판과 그곳의 선돌 유물들을 독점하다시피 마음껏 누렸다. 우리는 하랄이 트렐레보리에 세운 거대한 원형 요새의 성벽을 따라 2시간 정도 걷다가 덴마크 사람들이 자신들의 돕사테스트dåbsattest, 출생증명서라고 일컫는 옐링 스톤을 직접 보기 위해 덴마크 여행의 백미인 옐링으로 갔다.

옐링은 작은 도시다. 천 년 전 덴마크 왕권의 중심지였다는 사실을 연상하기가 힘들다. 졸음에 겨운 듯 조용한 이곳에 자리해 있는 피라미드 모양의 옐링 스톤은 사실상 북쪽과 남쪽 양측에 꽤 큼지막한 봉분 두 개를 끼고 있는 복합 유적의 중심 부분으로, 바로 옆에 자리한 주차장과 분위기가 대조되어 어쩐지 몽환적인 느낌마저 풍겼다. 우리는 주차장에 차를 세워두었다. 주차장에서 한쪽으로 100미터만 가면 천 년 전의 덴마크가 펼쳐져 있고, 그 반대편으로 100미터 거리에는 별 특색은 없지만 실용적인 21세기형 쇼핑몰이 보인다.

전에 어딘가에서 읽어 잘 알고 있던 내력이지만, 옐링 스톤은 덴마크에서 가장 오래된 옐링 교회의 마당에 있었고 교회 건물은

♦ Harald Bluetooth. 10세기에 덴마크와 노르웨이를 통일한 바이킹 왕. 휴대폰, 노트북, 이어폰 등의 휴대기기를 서로 연결해 정보를 교환할 수 있게 하는 무선 기술 표준인 '블루투스'는 바로 이 왕의 이름에서 유래했다.

하랄 블루투스의 시대 이후 몇 차례 다시 지어졌다. 내가 봐온 사진들에서 옐링 스톤은 교회의 문에서 몇 걸음 떨어진 거리에 개방된 채 자리해 있었다. 그러나 경내로 들어서자 옐링 스톤이 두꺼운 착색유리 안에 갇혀 있는 것이 보였다. 알고 보니 2011년에 어느 정신이상자가 그 스톤에다 녹색 스프레이 페인트를 분사한 사건이 있었다고 한다. 그런 불상사가 처음이 아니었던 점을 심각하게 여긴 관리 당국에서는 옐링 스톤의 보호를 위해 유리를 두르기로 결정했다. 하지만 유리가 너무 두꺼운 데다 햇빛이 너무 눈부셔서 옐링 스톤의 삼면에 띠 모양으로 배열된 문자와 그 인상적인 성경 관련 이미지를 유심히 살펴보는 것은 고사하고 옐링 스톤을 제대로 쳐다보기도 힘들었다.

아내를 실망시킨 것에 괜스레 미안한 마음이 들어, 나는 아내의 손을 잡고 공동묘지 입구로 걸어가면서 내가 아는 옐링 스톤에 얽힌 역사를 죄다 쥐어짜 내 들려주었다. 가장 먼저 꺼낸 이야기는 970년경 하랄 블루투스의 궁에서 예수 그리스도와 에시르[*]의 권능을 놓고 벌어졌던 설전이다. 설전이 오가던 중에 이 이야기 말고는 어디에서도 그 이름이 등장하지 않는 고위 성직자, 포포 주교가 그리스도를 옹호하면서 일명 '쇠 던지기'라는 시련을 자청하고 나섰다. 녹인 쇳덩어리를 들고 몇 걸음 걸어간 후 떨어뜨리거나 던지고 나서, 손에 오븐용 장갑 같은 것을 씌워 나흘 동안 상처를 봉해 놓았다가 장갑을 벗어 상처를 살펴보기로 했다. 상처가 깨끗이 나아 있으면 시련을 자청한 사람의 신이 보우하사 능력을 펼쳐 보인 증

---

[*]　Æsir. 북유럽 신화의 신족.

거이고, 상처가 곪아 있으면 그 신이 능력이 없다는 증거가 되는 것이었다. 나는 아내에게 직접 들를 시간이 없어서 아쉽지만 덴마크 호르센스의 탐드루프 교회에 가면 포포 주교가 행한 시련의 각 단계가 새겨진 금동판이 있다고 알려주었다. 1870년에 발견된 13세기 초 연대의 금동판으로, 모두 일곱 점이며 교회 연단에 못으로 박혀 유화 물감으로 두껍게 칠해져 있다. 첫 번째 금동판에는 포포 주교와 하랄이 함께 등장한다. 포포 주교가 개종을 강요하지만 하랄이 거부하는 장면이다. 두 번째 금동판은 쇳덩어리가 불 위에서 달궈지는 장면이다. 세 번째는 주교가 장갑을 벗어 왕에게 손을 보여주는 모습이다. 네 번째 금동판은 주교가 시련의 보상을 받으며 왕에게 세례를 베푸는 장면으로, 왕이 주교 앞에서 옷을 벗고 물이 담긴 통에 들어가 서 있다. 하랄왕은 옐링 스톤에도 이 세례식에 대한 기념의 의미를 새겨 넣게 했다. 13세기의 덴마크 역사가 삭소 그라마티쿠스Saxo Grammaticus가 쓴 『덴마크인의 사적Gesta Danorum』에서 전해주는 이야기에 따르면, 하랄왕은 유틀란트의 해변에서 붉은색과 검은색이 뒤섞인 커다란 화강암을 발견하게 되었단다. 대략 피라미드 모양에 무게는 10톤에 가깝고 높이가 2.5미터인 화강암이었다. 하랄왕은 화강암을 굴림대에 싣고 소를 부리듯 부하들에게 멍에를 씌워서 옐링까지 옮겨온 후 화강암에 기독교적 형상을 룬 문자와 함께 새겨 넣고 채색을 하도록 명령했다. 새겨진 비문을 번역하면 이런 내용이다. "하랄왕께서 부친인 고름과 모친인 튀라를 기리며 이 기념물을 만들도록 지시하셨다. 하랄왕은 덴마크와 노르웨이 전역을 혼자의 힘으로 쟁취하고 덴마크인들이 기독교를 믿게 하셨다." 한쪽 면에는 서로 싸우는 두 동물의 모습이 보이는데 얼핏 사자처럼 보이지만 갈기와 머리 모양은 말과 아주 비슷한 전설 속 동물과 몸을 똘똘 만 채 입으로 제 꼬리를 물고 있는 뱀이다. 다른 면을 보면 십자가에 못 박힌 예수의 모습이 담겨 있는데, 이 돋을새김은 스칸디나비아 예술사에서 특별한 의미를 담아 그리스도를 묘사한 최초의 사례이다. 돋을새김에는 두 예술가의 손길이 깃든 것으로 감별되었고 두 사람이 이 작품을 완성한 데는 대략 1년이 걸렸으리라고 추정되었다.

이전까지 오딘과 토르 같은 난폭성의 대가들을 섬기던 사람들 사이에서 고난을 겪는 그리스도는 그다지 매력이 없었다. 그래서 처음부터 포포 주교 같은 전도사들의 주안점은 그리스도의 권능과 전사적 특징이었다. 그런 까닭에 옐링 스톤의 그리스도는 눈을 매섭게 부라린 채로 당장이라도 십자가에서 뛰어내려 이교도의 악마들과 싸울 듯한 태세를 보이고 있다. 사실, 그리스도가 양팔을 옆으로 펼치고 있긴 하지만 어디에도 십자가의 모습은 없어서 처형을 당하는 것이 아니라 의기양양하게 팔을 펼친 것처럼 보이기도 한다. 팔과 몸은 십자가는커녕 소용돌이 모양의 장식으로 감겨 있다. 일각에서는 이 장식을 놓고 5세기부터 그리스도와 교회의 상징으로 익히 양식화되어 사용된 포도 덩굴로 추정한다. 반면 돋을새김의 조각가들이 십자가를 그냥 취사선택 가능한 배경쯤으로 여겨서 심미적인 이유로 십자가를 무시한 것이라고 추정하는 학자들도 있다. 그런가 하면 또 다른 견해의 학자들은 조각가들이 일종의 신크레티즘♦ 본능에 따라 기독교의 사자를 스칸디나비아의 말로, 기독

♦　Syncretic. 혼교주의, 즉 기독교와 토착신앙의 혼합.

교의 뱀을 에시르 신족 신화 속의 세계를 에워싼 미트가르트 뱀으로 변형한 것이라고 추정한다. 19세기에 최초의 열차 객차 설계자들이 사람들이 용기를 내어 열차에 오르게 하려고 일부러 말이 끄는 마차와 비슷한 모양으로 객차를 만든 것처럼, 친밀성을 활용해 기독교 수용을 유도하려 했던 것이다.

고대의 데인족에게는 옐링 스톤의 그리스도 모습이 나뭇가지에 매달려 있는 것처럼 보였을 수도 있다. 그래서 오딘이 지혜의 비의秘義를 깨닫기 위해 위그드라실◆의 가지에 9일 밤낮을 매달려 있던 이야기를 떠올렸을 것이다. 아내는 예전에 편집자라는 직업상 노르웨이에서 제일 유명한 사미족 주술사 몇 명을 만난 적이 있었고, 나는 그런 아내가 흥미를 보일 법한 세세한 이야기를 덧붙여 들려주었다. 그것이 우연이었든 계획적이었든 간에 옐링 스톤 속 그리스도는 당시 덴마크인에게 이미 친숙한 종교의 주술적 신처럼 보일 법한 이미지가 담겨 있어서, 그에 따라 그리스도를 선뜻 수용하도록 의욕을 더욱 부추겼을 것이라고. 내가 아내에게 이어서 들려주었듯, 옐링 스톤이 당대의 사람들에게 풍겼을 법한 인상을 고려하면 짚고 넘어갈 만한 부분이 있다. 다른 대다수의 룬 스톤과 마찬가지로 옐링 스톤도 붉고 파랗고 노란색으로 밝게 채색되어 가장 소중히 다루어졌을 때는 아주 화사한 모습이었을 것이다. 나는 일종의 추신처럼 다음의 뒷이야기 한 토막도 더했다. 삭소 그라마티쿠스의 저서에서나 스벤 아게센Sven Aggesen의 『덴마크 왕조사 개

◆ Yggdrasil. 북유럽 신화에 나오는 세계수. 거대한 물푸레나무로, 우주를 뚫고 솟아 있어 우주수라고도 한다.

관Short History of the Kings of Denmark』에 모두 나와 있듯 이런 대대적 기독교 선전은 하랄왕에게 오히려 역풍을 불러왔다. 왕의 명에 따라 거석을 옐링으로 끌고 왔던 부하들은 소처럼 취급받은 일로 치욕감을 품고 있다가 왕이 자신들을 필요로 하는 결정적 순간에 전사로 나서길 거부하며 역심을 품은 왕의 아들, 스벤 포크비어드Sven Forkbeard의 편에 섰고, 결국 하랄왕은 왕국에서 쫓겨나고 말았다. 설상가상으로 화살에 맞아 치명적인 부상을 입고 몇 안 되는 충심 지극한 부하들과 정처 없이 떠돌다가 오데르강 어귀의 욤네라는 마을에 이르러 987년 그곳에서 숨을 거두었다. 부하들은 이 마을에서 계속 머물다가 마침내 역사에 욤스부르그 바이킹Jomsburg Vikings으로 알려지는 전설적인 전사단의 토대를 세웠다. 알 만한 사람은 다 아는 얘기일 테지만, 스벤 포크비어드는 여세를 몰아 잉글랜드에 단명으로 그치고 말 옐링 왕조를 세웠다. 그는 1013년 왕위에 올랐다가 석 달도 채 안 되어 사망하고 아들 크누트, 즉 잉글랜드 백성들에게 불린 호칭대로 카누트가 왕위를 물려받게 되면서, 역사의 뒤안길로 사라졌다.

우리는 교회 경내에서 나와 따사롭게 내리쬐는 햇볕을 맞으며 거리를 여기저기 돌아다녔다. 카페 겸 기념품 가게에 들어가려다, 허리 높이의 옐링 스톤 복제본을 발견하고는 자세히 보기 위해 걸음을 멈춰 사진도 찍었다. 복제본은 원본의 돼지 피 같은 선홍색, 연한 황갈색, 파란색과 회색으로 똑같이 채색되어 보도에 체인이 둘린 상태로 놓여 있었다. 우리는 카페 겸 기념품 가게에 들어가 커피에 곁들여 데니시 페이스트리를 먹었다. 덴마크인들이 '비엔나 빵'이라는 뜻으로 비네르브뢰드wienerbrød라고 부르는 빵이다. 배를 채운 후에는 가게를 몇 바퀴 돌아보며 기분 좋은 고민을 하다가 그림엽서 두 장, 원형 통에 담긴 픽업스틱스♦ 세트, 사슴뿔로 만든 '바이킹' 티스푼, 가죽끈 스타일의 '바이킹' 팔찌 외에 지금은 기억 도 나지 않는 기념품을 이것저것 샀다.

♦ Pick Up Sticks. 얇은 막대기 따위를 쌓아 다른 것을 무너뜨리지 않고 하나씩 빼내는 놀이.

——— 2
아이슬란드인들의 개종

잘 기억나진 않지만 1969년 코펜하겐에 체류하던 중 곤궁한 처지에 빠진 바람에 그랬으리라고 짐작되는 이유로, 1970년 겨울, 플리트우드♦에서 케네디라는 이름의 저인망 어선에 선원으로 몇 번 승선하여 아이슬란드 쪽으로 나가본 적이 있다. 그러던 어느 날 이른 아침에, 우리 배는 3일 정도 조업을 한 후 여전히 그물을 쳐놓은 상태에서 폭풍우를 만나게 되었다. 배의 삭구에 얼음이 들러붙으면서 유령같이 허연 형상으로 변했다. 케네디호는 갯대 저인망♦♦을 쓰는 어선이었다. 다시 말해 그물을 배의 뒷부분이 아닌 측면에 걸어 끌고 다니는 방식이라서 빨리 얼음을 제거하지 않으면 그 무게 때문에 배가 뒤집힐 판이었다. 우리는 팀을 이루어 40분씩 교대로 돌아가며 도끼를 들고 얼음을 제거했다. 나는 쉴 차례가 되면 아래

♦　　Fleetwood. 잉글랜드 랭커셔 지역에 위치한 마을.
♦♦　버팀목으로 그물 입구를 벌려 두는 저인망.

칸의 침상에 누워 배의 선장에게 빌린 마틴 디브너Martin Dibner의 염가판 소설책『제독The Admiral』을 이어서 읽었다. 태평양 전쟁을 중심으로 펼쳐지는 이야기였는데, 배에 있는 유일한 책이라 누군가가 독서가 아닌 다른 목적으로 뜯어낸 바람에 뒷부분 3분의 1이 없다는 걸 알면서도 읽고 있었다.

　　배의 진동이 심해 책을 집중해서 읽기가 힘들었다. 나는 노먼 징크스라는 이름의 60대 선원과 2층 침대를 같이 썼다. 진즉에 일을 그만둘 나이였으나 아직 돈을 벌어야 할 형편이라 배를 탔다는 노먼 영감은 배가 흔들릴 때마다 아래쪽 침대에서 욕을 내뱉었다. 그러던 와중에 갑자기 쿵 하는 큰 굉음이 들려왔다. 뒤이어 케네디 호가 멈춰서며 누군가에게 망치로 앞쪽을 가격당한 것처럼 부르르 떨었다. 불빛이 깜빡거렸다. 프로펠러가 물살을 헤쳐 나오려고 하면서 엔진에 부하가 걸린 공회전 소리가 요란하게 들렸다. 노먼과 나는 벌떡 일어나 장화를 신고 방수복을 입었다. 곁눈으로 보니 노먼은 권양기를 잡아야 할 차례가 돌아오거나 불침번을 설 때마다 하던 행동을 하고 있었다. 침상 옆에서 엉거주춤 무릎 꿇는 자세를 잡고 고개는 따뜻한 침상 쪽으로 슬쩍 틀어, 두 손을 뾰족탑 모양이 되게 마주 포개어 무슨 말인지 알아듣기 힘들지만 매번 아멘으로 끝나는 것으로 보아 기도인 게 틀림없는 소리를 혼자 중얼거렸다. 왜 그렇게 누가 들을세라 몰래, 그것도 약간 굴욕스러운 자세로 기도를 하는지 이해가 되질 않았다. 나는 전부터 그 이유를 이렇게 저렇게 추론해보다가 나름대로 결론을 지었다. 그런 저인망 어선을 타는 어부들은 바다 생활의 특성상 워낙에 거칠고 냉정한 성격들이니, 언젠가 기도를 했다가 같이 침대를 썼던 어떤 어부에게 비웃음을 당한 경험이 있어서 그러는 것이 아닐까 짐작했다.

선교♦로 올라가서 유리창을 왔다 갔다 하는 와이퍼를 통해 확보한 둥글고 좁은 시야로 갑판을 내려다보니 난장판이 따로 없었다. 무선 안테나는 바닥으로 내동댕이쳐졌고, 갑판의 전등들도 기둥에서 떨어져 나가 있었다. 떨어진 전등은 잡은 생선의 내장을 제거하는 자리였던 곳 위쪽의 갑판을 이쪽저쪽 발광하듯 뒹굴었다. 생선 세척기는 나사못이 뽑혀나가면서 맞은편 갑판으로 내던져져 거대 거미처럼 물고기로 가득 채워진 그물을 움켜쥐고 있었다. 건초더미 크기의 얼음 덩어리들은 갑판으로 솟구쳐 밀려든 바닷물을 타고 빙글빙글 돌며 여기저기 쿵쿵 부딪쳐댔다. 처음엔 얼음 덩어리들이 어디에서 나타난 건지 어리둥절했지만 위를 올려다보는 노먼의 시선을 따라가서야 감을 잡았다. 파도에 흔들려 삭구에서 떨어진 얼음 덩어리였다. 어찌 보면 그것은 바다가 우리에게 베풀어준 자비였다. 우리가 직접 제거하려면 도끼를 들고 몇 시간이나 더 낑낑댄 끝에야 마쳤을 일을 순식간에 끝내준 셈이니 말이다. 그 상황에서 잡힌 물고기를 끌어당기는 것은 위험천만한 일이라 선장은 그물과 이어진 줄을 끊으라고 명령했다. 잠시 후 그물은 바닷속으로 사라졌고 이제 안전지대로 대피하는 것 말고는 할 일이 없어졌다. 우리는 다시 아래로 내려갔다. 몇 시간 방해받지 않고 푹 잘 생각을 하니, 행복했다.

다음 날 아침, 빌리 딩글이라는 선원이 나를 깨우더니 올라가

♦   船橋. 배가 항해할 때, 선장이 항해나 통신 따위를 지휘하는 곳. 일반적으로 배의 상갑판 중앙의 앞쪽에 높게 자리 잡은 위치.

서 폭풍으로 엉망이 된 갑판을 정리하라는 갑판장의 명령을 전했다. 우리 배는 작은 만에 닻을 내렸다. 바람 잔잔하고 천지가 진줏빛 도는 회색으로 물든 아침나절이었고 바닷물에서는 잔물결조차 일지 않았다. 어제와 같은 바다라고 믿기 힘들 정도였다. 고요히 떨어져 내리는 굵은 눈발 속에서 갑판 하역 선원들이 망가진 생선 세척기를 손보고 내장 손질용 자리를 다시 재건하는 동안 빌리와 나는 빗자루를 꺼내와 비질을 하며 서로 뒤엉킨 생선 내장들을 눈과 함께 옆쪽으로 쓸어냈다. 몇 분 후 비질을 하다 말고 빙 둘러봤더니, 만의 여기저기에 급히 안전지대를 찾아온 다른 배 대여섯 척이 흐릿하게 보였다. 그 배들 너머로 섬의 윤곽선이 희미하게 비쳤다. 나는 빌리에게 저 섬이 아이슬란드냐고 물어봤다. 빌리는 아니라고 했다. 거긴 웨스트먼 제도[아이슬란드어로는 베스트마나에이야르 제도]이고 아이슬란드는 저쪽이라며 빗자루로 반대편을 가리켰다. 가리킨 쪽을 돌아보자 거뭇한 모래사장 같은 곳에서 날카로운 윤곽을 그리며 초승달 모양으로 솟아오른 절벽만 겨우 알아볼 수 있었다. 절벽 경사면 아래쪽은 거뭇해 보였고 위쪽으로 올라갈수록 잿빛 뭉게구름 쪽으로 방향이 틀어지면서 눈과 뒤섞였다. 계속 보고 있으니 더 자세히 보였다. 경사진 절벽 높은 곳에서 고개를 숙이고 풀을 뜯어 먹는 양이나 염소 떼의 모습이 작게 보였다. 나는 그쪽에서 한참이나 눈을 떼지 못한 채 혼잣말을 되뇌었다. "저기가 아이슬란드라니. 정말 아이슬란드라니. 내 눈앞에 아이슬란드가 있어." 살면서 아이슬란드를 보게 될 줄은 꿈에도 상상하지 못한 사람처럼 감격에 겨워 그렇게 중얼거렸다. 얼마 후 갑판을 다 쓸고 빌리는 카드놀이를 하기 위해 자리를 떴다. 나는 식당 칸으로 가서 큰 사발에 오렌지 차를 따르고 혼자 앉아 있었다. 벽걸이 시계의 요란하고 둔탁한 째깍째깍 소리를 듣고 있다 보니 어느새 기분 좋은 비몽사몽 상태에 빠져들었다. 그것이 요란하면서도 둔탁한 시계 소리 때문이었는지, 단지 몸이 지쳐 정신이 혼미해져서 그랬던 건지는 잘 모르겠지만 그 순간 직감했다. 내가 진정한 북쪽 땅을 보았고 다시는 못 보게 될 것 같다고.

폭풍우 속에서 권양기 한 대의 제동장치가 망가진 바람에 케네디호는 수리를 받기 위해 아이슬란드 서해안의 작은 어항 마을인 디라피외르뒤르Dýrafjörður로 들어가야 했다. 그 무렵엔 몇 년 동안 아이슬란드의 영해 수역과 이 수역 부근에서의 영국 어업권을 둘러싸고 영국과 아이슬란드 정부 간에 갈등이 빚어지고 있었다. 그래서 배가 그곳에 들어가야 할 때면 잉글랜드 어부들과 현지 주민 사이에 긴장이 흘렀다. 우리 배가 부두에 들어갈 때도 부둣가에 늘어서 있던 열두어 명의 아이들이 우리 쪽으로 빈 콜라 캔, 돌멩이, 플라스틱병 따위를 던져댔다. 하지만 우리가 뭍으로 내리자 별처럼 새하얀 얼굴에 옷을 얇게 입은 아이들은 바퀴 자국이 파인 좁은 거리까지 졸졸 따라와 발을 동동 구르고 우리의 호주머니를 쳐대면서 돈을 구걸했다. 선술집에 들어갔을 때는 바텐더가 우리에게 술을 팔지 않으려고 해서 사 측 현지 대리인이 우리에게 위스키를 사주러 일부러 나와야 했다. 나는 술 생각이 별로 없었지만 잉글랜드인 어부들이 술이 거나하게 취해서 술병을 돌릴 때는 빠지지 않고 같이 마셨다. 그때의 모든 경험이 나에겐 마법처럼 황홀하게 다가왔다. 그런 진기한 경험을 다 해보다니, 이게 무슨 복인가 싶어서 몇 번이나 감사한 마음이 들었다. 우리는 배 옆쪽에서 권양기의 수리가 끝나길 기다리는 동안 아이들처럼 부둣가에 걸터앉아 다리를 흔들흔들했다. 빌리가 미니 하모니카를 챙겨온 덕분에 다 같이 비틀스 노래를 부르기도 했다. 우리 뒤로는 디라피외르뒤르 특유의, 철제 지붕골판을 얹은 분홍색과 파란색의 아담한 집들이 옹기종기 모여 있었고, 또 그 너머로는 광대하고 신비로운 모습의 거무스름한 산들이 펼쳐져 있었다.

그때의 특별했던 경험을 떠올릴 때면 999년의 아이슬란드 기독교 개종에 대해 생각하게 된다. 지난 수년 동안 곧잘 그런 생각을 하면서 갖게 된 확신이지만, 아이슬란드인의 기독교 개종사에는 나로선 평생이 걸려야 겨우 헤아릴 만한 심오함과 인간사의 진리가 담겨 있다. 기독교 지도자들이 꾸린 작은 무리가 트론헤임♦에서 배를 타고 베스트마나에이야르 제도로 들어와 현재는 사라지고 없는 호르가에이르라는 정착촌에 닿아 그곳에서 이틀을 보내며 작은 교회를 세운 후 가까운 거리에 있는 아이슬란드로 건너갔다는 이야기가 생생히 떠오른다. 네 사람의 선교단 지도자(시다의 할Hall of Sida, 기수르 더 화이트Gizur the White, 히알티 스케기아손Hjalti Skeggiason, 윌프스의 소르길스Thorgils of Ölfus)가 거뭇한 화산모래를 밟고 서서 바닷물 건너편으로 란데이야르Landeyjar 쪽을 지그시 응시하며 앞으로 펼쳐야 할 임무를 생각하는 모습이 눈앞에 선하게 그려진다. 그리고 결국 임무에 성공하지 못하는 것까지도.

♦   Trondheim. 노르웨이 중남부에 있는 도시.

네 사람이 아이슬란드 최초의 기독교도였던 것은 아니다. 1200년경 집필된 『정착의 서Landnámabók』를 보면 그보다 300년 전에 아이슬란드의 최초 정착자들 중에도 기독교 신자들이 몇몇 섞여 있었다. 노인 오를리그, 헬이 비올라, 기독교인 요룬드(여성), 깊은 마음 외이드(또 한 명의 여성), 바보 케틸(이교도 이웃들이 이 사람의 신앙심을 어리석다고 우롱하며 붙여준 이름) 같은 이들이다. 이교도 이웃들의 눈에 그나마 덜 어리석어 보였던, 말라깽이 헬이라는 사람도 있었다. 이 남자는 예수 그리스도를 믿었지만 바다에 나갈 때면 어김없이 토르에게 제물을 바쳤다. 멀고 먼 땅에서 온 예수님 같은 신은 아이슬란드 주변의 조류와 바람은 잘 모를 것이라는 이유에서였다. 하지만 이 초창기 개종자들이 죽어서 세상을 뜨자 그 자식들은 도로 옛 신앙으로 복귀하여 오딘과 토르에게 제물을 바쳤다.

할과 기수르를 비롯한 선교단은, 주민들을 개종시키려는 특별한 목적을 띠고 아이슬란드에 들어온 최초의 사례도 아니었다. 그보다 약 15년 전에 먼 거리 여행자 소르발드Thorvald the Far-Traveller라는 바이킹 출신의 아이슬란드인이 외국으로 떠났다가 프레드리크라는 색슨족 주교를 데리고 귀향해 아이슬란드 곳곳으로 복음을 전하려 다녔다. 두 복음 전도자는 활동 초반부터 기독교의 가치관과 관행, 그중에서도 특히 턱수염을 미는 것으로 조롱의 대상이 되었다. 현지 시인들은 기독교의 대부代父 전통을 조롱하면서 소르발드와 주교가 동성 간 성교를 벌인다는 뉘앙스의 시를 짓기까지 했다.

주교에게는
아홉 명의 자식이 있다네,

아이들의 아버지는

소르발드.

심하게 모욕적인 시였다. 아직까지 바이킹 기질이 많이 남아 있던 소르발드는 명예를 지키기 위해 시인 두 명을 죽였다. 마땅하게도 소르발드는 무법자로 찍혀 아이슬란드에서 쫓겨났다. 995~1000년의 짧은 기간 동안 노르웨이를 통치했던 올라프 트뤼그바손Olaf Tryggvason은 스테프니르라는 이름의 아이슬란드인을 보내 두 사람이 목적을 이루지 못한 곳에서의 기독교 전파 가능성을 타진해오도록 명했다. 스테프니르는 말로 설득이 안 되자 급기야 폭력까지 동원했다. 한 무리의 남자들을 대동하여 말을 타고 각지를 다니며 우상을 모셔놓은 성소들을 박살냈다. 아이슬란드인들은 이런 파괴 행위에 대응해, 가족 구성원 중 누구라도 기독교로 개종하여 일가에 수치를 끼칠 경우 집안의 가장이 그 가족을 고발하도록 의무화하는 법규를 도입했다. 스테프니르는 이 새로운 법규에 따라 가족들에게 고발당해 추방 선고를 받았다.

올라프왕은 이번엔 생브랜드라는 이름의 색슨족 사제를 필두로 결성된 세 번째 선교단을 후원해주었다. 생브랜드는 먼 거리 여행자 소르발드와 다를 바 없이 동성애자라고 홍보하는 시의 표적이 되었고, 그 역시 참을 수 없는 모욕감을 느꼈다. 급기야 어느 날, 자신에게 모욕감을 안겨준 무리 중 한 명이던 시인 베트르리디가 살고 있는 농장에 들이닥쳐 잔디를 베고 있던 그를 죽이고 말았다. 그 뒤에도 아이슬란드 남서부의 그림스네스에서 사람을 또 죽여, 그해 여름에 알싱기Alþingi 의회에서 무법자로 선언되었다. 아이슬란드의 역사가 현명한 아리Ari the Wise가 전해주는 바에 따르면, 생브랜드는 트론헤임으로 돌아가 올라프왕에게 "그곳은 기독교가 받아들여질 가망이 없는 곳"이라며 2년간 선교 활동을 펼쳤지만 개종시킨 사람이 몇 명 되지 않는다고 고했다. 하지만 그 몇 안 되는 개종자 중에는 올라프왕이 파견한 다음번 선교단의 중심인물 네 사람, 즉 할, 기수르, 기수르의 사위인 히알티, 윌프스의 소르길스가 끼어 있었다.

왕은 자신이 보낸 선교단을 홀대한 아이슬란드인에게 응당한 벌을 내릴 셈으로, 왕실의 수도인 트론헤임에 거주하는 아이슬란드 태생자를 모조리 잡아들여 재산까지 몰수하라고 명령했다. 이 소식을 전해 들은 기수르와 히알티는 배를 타고 노르웨이로 찾아와 올라프왕에게 간청했다. 자신들이 아이슬란드인들을 개종시켜볼 테니 한 번만 더 기회를 달라고 하소연한 것이다. 올라프왕은 그렇게 해주겠다며 조건을 내걸었다. 아이슬란드의 각 지역 출신이자 그 지역 족장과 혈연관계가 있는 사람들로 네 명의 인질을 붙잡고 있겠다고.

이듬해 여름인 999년 6월에 할, 기수르, 히알티, 소르길스는 소르모드라는 사제를 대동하여 배에 올랐다. 현재의 레이캬비크◆에서 북서쪽으로 약 45킬로미터 떨어진 싱크베틀리르에서 그달 말에 열릴 예정인 하계 대의회에 참석해 설교를 할 심산이었다. 일행은 베스트마나에이야르 제도에 내린 후 란데이야르로 향했다. 100킬로미터가량을 가야 하는 여정이었다. 여정의 첫 관문은 랑가우강

◆　Reykjavik. 아이슬란드의 수도.

의 동쪽으로 가서 달의 뤼놀프Runolf of Dal가 통치하는 영토를 지나
는 것이었다. 뤼놀프로 말하자면 막강한 힘을 가진 이교도 족장으
로, 기독교 도입을 격하게 반대했다. 올라프왕은 이 점을 고려해 뤼
놀프의 아들인 스베르팅도 미리 인질로 붙잡아두었다. 뤼놀프가
통치 구역 내의 농부들에게 선교단한테는 말을 팔지 못하도록 금
지한 탓에 일행은 홀트 인근 지역인 하우프르까지 걸어가야 했다.
일단 하우프르에 도착한 뒤에는 히알티의 한 친족에게 말을 살 수
있었고 대의회 장소인 싱크베틀리르까지 말을 타고 가는 도중 다
른 기독교 신자들도 일행에 합류했다.

이전 해의 대의회에서 히알티 스케기아손은 프레이♦의 누이이
자 아내이며 에시르 신족 중에서도 가장 힘센 여신인 프레이야를
모독하는 불경스러운 시를 낭송한 적이 있었다. 현재는 다음의 짧
은 일부분만 전해지고 있는데 내용이 정말 신랄하다.

신들에게 상소리를 내뱉고 싶지는 않지만
내 보기에 프레이야는 개 같은 년이다.

결국 히알티는 이런 불경한 언사로 인해 단기 추방형을 선고
받아, 벌금형과 3년 추방형에 처해졌다. 선교단은 국가의 합법적
의회에 추방형을 받은 사람을 데려갔다가 괜한 분노를 살 필요가
없다고 판단했다. 설득 끝에 히알티는 뢰이가르달이라는 곳에서
한 무리와 남아 있기로 하고 기수르 더 화이트와 나머지 사람들만

♦   Frey. 북유럽 신화의 풍요와 비의 신.

여정의 마지막 관문을 착수하러 길을 나섰다. 그날 밤, 일행은 대의회 장소가 보이는 호숫가에 자리를 잡고 움막을 쳤다. 밤 느지막한 시각에 의회에 모인 족장들이 전령을 보내와, 의회 절차의 정화를 위해 매년 전통적으로 행해온 축성祝聖 의식에 참여하지 않는 자들은 싱크베틀리르의 의회 장소에 들어오지 못한다고 알렸다. 필요하다면 무력을 동원해서라도 못 들어오게 막겠다고. 뢰이가르달에서 이 소식을 전해 들은 히알티는 그것을 심각한 문제로 인식하며 또 한 번 법을 어길 당위성이 생겼다고 판단했다. 그래서 수하들과 함께 움막을 거두고 말에 올라타 기수르와 다른 일행들에게 합류하러 갔다.

기독교 신자들이 (히알티와 함께) 싱크베틀리르의 대의회 장소 경계지로 다가간 행위는 그야말로 엄청난 도발이었을 것이다. 하지만 바로 이 순간 이교도 족장들은 노르웨이의 왕이 자신들의 아들을 인질로 잡고 있다는 청천벽력 같은 소식을 듣게 되었다. 일이 난처한 상황에 놓인 것이 드러나자 긴장은 크게 누그러들면서 기수르와 히알티는 신성한 그 땅에 발을 디딜 수 있었다. 내친김에 대의회장에서 연설도 할 수 있었다. 그것도 평지 사이에 경사져 올라간 형태를 이루면서 자연적으로 형성된 연단 모양의 암석, 일명 뢰그베르그◆에 올라서서 모든 눈과 귀가 쏠리는 가운데 연설했다.

이들의 주장은 단 한 사람도 설득하지 못했다. 연사들이 연설을 마치고 암석에서 내려서자 일단의 사람들이 발언을 하려고 줄을 섰다. 대다수가 이교도였고 기독교도 몇몇도 섞여 있었는데 하

◆ Lögberg. 직역하면 '법 바위'라는 의미.

나같이 상대편의 교리에 따라 살기를 완고히 거부했다. 그러던 중 기독교도들이 다시 긴장을 유발했다. 자신들 편 중 한 사람인, 시다의 할을 '법의 공포자Lawspeaker'로 세워 기독교도들이 따르며 살아갈 법률을 별도로 정하게 해달라고 촉구한 것이다. 할은 자신이 '그러겠다'고 수락할 경우 내란을 피할 수 없을 것 같은 분위기를 감지하여 이를 거절하고, 의회의 현 공표자인 아이슬란드 북부 에이이아피외르뒤르 지역의 족장 소르게이르 소르켈손Þorgeir Þorkelsson에게 별도의 법률 마련 요청을 처리해달라고 맡겼다.

이 당시에 소르게이르 소르켈손은 15년째 법의 공표자로 지내고 있었다. 말하자면 아이슬란드에서 법체계의 최고 권위자였다. 소르게이르가 기독교도가 아니었던 점을 고려하면 아이슬란드 기독교도들의 이런 위탁은 아이슬란드인의 법의식을 높이 살 만한 사례이기도 하지만, 또 한편으로는 난처한 요구이기도 했다. 별개의 종교적·행정적 사회로 분리되는 것을 합법화해달라는 요구나 다름없었기 때문이다. 자신이 어떤 결론을 내놓든 간에 폭력 사태와 연방의 종말은 피할 수 없을 듯한 상황에서, 소르게이르는 그 책무를 수락하고 자신의 거처로 돌아갔다. 알싱기 의회 참석자들이 머무는 움막 비슷한 하계 처소로 돌아온 그는 바닥에 눕더니 무슨 일이 있어도 방해하지 말라고 지시했다. 현명한 아리와 작자 미상의 『기독교 사가Kristni Saga』에서 똑같이 전해주고 있듯, 그렇게 누워서 망토로 머리를 감싸고 생각에 잠겼다고 한다.

소르게이르는 하루가 꼬박 지나서야 처소에서 나온 후, 결정을 발표할 테니 사람들을 뢰그베르그 아래로 불러 모으라고 지시했다. 사람들이 모이자 서로 다른 신을 섬기고 다른 법규를 따르는 사람들이 함께 살아가는 사회에 닥칠 위험을 강조하는 것으로 운을 뗐다. 그런 사회제도에서는 결국 국가의 존속을 위협할 만한 극심한 폭력 사태가 일어날 것이라고. 이날의 실제 발언 가운데 일부는 그 자리에서 직접 들었던 이들의 뇌리에 오래도록 남았고, 덕분에 대략 60년 혹은 70년이 지난 후에 현명한 아리의 손을 통해 글로 기록되었다.

따라서 저는 가장 현명한 해결책으로 이렇게 해보면 어떨까 제안합니다. 서로의 종교를 격렬히 반대하는 극단으로는 치닫지 맙시다. 그러지 말고 양쪽이 부분적 승리를 거두는 식으로 해결합시다. 그리하여 이 나라에 하나의 법과 하나의 종교가 있게 합시다. 여기에서 중요한 핵심은 법을 쪼개면 평화도 쪼개진다는 사실이기 때문입니다.

소르게이르는 발언을 다 마쳐갈 무렵 양쪽의 지도자들에게 자신의 결정에 무조건 따를 것을 맹세해달라고 했다. 지도자들이 맹세를 하자 드디어 결정을 밝혔다. 그날 이후로 아이슬란드에서는 모든 사람이 세례를 받고 기독교로 개종하는 것을 의무화한다는 결정이었다.

당시 3만 명의 아이슬란드 인구 가운데 대다수가 이교도였던 점을 생각하면 이 결정을 들은 군중 사이에서 충격과 불신 섞인 불만은 터지고도 남았을 것이다. 하지만 불만의 소리가 잦아들기도 전에 소르게이르는 자신의 발언 취지에서 주된 요점, 즉 양측의 타협적 해결을 다시 강조하며 세 가지 중요한 조건을 덧붙였다. 첫 번째 조건은 일종의 산아 제한과 관련된 내용이었다. 현재의 관점에서 보면 냉혹한 이야기로 들리겠지만 천 년 전 사회의 극빈자들이 하루하루 연명하기가 얼마나 처참했던가를 비추어주는 부분이기도 하다. 그때껏 아이슬란드 법에서는 아이를 먹여 살리기도 막막한 형편에서 여성이 아이를 낳고 그 아이를 밖에 내놓아 죽게 내버려 두어도 용인해주었다. 소르게이르는 이런 관행을 앞으로도 용인해주자고 말했다. 그다음 두 번째 조건은 말고기를 먹는 것도 계속 허용해주자는 것이었다. 도살된 말의 고기와 피로 만든 뜨거운 수프를 마시는 관행을, 기독교에서 성찬식의 빵과 포도주가 그러하듯 이교도 의식에서도 확고한 본질임을 인정해주자는 얘기였다. 세 번째 조건은 전통적으로 섬겨온 신들에게 앞으로도 원하면 제물을 바칠 수 있게 허용하되 몰래 행하도록 단서를 달자는 것이었다. 공개적으로 제물을 바치다 들키면 단기 추방형으로 다스려, 벌금형과 3년 추방형의 벌을 내리자고 했다.

이 타협 조건들은 충분히 군중을 설득시켰고, 그해의 의회가 해산되기 전에 참석자들 대부분이 의회 장소 맞은편에 굽이굽이 흐르던 왹사라우강의 얼음장같이 차가운 물에서 세례를 받았다. 세례를 받지 않은 나머지 사람들은 서쪽과 북쪽 지역 출신이었는데, 이들은 귀향길에 헤클라 화산의 분출 뒤에 생겨난 레이캬뢰이그의 온천에서 따뜻한 물에 들어가 세례식을 받기로 했다.

그런 크나큰 변화가 유혈 사태도 없이 원만히 이루어졌다니, 생각할수록 감명 깊고 놀랍다. 10세기 아이슬란드에서 법을 존중

하는 법의식이 얼마나 높았는지를 보여주는 증거라 할 만하다. 게다가 이런 법의식은 아이슬란드만이 아니라 스칸디나비아 전역에 해당하는 얘기다. 잉글랜드와 아일랜드의 왕들뿐만 아니라, 샤를마뉴 대제 사후 서서히 붕괴되어 가던 신성로마제국의 후대 지도자들 역시도 바이킹을 상대하면서 바이킹 지도부의 민주주의 정신에 놀라게 되었다. 바이킹 노르망디공국의 최초 역사가인 성 캉탱의 두도Dudo of St Quentin가 1015년경 기록한 글을 보면, 바이킹 대족장 롤로Rollo는 프랑크족 사절이 대장의 이름을 알기 위해 던진 질문에 이렇게 대답했다고 한다. "우리는 대장이 따로 없소. 모두가 대등하오. 그러니 우리 모두와 협상을 해야 할 거요." 1241년 발데마르 2세 시대에 제정된 덴마크의 '유틀란트 법전'에서 맨 처음 문구는 "Med lou skalland bygges(영토는 법에 따라 세워져야 한다)"이다. 같은 문구가 노르웨이의 중부 연안 지역 트렌델라그의 동시대 법, 프로스타팅Frostating에도 나온다. 남아 있는 증거로 미루어 보면 당시의 이교도인 바이킹들 사이에서는 현재의 덴마크, 노르웨이, 스웨덴의 사회민주주의에서와 마찬가지로 법 규정이 엄수되었을 것이다. 그것도 성경, 라틴어 알파벳을 대동한 기독교 문화가 밀려들면서, 오딘을 비롯한 에시르 신족의 여러 신들을 섬기던 숭배자들 대다수에겐 원수를 용서하고 한쪽 뺨을 때리면 다른 쪽 뺨도 내밀라는 식의 기독교식 가르침에 깃든 윤리성과 상식이 당혹스럽게 느껴졌을 대변화가 닥친 와중에도 꿋꿋이 법 규정을 준수했다니, 정말로 놀랍다. 이후로도 3세기 동안 아이슬란드인들은 국왕이 없는 연방 체제를 유지하면서 유럽의 다른 국가들에 여전히 놀라움을 안겨주었다. 실제로 11세기의 역사가 브레멘의 아담Adam of Bremen은

『함부르크-브레멘 주교들의 사적Gesta Hammaburgensis』에서 이런 특이성을 아주 짧은 글로 언급해놓았다. "Apud illos non est rex, nisi tantum lex(그들에게는 왕은 없고, 법만 있다)."

하지만 이 북쪽 땅에는 기독교가 전래된 와중에도 법의 위상이 꿋꿋하게 살아남았던 것과는 대조되는 현상도 일어났다. 다시 말해, 기독교 전래가 몰고 온 대변화에 어느 정도 직접적 영향을 받아 타격을 입은 부분도 없지 않았다. 북쪽의 이교국에서 시는 신과 가까운 지위를 차지하고 있었다. 13세기의 작가 스노리 스툴루손은 아이슬란드어 단어 '스칼드skáld, 음유시인'를 'fræðamaðr'로 풀이하기도 했다. 현대적 의미에서 말하는, 단순히 운문을 짓는 '시인'이라기보다 지성과 학식을 갖추고 조예가 깊은 사람이라는 의미였다. 고디goði, 즉 족장 겸 사제가 인간과 신들 사이에서 실무적 중재자 역할을 맡았다고 친다면 스칼드는 의식의 이면에 깃든 설화의 관리자들이었다. 오딘의 기원을 설명하는 스노리의 여러 이야기에서는 한결같이 최고신 오딘이 시의 창시자이자 시인들의 신으로 묘사되어 있다. 그만큼 오딘과 시인은 특별한 관계에 놓여 있었고, 기독교의 유입으로 자신들의 문화와 고대 전통이 위협받을까 봐 가장 민감하게 반응했던 것도 바로 이들 스칼드였다. 시인은 부족의 기억자였다. 설화와 신화의 수호자이자 찬양자였다. 위대한 지도자와 영웅들의 업적을 정확한 운율, 공들인 시적 언어, 멋진 은유로 표현해 기록으로 남겼다. 잘 쓰인 시가 되려면 이교 신들의 이야기, 속성, 모험과 연관된 숨겨진 비유를 대중이 잘 알아채도록 써야 했다. 이런 시인들은 왕의 후원을 받았는데 스칸디나비아 왕들이 기독교로 개종하고 난 뒤로는 기독교에서 악마화한 신들에 비유하는 시를 쓸 경우엔 치하를 받기는커녕 불경을 저지른 일이 되고 말았다. 그에 따라 스칼드의 기예는 쇠퇴하였다.

브레멘의 아담은 아이슬란드에서 수백 킬로미터 떨어진 함부르크의 자신의 감독 관할구에서, 개종 후의 아이슬란드 상황을 다음과 같이 이상화시켜 생각했다.

그들은 경건하고 소박하게 살아가고 있다. 자연이 내주는 것 말고는 아무것도 바라지 않으며 '먹을 것과 입을 것이 있은즉 우리가 그것으로 만족할 것이니라'는 사도의 말씀을 기쁘게 읊는다. 산을 터전으로 삼고 살면서 보글보글 솟는 샘물에 기뻐한다. 가난 속에서도 그 누구도 부러워하지 않으니, 정녕코 복된 이들이도다.

설령 개종 후 아이슬란드의 삶이 정말로 이랬다 하더라도 그런 삶은 오래 지속되지 못했다. 아이슬란드 사회는 비교적 안정적인 시기가 지나고 13세기 중반에 들어서면서부터 권력 다툼이 벌어지며, 그 뒤 수십 년간이나 폭력이 난무했다. 『스튀틀룽가 사가 Sturlunga Saga』에서 이 시기의 기록을 살펴보면, 족장들이 적들을 고문하고 불구로 만들고 거세하고 눈을 멀게 했는가 하면 건장한 사람만이 아니라 노인들까지 가리지 않고 아무렇지 않게 죽였다는 이야기가 수두룩하다. 또한 소명을 악용하는가 하면 아주 대놓고 정부를 둔 사제들의 이야기도 자주 보인다. 이런 야만 행위가 판을 치게 된 이면에는 어떤 원인이 있었을까? 기존의 윤리 기준을 마지못해 포기하고 전혀 다른 윤리 기준을 확신도 없이 어정쩡하게 채택하면서 시간이 지남에 따라 회복하기 힘들 지경의 도덕적 방향

감각 상실에 빠진 탓은 아니었을까? 1263년에는 싸우다 녹초가 되어버린 전사들이 국가의 지배권을 노르웨이 국왕에게 넘겨주었다. 아이슬란드는 이후 700년에 가까운 세월이 흐른 뒤에야 독립을 되찾았다.

―――――――

영국 총리나 미국 대통령이 소르게이르처럼 내각 회의실이나 백악관 집무실에서 휴대폰을 끄고 셔츠로 머리를 감싸고는 바닥에 누워 결정을 내리는 일은 상상하기 힘들다. 하지만 시대나 안락함의 부수적 요소들을 제쳐놓고 보자면 소르게이르는 현대 정치인들이 정말로 중요한 결정을 내려야 할 때 취하는 태도와 흡사했던 것으로 보인다. 즉, 문제를 분석하고 찬반양론을 검토하고 잠재적 반응과 결과를 예측해보면서 가장 안전한 모험이 무엇일지 궁리해내는, 고대의 인물이지만 현대적 사고를 했던 인물이다. 한마디로 합리주의자였다.

몇 년 전, 아이슬란드의 학자 이온 흐네빌 아달스테인손Jón Hne-fill Aðalsteinsson은 박사 논문에서 또 다른 해석을 제시했다. 소르게이르가 그날 저녁에 망토로 머리를 감싸고 있었던 이유를, 신들에게 올바른 결정을 내리게 해달라고 청하기 위한 주술적 절차에서 자신의 영혼을 보내는 준비 과정으로 해석한 것이다. 머리를 감싸고 아무도 방해하지 못하게 당부해두는 과정이 그런 주술적 절차에서 하나의 정립된 준비 의식이었을 것이라고. 이 해석이 정말로 맞는다면 소르게이르가 조언을 구했던 대상은 오딘이었으며, 예수 그리스도를 택해야 한다고 조언해준 것도 바로 오딘이었다는 얘기가 된다. 싱크베틀리르 경사 지대에서 오딘의 추종자들이 기대가 어긋나 얼떨떨한 와중에도 그 결정을 이해하고 받아들인 이유도 이해가 될 것 같다. 구약 성서의 신과 마찬가지로 오딘도 워낙에 알쏭달쏭한 신이었으니, 그러려니 하고 받아들였던 것이라고. 말이 나왔으니 말이지만 이해하기 힘든 배신과 도저히 예측할 수 없는 돌발성은 최고신 오딘이 걸핏하면 드러내던 특성이었다.

이렇게 해석한다면 오딘의 결정에는 별나지만 실존주의적인 타당성이 있다. 이렇게 생각해보자. 옛 신으로선, 신에게 떠맡겨진 책무나 숭배자들에게 지친 데다 전사와 왕들, 시인과 현학자들이 끝도 없이 빌어대는 소원과 쓸데없는 제물을 받기에도 넌더리가 나 있던 차에, 마침 더 젊고 건강한 신에게 이런 짐을 넘겨줄 기회가 엿보이자 냅다 손을 뻗어 그 기회를 붙잡을 만도 하지 않을까? 그 참에 정말로 관심 있던 일에 매달려볼 시간을 얻고 싶어지지 않을까? 오딘은 성경 속의 신처럼 세상을 창조했지만 성경 속의 신과는 다르게 자신의 창조물을 다 이해했다고 생각한 적이 없었다. 이점이 오딘의 가장 흥미롭고도 매력적인 특징 중 하나이다. 또 그로 인해 오딘은 자신이 무엇을 창조했고, 왜 창조했으며, 모든 것이 끝나는 게 언제일지 등에 불타는 호기심을 갖게 되었다. 그러던 중에 마침내 이 호기심을 풀어볼 만한 여유가 생긴 것이다. 그렇다 해도 오딘은 더 참고 기다려줘야 했다. 덴마크인, 노르웨이인, 아이슬란드인이 자신을 저버린 뒤에도 스웨덴인이 근 100년이 되어가도록 여전히 오딘을 숭배했기 때문이다. 스웨덴은 1090년경에 이르러서야 잉에라는 이름의 기독교도 왕이 웁살라에 있는 이교 대신전을 허물어뜨렸다. 하지만 덕분에 오딘은 세상의 옥좌인, 흘리드스캴프

Hlidskjalf에서 물러나 자유롭게 호기심 해결의 탐험에 나설 수 있었다. 스노리의 『노르웨이 왕조사』를 들춰 보면 가끔씩 오딘의 모습이 엿보인다. 챙이 넓은 모자로 얼굴을 반쯤 가린, 외눈의 늙은 방랑자로 등장해 누구라도 귀를 기울이는 이에게 이야기를 들려주고 기독교도 왕의 식사에 말고기 한 조각을 슬쩍 집어넣는 장난도 치고 발길 닿는 대로 떠돌며 여전히 우리가 어디에서 왔고 어디에 있으며 어디로 가는지를 이해하려 탐구열을 불태우고 있다. 자신을 떠받쳐주는 신앙심이 메말라가면서 권능이 서서히 약해지다가 언젠가 완전히 소멸하는 그 순간까지 그렇게.

1976년에 대구 전쟁♦이 종식되면서 아이슬란드인은 영국을 비롯한 다른 국가들이 들어오지 못하는 연안 주변 321킬로미터의 배타적 수역에서 어업권을 획득했다. 그 결과로 플리트우드는 몰락의 길에 들어섰다. 이 마을에서는 100년이 넘도록 남자들은 바다로 나가 고기를 잡고 여자들은 통조림 제조업 공장과 그물 제조 작업장에서 일하며 생계를 꾸려왔던 터라 마을이 회생하기까지 오랜시간이 걸렸다. 12년쯤 전에 나는 잉글랜드로 가는 여행길에 차를 렌트해서 그곳을 다시 둘러보았다. 플리트우드는 그 자체로 박물관이 되어, 블랙풀♦♦에서부터 6킬로미터의 해변 산책길을 걸어온 관광객들에게 흘러간 시절의 옛 추억을 팔고 있었다. 배 한 척이 전

♦   1970년대에 아이슬란드와 영국이 대구의 어업권을 둘러싸고 일으킨 분규.
♦♦ Blackpool. 잉글랜드 랭커셔 지방 서해안에 있는 휴양 도시.

시되어 있기도 했다. 자신타라는 이름의 원양 저인망어선이 한때는 어선 부두였던 곳에 관람용으로 정박되어 있었다. 2파운드 50펜스를 내면 배의 통로를 걸어보면서 옛 저인망어선 어부에게 가이드 투어를 받을 수도 있었다. 나는 그 투어를 할지 말지 정하지 못하고 갈등하다가 그냥 그 자리에 서서 한참이나 배를 올려다보았는데, 왠지 모르겠지만 어느 순간 오딘이 생각났다.

암레트, 루터, 그리고 최후의 사제:
스칸디나비아의 종교개혁

1104년, 스칸디나비아에 제도화된 기독교 문화가 들어옴에 따라 지리상으론 스웨덴의 남부지만 그 당시엔 덴마크 왕국에 속해 있던 룬드에 주교 관할구가 세워졌다. 스칸디나비아 최초의 관할구였다. 그전까지 스칸디나비아의 교회 직무는 독일의 함부르크-브레멘 대주교 관할구를 통해 운영되고 있었다.

　새로운 종교가 불러온 가장 근본적인 변화는 선형적 시간 개념과 룬 문자의 자모를 대체한 새로운 알파벳이었다. 한편 오딘을 비롯한 에시르 신족은 밖으로 내쫓겨나, 교회 외벽의 홈통에서 물을 흘려 내주는 가고일◆로 활용되었다. 수도원 기독교 수사들이 아이슬란드, 노르웨이, 스웨덴의 유랑하는 음유시인 스칼드를 대체했듯 이교 문화의 역사가들은 고대 스칸디나비아어와 구두를 통

◆　괴물 형상으로 만든 홈통 주둥이로, 모인 빗물이 가고일의 입에서 흘러나오는 구조로 되어 있다.

한 방식이 아니라 양피지에 라틴어로 기록하는 방식으로 역사를 전했다. 결국 이런 식의 무시와 외면으로 인해 조상의 관습과 믿음에 관련된 방대한 지식이 퇴색되고 말았다. 그중에서도 기독교 이전의 별자리 이름이 완전히 소멸되다시피 한 부분은, 생각할 때마다 유독 더 안타까움이 든다. 특히 초기 스칸디나비아인들에게 아우르반딜의 발가락Aurvandil's Toe으로 통했던 별이 어떻게 그런 이름이 붙었는지에 대한 이야기를 떠올릴 때면 돌연 마음이 심란해지면서 심각한 상념에 잠기게 된다. 이렇게 북유럽의 종교개혁에 대해 생각하다 보면, 외지인들이 덴마크, 스웨덴, 노르웨이 주민들 하면 으레 멜랑콜리하고 어두운 정서를 떠올리게 되는 그 오래되고 강한 이미지의 형성에 어떤 영향을 미치지는 않았을까, 하는 의문이 든다. 나는 스노리 스툴루손의 『산문 에다Prose Edda』◆에서 아우르반딜의 발가락 이야기를 읽은 직후 어느 날 삭소의 『덴마크인의 사적』에서 흥미로운 역사 이야기를 읽게 되었다. 엘시노어◆◆의 덴마크 궁정에서 벌어지는 살인 음모가 그 내용으로, 셰익스피어가 『햄릿』의 모티브로 따온 역사 이야기였다. 이 역사서에서 60쪽에 걸쳐 이야기체로 서술된 내용은 대략 이렇다. 어찌어찌하다 아우르반딜과 콜레르라는 두 왕 사이에 결투가 벌어지고 결국 아우르반딜이 콜레르의 발을 베면서 콜레르는 피를 흘리며 죽는다. 아우르반딜과 한편이던, 뢰리크왕은 감사의 표시로 딸 구루타를 아내로 맞게

◆ 에다는 북유럽 신화의 근간이 되는 시와 노래 및 서사시들을 엮은 책으로, 북유럽 신화에 있어서 가장 중요하고 방대한 자료이다. 『고(古)에다』와 『신(新)에다』의 두 가지로 구분되는데, 고에다는 운문 에다(Poetic Edda), 신에다는 산문 에다로 불리기도 한다.
◆◆ Elsinore. 이 지명은 영어명이며 덴마크어로는 헬싱외르(Helsingør)이다.

해준다. 부부는 암레트Amleth, 즉 셰익스피어식 스펠링으로는 햄릿Hamlet이라는 아들을 낳는다. 아우르반딜은 형제지간인 펭에게 죽임을 당하고 그 뒤에 펭은 미망인이 된 형수와 결혼한다. 그러면 지금부터 삭소가 서술한 대목 일부분을 직접 읽어보자.

덴마크 왕 아우르반딜은 뢰리크의 딸 구루타와 결혼해 아들을 낳아 암레트로 이름을 지어주었다. 동생 펭은 행운을 누리며 잘사는 아우르반딜을 보면서 질투를 느낀 나머지 형을 암살하려는 역심을 품으며, 한 가족이어도 마냥 선한 마음이 지켜지는 것이 아님을 잘 보여주는 사례를 남겼다. 그러다 기회가 오자 기어코 형을 죽이고는 피 묻은 손으로 추악한 욕망을 채우고야 말았다. 그 후에는 자신이 죽인 형의 아내를 취하면서 천륜을 어긴 살인으로도 모자라 근친상간까지 저질렀다. 누구라도 한번 죄악의 유혹에 굴복하게 되면 얼마 못 가 또 다른 죄악에 쉽게 빠져드는 법이며 처음의 죄악이 또 다른 죄악을 부추기나니. 게다가 그자는 뻔뻔하고 교활하게도 자신이 저지른 극악무도한 짓을 호도하려고 그럴듯한 구실을 붙이기 위해 거짓 선의를 꾸며내 형제 살해를 정당화하였다.

그자가 말하길, 구루타가 너무 온순해서 누구에게든 작은 상처조차 주지 못하는 사람이라 철천지원수인 남편을 내치지 못했다고 했다. 그리고 자신이 형을 살해한 것은 모두 구루타를 구해주기 위한 것이었다고도 했다. 온순하고 착하디착한 여자가 남편을 경멸하며 사는 것은 치욕스러운 일이라고 생각했다면서 말이다. 이런 번지르르한 구실은 소기의 목적을 이루었다. 원래 궁정이라는 곳은 때때로 어리석은 자들이 총애를 받고 험담꾼이 인기를 끄는 곳이라 진실성이 굳이 필요하지 않으니 말이다. 펭은 형을 죽인 것으로도 모자라 파렴치한 동침까지 서슴지 않았다. 사악하고도 불경한 짓을 또다시 저질렀다.

암레트는 이 모든 일을 지켜봤지만 너무 똑똑하게 굴었다간 삼촌에게 의중을 들킬까 봐 우둔하고 덜 떨어진 척 행세하기로 마음먹었다. 이런 계책은 그의 영리함을 숨겨주었을 뿐만 아니라 그의 안전도 보장해주었다.

암레트는 매일같이 어머니의 집에서 나오지 않은 채로 축 처져서 지저분하게 지냈다. 바닥에 아무렇게나 뒹굴면서 몸에 더럽고 불결한 오물을 묻혀댔다. 낯빛은 파리하고 꾀죄죄한 몰골을 하고 있어서 미친 사람처럼 모자라고 우스꽝스러워 보였다. 입만 열었다 하면 얼빠진 소리나 내뱉었고 하는 행동도 항상 무기력해 보였다. 한마디로 말해서 성년 남자가 아니라, 운명에 머리가 돌아서 발육이 온전치 못한 사람 같았다.

가끔씩 불 앞에 바짝 앉아서 두 손으로 타다 남은 장작을 긁어모아놓고 갈고리 모양으로 구부린 다음, 끝부분을 미늘 모양으로 날카롭게 만들고 불에 달구어 더 단단히 굳혔다. 누가 뭐 하는 거냐고 물어보면 아버지의 복수를 위해 날카로운 창을 만드는 중이라고 대답했다. 그러면 다들 살짝 비웃었다. 부질없고 가소로운 계획이라며 우습게 여겼다. 하지만 이런 반응들 덕분에 암레트는 목적을 더 수월히 달성할 수 있었다.

그런데 이런 기교를 남달리 주의 깊게 지켜보던 이들이 슬슬 암레트의 계책에 의혹을 품게 되었다. 창을 만드는 사소한 일에서 드러난 예사롭지 않은 실력을 통해 숨겨진 재능을 엿본 것이다. 그렇게 빈틈없는 손재주를 부리는 사람이 우둔한 사람일 리가 없다고 의심했다. 게다가 암레트는 불에 달구어 뾰족하게 만들어놓은 막대기 더미들을 항상 용의주도하게 살폈다. 그래서 몇몇 사람들은 암레트의 머리가 아주 영리하다고 단언하면서 영리함을 감추기 위해 바보 행세를 하는 것이라고 생각했다. 마음속에 품은 목적을 숨기려고 잔꾀를 부리는 것이라고.

나는 이 글을 읽던 중 문득 스치는 생각이 있었다. 어쩐지 햄릿의 아버지가 붉은 수염을 기른 천둥의 신, 토르가 등에 업고 천상의 엘리바게르강을 건넜던 난쟁이와 같은 인물이 아닐까 싶었다. 이 난쟁이와 햄릿의 아버지가 발을 다치는 부분에서 서로 얽히니 말이다. 그러다 종합적으로 따져 보는 사이 이내 묘하면서도 체계적인 어떤 확신으로 굳어졌다. 셰익스피어의 이야기에서 아들과의 구분을 위해 햄릿왕으로만 이름이 언급되고 도입부에 유령으로 잠깐 등장하고 마는 햄릿의 아버지를, 아우르반딜이라는 이름의 난쟁이로 봐도 무방할 것 같다는 확신이 들면서 순간 전율을 느꼈다. 뒤이어 만약 연극 감독이 이런 확신을 느꼈다면 도입부를 어떤 식으로 연출할지 궁금해졌다. 관객에게 암시를 주는 차원에서 체구가 아주 작은 배우가 햄릿의 유령 역을 맡아 한쪽 옆구리에 바구니를 끼고 등장하게 하지 않을까? 책의 집필에 보다 쓸모 있을 만한, 또 다른 생각도 들었다. 스칸디나비아의 문화를 주제로 삼은 책에서 이런 무관해 보이는 얘기를 뜬금없이 꺼내며, 『햄릿』을 주제로 삼아 스칸디나비아인에게 멜랑콜리하고 음울한 이미지의 고정

관념이 따라붙게 된 데 이어, 바이킹 하면 피에 굶주리고 기독교를 싫어하는 사람들이라는 식의 고정관념까지 생겨난 배경을 살펴보는 것도 좋겠다고. 더불어 엘시노어, 혹은 덴마크식 지명으로 헬싱외르의 성이 가진 상징적 중요성을 소개할 좋은 기회일 것 같았다. 엘시노어성은 덴마크와 스웨덴 사이를 흐르는 해협의 가장 폭이 좁은 지점이 내려다보이는 질랜드♦ 북동부 연안에 자리한다. 이 성은 스칸디나비아의 역사 전반에 걸쳐 꾸준히 등장할 뿐 아니라, 곧잘 의외의 상황에서 갑자기 튀어나오기도 한다. 엘시노어는 햄릿 왕자만이 아니라 햄릿을 배신하는 벗들인 로젠크란츠와 길든스턴의 고향이기도 하다. 세 사람은 모두 호레이쇼와 함께 독일의 비텐베르크 대학교에서 공부한다. 이 비텐베르크 대학으로 말하자면 마틴 루터♦♦가 '면죄부의 힘과 효능에 대한 95개조 반박문'을 써서 대학교 부속 교회당인 모든 성도의 교회 벽에 못으로 박아 게시해 놓았던 바로 그곳으로, 종교개혁의 성지이다. 꼬리에 꼬리를 물며 생각이 너무 복잡해지자 머리가 다 지끈거렸다. 나는 안 되겠다 싶어 이쯤에서 생각을 접었다. 컴퓨터를 끄고 거실로 가서 소파에 편히 앉아 TV를 틀었다. 노르웨이 국영 방송에서 셰익스피어의 희곡을 주제로 제작된 영국의 시리즈물이 방송 중이었다. 그때 아내는 도서전 참여차 주말 동안 베르겐에 가 있던 터라 나는 혼자 그 시리즈를 봤다. 운 좋게도 마침 『햄릿』 편이 나오고 있었다. 진행자는 스코틀랜드의 배우 데이비드 테넌트였다. 프로그램의 진행

♦　Zealand. 덴마크식 명칭은 셸란(Sjælland)이며 수도 코펜하겐이 자리한 섬.
♦♦　Martin Luther. 로마가톨릭교회의 부패에 반기를 든 독일의 종교개혁자.

중간에 테넌트는 스트랫퍼드어폰에이번◆으로 장소를 옮겨가서 로열 셰익스피어 극단의 무대 소품 부서를 찾아갔다. 그곳에서 무대 의상 담당자가 큼지막한 마분지 상자를 건네주자 테넌트가 상자를 열었다. 상자 안에서 나온 것은 해골이었다. 테넌트는 그 해골을 한 손으로 받쳐 들고 시청자에게 설명했다. 자신이 햄릿 역을 맡았을 때 그 유명한 무덤을 파헤치는 장면에서 소품으로 쓰였던 해골인데 진짜 사람의 해골이라고 했다. 비교적 최근인 1982년 작고한 폴란드 출신 피아니스트이자 작곡가 안드레 차이코프스키의 해골이라고. 차이코프스키는 마흔여섯 살 나이에 결장암으로 숨을 거두기 얼마 전, 나중에 광대 요릭의 해골로 써주면 좋겠다는 바람을 밝히며 로열 셰익스피어 극단에 자신의 해골을 기증했단다. 그런데 데이비드 테넌트가 무대에 오르기 전까지는 감독들이 차이코프스키의 해골을 소품으로 쓰지 않았던 모양이다. 출연 배우들이 그 해골을 들고 연기하는 것을 거북해했기 때문이다. 하지만 테넌트는 바로 얼마 전까지 숨을 쉬며 분명히 살아 있던 누군가의 머리를 들고 있다고 생각하니 인간 목숨의 덧없음을 탄식하는 햄릿 왕자의 대사를 말할 때 더욱 감응이 실렸다고 했다. 나는 그 말에 선뜻 수긍이 갔다.

여러 가지로 참 묘하다 싶어 어느 틈엔가 멍한 생각에 잠겨 있다 보니 툭하면 나오는 버릇이 또 발동했다. 금세 생각이 옆길로 빠져서 '요릭Yorick'이라는 이름으로 관심이 옮겨졌다. 사실, 나는 잉글랜드에서의 중학교 시절 어느 금요일 오후에 들었던 영어 수업

◆　Stratford-upon-Avon. 잉글랜드 중부에 있는 마을. 셰익스피어의 출생지.

이후로 줄곧 이 이름이 어딘가 별나다는 인상을 품고 있었다. 그날 뜨거운 햇빛이 학교 건물 서편에 위치한 교실 창문으로 쏟아져 들어오고, 널찍한 리블강 어귀를 반짝반짝 비추고 있는 와중에 교실 뒷자리에서 『햄릿』 읽기 수업을 듣고 있자니 꾸벅꾸벅 졸음이 몰려왔다. 어서 빨리 종이 울려서 지루한 수업이 끝나길, 학교에서 해방돼 페어헤이븐 호수의 주차장에 가서 놀 수 있길 바라며 마음은 딴 데 가 있었다. 그러던 어느 순간 프리스라는 남자애가 『햄릿』의 대사를 읽다가 '요릭'의 발음을 더듬거리는 소리에 졸다가 깼다. 스칸디나비아에 관심을 갖기 한참 전이던 그때도 어쩐지 '요릭'이 덴마크식 이름이 아닐 것 같다는 확신이 들었다. 하지만 잠에서 완전히 깼을 때는 확인해볼 타이밍을 놓친 뒤였다. 영어를 가르치던 프라이스라는 이름의 남자 선생님은 발그레한 볼에 머리숱이 적었는데, 최근에 들어와 그를 떠올리면 자꾸 H. G. 웰스[*]의 폴리 씨, 그러니까 『햄릿』과 마찬가지로 시험용 필독서에 들었던 작품의 주인공과 이미지가 헷갈린다. 아무튼 영어 선생님은 이미 나름의 설명을 마쳤고 프리스는 그 난관을 극복하고 다음 대사를 읽느라 애먹고 있었다.

요릭이라는 이름에서 풍기는 특이한 인상은 이후 수년 동안 뇌리의 한 구석에 묻혀 있다가 아내와 함께 덴마크에서 자동차를 몰고 옐링 스톤과 린드홀름 구릉지를 구경하고 다니던 휴가가 끝나갈 때쯤에야 다시 퍼뜩 떠올랐다. 우리는 아침에 20분쯤 걸리는 외레순해협[**] 노선 페리를 타고 스웨덴에 내려서 E6번 도로를 거

---

[*] Herbert George Wells. 『타임머신』, 『투명인간』 등 100여 편의 과학소설을 쓴 작가.

쳐 오슬로로 돌아갈 계획을 세워놓고 엘시노어에서 마지막 밤을 보냈다. 그날 밤에 묵으려고 예약해둔 햄릿 호텔에서 조금만 걸어가면 엘시노어성이 있었다. 우리는 레스토랑 오펠리아에서 햄버거를 먹고 나서 설렁설렁 걸어 성을 구경하러 갔다.

나는 아무도 살지 않는 오래된 성에 들어가면 장소에 대한 정서적 유대감이 별로 들지 않는다. 결국 몇 분 동안 널찍하고 텅 빈 방들을 여기저기 대충 돌아다니다가 밖으로 나와 풀이 무성한 높다란 제방을 따라 걷기 시작했다. 얼마 안 되어, 성의 담장 바로 건너편 돌투성이 물가에 모여 있는 중년 남녀 10여 명에게로 관심이 쏠렸다. 가랑비가 내리고 하늘이 잔뜩 찌푸려진 날씨라 방한용 재킷과 방수 바지를 입고 재킷의 후드까지 뒤집어쓴 차림새들이었다. 대부분 목에 카메라나 쌍안경을 걸고 이따금 한 사람이 쌍안경을 눈으로 가져가 물 건너편이나 하늘을 유심히 살펴보았다. 나는 호기심에 못 이겨 그쪽으로 가봤다. 무리 바깥쪽에 있는 여자에게 뭘 보는 거냐고 물어봤더니 야생조류를 보러 온 탐조객들이었다. 엘시노어 상공에서 희귀종 송골매가 목격되었다는 소문을 듣고 찾아왔다고 했다. 그럼 보셨어요? 아니, 아직 못 봤어요. 내 물음에 여자가 싱긋 웃으며 대답했다. 하지만 탐조객들은 인내심이 뭔지 아는 이들이다. 발길을 돌려 제방을 따라 되돌아오면서 살짝 실망감이 들었다. 그때 내가 어떤 대답을 기대했던 것인지는 기억이 나지 않는다. 그곳 해협의 수면에서 러시아 잠수함이 목격되었다는 소문이 돌던 참이라 러시아 잠수함을 찾는 중이라는 대답을 듣고 싶

♦♦　Öresund. 덴마크 셸란섬과 스웨덴 스코네 사이의 해협.

어 했던 건지도 모르겠다. 나는 엘시노어의 기념품 가게로 가서 셰익스피어 특유의 악담 대사('애타게 한숨 쉬는 거룩한 절대자', '먼지의 화신', '추한 병신 살덩어리' 등)가 박힌 머그잔도 사고, 바닥에 바퀴가 달려서 뒤쪽에 달린 손잡이로 밀고 다닐 수 있게 만들어진 양철 말horse과 책 한 권도 샀다. 셰익스피어의 상상 속 성(그리고 그 성의 거주자들)과 역사 기록상의 성 사이에 어떤 차이점이 있는지를 다룬 책이었다. 이튿날 아침 스웨덴행 페리에서 책을 대충 훑어보던 중에 알게 되었는데 '요릭'이 사실은 덴마크의 흔한 이름인 '게오르그Georg'의 음성을 따서 변형시킨 이름이라고 했다. '요릭'을 최대한 빠르게 서너 번 반복해서 발음하다 보면 '게오르그'로 발음된다. "요한Yaughan네 주막에 가서 술이나 한 통 가져와."『햄릿』에서 무덤 파는 일꾼이 동료에게 던지는 이 대사 속에 등장하는 아리송한 이름에 대해서도 비슷하게 설명되어 있었다. 이 대사 속의 'Yaughan'은 그때나 지금이나 덴마크에서는 잉글랜드의 'John'만큼이나 흔한 이름인 Johan의 변형이라고 했다. 셰익스피어가 궁내장관 극단◆에 소속되어 있었고 셰익스피어의 동료들 가운데 적어도 세 명은 1585~1586년 사이에 엘시노어의 프레데리크 2세 궁에 순회공연 단원으로 채용되었던 점으로 미루어볼 때, 셰익스피어는 이러한 이름을 비롯해 여러 부수적인 소재를 동료들로부터 얻었을 가능성이 있다.

◆　Chamberlain's Men. 엘리자베스 시대에 가장 유명하고 번영했던 극단.

나는 수년 전부터 멜랑콜리가 정말로 스칸디나비아 사람들의 특징인 건지, 아니면 실제와 별 관계없는 인위적 이미지인지 의문이 들었다. 영국 배우 케네스 브래나가 스웨덴 작가 헨닝 망켈Henning Mankell의 소설을 각색한 TV 시리즈에서 쿠르트 발란더 역으로 열연한 연기를 본 후 특히 더 그런 의문이 들었다. 케네스 브래나의 음울한 분위기가 같은 역을 맡았던 스웨덴의 두 배우, 롤프 라스고드와 크리스테르 헨릭손보다 섬찟할 만큼 더 강렬해서였다. 그래서 멜랑콜리 이미지가 로저 밀러의 오래된 컨트리음악 히트송 〈England Swings〉 가사와 비슷한 경우가 아닐까 싶었다. 노래 가사의, 둘씩 짝지어 자전거를 타고 다니는 경찰관들 얘기나 장밋빛 붉은 뺨 아이들 얘기가 실제 잉글랜드와 별 상관없는 내용인 것처럼, 스칸디나비아의 멜랑콜리 이미지도 실제와 별 상관없는 것이 아닐까? 아니면 멜랑콜리 이미지가 '다들 우리더러 우울하다고 하니 정말 그런가 보다' 식의 자가 검증적 진단으로 굳어지면서 진짜 이미지와 인위적 이미지가 뒤섞인 것은 아닐까? '우울한 덴마크인들' 본인이 이런 특유의 정체성이 형성되는 데 어느 정도 역할을 했으리라는 생각도 떨쳐지지 않는다. 몇십 년 전에 학자 에드워드 사이드Edward Said는 '노르디시즘Nordicism'이 '오리엔탈리즘'◆과 유사하다고 꼬집은 바 있다. 셰익스피어의 희곡 『햄릿』이 세상에 나오고 20년이 채 지나지 않았던 시점에 로버트 버턴Robert

---

◆ Orientalism. 문학 이론가 에드워드 사이드의 명저 『오리엔탈리즘』(1978)으로 인해 유명해진 용어로, 하나의 이론과 지식 체계로 굳어진 '동양에 대한 서구의 왜곡과 편견'을 의미한다. 원래 '오리엔탈리즘'은 단순히 동양학을 의미했으나, 사이드가 이 용어를 동양에 대한 서구의 전형화된 의미로 사용함에 따라 다분히 정치적이고 이데올로기적인 용어가 되었다.

Burton은 『우울의 해부Anatomy of Melancholy』를 통해 세상이 감옥 같고 바다가 도랑처럼 비좁게 여겨져서 "지구를 빙 돌고 나면 달은 어떤지 가서 보고 싶어 안달할" 만한 특정 부류 사람들의 불안감에 대해 철학적으로 분석했다. 하지만 이 분석에서 스칸디나비아인은 예외로 두면서 그 근거로, "스칸디나비아 전역에서는 사람들이 1년의 반을 온실에 갇혀 지내고 추위 때문에 밖을 내다볼 엄두조차 내지 못한다"라고 덧붙였다.

이 대목에서 문득 노르웨이의 극작가 헨리크 입센이 떠오른다. 오래전인 20년 전에 이 작가의 일생을 전기로 쓴 적이 있는데 이제 와서 돌이켜보면 내가 이 위대한 인물을 좀 옹졸한 관점으로 다루지 않았나 싶다. 어쨌든 입센은 노르웨이 사람들이 그렇게 비밀스럽고, 음울하고, 죄의식에 차 있고, 멜랑콜리한 이미지로 인식되는 것이 노르웨이의 지형 때문이라고 확신했다. 오스트리아의 한 저널리스트에게, 자신을 이해하고 싶다면 노르웨이를 알아야 한다고 말하기도 했다. 입센의 이론에 따르면 북쪽의 노르웨이인은 장엄하지만 혹독한 자연에 둘러싸인 환경에서, 농장들이 서로 수 킬로미터 떨어진 채로 외롭고 외딴 삶을 이어가다 보니 타인에 대한 관심은 시들해지고 자신들의 일에만 관심을 갖게 된다. 그런 이유로 자기 성찰적이고 진지한 성격을 갖게 되는가 하면 걱정과 의심이 많고, 잘 믿지 못한다. 또 집안에서 두 명 중 한 명은 철학자이고, 길고 어두운 겨울이 닥쳐 농장이 짙은 안개에 싸이면 사람들은 태양을 간절히 열망한다. 하지만 입센의 이론은 스웨덴이나 덴마크에 적용되기 힘들다. 아우구스트 스트린드베리◆나 쇠렌 키르케고르의 저서가 연상시키는 음울한 분위기도 잘 설명해주지 못한다. 그런

데 브란, 그레게르스 베를레 등 입센의 작품에 등장하는 여러 인물들이 가톨릭교도였을 가능성이 낮듯이, 햄릿 왕자도 가톨릭교도였을 턱이 없다. 게다가 입센이 인물의 성격 묘사를 통해 전달해주는 특징 가운데 하나가 스칸디나비아의 순전한 외떨어짐이었고, 이런 외떨어짐에는 로마와 아주 멀리 떨어져 있다는 개념도 포함되어 있다.

그래서 멜랑콜리 이미지가 생겨난 역사의 핵심을 파헤치다 보면 결국엔 정말로 의미 있는 유일한 공통분모로서 스칸디나비아의 종교개혁에 주목하게 된다. 종교개혁의 유래는 바이킹 시대가 막을 내린 이후 500년간의 이 지역 정치와 복잡 미묘하게 얽혀 있다. 바이킹 시대는 잉글랜드에서의 옐링 왕조 몰락 이후 20년간 삐걱거렸고 하랄 하르드라다Harald Hardrada는 1066년 스탬퍼드 브리지 전투에서 잉글랜드 왕좌 재탈환 목적을 끝내 이루지 못했다. 그 뒤 1104년, 룬드에 스칸디나비아 최초의 주교 관할구가 세워지면서 바이킹 시대는 문화적으로 소멸하였다. 그리고 이후부터 일종의 통합 의식이 서서히 부상했다. 1262년에 이르자 싸움에 지친 아이슬란드인은 이전 해 그린란드인의 선례를 따라 아이슬란드 통치권을 노르웨이 왕에게 넘겨주었다. 그 후로 여러 왕과 여왕의 왕위 승계가 이어지다가 1397년에 이르러 장대한 구상이라기보다 이른 나이의 사망과 왕가의 대가 끊기는 우연이 겹치면서 통일 스칸디나비아가 정치적 현실로 급부상했다. 결국 칼마르 협정Kalmar Agreement

---

♦ August Strindberg. 스웨덴의 작가·극작가. 입센과 더불어 근세 북유럽의 세계적 대문호.

서명에 따라 덴마크, 스웨덴, 노르웨이는 단일 군주 아래 연합국가로 통합되었다.

덴마크·스웨덴·노르웨이 3국의 칼마르동맹은 120년이 좀 넘게 지속되었으나 그 통합 관계는 결코 원만하지 못했다. 통합의 주도자인 덴마크의 마르그레테Margrete of Denmark는 별로 유능한 지도자가 아니었고, 통합 기간 대다수 기간 동안 스웨덴인은 동맹 관계에서 자신들의 열등한 위상에 분개를 토했다. 1412년에는 마르그레테 사후에, 조카인 포메라니아의 에리크Erik of Pomerania가 왕위를 이어받자마자 스칸디나비아 발트제국 건설이라는 꿈을 추진하며 독일 국가들과 끊임없는 전쟁을 벌였다. 어마어마한 전쟁 비용은 3국 전체에 막대한 세금을 부과하여 충당되었는데, 그렇게 전쟁으로 날린 비용은 1420년대 에리크의 제안으로 세워진 엘시노어 최초의 성으로 간신히 일부만 벌충되었다. 엘시노어성 건설에 힘입어 덴마크가 좁은 외레순해협을 통해 발트해 연안으로 들어가는 진입로의 통제권을 장악했고, 에리크와 후대 왕들이 이 통제권을 이용해서 터무니없이 높은 통행료를 부과했다. 에리크는 스웨덴에는 거의 발길도 하지 않았는가 하면 스웨덴 요새 지휘권을 덴마크인과 독일인에게 쥐여주면서 현지인 귀족들을 소외시켰다. 1439년에 폐위된 에리크는 고틀란드섬으로 가서 바이킹 방식으로 되돌아가 해적 생활로 먹고살다가 고향인 발트해 남안 지방의 포메라니아에서 여생을 보냈다. 1440년, 조카인 바이에른의 크리스토페르가 왕위 계승자로 선출되었으나 크리스토페르가 1449년 후계자 없이 숨을 거둔 뒤로 칼마르동맹은 차츰 흔들렸다. 그 후 75년 동안 3국 모두가 공동의 왕으로 동의한 왕은 열 명밖에 되지 않았다. 크리스티안 2세가 왕위에 올랐던 1513년 무렵, 스웨덴은 두 파로 갈려 있었다. 가톨릭교의 후원을 받는 덴마크계 충성파와 애국지사 스텐 스투레의 지휘 아래 스웨덴의 완전한 독립을 결의한 반대파가 서로 대립했다. 크리스티안은 자신의 통치에 순순히 복종시키기 위해, 1520년 스웨덴으로 쳐들어가 베스테르예틀란드 오순덴에서 스웨덴군을 격파시키며 스투레에게 치명상을 입히고 유력 지지자 다수를 생포했다.

1520년 11월 1일, 이미 덴마크-노르웨이의 왕으로 인정받고 있던 크리스티안은 스웨덴에서도 세습 왕으로 지지받았다. 1주일 후에는 남은 반대자들의 기세를 위축시키고 진압하기 위해 스톡홀름 성문을 걸어 잠근 채 반대자들의 숙청을 감행했다. 훗날 '스톡홀름 피바다Stockholm Bloodbath'로 불리게 된 이 숙청 당시, 여든두 명이 재판을 받아 이단 행위로 유죄를 선고받았고 그다음 날 이틀에 걸쳐 스톡홀름의 중앙 광장, 스토르토리에트에서 세차게 폭우가 퍼붓는 가운데 처형이 집행되었다. 스웨덴의 가톨릭계 최고위 성직자 세 명은 왕에게 처형된 이들의 이름을 보고했다. 이는 정치적이라기보다 종교적 동기에 따른 것이었다. 당시엔 독일에서 루터가 이미 95개조 반박문을 내걸어 이단의 죄로 파문당하기 직전까지 사태가 들끓고 있었다. 그에 따라 개신교(프로테스탄트) 신도 처형자들은 영구히 천국 문에 이르지 못하도록 처형 전 고해와 병자성사病者聖事를 못 받게 했고 처형 후 시신을 불태우기까지 했다. 이때 상징적인 본보기를 보이는 차원에서 스투레의 시신을 갓난쟁이 아들의 시신과 함께 파내어 불길 속에 던져 넣기도 했다. 크리스티안은 대학살 이후 코펜하겐으로 돌아갈 때 스웨덴 중심부를 관통해 이동하면서 가는 동안 잇단 야만 행위를 자행했다.

스투레를 지지했다가 초반의 전투에서 생포된 인물 중에는 구스타브 에릭손(훗날의 구스타브 1세 바사)도 있었다. 하지만 그는 탈출해서 뤼베크♦로 도망쳤다. 그곳에서 부친이 삼촌 두 명과 여러 친척과 함께 스톡홀름의 빗속에서 처형되었다는 비보를 들었다. 이후 뤼베크의 한자동맹 지도자들에게 재정 지원을 받아 스웨덴으로 돌아온 구스타브는 군대를 모아 폭군 크리스티안에 대항하는 폭동을 일으켜 크리스티안을 물리쳤고, 그 과정에서 새롭게 독립한 스웨덴의 왕위를 획득했다.

구스타브 바사는 스톡홀름 피바다 이후 스웨덴에 형성된 강한 반가톨릭 정서를 잘 이용했다. 1523년 구스타브왕으로 선출된 뒤에 비텐베르크에서 신학을 공부 중이던 젊고 과격한 올라우스 페트리Olaus Petri를 불러들여 시의회의 장관에 임명했는가 하면, 스톡홀름에서 가장 유력한 교회인 스톡홀름 대성당의 설교단에 나가 루터교 교리를 설교할 수 있게 허가해주었다. 페트리가 1524년 결혼한 이후 가톨릭계로부터 집중포화의 대상이 되었을 때는 아주 공개적으로 지지해주기까지 했다. 당시에 페트리의 주된 적수는 스웨덴 남동부 린셰핑의 주교인 한스 브라스크였다. 브라스크 주교는 마음대로 사용할 수 있는 인쇄기 덕분에 아주 유리한 고지에 있었다. 구스타브는 이 사실을 간파한 후 웁살라의 교회 소유인 인쇄기를 스톡홀름으로 옮겨오도록 명령해서 개혁파 페트리가 주교와 동등한 조건에서 자신의 주장을 옹호할 수 있게 해주었다. 필연

♦ Lübeck. 독일 북부 슐레스비히홀슈타인주에 있는 도시로 한자동맹의 수도였다.

적 절차였을 테지만, 올라우스 페트리는 이 인쇄기를 이용해 주장의 옹호만이 아니라 복음주의적 종교서를 찍어내기도 했고 1526년에는 신약성서의 스웨덴어 번역판을 인쇄했다. 15년 후에는 스웨덴어 완역판 성경이 일명 구스타브 바사 성경이라는 이름으로 보급되었다. 이 성경은 스웨덴에서 잉글랜드의 킹 제임스 성경에 비견될 만한 문화적 기념비였고, 1917년 스웨덴어 표준 번역판이 나올 때까지 꾸준히 이용되었다.

1527년 구스타브왕은 근 몇 년 사이 불거진 신학적 논쟁을 놓고 루터교도와 가톨릭교도가 서로 공개 토론을 벌이는 것을 지지한다고 발표했다. 덴마크에 대항해 일으킨 폭동으로 빚을 지고 있던 왕에게, 개혁파의 지지는 그 빚과 관련해서 실리적으로 아주 유리한 입지로 작용했다. 새롭게 독립한 이 나라로선 (스웨덴의 토지를 20퍼센트 넘게 소유하고 있던) 가톨릭교회 재산에 어느 정도 손을 대지 않으면 빚을 갚기 어려운 형편이었다. 그러던 차에 가톨릭교의 수장인 한스 브라스크가 이교도와는 말을 섞는 것조차 싫다고 토론을 거절하자 구스타브는 당장 왕위에서 물러나겠다고 으름장을 놓았다. 헌정 체제가 위태로워질지 모른다는 위기감에 왕의 으름장은 즉각 효과를 발휘하면서, 결국 가톨릭교 측에서는 왕이 가톨릭교의 예배식에 간섭하지 않는 조건을 내세워 재정 지원을 약속했다. 왕위와 귀족정치 강화를 위해 교회의 재산과 토지를 환수하는 대대적 프로그램도 진행되었다.

구스타브는 이런 식의 교묘한 위기감 조성을 이용해, 별나게 기독교 이전 시대로 역행하는 구시대적 인물로 부상했다. 개신교 기독교도인 고디godi, 즉 국왕 겸 주교로서, 아직 신흥 세력이라 자신에게 의존도가 높은 점을 활용해 신흥 루터교회에 힘을 행사했다. 가톨릭교도 전임 왕들의 실수를 되풀이하지 않을 작정으로, 개혁파 교회가 설교에서 강조하는 것처럼 청빈한 생활을 지키게 하려고 공을 들이기도 했다. 하지만 앞선 시대의 수많은 혁명 지도자들과 마찬가지로 구스타브 역시 당위성을 충족시키기 위해 구체제 전복에 대한 설득력이 필요했다. 그에 따라 스칸디나비아 국가 중에서 스웨덴 혼자만 (현재까지도 그러하듯) 사도전승,♦ 즉 사도들로부터 직무를 계승받은 주교에 바탕을 둔 성직만이 유효하다는 주의를 그대로 채택하였다.

1536년 로마가톨릭교회의 지위가 강등된 이후 스웨덴에서는 지성적으로나 문화적으로 불모의 시대가 장기간 이어졌다. 500년 전에도 아이슬란드와 노르웨이에 제도화된 기독교가 들어왔을 때 이교 설화와 이교 가치관에 뿌리 깊이 박혀 있던 스칼드(고대 북유럽 음유시인)의 기예와 기량이 설 자리를 잃으면서 문화적 침체가 뒤따른 바 있었다. 이와 흡사한 급변이 종교개혁에서도 동반되어, 그 이후 16세기가 거의 저물 때까지 스웨덴의 문화에 500년 전의 그때와 비슷한 악영향이 미쳤다. 수십 년 동안 스웨덴에는 이렇다할 작가, 시인, 극작가, 작곡가들이 나타나지 않았다. 구스타브는 스웨덴에서 배움의 중심축이던 가톨릭 학교들은 물론이요, 웁살라대학교마저 비운의 쇠퇴를 맞도록 방치했다. 다만, 아이러니하게도 이런 문화의 황무지화 시기에 흥미롭고도 길이길이 기억될 만한

♦ 교회의 성직(특히 가톨릭의 주교)이 주님이 세우신 사도들로부터 이어져 내려왔다는 교리. 가톨릭에서는 이를 근거로 하여 주교들이 사도들로부터 전수된 몇 가지 특별한 권한을 갖는다고 주장한다.

몇 안 되는 인물 중 한 명이 바로 구스타브다. 그가 쓴 오만하고 기운 넘치는 필체의 서신은 정말로 인상적이다. 국사를 다루는 경우조차도 예외 없이, 언제나 글이 사적이고 통렬하면서도 허를 찌르는 면이 있었다. 한번은 한스 브라스크가 구스타브에게 불만조의 편지를 써 보냈다. 수도원이 군 야영지로 이용되는데도 아무런 조치를 취해주지 않는다는 불만이었다. 이때 구스타브는 브라스크와 브라스크가 굳게 옹호하는 집단의 분수를 알게 해주는 따끔한 답장을 써 보냈다. "그대는 그런 일이 교회의 자유를 침해하고 우리가 수호하기로 맹세한 법을 위반하는 것이라고 말하지만 짐은 필요성이 법에 우선한다고 확신하오. 인간의 법만이 아니라 때로는 하느님의 법까지도 말이오." 평신도 백성들의 불만에도 퉁명스럽게 대응했다. 덴마크에 지배받던 옛날의 끔찍한 시절을 상기시키며 자신이 가져다준 평화와 안전에 감사할 줄 알라는 투였다. "지금 누리는 집, 논밭, 목초지, 처자식, 짐 날라주는 짐승과 가축을 보아라. 그래도 정치와 종교의 규율이 이러니저러니 하는 군소리가 나오는가."

따져보면, 스웨덴 반역자들에게 개신교는 칼마르동맹에 따른 덴마크의 지배에서 해방되기 위한 투쟁의 도구로 이용되었다고 봐도 무방하다. 덴마크의 경우엔 종교개혁이 전파될 무렵 혁명의 기미가 거의 없었고, 루터교 신념의 전파도 인접지인 독일의 작센 지방에서 서서히 스며들다시피 확산되었다. 크리스티안 2세는 1521년에 작센의 개혁파 사제를 코펜하겐으로 초대해 설교를 청하며 개

신교에 대한 관심을 일찌감치 드러냈다. 하지만 누가 봐도 스웨덴의 혁명에 무능하게 대처한 데다 국내에서의 독재 행위로 자국 귀족들과 거리가 멀어지면서 근본적 종교개혁을 완수해낼 만한 능력이 미흡했다. 더 젊은 시절 크리스티안은 아버지의 밑에서 노르웨이 총독을 지낸 적 있었는데, 이때 베르겐에서 선술집을 운영하는 어머니와 살고 있던 뒤베케 시그브리트스다테르와 사랑에 빠진 적도 있었다. 1513년, 왕위에 오르자 코펜하겐으로 돌아오는 길에 기어이 뒤베케를 그녀의 모친과 함께 데려왔고 1515년 오스트리아의 이사벨라와 결혼한 후에도 관계를 이어갔다. 그러던 어느 날 『햄릿』의 부차적 플롯으로도 퇴짜를 맞을 만한 사건이 터졌다. 뒤베케가 스물일곱 살 나이에 의문의 죽음을 맞고 엘시노어 카르멜회 수도원 교회에 묻힌 것이다. 왕은 슬픔에 겨워하다가 토르비외른 옥세라는 젊은 귀족에게 분풀이를 했다. 그 귀족이 독이 든 체리를 선물해 독살시킨 것이라고 믿으며 유죄 혐의가 거의 없음에도 죄를 뒤집어씌워 처형시켜버렸다.

결국 1523년에 이르러 왕의 독선적 행위를 보다 못한 귀족과 주교들이 의기투합하여 크리스티안 2세를 폐위시키고 삼촌인 프레데리크에게 왕위를 제안했다. 크리스티안은 독일로 도망갔고 그곳에서 처남인 신성로마제국 황제 카를 5세를 설득해 왕위를 되찾기 위한 도움을 얻어내려 했다. 그러나 루터교로 개종하는 바람에 잘만 했으면 자기편이 되어줬을 법한 카를 5세를 곤혹스럽게 만들었다. 6년 후에는 자신의 실수를 깨닫고 가톨릭교로 다시 개종했는데 그 방법이 제대로 통했다. 카를 5세는 노르웨이에 소규모 군대를 상륙시키도록 도와주기로 했고 크리스티안은 노르웨이에서부터 왕위 탈환 전투를 개시할 기대에 들떴다. 하지만 얼마 가지도 못해 협상하자는 약속에 속아 넘어가 덴마크 칼룬보르의 요새로 끌려가서 여생의 27년을 감금되어 살았다. 말이 감금이었지, 칼룬보르 경계선만 벗어나지 않는 한 유흥이든 사냥이든 방랑이든 마음껏 즐기도록 허용되어 나름 품위를 누리는 감금 생활이었다.

크리스티안의 후임자 프레데리크는 현명하게 처신하여 당시의 쟁점에 너무 적극적으로 관여하지 않으려 했다. 공개적으로 로마가톨릭교회와 단절하지 않되 꾸준히 루터교도를 왕실 사제로 임명했다. 그러다가 1526년 교황에게 인정받지 못한 대주교의 임명을 승인했는데 이는 결과적으로 사도전승의 전통을 거부함으로써 덴마크에서 로마가톨릭교회의 권위를 사실상 종식시킨 셈이었다.

1536년, 프레데리크의 후임자 크리스티안 3세가 파산 직전의 국가를 인계받았다. 크리스티안 3세는 (덴마크 전체 토지의 40퍼센트를 소유한) 교회에 경제 지원을 요청했고, 요청이 거절되자 직접 해결을 위한 조치에 나섰다. 1536년 8월 12일 하루 동안 코펜하겐을 봉쇄하고 가톨릭교 주교들의 체포와 재산 몰수를 명했다. 그와 동시에 덴마크에서 별개의 주교 행정 체계를 종식시키고 단일 행정 체계 아래 교회의 문제를 비롯한 국사 전반을 관장한다는 법률을 제정했다. 바야흐로 국교회♦의 시대가 도래한 것이다.

이 과정에 따른 거의 부수적 결과로, 당시에 여전히 유지되었

♦ 국왕이나 영주를 우두머리로 하는 프로테스탄트 교회 제도.

던 칼마르동맹 체제 내에서 노르웨이의 낮은 위상을 짐작케 하는 결정도 행해졌다. 루터교를 덴마크의 국교로 삼은 이 법률 제정에서 노르웨이를 단지 덴마크 국왕의 지배하에 들어가는 일부 지역으로 규정한 일이다. 덴마크의 윌란반도,♦ 퓐섬, 셸란섬과 같은 일개 지방으로 여겼다는 얘기다. 바로 이때가 노르웨이인 사이에서 '400년의 밤'으로 불리는 시기의 시작이었지만 현대의 대다수 노르웨이 역사가들은 이 명칭에 담긴 함축성에 이의를 제기한다. 말하자면, 문화적으로나 정치적으로 착취당하며 살았던 시기라고 볼 수 없다는 주장이다. 덴마크 국왕의 지배를 받던 이 시기 동안엔 노르웨이 교회 토지 몰수 이후 국왕의 수입이 두 배 이상 늘면서 노르웨이의 예산이 아주 넉넉했다는 것이다.

스웨덴에서는 스톡홀름을 제외하면, 열성주의자 소수가 기존 종교에 만족스러워하는 다수에게 강요하는 식으로 종교개혁이 이루어졌다. 노르웨이의 상황도 다르지 않았다. 북유럽의 다른 지역으로 확산되어가던 지성적·종교적 각성의 물결에 대해 뚜렷한 관심의 징후가 그다지 없었고, 변화를 바라는 열망도 감지되지 않았다. 보통의 노르웨이인이 종교개혁에 대해 알고 있는 소식도 한자동맹의 종교 활동 정도에 불과했다. 노르웨이 베르겐을 구심점으로 활동하는 독일의 이 상인 집단이 독일에서는 도시의 주요 부두에서 개신교 예배를 드릴 수 있게 허용되고 있다는 점 정도만 알았다. 개신교 활동이 얼마나 호감을 못 샀으면 루터교 설교자 집 밑에 일종의 폭탄이 설치되기까지 했겠는가. 이때 불충한 베르겐의 하

♦ Jylland. 독일어로는 유틀란트반도.

늘이 비를 뿌려 장치가 폭발하기도 전에 도화선의 불이 꺼지면서 설교자는 겨우 목숨을 건질 수 있었다.

덴마크로부터 강요된 의식 및 예배식의 변화에 노르웨이인들이 심드렁한 반응을 보이면서 한동안은 주목할 만한 변화가 일어나지 않았다. 그러던 중 오슬로의 주교, 한스 레브가 덴마크로 끌려갔다가 (이후에 루터교 주교들의 직책명이 되는) 'Superintendent(감리사)'로 직책명을 바꿔도 좋다는 용인을 얻어내고 오슬로로 돌아와 다시 주교 직무를 맡았는데, 로마가톨릭교에 이어 개신교교회에서도 주교직을 계속 맡게 된 사례는 아마 그가 유일할 것이다.

노르웨이에서 개종 문제는 친숙한 얼굴을 내세워 신도단을 편안하게 해주고, 또 예배 순서에 루터교 교리 문답을 표준 교리로 정해놓은 1539년의 덴마크 조례를 깐깐히 적용하지 않으면서, 20~30년에 걸쳐 서서히 진행되었다. 그러다 신세대 사제들이 그동안 느긋하게 변화를 유도해왔던 노르웨이 실용주의 사제들의 뒤를 이으면서부터 그 양상이 바뀌었다. 혈기왕성한 젊은 사제들은 예배식 개혁에 대한 열정이 불타올라 주로 시골 주민이던 노르웨이의 보수적 성향에 큰 분개심을 일으켰다. 호르달란주 요날에서는 새로 부임한 목사가 성가와 성모송 드리기, 교회에서의 성수 사용 등을 금지시키며 십자가가 모셔진 제단 앞에 무릎을 꿇는 것까지 금지하려 하자 신도들이 격분해서 목사를 죽이고야 말았다. 루터교 신학 체계를 강요하려 열정을 불태우다 똑같은 운명을 맞은 사제들은 이 목사 외에도 한둘이 아니었다.

스칸디나비아 북부에서 전통 깊은 가톨릭교회를 전복시키는 데 주목할 만한 영향을 미친 사건은, 바로 악마 숭배설의 부활이었다. 이번에 소환된 악마는 후기 스칸디나비아 설화 속 작은 도깨비도, 초기 기독교에서 오딘을 비롯한 에시르 신족을 악마화시키며 탄생한 다소 익살스러운 모습의 괴물도 아니었다. 훨씬 더 사악한 성서 속 피조물이었다. 신자들의 숭배를 받기 위해 하느님과 경쟁하는 사탄이었다. 게다가 악마 숭배설에는 으레 마녀사냥이 뒤따랐다. 남녀를 막론하고 지역 주민들에게 미움이나 시샘의 대상으로 찍히거나, 온갖 자연재해, 선박 난파, 질병, 사고의 희생양으로 삼기에 적당해 보이는 이들이 마녀사냥으로 박해당했다. 1560~1710년 사이 베르겐에서는 스물세 명의 남녀가 재판을 받았는데 그중에는 당시 노르웨이에서 가장 유명하고 유력한 루터교도이자, 비텐베르크 대학교의 저명한 신학자 필리프 멜란히톤의 문하생이기도 했던 압살론 페데르센 베위에르의 미망인, 안네 페데르스도테르 베위에르도 있었다. 안네는 재판에서 여섯 명을 병에 걸리게 해서 살해했다는 죄로 고발당했다. 하녀인 엘리나가 법정에 나와 증언하길, 마님이 자신을 탈것처럼 이용해 등에 올라타 뤼데르호른산과 플뢰옌산 마녀 집회에 날아갔다고 말했다. 또 집회에서 우연히 엿들었는데 자연재해처럼 가장해서 베르겐에 해를 가할 계획도 세웠다고 말했다. 다른 증인들까지 가세해 안네가 악마들과 어울리는 모습을 봤고 그중엔 머리가 없는 악마도 있었다는 등의 말을 했다. 안네에게 당했다고 주장된 희생자 중에는 아이 한 명도 있었다. 안네는 마을에서 많은 아이가 죽었는데 단 한 아이의 죽음만을 자신의 탓으로 돌리는 것이 말이 되냐고 항변했지만 끝내 유죄 판결을 받아 1590년 4월 17일 말뚝에 묶여 화형당했다.

하지만 새로운 루터교 예배식은 결국 덴마크, 노르웨이, 스웨덴의 문화에서 예전 가톨릭교 수준만큼의 비중을 차지하게 되었다. 스웨덴인은 아이슬란드인이 6세기 전 이교 문화이자 이교 종교이던 아사트루Ásatru를 머뭇머뭇 기독교로 바꾸었듯, 그렇게 계단을 밟아가듯 천천히 변화하여 1595년 공식적으로 가톨릭 예배를 금지했고 몇 년 후에는 가톨릭 신앙 자체를 불법화했다. 구종교로 개종하는 사람은 법에 따라 국외로 떠나야 했고(뒤에서 자세히 설명할 테지만 이 규정은 어느 시점에 이르러 헌법상의 위기를 초래하기도 했다), 이 개종 금지법은 1860년까지 효력이 유지되었다. 1814년 노르웨이 헌법 제2항에는, 노르웨이가 자유롭고 독립적이며 분리할 수 없는 왕국이라는 첫 구절의 주장과는 완전히 모순되게도 루터교가 국교이고 이민자는 자식을 루터교로 키워야 하며 예수회 수사, 기독교 외의 수도승, 유대교도는 노르웨이 왕국의 입국을 금지한다고 규정해놓기도 했다.

미적 관점에서 보면 이와 같은 영성 생활의 변화로 인해, 스칸디나비아에서는 가톨릭 건축 양식과 의식 특유의 화려함과 신비로운 분위기를 발견하기 힘든 편이다. 대신에 개신교의 흰색 목조 교회 특유의 꾸밈없는 간결미가 스칸디나비아 어디에서나 눈에 띄고, 때로는 아주 매력적이고 외진 곳에서도 느껴볼 수 있다.

악마의 부활은 루터교 채택 후에도 끈질긴 영향을 미치며, 완전히 영어화된 종교적 악담을 통해 스칸디나비아의 언어에까지 그 영향력을 남겨 놓았다. 예를 들어 'Fy faen!', 'Helvete!', 'Jævlig'가 모두 그런 욕으로, 각각 'The Devil take it(빌어먹을)!', 'Hell(망할)!', 'Devilish(악마 같은)'의 뜻이다. 영어 사용자 귀에는 그다지 악의 없는 말로 들릴지 몰라도 스칸디나비아인 사이에서는 아직도 점잖은 대화 자리에서 삼가는 말들이다. 아주 거칠고 험악한 분위기가 아닌 한 영어로 된 성적 비속어 역시 웬만해선 쓰지 않는다. 최근엔 이런 표현을 접하기가 힘든데, 21세기 영국인 방문자에게 있어 'fucking'이 세 나라 모두에 형용사로 유입되어 대체로 다음처럼 's'까지 붙여서 성적 뉘앙스 없이 쓰이는 것은 당혹스러운 특징이다. 'Hvem har tatt min fuckings blyant(이런 망할 놈의 연필은 어디로 간 거야?!).' 외국어 단어라 그럴 테지만, 이 단어의 사용에는 영어에 아직 남아 있는 금기시되는 영향을 받지 않는다. 2인조 보이 밴드 로빈 앤 뷔예는 2016년 녹음한 〈Fuck You〉라는 곡에서 귀엽게 느껴질 만큼 천진난만하게, 이 단어를 20회가 넘게 사용했다[타이틀곡과 별도의 노르웨이어 곡이다. 들어보고 싶다면 다음을 참조하길. https://youtu.be/igUq6EEuNCw]. 나는 불과 얼마 전 오슬로 중심가 국립극장 밖에서 〈Fuck My Life〉라는 제목의 상영 예정작 광고 포스터도 봤다. 노르웨이의 신작 연극이었는데 성인 관객에게 '요즘 청춘의 세상살이'를 설명해주려는 취지로 제작된 작품이었다. 그리고 몇 년 전에는 그럴 마음이 별로 들지 않아 보러 가진 않았지만, 내가 사는 곳 바로 건너편에 있는 콜로세움 시노 복합 영화관에서 스웨덴 출신 감독 루카스 모뒤손Lukas Moodysson의 영화 〈Fucking Åmal〉이 개봉했다. 스웨덴 작은 마을의 지루하고 허무한 삶을 담아낸 이 영화는 영국 상영 당시 〈쇼 미 러브Show Me Love〉로 제목을 바꿔서 개봉해야 했는데, 별스럽다 싶으면서도 이해는 간다.

스칸디나비아 말에 담긴 모독의 뉘앙스는 여전히 알쏭달쏭한 문제라 언어의 장벽을 넘어서 전달하기가 어렵다. 20년쯤 전 잉글랜드 신문에서는 노르웨이의 당시 환경부 장관이자 진정한 노동자 계층 출신이며 퉁명스러운 성격의 토르비에른 베른트센이 영국 셀라필드 원자력 발전소에 대한 견해를 나누다 영국의 환경부 장관 존 검머를 거론하며 'shitbag(똥자루)'이라고 지칭했다는 기사를 대서특필했다. 베른트센은 영국 언론의 호들갑스러운 관심에 어리둥절해했다. 사실, 'shitbag'은 그가 쓴 'drittsekk'라는 단어를 글자 그대로 직역해 옮긴 것이었다. 그 바람에 노르웨이인이 일상적으로 쓰는 의미보다 훨씬 더 사납고 공격적인 말이 되어버렸다. 노르웨이인은 이 단어를 원뜻과 분리해서 사용한다. 영국인이 어떤 사람을 'silly burger'라고 부를 때 버거라는 단어의 말뜻을 그대로 담아서 하는 말이 아닌 것과 똑같다. 노르웨이인은 의도치 않게 다국어 말장난에 한몫하고 있기도 하다. 문득 내가 노르웨이에 관심을 갖기 한참 전에 영국 잡지《프라이빗 아이Private Eye》에서 봤던 해럴드 윌슨 총리 사진이 기억난다. 해럴드 윌슨이 레인코트 차림에 담배 파이프를 물고 골똘히 생각에 잠긴 표정을 짓고 있던 그 사진의 설명은 'Full Fart'◆였다. 예리한 눈썰미에 장난기 있는 영국인이 노르웨이 신문에서 그 문구를 포착하고 가져다 쓴 것이었는데, 실제 의미는 '전력을 다하다'라는 뜻이다.

———

스칸디나비아에 종교개혁이 일어난 이후 5세기가 흐르는 동안 교회와 국가 간에는 어떠한 경쟁도 벌어지지 않았다. 이유는 간단했다. 종교개혁으로 교회와 국가가 한몸이 되었기 때문이다. 하

◆ fart는 영어로 방귀라는 뜻.

지만 '국교회state church'라는 말이 쓰이게 된 것은 19세기 중반에 들어와서다. 아래에서부터의 항거라기보다 국가에서 주도한 종교개혁은, 군주제 프로젝트로서 즉각적인 지지를 받았고, 도덕적·법적 규범이 계속 일치하도록 기반을 잡아주었다. '프로테스탄트 직업 윤리Protestant work ethic'는 루터의 종교개혁으로 등장한 사회종교학적 관념에 뿌리를 두고 있으며, 또 이 관념의 실례는 스웨덴에서 올라우스 페트리가 수도원 체계에 대한 인식을 개량시킨 방식을 통해 엿볼 수 있다. 페트리는 사회적 거부의 초점이 체계 자체가 아닌 탁발 수도회의 수도사들에게 쏠리게 하는 식으로 인식을 개량시켰다. 건강하고 사지 멀쩡한 성인이 '동냥'으로 살아가는 것은 프로테스탄트(개신교)의 관점에서 볼 때 변변찮은 거지보다 나을 게 없었다. 그 뒤로 수 세기에 걸쳐, 누구나 일을 해서 사회에서 제 역할을 해야 한다는 생각이 뿌리 깊게 남았다. 스웨덴에서는 1964년이 되어서야 구걸을 죄악시하는 조항이 법령집에서 폐지되었다. 이 무렵엔 굳이 그 점을 법으로 규정할 필요도 없었기 때문이다. 노르웨이도 2006년 뒤늦게 같은 이유로 해당 법 조항이 폐지되었다. 잠자리가 필요한 이들을 수용해줄 쉼터, 일하는 데 지장이 없는 사지가 멀쩡한 이들에게 일거리를 제공해주는 거리 판매용 잡지를 비롯해 그 이외의 부랑자들까지 안전하게 보호해줄 후한 복지 제도가 갖추어지면서 이제 오슬로 거리에는 마약에 찌든 걸인이나 노숙자들이 자취를 감추었다. 그런데 우주는 이런 훌륭한 사회적 성취가 어떠한 이유로 거슬렸던 모양인지, 노르웨이와 스웨덴 거리에서 토박이 걸인들이 사라지기가 무섭게 로마에서 구걸, 길거리 연주, 보증금을 주는 빈 병 줍기에 의존해 하루하루 살아가던 동류

집단이 그 빈자리를 메웠다. 덴마크 역시 구걸 금지법이 없다. 하지만 이동을 요구할 권한이 경찰에게 부여되어 있으며 지시에 따르지 않으면 범죄로 처벌된다.

스칸디나비아 3국 사회에서 가난이 박멸되다시피 한 데는 확실히 국교회 탄생의 공이 크다고 해도 무방하다. 교회와 국가가 통합되면서 이제 도덕적 의무는 정부의 필연적 의무에 속하게 되었다. 그에 따라 그때나 지금이나 여전히 사람에 따라서는 강압적으로 느껴질 만큼의 사회적 순종이 강요되었다. 덴마크계 노르웨이인 소설가 악셀 산데모세Axel Sandemose는 노벨상을 받은, 1933년 작 『도망자, 지나온 발자취를 다시 밟다En flyktning krysser sitt spor』에서 대다수 스칸디나비아인이 사회 조화라는 미덕을 실현하기 위해 자발적으로 복종하는 신조라며, 얀테의 법칙◆이라는 다음의 열 가지 신조를 소개했다.

> Du skal ikke tro at du er noe
> 당신이 특별하다고 생각하지 말라.
> Du skal ikke tro at du er like så meget som oss
> 당신이 남들만큼 잘났다고 생각하지 말라.
> Du skal ikke tro du er klokere enn oss
> 당신이 남들보다 똑똑하다고 생각하지 말라.
> Du skal ikke innbille deg du er bedre enn oss
> 당신이 남들보다 낫다고 생각하지 말라.

◆ 소설 속의 얀테 마을에서 지켜지는, 자신을 낮추고 남을 존중하는 내용의 법칙.

Du skal ikke tro du vet mere enn oss

당신이 남들보다 많이 안다고 생각하지 말라.

Du skal ikke tro du er mere enn oss

당신이 남들보다 우월하다고 생각하지 말라.

Du skal ikke tro at du duger til noe

당신이 대단한 사람이 될 거라고 자만하지 말라.

Du skal ikke le av oss

남들을 비웃지 말라.

Du skal ikke tro at noen bryr seg om deg

아무도 당신을 신경 쓰지 않는다.

Du skal ikke tro at du kan lære oss noe

남들을 가르치려 들지 말라.

물론 이 정도의 지침은 도가 과한 감이 있다. 또한 해당 사회가
유럽의 기준으로 볼 때 작은 규모라는 사실과 프랑스, 독일, 영국
같은 큰 국가에서 굳어진 계층 차이를 유발시킨 그런 유의 부를 소
유한 역사가 없었던 사실도 방증해준다. 하지만 대다수 스칸디나
비아인은 이런 지침을 일리가 있다고 받아들이며, 작은 나라에서
는 큰 나라에 비해 다수 의견을 거스르기가 더 힘들다고 인정한다.
말이 나온 김에 하는 말이지만, 스칸디나비아 출신 가운데 가장 유
명한 작가, 예술가, 영화 제작자들 중 키르케고르, 입센, 함순, 뭉크,
스트린드베리, 시그리드 운세트,◆ 잉마르 베리만,◆◆ 칼 오베 크나우

◆   Sigrid Undset. 노르웨이의 여류소설가.

스고르 같은 이들이 극단적 성향을 띠는 이유도 이해할 만하다. 사람들이 자신의 말에 진지하게 귀를 기울여줄 때까지 반대 의견 속에서도 꿋꿋이 목소리를 내려면 상당한 용기와 도덕적 확신이 필요했을 테니 말이다.

하지만 단순히 북유럽의 역사적 측면이나 프로테스탄트주의의 일반화, 그런 일반화가 남긴 유산의 측면을 넘어서서 살펴볼 때면 떨칠 수 없는 생각이 있다. 어딘가 알쏭달쏭하면서도, 내가 찾고 있는 종교개혁과 스칸디나비아 멜랑콜리 사이의 확실한 연결고리 같아 보이는 문제에는 하나같이 심오한 신학적 측면이 있다는 생각이다. 그래서 이 알쏭달쏭한 문제를 논의하기 위해 게이르 보르센Geir Baardsen에게 이메일을 보내서 만날 약속을 잡았다. 게이르는 원래 사제가 되려고 신학을 공부했었지만 오래전 신학 공부를 접고 이제 이름 있는 소설가가 된 사람으로, 그가 답을 찾게 해줄 것 같았다.

우리는 오슬로의 문학관에서 만났다. 문학관은 왕궁 인근 중심가에서, 헤그데하우그스베이엔과 파르크베이엔 거리가 만나는 교차로에 자리한 흰색 대형 건물이다. 1층에 커피 전문점과 서점이 있고 2층부터는 회의실과 강연실이다. 맨 꼭대기 층은 전체가 널찍하고 조용한 하나의 공간으로 조성되어 최대 40명의 작가나 번역가들이 들어와 아주 조용한 분위기에서 작업할 수 있도록 개별 책상이 배치되어 있다. 우리는 창가에 앉았다. 열린 창문으로 나이 지긋한 로마 여인이 숨을 쌕쌕거리며 아코디언으로 미셸 르그랑의

♦♦　Ingmar Bergman. 스웨덴의 영화감독이자 연출가.

〈셰르부르의 우산Les parapluies de Cherbourg〉 속 그 쓸쓸한 소절을 연주하는 소리가 흘러들어왔다. 막상 마주하니 이야기를 어떻게 끌어가야 할지 다소 막막했지만 다행히 미리 써온 질문거리가 있었다. 게이르가 스웨덴 극작가 라르스 노렌Lars Norén을 흠모해서 관련 평론을 두 편이나 썼던 것을 알고 있던 터라 노렌의 얘기로 대화를 시작할 셈으로 메모를 적어온 참이었다. 게이르가 엘시노어에서 상연된 노렌 감독의 〈햄릿〉에 대해 쓴 온라인 평론을 읽어봤다고 운을 뗀 후, 노렌이 이 작품에 끌린 이유가 뭐라고 생각하는지 물어보면 될 것 같았다. 1999년 스웨덴 말렉산데르에서 의도치 않게 촉발된 두 경찰관의 살해 사건에 노렌이 어떤 식으로든 관련되어 있어 그렇게 끌렸을 것으로 생각하는지 물어보면서, 사실 그 사건을 스칸디나비아 문화사를 주제로 한 책에서 자세히 다루어볼 구상 중이라는 말도 덧붙이자고[말렉산데르 사건과 관련해서 사건의 전후나 사건 당시의 일련의 상황을 상세히 알고 싶다면 제14장을 참조하기 바란다]. 내가 아는 한 노렌은 말렉산데르에서 있었던 일에 대해 상세하게 밝힌 적이 없다는 점과 관련해서도 물어볼 생각이었다. 그가 〈햄릿〉을 감독하면서 내심 자기 불신의 문제를 가장 뛰어나게 다룬 희곡을 프리즘 삼아 자기 불신에 대한 생각을 되짚어 보고 싶은 바람이 있었을 것 같지 않냐고.

게이르는 그렇게 생각해본 적이 없다고 대답했다. 아무튼 자신도 말렉산데르 살인자들에 대해서는 잘 모른다고 했다. 이야기가 막힐까 봐 당혹스러웠지만 〈햄릿〉을 거론한 것이 대화의 물꼬를 터주면서 게이르는 스칸디나비아인의 멜랑콜리에 대한 이런저런 의견을 밝혔다. 엘시노어에서 1816년의 첫 공연을 시작으로 〈햄릿〉의 연극 공연이 수차례 이어져온 점이나, 1910년 북유럽 최초의 〈햄릿〉 영화가 제작된 점이 인상적이라며, 여기에는 단순한 관광객 유치 사업을 넘어 더 중대한 이유가 있는 듯하다고 했다. 마치 스칸디나비아인이 자신들에 대한 진부한 이미지를 진실로 받아들이는 것 같다고. 나는 그 의견을 듣고 그런 어둡고 음울한 기질은 노르웨이 지형과 사람들의 외롭고 외딴 삶 때문이라고 여긴 헨리크 입센의 견해를 얘기했다. 게이르가 대꾸하길, 입센이 중요한 단서를 잘 포착한 것일 수도 있지만 자신은 다른 견해를 갖고 있다고 했다. 오히려 루터교의 유일하고 절대적인 중심축, 즉 솔라 피데sola fide, 신앙만으로 교리가 중요한 역할을 했을 것으로 보았다. 신앙만이 유일한 구원의 길이라는 개념이 담겨 있으며 로마가톨릭교와 북유럽 개신교 사이의 본질적 차이점인 이 솔라 피데 교리에 더 비중을 둔다는 것이다. 그러면서 이어 말하길, 내 얘기의 요점은 구원이 선행과는 무관하고 오로지 하느님의 은총으로 부여받을 수 있으며 예수 그리스도에게 독실한 믿음을 가져야만 얻을 수 있다는 개념의 지지자가 본질적으로 품게 되는 고독과 고립이 결부되어 있으니 셰익스피어의 『햄릿』을 생각해보라고 했다. 셰익스피어는 삭소의 근친상간, 형제 살해, 두 번의 국왕 살해가 일어나는 옛날 시대 이야기를 가져와 당시의 종교개혁 이후 배경으로 옮겨놓았다. "사느냐, 죽느냐. 그것이 문제로다. 이 가혹한 운명의 돌팔매와 화살을 참고 견디는 것이 고귀한 일인가? 아니면, 무기를 들어 노도같이 밀려드는 재앙에 대항해 이를 근절시키는 것이 더 고귀한 일인가?" 햄릿의 이 명대사에는 근대 시대 고민이 선견지명처럼 깃들어 있다. 묘하게도 햄릿의 고뇌는 개신교도가 처한 현실, 다시 말해 **자신이 어떻게**

해야 할지를 알려줄 이가 아무도 없다는 현실로 인해 더욱 깊어진다. 이런 딜레마 속에서의 결단은 온전히 그 자신 혼자 감당해야 할 일이다. 바로 여기에 개신교도의 본질적 고독이 있다. 이런 고독은 입센의 캐릭터들에도 해당되어, 무정한 인물뿐만 아니라 인정 있는 인물까지 모든 캐릭터가 홀로 고뇌한다.

게이르는 커피를 두 잔째 마시며 이야기를 이어갔다. 입센의 『브란Brand』, 『유령Ghosts』, 『헤다 가블레르Hedda Gabler』 속 주제와 분위기가 외국인의 눈에는 스칸디나비아의 전형적인 어둠, 광신, 음울함으로 연상되는데, 사실 입센이 말년에 들어 검은색 양복, 검은색 프록코트,◆ 검은색 정장용 모자를 유니폼처럼 입고 다니면서 그런 연상 작용이 더욱 강해졌고, 입센 자신도 일부러 그런 옷차림을 하고 다녔을 것이라고 했다. 입센은 공식석상에 나갈 때면 곧잘 검은색 일색의 옷차림으로 나가서 19세기 말 유럽 전역의 문단 명사 중에서도 단연코 눈에 띄는 인사가 되었다. 게이르는 싱긋 웃으며 덧붙이길, 입센은 지적 직업에 종사하는 스칸디나비아인이었지만 어떤 명분에도 지지를 표명한 적이 없고 그 어떤 정당과도 얽힌 적이 없다고 했다. 입센은 해야 할 중요한 얘기를 희곡에 모두 담아내고 극장 밖에서 말을 더 보태려 하지 않았다. 게이르는 이 대목에서 잊지 말아야 할 부분이 있다며, 라테를 젓는 용도로 나온 가는 나무핀까지 흔들어 보이며 강조해서 덧붙였다. 셰익스피어 시대의 대중 사이에도 멜랑콜리를 상징하는 나름의 풍조가 있었다고. 그래서 셰익스피어의 희곡 관객은 햄릿의 힘 있는 발음, 예리한 정신, 반항

◆   서양식 예복의 하나. 길이가 무릎까지 내려온다.

적이고 예민한 기질, 권위에의 증오, 자살 충동, 걷잡을 수 없는 감정 폭발을 보면서 그런 면들이 17세기에 유행한 멜랑콜리 이미지와 일치하는 것을 단박에 알아봤을 것이라고 했다.

　나는 게이르가 말하려는 요점은 이해했지만, 듣다 보니 스칸디나비아 종교개혁과 멜랑콜리 연상의 역사를 서로 결부지어 보려던 내 시도대로 대화가 흘러가지 않는 것 같았다. 그래도 게이르가 들려준 이야기 중에는, 내가 듣고 싶었던 말과 가장 근접한 대목이 두 가지 있었다. 그 하나가 개신교도의 고독이었다. 또 다른 하나는 하느님과의 관계에 따르는 개인적 책임의 중압감이었다. 즉, 마음에서 마음으로 직접 하느님을 마주 대함으로써 자신의 모든 죄와 범죄적 생각에 대해 하느님에게 직접 책임을 지면서 가톨릭 사제의 중재로 인해 모든 일이 어떤 식으로든 상징화되고 사소해지지 않도록 해야 하는 관계에서 생겨나는 중압감이었다. 나는 게이르와 그다지 잘 아는 사이가 아니라 그다음엔 대화를 어떻게 이어가야 할지 좀 막막해졌다. 그러다 우리가 앉아 있던 자리 맞은편으로 시선을 잠깐 돌렸을 때 서점의 진열 선반 쪽에서 뵈레 크누센 Børre Knudsen이라는 사제에 대해 쓴 닐스 엘무위덴의 책이 눈에 들어왔다. 크누센이 아직 생존해 있던 1980년대에 초판이 나왔고, 당시 서점에 진열되어 있던 판은 크누센의 다큐멘터리 영화 개봉과 시기를 맞추어 재발행된 것이었다. 소극장 두 곳에서만 상영된 이 다큐멘터리 영화의 제목 〈사제와 전염병En Prest og en Plage〉은 노르웨이어로 성가시고 골치 아픈 사람을 가리키는 유명한 문구 'pest og en plage'로 말장난을 부린 것이다. 내가 아주 눌러 살 작정으로 다시 노르웨이에 돌아왔던 1983년에는 신문마다 이 인물의 기사로 떠들썩했다. 크누센은 노르웨이에서 확산 중이던 임신중절권 문제에 극렬히 반대해 외로운 싸움을 벌이면서 사람들의 이목을 끌고 있었다. 내가 아는 한 그만큼 격렬하게 반대하고, 또 그만큼 떠들썩한 소동을 일으킨 사람이 나왔던 경우는 노르웨이뿐이었다. 아무튼 내 생각으론 스웨덴에서도 덴마크에서도 그와 비슷한 인물이 없었다. 뵈레 크누센은 1980년대 급진파들에게 혐오와 경멸의 대상이었다. 나는 마침 근래에 그 다큐멘터리 영화를 본 적이 있었는데 그때 문득 영화 속 특정 장면이 떠올랐다. 크누센이 한 낙태 시술소 앞에서 무릎을 꿇고 얼굴 앞으로 두 손바닥을 마주 모은 채 찬송가를 열창하는 장면이다. 늘 그랬듯 그는 혼자이고, 반대하는 그의 열의에 뒤지지 않을 만큼 열렬히 낙태를 지지하는 무리와 대립한다. 그러다 크누센을 둘러싸고 구호를 외치고 고함을 치는 무리 속에서 한 여성이 앞으로 나오더니 손으로 그의 입을 틀어막는다. 크누센은 잠깐 여성의 손을 떼어낼 것처럼 손을 들었다가 도로 떨어뜨린다. 겁을 먹고 멍해져 있던 그 순간 그의 눈빛이 쉬이 잊히지 않는다.

요한 보예르Johan Bojer가 쓴 소설 중 『최후의 바이킹The Last Viking』이라는 유명한 작품이 있는데 문학관 밖에서 게이르와 악수를 나누며 작별 인사를 할 때 불현듯 '최후의 사제'라는 구절이 뇌리를 스쳤다. 뵈레 크누센은 노르웨이에서 최후의 사제였다. 어쩌면 스칸디나비아 전역을 통틀어 최후의 사제였을 가능성도 높다. 뵈레 크누센은 안토니 반다이크의 그림에서 튀어나온 사람 같았다. 흰색의 두툼한 러프칼라,♦ 삽 모양으로 기른 짙은 색 턱수염, 윗입술이 보이도록 말끔히 면도한 콧수염으로 시대에 뒤처진 모습을 하고 다녔던 데다 수백 년의 격변 속에서 현대의 요란한 추세에 묻혀 종교개혁이 서서히 사라져가고 있던 와중에 고리타분한 열정의 마지막 희미한 메아리를 울려 퍼뜨렸다. 이렇게 낙태 문제에 열정을 쏟던 중 로마로 초대되어 경비가 전액 지원되는 낙태 반대 회의에 참석하기도 했다. 회의 파견단은 요한 바오로 2세와 접견 자리를 가졌고 뵈레 크누센은 자신의 접견 차례가 오자 망설임 없이 나섰다. 그리고 교황에게 다가가 다급히 요청했다. 앞선 1521년 발표된 마틴 루터의 파면에 대한 교황 칙령을 거두어달라고. 요한 바오로 2세는 근엄하고도 단호하게, 그것은 교황의 권위와 관련된 중요한 문제라고 말했다. 2014년 상영된 〈사제와 전염병〉 마지막 장면에는 크누센이 나이가 들어 수염이 허옇게 샌 모습으로 나온다. 이때는 임신중절권 반대 투쟁이 이미 오래전에 패배한 뒤였다. 그럼에도 소명, 일자리, 가정, 심지어 친자식들의 애정 등 모든 것을 잃으면서까지 자신의 대의에 온갖 열정을 바치고 있었다. 이제 그는 발스피오르의 외지고 작은 시골집 근처에서 나뭇잎으로 뒤덮인 좁은 길을 걸어가며 크고 또랑또랑한 목소리로 자신이 작곡한 수많은 곡 가운데 하나인 듯한 다소 음울한 멜로디의 찬송가를 부른다. 파킨슨병에 걸려 팔을 떨고 움찔거리면서도 찬송가를 부르며 머리를 높이 치켜들고, 푸른 눈은 태양을 뚫을 듯 이글이글 불태우면서. 그 열정이 손으로 만져질 듯 너무도 강렬해서, 임신중절권 문제에서의 지지 노선을 불문하고 누구라도 그 앞에서는 위압당하고 말 것만 같다.

♦ 목둘레를 감싸는 주름칼라.

스칸디나비아 3국 국민들은 소득의 1퍼센트 미만을 교회세로 내고 있지만 현재 3국 중 덴마크의 교회만 유일하게 국교회로 남아 있다. 3국 중 가장 급진적이고 600만 명이 넘는 신도를 거느려 여전히 세계 최대 루터교의 위세를 과시하는 스웨덴은 지난 2000년에 정교분리 체제를 도입했다. 스웨덴 교회에서는 2009년 동성 결혼식 감행에 개의치 않기로 했고, 그 뒤 러시아 정교회와 시리아 정교회는 스웨덴 교회와의 협력 관계를 단절하였다. 아프리카의 몇몇 교회 역시 같은 이유로 스웨덴 교회로부터 재정 지원을 받지 않기로 했다. 노르웨이에서 2012년 정교분리가 일어나게 된 원인은 60~70년 사이에 기독교 신앙이 크게 쇠퇴한 데다 예기치 못하게 돌연 무슬림과 가톨릭교도가 늘어나면서 운영난을 겪은 탓이 더 크지만, 뵈레 크누센을 겪으면서 촉발된 인식도 무시하지 못할 것이다. 다시 말해 종교개혁 시대 이후 사회의 세속화와 합리화가 너무 멀리까지 가버리면서 이제는 국가와 교회를 통일체로 인정하기가 불가능해졌다는 사실을 인식하게 되었고, 그런 인식이 정교분리에 어느 정도 영향을 미쳤을지 모른다.

4

옛 선대왕의 고분 발굴:
덴마크의 프레데리크 7세

오슬로 피오르♦ 동쪽 지대이자 고대 도시 퇸스베르그에서 그리 멀지 않은 보레에 가면 바이킹 이전 시대의 공동묘지가 있다. 나는 이곳만큼 고인들에게 평화로운 안식처를 본 적이 없다. 나무가 우거지고 느긋함이 감도는 분위기 속에 잠들어 있는 고분들을 보면 절로 그런 생각이 든다. 고대의 케른(돌무더기 기념비) 파편을 보고 있으면 죽음을 달리 생각하게도 된다. 죽음이 공동묘지의 비좁은 자리를 배당받는 것에 지나지 않는다는 생각이 들기보다는 휴식과 자유가 연상된다.

나는 보레라는 신세계를 발견한 뒤로 몇 번이나 그곳을 다시 찾아갔다. 차로 가면 오슬로에서 90분밖에 걸리지 않았다. 아내에게 그곳의 뛰어난 경치를 칭송하면서 처음으로 함께 갔던 순간은 특히 인상 깊게 남아 있다. 그날은 어느 봄날의 아침이었고 오슬로

♦ Oslo Fjord. 노르웨이 남동쪽에 있는 만.

피오르에서 피어오른 듯한 옅은 안개가 나뭇가지 사이사이에 걸쳐 있었다. 우리는 그곳 분위기에 푹 빠져들어 어느새 나뭇잎으로 뒤덮인 길을 따로 걸었다. 너도밤나무 잎사귀의 바스락거리는 소리에 귀를 더 바짝 기울이기도 하고, 고분을 빙 돌아보다가 좁은 경사면에서 무리 지어 풀을 뜯어 먹거나 졸고 있는 제이콥 양♦ 몇 마리를 마주치는 뜻밖의 경험 덕에 기분이 좋아지기도 했다. 나는 반짝반짝 빛을 뿜는 탁 트인 풀밭 쪽으로 시선을 돌렸다가 멀리 떨어진 고분에 눈길이 갔다. 가만 보니 주변에 큼지막한 참나무 예닐곱 그루가 사슴뿔 모양으로 자라난 언덕에서 한 나무의 흔들거리는 나뭇가지 사이로 사람의 형상이 보였다 말았다 했다. 그 사람은 언덕 꼭대기에 가만히 선 채 몸은 앞으로 살짝 숙이고 얼굴은 위로 치켜들어 팔은 손바닥을 아래로 향한 채 옆으로 쭉 펼쳐, 마치 비상이라도 하려는 것처럼 보였다. 잠시 뒤에 퍼뜩 어떤 생각이 스쳤다. 고분 안에 여전히 살아 있을지도 모를 고인의 어떤 힘이나 자취와 교감하기 위해 저런 자세를 하고 있는 걸까? 곧이어 13세기 『에이르주민의 사가Eyrbyggja Saga』에서 봤던 인상적인 장면도 떠올랐다. 주인인 아이슬란드 족장 소르스테인 코드비테르의 양을 돌보던 양치기가 산의 북쪽 비탈을 보고 있는데 갑자기 그 비탈면이 휙 열리더니 안에서 큰 불길이 활활 타오르는 가운데 술을 마시며 축제를 벌이는 소리가 들려온다. 죽은 자들이 소르스테인과 그를 따르는 무리가 아침에 물에 빠져 죽어 자신들이 있는 그 산 안으로 들어온다는 소식을 듣고 축하를 벌이는 중에 들려오는 소리다. 생각이 꼬리

♦　Jacob sheep. 뿔이 두 쌍으로 나 있는 희귀 품종의 양.

를 물면서 『정착의 서The Book of the Settlements』에서 봤던 소롤푸르 모스트라르스케그의 흥미롭고 신비로운 지령도 생각났다. 그 누구도 얼굴도 씻지 않은 채 헬가펠Helgafell, 즉 그의 '신성한 산'을 쳐다봐선 안 된다는. 그런 연상이 떠오른 것은 보레의 분위기와 신비로움 때문에 일어난 감응이 아니라 내 천성적 기호에 따른 감응이었다. 나는 합리주의라는 답답하고 비좁은 방에 갇혀 수십 년을 살아오다가 이미 오래전에 태도를 바꾸었다. 이제는 그런 식의 감응으로 역사와의 연관성을 찾는 내 나름의 주관적인 방식을 가소롭게 치부하지 않게 되었다. 나는 나무 뒤로 몸을 어정쩡하게 숨기고 한동안 그 여자를 지켜봤다(체격으로 미루어 여자라는 것을 알아봤다). 여자의 몸짓을 가만 보니 땅에서 잔물결처럼 번지는 파동이나 진동 같은 것을 붙잡으려는 듯 보였다. 아니면 교감이 일어나 머릿속에서 어떤 외국어 단어가 퍼뜩 스쳤다 지나가는 순간을 기다리는 것 같기도 했다.

숨어서 가만히 지켜보다 얼마쯤 지나서야 알게 된 사실이지만, 그 여자는 바로 내 아내였다. 나중에 공원의 석조 입구에서 다시 만났을 때 아내에게 내가 보고 있었다는 사실을 얘기하지 않았다. 우리는 왔던 길을 되돌아갔다. 손을 잡고 나무가 줄지어 늘어선 길을 한가로이 걷다가 간이 박물관이자 구내매점에 들어가 엽서와 커피를 사서 실외 테이블로 가져갔다. 15분쯤 흐릿한 햇볕을 쬐고 앉아 새들의 노랫소리에 귀를 기울였다. 좀 떨어진 아래쪽 경사면에서 바이킹 재연자 여섯 명이 소리치고 떠드는 소리가 새 소리 사이사이로 희미하게 들려왔다. 색칠을 그럴듯하게 해서 진짜 무기처럼 보이는 나무 검과 방패를 들고 전투 장면을 연습 중이었다. 가끔

검을 든 남자나 여자가 요란스러운 신음과 함께 쓰러지면 그 맞수가 쓰러진 상대의 몸 위로 두 다리를 벌리고 서서 두 손으로 쥔 검을 심장 쪽으로 내리 찌르는 최후의 일격을 극적으로 연출했다. 재연자들은 나름 중세 의상이랍시고 밑창이나 뒷굽이 없는 가죽 구두, 정강이에 두르는 행전行纏, 무릎 아래쪽에서 오므려진 바지, 허리띠를 두른 암적색과 갈색의 웃옷을 갖춰 입었지만 좀 어정쩡했다. 투구를 쓴 사람도 없었다. 역사적 사실과 어긋나는 기념품 가게의 그 뿔 달린 엉터리 투구도, 진짜 바이킹이 썼을 것으로 확실시되는 가죽 두개모頭蓋帽도, 한때나마 썼을 것으로 추정되는 챙 달린 목재 투구도 안 썼다. 투구를 쓰기는커녕 대부분이 긴 머리를 얼굴 뒤로 넘기려 가죽 머리띠를 두르고 있었다. 20대 초반으로 보이는 청년 딱 한 명만 머리 스타일이 달랐다. 일렉트로닉 댄스 그룹 프로디지의 보컬이 연상되는 튀는 스타일이었다. 가운데 부분은 이마 선에서부터 목덜미까지 모히칸 스타일로 삐죽삐죽 솟고 양쪽 측면은 짧게 밀어서 짙푸른 색으로 염색했다.

재연자들은 힘들게 연습을 하다가 좀 쉬기 위해 우리 옆 테이블로 와서 방패와 무기를 땅바닥에 내려놓았다. 튀는 스타일의 청년과 대화를 나누면서 들어보니, 그 주 주말에 보레에서 바이킹 축제가 열리는데 수천 명이 몰려들 것으로 예상된다고 했다. 스칸디나비아 전역과 독일, 네덜란드, 심지어 프랑스에서까지 재연 참가자들이 찾아와 3일 동안 바이킹처럼 입고 바이킹처럼 움막 생활을 하고 바이킹처럼 먹고 야외 대장간에서 대장장이가 되어보고, 싸우기, 물고기 잡기, 이야기 들려주기, 음악 짓기도 해본단다. 또 아주 열성적인 참가자들이 참여하여, 기독교 이전 스칸디나비아인의 고대 종교 아사트루 제물 바치기 의식을 약간 현대화한 형태로 체험해보는 순서도 있다고 했다. 그제야 알았는데, 스칸디나비아 전역에서 그런 순회 행사가 돌아가며 열리고 있었다. 청년은 자신이 잘하는 주특기가 글림마glimma라는, 일종의 바이킹 시대 레슬링이라고 자랑했다. 글림마는 수년 전 애플비◆에서 열린 집시 말 박람회gypsy horse fair에서 봤던 컴벌랜드 레슬링과 흡사했는데, 상대를 붙잡고 끙끙거리며 게처럼 굴러대다 시간을 다 보내는 시합인 것 같았다. 말하자면 멋모르는 구경꾼에게는 좀 지루할 테고 알고 보는 사람이라야 전문 기술이 구사되는 순간에 짜릿한 묘미를 느낄 만한 그런 시합이었다. 나는 테이블 다리에 기대어져 있던 청년의 둥그런 목제 방패로 시선이 갔다. 방패는 네 칸으로 분할되어 각각 이미지가 넣어져 있었다. 딱 보니 그중 한 이미지는 전사이자 시인으로, 아이슬란드의 사가에 등장하는 인물을 통틀어 가장 알려진 영웅일 법한 에길 스칼라그림손이었다. 다른 칸에는 최초의 스칼드로 알려져 있는, 브라기 디 올드의 이미지도 있었다. 방패의 테두리에 룬 문자가 새겨져 있길래 청년에게 어디에서 나온 구절인지 물어봤다. 오딘(청년의 이름이다)은 선뜻 대답을 못 하고 잠시 머뭇대다가 「높으신 분이 말하기를Hávamál」 속 구절이라고 말해주었다. 기독교 이전 시대에 오딘이 전해준 지혜를 노래한 시로, 언젠가는 소들도 죽고 가족도 죽고 너 자신도 죽겠지만 사람은 죽어도 그 이름은 죽지 않고 남는다는 내용이라고 했다. 그 구절이 전체 시에서 가장 유명한 모양이었다.

◆ Appleby. 영국, 잉글랜드 북서부 컴브리아주 동부의 도시.

아내와 나는 바로 어제 했던 일이라면 모를까, 과거 역사를 재연하는 방면으로는 영 취미가 없어 보이는 부류다. 그래서였는지 청년은 내 질문에 마음이 거북해진 듯했다. 내가 듣기 난처한 소리를 꺼낼까 봐 불안해하는 눈치였다. 아니나 다를까, 잠시 뒤 선수라도 치려는 듯 난데없는 불만을 늘어놓았다. 자기 같은 청년들은 조상들을 자랑스러워하는데 역사적으로 늘 신新나치주의자가 어쩌니, 하는 비난을 받아넘겨야 하는 현실이 불만스럽다고. 하지만 그것이 우리의 역사고, 우리의 문화니 어쩌겠느냐고. 우리에겐 자부심을 가질 권리가 있다고 했다. 기왕에 청년이 먼저 그 문제를 꺼낸만큼, 한 가지는 짚고 넘어가야 할 것 같았다. 그래서 스칸디나비아인, 그중에서도 제2차 세계대전 때 나치에게 점령당했던 노르웨이와 덴마크 사람들이 특히 더 그와 같은 조상에 대한 공경 표현에 반감을 갖게 된 것은 어떤 의미에서 보면 충분히 이해할 만한 일이라고 지적했다. 청년에게 이어서 설명했다시피 한 예로, 바펜 SS♦가 사용한 의례용 필체는 바이킹의 '게르만족' 과거를 이용하기 위한 의도적이고 자의식적인 시도였다.♦♦ 또한 비드쿤 크비슬링♦♦♦의 민족통합당Nasjonal Samling 역시 먼 과거로의 회귀에 전적인 기반을 두었으며, 심지어 크비슬링 자신의 근위대를 지칭하기 위해 히르드hird라는 고대 스칸디나비아 말을 부활시키기까지 했다. 나는

♦ Waffen SS. 무장친위대. 나치 독일의 친위대 소속 무장 전투 집단으로 제2차 세계대전 당시 육·해·공군에 이은 제4의 군대로 활약하였다.
♦♦ 바이킹은 고대 게르만족의 후예다.
♦♦♦ Vidkun Quisling. 노르웨이의 군인이자 정치가. 제2차 세계대전이 끝날 때까지 독일 점령하의 노르웨이에서 총리직을 지내며 철저히 나치에 협력했고, 종전 후 반역죄로 총살되었다. 유럽 전역에서 크비슬링이란 이름은 반역자의 대명사로 통용된다.

그렇게 말하면서, 그 청년이나 청년과 같은 젊은이들의 반발 논리가 지지받지 못하는 이유를 알 것 같았다. 그들은 스칸디나비아 급진적 68운동♦ 세대의 자식이나 손자들이다. 68운동 세대는 이상주의적 히피 문화의 가치관에 따라 극단적 관용을 실천했던 만큼, 이들 10대가 스칸디나비아 바이킹 유산의 육성이 촉발할 만한 도발을 깨닫지 못한다면 이를 용납하기 힘들 만하다. 그렇게 히피 문화를 연상하니 스칸디나비아 젊은 음악가들이 한때 헤비메탈로 불리던 음악의 다양한 하위 장르를 육성시키는 데 뜨거운 열정을 쏟은 것도 이해가 된다. 헤비메탈은 윌리엄 버로스♦♦의 소설 『소프트 머신The Soft Machine』에서 명칭을 따온 장르이지만, 현재는 이런 문학적 뿌리에서 크게 벗어나 데스메탈, 블랙메탈, 스래시메탈, 스피드메탈과 더불어 당연히 바이킹메탈에 이르기까지 그 외 여러 하위 장르로 복잡하게 분화되었으며, 이 대다수의 하위 장르에서 노르웨이 음악가들이 대가로 인정받아왔다.

나는 청년과 잠시 「높으신 분이 말하기를」에 대한 이야기를 나누다 짧게 내 생각을 밝혔다. 그 시집에 신비로운 얘기나 수수께끼 같은 이야기뿐 아니라 일상 속 상식이 실려 있어서 좋은 글이 많은 것 같다고 말했더니, 팽팽히 곤두서 있던 청년의 신경도 조금은 풀렸다. 커피를 마시느라 시간을 오래 끈 것 같아 아내와 내가 그만 가려고 일어서자 청년이 주말에 축제를 구경하러 보레에 다시 오

♦ 1968년 유럽, 아메리카, 동유럽, 일본 등지에서 권위주의와 기성 가치에 대한 반대, 그리고 창의성과 상상력 확대라는 구호를 내걸고 전개된 역사적 사건.

♦♦ William Burroughs. 제2차 세계대전 후 1950년대 중반 샌프란시스코와 뉴욕을 중심으로 대두된 보헤미안적인 문학, 예술가 그룹으로 히피 문화 탄생에 영향을 끼친 비트 세대의 대표 주자.

라고 권했다. 글림마 레슬링은 오후 2시부터 시작한다며 자신이 타이틀 방어전에 나간다고도 했다. 알고 보니 청년은 스칸디나비아 전역에서 동 체급 최강자였다. 나는 다른 계획이 잡혀 있어서 못 간다고 대답했다. 청년은 고개를 끄덕이더니 수줍어하면서 자신이 노르웨이에서 가장 어린 얄jarl이라고 말했다. 가장 어린 뭐라고? 내가 되묻자 'jarl'은 그냥 간단하게 earl을 뜻하는 노르웨이어라고 했다. 내가 무슨 소린지 어리둥절해하자 청년은 자신이 노르웨이 전역에서 가장 어린 백작이라고 말해줬다. 우리는 작별인사를 나눴다. 우리의 폭스바겐 골프를 타려고 석탄재를 깔아 만든 주차장 쪽으로 가는 도중에 아내가 다소 위축된 기색으로 말했다. 노르웨이에서는 한참 전인 1821년에 귀족제와 귀족 직위가 폐지되지 않았냐고. 하지만 나는 속으로 흥미로움을 느꼈다. 노르웨이처럼 질서가 잘 잡힌 평등주의자들의 천국인 곳에도 그런 평등주의를 거북해하는 사람이 있다니, 정말 흥미로웠다.

———

나는 그 앞서 있었던 일, 그러니까 아내가 고분 속 안장된 영혼들과 교감을 나누려는 것처럼 보였던 일을 거의 잊고 있었다. 그런데 집으로 돌아가는 차 안에서 아내가 먼저 그 얘기를 꺼냈다. 몇 군데 고분에서 V자 모양으로 크게 갈라진 흥미로운 틈을 봤다며 말문을 열었다. 어떤 고분은 맨 꼭대기에서부터 거의 땅바닥까지 그런 틈이 나 있었다며, 그런 틈이 왜 생겨난 건지 아느냐고 물었다. 사실은 나도 그 자국에 대해 전부터 궁금해했던 터라 이유를 설명해줄 수 없어서 괜스레 패배감이 들었다. 차를 몰고 오슬로로 돌아가는 길에 나는 일리가 있을 법한 이유를 이리저리 생각해봤다. 먼저 잘 알고 있던 한 가지 이론이 떠올랐다. 그 유명한 오세베르그호♦가 묻혀 있던 고분(보레에서 차로 불과 10분 거리임)에 파인 수직굴과 관련해서 곧잘 언급되는 이론으로, 고분 안에 고인의 내세를 편하게 해주려고 검, 도끼, 창, 은붙이 등의 귀한 부장품을 함께 묻은 사실을 알거나 추정한 도굴꾼들이 그런 수직굴을 파서 고분을 손상시켰다는 설이다. 하지만 보레의 고분 가운데 일부는 높이가 30~40미터에 이르는 데다 크기가 아주 작은 고분이라도 맨 아래쪽 둘레가 한 바퀴를 빙 돌아 걷는 데 5분이 걸릴 정도로 넓었다. 그런 고분에 그만한 크기의 틈을 파내려면 수많은 인원이 동원되어, 아니 어쩌면 온 마을 사람이 동원되어 아무리 열심히 파냈다고 해도 며칠이 걸렸을 것이다. 따라서 그 V자 틈이 바이킹 시대판 버크와 헤어♦♦류의 야간 도굴로 생겨난 틈이라고 보기엔 무리다. 또 다른 가능성은 이른바 '고분 훼손haugbrott'이다. 즉, 남달리 용맹했거나 힘이 셌던 인물들의 무덤을 파내 그들의 뼈로 무기를 만들어 말 그대로 죽은 영웅의 용기와 힘을 무단 도용할 맘을 먹고 그렇게 훼손시킨 것일지도 모른다. 당시엔 검이나 창에 더 강한 혼이 깃들게 하려고 무기를 불에 달구는 과정에서 곰이나 늑대의 뼈를 쓰기도 했으니 같은 목적으로 고분을 훼손했을 가능성이 있다. 대장장이는 룬 스톤에 명시적으로 언급된 몇 안 되는 기술직 가운데 하나

♦ Oseberg ship. 오슬로의 피오르에서 발견된 바이킹선. 아름다운 조각으로 장식되어 있으며 오사 여왕의 관으로 9세기에 매장된 것이다.

♦♦ 영국의 실존했던 유명한 연쇄살인자들. 도굴과 살인을 통해 시신을 구해서 돈을 벌었던 범죄자들이다.

인데, 당시의 그런 믿음을 고려해서 생각하면 바이킹 시대 대장장이의 지위가 높이 받들어지고 때로는 신령시된 이유가 어느 정도 수긍이 간다. 세 번째 가능성은 죽은 자의 남아 있는 혼을 방해하거나 심지어 제거해서 죽은 자들이 살아 있는 자들을 따라다니며 해를 끼치지 못하게 막기 위해 특별히 파놓은 굴일지도 모른다는 것이다. 『힘센 그레티르의 이야기The Story of Grettir the Strong』 같은 사가에 보면, 영면에 들지 못한 이교도인 고분 안장자들이 산 자들을 죽음으로 데려가려 할지도 모른다는 식의 근심이 분명히 담겨 있다. 네 번째로 살펴볼 만한 추정도 있다. 기독교 시대에 살았던 이들이 이교도 조상들의 시신을 빼내 기독교식으로 재매장하고자 묘지 안으로 들어가는 입구로 파냈을 가능성이다. 그러니까 늦더라도 안 하는 것보다 나으리라는 바람을 담아 조상들의 영혼을 위해 벌인 일일 수도 있다. 나는 이 마지막 설이 마음에 들었다. 문득 얼마 전에 읽었던 글이 생각났다. 어디에서 읽었는지는 확실히 기억나지 않지만 아마도 구독 중인 덴마크의 고고학 전문지《스칼크Skalk》에 실린 글이었던 것 같은데, 고고학자들이 옐링의 오래된 교회에서 발굴 작업을 벌이다 덴마크 왕조의 시조인 고름 노왕King Gorm the Old의 것으로 확실시되는 유골을 발견했다는 내용이었다. 발굴 고고학자들은 고름왕이 원래는 아들인 하랄왕이 세운 옐링의 두 거대 고분 중 하나에 잠들어 있다가 9세기 말에 하랄왕이 기독교로 개종한 이후 파내어졌을 것이라는 의견을 제기했다. 그러고 보니 보레의 묘지공원 바로 옆에는 멋스럽고 아담한 오래된 교회가 있다. 혹시 보레의 고분에 안장되었던 이들의 유골도 그 교회 아래 어딘가로 옮겨져 있진 않을까?

오슬로에서 25킬로미터가량 떨어진 작은 항구도시 볼렌에 다가오면서부터 차량이 지체되더니 아예 멈춰 섰다. 폴란드 번호판이 달린 트럭의 타이어가 펑크 나는 바람에 도로의 한쪽 차선이 막혀 있었다. 트럭 운전자가 견인차를 기다리던 20분 동안 아내와 나는 차 안에 앉아 외위스테인 순데의 히트송 모음 CD를 들었다. 순데는 개성이 강한 음악가다. 뛰어난 기타 연주자일 뿐만 아니라 작사 실력도 남다르며, 대다수의 노르웨이 음악가들과는 달리 노르웨이어로 노래를 부른다. 노래가 너무 빠른 데다 가사가 아주 난해하고 말장난이 많아서 노르웨이인조차 아주 열심히 들어야 가사를 겨우 알아듣는다. 그날 저녁, 드디어 마요르스투아의 우리 아파트로 돌아왔을 무렵에 나는 보레 고분의 틈에 대해서는 까맣게 잊고 있었다.

훼손된 V자 모양의 틈에 대한 만족스러운 답 찾기는 한동안 그렇게 잊고 있다가 2년이 지나서야 다시 생각났다. 오슬로의 한 출판사로부터 영어권 관광객을 독자층으로 하여 바이킹 책을 짧은 분량으로 집필해달라는 의뢰를 받고 조사 작업을 벌이던 때였다. 염가판 『프랑크 왕실 연대기Royal Frankish Annals』를 훑어보며 프랑크 왕국 지배자들과 관련된 741~829년의 사건들을 쭉 살펴보니, 샤를마뉴왕은 780년대에 색슨족을 정복하여 색슨족 영토를 점령한 이후 813년 사망하기 전까지 북방 국경지대의 새 이웃 때문에 골치 아픈 일들을 숱하게 겪었다. 연대기 편찬자들의 기록에 따르면 덴마크인이 "북방인 중에서도 제일 위력적인 민족"이었다고 한다. 실제로 연대기상 이 초반 시기 동안 스칸디나비아 3국 민족 가운데 군사력에서 프랑크 왕국과 가장 대등했던 민족은 덴마크인이었다.

7세기에서 8세기로 넘어가는 전환기에 노르웨이와 스웨덴 사회의 행정 구조나 사회 구조가 어땠는지에 대해서는 알려진 바가 별로 없지만 프랑크 왕국의 연대기 편찬자들을 통해 확실하게 기록된 바에 따르면, 8세기 말 덴마크는 강력한 왕조의 지배를 받으면서 그 영토가 군도의 주요 섬들을 넘어 스웨덴 남쪽의 스코네, 오슬로 피오르 동쪽 연안 보후슬렌을 비롯한 현재의 스웨덴 지역에 드는 지대까지 뻗어 있었다.『프랑크 왕실 연대기』중 813년대 기록 도입부에 보면 덴마크 군대가 공동 왕인 두 형제 지휘 아래 비크의 수역을 건너 "그 군주와 백성들이 복종을 거부한 왕국의 북서단 지역"인 노르웨이 베스트폴로 진군해 들어갔다고 나와 있다. 의혹을 못 푼 채로 잊고 있던 그 기억을 다시 떠올리게 된 것은 바로 이 대목을 읽던 순간이었다.

그 의혹에 대한 답이 단 두세 문장 뒤에 나올 것 같은 예감이 들자, 나는 거실 소파에서 일어나 아내의 이름을 불렀지만 아내는 아무 대답이 없었다. 쐑쐑 물이 쏟아지는 소리만 들려오는 것으로 보아 샤워 중인 듯했다. 나는 책을 들고 욕실에 들어갔다. 그러곤 문설주에 기대어 뿌옇게 김 서린 플라스틱 중문 안쪽에서 몸을 이리저리 돌리며 샤워 중인 아내를 이따금씩 올려다보며 크고 당당한 목소리로 그 구절을 읽어주었다. 그 구절의 내용으로 미루어 볼 때 이 원정대의 목적은 징벌을 위한 것이었음이 확실해 보인다는 설명도 덧붙였다. 보레 고분과 같은 규모의 고분은 권세 있는 가문의 상징으로서, 수 킬로미터 떨어진 곳에서도 눈에 잘 띄도록 세워진 것이었다. 그런데 상징 삼아 세워진 것은 상징 삼아 파괴될 수도 있다는 얘기다. 따라서 V자 모양의 훼손 자국은 813년, 두 덴마크 왕이 이끌고 온 군대의 소행이었을 가능성이 크다. 노르웨이 백성들에게 그 일대의 진정한 강자가 누구인지를 상기시키는 동시에 조공, 즉 오늘날 식대로 바꿔 말해 세금을 다시 바치도록 몰아붙이기 위해 훼손시킨 것이 분명해 보인다.

"내 생각엔 아주 그럴듯한 추론이야. 당신 생각은 어때?" 아내가 플라스틱 중문을 밀어 반쯤 문을 열고 세면대의 컨디셔너 병 쪽으로 손을 뻗을 때 내가 말했다. "뭐가?" 아내가 되물었다. 그러더니 김 서린 영묘하고 따뜻한 자기만의 세상으로 다시 쏙 들어가며 내가 대답할 새도 없이 문을 닫아버렸다.

고름 노왕이 초대 왕으로 재임한 덴마크 왕조는 유럽 왕조 가운데 가장 역사가 길다. 고고학이라는 단어의 의미를 약간 확대해석해서 본다면, 하랄 블루투스가 고름왕의 유골을 파내도록 명령한 것도 일종의 고고학적 활동이었다고 말할 수 있다. 그를 시작으로 고고학 연구에 관심을 보인 덴마크 군주들의 계보는 현재까지도 꾸준히 이어지고 있는데 이 계보에 드는 가장 최근의 인물은 덴마크 현 군주이자 고름왕의 29대손 손녀인 마르그레테 2세로, 케임브리지 거튼 칼리지에서 1년간 선사시대 고고학을 공부했다. 마르그레테 2세에 앞서 이 계보에 든 유명 인물로는 12세기 후반기 덴마크 왕, 발데마르 대왕도 있다. 당시 덴마크에는 블레킹의 루나모Runamo 땅속에 굴처럼 파인 틈과 관련해서 속설이 돌고 있었다. 그곳 내벽에 새겨진 일련의 표식이 전설적 선대왕, 하랄 힐데탄왕King Harald Hildetand('힐데탄'은 '전쟁 이빨'이라는 뜻)의 업적을 기록해놓

은 룬 문자라는 속설이었는데, 발데마르 대왕은 이 속설에 고무되어 푸사르크futhark, 룬 문자 연구의 전문가들을 루나모로 급파하며 조사를 지시했다. 말하자면 스칸디나비아에서 공식적인 고고학 원정의 첫 사례를 후원해준 셈이었다. 하지만 파견된 전문가들은 이 장문의 상형문자를 제대로 해독하지 못했다. 결국 전문가들이 돌아왔을 때 루나모의 룬 문자가 알아볼 수 없을 만큼 심하게 풍화되어 판독할 수 없다는 보고가 올려졌다.

이 새김글은 그 뒤로도 꾸준히 관심을 끌다가 17세기 사제이자 룬 문자 연구가 욘 스코노비가 '룬드'라는 단어를 판독해냈다. 룬드는 당시에 덴마크 땅이던 스웨덴 남부의 마을 이름이었다. 한편 암석면을 깨끗이 닦아낸 뒤로 더 많은 룬 문자가 확인되었고, 1843년에는 아이슬란드인 핀 마그누센이 전문을 음역했다. 또한 마그누센은 743쪽에 달하는 저서를 펴내 연구 과정을 상세히 담아냈다. 그러나 안타깝게도, 그 뒤 1844년 덴마크의 젊은 회의론자 J.J. 보르소에JJ. Worsaae의 연구를 통해 그 불가사의한 내벽 표식이 의심의 여지 없이 빙하조선♦인 것으로 드러났다. 다시 말해, 자연계의 경이로운 현상 그 자체일 뿐 덴마크 왕가와는 역사적 관련성이 전혀 없었던 것이다. 보르소에의 연구를 후원해주었던 크리스티안 8세는 그 소식을 듣고 아주 재미있어했다. 웃음을 주체하지 못해 몇 분이 지나도록 배를 잡고 깔깔거리면서 같은 말을 몇 번씩 외쳐댔다고 한다. "학자들이 뭐가 돼! 루나모에 관해 쓴 그 두꺼운

♦ 빙하의 찰흔이라고도 함. 빙하가 운반하는 암괴가 그에 접한 암반을 할퀴어 직선의 찰상을 만든 것.

책은 또 어쩌고!"

　고고학 연구에 적극적이었던 왕족 가운데 특히 프레데리크 7세는 (정말 측은함이 들 만큼) 애처로울 정도로 지극정성과 열의를 보였다. 1848년부터 1863년까지 덴마크를 다스렸던 프레데리크 7세는 재임 2년째를 맞은 해에, 1661년 이후부터 덴마크에서 위세를 떨쳐온 전제군주제가 종식되어가는 것을 지켜보면서[*] 덴마크의 황금기이던 먼 과거사에 말 그대로 대단한 관심을 기울였다. 누가 보면 옛 시절에 대한 향수를 달래려는 사람처럼 과거사에 집착했다. "Nu kan jeg vel sove, så længe jeg gider(이제는 마음껏 잘 수 있겠군)." 이 말은 전제군주제 종식 당시 애처로운 투로 던진 가벼운 농담이었다지만, 사실 프레데리크 7세가 전제군주제 종식 이후 개인적으로 가장 좋았던 일은 고고학 연구에 더 많은 시간을 할애할 수 있게 된 것이었다. 초반엔 그 시간을 고인돌 연구로 보냈는데, 1853년에는 왕립북부골동품연구가협회 회원들 앞에서 고대인들이 전문 도구도 없이 묘실 위를 막기 위한 그 어마어마한 크기의 머릿돌을 어떻게 들어 옮겼는지에 대해 강연했다. 그는 이 첫 번째 강연 당시엔, 고대의 묘지 건축가들이 인근 지대에 머릿돌로 쓸 만한 돌덩어리가 존재하느냐의 여부에 따라 부지의 선택에 제한을 받았을 것이라고 가정했지만 1857년 이 가정을 수정했다. 그 뒤 두 번째 강연에서는 적절한 삽화까지 보여주며 아주 자세하게 고대의 거석 운반 기술을 설명했다. 굴림대를 활용한 덕분에 인력과 소들을 동

---

[*] 1849년 6월 5일에 절대군주제를 입헌군주제로 전환하는 내용, 덴마크 의회를 설립하는 내용이 담긴 덴마크 헌법을 승인하였다.

원해 주변으로 거석을 옮길 수 있었다고. 프레데리크 7세가 이런 깨우침을 얻게 된 것은 틀림없이 삭소의 『덴마크인의 사적』을 읽은 덕분이었으리라고 추정된다. 이 책에서 먼 선조인 하랄 블루투스가 쐐기 모양의 거대한 옐링 스톤을 처음 발견한 유틀란트 해변에서 옐링의 궁까지 옮기는 데 어떤 기술을 활용했는지 보고 새롭게 깨달았을 것이다.

몇 주 전, 전차를 타고 솔리 플라스Solli plass [플라스는 'place장소', 'plaza광장', 'square광장'의 뜻임]의 국립도서관으로 가던 중 《스칼크》에서 읽었던 기사 하나가 생각났다. 프레데리크 7세가 이런 일에 아주 진지하게 임했고, 황금기 시절 이후로 오랜 기간 서서히 덴마크의 국력이 쇠퇴한 역사에 부질없이 유감스러워하는 것처럼 보일 정도로 지극한 관심을 쏟았다는 내용이었다. 프레데리크 7세의 모습이 담긴 그림 몇 개도 함께 실려 있었는데, 묘하게도 애처로운 느낌이 들었다. 어린 소년이 꿈꾸는 왕의 삶을 옮겨놓은 듯 단조로워 보여서다. 한 그림 속에서 프레데리크 7세는 스웨덴 왕 칼 15세와 탁자 앞에 앉아 함께 와인을 마시며 담배통이 탁자 위에 얹힐 만큼 길쭉한 파이프로 담배를 피우고 있다. 그 뒤에는 칼 15세의 하인 욘 판시오 톡손이, 엄밀히 말하면 왕실 파이프 청소 담당이지만 두 왕의 시중을 들면서 와인을 한 병 더 따라주려 대기 중이다. 이 장면은 1860년 6월 스코네 융뷔헤드에서의 만남이었다. 칼왕은 프레데리크왕에 거의 맞먹을 만큼 고고학에 대한 관심이 남달랐으니, 이 만남의 자리에서 두 사람은 프레데리크왕이 3년 전에 발표한 고인돌 관련 논문에 관해서도 얘기를 나누었을 것이다.

칼왕의 재임기 초반에 거둔 승리 역시 화젯거리로 올랐을 만하다. 칼왕은 현대의 웁살라 바로 북쪽이자 스칸디나비아의 고대 이교도 수도이던 올드 웁살라의 거대 '왕릉' 중 하나의 발굴을 계획하여 고대 스웨덴의 역사를 입증해, 결과적으로 논쟁에서 승리를 거둔 바 있었다. 이렇게 논쟁이 발생하여 왕릉의 발굴을 명령하기에 이른 발단은 스웨덴에서 일단의 자연 과학자가 제기한 의견 때문이었다. 이들 자연 과학자들이 올드 웁살라의 고분들은 왕의 무덤이 아니라 자연 발생적으로 일어난 지질 현상에 불과하다는 의견을 밝히자 여기에 반박하기 위해 고분 중심부에 굴을 파도록 지시를 내렸다. 결국 채굴 작업에서 익히 쓰는 기술을 활용해 벽과 지붕에 판자를 대어 보강해가며 안으로 파고 들어가는 식으로 고분이 파헤쳐졌다. 고분 안을 20미터 파고 들어가자 드디어 증거가 나왔다. 돌무더기 가운데에서 화장된 유해가 담긴 점토 항아리가 나온 것이다. 스웨덴 벤델 시대의 금으로 만든 정교한 세공품 다수도 발견되었다.

덴마크의 옛 황금기 회고는 프레데리크왕에겐 아주 절실한 일이었을지 모른다. 당시의 19세기에는 덴마크 왕국 쇠퇴사에서 새로운 장이 펼쳐지고 있었다. 덴마크는 나폴레옹 시대의 격동에 휘말리지 않으려 무던히 힘썼지만, 나폴레옹이 덴마크 함대의 징용을 구상 중이라는 확신에 빠진 영국의 전쟁 망상 앞에 꼼짝없이 휘말리고 말았다. 영국은 확신에 따른 대응책으로 덴마크에 선제공격을 계획했다. 게다가 그 기회에 전쟁 무기로써의 로켓 기술을 실험해보려고도 했다. 로켓은 그 이전인 1806년 해전에서 시험 사용된 바 있었지만 바다와 바람의 변덕에 취약했다. 바다와 바람이 도와주지 않으면 대다수의 발사체가 아무런 피해도 입히지 못하고 바닷물 속으로 떨어졌다. 하지만 코펜하겐처럼 크고 제자리에 서 있는 목표물을 겨냥하여, 9월의 맑고 바람 없는 주중에 이루어진 성능 시험에서는 로켓이 가공할 만한 공포의 무기로 증명되었다. 3일 넘게 이어진 집중 포격 동안 대포와 박격포로 발사된 금속 볼과 불붙은 폭탄을 포함해 1만 4,000발의 포砲 및 약 300발의 로켓탄이 코펜하겐에 비처럼 퍼부었고, 도시 중심부 광대한 지대가 지옥의 아수라장으로 변했다. 설상가상으로 화염이 물로도 꺼지지 않아 불길이 번지는 것을 사실상 막을 수 없다는 것이 확인되어 공포는 더해졌다. 공포에 질린 사람들은 허둥지둥 소유물을 수레에 수북이 싣고 길거리로 뛰쳐나왔다. 결국 공격 작전의 목표가 이루어지며 덴마크 전 함대는 영국에 징발되었다.

덜 극적이긴 하지만, 이 전쟁의 더 큰 치명타는 따로 있었다. 영국은 1807~1814년 7년에 걸쳐 스카게라크해협과 카테가트해협을 봉쇄했다. 노르웨이는 당시 덴마크에서 수입하는 옥수수에 전적으로 의존하던 상황이라, 봉쇄 직후 남부의 대다수 지역이 기근에 시달리게 되었다. 식솔을 거느린 아버지들은 필사적 시도를 벌였다. 영국 군함의 순찰을 피할 가능성이 희박하거나 전무한 와중에도 죽음을 불사하고 바다를 가로질러 유틀란트 남쪽에 닿으려 나섰다. 이렇게 필사적인 항해에 나섰다가 붙잡혀 감옥에 갇힌 사람들이 수천 명에 이르렀다. 개중엔 목숨을 잃은 이들도 있었고 맞교환되거나 붙잡혔다가 도망치거나 영국 해군에 들어간 이들도 있었다. 1809년에 이르면서 위기가 최고조에 달했다. 봉쇄망을 뚫으려다 영국의 감옥에 갇히게 된 노르웨이인의 수가 4,000명에 육박했다. 옥수수 수입도 재개되지 않았다. 당시 봉쇄가 직접적 사인이었던 사망자는 남녀노소 구분 없이 10만 명으로 추산된다. 다시 말해, 90만 명에 근접했던 인구의 10퍼센트 이상이 사망한 것이다.

이때 노르웨이인이 입은 정신적 상처는 이후 헨리크 입센에게도 영향을 미쳤다. 입센은 1840년대 남부 해안 지역 그림스타드에서 약제사 조수로 일했던 시절에, 그 작은 해안 마을 주민들의 기억에 생생히 남아 있던 당시의 고통을, 추측컨대 누군가에게 들은 후 서사시 『테리에 비엔Terje Vigen』의 소재로 삼아 봉쇄를 뚫고 가족을 먹여 살릴 식량을 구하기 위해 고군분투하는 한 남자의 운명을 그려냈다. 테리에는 조각배에 몸을 싣고 혼자 노를 저어 유틀란트반도의 북동쪽 연안인 프레데릭스하운에 다다른 후 그 귀한 옥수수를 산다. 하지만 돌아오다가 영국 함선에 붙잡혀 그만 감옥행 신세가 된다. 그것도 겨우 열여덟 살 나이의 어린 선장이 통솔하는 함선에 붙잡혀, 자존심에 상처까지 입으면서. 장장 5년 후에야 감옥에서 풀려나지만 고향 집에 돌아왔을 때는 이미 아내와 어린 아들 모두 죽은 뒤였다. 『테리에 비엔』은 노르웨이의 국민 서사시다. 『페르 귄트Peer Gynt』는 여기에서 예외 작품으로 빼야겠지만, 테리에는 입센의 유명한 극작품 속 어떤 캐릭터보다 노르웨이 사람들에게 친숙한 인물이다.

한편 이러한 위기 중에도 비극 속 잠깐의 자비로운 희극으로 비칠 만한 막간극이 벌어졌다. 1809년 사무엘 펠프스라는 비누 무역상을 필두로 영국인 상인 무리가 아이슬란드의 덴마크령 식민지 레이캬비크에 당도했다. '수지♦가 산더미처럼 쌓인' 곳으로 소문이

♦ 양초·비누 등을 만드는 데 쓰이는 동물 기름.

자자하던 전설에 혹해서 이곳을 찾은 것이었다. 영국인 상인들은 추밀원♦이 발부해준 무역 허가장을 들고 왔지만 식민지 총독인 트람페 백작Count Trampe에게 활동을 금지당했다. 이 덴마크인 백작은 양국의 긴장 관계와 경쟁 관계를 충실히 반영해, 레이캬비크 거리 곳곳에 통지문을 게시해서 307명의 주민에게 영국인과 거래하는 자에게는 죽음으로 처벌하겠다고 경고했다. 펠프스는 그 즉시 트람페 백작을 붙잡았고 24시간도 채 지나지 않아 자신의 덴마크인 통역을 새로운 총독으로 앉혔다. 통역의 이름은 외르겐 외르겐센 Jørgen Jørgensen이었다. 원래 외르겐센은 덴마크와 노르웨이 항구 봉쇄를 피하려고 덴마크에서 활용했던 수많은 사나포선♦♦의 선원이었지만 영국 측에 생포를 당해 잉글랜드로 끌려갔다. 그곳에서 남다른 개성과 뛰어난 영어 이해력 덕분에 쓸 만한 사람으로 눈에 들면서 사무엘 펠프스의 소규모 아이슬란드 무역 사절단에 끼게 되었다.

외르겐센은 갑작스레 고속 승진하게 된 높은 공직에 아주 진지하게 임했다. 트람페가 붙잡힌 바로 다음 날부터, 두 가지 사항의 획기적 선언을 발표하고 나섰다. 하나는 덴마크에는 더 이상 아이슬란드에 대한 소유권이 없다는 것이었고, 다른 하나는 이후로 아이슬란드 문제에 관한 한 자신의 인장이 찍힌 문서만이 법적 구속력을 갖는다는 것이었다. 아이슬란드인들에게 이렇게 선포하기도 했다. 앞으로는 덴마크와 법적으로 결별하게 될 것이며, 500년 전

♦   영국의 행정·사법 및 교회의 사무를 담당하는 기관.
♦♦ 승무원은 민간인이지만 교전국의 정부로부터 적선을 공격하고 나포할 권리를 인정받은, 무장한 사유의 선박.

노르웨이에 독립을 잃기 전, 아이슬란드 공화국에서 행해지고 있던 민주주의 원칙이 재개될 것이라고. 1789년의 프랑스 혁명 정신을 반영한 새로운 헌법도 제정되어 부유층과 빈곤층 간에 평등이 보장될 것이며, 무역과 여행의 자유가 주어질 것이고, 학교와 병원의 시설이 개선될 것이라고도 했다. 공식 서명에 따라, 아이슬란드인이 덴마크 상인과 덴마크 정부에 진 모든 채무를 무효화시키기도 했다. 게다가 이듬해에는 1810년 7월 1일까지 모든 세금을 절반으로 줄여줄 것이라고도 발표했다. 외르겐센은 다재다능해서 새로운 공화국을 상징할 국기 모양을 디자인하기도 했다. 파란색 바탕에 흰색 대구 세 마리가 헤엄치는 그림이었다. 그뿐만 아니라 이런 조치들이 제대로 자리가 잡히면 자신은 사임을 하겠다고 약속했다.『위뷔 왕Ubu Roi』♦ 속 장면 같은 어느 순간에는, 전과자들도 섞여 있는 여덟 명을 무장 민병대로 임명해 자신의 신변을 보호하고 새 법들이 잘 지켜지도록 단속하는 임무를 맡겼다. 윌리엄 잭슨 후커William Jackson Hooker의 『1809년 여름의 아이슬란드 여행기Journal of a Tour of Iceland in the Summer of 1809』에는 반갑게도 당시 레이캬비크 주민들의 반응과 관련된 대목이 나온다. 주민들은 이 모든 흥분할 만한 조치에도 무덤덤하게 반응하며 "더없이 시큰둥한" 표정으로 "빈둥빈둥 지냈다"고 한다.

외르겐센은 어디로 튈지 모르는 돌발적인 인물로 급부상하여 결국 그의 알프레드 자리풍 정권은 5주 천하로 막을 내렸고, 시찰을 온 영국 군함 탤벗호 선장에게 체포되었다. 트람페는 억류에서

♦ 프랑스의 극작가 알프레드 자리의 5막 산문극. 부조리극의 원조로 여겨지는 작품이다.

풀려나 복직되었다[쥘 베른의 『지구 속 여행Journey to the Centre of the Earth』을 보면, 등장인물인 리덴브로크 교수가 1863년 아이슬란드에 와서 화산의 분화구를 파고 내려가기 위해 우선적으로 취한 행동으로, 아이슬란드 총독 트람페 백작에게 코펜하겐 '북부 고대 유물관 관장' 크리스티안 외르겐 톰센 Christian Jørgen Thomsen의 친필 추천장을 건네는 장면이 나온다. 실존 인물인 트람페와 톰센은 각각 1832년과 1865년 사망했으므로, 시기상으로 볼 때 톰센이 린덴브로크 교수에게 추천장을 써주었을 만한 개연성은 충분하다]. 그리고 아이슬란드는 그린란드나 페로 제도♦와 함께, 영국의 보호 아래 어느 곳이든 원하는 상대와 자유롭게 무역할 수 있는 중립 우호국임을 선포했다. 이후 1814년 킬조약♦♦ 체결에 따라 덴마크는 노르웨이를 스웨덴에 할양했으나 아이슬란드는 속국으로 남겨놓을 수 있도록 용인받았다.

한편 외르겐센은 다시 잉글랜드로 붙잡혀가서 재판을 받고 징역 13개월형을 선고받았다. 그 뒤에도 대체로 도박 중독과 관련된 문제로 뻔질나게 감옥을 들락거리다가 나중엔 판사도 인내심에 한계를 느껴 오스트레일리아로 추방했다. 이후 태즈메이니아섬에서 62세의 나이로 숨을 거두며, 삶이 기묘한 대칭으로 마무리되었다. 영국 해군 청년 수병 시절에 레이디넬슨호를 타고 오스트레일리아에 와서 다른 일원들과 함께 반 디먼스 랜드Van Diemen's Land, 태즈메이니아의 당시 지명의 리스돈 코브와 설리번스 코브에 정착촌을 세운 적이 있었기 때문이다.

♦ Faroe Islands. 대서양 북부, 아이슬란드와 셰틀랜드 제도 중간에 있는 덴마크령 제도.
♦♦ Treaty of Kiel. 나폴레옹 전쟁 후 덴마크 ·스웨덴 ·영국의 3국간에 맺은 평화조약.

덴마크 화가 코르네루프Kornerup의 유명한 그림을 보면, 프레데리크왕이 옐링 남부의 거대한 고분 꼭대기에 놓인 왕실 안락의자에 앉아 파이프로 담배를 피우고, 수행원들은 그 지대의 넓은 평원과 고분 측면으로 몰아치는 강한 바람 때문에 정장용 모자인 실크 해트를 붙잡고 있다. 1861년의 장면이다. 이때 왕은 유틀란트를 장거리 시찰 중이었지만 옐링의 고분 발굴 작업 감독을 맡은 J.J. 보르소에와 전보를 통해 자주 연락을 주고받았다. 또 정기적으로 발굴현장을 방문하기도 했다. 이 발굴은 아마도 그의 벗인 칼왕이 올드 웁살라의 거대 왕릉을 '자연적으로 일어난 지질 현상'으로 비하시키려 한 자연 과학자들을 상대로 거둔 승리에 자극받아 먼 선대왕인 고름왕의 유골을 찾아서 과거와 탄탄한 유대를 다지려는 의지가 담긴 것이었다. 프레데리크왕으로선 확신이 필요했을지 모른다. 당시엔 슬레스비와 홀스텐을 둘러싼 긴장이 재점화되어 있던 상태이니 그럴 만도 하다.

남쪽 멀리 함부르크까지 뻗어 있는 두 공국은 15세기 후반기 이후부터 덴마크의 영토였으나 몇 가지 아슬아슬한 인종적·문화적 부조화를 떠안고 있었다. 홀스텐의 주민들은 오직 독일어만 사용했고 슬레스비의 주민들은 덴마크어와 독일어 사용자가 혼재했다. 급기야 프로이센(프러시아라고도 함)♦ 국가의 부상과 함께 범독

♦ 좁은 뜻으로는 독일 동북부, 발트해 기슭에 있던 지방을 말하고, 넓은 뜻으로는 이 지방에서 세워지고 발전하여 독일제국의 중심을 이룬 프로이센 공국 및 왕국을 의미.

일주의♦라는 종족 운동이 대두되어 있던 상황에서, 프레데리크왕의 재임 2년째이던 1848년 대립이 발생하자 프로이센 측이 독일어를 사용하는 홀스텐 반란군에게 적극적으로 군사 지원을 해주었다. 이 당시엔 덴마크가 이겼으나 그 뒤로도 계속 폭발 직전의 긴장 상태가 이어졌다.

프레데리크왕은 그 안락의자에 앉아 파이프를 뻐끔뻐끔 빨면서 2년 전 융뷔헤드에서 칼왕과 함께 참관했던 군사 훈련을 떠올리지 않았을까? 대립 사태가 재개될 경우 훈련 모습을 지켜봤던 그 스웨덴 병사들이 과연 덴마크의 지원군으로 와줄 것인지를 이리저리 따져보지 않았을까? 이전의 천년 동안 벌어진 덴마크와 스웨덴 간 전쟁 기록을 고려하면 그 예상은 비관적이었다. 하지만 예전에 오스카르 1세 치하 시절 작은 접전(1848~1851)이 벌어졌을 때는 스웨덴의 지원병이 덴마크 병사들과 나란히 싸워주어 두 공국에 대한 덴마크의 권리를 되찾은 적도 있었다. 게다가 칼왕과 프레데리크왕은 칼마르동맹을 떠받쳤던 이상이 여전히 유효하다는 생각을 가졌을지도 모른다.

스칸디나비아 민족 간의 형제애를 향한 오래된 꿈은 완전히 사라진 적 없었지만 19세기 무렵 그 꿈에 간절했던 민족은 주로 덴마크인이었다. 나폴레옹 전쟁이 한창이던 와중에는 해괴한 방식으로 그 꿈이 재현된 일도 있다. 덴마크의 프레데리크 6세는 서로 힘을 합쳐 영국에 맞서 싸우자고 스웨덴을 설득하지 못해 안달하다가 엘시노어성의 망루에서 풍선을 잔뜩 날려 보내는 계획을 궁리

♦ 독일을 중심으로 게르만 민족이 단결하여 세계를 제패하려는 사상.

해냈다. 이 계획에는 모든 풍선마다 '1808년 여름 스웨덴의 상황에 대한 헛소문들'이라는 제목의 성명문이 담긴 작은 바구니가 매달렸다. 성명문에는 칼마르동맹 정신이 여전히 살아 있으며 동맹이 파탄난 것은 지도자들의 무능과 나약함 때문이고, 다시 한번 덴마크 지도 아래 종족 간 의리로 맺어진 형제애가 발휘될 때가 왔다는 내용이 담겼다. 계획 실행은 바람이 조건에 맞지 않아 몇 차례 연기되다가 마침내 유리한 미풍이 불자 풍선을 외레순해협 건너로 날렸다. 이때 맞은편에서는 스웨덴 기병대가 날아오는 풍선을 감시 중이었다. 기병대는 말을 타고 다니며 풍선이 땅에 떨어지자마자 집어 들어 그 자리에서 태워버렸다.

프로이센 국가의 부상과 범독일주의적 종족 동맹의 이상은 스톡홀름, 코펜하겐, 크리스티아니아(오슬로의 옛 지명) 학생들 사이에 대항적인 범스칸디나비아주의를 분발시켰다. "이제 분열의 시대는 지나갔다." 스웨덴의 대시인 에사이아스 텡네르Esaias Tegnér가 덴마크의 시인 아담 윌렌슐레게르Adam Oehlenschläger에게 스칸디나비아를 대표하는 계관시인 영예를 수여하는 자리에서 선언한 말이다. 이제 3국의 학생들은 매년 서로 건배를 나누며 영원한 형제애를 맹세했다. 분위기가 이렇다 보니 프레데리크왕도 기대를 했을 법하다. 과거의 앙금에도 불구하고, 슬레스비와 홀스텐에 다시 긴장이 폭발하여 덴마크가 어려움에 빠지면 스웨덴과 노르웨이가 도와주러 올지도 모른다고. 「어려움에 처한 형제A brother in need」라는 시의 시구에서도 엿보이듯 헨리크 입센 역시 비록 의혹을 가진 투이긴 하나 그럴 것으로 기대했던 것 같다.

그러나 그대, 나의 동포들이여, 그대들이 아늑한 영토 내에서

안전한 울타리에 둘러싸여 있는 것은

서약했다가 다시 무참히 배반된

약속 덕분이다.

그대들의 선조는 약속을 저버리고 도망쳤고,

그대들은 비겁한 진로로 방향을 돌렸다!

카인♦ 같은 수치를 떠안고 이 항구 저 항구로 도망치며

거짓의 이국 이름을 지어 붙이고,

노르웨이 사람이 아닌 것처럼 부인하고 있다!

고향과 불명예를 속으로 숨기고

모국어를 부정하고 있다.

주변에서 속닥거리는 소리를 들어보라. '그거 봤어?

노르웨이 사람이 급히 달아나는 거!'

중간돛대에 그 멋진 3색의 기는 매지 마오.

혹시 자유롭게 항해하는 누군가가 지나가다가

노르웨이의 국기가 높이 펄럭이는 것을 보고

전염병 걸린 이들이 탄 배가 들어오는 줄 알지도 모르니!

그것은 꿈이었다. 그러니 어서 빨리 용기 내 눈을 떠라.

전 민중이 빠져 있는 그 약속 불이행의 잠에서 깨어나라!

전원 갑판으로! 혈족이 위험에 처해 있다!

♦ 아우 아벨을 죽인 아담의 장남.

우리에게 필요한 것은 신속한 결심!

아직 사가의 기록은 끝나지 않았다.

덴마크인은 티르의 힘을 가지고 있다.

덴마크의 기는 넝마가 되었으나 여전히

북부의 풍요로운 미래 위로 펄럭이며

자부심과 장밋빛 붉은 깃발을 펼쳐 보이고 있다.

— 존 노섬John Northam의 영문 번역판

하지만 그것은 꿈이 아니었다. 기어코 폭력 사태가 터지자 범스칸디나비아주의는 학생계의 거품 같은 망상에만 머물며 크게 파급되지 못했다. 1864년 2월 초, 5만 7,000명의 오스트리아와 프로이센 군대가 아이더강을 건너왔다. 덴마크는 4만 명의 병력을 단네비르케에 배치하여 유틀란트 군도의 해협을 지키다가 뒤뵐로 전략적 퇴각을 했고 그곳 덴마크 땅에서 벌인 최후의 전투에서 참패했다. 승리를 거둔 프로이센과 오스트리아는 여세를 몰아 진군을 계속해 북쪽 멀리 림피오르까지 유틀란트반도를 점령했다. 결국 그해 늦가을에 벌어진 협상에서 두 공국과 함께 남쪽의 작센라우엔부르크에 대한 통치권이 독일에 할양되었다(작센라우엔부르크는 몇년 전 스웨덴을 통해 덴마크 왕에게 이양된 땅이었다). 이 조치로 덴마크 영토는 5만 8,000제곱킬로미터에서 3만 9,000제곱킬로미터로 줄었고, 250만 명에 이르던 인구도 150만을 겨우 넘는 수준으로 줄었다. 칼왕이 약속한 수천 명의 스웨덴-노르웨이 연합군 병사 가운데 지원병으로 나서서 뒤뵐에서 싸운 인원은 150명도 채 안 되었다.

뒤뵐은 덴마크에 있어 국가적 트라우마였다. 북유럽에서 천

년에 걸쳐 군사적으로나 정치적으로 누려오던 위력이 종식된 것과 동시에, 그동안 드문드문 꾸어오던 꿈, 즉 다른 두 스칸디나비아 어족을 이끌고 정치적·군사적 동맹을 이루려던 꿈이 산산이 부서진 상징이기도 했기 때문이다. 프레데리크왕은 감내하기 버거운 불명예를 맞이할 것이 뻔한데도 침공 몇 주 전에 도망쳤다가 1863년 11월 급사했다. 코르네루프가 그린 옐링의 발굴 현장 스케치 중에는 프레데리크왕이 수석 공학자 묄레르에게 단네브로그 훈장♦을 수여하는 장면이 있다. 이 단출한 비공식적 수여식 이후에 왕이 간청하듯 손까지 내밀어 보이고 여기에 묄레르가 경례하는 모습이 나온다. 코르네루프가 덧붙인 설명에 따르면 이때 왕은 "I maae finde mig den gamle Konge(짐을 위해 옛 선대왕을 꼭 찾아주게)"라고 간청했다고 한다. 왕으로선 고름왕의 유골이 발굴되면 어떤 식으로든 만사가 다시 순탄해지기라도 할 것처럼 간절한 마음이었으나 고분 중심부까지 파고 들어가서 확인해봤을 때, 거대 묘실은 비어 있었다.

♦   Order of the Dannebrog. 단네브로그는 '덴마크의 힘'이라는 뜻이다.

—— 5
바사호(Vasa Ship): 스웨덴의 위대한 시대

서기 1000년, 오토 3세가 아헨의 샤를마뉴 대제 무덤 안으로 내려
갔다. 근대 유럽의 창시자이자 위대한 황제였던 대제는 200년에 가
까운 세월 동안 그곳에 잠들어 있었다. 젊은 왕이 웅장한 무덤 안으
로 들어갔을 때 샤를마뉴 대제는 황금 왕관을 쓰고 장갑 낀 오른손
에는 홀笏을 쥔 채 왕좌에 앉은 모습이었다. 손톱이 장갑을 뚫고 자
라나 홀의 윗부분을 휘감았고 머리카락도 뇌 사망 이후 한동안 왕
관 밑으로 계속 자라났다. 신체 역시 놀라울 정도로 보존이 잘되어
있어서 부패의 확실한 흔적이라곤 떨어져 나간 코끝뿐이었다. 기
록으로 남아 있진 않지만 추측으로 미루어 볼 때 앞서 벌어진 조사
과정에서 미리 보고를 받았던 모양인지, 젊은 왕은 떨어져 나간 코
끝을 잘 모양 잡은 금 덩어리로 대신 붙여주었다. 무덤을 나와 봉쇄
하기 전에 샤를마뉴의 입에서 치아 하나를 빼내오기도 했다. 그 치
아에 깃든 어떤 마력으로 자신에게 복이 따르길 기대했던 것이 뻔
하다. 허나 안타깝게도 헛된 기대였다. 2년도 채 지나지 않아 천연

두에 감염되어 죽음을 맞았으니 말이다.

프레데리크왕이 지상에 남아 있는 고름 노왕의 자취를 찾으려 했던 동기 역시 오토 3세와 비슷하지 않았을까? 표면상으론 과학적 차원의 고고학에 대한 관심인 척 꾸몄지만, 미미하나마 신체적 자취를 찾아내면 실망스럽기만 한 쇠락 중인 덴마크의 운수가 마법처럼 완전히 뒤바뀔지도 모른다는 바람이 진짜 동기는 아니었을까? 왕이 사망하던 해에 왕에게 다소 위안을 안겨주었을 법한 문서가 비로소 세상의 빛을 보게 되었다. 그러나 문서의 존재를 알기에는 시기도 너무 늦었고, 또 발견 장소도 너무 멀었다. 프랑스 서부 앙제에서 알베르 르마르샹이라는 이름의 사서가 방대한 양의 15세기 기도서를 복원하던 중에 4절판 양피지 네 장을 우연히 발견했다. 표지를 덧대는 용도로 활용되었던 양피지였다. 보존 상태가 양호했고 자세한 주석과 첨삭이 달려 있었다. 양피지의 출처가 확인된 것은 수년 뒤인 1877년이다. 언어학자 가스통 파리가 『덴마크인의 사적』의 글귀라는 것을 알아보면서 출처가 밝혀졌다. 전문가의 분석 결과 네 장의 양피지는 삭소의 라틴어 원고 육필본이었고 주석도 삭소가 직접 달은 것이었다. 이러한 역사적 가치가 드러난 이후, 양피지는 프랑스어 원고와 맞교환하는 형식으로 덴마크 국가의 소유가 되었다.

유럽 강국으로서의 지위가 요동치는 것과는 별개로, 덴마크인은 꾸준히 혈통과 과거의 증거로 훌륭한 역사서를 남겨왔다. 『덴마크인의 사적』은 하랄 블루투스의 옐링 스톤과 더불어 덴마크 국가의 역사적 실체를 뒷받침해주는 또 하나의 대들보였다. 노르웨이인의 경우, 비록 저자가 아이슬란드인인 스노리 스툴루손이긴 해도 『노르웨이 왕조사』가 있었다. 스노리는 『노르웨이 왕조사』의 '잉글링가사가'라는 장에서 스웨덴의 잉글링가家를 이후의 스칸디나비아 왕이라면 누구나 정통성을 내세우기 위해 선조로 떠받들어야 할 왕조로 영예를 높여주었다. 하지만 스웨덴인은 스칸디나비아 이웃국의 기록 문헌적 유물에 필적할 만한 독자적 대작이 하나도 없다. 스웨덴의 과거에 대한 길고 상세한 이야기는 여기저기에 흩어진 룬 스톤과 픽처 스톤의 짤막하고 대체로 수수께끼 같은 비문들과 『헤르바라르와 헤이드레크의 사가Hervarar saga ok Heiðreks』같은 신화와 역사가 뒤섞인 사가 몇 권의 불확실한 이야기를 조합해야 겨우 알 수 있다.

17세기 말에 이르러 이렇게 버젓한 문화적 유물이 없다는 것이 스웨덴인에게 절박한 문제로 다가왔다. 1611~1718년 사이의 17세기 무렵인, 이른바 '강대국 시대Stormaktstiden'에 스웨덴 제국이 융성하게 된 것은 여러 면에서 볼 때 덴마크의 지역적 지배로부터 벗어나는 과정에서 오랜 기간 서서히 축적된 군사력에 힘입은 결과였다. 스웨덴은 1434년부터 촉발되어 1520년 스톡홀름 피바다로 절정에 달한 반反칼마르동맹 봉기, 1523년의 독립, 1530년대 로마가톨릭교회와의 결별을 거치면서 지역의 패권을 차지하기 위한 치열한 각축전에 들어섰다. 군사적 관점에서 보면 스웨덴은 위세를 떨치기에 녹록지 않은 입지였다. 사실상 덴마크의 속령에 둘러막혀, 스칸디나비아반도 최남단인 발트해 연안과 스코네, 남쪽의 유틀란트반도, 그리고 서쪽은 덴마크가 장악하고 있던 노르웨이와의 국경지대로 에워싸여 있었다.

발트해 연안 장악은 국가 안보에서 가장 중요한 문제였다. 스웨덴은 핀란드 점령을 발판 삼아 스웨덴, 폴란드, 러시아 사이 3방 전투에서 승자로 부상했다. 1595년에는 테우시나 조약Treaty of Teusina 에 따라 에스토니아◆ 소유권을 인정받았다.

이후 몇 년 동안 잇따른 승전, 전략적 동맹, 영토 획득이 꾸준히 이어졌다. 이 지역의 세력 균형은 구스타부스 아돌푸스 2세 재위(1611~1632)에 들어와 차츰 기울다가 30년 전쟁 중 스웨덴 쪽으로 확실히 이동했다. 30년 전쟁은 유럽 최후이자 최대의 종교 전쟁으로, 전통적인 로마가톨릭교 국가들과 북유럽의 신흥 개신교 국가들이 서로 맞서 싸우면서 독일을 주 무대로 치열한 전투를 벌였다. 전쟁 중 개신교 국가 덴마크가 오스트리아의 신성로마제국에 연달아 패하고, 신성로마제국의 페르드난트 황제가 복위칙령◆◆을 발표하면서(1629), 1555년 아우크스부르크 종교 평화협정 이후 개신교 신도들이 빼앗거나 취득한 교회 땅을 전부 박탈하는 조치가 취해졌다. 이에 개신교 국교가 소멸되고 말 듯한 조짐이 형성되어 구스타부스 아돌푸스왕은 어쩔 수 없이 원조에 나섰다. 그리고 참전 이후 프로테스탄트주의의 위대한 수호자로 명성을 떨치며, 정치적·종교적 책무의 관점에서 보면 가톨릭교 황제에 상응할 만한 위신을 얻었다. 한편 17세기 중반까지 장기간의 가혹한 전쟁이 전개되는 사이, 기항지를 여러 곳 거느린 데다 여러 조약을 맺고 있던 스웨덴은 유틀란트반도 동쪽인 독일 북부 연안 지대 근거지로 도약했다. 특히 유틀란트반도 점령은 1643년 토르스텐손 전투에서

◆   Estonia. 발트해 연안의 구소련 공화국의 하나.
◆◆ Edict of Restitution. 교회 재산 반환령.

나, 훗날인 1657~1660년 스웨덴 전투에서도 전략적으로 아주 유리한 요소로 작용했다.

구스타부스 아돌푸스의 딸 크리스티나가 1654년 퇴위하면서 그 뒤를 이어 왕위에 오른 칼 10세는 1657년 덴마크가 선전포고를 하자 군대를 이끌고 독일 북부로 진군하여 유틀란트반도를 점령함으로써 유능하게 대응했다. 반도와 수많은 섬으로 구성된 덴마크 왕국에 있어 유틀란트반도는 대륙 본토에 해당하던 곳이었다. 칼 왕은 덴마크를 참패시키는 과정에서 비범한 대담성과 상상력을 발휘한 작전을 펼쳤다. 유난히 추웠던 그해 겨울에 릴레벨트해협과 스토레벨트해협의 바닷물이 얼면서 형성된 두툼한 얼음 위를 가로질러 진군하여 셀란섬(영어명 질랜드)을 점령했다. 이 대담하고 기발한 전략은 결국 1658년 로스킬레 평화조약에서 최대의 결실로 이어져, 덴마크로선 마지못해 스코네, 블레킹에, 할란드, 노르웨이 동쪽인 보후슬렌, 보른홀름섬을 내주어야 했다. 엄청난 속전속결의 결실에 자신감이 붙은 칼왕은 불과 6개월 후 덴마크에 선전포고를 하며 이번에는 덴마크 전역을 정복하려는 야심을 불태웠다. 하지만 코펜하겐 포위 공격에서 승전의 기미가 전혀 보이질 않아 상황이 그리 호락호락하지 않을 듯했다. 설상가상으로 1660년 칼왕이 서른여덟 살의 나이로 돌연 자연사하면서 스칸디나비아 전역을 스웨덴 국왕의 지배 아래 통일하려던 야심찬 구상이 영영 물거품으로 돌아갔다.

칼 10세의 아들이자 후계자인 칼 11세는 덴마크의 스코네 탈환 시도를 좌절시킨 이후 왕실 재정의 개선에 심혈을 기울였다. 구스타부스 아돌푸스왕이 스웨덴 귀족층에게 30년 전쟁의 명분을 지지받기 위해 막대한 규모의 왕실 소유지를 개인 소유로 양도해주는 등의 방식으로 회유한 바람에 그 뒤 왕실 재정이 크게 빈약해진 터라 뭔가 대책이 필요했다. 그에 따라 이른바 '감축' 프로그램을 시행하여 개인에게 양도되었던 재산의 상당 부분을 다시 거두어들이는 동시에, 스웨덴 의회에서 왕이 그럴 필요가 있다고 판단할 경우 자문 위원회에 의견을 묻기만 해도 된다는 법령을 포고하면서 왕의 권한을 더욱 강화하는 (그리고 상대적으로 귀족층의 권력은 축소하는) 조치까지 취했다. 이로써 1689년 스웨덴 군주는 절대군주가 되어 왕은 오로지 하느님의 은총에 의해서만 지배를 받았다. 토지를 소유한 전통적 귀족층의 권력은 이제 새로운 계층인 봉급쟁이 문관에게로 넘겨졌다.

칼 11세의 아들이자 상속자인 칼 12세 시대에는 스웨덴 제국의 영토가 점차 축소되어 1718년 무렵, 그리 많지 않은 인구로도 지탱하기 무난할 만큼 더 작고 다스리기 편한 크기로 줄어들었다. 이러한 와중에도 스웨덴이 지켜낸 유리한 입지가 있었다. 덴마크의 소유지가 동쪽으로 점점 뻗어나가며 둥글게 에워싸는 덕에 스웨덴 국가 안보에 드리워진 장기간의 위협이 해소되었다. 이런 위협 요소의 해소 덕분에 스웨덴인은 발트해 연안 관문 통제권을 거머쥐었을 뿐만 아니라 선조들인 루스족, 즉 스웨덴 바이킹족이 800년 전 아주 유리하게 활용했던 동쪽의 시장으로 접근하기에도 용이했다. 스웨덴의 영토적 이점은 이것만이 아니었다. 오데르강, 엘베강, 베저강 같은 독일의 중요한 강어귀를 장악하면서 어귀를 이용하려는 이들에게 사용료를 징수할 권리까지 누리고 있었다. 스웨덴의 강대국 시대 최절정기에는 국토 면적이 오늘날 스웨덴의 두 배에 달해, 스톡홀름이 중심 도시로 떠오르고 발트해 연안 멀리의 리가가 제2의 도시로 번성했다. 영토 면에서 따지면 스페인과 러시아에 이어 유럽에서 세 번째로 컸다. 하지만 당시 급속한 소유지 획득 과정에서 얻게 된 가장 뜻깊은 성과는 스코네의 획득이었다. 스코네 획득 덕분에 현대 스웨덴의 지리 보전이 확실히 보장되었기 때문이다.

―――――

급속도로 위업을 쌓아간 이 시기 스웨덴 군주들 가운데 누구보다 흥미로운 인물은 구스타부스 아돌푸스왕의 무남독녀, 크리스티나 여왕이다. 여왕은 부왕의 사망 후인 1632년부터 1645년까지 섭정하에 나라를 다스리다가 그 이후부터 1654년 퇴위할 때까지 친정을 했다. 부왕이나, 그녀의 뒤를 이은 남자 친척들이 이 북유럽 제국의 건설과 유지에 관여해 군사적 책무를 살폈다면 크리스티나 여왕의 어깨에는 자칭 강대국으로 일약 부상한 국가에 걸맞은 문화적 정체성과 특성 부여라는 임무가 지워졌다. 여왕은 가끔씩 직접 여배우로 나서 연기도 하면서 연극, 미술, 음악, 문학을 육성했고, 자신의 궁정에 세련된 유럽 궁정 분위기를 조성하려 의식적인 노력을 기울였다. 종교, 철학, 그리스 고대유물에 깊은 관심을 갖는 등 남다른 지적 탐구열을 바탕 삼아 문화적 야심을 품으면서 스웨덴을 새로운 위상에 올려놓고 싶어 했다. 당대에 가장 유명하고 가장 화제를 몰고 다녔던 프랑스 철학자, 르네 데카르트René Descartes가 스톡홀름 궁정의 상주 철학자로 와달라는 초청을 수락했을 때는 틀림없이 매우 기뻐했을 것이다.

데카르트는 처음엔 여왕의 일개 개인 교사로 전락하는 게 아닐까 싶어 조심스러워했다. 하지만 막상 스톡홀름에 와서 보니 마음이 놓였다. 여왕이 임명에 앞서 먼저 서신을 통해 지극히 실존주의적인 질문을 던졌던 터라 그 질문에 대답을 해주자 진심으로 관심 있게 들었기 때문이다. 편지에서 여왕이 던졌던 질문은 이런 것들이었다. '사랑의 악용과 증오의 악용 중 뭐가 더 나쁠까요?', '사랑은 대체 뭘까요? 그리고 사랑과 사랑의 반대인 증오는 인간의 삶에 각각 어떤 영향을 미칠까요?', '일반 상식과 종교적 계시 사이에는 어떤 관련성이 있을까요?' 그 외에, 하느님을 사랑하려면 '자연스러운 깨달음'만으로 충분한지도 궁금해했는데, 데카르트는 아주 신중한 편이지만 이 질문에 대해서는 스톡홀름에 도착하기도 전에 이미 그렇다는 대답을 보내주었다.

스웨덴 수도인 스톡홀름에 들어왔던 1949년 말에 데카르트는 나이가 예순 살이라, 당시 기준으로는 이미 노인이었다. 하지만 곱슬머리 가발, 자수가 들어간 장갑, 길고 폭 좁은 모양의 앞코가 뾰족한 구두로 멋을 부리고 다니며 여전히 당시의 유행을 즐겼다. 한편 침대에 누워 사색도 하고, 글을 읽거나 쓰면서 아침 시간을 보내는 것이 거의 평생에 걸친 습관이었지만 이런 아침 일과는 여왕의 일과에 맞추느라 가차 없이 버려졌다. 여왕은 어린 시절부터 왕위 후계자 교육을 받느라 하루에 10시간씩 공부하면서 종교, 철학, 그리스어, 라틴어는 물론, 독일어, 프랑스어, 이탈리아어 같은 현대 언어도 여러 가지 배웠다. 본인으로선 다행스럽게도 이런 후계자 교육이 그녀의 기질에 잘 맞았고, 대관식과 더불어 주어진 새로운 책무가 막대한 중에도 성인이 되어서까지 공부 습관을 이어갔다. 가엾게도 나이 많은 데카르트는 여왕의 공부 시간에 맞춰주느라 날마다 새벽 4시에 여왕의 서재로 가야 했다. 게다가 스톡홀름의 겨울 중에서도 유난히 추웠던 그해에 여왕의 서재는 난방도 되지 않았다. 그곳에서 여왕에게 아주 중요한 문제에 대해 현명하고 통찰력 있는 설교를 해주어야 했다. 데카르트는 분명 더 편하고 덜 힘든 한직을 기대하고 왔을 텐데도, 눈에 띄게 진지한 크리스티나 여왕의 태도에 깊은 인상을 받아 자신의 개인적 불편함에 대해 내색하지 않았다. 그가 열성적으로 옹호한 주장, 즉 '아주 심오한 질문에 답을 찾으려는 자가 가질 수 있는 명예로운 지적 자세는 단 하나, 바로 의심'이라는 주장은 여왕의 삶은 물론, 여왕의 운명까지 크게 바꾸어놓았다. 그녀는 한 개인이 아닌 여왕이었던 만큼 의심의 옹호는 결과적으로 그녀에게 타격을 입히며 스웨덴 백성 사이에 경악과 혼란을 유발했다. 북방의 사자 왕Lion of the North이자 개신교의 수호자인 구스타부스 아돌푸스왕의 딸이 어린 시절 개신교 개인 교사들에게 주입받은 가르침에서 벗어나 점점 로마가톨릭교에 끌리게 되었기 때문이다. 로마가톨릭교는 스웨덴 법에 따라 엄격히 금지되어 있었고, 개종할 경우 시민권 박탈과 국외로 자동 추방되던 당시의 시대 상황에서 보면 이는 보통 일이 아니었다.

　개종이 금지되어 있던 시대 상황상 크리스티나 여왕의 가톨릭교 탐구가 대체로 비밀리에 행해진 탓에 여왕이 확신을 키워간 과정은 파악하기가 힘들다. 다만 확실한 것은, 그 초반기에 결정적 영향을 미친 사람이 주스웨덴 프랑스 대사 피에르 샤뉘였다는 점이다. 샤뉘는 교양과 학식을 갖춘 이성적이고 관대한 성격상 개신교 개인 교사들이 여왕에게 가톨릭교에 대해 알려준 이야기 대부분이 과장과 편견과 허위 정보 같다는 의견을 넌지시 밝혔다. 여왕이 처음 데카르트와 가까워지게 된 것도 샤뉘와의 우정을 통해서였다. 이른 새벽 그 얼음골 같은 서재에서의 회동이 여왕의 가톨릭교에 대한 호기심에 일종의 가르침을 주거나 지적 탐구를 벌이는 자리였는지에 대해서는 논쟁이 아주 분분하지만, 두 사람이 무슨 얘기를 나누었든 간에 토론의 열기는 사뭇 뜨거웠을 것이다. 여왕으로선 개신교도 백성들의 가톨릭교도 지배자가 된다는 것이 불가능한 일이라는 점을 점차 깨달으며 고심이 컸을 테니 말이다. 데카르트는 샤뉘와 마찬가지로 여왕에게 깊은 인상을 주었을 것이다. 탁월한 지성을 발휘하면서도 존경심이 일 정도의 의심을 품어 이성주의조차 나름의 한계가 있음을 인정하는 한편, 가톨릭교 신앙에 집착하는 것이 아닌 구애받지 않고 자유롭게 신봉할 줄 알았던 그의 면모에 여왕은 감동했을 것이다.

실제로 데카르트가 여왕의 생각에 결정적 영향을 미쳤다면 그것은 최후의 개인적 성과였다. 1650년 지독히도 추운 1월 한 달 내내, 크리스티나 여왕과 스승과 제자로서의 고된 일과를 소화하기란 대단히 고생스러운 일이었다. 여왕을 만나러 궁에 도착했을 때는 마차를 타고 오는 사이 이미 뼛속까지 시리도록 몸이 얼었을 테고, 작은 다리를 건너 몇 미터를 더 걸어가는 동안엔 극단적 추위 속에서 인간의 사고마저 물처럼 꽁꽁 얼어버리는 느낌이었을 것이다. 의례에 따라 접견 중에는 모자도 벗고 계속 서 있어야 했다. 급기야 2월 초 탈이 나고야 말았다. 열이 펄펄 끓으며 폐렴 증세를 보이더니 폐출혈까지 나타났다. 데카르트는 병마에 굴하지 않으려 직접 치료 약을 고안했다. 끓인 와인 속에 담배를 띄운 액상 담배였다. 2월이 하루하루 지나는 사이에 이 별난 조제약이 어느 정도 약효를 낸 모양인지 어느 날 데카르트는 침대에서 일어나고 싶다고 말했다. 남자 하인 앙리 슐뤼터가 그의 바람대로 부축을 해서 안락의자에 잠깐 앉혀주었지만 데카르트는 이 가벼운 거동조차 너무 무리였는지 그만 기절했다.

의식을 되찾은 후에는 떠날 때가 가까워졌다는 느낌이 들었는지, 2월 10일 병자성사를 베풀어주기 위해 신부가 찾아오자 단박에 허가를 해주었다. 그 이튿날 아침, 데카르트는 숨을 거두었다. 크리스티나 여왕은 국장을 지내 스웨덴 왕들이 잠들어 있는 리다르홀멘에 안장해주기로 마음먹었다. 임시 조치로 시신은 사망 다음 날 아돌프 프레드리크 교회의 묘지에 묻혔고, 봄이 되면 시신을 옮길 예정이었다. 하지만 시기와 상황이 여의치 않아 여왕의 구상이 제대로 실행되지 못하면서 계속 평범한 목재 관 아래에 묻혀 있다가 17년 후에야 파내어져 프랑스로 돌려보내졌다. 데카르트의 사망은 여왕이 자신의 딜레마에 집중하는 데 어떤 식으로든 영향을 미쳤을지 모른다. 그의 사망 후 1년이 채 지나지 않아 여왕은 예수회♦와 서류상의 최초 접촉을 시도하여, 포르투갈 대사관의 번역을 통해 로마 예수회 수도회장에게 밀서를 보냈다.

1650년 10월의 대관식이 열리기 1년 반도 더 전인 1649년 2월, 크리스티나 여왕은 평생 결혼을 하지 않겠다면서 그런 결정을 내린 이유는 절대 말하지 않겠다고 선언했다. 그 뒤로 5년이 지난 1654년에는, 자문회에 퇴위 의사를 알리며 자문회의 승인하에 사

♦ 가톨릭 수도회의 하나.

촌인 칼에게 왕위가 양위되었으면 좋겠다고 건의했다. 어쩌면 단지 크리스티나 여왕이 여자였기 때문에 그렇게 느껴지는 것일 수도 있지만, 전통적인 여성의 미덕과 가치관, 그중에서도 특히 폭력의 혐오를 장려하는 경향에서 남다른 수준을 보여주는 스칸디나비아 사회의 관점에서 볼 때 크리스티나의 통치는 강대국 시대의 전임자나 후임자들보다 현대 스웨덴의 특징에 더 가깝게 느껴진다. '품위 있다'는 표현 외에는 더 적절한 표현이 없을 듯한 여왕의 이런 특징은 1654년 퇴위식에서 가장 잘 표출되었다. 조신, 자문, 외교관들은 여왕의 퇴위를 이루 말할 수 없이 비정상적이고 비극적인 일로 여겼지만 달리 어쩔 도리가 없음을 깨닫게 되었다. 결국 6월 5일 웁살라의 왕궁에서 거행된 감명적이도록 품격 있는 의식을 통해 퇴위가 공식화되었다. 이날의 의식은 한 편의 슬픈 연극처럼 진행되어, 크리스티나 여왕이 왕권의 표상을 격식에 맞춰 하나씩 박탈당하는 순서로 이어졌다. 모든 과정이 순조롭게 진행되던 어느 순간, 작고한 선친 왕의 절친한 벗이던 페르 브라헤라는 조신이 의식에서 여왕의 머리에 씌워진 왕관을 벗기는 임무를 맡아놓고는 자기 차례가 되었는데도 그 자리에 못이 박힌 듯 꼼짝도 하질 않았다. 여왕은 다급히 손짓을 보내, 어서 앞으로 나와 맡은 역할을 해달라고 간청했다. 하지만 애원도 소용이 없자 두 손으로 직접 왕관을 벗었다. 그 뒤 의식은 계속되어 사촌이 칼 10세로 추대되는 대관식이 이어졌다. 바로 그날 늦게, 칼은 크리스티나에게 청혼을 했다. 사실, 청혼은 예전에도 한 적이 있었지만 이번에도 그때처럼 거절이었다. 크리스티나는 그해 늦여름에 스웨덴을 떠났다. 1655년에는 인스브루크◆에서 가톨릭교로 정식 개종한 후 오랜 시간을 두고 느긋한 여정으로 발길을 옮기다가 마침내 로마에 도착해, 그곳에서 34년의 여생을 보냈다.

크리스티나는 스웨덴의 역사에서 시시한 국가원수가 아니었다. 미성년 때의 섭정 시절에는 재상 악셀 옥센스티에르나와 함께 스웨덴 귀족층을 대폭 확대시켜 남작과 백작의 칭호를 분배하고 왕실 토지를 팔아 이 신흥 귀족들의 영지 대금을 치르는 국정을 편 바 있다. 이는 데카르트의 초빙이 그러했듯, 유럽을 대표하는 강국으로서 스웨덴에 어울릴 만한 품격을 부여하려는 시도였을 가능성이 있다.

부왕이 개신교의 수호자로 받들어졌던 점에서 비추어 보면 크리스티나의 가톨릭교 개종은 대단한 아이러니다. 그런데 상징적 관점에서 바라보면 가끔 이런 생각도 든다. 가톨릭교 개종이, 북방의 이름 없는 국가에서 북유럽 정치사를 주무르는 주역으로 급부상한 것에 대한 반감에 가까운 감정 표현이었을지도 모른다는. 말하자면 자신 같은 사람을 회원으로 받아주는 클럽에 대한, 그루초 막스Groucho Marx 식 거북함의 표현이 아니었을까 싶다.♦♦ 구스타브 바사도 종교개혁의 승리를 놓고 양면가치♦♦♦의 심리를 내비친 바 있다. 스웨덴 국교회에 주교를 임명하여 사도전승의 전통을 계속 지킴으로써 자신의 개혁이 전복시킨 바로 그 구제도의 가치와 권

♦　　Innsbruck. 오스트리아 서부 티롤주의 주도.

♦♦　　그루초 막스는 미국의 희극배우이자 영화배우이며, 할리우드의 한 클럽에 다음과 같은 전보를 보낸 일화가 있다. "저의 탈퇴 의사를 수락해주시기 바랍니다. 저는 저를 회원으로 받아주는 클럽에는 들어가고 싶지 않습니다." 그러니까 '나 같은 사람도 들어갈 수 있는 클럽이라면 별로일 게 틀림없으니 들어가지 않겠다'는 의미였다.

♦♦♦　　한 가지 대상물에 대하여 상반되는 감정이 함께 존재하는 심리 상태.

능에 은근한 경의를 표했다. 너무 억지스러운 정신분석일까 봐 조심스럽긴 하지만, 크리스티나가 로마가톨릭교에 느낀 위험한 끌림에는 영원한 도시♦의 유서 깊은 권위를 거부하는 만용에 대한 충격과 유감의 감정도 어느 정도 있지 않았을까? 그런 끌림이 종교개혁에 대한 지극히 사적인 속죄는 아니었을까? 아니면 풍족한 군주 교육을 받고 자라면서, 결국엔 그런 특권 신분으로서의 교육에 희생당한 경우는 아니었을까? 2세기 이후 덴마크의 키르케고르처럼 크리스티나도 시류에 점점 환멸을 느껴 모든 것을 의심하는 식의 지적 자세를 갖게 된 것은 아닐까? 키르케고르처럼 시류에 전반적 경멸을 느끼는 중에도 그 모든 것을 시작한 인물, 데카르트에게만은 존경의 마음으로 예외를 두었던 것은 아니었을까? 키르케고르는 『공포와 전율Fear and Trembling』에서 데카르트를 인용해, 이성이 비춰주는 지당한 관점도 하느님의 계시에 모순되는 부분이 전혀 없는 한에서만 신뢰할 수 있음을 마음에 새겨야 한다고 썼다. 그러면서 특히 더 마음에 새겨 지켜야 할 자세로, 하느님의 계시가 다른 그 무엇보다도 정확하다는 것을 절대 확실한 법칙으로 여길 것을 강조했다.

　　이런 추측이 어느 정도 맞든 간에, 의심의 여지없이 확실한 부분도 있다. 크리스티나가 영혼의 불멸을 믿으며 육체가 죽기 마련이라는 사실을 받아들이지 못했던 것 같다는 점이다. 크리스티나가 죽은 후 그녀의 지갑 안에서 네 쪽짜리 종이가 나왔는데, 거기에는 독일의 화학자 요한 글라우버가 고안한 공식이 적혀 있었다. 알

♦　로마의 애칭.

고 보니 '발사모 메르쿠리알레Balsamo Mercuriale'라는 불로장생약 조제법이었다. 하지만 크리스티나 역시 같은 목적으로 조제된 다른 약들과 마찬가지로 별 약효가 없었다[아주 가끔씩 영생을 바라는 이런 식의 과도한 열망이 예상 밖의 소득을 가져다주는 경우도 있다. 함부르크의 연금술사 브란트가 건조시킨 소변으로 황금을 만들려다, 말 그대로 우연히 인燐을 발견하게 된 경우가 그 좋은 사례다].

크리스티나는 태어났을 때 배냇머리가 유난히 복슬복슬해서 성별을 잘못 구분할 만했다. 그 바람에 구스타부스 아돌푸스는 처음엔 아들을 얻었다는 전갈을 받았다. 하지만 잘못된 전갈이 정정된 후에도 왕은 별로 개의치 않아 했다. 크리스티나가 사내같이 씩씩한 딸로 자라는 모습을 보면서 특히 더 그랬다. 아무튼 그녀는 공주로서 왕위 계승자로 교육을 받으면서도 여자라는 성별을 별로 고려하지 않은 교육과 훈육을 받았다. 크리스티나는 단호한 의지로 독신 생활을 하고 곧잘 남자처럼 입고 다녔던 데다, (동시대 사람들이 수차례 언급한 것처럼) 저음의 목소리를 지녔다는 사실로 인해 수 세기에 걸쳐 수수께끼의 인물로 세간의 흥미를 끌었다. 현대에 들어와서는 레즈비언이나 성도착자로 보는 주장도 제기되었다. 그 초기 주장자들 중 스웨덴의 전기 작가 쿠르트 베이불은 그녀가 전문용어로 이른바 '의양성 자웅동체pseudo-hermaphrodite'였을지 모른다고 결론지었다. 즉, 정상적인 여성 생식기를 가졌으나 어떤 알 수 없는 염색체 이상으로 성 정체성에 혼동이 있었으리라고 보았다. 이런 문제를 둘러싸고 관심이 과열되자 1965년에는 의문을 풀기 위한 시도까지 벌어졌다. 로마의 바티칸 석굴에서 그녀의 시신이 파내어진 후 룬드 대학교의 해부학 교수, 칼 헤르만 요르셰가 의

학적 검사를 실시했다. 하지만 요르셰 자신이 인정했듯 오래전 사망한 그 유해에서는 성적 모호성 징후가 발견되지 않았고 그녀의 시신은 아무런 의문도 풀지 못한 채 다시 석굴로 돌려보내졌다. 크리스티나도 자신의 성별을 놓고 이러쿵저러쿵 떠드는 소문에 대해 알고 있었고 그 때문에 나름 괴로워했던 듯하다. 노년의 일기에서는 자신은 "세간의 사람들이 종종 수근거리는 것처럼 남자도 아니고, 남녀추니♦도 아니"라고 썼다. 그녀의 삶과 수수께끼에 둘러싸인 일생은 수많은 소설과 영화의 소재가 되었고 스트린드베리도 그녀를 주인공으로 희곡을 썼다. 그런가 하면 배우 그레타 가르보Greta Garbo는 역사적 사실을 그다지 고려하지 않은 영화에 꼽힐 만한 1933년 작 할리우드 전기 영화에 출연해 몇몇 장면에서 남자 옷을 입고 연기를 펼쳤다.

———

크리스티나가 여왕으로서 스웨덴 제국의 현재를 황금기로 만드는 활동에 주력했다면 올로프 루드베크Olof Rudbeck는 스웨덴 제국의 과거에 황금기 영광을 부여하려는 활동에서 크리스티나 못지않은 노력을 쏟았다. 루드베크는 스무 살 때 림프계系 발견으로 유명인사가 되었다. 그의 발견은 윌리엄 하비♦♦의 발견을 보완해주며 의학계에 획기적 기여를 했다. 그 이전에 윌리엄 하비는 혈액이 몸 안을 순환하며 인간의 심장은 단지 혈액을 공급하는 펌프 역할을

♦　선천적으로 여성과 남성의 성기를 모두 가지고 있는 사람.
♦♦　William Harvey. 영국의 의학자·생리학자.

한다고 밝혀낸 바 있는데 이는 2,000년 전 그리스의 의사 갈렌이 제기한 후 그때껏 별 이견 없이 정설로 받아들인 개념과 전혀 다른 해석이었다. 루드베크는 이런 상황에서 림프계 발견으로 업적을 세우면서 크리스티나 여왕의 관심을 끌게 되었고, 이후 그녀가 퇴위하고 같은 해 옥센스티에르나 재상이 사망할 때까지 여왕과 재상으로부터 적극적인 후원을 받았다.

루드베크는 훤칠한 키에 체격도 다부졌고 덥수룩한 턱수염에 머리를 어깨까지 기르고 다녔다. 또한 스웨덴에서 특히 많이 배출된 다재다능형 천재였다. 에마누엘 스베덴보리♦와 아우구스트 스트린드베리처럼 재주가 많았다. 루드베크는 의술에만 소질이 있었던 것이 아니라 불꽃놀이용 폭죽 제작 기술도 수준급이었다. 건축실력이 뛰어나 웁살라 대학교 해부학 교실의 설계와 건축까지 맡았는가 하면 토목기사 실력이 남달라 (지하 파이프를 통해) 웁살라 중심가의 수많은 가정집으로 물을 공급해주는 펌프 시스템을 구축했다. 식물학자이기도 해서 지구상에 알려진 모든 식물의 설명을 담아볼 야심을 품고 『캄푸스 엘리시Campus Elysii』를 집필하기도 했다. 이 집필 작업은 다른 재능들을 발휘해야 할 상황이 생기면서 빈번히 우선순위가 뒤로 밀려 끝내 완수하지 못했지만 미완의 저서로도 같은 스웨덴 출신 식물학자 칼 린네♦♦로부터 높이 평가받았다. 루드베크는 자신의 저서에 설명된 식물들을 보여주려는 의도에 따라, 식물원을 창안하기도 했다. 책을 읽고 끝나는 게 아니라 직접

♦　Emanuel Swedenborg. 스웨덴의 자연 과학자·철학자·신비주의자·신학자.
♦♦　Carl Linné. 동식물의 학명을 정하는 방법을 처음으로 제정한 스웨덴의 식물학자이자 의사.

찾아와 견문하게 해주는, 상호작용식 접근의 초창기 사례라 할 만하다. 한편 루드베크의 식물원은 막대한 양의 급수가 필요했고, 이런 물 문제에서는 그의 지하 상수도 시스템 덕을 톡톡히 보았다. 루드베크는 학생들에게 선박 건조술 강의도 했고, 여러 가지 악기도 다룰 줄 알았으며, 1675년 웁살라 대성당에서 거행된 칼 11세 대관식에서는 자신이 작곡한 곡으로 직접 노래를 불렀다. 전해지는 바로는 어찌나 우렁차게 열창을 했는지 뒤쪽에서 쾅쾅 울려대는 트럼펫 열두 개와 네 개의 케틀드럼♦ 소리마저 압도할 정도였단다.

하지만 루드베크가 다재다능한 천재성을 발휘한 그 모든 활동 가운데 특히 그 범위, 통찰력, 창의력, 유별남이 가장 두드러진 데다 데카르트 학파에 못잖은 엄격함을 펼쳤던 분야가 하나 있었다. 스웨덴의 위치는 플라톤이 말한 그 사라진 아틀란티스 대륙의 자리이고, 스웨덴이 그리스어, 라틴어, 히브리어의 조상 언어이며, 그리스 신들도 스웨덴의 고대 아틀란티스 시대 신들(토르, 오딘, 로키, 프레이, 프레이야)을 가져다 급조한 것임을 밝혀내기 위한 활동이었다. 이런 활동에서의 발견 내용은 이내 네 권의 방대한 저서로 구체적으로 서술되어, 라틴어와 스웨덴어 두 개의 언어로 1679~1702년 사이에 출간되었다. 이 문제에 루드베크가 별난 이론과 편견을 펼치게 된 근원은, 스웨덴인 사이에서 오래전부터 이어져온 고트족계 뿌리에 대한 관심, 그리고 로마의 역사가 요르다네스가 서기 6세기에 제기한 설이었다. 이 설에 따르면 이주의 시대Age of Migrations에 유럽을 가로질러 남쪽과 서쪽으로 밀려들어왔으며 410년에는

♦ 반구형의 큰 북.

로마를 격파하고 서로마제국을 멸망시킨 바로 그 동고트족과 서고 트족의 본거지가 스칸디나비아(요르다네스가 '스칸드자'로 칭함)였다. 1434년의 바젤 교회 회의에서는 스웨덴의 대표가 상석을 요구하면 서 스웨덴이 고트족의 후손임을 들먹인 적도 있었다. 참석한 모든 왕국 중에서 고트족 후손인 자국 왕국이 가장 유서 깊고 가장 강하 고 가장 고귀하다면서 말이다.

루드베크가 이렇게 당혹스러울 만큼 극단화된 신화를 부활시 키려 했던 진짜 동기는, 종교개혁과 그 뒤에 이어진 강대국으로서 의 급부상이었다. 바사 왕가는 이렇다 할 역사가 없는 혈통의 왕 들이라, 스웨덴의 고대 고트족 유산과 어떤 식으로든 연관성을 찾 아 엮으려 했다. 30년 전쟁에서 구스타부스 아돌푸스가 세운 군사 적 공적이 410년 로마 격파를 이끌었던 알라리크 같은 5세기 고트 족 왕들의 승전과 닮았음을 강조하는 식이었다. 똑같은 적을 상대 로 승리한 부분도 부각시켰다. 어쨌든 로마가 한때는 가톨릭교 유 럽의 정신적 중심지였으니 말이다. 아돌푸스왕은 대중 앞에 발언 할 때면 고트족계 뿌리를 들먹였고 계보를 훨씬 더 구체적으로 추 적하도록 역사가들을 후원해주기도 했다. 1617년 웁살라에서의 대 관식 때는 고트족 왕 베리크가 입었던 것으로 전해지는 의복을 의 식적으로 흉내 내 입었다. 당시 스웨덴 역사가들이 연구한 문헌의 상당수는 웁살라 대학교에서 입수한 아이슬란드의 사가 원고였다. 원고의 대다수는 그리 오래전도 아닌 13세기와 14세기에 쓰인 것 이었지만 스웨덴의 고트족계 뿌리를 연구하는 학자들은 신뢰할 만 한 역사적 근거로 삼으며 열심히 해석했다.

올로프 베렐리우스라는 학자는 『헤르바라르와 헤이드레크의 사가』의 번역판 작업을 하다가 다재다능한 친구 루드베크에게 멜라렌 호수 주변 지역의 지도를 그려 달라고 부탁했다. 하지만 지도는 끝내 전달되지 못했다. 처음엔 루드베크가 자기 일을 하느라 지도에 신경 쓸 겨를이 없어서였고, 그 뒤엔 사가의 원문에서 우연히 본 지명과 단어들이 자신이 잘 아는 그리스어, 라틴어, 히브리어 단어들과 놀라울 만큼 유사해 보여 말 그대로 마음을 빼앗긴 탓이었다. 스노리 스툴루손이 에시르(북유럽 신화의 신족)가 원래는 아시아에서 유래되었다고 믿게 되었을 때 그러했듯, 루드베크 역시 이 우연한 동음이의어 관계에 몽상적 속단을 내렸다. 자신의 식물원에서 자라는 어떤 식물과도 비교가 안 될 만큼 훨씬 신비롭고 거대하고 환상적인 나무의 뿌리를 보여주는 계시라고 여겼다. 그는 이 뿌리에 물과 양분을 주고 가지도 치고 보기 좋게 다듬은 이후에야 플라톤의 대화록『티마이오스Timaeus』와『크리티아스Critias』에 나오는 사라진 아틀란티스 대륙의 실제 위치가 올드 웁살라였다는 반박 불가한 증거로 스웨덴 사람들에게 선보일 수 있었다.

1674년 여름, 루드베크는 그 뒤로 수도 없이 이어질 현지 조사차 처음으로 올드 웁살라에 향했다. 열두 명의 학생을 함께 데려가 부지를 측량한 다음 플라톤의 저서에 실린 그 도시의 크기나, 도시와 바다 사이 거리와 그 측량치를 비교해보는 일을 맡겼다. 비교 결과 두 수치가 근접한 것으로 나타나자 루드베크는 혹시나 하는 마음에 학생들에게 측량을 다시 해보라고 했다. 이번에도 비교 결과가 근접한 것으로 나타나자 루드베크도 이제는 믿어도 되겠다고 판단했다. 이렇게 과학적 증거로 비로소 돌파구가 열리자 또 다른 과학적 증거가 잇따라 나타나면서, 얼마 후에는 플라톤의 저서에 언급된 경마장뿐만 아니라 포세이돈과 클레이토의 신전이 자리 잡았던 위치까지 추적해낼 수 있었다. 그는 신전의 위치가 브레멘의 아담이 쓴 『함부르크-브레멘 주교들의 사적』에 서술된 올드 웁살라 소재 그 신전과 똑같은 것 같았다. 그 웅장한 건물은 정면에 멋들어진 황금 체인이 둘려 있고 내부 벽은 황금으로 장식되어 있으며 오딘, 프레이, 토르의 거대 조각상이 감사를 올리고 노여움을 풀어드리기 위해 여러 종의 수컷 동물 아홉 마리를 제물로 바치러 온 숭배자들을 내려다보고 있었다. 때마침 얼마 뒤 루드베크는 온전한 황금 체인은 아니지만 체인의 파편을 찾아냈다. 스웨덴에서 가장 오래된 기독교 교회인 웁살라 교회의 벽 안쪽에 파묻혀 있던 파편이었다. 당연히 그랬을 테지만, 현지 조사 부지에서 발견된 모든 것은 스웨덴이 아틀란티스 유적지일 가능성에 또 하나의 결정적 증거가 되었다. 이후 루드베크는 지체 없이 박물관을 열었다. 기쁨에 들뜨고 신기한 마음으로 박물관을 찾은 관람객들은 이곳에서 아틀란티스 시대의 칼, 도끼머리, 펜던트, 실 잣는 도구, 핀, 못, 화살촉을 두 눈으로 직접 구경할 수 있었다.

루드베크는 확신이 점점 굳어지면서 어느새 고고학과 철학의 영역을 벗어나 추상적 억측으로 빠져들었다. 1678년 무렵에는 스웨덴이 고대 신들과 반신반인들의 본거지였으리라고 확신하면서 구체적인 예까지 제시했다. 에시르 신족의 파수꾼인 헤임달이 헤르메스♦로 변형되었고, 발데르가 아폴로로, 토르가 제우스로, 오딘이 헤라클레스로 변형된 것이라고. 플라톤의 글을 보면 아틀란티

♦ 그리스신화에서 신들의 사자(使者).

스는 헤라클레스의 기둥♦ 근처에 있는 것으로 되어 있으며, 영웅의 위대한 항해에서 세상 끝을 상징하는 헤라클레스의 기둥은 흔히 지브롤터해협 길목 양안의 두 곳을 가리킨다는 것이 통설이었다. 하지만 루드베크의 세계에서는 그렇지 않았다. 이 무렵 그는 새로운 차원의 소설 쓰기에 깊이 몰입하면서 뭐든지 엮어내는 내공이 수준급에 올라 있었다. 우연한 발견, 새롭게 밝혀진 사실이 나왔다 하면 모조리 자신의 원대한 이야기 속에 짜 맞추었다. 퍼뜩 스친 단순한 이해만으로 헤라클레스의 기둥 위치를 외레순해협으로 옮겨놓고는, 그런 장소 변경이야말로 플라톤이 헤라클레스의 기둥을 당시 사람들이 세상의 끝으로 알던 곳으로 나타내기 위해 언급한 의도와 더욱 잘 부합한다며 만족스러워했다. 루드베크는 여러 지도를 참고하면서 외레순해협 지대의 수많은 지명을 보고 직감적 확신을 굳혔다. 헤라클레스Hercules라는 이름을 연상시키는 요소가 남아 있는 헤르함베르Herhamber, 헤르할Herhal, 그리고 스톡홀름에 가까운 헤르쿨Hercul 등의 지명이었다.

이 모든 내용을 담은 네 권짜리 『아틀란드 엘레르 만헤임Atland eller Manheim』(라틴어로는 『아틀란티카Atlantica』로 번역됨)의 마지막 권이 1702년 5월 인쇄되고 있을 때, 웁살라 전역이 큰불에 휩쓸리며 도시의 상당 지역이 소실되었다. 이때 루드베크의 집도 심각한 피해를 입어 그의 창작품, 집기, 인쇄기, 캐비닛에 쟁여뒀던 진귀품들이 화마에 소멸되어 버렸다. 『캄푸스 엘리시』의 목판 7,000장, 팔다

♦　Pillars of Hercules. 흡사 거대한 바위를 깎아 바닷길을 낸 듯이 지브롤터해협 양쪽에 버티고 서 있는 바위산. 헤라클레스가 갈라놓았다는 전설에서 유래한 명칭이다.

남은 『아틀란티카』 재고분 거의 전부, 작업 중이던 제4권의 미완성 인쇄본도 불에 타버렸다. 하지만 몇 주가 채 지나기도 전에 그는 다시 활동을 재개했다. 자신의 집과 이웃집 지붕 수리를 감독하고, 식물원 복원 계획을 세우고, 도시의 전면적 재건안을 짰다. 충분히 상상될 테지만, 그는 당시 컨디션이 좋지 못했다. 황금기를 맞은 스웨덴의 현재에 걸맞은 과거를 구축하기 위해 매달리며, 평생이 걸릴 만한 일에 단 몇 년의 기간 동안 초인적 노력을 쏟아붓느라 그는 완전히 녹초가 되어 있었다. 그런 데다 자신의 노력에 무심한 차가운 운명을 절절히 느끼며 낙담에 빠지기도 했다. 결국 병이 나서 침대에 몸져누웠다가 1702년 9월 9일 죽음을 맞았다. 당시 독자들은 라이프니츠, 몽테스키외, 피에르 벨,♦ 아이작 뉴턴 경 같은 유명한 사상가들의 다양한 사상을 읽었지만 루드베크의 별나게 부풀려진 사상은 그가 사망하고 20년이 채 지나지 않아 와르르 무너졌고, 그의 사상이 찬미하고 기리려 했던 스웨덴 제국도 무너졌다.

한동안 루드베크의 이름은 제멋대로 무모한 억측에 빠진 사람을 지칭하는 동사 'att rudbeckisera(루드베크하다)'로 쓰였다. 하지만 역사의 평가는 그에게 줄곧 박하지만은 않았다. 『스웨덴 인명사전Svenskt Biografiskt Lexikon』 제30권에서 16쪽에 걸쳐 그의 삶과 활동을 소개하는 글에는 경의와 연민의 어조가 배어 있다. 식물학과 의학에 뜻깊은 기여를 남겼다는 설명과 함께, 고트족계와 얽힌 스웨덴 과거사 이야기를 세계사적으로 풀어낸 일관된 주제와 독특한 시 작품의 난해함과 오묘함에 대해서도 부각해놓았다. 시가 사실과

♦ Pierre Bayle. 프랑스 계몽 시대의 철학자.

몽상, 신화, 역사적 명사, 성경이나 신화 속 인물이 한데 뒤섞여 최면을 걸 듯 마음을 매료하는 흐름으로 전개되어 제임스 조이스의 후기 작품들을 생각할 때 드는 느낌, 다시 말해 입이 벌어지도록 난해한 글이 주는, 그런 경이로움을 일으킨다는 요지였다.

───────

양도 방대하고 단명에 그쳤지만, 루드베크의 『아틀란티카』는 전혀 다른 사고방식과 완전히 다른 연구 자세가 낳은 아주 이색적이고 매우 특이하며 또한 비장한 저서이며, 스웨덴이 유럽 강대국으로 두각을 드러냈던 세기의 상징이기도 하다. 말이 나온 김에 말이지만 이런 맥락에서는, 거대한 국왕선 바사호의 흥미로운 운명이 상징으로서 더 적합할 것 같다. 하지만 내가 그런 상징성을 이해하기까지는 시간이 좀 걸렸다.

스톡홀름 중부 유르고르덴섬에 자리 잡은 아치형 천장의 어두침침한 박물관에 들어서는 순간, 눈에 들어오는 바사호의 첫인상은 위압적이다. 바사호는 선체 길이 57미터, 후갑판 높이 17미터에, 세 개의 돛대 중 가장 높은 돛대는 용골♦에서부터의 높이가 49미터다. 제1사장♦♦ 쪽을 보면 도약하듯 일어선 사자상이 인상적이고, 포문 뚜껑 안쪽에서 입을 딱 벌린 사자 머리상은 포가 발사될 때 포효하는 것처럼 느껴졌을 듯한 위용을 풍긴다. 선수와 선미에는 다채로운 조각들이 화려하고 복잡한 구도로 새겨져 있다. 특히 선미

♦ 선박 바닥의 중앙을 받치는 길고 큰 재목. 뱃머리에서 배의 뒷부분에 걸쳐 선체를 받치는 기능을 한다.
♦♦ ―斜檣. 뱃머리에서 앞으로 튀어나온 기움 돛대.

의 위쪽 전망대에는 기드온의 전사들♦ 스물세 명이 행군하는 모습으로 새겨졌고, 인어, 눈을 부릅뜬 케루빔,♦♦ 이교도 신과 여신, 악사, 사자, 전사 등도 곳곳에 배치되어 있어서 어느 쪽에서든 눈길을 끈다. 이 바사호는 구스타부스 아돌푸스가 지휘하는 해군의 위세를 과시하고자 건조시킨 '국왕의 배'였고, 해상권을 장악하려는 독일의 시도에 맞서 발트해를 지켜내는 임무를 띠고 있었다.

바사호는 승선 선원만 145명이었고 갑판에는 전사 300명이 임무를 완수할 공간이 있었다. 하지만 이들은 임무를 제대로 펼치지도 못했다. 1628년 8월 10일 일요일, 바사호가 출항에 나섰다. 스톡홀름 1만 명 주민 가운데 대다수가 구경을 하려고 부두로 몰려나왔다. 먼 바다로 나가는 바사호를 따라가며 구경하려고 조각배를 타고 물 위에 떠 있는 사람들도 있었다. 날씨는 화창했다. 남서풍이 너무 약해서 트란보다르나까지 처음 몇백 미터는 배가 밧줄로 끌려가야 했다. 그 뒤에야 선장이 선원들에게 바사호 돛 열 개 중 네 개를 올리도록 지시했고, 곧이어 예포가 쏘아지면서 바사호가 처녀항해에 올랐다. 작은 섬 베크홀멘에 다가갈 즈음 바람이 살짝 강해지는가 싶더니 그와 거의 동시에 배가 왼쪽으로 기울어져 갔다. 다시 제자리를 잡긴 했지만 베크홀멘을 지나는 순간 해군 대령 쉬프링 한손의 말대로라면 '그저 미풍 수준의 가벼운 돌풍'에 배가 다시 기울어지더니 불과 몇 분 사이 연안에서 놀란 눈으로 지켜보던 사람들 시야에서 사라져버렸다. 1,300미터도 항해하지 못한 채

♦　성경 속에서 기드온이 단 300명의 전사로 미디안 대군을 참패시키는 대목이 있다.
♦♦　하느님을 섬기며 옥좌를 떠받치는 천사.

32미터 아래 물밑으로 가라앉은 것이다. 50명이 목숨을 잃었고 생존자는 대부분 헤엄을 쳐서 간신이 뭍으로 나오거나 따라온 조각배 위로 건져 올려진 이들이었다.

바사호의 지휘관들은 연안으로 올라오자마자 바로 체포되었다. 사람들 사이에서 몇 가지 중대한 무능 행위 때문에 이런 참사가 벌어졌으리라는 가능성이 제기되었다. 가령 아래쪽 갑판의 화포들을 고정해놓지 않은 바람에 화포가 죄다 한쪽으로 쏠려서 그렇게 되었을 것이라는 식의 얘기들이 나왔다. 음주 의혹도 불거졌지만 단순하고도 경악스러운 진실이 드러나면서 금세 일축되었다. 사실, 바사호는 품격과 화려함과 웅장함을 뽐내는 그 외관이 무색하게도 항해에 적합하지 않았다. 베크홀멘에 다가간 순간 그 가벼운 미풍만으로도 배가 흘수선♦ 아래로 가라앉을 만큼 취약한 구조였다. 뚜껑이 전부 열려 있었던 데다 높이가 수면 위로 1미터도 떨어져 있지 않았던 포문 역시 문제였다. 배가 가라앉으면서 뚜껑에 사자 머리상이 달린 그 포문 사이로 물이 들어온 것이다. 바사호는 물에 띄우기에는 너무 높고, 너무 폭이 좁고, 너무 무거웠다.

승선자들은 다들 그럴 줄 알았거나, 적어도 의혹을 품고 있었다. 하지만 단 한 사람도 그 문제를 입 밖에 내지 않았다. 청문회에서 선장 예란 맛손은 해군 원수 클라스 플레밍 앞에서 실시되었던 안정성 테스트 과정을 진술했다. 30명의 선원을 쭉 줄지어 세워놓고 배의 한쪽에서 반대편으로 달려갔다가 다시 돌아오게 한 다음, 배가 기운 정도를 널빤지 폭으로 측정하는 식이었다고 한다. 선

♦　선체가 물에 잠기는 한계선.

원들이 달려갔다 되돌아오기를 네 번쯤 반복했을 때 해군 원수가 앞으로 나오더니 손바닥이 보이게 두 손을 들어 올리며 그만하라고 지시했다. 이런 주먹구구식 측정에서 바사호는 선원들이 갑판을 가로지를 때마다 널빤지의 전체 폭만큼 기울어졌다. 맛손이 조사 위원회에 밝혔듯, 계속 진행했다면 바사호는 그 자리에서 전복되었을지도 모른다. 맛손은 이 문제를 플레밍과 논의하려 했지만 이 해군 원수께서는 딱 잘라 대꾸하길, 조선 기사가 배를 처음 만들어본 것도 아닌데 어련히 알아서 잘 하지 않았겠냐고 했다. 맛손은 말소리를 낮춰 투덜거렸다. "폐하만 본국에 계셨어도!" 그때 구스타부스 아돌푸스는 군사적 문제로 프로이센에 가 있던 터라 자신의 멋들어진 새 기함이 어떤 운명을 맞았는지 까맣게 모르고 있었다. 그러다 나중에 소식을 전해 듣고는 다른 사람들처럼 다짜고짜 무능이나 부주의 탓으로 넘겨짚으며 책임자를 가려내서 처벌하라고 했다. 하지만 증인들의 잇따른 증언을 통해 드러났듯, 배의 설계에 참여하여 건조 단계마다 승인을 해주었던 왕 자신도 책임에서 벗어날 수 없었다. 사실, 가뜩이나 무거운 대포를 통상적 수준보다 많이 탑재시킨 것도 왕의 특별 지시 사항이었다. "그러면 대체 누구의 잘못일까요?" 조사 위원회의 한 위원이 물었다. 솁스고르덴의 선박임차인 아렌트 데 그로트는 턱을 긁적이며 그 답은 하느님만이 아신다고 대답했다. 그 뒤로 위원회는 하느님도 왕도 이 문제에서 잘못이 있다고 볼 수 없다는 결론을 지으며 책임자를 단 한 명도 가려내지 못한 채 해체되었다.

배가 침몰하고 3일 뒤부터 인양 작업이 개시되었다. 인양 팀은 영국인 전문가 이안 벌머의 지도에 따라 작업 첫째 날 바사호를 해저에 똑바로 세우는 데 성공했지만 더 이상의 진척을 이어가지 못했다. 연이어 여러 모험가들이 나타나(이들 중 스웨덴인은 몇 명 없었다) 계약을 맺고 인양의 가장 중요한 부분으로 여겨지는 과정을 맡아 해보겠다고 나섰다. 해저에 쓸모없이 방치된, 무게가 한 대당 최대 1톤인 그 많은 수의 대포를 건져 올리는 과정이었다. 하지만 벌머가 성공시킨 단계에서 더 진척을 이룬 사람은 아무도 없었다. 1660년대가 되어서야, 다시 말해 구스타부스 아돌푸스가 이미 오래전 저세상으로 떠나고 크리스티나 여왕이 로마에서 민간인으로 살아가고 있던 시대에 이르러서야, 마침내 대포 인양의 해결책을 찾아낸 두 명의 인양 전문가가 나타났다. 베름란드 출신 스웨덴인 알브레크트 본 트레일레벤과 그의 독일인 사업 파트너 안드레아스 페켈이었다. 두 사람은 돌아다니던 중 우연히 새로운 발명품인 다이빙벨을 보고 자신들의 사업에 유용할 것 같아 투자 잠재성을 높이 봤다.

나는 이후로도 수차례 더 바사호 박물관을 찾았는데, 이 다이빙벨이라는 기술의 기적을 계기로 뒤늦게야 박물관 전체 사업을 가치 있고, 심지어 영예로운 일로 여기게 되었다. 첫 방문 때는 박물관 사업이 무능과 실수를 아주 별나게 기려놓은 것 같은 기분이었다. 인양되어 복원된 타이타닉호의 아름다움으로 대중의 감탄을 유도하는 일만큼 억지스럽게 느껴졌다. 다이빙벨은 박물관 대전시실에, 다수의 부수 전시물 사이에 복제품으로 전시되어 있다. 지금은 그곳에 갈 때마다 곧장 다이빙벨을 보러 가서, 새삼스레 매번 인간의 독창성, 불굴의 정신, 용기, 투지에 감동해 크나큰 경애심을 느낀다. 그리고 경애심이 일어날 때마다 절로 떠오르는 인상 깊은 이야기가 있다. 스칸디나비아를 여행하다가 마침 1663년 10월 스톡홀름에 들렀던 프란체스코 네그리Francesco Negri라는 이탈리아의 신부가 남긴 체험담이다.

네그리는 벗들과 함께 스톡홀름에 묵으며 대화를 나누던 중 그해 스톡홀름 전 시민이 푹 빠져 있는 구경거리가 있다는 애길 듣게 되었다. '물속을 걸을' 수 있는 사람 구경하기였다. 네그리는 흥미를 드러내며 그 기적 같은 일을 직접 보고 싶어 하다가 스트룀멘에서 진행 중인 인양 작업 현장으로 안내받아 가게 되었다. 네그리에 따르면, 일행이 탄 작은 배가 인양 현장에 가까워지자 정박해 있는 조각배 한 척이 눈에 들어왔다고 한다. 볼품없고 오래되어 낡았지만 튼튼해 보이는 그 배를 다른 여러 척의 조각배들이 출렁출렁 흔들거리며 빙 둘러싸고 있었다. 이 낡고 작은 배 갑판에는 온갖 신기한 물건이 흩어져 있었다. 두툼한 케이블, 받침나무와 도르래, 끝에 갈고리가 달려 있어 양치기의 지팡이◆가 연상되는 철제 막대기 여러 개 등이었다. 네그리가 페켈과 직접 대화도 나눠보고 묵고 있던 곳 집주인들에게 전해 듣기도 한 바로는, 지금 그곳에서는 잠수부들이 침몰선에서 포를 건져 올린 다음, 이어서 바닥짐◆◆까지 건져 올리려는 중이었다. 어디까지나 그 애길 들려준 사람의 생각이지만, 그 이후 본격적으로 선체를 인양하는 작업은 상대적으로 간단한 일일 것이라고 했다. 페켈은 여러 형태의 갈고리와 촉이 달린 막대기들을 가리키며 용도를 설명해주었다. 대포에 접근하기 쉽도록

◆ 양을 걸어 당기기 위해 끝이 구부러졌다.
◆◆ 배에 실은 화물의 양이 적어 배의 균형을 유지하기 어려울 때 안전을 위하여 배의 바닥에 싣는 중량물.

포문 주위에 대어진 판자를 떼어내기 위한 용도라고 했다.

네그리는 뒤이어 다이빙벨로 관심이 쏠렸다. 작고 낡은 배 바로 옆의 뗏목에 실려 있던 다이빙벨은 범상치 않은 발명품 같았다. 사람이 그 기구를 이용해 물 아래로 내려가면 한번에 최대 30분까지 물속에 있을 수 있다니, 정말 신통했다. 다이빙벨의 활용 계획은 새로운 시도가 아니었다. 본 트레일레벤은 이 환상적인 기구를 1658년에 벌써 도입하여 서부 연안에서 이미 수차례 성공적으로 시험 운용을 마친 터라, 스톡홀름 주변 수역에서의 사용이 처음일 뿐이었다. 네그리가 알고 있기론 동쪽 수역의 투명도가 예테보리 먼바다 수준이나 그보다도 못했지만, 잠수부들은 다이빙벨에 대한 믿음이 상당해서 성공을 자신했다. 마침 한 잠수부가 내려갈 준비 중이었다. 의자에 앉아 도움을 받아가며 잠수 복장을 착용하고 있었다. 가죽 장화와 가죽 슈트로 구성된 복장이었는데 둘 다 이중으로 덧대어 만들어져 두툼했다. 잠수부는 상의 쪽에 철제 고리와 가죽끈으로 꽁꽁 여민 후 일반 천으로 만든 모자를 뒤집어 쓰면서 복장 준비를 마쳤다. 그러더니 의자에서 일어나 불편한 가죽 슈트 때문에 굼뜬 동작으로 몇 발짝 떼어 배의 측면으로 가서 다이빙벨을 응시했다. 네그리의 감상평대로라면, 겉보기엔 별거 없고 시시해 보이기까지 하는 기구였단다. 높이는 어림짐작으로 1미터 25센티미터 정도였고, 모양은 큼지막한 교회 종을 닮아 있었다. 전용 받침나무와 도르래를 써서 뗏목에서 그 다이빙벨을 들어 올릴 때는 두 사람이 함께 힘을 써야 했다.

다이빙벨이 흔들거리면서 천천히 공중으로 들어 올려지자 네그리는 그제야 밧줄로 매달려진 둥그런 발 받침대를 보게 되었다.

밧줄이 다 펴지니 다이빙벨의 맨 아래 가장자리 밑으로 0.5미터 아래만큼 내려졌다. 잠수부가 느릿느릿 걸어 그 받침대로 올라선 후 허리를 숙여 보조자들이 건네주는 연장을 받았다. 수면 30미터 아래로 내려가서 작업을 수행할 때 필요할 만한 장비들이었다. 네그리가 듣자 하니, 그중 가장 중요한 장비는 2미터 길이에, 끝에 쇠갈고리가 달린 튼튼한 나무 막대기라고 했다. 수색의 초점이 배 안의 귀중한 대포 찾기였기 때문이다. 일단 대포를 찾고 난 다음엔 대형 부젓가락과 여러 형태의 갈고랑쇠 등 다른 전용 도구들이 필요했다. 바사호의 갑판에서 무게가 엄청난 물건을 본격적으로 들어 올리려면 두꺼운 밧줄도 필요했다. 그래서 잠수부는 다이빙벨 안으로 들어갈 때 두꺼운 밧줄을 함께 챙겼다. 밧줄의 한쪽 끝은 뗏목에 고정되어 있었고 다른 한쪽 끝은 잠수부가 인양될 대상물에 묶어주어야 했다. 드디어 잠수부가 물속에 들어갈 준비를 마쳤다는 수신호를 보내왔다.

두 사람이 받침나무와 도르래를 써서 다이빙벨을 수면 위로 올렸고 네그리는 다이빙벨이 시야에서 서서히 사라지는 모습을 계속 지켜보았다. 네그리는 이때의 다이빙벨 작동 원리도 설명해놓았다. 다이빙벨이 물 아래로 가라앉을 때 다이빙벨의 어깨 부분에 공기가 갇히면서 에어포켓이 형성되어 이후 30분 정도는 이 공기가 유일한 산소 공급원이고, 가죽 슈트 차림으로 갈고리와 갈고랑쇠를 이용해 어두운 바닷속을 이리저리 쑤시며 작업을 수행하게 된다고.

가능하다던 최대 시간보다 다소 짧은 20분쯤 후, 잠수했던 잠수부가 다이빙벨에서 뗏목까지 이어진 밧줄을 잡아당기며 다시 수면으로 끌어올려졌다. 나중에 네그리가 그 잠수부에게 물어보니, 시간을 다 채우지 못하고 올라온 것은 물이 유독 차가웠기 때문이라고 했다. 시기가 10월 말이었으니 그럴 만도 했다. 이야기를 나눌 때도 잠수부는 두꺼운 가죽옷을 입고도 덜덜 떨고 있었다. 이후 네그리는 21세기 여행 체험 TV 프로그램 진행자처럼 자신도 다이빙벨을 타고 잠수해보게 해달라고 부탁했다. 스웨덴의 작업 팀은 그의 패기에 깊은 인상을 받았다. 그런 부탁까지 하다니 정말로 다이빙벨 작업에 관심이 많은 사람 같아서, 그 점 또한 좋게 봤다. 하지만 부탁은 들어주지 않았다. 물이 너무 차가워서 안 된다고 했다. 네그리는 그곳에 오래 머물며 대포가 올려지는 순간까지 직접 보지는 못했지만 2층과 3층 갑판의 대포는 특수 기술을 동원해 포문 밖으로 빼내야 했다는 소식을 전해 받았다. 하지만 기술 고안자들은 그 기술에 대해 자세한 설명을 해주지 않았다. 여기저기 알려져서 자신들의 향후 인양 작업 수주에 타격을 입을까 봐 우려해서였다. 어떤 방식으로 해냈건 간에, 인양은 대단히 성공적이었다. 본 트레일레벤과 페켈의 잠수부들은 난파된 바사호에서 50대가 훨씬 넘는 대포를 인양해냈다. 남아 있는 문서에 따르면 그중 53대는 1665년 뤼베크로 수송되었다.

그리고 이것으로 끝이었다. 1683년 마지막 대포 한 대가 인양되었으며 그나마도 누구 하나 특별한 관심을 보이지 않은 일화 빼고는 별일이 없었다. 얼마 지나지 않아, 바사호도 바사호의 기묘한 운명도, 그리고 심지어 바사호의 위치마저도 까맣게 잊혔다. 그렇게 잊혀 있다가 330년이 흐른 1956년에 이르러서야 안데르스 프란센이라는 아마추어 해양 고고학자가 침몰한 바사호에 집념해 파고

들었고, 몇 번의 계절이 바뀌도록 수색을 이어간 끝에 마침내 그 난파선을 찾아냈다. 그 뒤로 바사호를 인양하고 복원하는 과정이 장기간에 걸쳐 더디게 진행되었다.

바사호 박물관은 1990년 개관되었다. 스톨홀름 중심가의 버스 정류장에서 버스를 타면 금방 갈 수 있는 거리에 있다. 그래서 나는 스톡홀름에서 고틀란드로 이동할 때 페리를 타러 뉘네스함까지 가는 교통편을 몇 시간 기다리게 되었을 때마다 대여섯 번쯤 바사호 박물관에 갔다. 드로트닝 거리에 있는 스트린드베리 박물관이나, 1986년 2월 28일 스웨덴 총리 올로프 팔메Olof Palme가 총을 맞고 암살당한 자리(스베아베겐과 올로프 팔메스 거리 교차 지점)에 설치된 명판도 금방 다녀올 만한 명소였지만, 이 두 곳보다 바사호 박물관에 더 자주 갔다. 대체로 바이킹과 관련된 책의 집필로 나섰던 고틀란드 여행길 중 어느 날, 박물관에서 나와 중심가로 돌아가는 버스를 타기 위해 정류장으로 가다가 퍼뜩 스치는 생각이 있었다. 루드베크가 세운 스웨덴의 아틀란티스 연관설과 구스타부스 아돌푸스의 거함 바사호, 그리고 스웨덴 루스족(발트해를 가로질러 동쪽을 누비고 다니며 그 지대 역사에 자신들의 가장 위대한 발자취를 남겼던 바이킹족)의 모험 모두가 스웨덴이 강대한 제국으로 부상했던 그 짧은 세기의 상징으로서 서로 공통점이 있다는 생각이었다. 바로 다음의 세 가지다.

1. 장엄함.
2. 단명.
3. 불가능성.

장엄함을 공통점으로 꼽은 이유는, 모든 제국은 어떤 식으로든 장엄하기 때문이다. 단명과 그로 인한 궁극적인 불가능성을 공통점으로 본 이유는, 17세기 스웨덴 역시 9세기와 10세기 루스족과 마찬가지로 전투에서의 용맹한 성과로 이룩한 제국을 지탱시킬 인재가 없었기 때문이다.

── 6
납치: 덴마크와 알제리의 전투

2015년, 나는 4월의 대부분을 노르웨이 소설가 얀 오베 프레드릭센Jan Ove Fredriksen의 소설 『총탄Kule』 제1장을 번역하느라 오슬로 국립도서관 자료실 책상에 죽치고 살다시피 했다. 출판업자가 해마다 열리는 10월의 프랑크푸르트 도서전에 그 소설을 출품하고 싶다고 해서 그 안에 번역을 마치려고 작업 중이었다. 그런데 번역 중 다음 문장에서 막혀 헤매게 되었다. 'Historien er ikke alltid hva du tror den var', sa Rank. 시종일관 재미있고 독창적인 프레드릭센의 글을 기분 좋게 술술 풀어가고 있다가 이 대목에서 막혔던 이유는, 문장의 뜻 때문이 아니라 시제와 관련된 문제 때문이었다. 이 문장은 소설 속 가상의 화자, 바르트 랑크가 노르웨이와 덴마크 가정에서 유명한 백과사전 『Den Lille Salmonsen』 중 한 권(제5권)을 살펴보다가 깜짝 놀라는 내용이다. 프란츠 카프카에 대해 찾아보려고 백과사전을 펼쳤는데 정작 이 위대한 작가의 항목은 없고 동물의 심리를 주제로 여러 권의 책을 쓴 독일의 정신분석가 구스타프 카프카의 항목만 있어서다. 랑크는 얼떨떨한 상태로 생각한다. 프란츠 카프카가 벌써 잊힌 걸까? 아니면 아직 기억되지 못하는 걸까? 랑크가 카프카에게 푹 빠지게 된 이유는 오슬로 대학교에서, '문예학'이라고 번역하는 것이 가장 적절할 만한 'Litteraturvitenskap'라는 학과를 공부하고 있기 때문이다. 그러다 카프카의 소설 『성The Castle』을 주제로 논문을 써야 하는 상황에서 흥미롭거나 참신한 소재를 찾지 못해 난감해하다가 백과사전을 참고했던 참이다. 랑크는 내친김에 크누트 함순의 항목도 찾아봤다가 좀 전처럼 얼떨떨해진다. 1859년인 함순의 출생일만 나와 있어서다. 분명히 사망했을 텐데 왜 출생일만 있을까? 이상해서 백과사전 앞장을 펼쳐 출간일을 확인해보니, 1938년판이다.♦

"'과거에 알았던 역사가 현재는 달라지기도 하지.' 랑크가 말했다." 지금 보면 뚝딱 번역될 만한 쉬운 문장인데, 그땐 왜 그렇게 헤맸는지 어리둥절하다. 어쩌면 정신적 피로 때문이었는지 모른다. 아니면 의미는 잘 알겠는데 나 자신이 이해가 되지 않는 문장에 대한 반감이었거나. 이유가 무엇이었든 간에, 그때는 얀 오베와 직접 만나 얘기를 나눠보고 번역을 이어가야겠다는 생각이 들었다.

얀 오베는 나와 그리 멀지 않은 곳에 살고 있었고 내가 전화를 걸자 선뜻 만나자고 했다. 우리는 프로그네르 공원 한가운데 호수가 내려다보이는 노천카페, 헤레고르스크로엔의 기분 좋은 분위기에서 식사를 하며 이야기를 나누기로 했다. 내가 파인트 잔으로 첫 잔째 맥주를 반 정도 비웠을 때 카페로 다가오는 그가 보였다. 페당

♦ 함순은 1952년에 사망했다.

크♦ 시합장에서 모퉁이를 돌더니, 잔디가 빽빽한 길에서 눈을 떼지 않으며 줄지어 놓인 흰색 나무 탁자와 의자 사이를 지나왔다. 연노란색 리넨 정장, 옷깃 없는 흰색 셔츠, 큐번 힐♦♦에 앞코가 뾰족한 황갈색 수제 가죽 부츠로 맞춰 입은 모습이, 언제나처럼 말끔한 차림새였다. 옆머리 한쪽을 'Z' 모양으로 민 젊은 스웨덴인 웨이트리스가 곧바로 우리 탁자 쪽에 와서 주문을 받았다. 나는 바삭바삭한 프랑스식 치킨 요리를 시켰고 얀 오베는 헤레고르스크로엔만의 독자 메뉴인 햄버거 스페셜을 시키면서 마실 음료로 베테윌hveteøl, 즉 밀맥주를 주문했다. 같이 두 잔째 맥주를 마시고 주문한 음식이 나왔을 때쯤 내가 만나자고 한 이유를 설명하자 얀 오베는 평상시처럼 쑥스러워하면서 대답해주었다. 나로선 그의 소설을 통해 익숙한, 특유의 종잡을 수 없는 스타일로 이야기를 이어갔다.

"랑크는 백과사전의 문제로 애를 먹어요. 저도 그렇고요. 백과사전을 펼치기가 조마조마해서 안 보는 게 나을 정도예요. 문제가 뭐냐면 철저히 알파벳순으로 나열된 항목들이— 참, 그러고 보니 위키피디아는 그렇지 않으니까 백과사전이 다 그런 순서라고 말할 순 없겠지만, 위키피디아는 별개로 칩시다. 어쨌거나 제 소설『총탄』은 아시다시피 인터넷이 등장하기 한참 전인 1970년대가 배경이기도 하고요, 아무튼 철저히 알파벳순으로 나열된 항목들이 순서에 대한 의식을 강하게 일으켜서 문제입니다. 그것도 거의 예외 없이 곧바로, 그 항목들 속에 실린 의미나 내용과는 완전히, 그리고

♦ 두 조로 나뉘어 지름 3센티미터 정도의 나무 공을 6~10미터 떨어진 곳에 두고 그것을 표적으로 하여 금속 공을 던져 가까이에 떨어진 수를 겨루는 운동 경기.
♦♦ 두꺼워서 안정성이 좋은, 3~5센티미터의 중간 높이 정도의 구두 굽.

심지어 지독히 모순되는 의식이 들게 하죠. 잘 아시겠지만 소설에서 랑크가 함순의 사망일이 빠져 있는 사실을 발견하고 어리둥절해하는 대목이 있습니다. 사실, 랑크가 원래 찾으려던 항목은 햄스터Hamster였잖아요? 좋아하는 여자가 햄스터를 키워서 그녀와 가까워지려고, 햄스터 박사처럼 보이려고 찾아본 거였죠. 하지만 쭉 찾아보다가 함순Hamsun의 항목에 한눈이 팔려요. 자꾸 그쪽으로 곁눈질을 하게 되죠. 햄스터의 항목은 동물학 용어, 라틴어 학명, 어려워 보이는 도서명들로 빼곡한데 같은 쪽의 다음 항목이 크누트 함순이에요. 신경에 거슬리지만 동시에 매우 흥미롭죠. 그리고 바로 그때부터…."

얀 오베는 베테윌을 한 모금 쭉 들이켠 후 자전거 핸들 모양으로 말끔히 정리된 콧수염 끝에 묻은 거품을 손가락으로 쓱 쓸어냈다. "과거에 알았던 역사는 달라지기도 해요." 그가 호숫가를 따라 늘어선 느릅나무 사이로 떨어지는 오후의 햇살을 흘끗 올려다봤다가 생각에 잠긴 표정으로 말했다. 마치 처음 들어보는 얘기인 것처럼. 한동안 아무 말이 없다가 다시 입을 뗐을 때는 드디어 내가 듣고 싶어 하는 대답을 해주려나 싶어 기대했다. 설명을 해주거나 자세한 부연을 덧붙여주든, 아니면 이젠 자신도 무슨 뜻인지 알쏭달쏭하다며 그 대목을 빼버리자고 할지도 모른다고. 하지만 아니었다. 그는 다시 백과사전 얘기를 꺼내며 역사의 유동성 문제가 그 문장의 핵심이라고 했다.

"특히 더 재미있는 건, 두 백과사전을 비교해보면 서로 모순적이라는 거예요. 물론 이 사실 자체도 재미있지만 훨씬 더 재미있는 게 또 있어요. 같은 주제를 다룬 항목들도 집필 저자들에 따라 아주 다른 관점으로 쓰인다는 겁니다. 노르웨이의 므두셀라,♦ 크리스티안 드라켄베르그Christian Drakenberg를 예로 들어 볼까요. 아셰호우 출판사의 1926년판 『노르웨이 인명사전Norsk Biografisk Leksikon』 제3권에서 그 사람을 찾아보면 출생일이 1626년 11월 18일로 나옵니다. 출생지는 스케 지역의 블롬스홀름으로 되어 있는데, 이곳은 당시엔 노르웨이의 보후슬렌 지역이었고 현재는 스웨덴 지역입니다. 그 뒤로 2쪽 반에 걸쳐 그의 비범한 인생사가 쭉 나옵니다. 덴마크-노르웨이의 왕이 일곱 번 바뀌는 동안 스웨덴과 지겹도록 끊임없이 전쟁을 벌이던 시기에 수병으로 복역했던 이야기며, 1694년 무슬림 해적들에게 붙잡혀 알제에서 15년간 노예로 살다가 84세 때 간크게 탈출해서 온갖 모험을 벌이다 덴마크의 고향으로 돌아왔다는 이야기가 이어지죠. 96세 때는 북 유틀란트의 하숙집에서 살다가 네덜란드에서 온 사람이 여주인의 치즈를 놓고 투덜대는 소리를 들어 시비를 걸었다가 그 네덜란드인의 친구들이 싸움에 가세하는 바람에 흠씬 두들겨 맞고 3주 동안 목발을 짚고 다녔다고 합니다. 1732년에는 코펜하겐의 집회에 나갔다가 그 적지 않은 나이 때문에 비범한 인물로 소개되었대요. 그런데 프랑스인 몇 명이 그가 불어에 유창한 줄도 모르고 나이를 의심하며 쑥덕거리자 그는 노르웨이의 집으로 먼 길을 되돌아가서 나이를 증명해줄 만한 서류 같은 것을 가지고 돌아왔답니다. 이듬해에는 밤중에 화장실에 갔다가 항문에서 나온 커다란 벌레를 보고 건강이 안 좋아졌나 싶어 엄청 걱정을 했다네요.

♦ 969세까지 산 유대의 족장. 창세기 5:27.

1737년, 드라켄베르그는 이제 정착해야겠다고 마음을 다잡고 60세의 과부와 결혼합니다. 부인은 결혼 후 얼마 지나지 않아 죽습니다. 그는 한번은 이름 불명의 서기에게, 자기는 124세 때 평생 처음 감기에 걸려봤다고 얘기를 했다가 급히 말을 정정합니다. 깜빡할 뻔했는데 그것이 두 번째이고, 그전에 포르투갈에서 바보같이 포르투갈산 정어리를 너무 많이 먹은 통에 감기에 걸린 적이 있다고요. 그런가 하면 자기 나이의 반의반도 안 되는 사람들에게 싸움을 걸거나 아가씨들 뒤를 졸졸 쫓아다닙니다. 127세에는 어떤 농부의 딸에게 반해서 청혼했다가 퇴짜를 맞은 후에 상심과 달랠 길 없는 격분에 빠지죠.

그러다 슬슬 제 나이를 실감하는 시기가 찾아옵니다. 1771년 8월에 들어서면서 시력이 점점 흐릿해지죠. 귀에서 자꾸만 시끄러운 잡음이 울리고 가끔은 천사의 합창 같은 소리도 들려서 괴로워해요. 1772년 9월의 어느 토요일에는 극심한 가슴 통증을 겪어 그 즉시 맥주와 독주를 끊고 차만 마시겠다고 맹세했고, 그 뒤 정말로 차를 무진장 많이 마시죠. 나중엔 갈 날이 얼마 안 남았다는 느낌이 들자 미델뵈에라는 목사에게 병자성사도 받습니다. 급기야 소리를 낼 기력마저 잃었고 이틀 뒤인 10월 9일에 덴마크 오르후스에서 146세의 나이로 세상을 떠나죠.

여기까지가 아셰호우사의 『노르웨이 인명사전』에 나오는 내용입니다." 얀 오베는 말을 끊으며 햄버거의 빵 껍질을 포크로 쿡쿡 찔렀다. 자기 앞에 햄버거가 있는 줄을 이제야 보고 이게 뭐지, 하며 얼떨떨한 기색이었다. "하지만 같은 사람의 일생을 슐츠 출판사의 1935년판 『덴마크 인명사전Dansk Biografisk Leksikon』 제6권에서 찾아보면 달랑 한 쪽으로 서술되어 있습니다. 글머리가 드라켄베르그의 사망일로 시작되면서 저자의 견해가 이어집니다. 이 사람에 관해 전해져오는 이야기를 통틀어 유일하게 신뢰할 만한 사실은 사망일이라고요. 전체 글의 어조도 의혹 투이고 혐오감을 미처 감추지 못한 느낌입니다. 저자는 드라켄베르그의 '반♯전설 같은 회고록'을 거론할 때는 그가 '트리폴리♦ 등지의 지중해 지역에서 난파 사고, 감금, 15년의 노예 생활을 견뎌내야' 했던 고난사의 대목에서 비아냥거립니다. 자신의 나이를 의심하는 프랑스인을 머쓱해지게 하려고 태어난 고향에 다녀온 일화에서는, 저자가 직접 확인을 해봤지만 드라켄베르그의 말마따나 세례를 해주었다는 신부도, 역시 드라켄베르그의 말마따나 1732년 교회 기록에서 자신의 관련 기록을 베껴주었다는 코르넬리우스 니콜라이 목사도 자취가 전혀 발견되지 않은 인물들이라고 덧붙여놓았어요. 적어도 자신의 견해로는 회고록은 전부 다 거짓말이고 그자는 늙다리 건달에 불과하다고요. 본니에르 출판사의 1945년판 『인명사전Biografiskt lexikon』에서는 드라켄베르그를 아예 다루고 있지도 않아요. 로버트, 이러니 뭐가 진실이고 뭐가 진실이 아닌지를 아는 건 정말 힘든 일입니다."

얀 오베는 먹던 햄버거를 다시 쿡쿡 찌르다 갑자기 눈을 감더니 어깨 위로 침묵의 망토라도 걸쳐진 듯 말이 없어졌다. 난감하게 불쑥불쑥 찾아오는 정신 심란 상태에 빠진 모양이었다. 예전에도 어떤 작가나 화가들, 그중에서도 특히 명성 있는 실력자들을 만났

♦　Tripoli. 옛 바버리 제국의 하나.

을 때 꼭 그런 모습을 보였다. 내면에서 어떤 타이머 같은 것이 울리며 여기에서 이러고 있을 때가 아니라고, 웬만하면 집에 돌아가 글을 쓰거나 그림을 그리라고 다그치기라도 하는 것처럼. 그래서 얀 오베가 잠시 후에 보인 태도에 나는 별로 놀라지 않았다. 그는 초조한 표정으로 '롤렉스'[짝퉁 롤렉스였는데, 일종의 아는 사람끼리의 농담 삼아 차고 나온 것이었다. 전에 그 시계를 어떻게 샀는지 내게 들려줬기 때문이다. 중국 충칭의 버스 정류장에서 어떤 남자한테 10위안을 주고 샀고, 그때 나무로 된 진열 상자에는 같은 짝퉁 시계가 20개나 더 있었다고 했다]를 내려다보며 시간이 이렇게 늦어진 줄 몰랐다는 듯 놀란 척 투덜대더니, 다른 약속이 있는 걸 깜빡했다는 급조된 변명을 짧게 늘어놓으며 악수를 하고 자리에서 일어났다. 맥주는 싹 비웠지만 햄버거는 거의 다 남긴 채였다. 시선을 바닥에서 떼지 않으며 탁자들 사이를 지나 나가더니 잠시 후 페탕크 시합장 측면에 늘어선 나무 사이로 사라져 안 보였다가, 키르케베이엔 길 쪽으로 나 있는 정문으로 향하는 모습이 잠깐 다시 보였다.

————

나는 카페에 더 머물렀다. 그날 분의 『총탄』 번역 작업은 이미 다 채운 뒤라 여유가 있었다. 화창하고 포근한 오후였다. 오후에 오슬로 중심가의 넓고 나무가 우거진 공원에 앉아서, 들려오는 소리라곤 키르케베이엔에서 나직이 들려오는 차량 소리, 참새들의 쩍쩍 소리, 공원 저 멀리 떨어진 야외 수영장에서 아득히 들려오는 아이들의 신이 난 비명뿐인 분위기도, 그 나름대로 기분이 좋았다. 그래서였는지 나는 석 잔째의 맥주를 마시며 어느새 일종의 진지한 상태에 빠져 꼼꼼히 생각을 정리해봤다. 얀 오베가 들려준, 146세까지 산 크리스티안 드라켄베르그의 삶이나 시대 이야기를 내 의문과 연관 지으면서 얀 오베의 소설 초반부 번역에서 막혀 헤맸던 그 문장의 정확한 의미를 풀어보려고 했다.

하지만 얼마 못 가서 얀 오베가 말했던 그런 '백과사전 찾아보기'식이 되어버려, 애초에 하려 했던 생각이 아닌 그다음 생각으로 초점이 빗나갔다. 드라켄베르그가 북아프리카 해적들에게 붙잡혀 15년 넘게 노예로 살았다던 일화가 신경 쓰였다. 비현실적이고 믿기 힘든, 엉터리 얘기 같았다. 한참 뒤, 걸어서 집으로 돌아가던 길에 마요르스투아 24시간 도서관에 비밀번호를 입력하고 들어갔다가 20분 후 《스칼크》 과월 호 몇 부와 베텔 리드 라르센의 최근 저서 한 권을 들고나왔다. 모두 16세기와 17세기에 무슬림이 기독교도들을 노예로 잡아갔던 일을 다루면서 특별히 스칸디나비아인의 사례를 언급해놓은 책들이었다.

그날 저녁 처음으로 알게 되었는데 17세기 대부분과 18세기 상당 시기에 걸쳐 덴마크-노르웨이와 북아프리카의 무슬림 지배자들은 별나면서도 이따금 우스꽝스러운 관계로 자주 엮였다. 무어족은 17세기 초 스페인에서 강제로 쫓겨나자 현재의 독립국들인 알제리, 튀니지, 모로코, 리비아가 속해 있는 북아프리카의 '바버리' 연안에 정착했다. 땅이 대부분 사막이었던 탓에 이 지대 주민들은 이내 해적질과 노예매매를 경제활동의 축으로 삼았다. 알제가 그 중심지로 떠오르게 된 이곳 해적질 사회에서, 자연스러운 활동 무대는 접근성이 좋은 지브롤터해협과 지중해였다. 덴마크 무역선은 걸핏하면 나포되어 밧줄에 묶인 채 아프리카 이곳저곳으로 끌려가, 화물을 빼앗기고 선원들은 노예로 팔렸다. 16세기 중반부터 대략 1830년 사이 북아프리카에 노예로 붙잡혀온 기독교도의 수는 총 120만 명 가까이 되었고, 그중 3,000~4,000명이 스칸디나비아인으로 추산되었다.

이렇게나 많이 붙잡혀간 사실에 놀라웠지만, 이런 일이 있었다는 사실 자체도 그에 못지않게 놀라웠다. 나는 읽던 책을 무릎에 내려놓았다. 왠지 트란스트뢰메르의 시구가 다시 생각났다. 시간은 직선처럼 곧게 뻗은 것이 아니라 미로처럼 뒤얽혀 있어 적절한 곳에서 벽에 바싹 붙어 서면 발걸음 소리와 목소리를 들을 수 있고, 저 반대편에서 자기 자신이 움직이는 소리도 들을 수 있다는. 같은 말을 역사에 가져다 붙여도 맞지 않을까, 하는 생각이 들었다. 예를 들어 《스칼크》에서 좀 전에 읽었던 급습만 대입해봐도 맞는 것 같았다. 1627년 바버리의 해적들이 아이슬란드 연안으로 쳐들어온 급습은 아이슬란드인 사이에서 '터키의 급습'이라는 명칭으로 여전히 회자되고 있는데, 793년 영국 제도 린디스판으로 쳐들어온 기록상 최초의 바이킹 급습과 놀라우리만큼 비슷해 보였다. 린디스판 급습은 영국과 유럽 대륙의 기독교 세계에 바이킹 시대의 서막을 알린 사건이었다. 노르웨이인들이 린디스판 지역의 기독교 수도원을 공격한 이 첫 급습에서 초기 역사가인 앵글로색슨계 성직자 앨퀸이 느꼈던 인상은, 배로 그곳까지 쳐들어오는 것이 '가능할 거라고 생각지 못했다'는 것이었다. 그러니 아이슬란드의 외진 그린다비크, 외이스트피르디르, 베스트마나에이야르 제도 주민들은 어느 여름날 아침, 아득히 먼 알제와 모로코에서 온 네 척의 해적선이 수평선에 모습을 보였을 때 얼마나 더 놀랐을까?

1252년 아이슬란드는 연방 체제가 종식되고 노르웨이 국왕의 지배 영토에 들어갔다. 그러다 1397년 칼마르동맹국으로서의 노르웨이의 힘이 쇠퇴하고 종교개혁의 여파까지 미치면서 아이슬란드의 소유권은 덴마크에 넘겨졌다. 1627년 무렵, 아이슬란드에는 에길, 군나르와 그레티르, 블러드엑스와 야른시다 같은 사가 시대의 위대한 전사들이 이미 사라진 지 오래였고, (적어도 유럽인의 상상 속에서는) 이제 그 빈자리를 다른 이들이 차지하게 되었다. 브레멘의 아담이 『함부르크-브레멘 주교들의 사적』에서 뭣도 모르고 아주 경솔히 찬미한, 느긋한 은자隱者의 부류였다. 어찌 보면 이들 부류를 세상과 멀리 떨어져 외따로 살아가며 호젓한 삶을 즐기는 이들로 여겼던 아담의 견해는 크게 틀리지 않았을지도 모른다. 1930년까지 세인트킬다 군도에 거주했던 소집단의 사람들이 날마다 서로 깍듯이 악수를 나누고 한결같은 예의와 정중함으로 서로를 대하며 살았던 이야기가 실제 전해지기도 하니 말이다. 알제리의 해적들처럼 폭력에 매진하는 부류에 맞설 경우, 이런 이들에게는 승산이 희박했을 것이다. 베스트마나에이야르 제도의 올라뷔르 에길손 목사가 남긴 기록에서 아이슬란드인 땅에 해적선이 처음 나타나 그 소문이 퍼졌을 때, 이곳 주민들이 어떤 반응을 보였는지 엿볼 수 있다. 그린다비크 마을에 쳐들어온 해적들 소문이 베스트마나에이야르 제도에 나돌기 시작했을 때 주민들은 허풍과 과장이 잔뜩 섞인 소문들을 떠들어댔고, 이는 특히 권력층 사이에서 더했다고 한다. 그에 따라 적극적인 활동이 행해지면서 분주히 방어 시설이 세워졌다. 하지만 해적들이 아이슬란드에서 물러났으니 한동안 베스트마나에이야르 제도가 위험에 처할 일은 없을 것이란 소문이 나돌면서부터 상황은 달라졌다. 이런 소문이 들려오자 주민들 사이에는 갑자기 일종의 무관심이 엄습하여 방어 준비에서 손을 떼고 자신들은 이제 안전하다고, 아무 일도 일어나지 않을 거라고 철석같이 믿었다.

월요일이던 7월 16일 아침, 해적들이 그린다비크를 급습했다. 마을이 워낙 가난해서 주민들 말고는 약탈해갈 만한 값진 물건도 없었다. 결국 열두 명의 아이슬란드인과 세 명의 덴마크인이 붙잡혀갔다. 해적들은 베사스타디르♦까지 쳐들어가려고 넘봤다가 실패하자 모로코로 돌아가 생포자들을 팔았다. 7월 초 또 한 척의 해적선이 무라트 레이스라는 네덜란드인 배교자(이슬람교로 개종한 기독교도)의 지휘 아래 아이슬란드 남동부인 외이스트피르디르에 쳐들어와 소, 양, 말, 은을 약탈하고 아이슬란드인 110명을 붙잡아갔다. 이 해적단은 7월 16일 남쪽으로 이동해 베스트마나에이야르 제도를 덮쳐 72시간 동안 여기저기 휘젓고 다니며 급습을 자행했고, 그 와중에 서른네 명이 목숨을 잃었다. 대부분 노인과 병자가 아니면 저항하다가 사망한 이들이었다. 헤이마에이섬 주민 절반을 비롯해 총 242명이 해적들에게 붙잡혀 알제로 끌려갔다가 노예로 팔리기도 했다. 좋은 주인을 만나 좋은 대우를 받은 이들도 있었지만 폭군 같은 주인에게 걸린 이들은 쇠사슬에 묶인 채 지하 감옥에 갇혀 지내며 제대로 먹지도 못하고 노역과 가혹한 체벌에 시달렸다. 몇 명 되지는 않지만 순순히 할례를 받고 이슬람교로 개종한 이들도 있

♦ Bessastaðir. 당시 왕의 대리인, 지방 공무원 및 군 관계자의 거주지였다. 현재는 아이슬란드 대통령의 관저이다.

었다.

여자들과 일부 젊은 남자들은 하렘♦에 팔렸다. 피부가 흰 기독교도 여자들이 특히 높은 값을 받을 수 있다 보니 1629년 페로 제도 급습 때는 여자들만 납치해갔다. 나는 비범한 생존담을 접할 때면 언제나 존경심을 느낀다. 베스트마나에이야르 제도에서 납치된 한 여인, 그뷔드리뒤르 시모나르도티르Guðríður Símonardóttir의 이야기도 그랬다. 그녀가 알제로 끌려갔을 무렵엔 도시 전체 인구 10만 명 가운데 20퍼센트가 노예였다. 해적들에게는 유럽 기독교 국가 수장들에게 노예의 몸값을 받아내는 것도 쏠쏠한 돈벌이 수단이었는데, 그뷔드리뒤르는 알제리 태수의 집에서 9년간 노예살이를 하다가 1636년 덴마크 왕에게 되팔리며 노예에서 해방되어 유럽으로 갈 수 있었다. 하지만 이때 지불된 몸값이 급습을 당할 당시 두 살이었다가 이제 열한 살이 된 아들의 노예 석방까지 얻어내기엔 부족했던 탓에, 해방 노예들을 코펜하겐으로 태워 가기 위해 배가 들어왔을 때 그녀는 아들을 두고 떠나야만 했다. 노예에서 해방되고 이제 서른아홉 살이 된 그녀는 그곳에서 성직자가 되기 위해 공부 중인 젊은 아이슬란드인, 할그리뮈르 페튀르손Hallgrímur Pétursson의 인솔을 받게 되었다. 그녀와 다른 해방 노예들이 오랜 노예 생활로 기독교 교리를 잃어버렸을지 모른다는 당국의 염려에 따라, 할그리뮈르에게 기독교 신앙을 다시 교육받았다. 얼마 지나지 않아 할그리뮈르와 그뷔드리뒤르는 서로 사랑하는 사이가 되었고 그녀

♦ 이슬람 세계에서 가까운 친척 이외의 일반 남자들의 출입이 금지된 장소. 보통 궁궐 내의 후궁이나 가정의 내실을 가리킨다.

는 아이를 임신하였다. 이런 의도치 않은 임신은 보통 심각한 문제가 아니었다. 그뷔드리뒤르가 알고 있는 한, 그녀는 헤이마에이에 아직 법적으로 혼인 관계인 남편이 있었다. 하지만 조사해보니, 남편은 몇 년 전에 물에 빠져 사망한 터여서 두 연인은 결혼식을 올린 후 레이캬비크 바로 북쪽 마을에서 가정을 꾸릴 수 있었다.

할그리뮈르는 성직자의 길을 계속 걷다가 자국의 가장 유명한 종교 시인으로 떠오르며 아이슬란드의 조지 허버트[*] 같은 인물이 되었다. 그의 시 몇 편은 현재까지도 여전히 아이슬란드의 기도문에 실려 있다. 그뷔드리뒤르가 그런 험한 일을 겪던 중 실존적 깨달음에서 얼마나 먼 세계까지 갈 수 있었는지는 하느님만이 아는 문제다. 그녀는 어쩌면 남편이 설교단에 올라 설교를 펴던 일요일 아침마다 이따금 그 먼 세계로 찾아갔을지 모른다. 설교 시간이면 어김없이 자리에서 일어나 교회 밖 벤치에 앉아 있는 모습이 사람들의 눈에 띄었다고 하니 말이다. 이런 행동을 근거로 그녀가 노예살이 중 이슬람교로 개종했다고 넘겨짚는 이들도 있었다. 하지만 우리는 현재의 자아상과 과거를 기억하는 데 너무도 매달린다. 그냥 과거는 **변할 수도** 있다는 것을 이해하고 받아들이는 것이 더 현명한 일일지도 모르며, 그렇게 받아들이고 나면 그런 기억에 집착할 일도 없지 않을까.

———

공원에서 함께 식사한 뒤로 3주쯤 지나서 얀 오베와 다시 만

---

[*]　George Herbert. 영국의 종교 시인.

났다.『총탄』제1장 번역에 대한 그의 생각을 들어보기 위해서였다. 날씨가 애매했다. 서쪽에서 밀려온 먹구름이 콜로세움 복합 영화관의 돔 지붕을 뒤덮은 흐린 날씨여서, 우리는 쇠르케달스베이엔 거리의 라르센에서 만났다. 마요르스투아 지하철역의 측면 입구 바로 옆에 위치한, 은은한 조명과 정겨운 분위기의 오래된 바bar였다. 이곳만의 가장 독특한 특징은, 삼면에서 거리가 내다보이는 칸막이된 창가 자리 위쪽에 1미터 정도 높이 중2층♦ 별석이다. 이 층은 목재 인테리어로 꾸며져 있고 시야도 탁 트였다. 또 공간이 세 칸으로 좁게 분리되어 있는데, 각각 탁자나 흔들의자 같은 미니어처 가구들을 비치해놓고 트롤 가족도 입주시켜 놓았다. 턱수염 기른 남자 트롤과 머리에 스카프를 두른 매부리코의 여자 트롤, 그리고 상상 속 아기를 위한 아기 침대까지.

나는 창가의 칸막이된 자리 중 가운데 자리에 앉아 한사♦♦ 0.5리터를 주문한 후 몇 분 동안 창밖을 빤히 내다봤다. 유리창 바로 밖은 오슬로 전역에서 가장 붐비는 횡단보도이다. 이곳의 최대 매력 포인트 중 하나가 바로 바깥 전망인데, 혼자 와서 술을 마시는 이들이 특히 더 끌려 한다. 직사각형의 넓고 깨끗한 유리창 밖을 내다보고 있으면 극장에 와서 영화를 보는 듯한 기분이 든다. 주역도 없고 줄거리도 없지만 시시각각 부글부글 샘솟는 흥밋거리들이 한가득이라 나중엔 그 신비로운 전체 광경에 궁극적으로 내포된 아주 중요한 뭔가를 놓치는 것만 같은, 그런 유감과 조바심에 시선을 돌리

♦　어느 층과 다음 층 혹은 천장과의 중간에 만들어진 층.
♦♦　Hansa. 항구도시 베르겐의 지역 맥주.

게 된다. 저녁 시간이 되면 인파가 더 불어난다. 지하철 이용객들이 총 여섯 개의 상영관을 둔 구리 돔 지붕의 콜로세움 영화관으로 갈 때 주로 이용하는 통행로이니 그럴 만도 하다. 영화관의 둥근 돔 지붕이 초대형 KPMG 빌딩의 유리벽에 그대로 비친다. KPMG 빌딩은 약 15년 전에 외관은 비슷하지만 훨씬 작았던 빌딩을 헐고 새로 세운 건물이다. 폭발 전담가가 여자라고 알려지면서 빌딩 해체 당시에 언론과 TV의 관심이 대단했다. 거리에 쭉 늘어선 상점들은 계절에 따라 주인과 정체성이 수시로 바뀐다. 자동차 대여점도 초밥 전문점도 건강식품점도 문을 연 지 몇 개월도 안 되어 다른 업종으로 바뀌었다.

얀 오베가 가랑비에 살짝 젖은 머리를 한 손으로 쓸어내며 안으로 들어와 한동안 어두침침한 실내에 시야를 적응시키다가 내 맞은편으로 와서 앉았다. 잠시 후 면도도 하지 않은 무서운 인상에 짙은 파란색 면 앞치마를 두른 라트비아인 웨이터가 다가와 그가 주문한 클라우스탈러 무알코올 맥주를 내려놓았다. 신문에 실린 인터뷰 기사를 통해 나는 얀 오베가 이틀은 글을 쓰고 그다음 날 하루는 술을 마시고 또 그다음 이틀은 글쓰기에 집중하는 식의 일과를 지킨다는 것을 알았다. 그리고 오늘은 글쓰기에 집중하는 날인 모양이었다.

우리는 슬슬 번역에 관련된 화두를 꺼냈다. 스칸디나비아의 작가들은 대체로 영어를 아주 유창하게 말해서 자신들의 문어체 영어도 유창하다고 생각하는 이들이 많다. 다행히도 얀 오베는 그렇게 생각하지 않았다. 그날 우리가 가장 깊이 있게 논의했던 부분은 'perhaps'를 쓸 것인가, 'maybe'를 쓸 것인가의 문제였다.

그러다 이런저런 다른 화제로 이어지던 중에 서로가 최근에 읽은 글에 대해서도 이야기하게 되었다. 나는 그뷔드리뒤르의 생애와 남다른 운명을 최대한 간결하게 들려주면서 그 글을 읽으며 들었던 생각도 밝혔다. '과거는 변할 수도 있다'는 생각이 들었고, 그 생각이 지난번에 만났을 때 함께 논의했던 『총탄』에서의 문장과 개념이 아주 흡사하게 느껴졌다고.

내 말이 끝나자 얀 오베는 이렇게 대꾸했다. "정말 흥미로운 얘기네요. 17세기와 18세기 덴마크와 북아프리카 연안 해적 국가 간에 얽힌 얘기는 제가 어렸을 때부터 흥미를 느꼈던 분야이기도 해요. 좀 전에 말한 그 사건, 그러니까 1627년 터키의 급습은 해적 얘기 하면 으레 바이킹을 떠올렸던 어린 시절의 제게 완전히 다른 해적의 얘기였죠. 기억을 돌이켜보니, 꼬맹이 때 제일 처음 품었던 꿈이 가출해서 바다의 해적이 되고 싶다는 거였어요. 그때는 여전히 바다에서 해적들이 활개를 치는 줄 알았거든요. 어릴 때는 우리가 배우는 내용 대부분이 이미 옛날 옛적 역사라는 걸 한참이 지나서야 알게 되잖아요. 말이 나와서 말이지만 일곱 살 때는 나보다 나이가 많았던 어떤 학교 형이 또 전쟁이 터지면 로마인들이 우리 편이 되어 싸워줄 거라고 말해줘서 그 말을 곧이곧대로 믿고 얼마나 안도감을 느꼈는지 몰라요. 아무튼 어릴 때는 해적들이 아직도 활개를 치는 줄 알고 터키의 해적이 되고 싶었어요. 무시무시한 7대양, 거친 수염과 붉은 터번, 바람에 불룩하게 부풀어 오른 붉은 실크 바지의 허리띠에 찔러 찬 언월도를 상상하면서요.

지브롤터해협을 지나는 덴마크 배는 공격을 당해서 밧줄에 묶인 채 알제의 항구로 끌려가 화물은 빼앗기고 선원들은 노예로 팔리는 일이 다반사였죠. 문제가 심각해지자 장기간에 걸쳐 수차례의 복잡한 협상이 오간 끝에 덴마크와 알제리가 조약에 합의하게 됩니다. 마침내 덴마크 기선의 자유로운 항해를 보장해주고 알제리 선박은 덴마크나 덴마크 북쪽과 남쪽 식민지 연안에 얼씬하지 않기로요. 그 대가로 태수는 다수의 대포, 폭탄 4,000개, 화약, 총알, 선박 건조용 재목을 받기로 합니다. 또 이 대가성 선사품 절반에 해당하는 분량을 해마다 계속 주기로 하죠. 하지만 태수는 이 정도의 합의로 성에 차지 않았던 것 같아요. 그 뒤 오래도록 다시 해적질을 하려고 별별 불만거리를 찾아낸 걸 보면요. 어떤 해에는, 그해에 받은 포탄이 덜 동글동글하다고 불만을 제기한 후에 배상을 받아냈어요. 또 다른 해에 선사품을 실은 배가 오는 도중 가라앉았을 때는 덴마크 측에서 부랴부랴 태수에게 다음 해에 곱절을 보내주겠다며 달래주었죠.

덴마크는 모로코, 트리폴리, 튀니지 같은 다른 북아프리카 해적 국가들과도 비슷한 합의를 맺었어요. 하지만 여전히 알제가 가장 골칫덩어리였죠. 지배자가 바뀔 때마다 예의를 보이는 차원에서 신임 지배자에게 금시계, 금 담배통 등 별도의 취임 선사품을 전하기도 했어요. 그러던 중 한 태수가 취임 선사품을 성에 차지 않아 하면서 해마다 보석을 달라고 요구하고 나섰어요. 이 태수는 1769년 덴마크 선박들에게만 거액의 추가 지불금을 요구하며 3개월의 기한을 주기까지 했어요. 덴마크인들이 용기를 쥐어짜 불만을 표하자 태수는 함부르크의 독일 무역자들에게 통행 문서를 발부해준 것은 특혜라며 트집을 잡았어요. 급기야 얼마 지나지 않아, 3개월의 기한도 다 기다려주지 않은 채 덴마크에 전쟁을 선포했어요. 이런 애길 어른이 된 지금 처음으로 읽었다면 얼떨떨해하며 말도 안 된다고 생각했을 거예요. 실소를 터뜨렸을지도 모르죠. 하지만 제가 그 얘길 처음 읽은 건 어렸을 때라 알제가 덴마크에 전쟁을 선포한 일이 비현실적으로 다가오지 않았어요. 그럴 만도 하죠. 아이 때는 현실적인 것과 비현실적인 것을 구분할 만한 기준이 없으니까요. 요즘엔 조만간 모든 역사가 비현실적으로 여겨질 것 같은 기분이지만요."

얀 오베는 잠시 말을 끊으며 인상을 찡그렸다. 자신이 말해놓고도 말뜻이 애매하다 싶은 느낌이 확 일어난 듯한 표정이었다. 마침 웨이터가 절뚝거리며 지나가서 그 틈에 말없이 몸짓으로 주문을 넣었다. 내가 오른손의 두 손가락을 대충 V자 모양으로 세웠다가 눈썹을 살짝 치켜들어 보이자 웨이터는 알아들었다는 뜻으로 고개를 한 번 까딱였다.

얀 오베가 다시 말을 이었다. "알제리와의 전쟁 대목에서는, 그러니까 알제리가 1770년 우리 조국, 덴마크에 전쟁을 선포한 대목에서는 충성심에 갈등이 일었어요! 여전히 마음은 아랍의 바이킹, 알제리의 해적이 되고 싶었지만 전쟁 선포는 별개 문제죠. 진지하게 다시 생각해봐야 할 문제고요. 전쟁 선포는 국가 간의 문제예요. 저는 덴마크인이었고 덴마크인이라는 사실을 의식했어요. 그리고 덴마크가 그 전쟁에서 이기길 원했어요. 알제리의 해적을 향한 애착을 접어야 했어요. 하지만 결말을 읽어보니 그 전쟁은 참사더군요. 코펜하겐에서 함대가 수병 2,000명, 해병대 500명을 이끌고 알제로 떠났어요. 네 척의 전함 가운데 두 척은 소형 구축함이었고, 두 척은 영어로 뭐라고 하는지 모르겠지만 박격포를 탑재한 배였어요. 그리고 군인 수송선도 한 대 따라갔죠.

　항구를 떠난 지 얼마 안 되어 선내에 장티푸스가 유행했어요. 병사들이 파리처럼 맥없이 쓰러져갔죠. 함대가 카디스◆에 이르렀을 무렵에는 병원선에 더 이상 환자를 받을 수도 없었어요. 너무 만선이라 밧줄로 끌려가야 했을 정도였죠. 순풍이 불어오면 살 썩어가는 악취가 견딜 수 없을 만큼 진동했어요. 어느 날 동틀 녘에는 병원선 옆의 물결 위로 관 하나가 출렁거리고 있었어요. 병원선의 사제가 잠든 관이었죠. 관 안에 채워 넣을 돌이 부족해져 가라앉히지 못해 그렇게 떠 있었던 겁니다. 한편의 소극이었죠." 웨이터가 다가와 그와 나에게 각각 클라우스탈러와 한사를 놓아주자 얀 오베가 말을 잠시 끊었다가 웨이터에게 눈짓으로 고맙다는 인사를 보냈다. "덴마크군은 살아남은 병사의 수로 계획해둔 상륙 작전을 수행할 수 없게 되자 안전거리에서 떨어진 채로 10일간 알제에 포격을 가했어요. 결과적으로 덴마크 역사상 최장기간의 해전으로 남게 되죠. 알제의 지붕으로 비처럼 퍼붓는 수백 발의 포탄 중에서 제대로 폭발한 포탄은 한 발뿐이었어요. 덴마크군은 자포자기해서 귀환 길에 오릅니다. 이듬해에 또다시 출병했지만 이번에는 다른 전략을 구상했어요. 알제의 접근로를 봉쇄하여 태수가 협상에 나설 수밖에 없도록 몰아붙였죠. 1746년의 첫 조약을 수정하기로 합의가 되었지만 조건이 크게 달라진 부분은 없었어요. 그리고 믿기 힘들겠지만, 이 조약이 무려 1830년까지, 다시 말해 프랑스가 외교적 모욕을 느낀 것에 대한 응징으로 알제를 침략하여 점령할 때까

◆　Cadiz. 스페인 남서부의 항구도시.

지 쭉 효력이 지속되었어요. 아무튼 당시에 태수가 프랑스 영사의 머리를 부채로 세게 쳤대나 어쨌대나 해서, 프랑스가 침략해와 해적 행위를 더 이상 못하게 되었을 뿐만 아니라 수년에 걸쳐 일종의 '보호비' 명목으로 상당 액수의 돈도 지불해야만 했죠.

따라서 역사가 어떻게 서술될지는 작가가 어느 편에 공감을 느끼느냐에 따라 결정됩니다.” 얀 오베가 말했다. 이 말은 창밖의 어떤 부랑자에게 시선이 박혀서 한참 동안 사이를 두었다가 꺼낸 말이었다. 그의 시선이 쏠린 방향은 노르웨이판《빅이슈Big Issue》♦인 《=오슬로=Oslo》[이 잡지명은 ‘오슬로와 같은’ 또는 ‘오슬로에 상응하는’ 의 뜻으로, 이 잡지와 오슬로가 서로 하나라는 의미가 담겨 있다]의 최신호를 팔고 있는 노르웨이계 마약 중독자도 아니고, 마분지 상자를 깔고 앉아 아기용 털실 신발을 뜨고 있는 몸집이 비대한 로마 할머니도 아닌, 거친 갈색 턱수염과 곱슬곱슬 헝클어진 머리가 잉글랜드에서의 어린 시절에 동화책에서 봤던 모습과 비슷한 어떤 부랑자였다. 나는 나이도 가늠하기 어려운 그 부랑자를 오슬로 중심가 주변 여기저기에서 여러 번 본 적 있었다. 볼 때마다 어깨에는 레드와인 빛깔의 줄무늬 담요를 덮고 발은 흙 묻은 천 뭉치로 동여매서 인도에 두 다리를 쭉 뻗고 앉아 있었다. 집도 없이 구걸하며 별난 일생을 살아가는 그에게는 철저한 개인적 자유를 누리는 사람 특유의 분위기가 여전히 희미하게나마 배어 있었다. 그는 도로 맞은편의 마요르스투아 학교 밖에 죽 늘어선 밝은 녹색의 재활용품 수거

♦ 1991년 영국의 친환경 기업 ‘더 보디숍’의 창업자 아니타 로딕의 남편 고든 로딕이 노숙자의 자활을 돕기 위해 창간한 대중문화 잡지다. 노숙자 등 주거 취약 계층에게만 잡지 판매권을 부여, 자활의 계기를 제공하고자 시작됐다.

함 하나에 등을 기대고 있었다. 오른손에 든 돌멩이로 인도 바닥을 빠르고 세게 연달아 내리치면서, 손이 아플 것 같은데도 자꾸만 실실거렸다. 나는 언젠가 그와 한번 얘기를 나눈 적이 있다. 내가 기억하기론, 언어에 대해 얘기를 했었다. 그는 자신이 재능 있는 언어학자라고 유난스럽다 싶게 강조를 해대며 여러 언어에 능통하다고 우겼지만 노르웨이어조차 말이 따발총 쏘듯 빠르고 발음도 불명확해서 무슨 얘길 하는지 알아듣기 힘들었다.

"어느 편에 공감을 느끼느냐에 따라 결정돼요." 얀 오베가 힘주어 다시 강조했다. 탁자 위로 시선을 되돌린 그는 약간 흘러넘친 맥주로 손가락을 가져가 조심조심 원을 그리며 말을 이었다. 아랍인들의 기독교도 노예화가 최악으로 치달았던 바로 그 세기에 덴마크인들 역시 노예를 끌고 와 나름의 납치행위를 자행했다고. 수적으로는 소수에 불과했다지만 납치의 목적은 노예 소유가 아니라, 현재의 관점에서는 누가 봐도 미친 짓으로 여길 만한 것이었다. 같은 인간에 대한 과학적 이해를 명분으로 삼은 얼빠진 목적을 위해서였다. "띄엄띄엄 수차례에 걸쳐 그린란드의 이누이트족들을 속이고 배에 태워 덴마크로 끌고 와서는 덴마크어와 기독교 신앙을 가르칠 수 있는지 확인하려는 것이었죠. 1605년 최초로 네 명이 납치되었어요. 그중 한 명은 탈출하려다 선장이 쏜 총에 맞아 배 밖으로 시신이 내던져졌어요. 우미크, 오카크, 키구티카크라는 이름의 나머지 세 명은 처음엔 싹싹하고 얌전하게 굴어, 숙명으로 체념한 듯한 모습을 보였어요. 동시대에 코펜하겐에서 그 세 사람을 지켜봤던 이들이 남긴 기록을 보면 다들 잘 웃고 쾌활하게 행동했다더군요. 하지만 지켜보는 눈이 없을 때는 몰래 모여서 보트를 만들다가 어느 날 드디어 탈출을 감행했어요. 하지만 자신들이 와 있던 곳의 위치를 제대로 몰랐던 탓에 얼마 못 가 스코네의 연안에서 붙잡혀 코펜하겐으로 돌려보내지죠.

　세 사람은 1606년 5월 스코틀랜드인 존 커닝햄 선장의 지휘 아래 항해에 나선, 두 번째 원정단의 일원으로 뽑혀 그린란드로 돌아가게 됩니다. 세 사람을 데려가면 원주민과의 접촉이 용이하리란 계산에 따른 구상이었을 테지만 오카크와 우미크는 항해 도중에 사망했고 키구티카크는 행방이 묘연해졌죠. 예전의 원정 때와 마찬가지로 이누이트족은 또다시 납치당합니다. 이번엔 다섯 명이 있었는데 그중 한 명은 배 밖으로 뛰어내렸고 두 명은 코펜하겐에 도착하자마자 카약을 타고 도망치려다 한 명만 붙잡혀 다시 끌려오고 다른 한 명은 행방이 묘연해졌어요. 살아남은 세 사람도 납치 후 12년이 채 못 되어 전부 사망했습니다. 기막힌 처지에 놓인 채 향수병에 시달렸을 테니, 그럴 만도 하죠.

　사실, 세 사람을 그린란드로 다시 데려간 또 다른 이유도 추정해볼 만해요. 그러니까 잃었거나 잊힌 그린란드 식민지를 사실상 재발견한 증거로 삼기 위한 것이 아니었을까 싶어요. 1636년에는 두 척의 배가 그린란드 포경 회사를 세우기 위해 출항하는데, 16~20세 사이의 그린란드 원주민을 데려오라는 명령을 받았습니다. 이번에도 하느님에 대한 두려움, 덴마크어, 글 읽기를 가르쳐보려는, 또 한 차례 해괴한 민족지학♦적 목적의 납치였죠. 이번엔 두

♦　민족학 연구와 관련된 자료를 수집·기록하는 학문. 주로 미개한 민족의 생활 양상을 조사하여 인류 문화를 구명하는 자료로 이용한다.

원주민을 붙잡아 도망치지 못하도록 배가 바다 멀리 나갈 때까지 돛대에 묶어놓았지만 둘 다 풀어주자마자 측면으로 달려가 배 밖으로 뛰어내렸어요. 어떻게든 고향 땅으로 헤엄쳐 가려고 그 깊은 바다로 뛰어내리다니, 정말 딱할 노릇이에요."

얀 오베는 애처로운 미소를 지으며 말을 이었다. "자신들에게 무슨 일이 닥칠지 짐작하고 그랬을 테죠. 이런 원정이 마지막으로 시도된 1654년에도 여섯 명의 그린란드 원주민이 또 납치됐어요. 똑같은 상황이 벌어졌죠. 한 명이 배 밖으로 뛰어내리고 한 노부인은 시신이 되어 해안으로 떠밀려왔어요. 남쪽으로 귀항한 배에 살아서 도착한 네 명은, 25세 여성 카벨라우, 그녀의 아버지 이홉, 중년의 여성 퀴넬링, 13세 소녀 시고카였어요. 덴마크어를 배워 어느 정도 말을 할 줄 알게 되었던 것 같지만 네 사람을 살펴봤던 의사, 토마스 바르톨린에 따르면 기후, 그리고 낯선 음식과 생활방식에 버거워하다가 5년이 채 못 되어 시고카까지 포함해 네 명 모두 사망했답니다. 배가 코펜하겐까지 가는 길에 잠시 들른 베르겐에서 네 사람이 공부 중인 모습이 그림으로 그려지기도 했어요. 현재는 코펜하겐의 국립박물관에 민족지학 컬렉션으로 소장되어 있죠. 당시에 포경 회사는 이렇다 할 성과도 얻지 못했어요."

그가 소리 내어 웃다가 말을 이었다. "내가 아는 한은 없어요. 덴마크는 그린란드에서 식민지 개척 시도를 멈추지 않았어요. 그와 동시에 세상의 또 다른 쪽인 트랑케바르[현재의 인도 타밀나두주 타랑감바디]에도 식민지를 세우려 시도 중이었죠."

"덴마크가 그렇게까지 식민지 개척에 나선 것은 스웨덴이 유럽의 '강대국'으로 급부상하자 그에 따른 대응 차원이었을지도 몰라요." 나는 내 생각에 확신하면서도 조심스레 머뭇머뭇 말했다.

"저는 다르게 생각해요. 오히려 스페인, 잉글랜드, 네덜란드, 포르투갈 같은 유럽의 대국들과 어깨를 나란히 겨루기 위한 시도였을 가능성이 높다고 봐요. 스칸디나비아 국가들은 공통적인 두려움이 있어요. 위치와 적은 인구 때문에 보잘것없는 변방국으로 취급될까 봐, 심지어 국가가 아닌 지방쯤으로 무시될까 봐 조바심내는 두려움이죠. 그런 두려움이 세계 저 멀리까지 덴마크의 명성을 떨치기 위한 자화자찬을 부추긴 겁니다. 대체로 위상의 문제였어요. 오히려 스칸디나비아 지역 내에서의 힘겨루기는 피했습니다. 힘겨루기를 해봐야 손해였죠. 이익이 될 게 없었어요."

얀 오베는 손가락으로 유리잔을 돌리며 소리 내어 웃었다.

"참 아이러니한 일인데 가장 성과를 거둔 활동이 뭐였는지 아세요? 해적 활동입니다. 트랑케바르의 식민지 개척 활동은 성과가 미미했어요. 총 300명 인구 가운데 덴마크인은 예순일곱 명에 불과했고 그중 스물네 명은 아이들이었어요. 사실상 통합 노력도 없었어요. 그나마 식민지 총독 가운데 가장 유능하고 제일 일을 잘한 인물로 볼만한 콩스바켄이라는 반+문맹 군인은, 그의 후임으로 파견된 남자에게 인도 여인과 결혼했다는 이유로 오히려 혐오감만 샀죠. 총독들은 거의 초반부터 그곳 특유의 지역색을 없애려 했지만 뜻대로 안 됐어요. 지역 주민들이 그렇게 되길 원하지 않았으니까요. 2세기가 넘도록 그렇게 교착 상태에 빠져 있다가 결국엔 영국 동인도회사에 22만 5,000파운드에 팔아넘겼죠. 하지만 스칸디나비아인과 우리 스칸디나비아인의 행동 동기에 아주 관심이 많은 당신에게 꼭 해줄 얘기가 있어요. 1950년대 초 덴마크는 코펜하겐에서 트랑케바르까지의 기념적 항해를 통해 한때 식민지였던 트랑케바르와 친교를 쌓기도 했어요. 이번에도 모종의 과학적 조사 목적이 딸려 있었어요. 정확히 어떤 조사였는지는 까먹었는데 해양학과 관련된 조사였을 거예요. 이름하여 갈라테아호 탐사*였죠. 2006년 또 한 차례 탐사가 진행되었을 때 원래는 이번에도 트랑케바르에 들를 계획이었지만 이전 해에 덴마크 신문《윌란스 포스텐Jyllands Posten》에서 만평가 쿠르트 베스테르고르가 이슬람교 창시자 무함마드를 소재로 한 만평을 게재해 이슬람 세계 국가들의 거센 항의를 받은 이후라 안전상의 문제로 포기해야 했어요. 사실, 1845년의 트랑케바르 매각은 덴마크 쇠퇴사에 또 한 페이지를 장식하는 사건이었죠. 하지만 저 개인적으로는, 나쁜 일만은 아니었다고 봐요. 1864년 이후로 사람들은 'Hvad udad tabes, skal indad vindes'라고 말들 하는데, 이걸 어떻게 번역하면 좋을까요?"

덴마크어의 그 말에는 19세기의 비애감이 담겨 있다. 이렇게 한번 상상해봐라. 덥수룩한 검은 턱수염을 기른 애수 어린 눈빛의 남자가 저 멀리 응시하면서, 비슷한 수염을 기른 몇 명의 남자들에게 이런 말을 해주며 희한하게도 약간의 위안을 주고 있다고. 내가 가장 먼저 떠올린 번역은 '한쪽에서 잃으면 다른 데서 따다'라는 표현이었다. 하지만 어쩐지 엄숙하고 시적인 원문의 말을 옮기기에는 경박한 표현인 것 같았다.

"'밖에서 잃고 안에서 되찾게 되리라'는 어떨까요?"

♦ 1950~1952년 코펜하겐 대학교 안톤 브룬 박사를 단장으로 하는 광범위한 심해 생물 탐사가 이루어졌다.

얀 오베는 반신반의하는 표정으로 나를 쳐다봤다. 그런 격식에 맞춘 구닥다리 같은 표현을 택한 내 나름의 논리를 이해하지 못한 눈치였다. 괜히 번역가로서의 신뢰에 금이 갈까 봐 얼른 처음 떠올린 표현을 제안하자 그는 그제야 고개를 끄덕이며 만족스러워했다. "맞아요. 한쪽에서 잃으면 다른 데서 따다. 아주 좋네요. 어쨌든 그 모든 일로 인한 한 가지 결과는, 덴마크인들이 자신들의 역사를 진지하게 여기기 시작했다는 겁니다."

그가 흘끗 손목시계를 봤다. 오늘은 짝퉁 롤렉스가 아니라 멋스러운 잉거솔 자동 태엽 시계♦였다. 눈꺼풀을 슬쩍 내리깔며 얼른 시간을 봤다. 창밖으로 시선을 돌리자 비가 장대같이 퍼붓기 시작했다. 바람이 불어와 학교 운동장의 너도밤나무 우듬지를 흔들어 대기도 했다. 어느새 가을의 초입에 들어섰다는 느낌이 불현듯 다가왔다. 늙수그레한 부랑자는 아직도 그 자리에 앉아 있었다. 여전히 헝클어진 머리 주위로 상상 속 파랑새들의 날갯짓을 느끼면서. 반들반들하게 삭발한 머리가 빗물에 반짝거리는 한 행인이 자전거를 타고 지나가다가 멈춰 서서 그에게 말을 걸고, 그의 얘기를 들어주면서 얼굴에 연신 상냥한 미소를 띠었다. 이따금 귀에 거슬리는 딱딱 소리가 들려왔다. 그가 깜빡하고 있다가 생각이 났는지 돌로 인도 바닥을 치고 있었다. 그 일이 자신의 임무여서 조금이라도 게을리했다간 세상이 멈춰 서기라도 할 것처럼 진지하게.

잠시 후 얀 오베가 말을 이었다. "그러니까 제 말뜻은, 덴마크인은 헨리크 입센이 『브란』에 담은 진실을 깨달았다는 겁니다. '잃

♦ 손목에 차고 팔을 움직이면 자동으로 태엽이 감기는 시계.

어버려야만 영원히 소유할 수 있다'는 진실 말입니다. 그런데 저는 입센이 이 개념을 아담 욀렌슐레게르에게서 차용해왔다고 생각해요. 욀렌슐레게르의「황금 뿔Guldhornene」이라는 시에 담긴 개념과 아주 비슷하거든요. 그 시 아세요?"

나는 고개를 가로저었다. 그래도 그 덴마크 시인이 젊은 시절 입센에게 막대한 영향을 주었다는 사실 정도는 알았다. 입센은 일찍이 욀렌슐레게르의 민족낭만주의에 열광하면서 같은 스칸디나비아인으로서 큰 영향을 받았을 뿐만 아니라, 극작가와 시인으로서도 서로서로 통하는 감응이 있었다. 하지만 나는 욀렌슐레게르가 어떤 인물인지 잘 몰랐고 그의 시에 대해서는 아예 몰랐다. 19세기에 등장한 그 다양한 민족낭만주의만큼 급격히 쇠락한 장르도 드물었으니, 모를 만도 했다.

"사실, 욀렌슐레게르가「황금 뿔」을 쓴 시기는 황금 뿔이 도난당한 그다음 해인 1803년이었어요."

얀 오베는 뒤이어 유틀란트 남부 뫼겔퇴네르 인근의 갈레후스Gallehus에서 굽은 형태의 매혹적인 고대 유물, 황금 뿔 두 개가 어떻게 발견되었는지 들려주었다. 뿔은 둘 다 우연히 발견되었지만, 같은 들판의 서로 20미터도 채 떨어지지 않은 거리에서, 거의 100년의 시차를 두고 따로따로 발견되었단다. 길이도 더 길고 무게도 더 무거운 첫 번째 뿔은 1639년 7월 20일 키르스텐 스벤스다테르라는 이름의 농장 아가씨가 발견했고, 두 번째 뿔은 1734년 4월 21일 에리크 라센이라는 소작농이 같은 들판에서 일을 하던 중 발견했다고 한다. 그런데 다음 순간, 얀 오베가 느닷없이 자리에서 일어나더니 덴마크인 특유의 바리톤 저음으로 욀렌슐레게르의 시 구절을 읊었다.

구름이 바삐 몰려오고,
밤바람이 살랑살랑 불어오면,
무덤 둔덕이 부르르 전율하며
천둥이 내려치듯
한숨을 뱉어낸다.
힘세고 용감한 이들의
혼들이 그곳으로 모여든다,
전쟁의 중압감을 짊어진 채,
눈에는 별빛이 담겨 있다.

'그대 눈먼 자들은 길을 잃고 엉뚱한 곳에서,
기도를 하다,
나타났다 금세 사라져버릴
오래된 유물을 만날지니,
측면이 붉은 황금빛을 띠고,
옛날 옛적 시대의
자취를 보여주는
그 유물을 통해
정성을 다해
우리의 선물을 지키는 것이, 그대들의 임무임을
생각하게 되리로다!
보기 드물게

아름다운 처녀,

그 유물의 자취를 찾으리니.'

— 조지 버로우George Borrow의 영문 번역판♦

조명이 어두침침한 바 안에는 우리 외에 손님이 딱 한 명 있었다. 바 한구석에 자리 잡은 희끗희끗한 긴 머리의 나이 지긋한 남자 손님이 옆 의자에 까만색 바이올린 케이스를 올려놓고 앉아 있다가 시 낭송을 듣고는, 느릿느릿, 그리고 좀 길다 싶게 한참 동안 박수를 쳤다. 얀 오베는 진중하게 고개를 숙여 보인 후 자리에 앉았다. 반짝반짝 빛을 내는 그의 눈을 보고 있자니 좀 전의 내 추측이 틀렸을지 모른다는 생각이 들었다. 오늘은 일하는 날이 아니라 술을 마시는 날이고, 나를 만나러 나오기 전에 집에서 이미 한잔한 게 아닐까 싶었다.

얀 오베가 하던 말을 계속 이어갔다. "물론, 그 시절에는 오늘날처럼 과거를 소중히 여기지 않았죠. 역사적 건물들을 함부로 허물어뜨려 그 석재와 목재로 새로운 건물을 지었어요. 노르웨이, 덴마크, 스웨덴의 농부들은 무려 수 세기 동안 바이킹 시대의 무덤에서 석재를 빼내와 자기들 집의 벽을 보수하고 양 우리를 세웠어요. 먼저 발견된 뿔이 크리스티안 4세에게 바쳐졌을 때 왕은 그 뿔을

♦ 원문 Skyen suser, / Natten bruser, / Gravhöien sukker, / Rosen sig lukker. / De
övre Regioner // toner! / De sig möde, de sig möde, / de forklarede
Höie, / kampfarvede, röde, / med Stierneglands i Öie. // 'I som raver i
blinde, / skal finde / et ældgammelt Minde, / der skal komme og svinde! / Dets
gyldne Sider / skal Præget bære / af de ældste Tider. / Af det kan I lære. / Med
andagtsfuld Ære / I vor Gave belönne. / Det skiönneste Skiönne, / en Möe / skal
Helligdommen finde!'

아들 프레데리크에게 주었죠. 그런데 프레데리크는 그 즉시 금 세공사를 불러 뿔잔으로 다시 만들어오라고 명령을 내렸어요. 이때 왕실 의사이자 우리 덴마크의 최초 근대 사학자로 꼽히는 올레 보름의 간청이 없었다면 온전히 보존되지 못했을 거예요. 말하자면 당시에 뿔은 단순히 값비싼 왕실 소유물쯤으로 취급되었어요. 절대군주가 자기 마음 내키는 대로 어떻게든 처분할 수 있는 그런 물건에 지나지 않았죠. 당연한 얘기지만 당시에 덴마크에는 국립박물관도 없었어요. 과학적 고고학 연구도 전무했죠. 그러니 뿔의 연대는 물론이요, 그 원래 용도에 대해 아는 사람이 아무도 없었어요. 현재가 작고 조명이 아주 환한 방이었다면 과거는 찾는 이가 드물고 안개만이 소용돌이치는 동굴 같은 지하였죠. 오래된 물건들이 한데 섞여 쌓여 있는 창고와도 같았어요. 그 물건들을 몇 년 전의 것인지 아니면 몇백 년 것인지도 분간하지 못한 채 막연히 덴마크의 기독교 이전 시대의 것이라는 사실 외에는 뭐가 뭔지도 모르는 상태로, 그렇게 쌓아두기만 한 셈이었죠. 그래서 그 멋진 뿔도 수십 년이 지나도록 궁전의 예술품실에 쟁여져 있었어요. 그런 데다 보호 관리가 어찌나 허술했던지 1802년 5월 5일 밤에 닐스 헤이덴레이크Niels Heidenreich라는 남자가 자기 집 현관문 열쇠와 직접 만든 보조키를 이용해 무단 침입하고 말았죠. 이 자는 한밤중에 뿔들을 들고 코펜하겐 거리를 지나 라르스비외른스트레데의 자기 집 부엌으로 가져와서는, 그것들을 녹여 브로치와 귀걸이, 식민지 트랑케바르에 잠시 동안 자체 화폐의 주조가 허용되었던 시절의 금화인 '파고다pagoda' 같은 팔기 쉬운 자산으로 만들어버렸죠. 이런 화폐 위조는 가장 호시절에도 우리 조국에서는 꽤 드문 일이었어요. 제가 알기론 화폐학협회에서 파악된 사례가 여덟 건밖에 안 될 정도였는데, 헤이덴레이크는 어리석게도 파고다를 다량으로 위조할 마음을 먹습니다. 사실, 파고다는 아주 보기 드문 화폐여서 헤이덴레이크도 정확한 생김새를 몰라 세세한 부분을 멋대로 날조해서 만들었어요. 헤이덴레이크는 절도죄로 수사를 받았지만 혐의점이 발견되지 않았어요. 1년쯤 지나서야 프리드리크 레그넬이라는 금 세공인이 표준 중량 이하의 파고다 20개를 팔았다며 헤이덴레이크를 경찰에 신고해 덜미가 잡힙니다. 헤이덴레이크는 체포되었고 금화도 위조화폐로 밝혀져서 3일간 심문을 받은 끝에 죄를 자백하고 재판에서 유죄 판결을 받아 교정 시설에서 종신형을 선고받습니다.

그는 초범이 아니었어요. 1789년에도 지폐 위조죄로 사형을 선고받았다가 크리스티안 7세의 생일을 기념하는 취지에 따라 종신형으로 감형되었죠. 9년을 살다 석방되었을 때는 감옥에서 시계 제조와 금세공 기술을 배웠다는 증명 서류를 받았어요. 두 기술직에 종사할 자격과 더불어, 직접 가게를 차릴 경우 개업에 필요한 유리 연마기의 구매 대금을 대출받을 수 있는 자격까지 얻었지요. 하지만 무슨 사연이 있었는지 일이 꼬이는 바람에 그렇게 남은 평생의 대부분을 교정 시설에서 보내게 되었어요. 1840년 79세가 되어 출소했을 때는 세 자식은 저세상으로 떠났고, 아내는 그와 오래전에 이혼해 재가한 뒤였어요. 그자는 출소한 지 4년 뒤에 숨을 거두었죠. 어디에선가 읽은 기억으로는, 감옥에서 보낸 37년 동안 원과 면적이 같은 정사각형을 만들려는 시도에 매달렸다고 해요. 1882년 마침내 헛된 시도로 밝혀진 그 시도 말이에요. 하지만 아무리 헛된 시도였다 해도 그는 단념하지 않았을 거예요. 37년이라는 시간을 보내야 하는 사람에게 그런 시도만큼 시간을 때우기 좋은 방법이 또 있었을까요?"

구석에서 술을 마시던 손님이 자리에서 일어나더니 바이올린 케이스를 들고 문 쪽으로 걸어가다, 우리 옆을 지나갈 때 얀 오베와 묵례를 나누었다.

"아는 분이에요?"

"화가, 루드비 에이코스Ludvig Eikaas잖아요. 저분의 걸작을 본 적이 없으세요? 노트에 그려서 찢어낸 그거요. 볼펜으로 Jeg라는 글자를 휘갈겨 쓴 그 작품 말이에요."

나는 적당히 장단을 맞추며 감탄한 표정을 지어보려 했지만 예전에 그 작품을 보면서 들었던 생각을 떨치기 힘들었다. '나'라는 뜻의 세 글자 단어를 그려 넣은 그림이라니, 참 별난 작품이라는 생각이었다. 나는 에이코스가 그림 실력만큼 바이올린 실력도 뛰어난지 물어봤다. 그가 들고 있었던 케이스의 모양으로 미루어볼 때 하르딩펠레가 들어 있을 것 같아서였다. 하르딩펠레는 주로 민속음악 연주에 쓰이는 5줄 바이올린으로, 5현은 지속 저음 현이다.

"지금쯤 아마 그 바이올린을 가지고 저기 모퉁이를 돌아 발카로 가고 있을 걸요. 그곳에선 바이올린을 연주하게 해주거든요. 누구든 원하는 곡을 연주하게 해주죠."

그가 말하는 곳은 인근에 있는 발키린이라는 바로, 벽에 걸린 발키리♦와 관련된 그림들이 특징인 곳이다.

♦ 북유럽 신화에서, 전장에서 쓰러진 용사들의 영혼을 천상의 궁전 발할라로 인도한다는 오딘 신의 시녀.

"그러니까 바이올린을 잘 연주하나요?"

"예, 어느 정도는요." 그가 어깨를 으쓱하며 대꾸한 후 말을 이었다. "어쨌든, 말했다시피 뿔은 없어져 버렸어요. 더 이상 세상에 존재하지 않게 되었어요. 다 사라지고 이제 남은 것은 아마 금뿐이었죠. 뿔을 훔쳐서 다른 것으로 바꾸어 놓았으니, 훔친 것은 뿔 자체나 뿔의 상징이 아닙니다. 단지 그 재료를 훔친 겁니다. 2004년 코펜하겐 국립박물관에서 뿔을 주제로 전시회가 열린 적이 있는데 그때 멋진 물방울 귀걸이 두 쌍도 유리 상자 안에 담겨 전시되었어요. 설명 문구에는, 정황증거상 헤이덴레이크가 녹인 금으로 만든 물건의 일부분인 것이 거의 확실시된다고 되어 있었어요. 그때 그 귀걸이를 보는데 이런 생각이 들더군요. '내가 보고 있는 이걸 대체 뭐라고 해야 할까?'"

얀 오베는 말을 끊더니 나를 똑바로 바라봤다. 내가 그 답을 알고 있기라도 한 것처럼. 내가 뭐라고 말을 하려는 순간 그가 다시 입을 뗐고, 그제야 잠깐 말을 끊은 것이 수사적 뜸 들이기였음을 눈치챘다.

"제 생각엔 바로 그것이, 과거는 변할 수도 있다는 당신의 말 속에 내포된 의미가 아닐까 싶은데요. 왜냐고요? 그때 제 눈앞에 보였던 것이 뭐였나요? 두 쌍의 금 귀걸이였죠. 보석상의 진열장에서 쉽게 볼 수 있는 그런 귀걸이였습니다. 여기에서 100미터만 걸어가 투네스 보석상에만 가도 진열장에 똑같은 모양의 귀걸이가 있을 거예요. 아니면 자물쇠가 채워진 캐비닛 안에라도 있을 겁니다. 그러니 그 두 쌍의 귀걸이가 자체에 무슨 역사적 의미가 있겠어요? 이제 제가 무슨 말을 하려는지 이해되시죠? 아무리 심오하게 따져봐도 귀걸이는 뿔과 조금도 연관이 없습니다. 그냥 두 쌍의 귀걸이일 뿐입니다. 그리고 올레 보름이 첫 번째로 발견된 뿔을 정교하고 멋진 그림으로 남겨놓지 않았다면 현재의 우리는 그 뿔이 어떻게 생겼는지도 몰랐을 겁니다. 그분에게 다재다능한 재능을 주신 신께 감사할 따름이죠. 제 생각엔, 그 귀걸이를 슬기롭게 바라볼 만한 방법은 한 가지뿐입니다. 갈레후스의 그 뿔이 사라질 운명이었음을 깨닫는 것뿐입니다. 누군가가 1,500년 전 그 뿔을 만들었으나 이제는 사라지고 말았다고요. 그 들판의 흙 속에서 잠깐 세상 밖으로 다시 모습을 보였다가 또다시 사라져버렸다고요. 윌렌슐레게르는 그 점을 간파했습니다. 그래서 시를 통해, 훗날 발견 현장으로 내려가 들판을 파헤치기 시작한 고고학자들을 비웃었어요. 그들이 눈이 멀어, 핵심을 못 보고 있다면서요."

얀 오베가 이번에는 아까보다 조심스러운 태도로 윌렌슐레게르의 시 구절을 읊었다.

수많은 무리들,
소란을 떨며 그리로 달려가
흙을 파헤쳐대며
반짝이는 보물을 찾네.
하지만 그곳에 금은 없나니!
헛된 희망일 뿐,
그 유물이 있던 자리에서 나오는 것은
단지 흙뿐이로다.

—조지 버로우의 영문 번역판◆

얀 오베는 손가락으로 탁자를 톡톡 두드리며 의도적으로 내 쪽으로 몸을 기울였다. "윌렌슐레게르가 전하려는 바를 아시겠죠? 그의 시입니다. 바로 그 말을 하려는 겁니다. 자신의 시가 진짜 보물이라고요. 가치란 물건 자체가 아닌 그 물건의 기억 속에 깃들어 있다고요. 절대로 훔칠 수 없는 기억 속에요. Evig eies kun det tabte. 현실에서 사라져야만 비로소 신화가 됩니다."

그는 다시 뒤로 기대앉으며 뒷말을 이었다. "뿔이 어이없도록 쉽게 도난당한 사실 때문에 절도 사건으로 인한 상실감이 더 컸죠. 그리고 그런 상실감을 통해 깨달은 게 있었어요. 국가에는 유산이 필요하며, 유산을 적극적으로 보존해야 한다는 깨우침이었죠. 꾸준히 경계하여 보존하지 않으면 유산은 소멸하는 순간 곧 사라지게 될 거라는 경각심도 생겼어요. 황금 뿔 도난 사건이 직접적 계기가 되어 1819년에는 트리니타티스 교회 맨 위층에 국립박물관이 세워지면서, 덴마크의 과거를 눈으로 직접 볼 수 있게 해주려는 취지 아래 처음으로 대중에게 개방되기도 했어요. 전시물은 크리스티안 외르겐 톰센의 탁월한 분류에 따라 구석기, 청동기, 철기 시대로 구분되어 진열되었죠. 그것이 그런 분류 체계가 처음으로 활용된 사례였어요. 제 생각엔, 엄밀하게 따져서 뿔은 나름대로 한 시대, 그러니까 황금시대를 상징하고 있다고 봐요. 역사를 통해 난관을 견뎌내려는 모든 국가에, 과거의 어느 시점이 되었든 꼭 필요한 그런 황금시대의 상징이라고 생각해요. 뿔의 용도는 여전히 수수께끼입

♦ 원문 Og hen de stimle / I store Vrimle, / og grave og søge, / Skatten at for ø ge. / Men intet Guid! / Deres Haab har bedraget; / De see kun det Muld, / hvoraf de er taget.

니다. 음을 내는 고대 북유럽의 관악기 루르lur였을 수도 있고, 프레데리크 왕자가 넘겨짚은 것처럼 술잔이었을 수도 있어요. 그것도 아니면 기독교 이전 시대의 어떤 종교의식에서 중요하게 쓰인 의례용 도구였을지도 모르죠. 하지만 아무도 확실한 답은 모릅니다. 암호처럼 복잡하게 새겨진 룬 문자의 뜻을 여태껏 누구도 확실하게 풀어내지 못했고요. 하지만 물리적인 실존에서 벗어난 이후부터 그 뿔의 역사는 신화라는 음악에 맞춰 열광적인 춤사위를 추게 되죠.

절도 사건이 일어나기 몇 년 전에 뿔을 그대로 본뜬 복제품이 두 점 만들어졌어요. 한 점은 이탈리아의 주교에게 선물로 보내졌지만 선물을 실은 배가 이탈리아로 항해하던 중에 침몰하여 종적을 감췄고 나머지 한 점은 독일 드레스덴의 박물관으로 보내진 뒤 행방이 묘연해졌습니다. 1850년대 어느 때쯤엔, 고고학자 왕인 프레데리크 7세가 옐링이나 다른 곳의 땅을 파헤쳐 유물을 발굴할 생각은 않고 그나마 남아 있는 덴마크 제국 유산의 붕괴를 주도했어요. 은에 금도금을 해서 뿔의 복제품을 새롭게 제작하도록 명령합니다. 그것도 절도 사건의 영향으로 신화화된 역사에 사로잡혀서는 금 세공인에게 원품보다 약간 더 크고 훨씬 더 화려하게 만들라고 지침을 내립니다. 제가 어린 시절 뉘 베스테르가데 거리의 국립 박물관에서 봤던 기억 속의 뿔이 바로 그런 식으로 용의주도하게 조작된 뿔이었어요. 그 이후 150년이 지나는 사이에 이 왜곡된 뿔이 황금 뿔이 되었습니다. 그래서 그랬겠지만, 2007년 덴마크 역사에서 옐링의 역할을 기리는 전시회가 열리며 이 황금 뿔이 공개되었을 때, 밤중에 도둑들이 몰래 전시장으로 들어와 뿔을 훔쳐 가는 사건까지 벌어졌어요. 며칠 후 도난당한 복제품은 회수되었고 두 청년이 체포되어 단기간의 징역형에 처했죠.

그러니 당신 말이 맞아요. 역사는 잠들지 않아요. 그게 당신이 하려던 말 아닌가요?"

나는 잘 기억나지 않지만 그런 것 같다고 대답했다. 그는 나를 쳐다봤다가 시계를 봤다. 이번엔 아주 대놓고 시계를 보면서 몇 번 흔들다가 귀에 가져다 대어 초침이 제대로 돌아가는 건지 확인까지 했다. 자신이 자연스러운 손동작을 제대로 안 해서 태엽이 자동으로 감기지 않은 게 아닐까 의심하는 것처럼.

"이제 그만 가봐야겠네요. 짧은 사설을 쓰는 중이어서요."

그가 자리에서 일어나 게걸음으로 발을 질질 끌며 탁자 바깥쪽으로 나갔다.

"당신이 영국인이니까 물어보는 건데, 잉글랜드에서도 루어팍 버터♦를 먹나요?" 그가 물었다.

나는 잉글랜드의 슈퍼마켓 선반 어디에서도 반짝이는 루어팍 버터 포장지를 찾아볼 수 없다고 말해주었다.

그는 의자 등받이에서 가죽 재킷을 집어 들어 어깨를 움츠려가며 입었다. 그러다 아직 한쪽 팔꿈치가 천장 쪽으로 들려진 상태에서 동작을 멈추고 나를 쳐다봤다.

"다음번에 하나 사게 되면 로고를 봐보세요. '루어Lur'는 뿔이라는 뜻이에요. 맨 위쪽의 휘어진 문양 두 개가 보이는데, 그건 갈레후스 뿔을 상징해요. Ha det så lenge(또 봅시다)."

♦ Lurpak butter. 100년 이상의 역사를 지닌 덴마크의 프리미엄 발효 버터.

그가 갑작스레 자리를 뜨는 통에 잠깐 얼떨떨해하다가 급히 다른 할 일이 떠올라 곧바로 스마트폰을 꺼냈다. 그래놓고는 뭘 하려 했는지 잠시 잊고 화면만 멀뚱히 들여다보다가 금세 생각이 나서 구글에 '갈레후스'와 '루어팍'을 검색해봤다. 결과 창에서 '이미지' 버튼을 누르고 루어팍 버터의 포장지 로고를 유심히 살펴보니 얀 오베가 잘못 알고 있는 것이 아닐까 싶어졌다. 로고의 이미지가 뿔 두 개인 것은 확실했지만 둘 다 납작하고 트럼펫 같은 구멍이라 뭉뚝한 갈레후스 뿔의 이미지와는 확연히 달랐기 때문이다. 나는 루어팍 웹 사이트에 들어가 회사의 내력을 쭉 살펴봤지만 갈레후스 뿔에 대해서는 아무런 언급이 없었다. 단지 '루어'가 '청동기 시대의 악기이며, 덴마크의 상징이 되었다'고만 나와 있었다. 나는 스마트폰을 옆으로 치워놓고 그가 어쩌다 그런 착각을 했는지 이상해하다가 나름의 결론을 내렸다. 좀 기묘하지만 어쩌다 보니, 내가 생각하는 우리의 토론 주제, 즉 거의 모든 역사적 사실의 불확실성에 그가 마지막 방점을 찍은 것 같다고.

——— 7

요한 프리드리히 슈트루엔제의
짧지만 달콤했던 권세

2015년 초 3주간 고틀란드에 가 있던 어느 날, 성곽도시 비스뷔를 한 바퀴 걸으며 덴마크에서 온 시인 예스페르 묄뷔Jesper Mølby에게 요한 프리드리히 슈트루엔제Johann Friedrich Struensee에 대한 믿기 힘든 실화를 들었다. 독일 태생에 독일어를 쓰면서 덴마크에서 거주하던 의사 슈트루엔제는 1770~1772년의 짧은 기간 동안 덴마크에서 절대적 권력을 행사하면서 그 권력을 이용해 자신이 그토록 떠받들어 마지않던 두 영웅, 볼테르와 루소의 개혁 사상에 기반한 일련의 법을 도입했다. 이 법들은 덴마크를 유럽 전역에서 가장 계몽된 국가로 부상시켰고, 그중에는 모든 덴마크인에게 전적인 표현의 자유를 부여해주는 1770년 9월의 법령도 있었다. 이 법령의 도입 전까지 기존 1683년의 법에서는 하느님이나 덴마크 왕을 비난하는 죄를 범하면 누구든 혀를 잘라내고 머리를 베고 사지를 찢는 형벌에 처했다. 신체적 형벌에 처하기 전에는, 거의 상징적인 의식으로서 유죄 선고자의 가문 문장을 산산조각으로 박살내기도 했다. 하지만 상징적 측면에서 보자면 1772년 슈트루엔제의 사형 집행 당시에 행해진 의식이야말로 가장 기괴했다. 사형 집행인 고트스칼크 뮐하우센에게 성기까지 절단되어 대중의 구경거리로 따로 내걸렸으니 말이다. 슈트루엔제는 덴마크의 군주 크리스티안 7세의 신망받던 주치의였을 뿐만 아니라 크리스티안 7세의 아내 캐롤라인의 연인이기도 했다. 바로 이 괘씸한 대역죄lèse-majesté의 대가로, 음경이 그 벌을 받아야 했던 것이다.

사형은 코펜하겐의 펠레드파르켄, 즉 현재 덴마크 국가대표 축구팀의 터전인 곳에서 집행되었다. 그 전에는 생각도 해본 적이 없다가 예스페르 묄뷔에게 이 사형 집행에 대한 자세한 이야기를 듣고 처음으로 알게 된 것이지만, 처형 후 사지가 잘리게 될 죄수는, 이 일화의 경우 (당시 코펜하겐 인구의 절반에 약간 못 미치는) 3만 명으로 추정되는 군중 앞에서 먼저 알몸으로 발가벗겨져야 했다. 그래야 시체를 부위별로 더 쉽게 절단해 바구니에 담은 다음, 바구니를 땅바닥에 있는 사형 집행인의 조수에게 내려주기 쉬웠다. 슈트루엔제의 처형에 참여한 조수는 '오스발'이라는 이름만 기록돼 있는 젊은이였다. 확신컨대 오스발은 자신의 사부처럼 사형 집행 내내 술에 취해 있었을 것이다. 나중에 두 사람은 슈트루엔제의 다리, 팔, 몸통, 성기를 커다란 짐마차 바큇살에 빙 둘러서 실로 꿰우고 장대에 매달아 땅바닥에 똑바로 세워놓는 일까지 도맡아 했다. 죽은 자에 대한 경멸을 일으키는 동시에 비슷한 운명에 처할까 봐 겁을 먹도록 본보기를 보이려는 의도로 이렇게 장대에 시신을 매어 세워놓고는 몇 달 동안, 심지어는 몇 년 동안 구경거리로 놔두었을 것이다. 권력자의 심기를 건드린 대가가 어떤 것인지를, 또한 같은 인간이라도 얼마든지 그런 잔혹한 처단에 처해질 수 있다는 경고를 똑똑히 보고 평생 두려움에 떨면서 상기하게끔 말이다. 죄수는 사형 집행이 시작되기 전에 스스로 옷을 벗고 알몸으로 서 있는 것이 **마땅한** 절차였을 테지만, 전해오는 바에 따르면 슈트루엔제의 경우에는 투옥되어 재판을 받은 다음 무신론의 교정 치료까지 받는 중에 고문을 받아 두 손이 심하게 다치는 바람에 뮐하우센이 상의 단추를 풀어주었다고 한다.

당시의 사건은 기록이 잘 남아 있다. 슈트루엔제뿐만 아니라, 그의 벗이자 지지자였으며 왕의 손가락을 깨문 비교적 가벼운 죄로 함께 처형당한 에네볼 브란의 이야기까지도. 하지만 에네볼 브란의 얘기는 잠시 미루었다가 뒤에서 차차 들여다보기로 하자.

———

아침마다 배달받아 보던 노르웨이의 일간신문 두 개,《아프텐포스텐Aftenposten》과《클라세캄펜Klassekampen》을 충동적으로 구독 취소했다. 그런 뒤 고틀란드와 중세도시 비스뷔에 다시 한번 다녀오기 위해 온라인에 접속하여 예약을 했다. 당시 비스뷔는 나에게 피난처와 같았다. 두렵도록 적나라하게 전개되는 현재의 역사를 외면하기가 더 쉬워지는 곳이었다. 사방에서 쉴 새 없이 보이고 들려오는 현재의 역사 전개 속에서 적응하기 어려운 고통을 느끼며 내 삶에서 소중히 여기는 모든 것이 금방이라도 끝장나버릴 것 같은 끔찍한 생각이 들 때, 괴로운 일상에서 벗어나 한숨 돌릴 수 있는 그런 곳 말이다. 하루 전날인 2015년 1월 7일, 파리에서는《샤를리 에브도Charlie Hebdo》총격 테러♦가 발생했다. 그날 한 여인이 수업이 끝난 딸을 차에 태워 자신이 일하는 잡지사로 돌아와 사무실의 도로변 입구에서 출입문 비밀번호를 누르려는 순간, 까만색 옷을 입고 기관총을 든 두 남자가 다가와 안으로 들어가게 해주지 않으면 딸을 죽이겠다고 협박했다. 남자들은 건물 안으로 들어가자 안내원을 총으로 쏜 뒤 2층으로 올라가 잡지사 직원들이 탁자 앞에 둘러 앉아 편집 회의를 하고 있던 방으로 들어갔다. 총을 든 남자가 한 명씩 이름을 호명했고, 기자들이 호명된 이름에 대답할 때마다 총을 든 또 다른 남자가 탁자를 돌아 그쪽으로 가서 머리에 총을 쏴 죽였다. 사무실을 나가기 전에는 나름의 변을 늘어놓았다. 자신들은 신앙심이 깊은 사람들이며, 기자들을 죽인 이유는 《샤를리 에브도》가 자신들의 신심을 어지럽히는 만평을 실었기 때문이라고 했다. 말할 수 없이 잔인하고 어리석은 이런 행위와 그 외의 유사 행위들이 어느새 신성한 내 꿈속까지 침투하면서 나는 밤을 새는 것보다 잠을 자는 것이 더 두려운 지경에 이르렀다. 이러다 키르케고르가 불안angst이라고 이름 붙인♦♦ 인간의 실존적 상황 자체에 대한 막연하고 지속적인 거북함이 갑자기 견디기 힘들 정도로 팽창될 판이었다.

하지만 비스뷔에 도착한 날인 2월 14일에 충격적인 뉴스를 듣고 말았다. 코펜하겐에서 파리의 그 살인자들에게 감응을 받은 한

♦ 프랑스의 대표적인 풍자 주간지 《샤를리 에브도》 사무실에서 이슬람 극단주의자들에 의해 일어난 테러. 이 테러 이후 '나는 샤를리다(Je suis charlie)'라는 슬로건으로 대표되는 표현의 자유와, 종교를 모욕하는 자유까진 허용할 수 없다는 뜻을 담은 '나는 샤를리가 아니다(Je ne suis pas Charlie)'라는 논쟁이 치열히 전개되었다.

♦♦ 키르케고르는 인간이 실존적 상황에서 항상 불안을 느낀다고 보았다. 그러한 상황에서 주체적 결정을 회피하면서 빠지게 되는 절망을 '죽음에 이르는 병'이라고 하였다. 그는 이러한 불안과 절망에서 벗어나는 길을 주체적 실존에서 찾았다.

청년이, 똑같이 깊은 신심을 내세워 덴마크군의 소총 M95로 무장하고 나타나 카페 크루퇴넨의 창문에 대고 총을 난사했다. 그때 카페 안에서는 스웨덴의 무함마드 풍자 만평가 라르스 빌크스Lars Vilks가 여러 사람과 모여 표현의 자유 문제를 토론 중이었다. 이 첫 총격에서는 사상자가 발생하지 않았지만, 청년은 몸싸움을 불사하고 총을 빼앗으려던 55세의 핀 뇌르고르라는 남자를 죽이고야 말았다. 같은 날 더 늦은 시각, 바로 이 청년이 댄 우잔이라는 유대인에게 다가가 바로 앞에서 머리에 총을 쐈다. 댄 우잔은 바르 미츠바◆를 거행 중이던 크뤼스탈가데 소재의 유대교 예배당의 문 밖에서, 무기도 소지하지 않은 채로 경비를 서던 중이었다.

발트연안작가및번역가협회(이하 발트연안협회) 사무실에서 레나에게 방 열쇠를 받고 2층의 내 방에다 여행 가방을 놔둔 후 슬렁슬렁 걸어서 발트연안협회의 도서관이 있는 아래쪽 건물로 가봤다. 체류객 게시판에서 내가 아는 사람의 이름이 있는지 살펴보다가 주방으로 들어가 보니 큼지막한 탁자 주위에 스웨덴, 라트비아, 에스토니아, 핀란드의 여러 출신 사람들 일고여덟 명이 둘러 모여 얘기 중이었다. 코펜하겐에서의 그 사건이 자연스럽고도 유일한 화젯거리여서, 분위기가 가라앉으면 나중에 다시 오려고 인사만 나눈 후 가급적 빨리 자리를 떴다.

그날 저녁 10시쯤, 오븐에 생선 파이를 데우고 있을 때 예스페르가 들어왔다. 우리는 악수를 나누며 통성명을 했다. 예스페르는 자신이 원래 덴마크인이지만 결혼한 스웨덴인 부인이 정신과 의사

◆ Bar Mitzvah. 유대교에서 13세가 된 소년의 성인식.

인데 자국에서만 개업이 가능한 분야라 15년째 스톡홀름에서 살고 있다고 했다. 그 부분 하나만으로도 나는 예스페르에게 유대감을 느꼈다. 우리 둘 다 사랑을 위해 타향살이를 택해 외국어를 쓰면서 살아가는 삶의 즐거움과 애로를 스스로 달게 짊어지고 있다는 생각이 들어서였다. 이어서 궁금해졌다. 그도 나처럼 처음 짐을 싸서 떠나올 때 구사하던, 이제는 약간 구식이 된 모국어를 여전히 쓰고 있는지. 나는 그의 스타일도 마음에 들었다. 창백한 안색, 병약해 보이는 갸름한 얼굴, 올백으로 빗어 넘긴 1950년대 머리 모양까지 다 좋았다. 사실, 노르웨이에서는 덴마크 사람과 마주칠 일이 별로 없었다. 건축업에 덴마크인이 많이 종사하고 있지만 그 분야는 내 활동 분야가 아니고, 웨이트리스 같은 서비스 산업에서는 스웨덴 사람이 대부분이다. 덴마크어 문어는 노르웨이어 문어와 거의 동일하다(입센의 극작품은 전부 다 덴마크식 노르웨이어로 쓰였다). 하지만 구어에서는 노르웨이 사람들조차 덴마크 사람들의 말을 잘 알아듣지 못해서 예스페르와 나는 암묵적 합의하에 처음부터 영어로 대화를 나누었다. 그가 불 위에 프라이팬을 올려놓고 야채를 썰었다. 나는 예의상, 그리고 그가 덴마크인인 이상 아무 말도 안 하고 넘어가는 것은 비뚤어진 심보일 듯해서 크루퇴넨 카페와 유대교 예배당에서의 총격에 대해 애도의 말을 전했다. 다행히도 그는 그 사건에 대해 자세히 얘기하고 싶지 않은 눈치였다. 우리는 다른 화제를 꺼냈다. 그는 연작시를 쓰는 중이라고 했다. 특별한 주제가 있는 연작시냐고 물어봤더니, 아내를 주제로 쓰고 있다며 아주 솔직하게 대답했다. 자신의 결혼생활 이야기를 시로 담아내고 있다고. 나에게도 어떤 작업 중인지 묻기에 스칸디나비아에 대한 책을 쓰려고 몇 가지 착상을 정리 중이라고 말문을 꺼내며, 여행기를 담은 안내서로 쓰게 될 것 같다고 덧붙여 말했다. 스웨덴 남부 스코네의 트렐레보리 인근에서 출발해 E6번 도로를 따라 멀리 엘시노어, 즉 덴마크어로는 헬싱외르로 이어지는 육교를 탄 후에 덴마크 군도 주변을 좀 느긋하게 빙 돌다가 다시 육교를 타고 돌아 나와 E6번 도로를 타고 노르웨이에 들어가서 북단의 노르카프곶과 트롬쇠를 지나 시르케네스와 러시아와의 국경 지대까지 가보며 글을 쓸 생각이라고 했다.

"스칸디나비아의 멜랑콜리 탐색을 주제로 잡고 있어요. 북쪽으로 갈수록 멜랑콜리의 맥박을 더 강하게 느끼면서 마침내 그 심장이 자리 잡은 지점까지 다다라보려 합니다. 토르네 강변의 셸레프테오라는 곳이죠. 그곳 사람들은 자신들의 멜랑콜리에 자부심을 갖고 있어요. '어둠과 추위의 친구들Friends of Darkness and the Cold'이라는 클럽을 만들기도 했어요. 페리를 타고 가다가 스웨덴 일간지 《스벤스카 다그블라데트Svenska Dagbladet》에서 기사로 읽고 알았죠. 현재 회원 수는 열두 명이랍니다. 주된 클럽 활동은 50센티미터 두께의 꽁꽁 언 빙판을 뚫은 후에 그 얼음물에서 수영 시합을 벌이는 거래요. 물속에 들어가려고 회원들이 줄지어 서 있는 사진도 실려 있더군요. 삐죽삐죽한 이빨을 드러낸 상어 머리 모양의 수영모를 뒤집어쓰고 있던 회원이 특히 인상에 남았어요. 수영 시합 후에 카누 클럽의 탈의실에서 회원들은 그 수영 시합이 안겨주는 해방감을 얘기했어요. 자유로운 느낌, 자신감에 이어 개방된 마음이 생기면서 어떤 문제들을 갑자기 더 넓은 시각으로 보게 된다는 얘기였죠. 그들의 대화를 읽으면서 느낀 점이지만 그 사람들은 멜랑콜리를 일종의 종교처럼 여겼어요. 또 멜랑콜리아데Melankoliade라는 문화적 반反페스티벌을 구상 중이라고 하더군요. 겨울 동안 스웨덴 북부를 돌면서 멜랑콜리의 가치를 알리려고 한대요."

"돌아볼 위치를 콕 집어놓았다는 말인가요? 자북♦처럼요?"

"그렇죠."

"그리고 이미 판단을 굳혔고요? 차 안에 오르기도 전부터?"

나는 그것이 문학적인 장치에 가깝다고 설명했다. 그런 곳을 찾은 척 꾸미고 싶은 것이라고.

"스웨덴인과 노르웨이인은 몰라도 우리 덴마크인은 멜랑콜리하지 않아요." 그가 말하며 가스레인지 쪽으로 가더니 잘게 썬 양파와 깍둑 썬 당근을 프라이팬에 넣고 빵 칼의 날로 젓다가 이제는 쿡쿡 찌르기 시작했다. 덴마크의 영화감독 토마스 빈테르베르 Thomas Vinterberg의 〈셀레브레이션Festen〉♦♦의 스산함을 입센이나 베리만에게서 느껴지는 분위기와 동등하게 취급하지 말라는 얘기 같았다. 하지만 스산함이나 멜랑콜리나 그게 그거 아닌가, 하는 생각이 들었다.

"문제가 될 수도 있어요." 그가 말을 이었다.

"그렇군요. 덴마크인을 함께 아우르려면 뭔가 다른 개념을 생각해야 할 것 같네요."

잠시 후 널찍한 탁자 앞에 서로 마주 앉았을 때, 그가 표현의 자유를 화제로 꺼냈다. 덴마크인이 유럽에서 최초로 완전한 언론

♦　磁北. 자기 나침반에 나타나는 북쪽.
♦♦　부패한 부르주아 가정에서 벌어지는 가족주의의 위선을 거칠게 고발한 영화.

의 자유를 누린 국민인 걸 아느냐고 묻기에 나는 몰랐다고 대답했다. 그 뒤로 내 나름대로는 너무 성가시게 굴지 않으려 자제했지만, 결국엔 그 이야기에 담긴 함축성을 느끼고 호기심이 너무나도 자극되어 계속 얘기하게끔 부추겼다. 내가 이야기를 들으며 같이 마실 커피를 내릴 때쯤엔, 요한 프리드리히 슈트루엔제가 주인공으로 등장하면서 18세기 덴마크 역사 중 2년 동안 벌어진 일들이 전개되고 있었다. 슈트루엔제는 우연한 기회에 '미친 왕'으로 불리는 크리스티안 7세의 주치의가 되었다. 뿐만 아니라 왕에게 가장 찬탄과 신뢰를 받는 벗이자, 왕비인 스물두 살의 영국 공주 캐롤라인 마틸다의 연인이기도 했으며, 덴마크 절대군주의 대리인으로 올라서면서 1771년 전 유럽에서 최초로 검열의 전면 폐지를 도입시켰다. 예스페르가 커피를 다 마시고 그만 방으로 돌아가 짐을 싸야겠다며 일어섰을 때는 너무나 아쉬웠다. 그가 자세한 이야기를 시작하기 직전에 해준 얘기 때문에 더했다. 예전에 그의 아내가 스톡홀름 대학교에서 크리스티안 7세의 광기를 연구 주제로 삼아 박사과정을 밟을 때 아내의 연구에 깊이 관여한 적이 있다고 하여 솔깃했기 때문이다. 그런 데다 체류 기간도 끝나서 다음 날 아침나절에 페리를 탈 예정이라고 했다. 내가 페리를 타기 전에 산책이라도 하면서 이야기를 마저 나누면 안 되겠느냐고 묻자, 아직 시 작업이 마무리되지 않아 페리 출발 전에 1시간 정도 짬을 내서 일하고 싶다고 했다. 나는 장거리 여행 전의 1~2시간은 어떤 경우든 간에 감각이 둔해져서 괜한 시간 낭비라고, 해봐야 잘 안 풀려서 나중에 집에 가면 전부 다시 검토하게 될 거라고 꼬드겼다. 차라리 가벼운 운동을 하며 신선한 공기를 쐬는 편이 나을 거라고. 그는 반신반의하는 표정으로 나를 보다가, 일찍 일어나서 일부터 해야겠다고 하더니 뒤이어 말했다. "밖에서 8시 30분에 봅시다."

기숙사 건물의 현관문을 열고 나오자 예스페르가 벌써 나와서 기다리고 있었다. 신발 뒤축으로 담배를 비벼 끄고 있던 참이었고, 연안의 차가운 바람에 푸른색 누빔 재킷의 갈색 코르덴 옷깃을 세우고 있었다. 그의 제안에 따라 우리는 뉘가탄 거리를 지나는 북쪽으로 방향을 잡아, 도시의 뒤편 성곽을 따라 걸으며 북문 쪽인 노르데르포르트로 향했다. 그는 고개를 숙이고 걷다가 1~2분쯤 지나서 성곽의 자갈 얘기를 했다. 성곽의 자갈들이 처음부터 끝까지 일정하게 한 줄을 이루는 패턴을 아무리 봐도 찾아볼 수 없다고 했다. 그 변화무쌍함에 넋을 놓고 보다 보면 어지러워질 지경이라며, 나에게 안 그러냐고 동의를 구했다.

"맞아요. 정말 넋 놓고 보게 되네요. 이제 크리스티안 7세와 슈트루엔제 얘기 좀 해줘요."

그가 이야기를 시작했다. "크리스티안은 어렸을 때 영리하고 총명해 보였지만 주의가 너무 산만해서 대화나 수업에 제대로 집중하질 못하고 완전히 엉뚱한 일에만 빠져 있기 일쑤였어요. 한번은 프랑스 계몽운동의 사상가들에 대한 수업을 하던 중에 이런 일도 있었어요. 개인교수 레베르딜이 수업을 하다가 보니 왕자가 손가락으로 자기 배를 있는 힘껏 세게 찌르는 장난에 빠져 있더래요. 어찌나 푹 빠져 있던지 레베르딜이 왕자의 이름을 서너 번 부르고서야 그 소리를 들었다더군요. 체벌을 과도하게 사용하는 양육의 영향 탓이었는지 모르지만, 크리스티안은 육체적 고통에 둔감해지고 싶은 욕구가 있었어요. 그러다 그것이 가능한 일이라는 믿음을 부추겼을 법한 관심거리가 생겼어요. 뫼를이라는 육군 대위와 그의 하인 스투츠가 다른 장교인 비트 대위를 상대로 물건을 빼앗고 살해까지 저지른 죄로 1767년 처형을 당한 일이었죠. 이 처형은 별나도록 복잡하게 치러졌어요. 2~3시간에 걸쳐 장소를 다섯 군데나 옮겨 다니며 진행되었고 장소를 옮길 때마다 새로운 고문이 두 사람을 기다리고 있었죠. 맨살 위에 펄펄 끓는 기름 붓기, 벌겋게 달군 부젓가락으로 살 쥐어짜기, 뼈 부러뜨리기 같은 고문이었어요. 크리스티안은 친구를 대동하고는 신분을 감추려 눈에 띄지 않는 마차를 타고 옮겨지는 장소마다 처형단을 따라다녔어요. 그동안 뫼를 대위는 연신 큰 소리로 떠들었어요. 스투츠를 부르며 고통을 느끼지 말라고 다그치기도 하고, 하느님에게 도움과 힘을 달라고 외치기도 하면서 수레바퀴에 깔려 팔과 다리가 부러지는 와중에도 입을 다물지 않고 소리소리 지르다가 목이 베어지는 마지막 순간에야 침묵에 잠겼어요. 당시에 그 모습을 지켜본 사람들이 남긴 기록을 토대로 보면, 한 사람은 발음도 또박또박하게 말하며 거의 초인적인 용기를 보인 반면 다른 한 사람은 비명과 신음을 내지르는 모습이 대조를 이루면서 그날 덜컹거리는 마차를 이리저리 따라다니는 것 말고는 딱히 소일거리가 없던 이들에게 재미와 놀라움을 동시에 안겨주었다고 해요.

그 무렵 신하들 사이에서 크리스티안에게 뭔가 심각한 문제가 있다는 점이 명확해졌어요. 크리스티안은 본인도 의식하지 못하는 채로 사람들 앞에서 이상한 표정을 지었어요. 입을 기괴하게 옆으로 쭉 늘리고, 턱을 되는 대로 한껏 내밀고, 눈을 찡그리며 꽉 감고, 토하려는 것처럼 혀를 쭉 내밀었죠. 하루에도 몇 번씩 자위행위를 했어요. 그것도 사람들이 보는 앞에서 자주요. 그 모습을 본 한 사람은 쾌락을 위한 자위가 아니라 열의도 없이 기계적으로 하는 행동 같았다는 인상을 글로 적기도 했어요. 그런데 1665년 '금일 이후로 군주는 이 세상에서 가장 완벽한 절대 지존의 존재로 우러러 받들어져, 인간의 모든 법 위에 있으며 하느님 외에는 영적으로나 세속적으로나 최고의 심판자다'라는 왕의 법King's Law이 제정된 이후였던 당시에 덴마크 군주는 절대 권력의 자리에 있었어요."

예스페르는 담배에 불을 붙이느라 잠시 말을 끊고는, 라이터 불이 꺼지지 않게 바람을 등지고 서서 등을 구부정하게 구부렸다. 노르데르포르트 문에 이르자 그는 바다 쪽인 실베르헤탄 거리로 걸음을 옮겼다.

그가 다시 말을 이었다. "원래, 이런 식의 책무는 한 사람의 어깨에 무시무시하고 무자비한 짐을 짊어지우는 격입니다. 머잖아 언젠가는 심각한 거부감을 갖게 되는 왕이 생기게 마련이죠. 크리스티안의 아버지, 프레데리크 5세도 어느 정도는 그런 거부감을 갖고 있었어요. 걸을 수도 없을 만큼 취해서 크리스티안스보르 궁전의 처소로 실려 가야 했던 일이 잦았죠. 크리스티안은 이런 군주 역할에 거부감이 훨씬 더 심했어요. 절대군주가 통치에 아무 관심이 없으면 그 피치 못할 결과로 통치에 관심을 갖는 인물이 등장하게 됩니다. 크리스티안이 미성년이었던 동안엔 걸출한 궁정 관리들이 부상하여 덴마크의 국정을 잘 돌보았고, 크리스티안이 1766년 열일곱 살 나이로 왕위에 올라 군주 자리에 대한 거부감이 훨씬 더 극

단으로 치달은 이후에도 이들이 계속 국정 운영을 맡았어요. 그는
재임 첫 2년 동안 자칭 라세리raseri, 즉 '자신의 내적 야생성'의 요구
에 따라 살기로 작정하면서 그러한 사실을 비밀에 부치지도 않았
어요. 오히려 공개적으로 알렸죠. 그리고 정말로 실천에 옮겨, 방탕
하고 난폭한 통치에 착수했어요. 그 정도가 어찌나 잔혹하던지, 궁
행정부에 절대군주제의 결함을 이해시키려고 저러는 건가 싶을 정
도였어요. 그 잔혹성 자체가, 덴마크에 절대군주제가 가장 잘 맞는
정치체제라는 신념에 치명적 결함이 있음을 보여주는 것이었으니
까요.

군주제 역사상 덴마크가 유럽에서 가장 오래되었고, 세계에서
두 번째인 것을 아세요? 아마 덴마크보다 오래된 국가는 일본뿐일
겁니다. 하지만 고름 노왕에서부터 마르그레테 여왕에 이르기까지
그 시기 내내, 덴마크에는 철인왕♦이 한 번도 배출된 적이 없을 거
예요. 덴마크 왕과 철인왕은 서로 모순어였어요. 불가능한 일이었
죠. 지금도 기억나는데, 고향 오르후스에서 살던 열다섯인가 열여
섯 살 때 할아버지의 책장에서 영어로 된 책을 꺼내 봤다가 푹 빠
졌던 적이 있어요. 암갈색의 빳빳한 표지가 씌워져 있고 컵 자국이
흰색으로 희미하게 찍혀 있던, 아주 오래된 책이었죠. 아이작 디즈
레일리Isaac D'Israeli가 쓴 『문학의 호기심Curiosities of Literature』이라는 책
이에요. '재채기를 한 후의 인사 풍습', '채권자에게 압류당할 걱정
이 없는, 지성의 산물', '학자들의 투옥', '대화에 서툰 천재' 등등의

♦ 플라톤의 『국가론』에 나오는 개념으로, 철학자인 최고 통치자, 또는 최고 통치자인 철
학자를 일컫는 말.

온갖 주제로 수십 편인가, 수백 편의 단편 글이 실려 있었어요. 그 중 폴란드의 철인왕들이 주제인 글도 읽었는데 특히 홀연히 사라진 왕의 얘기가 많았어요. 신하와 병사들이 온 나라를 찾아 헤맸지만 사라진 왕을 어디에서도 찾지 못했대요. 수년의 세월이 지나 왕이 죽은 모양이라는 추측이 파다해졌을 때 왕을 모셨던 고령의 재상이 시장에서 우연히 머리에 사과 바구니를 이고 걸어가는 짐꾼을 보게 되었어요. 가만 보니 얼굴이 낯익었는데, 바로 사라진 왕이었어요. 재상은 짐꾼에게 다가가 말을 걸었어요. 폐하는 왕이신데 어찌 체통에 어울리지 않게 평민들이 다니는 곳에서 그런 짐을 머리에 이고 다니느냐고요. 제발 궁으로 돌아가서 다시 왕좌에 오르라고요. 왕은 아주 잠깐 걸음을 멈추더니 이렇게 대답했어요. '내 진심으로 말하네만, 내가 여기에서 짊어 나르는 짐이 왕의 자리에서 짊어지던 짐보다 훨씬 가볍네.' 그 말을 남기고는 군중 사이로 사라졌답니다. 아내는 제가 광기를 낭만적으로 해석하는 것이라고 여기지만, 저는 여전히 믿어요. 크리스티안의 추악한 난폭성의 표면 아래, 그의 고통과 불행의 표면 아래를 파헤쳐보면 볼테르와 루소와 체사레 베카리아♦ 같은 사상가의 사상을 일찌감치 접하면서 그 역시 사라진 왕과 같은 생각을 하게 되지 않았을까 싶어요. 단한 사람이 절대군주의 권력을 행사하는 개념에는 뭔가 큰 결함이 있다고 여겼지만, 거기에 대해 자기가 할 수 있는 일이 없다는 깨달음에 괴로워했던 건 아닐까요?

♦ Cesare Beccaria. 이탈리아의 형법학자. 형벌은 마땅히 입법자에 의하여 법률로 엄밀히 규정되어야 한다고 역설하였다.

사실, 제가 우리 덴마크의 역사 가운데 이 시기에 처음으로 매료된 건 P.O. 엔크비스트 P.O. Enquist 의 『가면의 시대 Livläkarens besök 』[원제는 '궁정 주치의의 방문'이라는 뜻]를 읽고 나서였어요. 2년 전에는 이 책을 원작으로 영화 〈로얄 어페어 En kongelig affære〉[원제는 '왕실 스캔들'이라는 뜻]가 제작되었죠. 마스 미켈센이 슈트루엔제로 나오고, 스웨덴의 여배우가 캐롤라인 역을 맡았어요. 생각할 때마다 웃기는 일인데, 제작팀은 스웨덴 여배우를 캐스팅해 덴마크어를 가르쳐서(이 대목에서 예스페르는 'Danish 덴마크어'라는 단어의 첫 번째 모음을 단모음으로 발음했다. n이 이중 자음으로 들어가서 'Dannish'라는 단어를 발음하는 것처럼) 연인 역을 맡은 덴마크 배우와 덴마크어로 연기를 시켰어요. 하지만 캐롤라인은 영국인이었어요. 덴마크어를 못 했고 그녀의 연인도 덴마크어를 못 했어요. 덴마크어를 할 필요도 없었죠. 코펜하겐은 유럽의 문화 중심지였지만 그 문화는 독일 문화였지 덴마크 문화가 아니었거든요. 1751년에 프레데리크 5세가 독일인 장관 폰 베른슈토르프 백작의 제안으로, 독일의 시인 클롭슈토크 Klopstock 에게 와서 살도록 초청한 이후 특히 더 그렇게 되었죠. 베른슈토르프는 클롭슈토크가 코펜하겐에서 『구세주 Der Messias』를 완성하길 바랐어요. 그의 명저이죠."

그와 같이 도시 성곽의 휘어져 돌아가는 지점을 걷다가 성곽이 항구 안쪽으로 꺾이는 곳쯤에 왔을 때 예스페르가 고틀란드셍에트 쪽으로 방향을 돌리면서 식물원 쪽을 향해 갔다. 그가 식물원의 철문을 열자 고양이 두 마리가 철쭉 덤불 어딘가에서 튀어나와 핑크빛이 도는 회색 자갈길을 단호하고 빠른 동작으로 걸어 그에게 다가왔다. 예스페르는 걸음을 멈추고 고양이들을 쓰다듬어 주며 낮은 목소리의 덴마크어로 귀여워하는 소리를 냈다. 고양이 한 마리는 한쪽 귀가 오그라져 있었다. 그가 흰색의 다른 고양이를 가리키며 눈을 봐보라고 했다. 한쪽 눈은 우윳빛 도는 회색이고 다른 쪽 눈은 푸른색이었다. 그런 눈으로 나를 똑바로 쳐다보니 어쩐지 위축감이 들었다.

"얘네들은 여기에 살아요. 길고양이예요. 혹시 클롭슈토크의 시를 읽어봤어요? 송시頌詩요?"

나는 고개를 가로저으며 영국 동포들 대다수가 그렇듯 나 역시 독일 문학은 잘 모른다고 말했다.

"그렇군요. 꼭 읽어봐요." 그가 허리를 펴고 일어서서 걸음을 떼며 말했다. "클롭슈토크는 아내에 대한 아름다운 시도 몇 편 썼어요. 아내를 끔찍이 사랑했지만 결혼 후 4년밖에 안 돼서 아내가 세상을 떠나고 말았죠. 그 뒤로 멜랑콜리에 빠져 괴로워했어요. 모든 것이 아무 의미가 없어 보여서 더 이상 글을 쓰지 못했어요."

그때 예스페르의 휴대폰에서 진동음이 울렸다. 그는 휴대폰을 꺼내 문자를 읽고는 인상을 찡그린 후 호주머니에 휴대폰을 다시 집어넣더니 비스뷔의 낮은 지붕들과 무너진 교회들이 어수선하게 뒤엉킨 곳을 한참 동안 빤히 바라봤다. 페리 터미널 쪽이었다. 나는 일을 하지 못하게 방해하는 것 같아 또다시 죄책감이 들었지만 더 붙잡아 두어 얘기를 듣자고 마음을 독하게 먹었다. 덴마크 사람과 이야기를 나눌 기회가 또 언제 있을지 몰라서, 어떻게든 그 기회를 붙잡아 두고 싶었다.

"좀 전에 엔크비스트와 〈로얄 어페어〉 감독의 사실 왜곡에 대해 뭔가 말하려던 게 아니었나요?" 나는 슬쩍 대화를 유도했다.

"꼭 그렇진 않아요. 다만 때로는 소설가나 영화감독이 너무 시시하거나 너무 극적 요소가 없다고 여겨 자신의 이야기에서 빼버린 사실들이, 실제로는 사건의 전개를 제대로 이해하는 데 결정적인 경우도 있다는 얘길 하고 싶었어요. 예를 들어, 크리스티안이 철학에 관심이 있었던 사실이 그런 경우예요. 알토나라는 지방 마을의 무명의 젊은 의사가 유럽의 절대군주국을 통틀어 가장 절대적이었던 곳의 주목을 받게 된 과정을 이해하는 데 중요한 부분이죠. 소설가나 영화감독이 끈기 있게 파고들지 않으면서 결국 독자나 관객에게 전달되지 않은 사실은 그 외에도 또 있어요. 볼테르가 유럽의 모든 군주들을 비롯해 그 외의 유력 인사들과 귀족들에게 편지를 써 보낸 부분입니다. 이 편지에서 볼테르는 그 시기 유럽의 지식층 전체의 관심이 쏠려 있는 한 사건에 대해 지지를 요청했어요. 로마가톨릭교로 개종했다는 이유로 아들을 죽인 혐의를 받아 고문 끝에 사망한 장 칼라라는 위그노 교도의 사건이었지요. 볼테르는 재심으로 사후 사면을 받아내기 위한 자금을 모금하려고 편지를 썼던 겁니다. 이때 볼테르를 아주 존경했던 슈트루엔제가 그 편지를 독일어로 번역해주었어요. 크리스티안은 이 편지에 답해 기부금을 보내주었죠. 아마도 슈트루엔제가 번역한 편지를 읽었을 겁니다. 이에 볼테르는 크리스티안에게 감사의 마음을 담은 편지를 보냈어요. 선각자라고 치켜세우면서요. 이렇게 해서 인연의 끈이 생겼지요. 크리스티안이 '라세리'를 떨치는 모습을 봤다면 볼테르가 그를 선각자로 칭하는 일은 없었을 테지만요. 크리스티안이 재미로 삼은 놀잇거리는, 밤에 가면을 쓰고 나가 같이 어울려 다니는 패거리들과 막대기와 몽둥이를 들고 코펜하겐 거리를 어슬렁거리다가 마구잡이로 아무나 폭행하기, 도시를 순찰 중인 야경꾼들에게 시비를 걸어 싸움 벌이기였어요. 법질서 유지자들과 가면 쓴 폭력배들 사이의 격투를 다른 사람도 아닌 그 법의 통솔자가 주도했던 겁니다. 볼테르가 그런 왕의 모습을 봤다면 과연 좋게 봤을까요? 크리스티안은 분위기상 호되게 두들겨 맞을 것 같은 경우가 아니면 자신의 신분을 드러내지 않았어요. 야경꾼들 입장에서는 크리스티안 패거리와 싸움이 붙는 일은 뜻하지 않게 엄청난 위험을 무릅쓰는 것이었죠. 절대군주로 받들어지는 왕의 몸에 조금이라도 폭행을 가했다간 사형에 처할 만한 범죄가 될 테니까요. 1772년 에네볼 브란이 슈트루엔제를 따라 단두대 계단을 오르게 된 것도, 왕이 식사하는 내내 브란에게 음식을 던져서 브란이 머리에 레몬을 정면으로 맞아 두 사람 사이에 싸움이 벌어졌는데, 그때 왕의 손가락을 깨문 죄로 목숨을 잃게 된 것이니 말 다 했죠. 정말 웃기지도 않은 일이었죠. 하지만 야경꾼들은 얼마나 황당했을까요! 교대 근무가 끝나 집에 귀가해서 여기저기 베이고 멍든 상처와 뜯긴 옷을 보고 자초지종을 묻는 아내에게 왕이 싸움을 걸어와서 그렇게 된 거라고 설명해야 하는 그 상황 말이에요. 당연히 다들 그 상대가 크리스티안이라는 것을 알았지만 별수 없이 당할 수밖에 없었어요. 어느 날 밤에는 한 무리의 거리 부랑아들이, 궁 밖으로 나와 한바탕 술을 마시고 싸움을 벌이고 매음굴을 때려 부순 후에 다시 궁으로 돌아가는 크리스티안을 졸졸 따라갔어요. '철부지 크리스티안이다'라고 소리 지르며 따라가 그가 총애하는 창녀 이름을 외치고, 그의 앞으로 왔다 갔다 하면서 길을 막는가 하면, 그가 벽에 소변을 보려고 섰을 때 밀어버리기도 했죠. 아주 작은 꼬맹이들도 알고 있는 것처럼 이 부랑아들도 알았어요. 자신들이 곧 들어서게 될 몸집 큰 어른들의 세계가 장난이고, 허세고, 늘 뒤죽박죽 뒤엉켜 있다는 것을요. 그리고 영화에 나오는 그 장면 말인데요. 그러니까 크리스티안이 비틀거리며 성문으로 들어갈 때 부랑아들이 따라가길 망설이면서 가만히 지켜보는 가운데 근위대가 술병을 달랑달랑 흔들고 지나가는 그에게 차려 자세로 경례하는 그 장면도, 실제로 있었던 일화예요.

결혼은 신하들이 생각해낸 구상이었어요. 자위를 그만하고, 술도 끊고, 안정을 찾아 책임감 있게 행동하길 바라는 마음에서였죠. 하지만 결혼 후에도 별로 달라지지 않았어요. 아이를 낳으면 괜찮겠거니 기대했지만 그 뒤에도 달라지지 않았죠. 크리스티안은 가구를 때려 부수고, 물건들을 발코니 밖으로 내던지면서 여전히 발광을 부렸어요. 항상 긴 가죽 부츠를 신고 다녀서, 부츠 신은 카트리네라는 뜻의 별명 '스퇴벨 카트리네Støvel-Katrine'로 불린 창녀에게 푹 빠져 있기도 했어요. 날마다 밤을 같이 보내고, 아내 앞에서도 보란 듯이 대놓고 끼고 다녔어요. 식당 주빈석에 자기랑 같이 앉게 하고, 극장의 왕실 전용석에도 데려가 자기 옆에 앉혔어요. 극장 관람은 그가 참혹한 삶 속에서 진정으로 즐겼던 몇 가지 안 되는 낙이었죠.

신하들은 절대군주 자신의 실패에 대해서는 손을 쓸 도리가 없었지만 의식상으로라도 제도 자체의 실패가 표출되지 않도록 시도했어요. 그에 따른 필사적 노력으로 마련된 것이 1768년의 유럽 왕실 순방이었어요. 그 기회에 크리스티안이 네덜란드, 잉글랜드, 프랑스, 이탈리아, 오스트리아, 프로이센, 러시아의 궁정을 참관하며 구제 불능 청년에서 책임감 있는 군주로 거듭나길 기대했죠. 순방은 비밀리에 진행되었어요. 일행이 쉰다섯 명으로 구성된 여행에서 가능한 한 비밀을 유지했어요. 계획된 기간은 1년이었죠.

이제야 드는 생각인데, 잉글랜드 방문에는 틀림없이 처남, 그러니까 당신 나라의 왕, 조지 3세를 만나기 위한 목적도 있었을 거예요. 훗날 크리스티안 자신과 맞수가 될 만큼 미치는 그 조지 3세요. 덴마크어로는 이런 걸 'skæbnens ironi', 즉 운명의 아이러니라고 해요. 아마도 크리스티안에게 순방 일정 중 최고의 순간은 당시의 유명한 셰익스피어 작품 전문 배우, 데이비드 개릭과의 만남이었을 겁니다. 데이비드 개릭은 크리스티안이 금속 머리 테를 쓰고 있던 그 어떤 왕보다 높이 추앙한 인물이었으니까요. 프랑스 한림원에서는 크리스티안을 위한 만찬 자리를 마련해 볼테르에게 기부금을 보내준 계몽주의 영웅으로 환대해주었어요. 볼테르도 이 만찬 자리에 참석했지만 크리스티안은 18세기 프랑스 유물론의 대표자 클로드 엘베시우스와 백과전서파♦ 드니 디드로와의 만남에 흡족해했어요. 그는 그런 자리에서는, 뭐라고 해야 할까… 제법 제정신을 차려서 왕 노릇을 했어요. 하지만 참는 것도, 여기저기 돌아다니는 것도 점차 견딜 수 없는 스트레스가 되었어요. 급기야 걷잡을 수 없는 격분을 터뜨리고 가구를 때려 부쉈죠. 사람들이 자기 방에 숨어들어 자기가 잠이 들 때까지 기다렸다가 목을 베려고 할지 모

♦ 18세기 프랑스 계몽 시대에, 『백과전서』의 집필과 간행에 참가하였던 계몽사상가들을 통틀어 이르는 말. 가톨릭교회와 절대 왕정에 반대하는 개혁을 지향하였으며, 이성적·합리주의적 태도로써 근대적인 지식과 사고 방법을 전파하여 프랑스 대혁명의 사상적 배경이 되었다.

른다는 두려움과 그 자신이 전날 밤에 누군가를 죽여놓고는 아편을 받아 피워 그 일을 잊어버린 건 아닐까 하는 두려움에도 시달렸어요.

슈트루엔제는 왕 전담 의사 중 한 사람으로 이 순방단에 끼어 있었어요. 그러던 중 크리스티안이 그에게 정을 붙이게 되었죠. 밤에 잠자리에 들기 전이면 방안을 좀 살펴봐달라고 꼭 슈트루엔제를 불렀어요. 그는 차분함과 든든함으로 젊은 왕을 진정시켜주었던 것 같아요. 크리스티안이 망상증에 사로잡혀 점점 터무니없는 얘기를 늘어놓아도 알랑거리며 믿어주는 척을 하지 않으면서 정 깊고 의지가 되는 관계를 쌓아갔어요. 크리스티안은 그를 신뢰했어요. 그를 무슨 얘기든 다 털어놓을 수 있는 벗으로 여겼죠. 슈트루엔제에게 자신은 왕이 아닐지도 모른다는 말까지 했어요. 자신은 바꿔치기 된 아이♦가 틀림없고 진짜 덴마크 왕은 유틀란트반도의 어느 북쪽 구석진 농장에서 건초를 베고 있을 거라면서요. 둘이 같이 도망가서 군대에 들어가자고도 했어요. 철인왕들처럼, 모든 연락을 끊고 자취를 감춰 무명의 군인이 되어 천국 같은 삶을 살자고요.

갓난 아들을 돌보느라 코펜하겐에 남아 있던 캐롤라인도 하녀와 시종들에게 비슷한 투의 이야기를 했어요. 하녀와 시종들의 남편과 애인에 대해 이것저것 물어보면서 사랑의 자유를 아주 부러워했어요. 사랑하는 사람과 결혼하고, 금지된 사랑일지라도 진정한

♦ 유럽의 전승. 유아는 각종 위기에 처져 있는데, 특히 세례 전의 영아를 악마나 마녀, 요정이 마성의 아이와 바꿔서 요람에 넣어 둔다는 것이 '바꿔치기 된 아이(changeling)'이다.

사랑의 힘에 순순히 따르고, 그곳이 단두대와 형차,♦ 지옥이라 할지라도 사랑하는 이를 끝까지 따라갈 자유가 부럽다고요. 자신이 미망인이 된다면 그때는 그 사람이 누구든 사랑만 보고 결혼하고 싶다고요.

부부가 둘 다 철부지였어요. 그런데도 사람들은 그런 두 사람에게 세상을 지배하라고 다그쳤으니. 어쨌든 순방은 중간에 갑자기 중단되었고 순방단은 1769년 1월 코펜하겐으로 돌아왔어요. 영화에서는 그 장면이 아주 인상적으로 연출되었어요. 크리스티안이 마차에서 내려 곧장 애견 구르망에게로 가면서 캐롤라인을 본체만체하죠. 그 순간엔 그녀가 가여워 죽을 것 같아요. 배우 알리시아 비칸데르가 어쩔 줄 몰라 하며 슬퍼하는 그 표정이란. 말이 나와서 말인데, 사람들이 그 배우랑 제 아내랑 많이 닮았다고 그러더라고요. 제가 보여줘 볼게요."

예스페르가 호주머니에서 반지갑을 꺼내더니 사진을 보여주었다. 옆 가르마를 탄 금발의 젊은 여성 사진이었다. 다정하고 정감 있는 인상이었지만, 그 외에는 딱히 예쁘지도 못 생기지도 않은 평범한 얼굴이었다. 나는 어떻게 반응해야 할지 몰라서 이마가 예쁘다고 말하려는데 그 순간 그가 내밀한 사생활을 보여준 걸 후회하는 듯 뭐라고 웅얼거리다가 지갑을 닫아 청바지 호주머니 안에 밀어 넣고 하던 이야기를 이어갔다.

"캐롤라인은 슈트루엔제를 처음 봤을 때 크리스티안과 아주 가까운 것을 보고는 자기 목적을 위해 왕의 약점을 이용하는 아첨

♦ 刑車. 죄수를 묶고 능지처참하는 옛날의 고문 기구.

꾼이 한 명 더 늘었다고만 여겼어요. 하지만 나중에 자신이 잘못 생각했다는 걸 알아요. 슈트루엔제는 소신이 확고했어요. 또 볼테르와 루소를 진심으로 추종했어요. 자기 사람들을 만들지도 않았고 인맥을 이용하는 개념 자체를 경멸했어요. 사실, 다시 알토나의 지방 의사로 돌아가, 연 70리그즈달러♦의 얼마 안 되는 소득으로 살아갈 마음의 준비를 하고 있었어요. 적어도 느닷없이 크리스티안의 주치의 자리를 제안받기 전까지요. 사실상 국정을 운영하는 이들이던, 왕 주변의 정치인들과 신하들은 그가 크리스티안을 안정시켜주고 있다는 것을 알아챘어요. 그래서 연 1,000리그즈달러를 줄 테니 계속 있어 달라고 제안합니다. 그가 어떤 선택을 했냐고요? 제안을 수락했죠."

우리는 식물원 벤치에 앉았다. 가느다란 황토색 기둥에 파란색 지붕이 얹어진 원형의 독특한 중국풍 정자 아래쪽이었다. 성곽 너머 해변에서는 수많은 바위를 쓸어대는 파도 소리가 귀를 가득 채워와, 그도 나도 잠시 그 소리를 감상했다. 문득 성곽의 일부분은 수 세기 전 바다로부터의 공격을 방어하기 위해 그 자리에 계획적으로 세워졌으리라는 생각이 스쳤다. 그러다 페리 터미널 쪽을 다시 돌아봤을 때 당혹스럽고도 놀라운 광경이 눈에 들어왔다. 지느러미 모양의 커다란 형체가 항구를 향해 엄청나게 빠른 속도로 다가오고 있었다. 넋을 잃고 지켜보다가 잠시 뒤에야 그 형체의 정체를 알아챘다. 수평선 쪽에서 들어오는 중인 페리의, 경사진 모양의 통풍구였다. 아직 걷히지 않은 흐릿한 아침 안개에 가려 통풍구의

♦ 옛날의 덴마크 은화.

붉은 색이 뿌옇게 물들어 있었고, 선체는 잿빛을 띠어 바다의 잿빛 사이에서 잘 구분되지 않았다. 페리를 타고 단지 3시간만 지나면 수평선 아래로 본토가 완전히 사라져서 맑은 날 저녁에는 고틀란드와 스웨덴 본토 사이의 바닷속으로 태양이 저무는 광경을 또렷이 볼 수 있다는 것이 새삼 신기하게 느껴졌다. 지금도 그렇게 태양이 바닷물 속으로 빠지는 듯한 환영을 볼 때면 물질의 세계가 참으로 오묘하다는 느낌이 든다.

예스페르도 지느러미 모양의 정체를 알 수 없는 그 형체를 봤는지 궁금해하다가 이기적인 경각심이 일었다. 아직 이야기를 다 듣지도 못했는데 그가 그만 협회로 돌아가서 떠날 채비를 해야겠다는 생각을 하고 있을까 봐 철렁했다. 나는 그의 주의를 흩트리는 동시에 언론의 자유에 대한 문제로 관심을 유도하기 위해 밑도 끝도 없는 지난 얘기를 꺼냈다. 내가 오슬로에 살러 온 지 3년 후인 1987년에, 인도 출신의 영국 소설가 루슈디Rushdie의『악마의 시 Satanic Verses』♦ 노르웨이어 번역판 출간에 대한 항의로 무슬림 지도자들이 오슬로에서 주도했던 시위행진의 얘기였다.

나는 당시 시위 참가자들이 금서 요구를 했던 그 책은, 사실상 노르웨이에서는 아직 출판도 되지 않은 데다 설령 어떤 언어로든 읽어본 사람이 있다고 해도 그 수가 극소수에 불과하던 책이었음을 지적했다. 그날 칼 요한 거리에 눈발이 살짝 흩날리던 모습이며, 그 시위를 보면서 들었던 느낌도 이야기했다. 난센,♦♦ 입센, 아

♦ 왜곡된 유럽 세계의 이슬람관을 바탕으로 무함마드를 풍자하고『코란』을 악마의 계시로 빗대어 소설화하였다.
♦♦ Nansen. 노르웨이의 북극 탐험가·정치가.

문센, 그리그, 뭉크, 함순의 노르웨이에 와서, 본질적으로 19세기의 꿈 같은 노르웨이를 느끼며 살게 된 나에게도, 시위 참가자들이 표출하는 불안과 분노는 대다수 노르웨이인들 못지않게 당혹스럽게 다가왔다. 그날 저널리스트 친구 두 명과 칼 요한 거리의 그랜드 호텔 밖에 서서 시위를 지켜보았던 기억도 떠올랐다. 남자들만 피켓을 든 채 터벅터벅 걷고 여자들은 그 뒤에 떨어져 유모차를 끌고 행진하는 소동이 벌어지면서 차가운 공기에는 시위대의 땀 냄새가 짙게 풍겨왔다. 우리는 보조를 맞추어 시위대를 따라가며 노르웨이 국회의사당을 지나 에예르토르예 광장에서 비탈길을 내려가 역쪽으로 향했다. 한 노르웨이 여성이 표현의 자유에 대한 권리를 주장하며 높이 치켜든 피켓을 시위 참가자 두 명이 빼앗으려고 달려들면서 난투가 벌어지기도 했지만 시위대의 관리자가 나서면서 신속하게 잘 정리되었다.

나는 이야기를 이어가며, 1993년 10월의 월요일에 있었던 일도 들려주었다. 이란의 지도자 아야톨라 호메이니가 그 소설의 저자, 인쇄업자, 출판업자, 번역가, 구매업자 들에 대해 내린 파트와♦에 직접적 영향을 받지 않는 이들 대다수가 그 일을 잊다시피 했던 그때, 노르웨이어판의 출판업자인 빌리암 뉘고르William Nygaard가 오슬로가 내려다보이는 구릉지대의 상류층 거주 지역인 홀멘콜렌의 자기 집에서 나와 차를 타고 출근을 하기 위해 자갈 깔린 주차장을

♦ fatwa. 이슬람 세계의 법률 용어로, 법학자들이 『코란』을 비롯한 이슬람 세계의 법원을 바탕으로 내린 법적 해석을 의미함. 당시에 호메이니는 이 파트와를 통해 이들에게 사형을 선고했는데, 유일하게 파트와를 철회할 수 있는 그 자신이 같은 해 6월에 숨지면서 '영원한 파트와'로 남게 되었다.

가로질렀다. 바로 얼마 전에 뉘고르는 연례 도서전인 프랑크푸르트 도서전에 다녀왔다. 떠나오기 전날 밤, 프랑크푸르트에서의 칵테일파티에서 파트와 얘기가 나왔다. 어떤 사람이 뉘고르에게 무섭지 않느냐고 물었다. 뉘고르는 안 무섭다고, 신변 안전에 대해서는 별걱정이 없다고 대답했다. 노르웨이에서 그런 식의 폭력 사태가 발생할 턱이 없다고 여겨서였다. 대다수의 관측자들에게, 작고 아름답고 질서 정연한 나라 노르웨이는 여전히 세계의 주요 사건들의 영향 밖에 있어서 설령 사회 문제가 있다 해도 극소수에 불과한 곳이었다.

그런데 그날 월요일 아침에, 뉘고르가 자기 차 시트로엥에 가보니 앞 타이어 한 개가 펑크나 있었다. 순간 기분이 안 좋아졌다. 아들이 차를 썼다가 전날 밤 늦게 가져다 놓았던 것을 알았던 터라 짜증이 치밀었다. 펑크가 났으면 본인이 알아서 해결해놓든가, 자신한테 전화로라도 알려주고 갈 것이지 이게 뭐 하는 짓인가 싶어서였다. 뉘고르는 긴급출동 서비스를 부르기 전에 차 문을 열어 도난방지 경보기부터 껐다. 휴대폰을 아직 손에 들고 있던 그때 갑자기 뭐라고 표현할 수 없는 통증이 온몸을 훑고 지나갔다. 차에서 뒷걸음쳐 떨어지는데 또다시 통증이 엄습했다. 어떤 방식인지는 모르겠지만 아무래도 휴대폰이나 차 안의 전기장치가 감전을 일으키는 것 같아, 주차 자리 뒤쪽의 둑으로 달려가자 세 번째 통증이 덮쳐와 비탈길로 굴러떨어졌다. 10분 동안 그 자리에서 고통에 겨워하며 쓰러져 있는데 차를 타러 나온 이웃 여자가 도와달라는 가냘픈 음성을 들어 응급 서비스에 전화를 걸어주었다. 뉘고르는 그녀에게 자기 차 주변에 강력한 전류가 흐르는 것 같으니 조심하라고 주의를 주었다. 틀림없이 전류가 흐른다고 확신해서, 자신을 병원으로 실어가기 위해 도착한 응급처치 요원들에게도 자기 차 쪽으로 너무 가까이 가지 말라고 당부하며 차가 어떤 엄청나고 해로운 '힘의 장場'♦ 구역에 세워져 있는 것 같다고 말했다. 울레볼 병원에 도착해 셔츠를 잘라냈을 때에야 정확한 원인이 밝혀졌다. 그는 세 발의 총알을 맞은 것이었다. 누군가 그의 목숨을 노렸다는 얘기다.

나에게 이 사건 소식을 전해준 사람은 소설가 라르스 소뷔에 크리스텐센이었다. 당시에 나는 베셀스 거리에 작업실을 마련해두고 있었는데 그날 아침에 그가 NRK 방송의 크누트 함순 TV 시리즈 작업 건으로 원고 얘기를 하러 들렀다가 전해주었다. 우리 둘 다 그 사건을 접하자마자, 1989년 아셰호우 출판사에서 『악마의 시』를 출간한 일과 직접적 연관성이 있을 것으로 추정했다. 하지만 경찰은 섣부른 결론이라며 경계했다. 그 살인미수 사건 이후 첫 기자회견에서 한 기자가 경찰국장에게 사건의 정황을 고려하면 카리 리스비크에게 무장 경호원을 붙여주어야 하지 않느냐고 물었다. 그러자 경찰국장은 이마를 찡그리며 어리둥절한 표정으로 물었다. "카리 리스비크가 누구죠?" 기자는 리스비크가 루슈디의 소설 노르웨이어판을 번역한 사람이라고 알려주었다. 여기에 덧붙여 일본어판 번역가 이가라시 히토시는 이미 살해되었고, 이탈리아어판 번역가 에토레 카프리올로도 미수에 그쳤지만 살해 공격을 당했다고 알려주었다. 하지만 경찰은 인종 차별 관행이라는 비난을 들을까 봐 두려워하거나, 단지 책 하나 때문에 그런 엄청난 짓을 저지를

♦ 눈에 보이지 않는 힘이 작용하는 장애 구역.

리가 있겠느냐는 의혹을 품은 채로 그 후 몇 주간 뉘고르의 친구나 지인들을 대상으로 참고인 조사를 벌이는 식의 수사를 진행하며, 그 살인미수 사건의 보다 평범한 동기를 찾아내고자 사생활을 파고들었다.

"그렇게 수사를 벌였는데 26년이 지난 현재까지도 총격의 용의자로 추정되는 사람이 아무도 없어요. 그러니 뉘고르 본인은 얼마나 미칠 노릇이겠어요? 경찰이 불륜녀나 질투심에 사로잡힌 애인을 찾는 일에만 달라붙으니 말이에요."

예스페르가 고개를 설레설레 저으며 정말 그럴 것 같다고 공감했다.

"크리스티안은 어땠어요? 슈트루엔제와 자기 아내 사이를 알았나요?" 내가 물었다.

"예, 알았어요. 두 사람 사이는 공공연한 비밀이었죠. 말하자면 그가 미리 짜놓은 계략이었어요. 크리스티안은 자기가 뭘 하든 간섭하지 못하게 슈트루엔제가 캐롤라인을 떼어내주길 바랐어요. 그래야 술을 마시고, 싸우고, 스퇴벨 카트리네와 노닥거리고, 스퇴벨 카트리네가 부탁하면 그녀의 매음굴과 경쟁하는 다른 매음굴을 때려 부수면서 마음껏 시간을 보낼 수 있을 테니까요. 캐롤라인은 우울증에 빠져 있었어요. 바깥출입도 안 했고요. 딱히 갈 곳도, 같이 나갈 사람도 없었으니 그럴 만했죠. 몸도 점점 뚱뚱해졌어요. 크리스티안은 슈트루엔제에게, 그녀를 찾아가 도와줄 일이 없는지 살펴봐달라고 부탁했고 슈트루엔제는 그 부탁에 응했어요. 가서 그녀에게 말 상대가 되어주었죠. 바깥에도 좀 더 자주 나가야 한다면서 말타기를 권했어요. 말타기가 젊은 여성이 할 만한 품위 있는 취미생활은 아니었지만 캐롤라인은 너무 절박함에 빠져 있던 터라 한번 해보기로 했다가 아주 좋아하게 됩니다. 말타기는 그녀에게 자유를 느끼게 해주었어요. 그러다 어느 순간부터는 슈트루엔제도 그녀와 함께 말을 타게 되었죠. 아마 그때부터 둘의 관계가 시작되었을 거라고 봐요. 뒤레하벤의 들판과 숲에서, 쓰러진 나무 몸통 뒤에서, 어느 조용한 사냥 막사 안에서 둘만의 시간을 갖게 되었을 테죠. 다들 알고 있었어요. 하지만 왕이 그러든 말든 신경 쓰지 않는 마당이니… 물론, 궁 안에는 신경 쓰는 이들도 있긴 있었어요. 두 사람을 곱게 보지 않는 적들이 있었죠. 캐롤라인은 말을 탈 때 언제나 남자처럼 양쪽으로 다리를 벌리고 탔어요. 한 신하는 일기에 쓰길, 캐롤라인이 말을 타고 간 뒤에 말안장을 보니 피가 묻어 있더라면서 그녀가 왕비의 체통만이 아니라 여자라는 사실까지 잊어버렸다고 책잡았어요. 이런 반감은 결국 위험한 화근이 되었죠.

슈트루엔제는 밤이면 뒤쪽 계단을 통해 몰래 왕비의 방으로 갔어요. 하인들은 바닥에 가루를 뿌려놓고 아침에 그의 족적을 발견했어요. 왕비의 침실 문 열쇠구멍에 밀랍을 채워 넣었다가 아침에 자물쇠를 억지로 비틀어 열면 문틈에 털이 붙은 것을 발견하기도 했어요. 그런데도 왕이 신경 쓰지 않으니 아무도 신경 쓰지 않았어요. 왕은 애견 구르망에게 더 신경을 썼어요. 구르망은 키가 그의 가슴 높이까지 올 만큼 덩치 큰 야수였어요. 특별대우를 받아 극장의 왕실 전용석에 자기 자리까지 턱 하니 있었고, 왕이 말을 타러 나갈 때는 말 여섯 마리가 끄는 전용 마차에 타서 따라다녔죠. 크리스티안스보르 궁전 예배당에서 행해진 크리스티안의 조모 장례식에서는 통로에서 마음대로 활개 치다가 관 위에 오줌을 싸기까지

했어요. 세상이 발칵 뒤집힐 만한 대형 사고였죠.

캐롤라인이 슈트루엔제의 자식일 거라는 소문이 파다한 아이를 낳은 뒤에도 그녀와 크리스티안과 슈트루엔제는 여전히 함께 살았어요. 21세기 코펜하겐의 히피 자치 구역 크리스티아니아에 거주하는 히피 가족처럼요. 그리고 상황이 이렇다 보니 충분히 그럴 만했겠지만, 어느 순간 슈트루엔제는 각성하고 깨달았어요. 생각해 보니 자신 앞에 절대 권력의 대로가 쫙 펼쳐져 있었던 겁니다. 왕은 감히 침범할 자가 없고 절대적으로 옳은 존재였습니다. 그런데 자신이 그런 왕의 마음을 얻었고, 왕비의 마음까지 얻었잖아요. 자신을 막을 자가 아무도 없다는 얘기였죠. 그는 자신이 신봉하는 볼테르와 루소의 사상에 다시 집중하게 됩니다. 바라는 리스트를 작성해, 일련의 민주적 개혁안을 차근차근 세워나갑니다. 덴마크 국민에게 세계 그 어느 곳에서도 따라올 수 없을 만한 자유를, 자신들이 누리지 못하고 있다는 사실조차 몰랐던 그런 자유를 부여하려는 개혁안이었죠. 구체적으로 이런 것들이었어요. 고문의 폐지, 일명 부역corvée이라는 일종의 무보수 강제노동 폐지, 관직 등용에서 귀족을 우대하는 관행 철폐, 귀족의 특권 폐지, 궁정에서의 규율과 예법 폐지, 비생산적 제조업자에 대한 국가 보조 폐지, 버려진 아이들을 돌보기 위한 재원 마련을 위해 도박과 사치용 말에 대한 과세 도입, 덴마크 식민지에서의 노예무역 금지, 뇌물 수수를 범죄로 간주하여 응당한 처벌 내리기, 부패 근절을 위한 사법 제도 재편, 곡물 가격 상승의 주범인 투기 매매를 뿌리 뽑기 위해 국가 운영의 곡물 창고 설치, 농민들에게 농지 양도해주기, 군대의 재편과 감축, 대학의 개혁, 완전한 언론 자유의 도입 등등입니다. 그리고 이런 일들의 실행을 위해 그가 해야 할 일이라곤 개혁 리스트에 크리스티안의 서명을 받아 절대군주가 정한 기정사실faits accomplis이라며 추밀원에 제출하는 것뿐이었죠."

예스페르가 흘끗 손목시계를 보더니 순간 놀란 표정이 되었다. "그만 가봐야겠네요. 아직 짐도 안 쌌거든요."

우리는 자리에서 일어나 식물원을 나와 세인트한스가탄 거리로 들어섰다. 바로 맞은편에 '블랙시프 암스'라는 바가 눈에 띄었는데, 문에 옛 서체로 '잉글랜드' 펍이라고 적힌 푯말이 붙어 있었다. 분위기로는 1599년쯤 세워진 가게처럼 보였지만 내가 지난번이 섬을 왔다 간 이후에 새롭게 문을 연 곳이었다. 그래서 정말 잉글랜드식 펍인지 확인해보려고 기억해두었다가 나중에 시간을 내서 가봤더니 바 주인은 오스트레일리아 사람이었고 음악은 아일랜드 음악이었다. 100미터를 더 가자 성 마리아 성당 정면의 밝은 흰색 벽이 보였고 우리는 비스코프스가탄 거리 방향으로 성당 정원을 지나 옆문으로 나온 뒤에 정문 앞을 가로질렀다. 그런 다음 우덴스 길과 발트연안협회로 돌아가는 길목인 가파른 돌계단을 향해 걸어갔다.

"슈트루엔제의 개혁은 그가 죽은 후에도 온전히 지켜졌나요?"

"그러지 못했어요."

"단 하나도요?"

"그의 사후에 온전히 남은 것은 치아뿐이었어요. 치아와 뼈는 인간보다 오래 살아남잖아요. 인간의 육신에서 단단한 부분이 아닌 혀, 머리, 피, 살 같은 부드러운 부분은 모두 사라져버리지만요. 사실상의 쿠데타가 벌어지고 15개월 후에, 슈트루엔제는 지지 인맥을 쌓지 못한 대가를 톡톡히 치르게 되었죠. 힘 있고 반감을 품은 귀족들이 왕의 계모, 율리아네를 중심으로 뭉쳐서 복잡한 책략도 없이 단순하게 밀어붙여 슈트루엔제를 이른 아침에 그의 방에서 체포하고, 캐롤라인을 제압하면서 아이들을 빼앗았어요. 크리스티안은 철저히 배제되어 절대군주의 특권을 행사하지 못하도록 경고받았지요. 현실적인 사람들이 다시 나라를 장악하면서 모든 것이 말짱 꽝이 되어버렸어요.

처형과 사지절단이 끝난 후 시신의 각 부위는 짐마차에 싣고 인근으로 옮겨져 수레바퀴에 매어진 채 장대에 달렸어요. 머리와 오른손은 장대에 바로 매어졌죠. 2년도 더 지나서 그곳을 지나던 한 영국인 여행자가 글로 남긴 바로는, 그 장대들이 소름끼치는 모습으로 여전히 그 자리에 세워져 있었다고 해요. 마침내 장대가 쓰러져버렸을 때 마르쿠스 칼이라는 의대생이 덴마크 역사의 이 기묘한 막간극을 기리는 의미에서 두 사람의 치아 하나씩을 슬쩍 집어왔어요. 어떤 이유에서인지 이 치아들은 수십 년 동안 극장 박물관에 보관되어 있다가 몇 년 전에 메디신스크 역사박물관에 기증되었어요.

어떻게 보면 이 모든 일에서 가장 울적한 대목이 뭔지 아세요? 슈트루엔제가 사람들에게 표현의 자유를 주었는데 바로 그 표현의 자유를 가지고 너도나도 한 일 대부분이 슈트루엔제나 그와 캐롤라인과의 애정행각을 겨냥해서 추잡하고 모욕적인 운문을 지어냈다는 점입니다. 덴마크인들은 자신의 느낌과 생각을 그대로 표현하고, 서로서로 가르치고, 서로에게 건설적 비판을 나누고, 높은 자리의 힘 있는 이들에게 대담하게 이의를 제기할 자유를 얻었어요. 그런데 그 결과로 슈트루엔제가 얻은 것은 오히려 고전판 인터넷 트롤◆이 판치는 사회였어요. 죽일 놈. 빌어먹을 놈. 등신 같은 녀석. 왕은 미치광이 등등의 말이 난무했어요. 그는 법령 통과 후 불과 1년 만에 출판물 맨 앞장에 저자와 인쇄업자의 이름을 분명히 밝히도록 법령을 수정해야 했어요. 명예 훼손을 당했다고 여긴 이들이 법에 따라 고소할 수 있도록요.

슈트루엔제는 무신론자였지만 관대했어요. 국가 공무상의 한 구성 요소로서의 기독교에 대해서는 직접적으로 공격하지 않았어요. 다만 국가가 개인의 삶에 가능한 한 개입하지 않는 것이 그의 이상이었던 만큼, 기독교의 도덕 체계와 금지규정이 자발적으로 받아들이는 이들에게만 적용되도록 개혁을 감행했어요. 예를 들어, 슈트루엔제의 기준에 따라 혼인 관계가 아닌 두 사람 사이의 성관계가 더는 죄가 아니었죠. 그는 종교적 편협성도 용납하지 않았어요. 한번은 대학에서 어떤 유대인에게 박사 학위 수여를 거부하고 있다는 사실을 알게 되었을 때, 학위란 충분히 받을 만한 자격을 갖추었다면 종교와 상관없이 수여되는 것이 왕의 뜻이라고 대학 측에 통보했어요.

슈트루엔제가 실각하고 3년 후 캐롤라인이 성홍열로 스물세 살 나이에 숨을 거둔 이후 그의 모든 개혁은 폐지되었어요. 하지만 일종의 씨앗이 되었지요. 절대군주제를 폐지하는 1849년의 헌법은 덴마크인에게 다시 한번 발언과 출판의 자유를 안겼고 검열이 영

◆ 인터넷에서 불필요하게 상대방을 자극함으로써 고의적으로 다른 이들을 불쾌하게 만드는 이들을 가리키는 신조어.

구 금지되었어요. 덴마크인은 여전히 슈트루엔제에게 묘한 양면적 감정을 품고 있어요. 그는 아주 좋은 의도로 왕을 이용했지만, 어쨌든 이용한 건 이용한 거죠. 그런 데다 덴마크인의 문화와 언어를 거의 존중하지 않으며 덴마크를 지배한 독일 문화의 엘리트층에 속해 있었어요. 시간이 허락지 못해서 그가 미처 실행하지 못한 생각 중에는, 공식 석상에서의 덴마크어 사용 금지도 있었어요. 훗날 덴마크의 고위직에 오를 자격을 본국 태생의 덴마크인으로 제한하는 법령이 통과된 것도 슈트루엔제를 겪은 일이 직접적인 영향으로 작용한 거죠. 사실, 이 법령은 시민권 도입에 상응하는 것이었고, 유럽 민족이라는 개념이 발전하는 데도 중요한 역할을 했어요. 슈트루엔제 이전까지만 해도, 재능과 더불어 종교가 고위직 임명의 결정적 요소였어요. 그런데 슈트루엔제 이후에는 어떤 사람이냐가 아니라, 어디 출신이냐가 중요해졌죠."

예스페르가 계단 꼭대기에서 걸음을 멈추더니 난간에 기대 헐떡이며 호흡을 고르면서 도시의 경관을 감상하다가 바로 말을 이었다. "어떤 사람들은 슈트루엔제를 몽상가라고 평가해요. 심지어 그리스도로 여기는 사람들도 있어요. 하지만 그는 그렇게 보기엔 너무 인간적이에요. 게다가 무신론자였고요. 무신론자가 그리스도가 될 수 있을까요? 하지만 그에 대해 곰곰이 생각하다 보니 이제는 이런 생각이 들어요. 국가가 국가의 이름으로 자행하는 범죄 중에는 너무 소름 끼치고 혐오스럽고 용서하기가 힘들어서 정신적 자살에 상응하는 그런 범죄도 있다고요. 제 생각엔, 슈트루엔제의 고문과 사형은 덴마크에서 고대의 종말이자 현대의 시작을 가르는 사건이었어요. 1772년에도 그와 에네볼 브란의 사형 방식은 야만적으로 여겨졌어요. 사형 집행 자체가 아니라 그 이후의 이차적인 행위들을 놓고 야만적이라는 생각들이 많았어요. 사형 집행 후 죄를 지은 오른손이 가장 먼저 베어진 후, 머리, 성기, 사지가 베어졌죠. 사형 집행 쇼가 진행될수록 구경하던 군중은 침묵에 잠겼고 모든 절차가 끝나자 다들 말없이 자리를 떴어요. 1772년 4월의 바로 그날, 이루 말할 수 없는 수치심이 자극되었던 겁니다. 그리고 수치심은 사회를 바꾸는 계기가 되었지요."

30분쯤 후 발트연안협회가 자리 잡은 풀로 우거진 둔덕, 쉬르크베르예트 방향으로 자갈길을 달려오는 택시가 보였다. 그가 부른 택시였다. 작별인사를 나눌 때 예스페르가 내 팔뚝에 손을 얹고 그 옅은 빛을 띤 눈에 씁쓸한 표정을 담아 쳐다보는 바람에, 갑자기 그가 무슨 말을 하려고 그러나 싶어 두려워졌다.

"이곳에 와서 글을 전혀 쓰지 못했어요. 4주를 있었는데 우라질 시 한 편도 못 썼어요. 일에 진척이 없는 것 같아요. 암담해요." 그가 불쑥 속 얘기를 꺼냈다.

어느 한 순간엔 그가 금방이라도 울음을 터뜨릴 것 같은 기색이었다. 왜 나한테 그런 얘길 털어놓는지 잠시 의아했지만 아무래도 히치하이커 신드롬의 발동 같았다. 가장 고통스럽고 내밀한 고민을 다시 만날 일이 없을 만한, 생판 모르는 사람에게 털어놓고 싶은 심리 같았다. 아무리 생각해도 그런 상황에서 내가 해줄 수 있는 일이 달리 없어서 어깨를 툭툭 쳐준 후, 초록빛이 도는 적색의 낡은 볼보가 전진·후진·전진으로 좁은 길에서 방향을 바꾸며 발트연안협회의 도서관을 빙 돌아갈 때까지 손을 흔들어 주었다. 기숙사동으로 돌아오는 길에 계단을 내려가려던 그리스의 시인 에르시 소티로포울로스와 마주쳤다. 그녀는 크루퇴넨 총격범이자 크뤼스탈 가데 예배당의 살인범으로 지목된 청년이 이른 아침에 경찰의 총에 맞아 죽었다고 알려주었다. 나는 알려줘서 고맙다고 말한 후에 내 방으로 올라왔다. 좁은 침대에 걸터앉아 스마트폰으로 마일스 데이비스의 〈Flamenco Sketches〉를 검색해서 총 9분짜리인 곡을 반복 재생으로 틀어놓고는 헤드폰을 끼고 누워 눈을 감았다.

—— 8
신앙심: 쇠렌 키르케고르와
올라브 피스크비크

나는 특히 가을과 겨울이면, 별일이 없는 한 토요일마다 오슬로 대
학교에서 철학을 가르치는 친구 에실 노르리Eskil Nordlie와 C.J. 함브
로스 광장의 헤르 닐센 재즈 펍에 가서 4시에서 6시까지 계속되는
오후 공연을 들었다. 사람들로 붐비는 그 작은 모퉁이 펍 안에서 그
렇게 시간을 보내던 순간은, 내가 대도시에 살고 있음을 느끼는 몇
안 되는 경험이었다. 그곳엔 언제 가도 베네치아풍의 두툼한 블라
인드가 드리워져 있고, 흡연 금지 시행 이전 시대부터 그 자리에 대
어져 있던 베이지색 널빤지에는 고색창연한 갈색 빛이 배어져 있
었다. 다만, 2011년에 아네르스 브레이비크♦가 터뜨린 폭탄의 충격
파가 아포테케르가타의 긴 커브길을 휩쓸 당시에 깨져버려 교체된

♦   Anders Breivik. 노르웨이의 연쇄 살인범이자 극우파 테러리스트. 오슬로 정부청사에
     서 폭탄을 던져 인명을 살상한 후, 집권 노동당의 청소년 캠프가 있는 우퇴위아섬으로
     이동하여 여름 캠프에 참가한 청소년들을 향해 총기를 무차별 난사하여 모두 일흔일곱
     명을 숨지게 하였다.

옆쪽 창문만은 예외였다. 그곳에 갈 때면 어김없이 NRK(노르웨이 국영 라디오)의 장수 프로그램이 생각났다. 내가 꼭 챙겨 들었던 〈스튜디오 소크라테스Studio Socrates〉라는 프로그램인데, 초대 손님으로 나온 철학자들이 여러 작가와 사상가들의 작품이나 사상을 놓고 두서없이 이런저런 대화를 나누고 중간중간 말을 끊어 특정 재즈 아티스트의 곡을 틀어주다가 끝나갈 때쯤 그날의 사상가와 음악들을 독특하게 결부 짓는 식으로 진행되었다. 지금도 기억나는 어느 날의 방송에서는, 프랑스 철학자 앙리 베르그송과 미국의 트럼펫 연주가 쳇 베이커를, 다른 날에는 프랑스의 여류 사상가 시몬 베유와 노르웨이의 재즈 색소폰 연주가 얀 가르바레크를, 또 다른 날에는 크누트 함순 및 그의 소설 『굶주림Hunger』과 스토아학파 철학자들을 결부 지은 적이 있었다. 이러한 독창적이고 참신한 조합들에 나는 깊은 인상을 받았고, 에실과 함께 토요일 오후를 헤르 닐센 펍에서 보내다 보면 이따금 그런 식의 대화를 나누고 싶은 마음이 생겨서, 간혹 이야기가 길어지면 공연이 끝난 후 국립극장 맞은편의 부른스 바로 자리를 옮겨가면서까지 대화를 이어가기도 했다. 마침 그 무렵에 키르케고르의 책을 읽기 시작한 터라, 나는 자주 화제를 전환해서 대화를 키르케고르와 그의 사상에 대한 토론으로 끌고 가곤 했다. 그중에서도 특히 스칸디나비아 사람들을 **멜랑콜리하고 암울한** 이미지로 묘사한, 비교적 두드러진 역사적 특징화가 여전히 타당성을 띠는지 확인해보려는 방향으로 토론의 초점이 많이 쏠렸다. 언젠가 한번은 펍 한 귀퉁이의 작은 무대 앞자리에 자리를 잡고 앉아 있다가 내가 에실에게 이런 말을 꺼냈다. TV, 인터넷, 저가 항공 여행, 역사상 유례없는 수준의 활발한 이민뿐만 아니라 아바, 이케아, 아하♦처럼 기본적으로 쾌활함을 띠는 사례들의 세계적인 성공으로 일어난 인식 변화에 따라 그런 유용한 특징화가 점점 진부해져가는 듯해서, 그 특징화가 완전히 사라지기 전에 역사적 뿌리를 이해하고 싶다고.

"스칸디나비아인 하면 으레 멜랑콜리를 연상하는 이런 오래된 이미지에 키르케고르가 한몫을 했을 가능성에 대해 어떻게 생각해? 영국에서는 그의 글이 20세기 중반에 들어와서야 널리 읽히게 되었다는 점을 근거로 그럴 가능성이 없다고 본다면, 당시에 키르케고르 자신보다 더 유명했던 작가와 예술가들의 작품을 통해 그의 영향력이 미쳤을 것이라는 주장도 해볼 만하지 않을까? 예를 들어, 헨리크 입센의 『브란』은 어쨌든 키르케고르가 레기네 올센을 향한 사랑과 자신의 저술 활동 사이에서 선택을 내려야 했을 때 처한 고통을 극화한 것이잖아. 아니면 〈절규Scream〉, 〈흡혈귀Vampire〉, 〈마돈나Madonna〉, 〈재Ashes〉, 〈사춘기Puberty〉, 〈아픈 아이The Sick Child〉, 〈생명의 춤The Dance of Life〉 등 자칭 '생의 프리즈: 현대인의 생의 이미지' 연작에서, 키르케고르가 말한 angst(불안)의 개념을 탐구했던 에드바르 뭉크의 경우가 더 좋은 예에 해당하지 않을까? 확실히 키르케고르는 이런 불안의 개념과 동일시되는데, 이 불안을 영어로는 빈번히 'anxiety'로 번역하기 일쑤잖아. 이게 딱히 틀린 번역은 아니지만 영어의 'anxiety'라는 단어로는 키르케고르가 말하려 했던 그 불안의 **정도**를 제대로 포착하지 못하는 것 같아. 마음 한구석에서 계속 윙윙대며 어떤 때는 그 소리가 너무 커서 아무것도 못

♦　A-Ha. 1982년 오슬로에서 결성된 노르웨이의 신스팝(Synth Pop) 밴드.

할 지경으로 내몰고, 또 어떤 때는 너무 조용조용해서 알아들으려면 견딜 수 없을 정도로 귀를 바짝 기울여야 하는, 그런 종잡을 수 없고 어수선한 불안을 잘 전달해주지 못하는 것 같단 말이지. 확실히…."

나는 여기까지 말하다 말을 끊었다. 자꾸만 뒤를 돌아보며 나를 째려보는 피아니스트의 시선이 느껴져서 연주자들이 첫 번째 휴식 시간을 가질 때까지 참았다가 에실의 생각을 물어보기로 했다. 자칭 '스트레이혼'이라는 연주 팀이 15분 정도 곡을 연주한 후에 피아니스트가 마이크를 자기 얼굴 앞쪽으로 돌려서 음악가들을 소개했다. 그는 다섯 명 중 네 명이 텔레마르크주의 뵈 출신이라고 했다. 노르웨이의 애향심에는 온화하지만 수수께끼 같은 부분이 있어서 어떤 이유에서인지 한 차례 박수가 터졌고 절제된 미국 스타일의 함성도 일어났다. 바로 그 순간, 에실이 참 짓궂다 싶은 타이밍을 잡아서 내가 틀렸다고 말했다. 키르케고르는 멜랑콜리하지 않았다고.

"멜랑콜리는 무기력해. 푹 숙인 고개에 망토를 뒤집어쓰고 쭈그리고만 있지. 키르케고르는 암울함 속에서도 열정적이었어. 그리고 키르케고르를 한 사상가로서 주목하는 자네의 생각은 아주 잘못된 거야. 하나의 이야기로서 주목해야 해. 참담하고 경계심을 주는 이야기로 말이야. 왜 그런지 이유를 말해주지."

하지만 이번엔 에실이 피아니스트의 눈총을 받는 바람에 우리는 20분 동안 입을 꾹 닫고 그저 음악을 즐겼다. 그러다 첫 번째 휴식 시간이 되자, 턱수염을 기르고 살면서 본 중 가장 넓은 어깨 패드가 들어간 엷은 비스킷 색 양복 차림의 같은 자리 합석 손님에게 자리 좀 맡아달라고 부탁했다. 그런 다음 출입문 쪽 젊은이에게 주먹에 찍힌 푸른색 스탬프를 보여주고 인도로 나가서 신선한 오후 공기를 들이마셨다. 에실은 C.J. 함브로스 광장에 놓인 서너 개의 원형 흡연 테이블 중 오슬로 지방법원의 인상적인 흰색 정면부가 보이는 쪽에 가서 털썩 앉으며 키르케고르의 얘기를 풀어놓기 시작했다. 들어보니, 키르케고르는 7남매 중 막내였는데 스물두 살 때쯤에 형 한 명만 빼고 형제자매가 모두 죽었다고 한다. 어머니 역시 돌아가셨다. 에실은 키르케고르가 이렇게 가족의 단명을 겪으면서 삶을 죽음의 준비 과정으로 생각하게 되었고, 그런 생각으로 인해 시간의 가치에 강박적으로 의식하게 되었으리라고 보았다. 키르케고르는 적극적인 문필생활을 펼치며 15년 사이에 엄청난 다작을 선보였다. 1843년의 어느 하루에는 세 권의 책이 동시에 출간되었을 정도다. 키르케고르의 아버지 미카엘은 최하층민 소작농 출신에서 부유한 직물 수입상으로 성공한 사람이었다. 미카엘은 열네 살의 소년 시절, 주인집의 양을 치다가 하늘을 올려다보며 불공평한 운명을 내린 하느님을 저주했다. 그 뒤 갑작스럽게 큰 재물이 들어오는 동시에 가족이 연달아 사망하면서 그는 자신의 저주에 하느님이 불가사의한 답변을 보내온 것처럼 느꼈다. 그는 아들 쇠렌 키르케고르에게 어두운 시각으로 기독교를 가르쳤고 아들은 오랫동안 이 점을 원망하면서 자신이 천진난만한 유년기를 보내지 못했다고 여겼다. 하지만 더 훗날엔 그 일이 기독교의 참된 의미에 대한 독자적 개념을 재정립할 기회가 되었음을 알게 되었다. 1838년에 아버지가 사망하면서 그는 막대한 유산을 물려받아 생활비를 벌 필요가 없어졌고, 평생의 활동으로 삼으려고 작정한 일에 본격적으로 뛰어들 여유가 생겼다. 바로 사상가이자 작가로서의 활동이었다. 1837년 5월에는 코펜하겐의 친구 집에서 레기네 올센이라는 조숙하고 재능 있는 젊은 아가씨를 만나 구애했다. 그러다가 올센이 열여덟 살이었던 1840년 청혼하여 승낙을 받아내지만 1년 후인 1841년 9월에 파혼을 했다. 그 직후에는 그를 스칸디나비아 전역의 유명인사로 도약시켜준 책이자, 어쩌면 현재까지도 그의 이름을 떠올릴 때 가장 흔히 연상되는 책인 『이것이냐 저것이냐Either/Or』를 출간했다.

에실은 죽음을 가까이에서 접하고, 세상을 죄악으로 물든 곳으로 바라보는 세계관을 아버지로부터 강압적으로 주입받고, 사랑하는 여인과 결혼하지 않겠다는 자학적 결정을 내리게 된, 키르케고르의 이런 초기 삶의 특징이 그의 모든 사상을 낳은 원동력이 되었다고 설명했다. 그것도 자발적 의지에 따라 원동력으로 삼은 것이었다. 키르케고르는 프리드리히 헤겔Friedrich Hegel로 대표되던 당시 사변思辨철학의 주류 학파와 격심한 언쟁을 벌이며, 그런 철학에서 내세우는 객관성은 허울에 불과하다고 지적했다. 헤겔이 제시하는 식의 보편적 사고 체계는 이성의 힘을 치명적이도록 과대평가함으로써 결함이 발생한다고 봤다. 키르케고르에게는 이성이 삶의 이런저런 상황을 다루는 데 유용한 도구이긴 하나, '나는 누구인가? 나는 왜 이곳에 있는가? 죽음이란 무엇인가?' 같은 지극히 심오한 실존적 문제에 직면하면 한계에 부딪힌다고 보았다. 그는 헤겔이 자기 자신의 사고의 결과를 실천에 옮기지 않는다고 비난하기도 했다.

사상가는 거대한 건물, 즉 삶과 세계사 등 전반을 아우르는 하나의 체계를 세우는 사람이다. 그런데 어떤 사상가가 자신의 사생활에 주목했다가 자신이 이 거대하고 높다란 지붕의 건물 안에 거하는 게 아니라 그 옆의 창고나 오두막, 아니면 기껏해야 관리인 숙소에 살고 있다는 충격적이고도 우스꽝스러운 사실을 깨닫고 기겁하게 된다면… 한 사람의 사고는 그 자신의 정신이 거하는 건물이 되어야 한다. 그렇지 않으면 쓸모가 없다.

키르케고르가 이른바 객관적이고 사변적인 철학에 반대한 이유는 단순히 그런 철학이 진짜가 아닌, 허위인 삶의 영위라서가 아니었다. 그것이 대세가 될 가망에서의 실질적 위험성이었다.

콜레라 전염의 조짐은 대체로 콜레라 발생 외에 다른 식으로는 식별 불가능한 특정 파리의 출현이다. 이런 허무맹랑하고 이론적인 사상가들의 출현은, 인류에게 이를테면 윤리적·종교적 손상 같은 불행이 임박해 있다는 징조는 아닐까?

추상적인 철학가들은 제각각으로 어지러운 개인적 개념보다 질서 잡힌 집단적 개념을 좋아한다. 키르케고르는 추상적 원칙도 아니고 말장난도 아닌, 개개인의 일상생활과 밀접한 철학을 세우려 힘썼다.

나는 사고를 할 때, 사람들을 일깨우기 위한 모든 것을 해야 한다는 우직한 생각으로 접근한다. 모든 개개인이 중대한 존재이며,

천 명은 물론이요, 단 한 명이라도 등한시해서는 안 된다는 생각
으로 다가간다.

레기네와의 파혼에서 그가 보여주려 한 것은, 스스로의 신념
에 대한 진정성과 진실성을 위한 희생의 본보기였다. 다시 말해, 평
안한 결혼생활을 꿈꾸는 환상에 사로잡혀 넘어가면 그녀도 자신도
행복해질 수 없다는 신념에 따르는 모습을 보여주려는 것이었다.

키르케고르는 자신과 자신의 삶을 밑바탕으로 삼아 3단계에
걸친 개인의 성숙을 분석해 보였다(사실상 4단계지만, 그 첫 번째 단계
인 속물 단계는 하나의 단계로 분명히 칭하지 않았다). 각 단계는 이전 단
계보다 향상된 상태에 해당되는데, 우선 첫 번째 단계인 속물 단계
는 완전한 무지 상태의 삶을 이른다. 하루하루를 몽유병자처럼 살
아가는 상태이다. 이런 상태에서도 아주 성공을 거두어 높은 자리
에 오르고, 부자가 되고, 유명해질 수 있겠지만 삶의 핵심을 모른
채 살아가게 된다. 그다음의 심미적 단계는 삶이 처음 생각했던 것
보다 더 거대하고 더 신비롭다는 사실에 눈뜨게 되는 순간 다다른
다. 여기에는 삶에서 한발 물러나 관조하면서 상황과 사람들이 조
종 가능하다는 깨달음에 이르는 과정이 필요하다. 하지만 심미가
는 이런 통찰만 이용해도 모든 것을 간파한 뒤, 겉보기에는 모든 것
이 시시해 보일 때 찾아오는 지루함을 피할 수 있게 된다. 윤리적
인 사람은 명쾌한 꿈을 꾸는 일의 즐거움을 속속들이 다루고, 그런
즐거움에 필요한 것은 단 하나, 반복과 (자신도 모르는 사이에 조종당
하는 이들에게 피해를 입힐 수도 있는) 의미 없는 선택의 끊임없는 순
환임을 간파한 심미가이다. 키르케고르는 깨우침의 순간을 다음과

같이 암울함이 깃든 명랑한 장광설로 포착해놓았다.

> 결혼하라. 후회할 테니. 결혼하지 말라. 그래도 후회할 것이다.
> 결혼은 해도 후회, 안 해도 후회하게 되어 있다. 결혼을 하건 말건
> 후회하게 되는 것은 똑같다. 세상 사람들의 어리석은 짓을 비웃어
> 라. 후회할 테니. 아니면 슬퍼하든가. 그래도 후회할 것이다. 세상
> 사람들의 어리석은 짓을 보고 비웃든 슬퍼하든 후회하게 되어 있
> 다. 세상 사람들의 어리석은 짓을 보고 비웃건 슬퍼하건 후회하
> 게 되는 것은 똑같다. 여자를 믿어라. 후회할 테니. 여자를 믿지 말
> 라. 그래도 후회할 것이다. 여자는 믿든 안 믿든 후회하게 되어 있
> 다. 여자를 믿건 안 믿건 후회하게 되는 것은 똑같다. 목을 매 자살
> 하라. 후회할 테니. 목을 매 자살하지 말라. 그래도 후회할 것이다.
> 목을 매든 안 매든 후회하게 되어 있다. 목을 매건 말건 후회하게
> 되는 것은 똑같다. 남성들이여, 이것이 삶의 지혜의 본질이다.

심미가는 마침내 자유의 섬뜩한 면을 깨닫는다. 자유란 거울
의 방에서 방황하며 선택을 강요받는 것이나 다름없음을 알게 된
다. 키르케고르의 사고 가운데 장 폴 사르트르와 그다음 세기의 실
존주의자들에게 큰 호응을 끈 측면이 바로 이 부분, 즉 낭만에 들떠
염원하던 그 자유가 막상 얻고 나면 미처 예상하지 못한 아찔한 멀
미를 일으킨다는 깨우침이다. 그리고 이 점을 깨우친 심미가는 차
츰 자신의 삶에서 윤리적 선택을 내리기 시작한다.

키르케고르의 주장에 따르면, 다른 무엇보다 중요한 선택은 스
스로 선택하는 것이다. 실존하는 인간으로서 우리 자신의 삶을 책

임지는 것이다. 좋든 나쁘든 간에, 지금의 우리가 우리 자신의 선택에 따른 결과임을 인정하는 것이다. 그것도 전적으로 투명하고 정직하게 인정하는 것이다. 그래야만 비로소 윤리적 삶, 즉 윤리적 기준에 따라 선택을 내리는 삶으로 들어설 수 있다.

윤리적 인간이 최종 단계인 종교적 단계로 올라서기 위해서는 키르케고르가 지칭한 '죄악'의 본질을 처절히 깨달으면 된다. 이성을 거부하면서 '맹신'의 용기를 내지 못하는 것, 예수 그리스도가 실존했으며 (또한 여전히 영생의 순간 속에서 실존하며) 이 땅에 인간의 모습으로 나타났다는 믿음에 스스로를 온전히 내맡겨야 하는데 그러지 못하는 것, 그것이 바로 죄악이라고. 키르케고르에게 '죄악'의 반대말은 미덕이 아니라 '신앙심'이었다. 초인적인 수준에 가까워, 그 수준에 이를 만한 사람이 극히 드물 법한 그런 신앙심이었다. 그는 일명 '윤리의 목적론적 정지teleological suspension of the ethical'라는 것에 대해 오랜 시간 공들여 사색하면서 『공포와 전율Fear and Trembling』에서는 성경 속의 아브라함과 이삭의 이야기를 주제로 삼아 이런저런 사색을 펼치기도 했다.

그가 한 행위는 윤리적으로 보자면 이삭을 죽이려 한 것이고, 종교적으로 보자면 이삭을 제물로 바치려 한 것이다. 이런 딜레마에 놓인다면 잠도 못 이룰 만큼 큰 번민이 일어났을 것이다. 그리고 그런 번뇌도 없었다면 아브라함은 아브라함도 아니다. 아니면 사실 아브라함은 실제로는 성경 속에서 전하는 대로 하지 않았을지도 모른다. 그 시대의 가치관에서는 그의 행동이 완전히 다르게 판단되지는 않았을까? 만약 그렇다면 아브라함의 일은 잊어버리

자. 현재와 가치관이 다른 과거를 기억해봐야 무슨 소용이 있겠는
가? … 신앙심을 대수롭지 않은 요소로 일축하여 신앙심을 배제해
버린다면, 이 이야기는 그저 아브라함이 이삭을 죽이려 했다는 단
순한 이야기에 지나지 않게 된다.

키르케고르는 덴마크 국교인 기독교가 이와 같은 이야기에서
설득력과 위험성과 난관을 담은 요소를 죄다 빼버리고는, 해피엔
딩으로 끝나는 하나의 신화로 둔갑시켜 놓았다고 지적했다. 그는
기독교가 따르기에 아주 힘든 규율이라는 점을 사람들이 이해하길
바랐다.

키르케고르의 기독교에는 대다수 이성주의자에게는 용인하
기 힘든 면이 있다. 냉소적인 이들은 지적인 속임수가 관련되어 있
다는 의혹을 내보이기까지 한다. 그런데 인정 많은 시선으로 바라
보면, 이런 키르케고르의 기독교에는 견딜 수 없이 무거운 사색의
짐에서 벗어날 피난처를 찾는 고단한 마음이 엿보인다. 한편 키르
케고르의 신앙심은 그에게 아주 흥미로울 정도로 현대적인 인상을
느끼게 해준다. 그는 옛 종교인 기독교와 그 자신이 새로운 종교가
되어가고 있다고 확신하던 이성주의 사이의 충돌을 구체적으로 짚
어냈다. 그 자신이 아주 이성적이고 분석적인 사람임에도 불구하
고, 이성이 스스로의 한계를 인정하고 있다고 주장했다. 누구보다
먼저 angst, 즉 평생 대부분의 시간 내내 졸졸 따라다니며 주위를
맴도는 듯한 그런 불안감의 본질을 규명하고 탐구했던 그는, 기도
의 힘을 믿어서 수많은 기도문을 직접 쓰기도 했는데 그중 한 기도
문에서는 'angst'의 개념을 직접적으로 풀어놓았다. "오 주님, 제가

스스로를 고문하지 않게 이끌어주옵소서. 숨 막힐 듯한 성찰로 스스로를 괴롭힐 것이 아니라 믿음 속에서 깊은 숨을 들이쉬도록 인도하소서."

키르케고르는 말년에 들어서면서 덴마크 국교회가 장려하는 기독교에 대한 거북함을 노골적으로 폭발시켰다. 한때 자신이 헤겔과 쇼펜하우어를 겨냥하여 비난했던 바로 그 결점(철학의 귀결에 따라 살아가지 못하는 것)으로부터 자신도 떳떳하지 못할까 봐 전전 긍긍하며, 덴마크 국교회에 맹비난을 가했다. 성직자들이 그저 관료와 다름없을 뿐이라거나, 국교의 포용성과 안정성을 위하느라 기독교라는 이름이 무색할 만큼 맥 빠진 교리나 설교하고 있다는 등의 비난이었다. 그 비난의 수위는 사실상 또 한 번의 종교개혁을 요구하다시피 하는 정도였고, 가끔은 그 도가 극단으로 치달아 성경 없이 하느님을 믿자는 생각까지 서슴없이 하기도 했다.

기본적으로 이제는 성경을 없애는 종교개혁이, 루터가 교황을 배척한 개혁에 못지않은 타당성이 갖추어졌다고 볼만하다. 성경에 관련된 모든 것이 학문적이고 형식에 구애되는, 그야말로 별종의 종교를 부상시켜 놓았다. 그에 따라 일종의 '학습'이 점차 사회 속으로 파고들면서 이제는 성경을 인간적 견지에서 읽는 사람이 아무도 없다. 이는 돌이킬 수 없는 피해를 입히고 있다. 즉, 어떤 경우든 성경에는 먼저 확인해볼 내용이 있기 마련이라 성경이 실존에 대한 변명과 회피 등의 구실이 되고 있다. 말하자면 형식을 학습한 뒤에야 실천에 옮길 수 있다는 식의 엉터리 구실이라, 결국 실천에 착수되는 일은 절대 없다.

1885년 42세의 나이로 사망한 키르케고르는 결핵으로 잠정 진단을 받은 이후, 사무엘 베케트*가 결핵 증상에 대해 묘사한 것보다 더 심한 치욕을 겪었다. 대소변을 참지 못하고 싸거나 그렇지 않으면 변비에 걸려 직장直腸에 수시로 비눗물을 넣어줘야 했다. 침대에서 꼼짝 못해 욕창이 생겼는가 하면, 고개도 잘 가누지 못해 가슴 쪽으로 축 늘어졌고, 쇠약해진 다리 근육에 날마다 전기 자극까지 받았다. 이런 와중에도 그의 신앙심은 끝까지 굳건했다. 병문안을 온 어떤 사람이 병원에서도 평온한 마음으로 기도를 드릴 수 있느냐고 물었을 때는 이렇게 대답했다.

　　물론이죠. 그리고 기도를 드릴 땐 제일 먼저 죄의 사죄를 구합니다. 모든 죄를 용서해달라고요. 그다음엔 죽음의 절망에서 벗어나게 해달라고 비는데 그럴 때면 죽음이 하느님의 뜻이라는 말이 자주 떠올라요. 이어서 너무도 간절히 바라는 소원도 빌어요. 죽음이 가까이 왔을 때 어렴풋이나마 미리 알게 되기를요.

　　에실이 일종의 경계심을 주는 키르케고르의 생애 이야기를 마무리 지었을 무렵 스트레이혼의 드러머가 지나갔다. 머리카락은 모두 밀었고 나이는 쉰 살쯤 되어 보이며 검은색 터틀넥 스웨터 차림에 두꺼운 테의 안경을 낀 그 남자는 인도에 담배를 버리고 발로 비벼 끈 후 우리를 지나 걸어갔다. 우리도 그를 뒤따라 다시 안으로

　◆　Samuel Beckett. 희곡 『고도를 기다리며』로 유명한, 20세기 중반 아일랜드 출생의 프랑스의 소설가·극작가.

들어가 좀 전의 자리로 돌아왔다. 우리는 드러머가 무대 위로 오르는 모습을 지켜보았다. 조명 불빛 아래에서 빛나는 민머리와 반짝이는 안경, 그리고 드럼 앞에 앉아 다시 연주의 시작을 알리는 의미로 한바탕 두들겼다. 말소리가 잦아들자 피아니스트가 제2부의 연주곡들은 디지 길레스피♦의 〈Groovin' High〉 앨범 발매 50주년을 기념하는 의미로 헌정 연주를 하겠다고 알려주었다. 이번 음악은 내가 특별히 좋아하는 곡이 아니라서 누구나 가끔 그렇듯 딴데로 정신이 팔리며 쇠렌 키르케고르에 대한 생각으로 빠져들었다. 그의 삶과 사고가 스칸디나비아인의 특징을 이해하는 데 중요한 의미가 있을 만한 가능성을 곰곰이 짚어봤다. 어느새 주간신문 《모르엔블라데Morgenbladet》에서 우연히 보게 된 기사까지 생각이 흘러갔다. 1721년 발생한 살인 사건에 대한 기사였는데, 아주 묘하게도 『공포와 전율』에서 묘사된 상황을 미리 예보한 듯한 내용이었다. 읽자마자 키르케고르가 이 책을 쓰는 데 그 살인 사건 이야기가 영감을 주지 않았을까, 하는 생각이 들 정도였다. '조율'이라는 장 (하나뿐인 아들 이삭을 모리아산에서 제물로 바치라는 하느님의 경악스러운 명령을 아브라함이 어떻게 해석하려 했을지에 대한 네 가지 추론을 이야기한 후에 나오는 부분)과 그리고 '서론적 구상'이라는 절에서 키르케고르는 그 사건과 유사한 가정 상황을 제시한다. 어느 일요일 아침, 한 설교자가 담임 교회에서 아브라함과 이삭의 이야기를 설교하고 있다고. 이어서 키르케고르는 교회 전반의 제도, 그중에서도

♦ Dizzy Gillespie. 미국의 재즈 트럼펫 연주자·지휘자. 모던재즈의 기반이 된 비밥의 유형을 세워 찰리 파커와 함께 모던재즈의 시조로 불리고 있다.

특히 교회의 종들이라는 이들을 멸시하는 투로 그 설교 중에 신도들이 꾸벅꾸벅 졸고 있다는 상황을 가상한다. 그런데 딱 한 사람 졸지 않는 남자가 있다. 그는 지긋지긋하게 시시콜콜한 설교를 한 마디도 놓치지 않고 푹 빠져 듣느라 잠기운이 다 달아났을 정도다. 며칠 후, 남자는 아브라함을 따라 한답시고 하느님께 제물로 바치고자 자기 아들을 죽인다. 설교자는 그 소식을 전해 듣자마자 한달음에 남자 신도의 집으로 달려간다. 그러곤 여태껏 주일 설교에서 보여준 적이 없던 뜨거운 열정을 쏟아내며 그를 나무란다. 가증스럽고도 최악의 악질이라고 욕하며 대체 어떤 악귀에 쓰여서 자기 자식을 죽이게 되었는지 알아야겠다며 노발대발한다. 그러자 자식을 죽인 아버지가 대답하길, 자기는 일요일에 설교자의 설교를 듣고 와서 훌륭한 아브라함을 따라 했을 뿐이라고 말한다.

키르케고르가 이 이야기에서 말하려 한 요지는, 설교자가 사실상 잠결에, 자신이 무슨 소릴 하는지도 귀담아듣지 않으면서 아무 생각 없이 설교했다는 것이다. 아브라함과 이삭의 이야기를 귀담아듣고 이해하려 애썼던 유일한 사람은 이 신도뿐이었다. 물론 제대로 이해하지는 못했다. 무슨 수로 이해할 수 있었겠는가? 그런 식의 설교 와중에도 신통하게 이해했다면, 아브라함을 존경해야 했다. 그것이 키르케고르가 말하는 진정한 신앙심이었다. 인간이 하느님의 말에 절대 의혹을 품지 않는 것이었다. 심지어 그것이 아들을 제물로 바치라는 명령이라 해도. 성경 속에서는 아버지와 아들이 해피엔딩을 맞는다. 아브라함이 이삭을 죽이려는 순간, 천사가 내려와 아브라함이 들어 올린 손을 막는다. 다음 순간 아브라함은 덤불에 뿔이 걸린 숫양을 보게 되고 그 숫양으로 대신 제물을 바치길 바라는 하느님의 뜻을 깨우친다. 하지만 키르케고르의 이야기 속 신도는 그다지 운이 좋지 못하다. 내리치는 손을 막아줄 천사도, 아들 대신 제물이 되어줄 숫양도 나타나지 않는다. 키르케고르에 따르면 그런 인간은 처형시키거나 정신병원에 격리해야 마땅하다. 하지만 키르케고르의 이런 분석이 옳은 것이었을까? 그의 가상 속 살인자는 아브라함의 깊은 내면을 이해하지 못한 채로 겉으로 보이는 행동만 따라 했을까? 그렇다 치더라도, 그 살인자는 아브라함에게 일어난 일들이 자신에게도 똑같이 일어날 줄로 여겼을 것이다. 단지 제물을 바치는 흉내 내기가 아니라 하느님에게 자신의 진실한 의지를 보여주기 위해 칼을 들어 올리면 그 칼이 아들의 목에 닿기 전에 천사가 나타나 막아주고 숫양이 나타날 것이라고. 단지 그의 경우엔, 기대했던 그런 일이 일어나지 않았을 뿐이다.

연주 팀은 이제 〈Salt Peanuts〉를 독자적인 해석으로 연주 중이었는데 트럼펫 주자가 독주를 시작한 순간, 떠오르는 것이 있었다. 문득 키르케고르의 가상 속 신도가 디지 길레스피를 우상시했던 50년대 트럼펫 주자들 같았다. 디지처럼 트럼펫의 나팔 모양 끝부분을 위쪽으로 구부리면 무슨 마법마냥 자신들도 디지만큼 뛰어난 연주를 할 수 있을 거라고 생각했던 것과 다를 바 없는 듯했다. 찰리 파커♦의 뛰어난 연주 비책으로 여기며 헤로인을 섭취했던 50년대 알토색소폰 주자들 같기도 했다.

《모르엔블라데》에 실린 기사는 에를링 산모Erling Sandmo의 『살

♦   Charlie Parker. 미국의 재즈 알토색소폰 연주자로 디지 길레스피와 함께 비밥을 창시하였다.

인자들의 기대Mordernes forventninger』라는 책을 바탕으로 작성된 글이었다. 산모의 이 책은 키르케고르와 아무 연관성이 없지만, 살인자가 살인을 저지른 순간에 제정신이 아닌 상태였던 것 같아 살인의 책임이 있다고 보기 힘들 만한 경우와 그 이유를 관심 있게 다루었다. 오슬로 정부청사에 폭탄을 투하한 후 우퇴위아섬에서 총격 난사를 벌여 일흔일곱 명을 죽이고 그중 대다수가 노동당의 청소년 캠프에 참가한 청소년이었던 아네르스 브레이비크의 연쇄 테러 사건이 터졌을 때, 재판이 열리기까지 수 주와 수개월에 걸쳐 뉴스 매체에서 떠들썩하게 논란을 쏟아내는 와중에도 그런 식의 관점이 제기되었다.《모르엔블라데》의 기자는 산모의 책에 실린 여러 사례의 연구를 활용해 브레이비크의 온전한 정신 상태 문제를 역사적 맥락으로 풀어보았다. 그중 한 사례 연구는 1721년 노르웨이 렌알렌 계곡의 외딴 농촌 마을에서 올라브 톨레프센 피스크비크Olav Tollefsen Fiskvik라는 사람이 벌인 살인 사건에 관한 것이었다.

어느 일요일, 피스크비크는 교회에 나가 아브라함의 믿음과 하느님을 향한 헌신을 전하는 설교 말씀을 들었다. 120년 후 키르케고르의 가상 속 신도가 그랬듯, 피스크비크도 이 설교를 제대로 이해하지 못했다. 그 뒤 4년이 흐른 7월의 어느 목요일에 나무껍질과 새 도낏자루를 만들 목재가 필요하다며 일곱 살배기 아들 할보르를 데리고 숲에 다녀오겠다고 했다. 피스크비크의 아내 시리는 얼마 전에 자기가 하녀와 같이 나무껍질을 모아 왔으니 그럴 필요가 없다고 말렸다. 하지만 올라브는 그래도 다녀와야겠다며 기어코 길을 나섰고 이들 부자는 서로 손을 잡은 채 나무숲으로 들어가게 되었다. 시리는 피스크비크의 태도가 어쩐지 마음에 걸렸다. 그래서 전남편과의 사이에서 낳은 딸, 엘리에게 그들을 뒤따라 가보라고 했다.

얼마 지나지 않아, 엘리가 헐레벌떡 뛰어왔다. 잔뜩 겁에 질린 얼굴로 돌아와서는 의붓아버지가 도끼를 휘둘러 쫓아 보냈다고 말했다. 그 후 아버지와 아들은 숲 깊숙이로 더 들어갔다. 올라브는 여전히 할보르의 손을 놓지 않고 걷다가 일군 땅이 나오자 걸음을 멈추고 목재를 모아와 겹겹이 쌓아 올렸다. 그러더니 할보르에게 돌아서서 목재 더미를 보라고 시킨 다음 두 손에 쥔 도끼를 머리 위로 들어 올렸다가 아들에게 내리쳤다. 할보르가 목재 더미로 푹 쓰러졌다. 아버지는 아들을 두 차례 더 내리쳐서 확인사살까지 했다. 올라브는 목재를 더 쌓아 올린 후에 불을 붙이려 했지만 베어진 지 얼마 안 된 목재라 불이 잘 붙지 않자 집으로 발걸음을 돌렸다. 시리는 돌아온 남편에게 할보르는 어디에 있느냐고 물었고 올라브는 아들의 혼이 걸어서 나갔다는 둥 알 수 없는 이상한 말을 했다. 시리는 엘리에게 할보르가 길을 잃고 헤매지 않게 찾아보라고 했다. 바로 그 순간, 올라브가 아내에게 두 팔을 벌리며 사실대로 털어놓았다. "이제 하느님이 우리를 어여삐 봐주실 거요. 이제 우리도 하느님의 자식들이오." 그는 하느님이 어여삐 여김을 받고 싶으면 할보르를 제물로 바치라고 명했다고 말했다. 하녀인 예르트루드는 가만히 듣고 있다가 하느님이 그런 명을 내리실 리가 없다고 한 소리 했다. 그제야 피스크비크는 자신이 무슨 짓을 저질렀는지 깨달았다. 그는 죽고 싶다고 자책하며 순순히 시신이 있는 위치를 말해주었다. 예르트루드는 시리에게 직접 가서 보면 견딜 수 없을 테니 집에 있으라고 말린 후 자신이 가서 검게 그을린 목재 더미 위에 쓰러져 있는 그 작은 몸을 들어 안고 농장으로 데려왔다.

1721년에는 '정신 균형이 불안정한 상태에서' 저지른 살인은 정상 참작의 여지가 있다는 개념이 아직 나오지도 않았을 때다. 살인에 대한 형벌은 따지고 말 것도 없이 사형이었다. 그런데 이 사건의 경우 이례적인 일이 일어났다. 렌알렌의 집행관이 피스크비크를 잘 아는 마을 사람들을 만나 이야기를 들어본 것이다. 들어보니 피스크비크가 종종 정신 나간 사람처럼 계곡 주변을 어슬렁거리고 다니면서 섬찟한 행동으로 사람들을 겁먹게 할 때가 있었다고 했다. 이런 정신 상태에 빠지면 마을 사람들은 피스크비크의 아버지와 형제들에게 연락을 넣어 그의 정신이 되돌아올 때까지 아크레의 아버지 농장에 있는 광에 갇혀 있도록 조치를 취했다. 집행관은 모든 얘기를 듣고 난 후에야 판결을 공표했다. 그는 피스크비크에게 사형을 내리지 않았다. 그 대신 남은 평생 친척들의 감시를 받으며 갇혀 지낼 것을 명령했다. 그리고 그 감금 책임은 피스크비크의 친가가 맡도록 명했다. 그의 아내는 농장에서 남편을 감금해놓고 부양시킬 만한 경제적 형편이 못 되고 힘에서도 남편에게 밀리는데다, 자기 아들을 죽인 살인자를 평생토록 보고 산다는 것은 견디기 힘든 짐이 되리라고 판단하여 내린 결정이었다. 그리고 판결대로 일이 처리되어 피스크비크는 1751년 숨을 거둘 때까지 아버지의 농장에서 갇혀 살았다. 말하자면 지역사회 안에서의 보호조치를 받은 것이었다. 그것 외에 달리 표현할 말이 있을까?

판결 이야기를 읽으면서 든 생각은, 지독히 난감한 상황 속에서도 비범하면서, 심지어 스칸디나비아 특유의 특징이 돋보이는 해결책이라는 느낌이었다. 그 당시의 영국 재판관은 그런 해결책을 내놓지 못했을 것이다. 스트레이혼의 다음 휴식 시간 동안 밖에 나와 앉아서 에실에게도 그 상황을 대략 들려주며 그렇게 얘기했다. 에실은 내가 스칸디나비아 사회를 이상화하는 경향이 있다고 생각해서 이따금 그런 환상을 치료해주는 것이 자신의 임무인 양 얘기하곤 했다. 그 점을 잘 알았던 나는 피스크비크에 대한 관대한 처벌 쪽으로 초점을 맞추고 싶지는 않았지만 노르웨이, 덴마크, 스웨덴이 영국보다 수십 년 앞서서 사형을 전면 폐지한 사실이 매우 놀랍다는 얘기를 꺼내며 그를 자극했다.

"영국에서 여성의 마지막 교수형 처분은 1955년의 루스 엘리스였어. 스웨덴에서는 1890년을 끝으로 여성의 교수형 처분이 중단되었지. 그 마지막 교수형의 대상은 아들을 너무 사랑해서 아들의 아내를 죽인 안나 몬스도테르였어. 이것 좀 봐." 나는 스마트폰을 꺼내 그녀의 사형 집행 1, 2분 전에 몰래 찍힌 유명한 사진을 보여주었다. 안나가 사제 옆에 서서 자신의 오른편에 있는 키 큰 사형 집행관을 힐끗 쳐다보는 모습이다.

"그리고 스웨덴에서 남성의 마지막 사형 집행은 1910년 알프레드 안데르였어. 무장 강도로 침입했다가 살인을 저지른 죄였지. 덴마크에서는 마지막 사법 살인이 1892년이었고 노르웨이는 그보다도 앞선 1876년 사형 집행을 중단했어."

"마지막으로 사형당한 자가 누군지는 나도 알아. 크리스토페르 그린달렌. 아주 인간 말종인 자식이었지." 에실은 나를 올려다보지도 않고 대꾸했다. 아직도 내 스마트폰의 사진을 유심히 들여다보는 중이었다. 아예 화면에 손가락을 가져다 대고 여자의 얼굴을 확대해보려다가 안 되자 스마트폰을 돌려주었다. 파란색의 거대한 전차가 덜거덕거리며 오슬로 지방법원을 지나 크리스티안 에우구스츠 거리를 향해 달려갔다. 피아니스트도 밖으로 나와 다른 서너 명의 사람과 이야기를 주고받았다. 전차 선로 맞은편에서는 후드를 뒤집어쓴 스케이트보더들이 달가닥달가닥 소란을 피우며 법원 계단을 올라갔다 내려갔다 했다. 맥주를 들고나와 마시고 있던 에실이 우리 옆 테이블에 앉은 스트레이혼의 드러머에게 고개를 까딱여 보였다. 그제야 느꼈는데, 그 사람은 전속 드러머나 다름없었다. 생각해보니 전에도 헤르 닐센 펍에서 연주하는 모습을 여러 번 봤었다. 그가 두 다리를 쭉 펴고 호주머니를 톡톡 치더니 담배가 만져지지 않자 씩 웃으며 우리 앞의 테이블 위에 놓인 테디Teddy 담뱃갑을 가리켰다. 에실은 호탕한 제스처로 말을 대신했다. '물론이죠, 얼마든지 피우세요.' 11월이라 날이 쌀쌀했다. 우리는 잠시 말없이 담배만 피웠다. C.J. 함브로스 광장과 로센크란츠 거리가 만나는 모퉁이에서 나트륨 가로등의 포근한 오렌지색 빛 사이로 보슬보슬 내리는 빗줄기가 보였다. 빗줄기를 가만 보고 있으니 익숙한 희열감이 일어났다. 'angst'만큼이나 강렬하고 비이성적이지만 서로 극과 극인 감정이었다. 벅찰 정도의 행복감이었다. 그래서 아무리 얘기하고 또 얘기해도 이해하려는 노력이 절대 지겹지 않을 듯했고, 끝내 이해하지 못할 것 같아도 세상에는 절대 모르는 일도 있기 마련이라는 생각에 더없이 느긋해지기도 했다. 헤르 닐센 옆의 바, 페르 포 히에르네의 열린 문가에서 파워 트리오♦의 연주 소리가 들려왔다. 흘러나오는 그 연주 소리가 플리트우드 맥의 〈Oh Well〉도

♦ 기타, 베이스, 드럼으로 구성된 3인조 밴드.

입부의 활기찬 악절인 것을 알아듣고 옛 친구를 만난 듯 반가웠다. 음향을 체크하고 그날 밤 공연을 준비하는 워밍업 연주였다. 그 순간 환희에 푹 빠져드는 통에 옆에서 에실이 뭐라고 얘기했을 때, 우리가 무슨 이야기 중이었는지 기억해내는 데 몇 초가 걸렸다.

"그러니까 자네는 이 일을 범죄와 처벌의 분야에서 스칸디나비아인 특유의 조숙한 계몽 정신을 보여주는, 진보적·자유주의적·인도주의적 사고의 초기 사례로 보고 있다는 얘기야?" 그가 살짝 미소를 띠고 눈썹을 찡그리며 물었다.

"그런 셈이지. 맞아."

"글쎄. 내 생각은 달라. 나는 집행관의 판결이 딱히 진보된 정신에 따른 판결이었다고 생각하지 않아. 이렇게도 생각해봐. 그가 논리적인 판결 절차를 밟아갔다면 궁극적인 살인의 책임은 어디에 있는 것으로 결론이 났을까? 당시의 종교 논리에 따르면 하느님에게 있었어. 하지만 1721년에는 누구도 그 말을 입 밖에 낼 수 없었어. 생각조차 할 수 없었지. 집행관은 판단 중의 어느 시점에서 이런 생각이 떠올랐을 거야. 어쩌면 피스크비크가 또 한 사람의 아브라함일지 모른다고. 키르케고르가 일명 '신앙의 기사knight of faith'라고 칭한 이들처럼 무한하고 무조건적인 신앙심이 몸에 밴 사람일지 모른다고. 그럴 경우 피스크비크에게 교수형을 선고하면 인간적 관점을 하느님의 관점보다 우선시하여, 불경을 저지르게 되는 것이라고 여겼을 테지."

"글쎄, 그건 그렇다 치더라도 기록상으로 스칸디나비아의 사형 제도 역사는 다른 국가보다 훨씬 앞서 있었잖아."

"하지만 전후에 크비슬링을 비롯한 수많은 공모자들을 처형한 일이 있는데도?" 에실이 반문했다.

"반역죄는 특수한 경우니까. 그리고 어쨌든, 크비슬링은 미친 사람이 아니었잖아."

"정말 그렇게 생각해? 혹시 『우니베르시스멘Universismen』 읽어 봤어?" 에실의 얘기로는, 그 책은 거의 평생 종잡을 수 없는 삶을 펼쳐온 비드쿤 크비슬링의 생애를 다룬 것이었다. 확실히 크비슬링은 스스로를 공상가라고 믿었던 듯하며 조국을 위한 정치적 비전 외에 이른바 '우주주의Universism'라는 종교적 비전까지 세우며 이를 파시즘이 승리한 이후의 새로운 국교國敎로 삼고 싶어 했다. 우주주의는 루터교, 유교, 불교에 괴테, 칸트, 니체, 스피노자, 쇼펜하우어 등의 사상, 그리고 그 자신이 이해한 대로의 양자 물리학까지 한데 통합한 것이었다. 그는 여기에 일명 '인간-우주적 체계Antropokosmiske system'라는 명칭까지 붙였다. 사실상 그다지 특별한 부분이 하나도 없었지만 크비슬링 자신은 아주 독창적이며, 장차 다른 모든 가르침을 밀어낼 새로운 가르침이라고 생각했다. 크비슬링은 말년의 마지막 며칠 동안 자신의 인간-우주적 체계를 정리하면서 죽음을 앞둔 마음을 다잡으려 했다. 그가 자살로 사형 집행을 모면하려 할까 봐 감방의 불이 계속 켜져 있던 터라 어차피 잠을 자기도 어려웠다. 그동안 호텔의 필기 용지, 레스토랑 메뉴판, 기차표 뒷면, 잡지에서 찢어낸 종잇조각에 적어두었던 800쪽에 달하는 글과 메모를 모아 10월 1일부터 10월 6일까지 정리해 봉투 안에 넣고 '감사의 마음을 담아, 사랑하는 정숙한 아내 마리아 크비슬링' 앞으로 보냈다.

에실은 갑자기 말을 끊고 호주머니를 더듬어 담배 하나를 더 꺼냈다. 나는 에실이 결혼생활에 문제를 겪고 있던 사정을 잘 알았던 터라 그 모습을 보며 문득 궁금해졌다. 크비슬링이 마지막 며칠을 어떻게 보냈고 신경쇠약에 빠졌을 가능성이 있다고 말하던 중, 어쩌면 에실 본인조차 당혹스럽게도 감정이 동요되었나 싶었다. 사실, 생각해보면 치 떨리는 일이다. 아무리 사람 같지 않은 괴물이라도 돌연 예기치 못한 순간에 한 인간으로 느껴지면서 연민이 일어 그 마음을 억누르려 기를 써야 할 때가 있다니. 나치 당원 율리우스 슈트라이허는 죽기 전 마지막 말로, 아내 아델레에 대한 사랑의 마음을 외쳤다. 사형 집행인이 머리 씌우개를 씌워 소리가 묻히긴 했으나 그래도 알아들을 수 있었다. 다른 사람들에게 이루 말할 수 없이 잔혹한 짓을 저지른 자인 줄 알면서도 돌연 인간애가 솟구치는 그런 순간을 맞을 때면 가끔씩 삶이 견디기 어려울 만큼 복잡하다는 생각이 든다.

에실이 다시 말을 이었다. "크비슬링의 성명서는 사라지지 않고 잘 보존되었는데, 보면 앞뒤가 맞지 않고 그가 살았던 시대의 의례적 성명서 형식과는 달랐어. 몇 년 전에 유리첸 출판사가 출간한 요약 편집본을 읽었는데 아무리 너그럽게 봐줘도 크비슬링은 삶과 삶의 의미에 대해서나, 지상에서의 삶의 미래에 대한 전반적 관점이 아주 이상한 사람이었어. 현대의 법정신의학상에서 보면 제대로 변론도 못할 만한 상태라고 확실시될 정도였지. 브레이비크가 초반에 법정에서 정신감정을 의뢰한 정신과 의사 두 명에게 과대망상적 조현병으로 진단받아 살인 사건 당일에 정신 이상 상태였고 변론을 제대로 수행하기 어려운 상태로 결론지어진 것과 별다르지 않은 상태였어. 하지만 크비슬링과 스물네 명의 전범들에게 그들이 저지른 행위에 대한 책임이 없다는 판결이 내려졌다면 보나 마나 여론이 들끓었을 거야.

게다가 사람은 자신의 행동에 책임을 져야 해. 그것도 하나의 인간으로서의 권리야. 자네가 영웅처럼 존경하는 크누트 함순의 일을 생각해봐. 함순은 몇 주 동안 빈데렌의 진료소와 라르비크의 양로원에 갇혀 재판을 받을 만한 건강 상태인지 감정을 받았어. 감정을 맡은 두 정신과 의사 랑펠트와 외데고르는 흰 가운을 입고 일하던 보수주의자들이었는데 법무장관에게 전쟁 기간 동안 함순이 varig svekkede sjelsevner, 즉 '영구적 지능 손상'을 입었으므로 그가 독일의 노르웨이 점령 기간 중 수년간 신문에 쓰고 라디오에서 한 말들에 책임을 묻는 것은 무리라는 보고서를 제출했지. 그건 스탈린주의야. 인민의 적들이 탐탁지 않은 말을 한다고 해서 미쳤다고 선언하는 식이잖아.

나에겐 이런 부분이 사회민주주의 사상에서 가장 거슬리는 측면이야. 그건 일종의 비정상적 온정주의야. 피해 의식이라는 개념을 거세게 확산시켜온 이런 온정주의에서는, 그릇된 사고나 심지어 대안적 사고가 행해졌던 점을 인정하지 않고 그런 사고를 행한 당사자들을 치료가 필요한 희생자로 대하고 있어. 선의에서 비롯된 것이긴 하지만 개인의 존엄성에 의도치 않은 타격을 입히는 셈이기도 해. 우리의 제도와 같은 사회민주주의가 순조롭게 기능하기 위해선 높은 수준의 순응주의가 필요해. 그것도 가급적 자발적인 순응주의여야 좋지. 어디까지나 내 견해이지만, 입센, 뭉크, 스트린드베리, 함순, 심지어 크나우스고르 같은 스칸디나비아의 뛰어난 예술가들 대다수가 굉장히 개인주의적인 기질을 띠면서 일종의 궁지에 몰린 분노에 불타는 듯한 성향을 띠게 된 데는 이런 순응주의가 주된 이유로 작용했을 것 같아. 이들의 작품에는 단지 마음껏 표현하기 위해서 치러낸 엄청난 투쟁의 흔적이 고스란히 반영되어 있어. 베리만도 그런 예술가에 들지.

순응주의의 이면에는 정신의 개개인성과 독자성에 대한 의혹이 자리 잡고 있어. 심지어 두려움까지도. 키르케고르가 덴마크의 제도화된 기독교 전반을 맹렬히 공격하기 시작하면서 특히 말년에 들어서서 문학적 열정을 헌신적으로 쏟아부으며 공격한 대상이 바로 이런 의혹과 두려움이었어. 그는 사람들에게 기독교가 얼마나 어려운 종교인지를 상기시키고 싶어 했어. 개개인이 스스로의 삶에 대해 전적으로 책임지는 수준의 개인에 이르러야만 추구할 수 있는 그런 종교라고. 당시에 국교는 만인의 교회였어. 회원가입이 필요하지도 않고 회원들에게 요구하는 자격도 없는 클럽과 같았지. 키르케고르는 진정한 기독교 신앙의 본질을 이루는 위대하고 신비하고 두려운 측면들을 사람들에게 일깨워주고 싶어 했어. 그래서 생의 마지막 몇 달 동안 말 그대로 몸을 혹사하면서까지 자신의 대변지인 『순간Øyeblikket』의 집필과 출간에 매달렸을 때 그의 공격 대상이던 사람들 대다수는, 까놓고 말해서 그를 미쳤다고 여겼지. 그럴 만도 해. 그들로선 달리 어떻게 설명할 수 있었겠어?”

에실이 이 말과 함께 자리에서 일어서서 손가락 끝으로 담배 꽁초를 탁 팅기자 담뱃재가 차양 밖의 보슬비 빗줄기 사이로 퍼졌다. 순간 작은 불꽃 줄기가 피었다가 이내 사라졌다. “하지만 내 ‘tvisyn’은 이쯤에서 그만하도록 하자고.” 그가 낮은 웃음을 지으며 말했다. “영어로는 이 말을 ‘선의의 비판자 노릇’이나 비판적 시각이라고 표현하는 것 같던데? 사람들이 키르케고르의 말을 진지하게 받아들이고 따르려 했다면 세상은 완전히 축을 잃고 돌아갔을 거야. 그리고 키르케고르가 아브라함을 비난하지 않은 부분도 개인적으론 마음에 안 들어. 사실, 윤리적인 것의 목적론적 정지라는 그의 개념 전체가 마음에 안 들어. 피아니스트가 방금 안으로 들어가던데, 우리도 그만 들어갈까?"

연주 팀원들이 하나둘 다시 무대로 올라섰고 피아니스트는 이미 건반 앞에 앉아 악보를 넘기는 중이었다. 그 모습을 지켜보는 사이에 나는 스칸디나비아가 범죄와 처벌의 문제에서 유럽 최초로 인정人情을 제도화시킨 점에 대한 내 나름의 해석에 마지막 변호를 펼치고 싶은 마음이 일어나 에실을 다시 자극했다. 사형 제도의 폐지에서 영국과 노르웨이 사이에 수십 년의 격차가 벌어지게 된, 합리적이고 객관적인 이유를 대보라고. 에실은 어깨를 으쓱하더니 큰 나라와 작은 나라의 국가 운영상의 차이가 하나의 이유일 거라고 대답했다.

"우리나라처럼 작은 나라는 아직도 모든 국민이 한 집단 속의 개인이야. 그런 건 미국이나 영국 같은 큰 나라에서는 누리지 못하는 사치지. 우리는 모두가 가족이야. 심지어 브레이비크조차도. 마음 깊은 곳에서는 브레이비크조차 한 사회로서의 우리가 어떤 식으로든 제대로 건사하지 못한 사람이라고 느껴. 잘못된 길로 빠지지 않게 막아주지 못한 사람이라고. 범죄자와 살인자들을 황무지에서 길을 잃어 다시 돌아오는 데 도움이 필요한 사람이라고 여기지. 자네는 이걸 알아야 해. 스칸디나비아 국가들의 법에서는 예전부터 줄곧 강한 공동체 의식이 수반되었다는 점을 말이야. 옛 노르웨이의 굴라팅Gulathing 법이나 프로스타팅 법 아래에서, 범죄자의 처벌은 공동 책임이었어. 경범죄로 판결난 절도범은 돌과 토탄으로 태형을 당해야 했지. 13세기에 트론헤임의 비야르쾨위 법Bjarkøyretten에서는 태형 시행 때 절도범에게 뭔가를 던지지 않은 사람에게 벌금을 부과하기도 했어. 우리는 모두가 하나야. 늘 그래왔지. 그래서 우리나라처럼 작은 사회에서는 옛날부터 수치심의 영향력이 상당해. 17세기에 셸란섬으로 여행을 온 프랑스인이 길가의 교수대에 늑대들의 사체와 나란히 매달려 있는 사람들을 보고 경악해서 글로 남긴 적이 있어. 그런 일은 데인족의 관습이었지. 삭소의『덴마크인의 사적』에서도 언급되어 있어. 그가 밝혀낸 바로는, 늑대를 함께 매다는 것은 죽은 사람에게 더 큰 수치심을 주려는 의도였대."

연주 팀의 마지막 연주에는 한 여성 가수가 무대에 함께 올랐다. 짧은 금발 머리에 화장기가 없는 민얼굴, 붉은색 원피스를 입은 멋스러운 스타일의 여가수는 무대에서 마이크 뒤쪽을 감싸 쥐고 있다가 피아니스트의 연주가 시작되자 〈You Don't Know What Love Is〉를 가슴 절절하도록 구슬피 불렀다. 노르웨이어에는 유성음 's'가 없어서 후렴의 마지막 's'를 무성음처럼 발음했는데, 그래서 어쩐지 훨씬 더 가슴 사무치게 와닿았다. You don't know what love iss. 헤르 닐센 펍에서는 가수가 무대에 오르는 것이 생소한 일이라, 피아노 독주나 테너 독창처럼 노래의 소절마다 박수를 보내야 하는지, 노래가 끝날 때까지 박수를 참아야 하는지 헷갈렸다. 그게 괜스레 사람을 안절부절못하게 했다. 우리는 어떤 때는 노래의 중간에 박수를 쳤다가 또 어떤 때는 노래가 끝난 후에 박수를 쳤다.

스트레이혼은 객원 가수와 함께 〈My Foolish Heart〉를 마지막 곡으로 연주했다. 빌리 엑스타인♦이 불러서 유명해진 바로 그 노래였다. 에실은 가수를 쳐다보고 있었고 나는 그런 에실을 쳐다봤다. 에실은 2년 전쯤 그뤼와의 결혼생활이 깨지고 말았다. 그뤼는 다른 곳으로 떠나면서 아이들을 함께 데려갔다. 그에겐 바라지 않던 슬픈 일이었다. 하지만 근래에 다른 사람이 생겼다. 드람멘의 출판사에서 아동 도서 편집자로 일하는 여자였는데, 에실이 아주 많이 좋아했다. 그를 바라보면서 속으로 기원했다. 그녀도 그를 많이 좋아하기를. 그가 입술을 달싹이며 이따금 입 모양으로만 가사를 따라 불렀고 느린 템포로 고개까지 까딱였다. 자신이 그 곡을 썼고, 가수가 자신의 마음에 꼭 들게 노래를 부르고 있기라도 한 것처럼. 잠시 뒤 나는 연주를 잊고 다른 데로 정신이 팔렸던 중에 너무 크게 떠들어서 피아니스트를 짜증 나게 만든 건 아닌지, 아까처럼 슬슬 걱정이 되었다. 그 느낌이 맞는지는 확인할 길이 없었다. 그가 휴식 시간이 끝나고 안으로 다시 들어가면서 나를 정말로 노려본 것인지, 아니면 그냥 나 혼자만의 느낌인지 확실하지가 않았다. 그러다 내가 마음속에서, 터무니없지만 도저히 억눌러지지 않는 그런 고민을 붙잡고 있다는 의식이 들자 궁금해지는 것이 있었다. 내가 정확히 어떤 키르케고르식 불안에 시달리고 있는 걸까? 모차르트의 오페라 속 돈 조반니의 본질적이거나 원형적인 불안일까? 그럴 리 없다. 그렇다면 키르케고르가 안티고네♦♦에게서 발견한 비극적

♦　Billy Eckstine. 미국의 재즈가수로 모던재즈 보컬의 개척자로 불린다.
♦♦　그리스신화에 등장하는 테바이 왕 오이디푸스의 딸이다. 전쟁터에서 죽은 오빠 폴리네이케스를 조국의 배신자로 규정하여 매장을 금지한 섭정 크레온의 명령에 따르기를 거부하고, 폴리네이케스의 시체에 모래를 뿌려 장례의식을 행하였다가 사형을 당했다.

불안일까? 아니면 네로 황제를 괴롭혔던 **정신병적 불안**일까? 이리저리 따져 봐도 이 중 어디에도 해당하는 것 같지 않았다. 오히려 『불안의 개념The Concept of Anxiety』에서 상세히 설명된 그런 유형에 가까운 것 같았다. 아무것도 아닌 일에 대한 불안이 배경 잡음처럼 윙윙거려서인 듯했다. 즉 자신도, 아무것도 아닌 일을 붙잡고 터무니없는 불안에 사로잡힌 줄을 알아서 아무리 어리석은 거리라도 뭔가 매달릴 핑계를 가까이에서 찾으려는 심리 같았다. 나는 이런 식의 풀이에 전적으로 수긍한 후, 음악가들이 악기를 내려놓자마자 연주 팀의 〈Strayhorns and Posthorns〉라는 별난 타이틀의 최신 CD를 사려고 무대 앞으로 늘어선 줄의 맨 앞에 섰다. 열린 갈색 가죽 가방 안에 약 40~50장의 CD가 들어 있었다. 그렇게 줄을 선 것은, 말하자면 피아니스트에게 사과하는 의미였다. 또 가능하다면 나를 얕잡아 봤을지도 모를 그에게 재평가받고 싶은 마음도 있었다. 나를 재즈에는 관심도 없으면서 술 한잔하려고 어쩌다 들어온 무례한 작자로 봤을까 봐 신경이 쓰였다. 나는 CD를 두 장 사서 하나는 에실에게 주었다. 밤 10시쯤 국립극장 정류장에서 집으로 가는 전차를 기다리다가 내 CD를 부른스 바에 놔두고 왔다는 걸 알아챘다. 혹시나 하고 에실에게 전화를 걸었더니 다행히 아직 그곳에 있었다. 에실이 오길 기다리고 있는데 그가 좀 전의 저녁에 '우스운 얘기'라며 들려준 키르케고르의 일화가 떠올랐다. 어느 날 키르케고르가 코펜하겐 거리에서 돌을 던지며 '개인주의자! 개인주의자! Hin enkelte! Hin enkelte!'라고 조롱하는 남자 아이들 무리에게 쫓겼다는 일화였다.

—— 9

먼 거리 탐험가의 고독

내가 에를링 욘스루Erling Jonsrud를 만난 것은 약 30년 전이다. 노르웨이에 처음 온 지 얼마 안 되던 때였다. 당시에 나는 오슬로 중심가 드론닝엔스 거리에 있는 필멘스후스의 영화관에서 1주일에 서너 번 영화를 봤다. 영화 자체에 흥미가 있었다기보다 솔리 플라스의 대학 도서관에서 공부를 마친 후, 내 미래의 아내가 매주 두세 번 받는 요가 수업을 마치고 우리가 지내던 크링쇼 학생촌의 숙소로 돌아와 같이 저녁을 먹을 때까지 기다리면서 어느 사이엔가 술을 너무 자주 마시는 것 같다는 생각이 들어, 그렇게 영화를 보게되었다. 영화 관람은 무해한 일인 데다 때로는 혼자 기다리는 시간을 보내기에 재미있는 소일거리였다.

특히 시네마테케에서는 영화관 본래의 순수성이 느껴져서 좋았다. 두 개의 작은 상영관에서 풍기는 친밀감도 좋았고 영화 상영이 어김없이 정시에 시작되는 것도 좋았다. 가끔은 감독이나 신인시절 그 영화에 잠깐 출연했던, 이제는 나이가 들어 머리가 허옇게

센 배우가 나와 짧은 무대인사도 했다. 광고도, 기대작의 예고편도, 팝콘이나 커피가 없는 것도 좋았다. 상영 영화와 상관없는 것은 철저히 배제된 분위기에서, 시간 끌기 없이 금세 조명이 흐려지며 플러시 천의 붉은색 가림막이 조용조용 걷혔다. 그곳의 단골 관람객은 대부분 남자였고, 대체로 혼자들 왔다. 나는 그 사람들이 나와는 달리 영화광일 거라고 생각했다. 결혼식에서 신랑 들러리가 되어 달라는 부탁을 할 정도로 친해지기 전까지 꽤 오랫동안, 에를링도 예술의 한 분야로서 영화에 특별한 관심이 있는 영화광인 줄 알았다.

그날 밤 상영된 영화는 〈독수리호의 모험The Flight of the Eagle〉이었다. 페르 올로프 순드만Per Olof Sundman의 1960년대 베스트셀러 소설을 원작으로 제작된, 얀 트로엘Jan Troell 감독의 1982년 작 스웨덴 영화로, 1897년 수소 기구를 타고 북극 종단에 나섰던 살로몬 아우구스트 안드레Salomon August Andrée의 탐험을 소재로 다룬 내용이었다. 그해 7월 아침, 안드레와 젊은 동료 두 사람은 스피츠베르겐의 북서쪽 섬, 단스쾨위아에서 기구를 타고 날아올라 수평선 쪽으로 둥둥 떠갔지만 그 뒤 행방이 묘연해졌다. 사람들 사이에서 엔지니어 안드레로 통했던 안드레 역을 맡은 배우는 막스 폰 쉬도브이다. 또 예란 스탕에르츠가 탐험대에서 물리학자 겸 사진촬영가인 스물세 살 닐스 스트린드베리Nils Strindberg로 출연했고, 노르웨이 배우 스베레 안케르 오우스달이 힘쓰는 일을 전담한 스물일곱 살 수학자 크누트 프라엥켈Knut Frænkel을 연기했다. 프라엥켈은 안드레의 탐험대에 합류할 기회가 찾아왔을 당시 군대에 들어가려고 준비 중이었고, 안드레는 마흔네 살이었다.

영화가 끝나고 객석의 조명이 밝아지자 관람객들이 비틀거리며 조용히 일어났다. 객석의 남자들이 허리를 숙여, 옆자리에 놓아 두었던 코트와 목도리와 장갑과 털모자를 집어 들고(영화관은 대중적 인기가 높지 않아 관람석 4분의 1 이상이 차는 경우가 드물었다) 발을 질질 끌며 생각에 잠겨 조용히 통로로 나갔다. 내가 앉은 열은 영화가 시작될 때까지만 해도 나 혼자 차지하고 있었다. 그러다 늦게 온 누군가가 문을 밀고 들어와 가장 먼저 앉을 수 있는 자리를 찾아 앉았는데 그 자리가 마침 내가 앉은 열의 끝 자리였다. 그는 영화가 끝난 후에도 일어날 생각을 안 하며 화면에 올라오는 흰색 자막을 쳐다봤고, 어느새 상영관 안에는 그와 나 단둘만 남게 되었다. 시계를 흘끗 보니 6시 40분이었다. 아직 요가 수업이 끝나지 않았을 시간이라 서둘러 크링쇼로 돌아갈 필요가 없어서 같은 열의 끝자리 사람이 나갈 때까지 죽치고 앉아 있기로 했다. 하지만 그는 몇 분이 지나도록 나갈 기미가 없었다. 나중엔 괜히 거북함이 느껴질 지경이었다. 나는 그가 상영관 안에 있던 나를 발견하고 살짝 놀라던 모습을 기억한다. 눈물이 그렁그렁해서 반짝거리는 눈으로, 마치 우리가 같이 영화를 본 사이인 것처럼(물론, 어떻게 보면 같이 영화를 본 게 맞긴 하지만 어쨌든) 말을 걸어왔다. 그는 그런 대실패에, 그것도 **그다지 영웅적이지 않은 실패**인데도 푹 빠져들게 되다니 이상한 일이라고 했다. '그다지 영웅적이지 않은 실패'라는 대목에서는 나중에야 익숙해진 그 특유의 강조형 어투로 말을 하다 자리에서 일어나더니, 미안해하면서 얇고 빛바랜 노란색 목도리를 더듬거리며 찾아 목에 둘러맸다.

그 뒤 우리는 드론닝엔스 거리 쪽으로 같이 나오며 아주 자연스럽게 대화를 주고받게 되었다. 오른쪽으로 돌아 툴부가타 거리로 들어설 때였다. 그가 오리지널 필센 앞에 멈춰서더니 들어가서 한잔할 생각이라며 같이 마시지 않겠냐고 물었다. 누가 시간 계획에 철저한 사람 아니랄까 봐 나는 시계부터 흘끗 봤다. 시간이 되는지 안 되는지 속으로 고민하는 것처럼 주저하다가, 안절부절못하며 어쩔 수 없이 응하는 척 표정을 지어 보였다. 그가 내 연기를 눈치챘다면 왜 저러나 했을 테지만, 나는 그런 표정을 지어 보인 후 그러자고 했다. 시간은 되지만 금방 가봐야 한다면서. 우리는 바 안에 들어가 술을 주문했다. 나는 맥주를, 그는 맥주와 튤립 모양 잔에 담겨 나오는 아콰비트♦를 주문한 후 당구대 옆의, 벽 쪽 테이블 앞에 앉았다. 오리지널 필센에 가본 것은 그때가 처음이었지만 그곳의 유명세는 익히 알고 있었다. 매춘부와 마약중독자들이 많이 들락거리는 바로 유명한 곳이었고, 당시에는 대체로 매춘부들이 마약중독자들이기도 했다. 그 뒤로 몇 년 후에는 오슬로 중심가에 나이지리아 출신 매춘부들이 대거 몰려들었다. 대부분 이탈리아에서 넘어온 이 매춘부들은 노르웨이 국회 정부청사 주변인 에예르토르예 구역을 순식간에 홍등가로 바꾸어놓으며 매춘 행위를 아주 적극적으로 벌였다. 그 직후 성매매를 범죄로 처벌하는 법이 도입되는 데 주된 원인이 되었을 정도다. 체구가 크고 건강해 보이는 나이지리아 여자들의 적극적인 호객행위는 마약에 절어 비쩍 골고 창백한 노르웨이 아가씨들과 극명히 대비되었다. 그 당시에 아케르스후스 요새 주변의 오래된 상업지구 길거리 귀퉁이에서 너덜너덜해진 바람막이 차림으로 추위에 몸을 움츠리고, 하이힐 부츠를

♦ Aquavit. 스칸디나비아의 독한 증류주.

신고 비틀거리며 도로 경계석 쪽에서 느릿느릿 멈춰서는 자동차의 창문 안으로 몸을 기울여 호객하던 노르웨이 매춘부들과는 아주 달랐다.

우리는 영화 이야기로 화제를 돌렸다. 에를링은 영화에 나온 부분 외에도 그 탐험대에 대해 많이 아는 것 같았다. 그날 저녁에 대화를 나누며 내가 그 얘기를 꺼내자 그는 최근에 같은 감독, 얀 트로엘이 탐험대와 탐험대의 운명을 소재로 찍은 다큐멘터리 영화를 본 적이 있어서 잘 아는 것이라고 했다. "스웨덴 정부는 탐험대를 찾기 위해 수색 활동을 벌이다 두 달 후에 취소했어요. 기구에 무슨 문제가 생긴 게 틀림없다고 추정했지만 어디쯤에 불시착했을지 알아낼 방법이 없었기 때문이죠. 그 후로 33년 동안 아무 진전이 없었어요. 적어도 1930년 어느 날, 노르웨이의 소형 바다코끼리 사냥선, 브라트보그호가 북극의 외딴 섬 크비퇴위아[영어명 화이트 아일랜드] 연안에 일단의 무리를 내려주기 전까지는 그랬죠. 트롬쇠 출신 젊은 갑판원 두 사람이 마실 물을 찾아 길을 나섰어요. 돌투성이의 평평한 해안을 따라 개울 쪽으로 걸어가던 중 한 청년이 돌멩이 사이에서 알루미늄 뚜껑을 발견했어요. 뒤이어 개울 건너편에서도 녹아가는 얼음 사이에서 인간이 만든 듯한 물체가 보였죠. 두 청년이 더 자세히 보려고 개울을 건너가 위쪽의 눈과 얼음을 긁어 냈더니 작은 보트였어요. 청년들은 탐험대가 실종될 당시 태어나지도 않았으니 안드레의 탐험대 얘기는 들어본 적도 없었을 겁니다. 아니면 극지 탐험가 로알 아문센Roald Amundsen과 관련된 보트라고 생각했을지도 모르죠. 아문센이 2년 전 또 다른 행방불명 기구 탐험가인 이탈리아의 움베르토 노빌레◆ 수색 팀에 참여했다가 흔적도 없이 사라졌으니까요.

아무튼 청년들은 막사로 돌아가 브라트보그호 선장에게 자신들이 뭘 발견했는지 알려요. 그러곤 선장과 뭍에 내린 다른 선원들을 발견 현장으로 데려갔어요. 가서 그 일대를 수색해보자 까만 쓰레기 무더기 같은 형체 두 개가 발견되었어요. 자세히 살펴보니 인간의 유해였죠. 그중 한 구는 바위에 기대어져 있었는데 발에는 장화가 신겨 있고 머리는 어디론가 사라져버렸고 뼈는 어지럽게 뒤섞여 있었어요. 시신은 부분적으로 옷이 입혀져 있었고 점퍼를 열어젖히니 'A'라는 큼지막한 이니셜이 보였어요. 선장은 이니셜을 보고는, 33년이 지난 시점에서도 그 현장이 엔지니어 안드레 탐험대가 머문 흔적이라고 추론해냈어요. 얼마 지나지 않아 일행은 한구의 시신을 더 찾아냈어요. 돌멩이로 정성껏 덮고 얼음 벽 안에 밀어 넣어진 시신이었죠. 확인 결과 스트린드베리였어요. 셋 중 가장 먼저 숨을 거둔 것이 틀림없어 보였죠. 나머지 동료들이 묻어준 겁니다. 사람들은 누가 죽으면 그렇게 묻어주잖아요. 영화에서는 곰에게 당해서 사망한 거로 나왔죠. 곰에게 공격당해 죽는 그 장면, 정말 잘 찍지 않았어요? 어떻게 그렇게 잘 찍었는지 신기해요."

에를링이 고개를 들어 연푸른 눈으로 나를 쳐다봤다. 볼수록 그의 얼굴이 낯설지 않았다. 고뇌에 찬 멜랑콜리한 분위기가 흐르는 그 얼굴에서 1960년대의 TV 시리즈 〈도망자The Fugitive〉에서 주연을 맡았던 배우 데이비드 잰슨이 연상되었다. 데이비드 잰슨은

♦ Umberto Nobile. 노르웨이의 탐험가 아문센과 함께 비행선 노르게호로 1926년 5월에 극점을 통과하여 북극해 횡단에 성공하였다.

아내를 살해한 억울한 혐의를 받고 도망 다니는 의사로 나오는데, 사람들(대체로 여자들)의 도움을 받으려고 꺼내 드는 비장의 카드가 우두커니 고뇌에 찬 표정 짓기였다. 그때 열다섯 살의 학생이던 나는 그 표정을 흉내 내보려 무진장 애쓰기도 했다. 에를링은 잰슨처럼 왼쪽으로 가르마를 탄 짧고 단정한 머리 스타일이었다. 면도할 때 아팠겠다 싶을 만큼 수염을 말끔히 민 뺨은, 알코올 기운이 위장시켜준 건강한 혈색을 띠고 있었다. 한눈에도 지적으로 보였고 말도 조리 있게 잘했지만 이렇게 이른 초저녁부터 독한 술을 마시는 점으로 미루어 보아 애주가라는 감이 딱 들었다. 에를링은 감멜 오플란 아콰비트를 다 비우더니 이어서 맥주를 쭉 들이켠 후 파키스탄계 웨이터의 주의를 끌어 자기 앞의 빈 잔 두 개를 손가락을 벌려서 짧게 가리켰다.

"가까운 사람들이 죽을 때야 비로소 죽음이 현실로 다가오죠. 부모님의 죽음은 돌아가실 걸 어느 정도 예상하고 있다가 맞잖아요. 형제나 자매나 가까운 친구의 죽음은 달라요. 친구가 죽으면 죽음이 엄습해 옆에 버티고 서 있는 기분이 들죠. 닐스가 곰에게 공격당해 죽었든 어떤 다른 일이 일어나 죽었든, 그때 안드레와 프라엥켈은 깨달았죠. 자신들도 어쩔 수 없이 죽겠구나, 라고요. 이제 죽음은 누가 먼저 죽느냐의 순서의 문제일 뿐이라고요. 이전에는 깨닫지 못했더라도 이제는 깨달은 거죠. 모든 것이, 탐험의 모든 것이 처음부터 끝까지 일종의 백일몽이었다고요. 탐험대가 어떤 식으로 요리를 하려고 했는지 알아요? 곤돌라 7미터 아래에 휴대용 석유난로를 매달아놓고 요리해 먹기로 했던 거 알아요? 그 보조 수단으로 거울을 이용할 생각이었죠. 거울이요. 그리고 장대도요. 안드레가 거울을 이용한 이 요리 아이디어를 처음 꺼냈을 때 스트린드베리나 프라엥켈, 두 사람 중 한 명이 이렇게 말했을 것 같지 않아요? '이건 미친 짓이야. 너무 늦기 전에 그만 다 던져버리자.'

안드레는 스톡홀름의 특허청에서 일했어요. 이런 근무 내력이 탐험의 구상에 영향을 미치지 않았을까, 하는 생각을 자주 해요. 탐험대의 구상을 하나하나 들여다보면 기구 탐험의 아이디어 자체가 허무맹랑한 꿈이었다고 느껴져요. 기구 아래의 얼음을 따라 질질 끌리면서 공기를 이용해 속도를 조절할 용도로 곤돌라에 매달은 굵은 밧줄들, 탁월풍♦이 부는 쪽으로 30도 기울어져서 날 수 있게 하려고 앞쪽에 설치한 '조종용 돛', 대롱대롱 매달아놓은 요리 도구, 전서구♦♦로 고국의 사람들에게 소식과 진전 상황을 전하려 했던 생각, 이 모두가 허황된 꿈이었어요. 영구기관♦♦♦ 같은 것들에 특허를 얻으려고 찾아오는 무모한 사람들 천지인 곳에서 매일매일을 보냈던 사람의 머리에서 나온 허황된 꿈이었다고요. 한번은 어떤 남자가 안드레의 사무실에 자잘한 나뭇조각과 수백 개의 톱니가 담긴 자루를 들고 찾아와 바닥에 쏟아냈어요. '이 기계가 작동한 적이 있나요?' 안드레가 물어봤어요. '그럼요. 한 번 작동했어요. 어느 날 밤에 저절로 돌아가기 시작했다고요. 하지만 소음이 너무 커서 집주인 여자가 계단으로 올라와 문을 쾅쾅 두드리며 끄지 않으면 쫓아낼 줄 알라고 겁을 주었어요.' 결국 순순히 말을 듣고

♦ 　어느 한 지역에서 일정 기간 동안 가장 우세하게 나타나는 바람.
♦♦ 　먼 길을 갔다가 집으로 돌아오도록 훈련된 비둘기.
♦♦♦ 　에너지의 지속적인 공급 없이 스스로 영원히 일을 한다는 가상의 기관으로, 에너지 보존 법칙에 위배되어 이론상으로 제작이 불가능하다.

스위치를 껐더니 기계가 폭발해서 사방으로 조각조각 날아갔다는 얘기였죠. 그 바람에 이후로는 작동되지 못했다고요."

그때 웨이터가 다가와 에를링은 잠시 많을 끊었다. 웨이터는 테이블에 잔 두 개를 놓은 다음 돈도 받지 않고 바의 다른 귀퉁이로 가버렸다. 나는 그때까지도 술을 다 마시고 나갈 때 술값을 내는 노르웨이식 계산법에 잘 적응이 되지 않았다. 아무튼 나로선 사람을 잘 믿는 계산 방식 같아 보였다. 에를링이 술잔의 위치를 바꿔 아콰비트 잔을 맥주잔보다 오른손 쪽에 더 가까이 두더니, 아콰비트를 한 모금 홀짝인 후 다시 맥주잔으로 손을 뻗었다가 마음을 바꾸어 잔을 들지 않고 놔두었다.

"안드레가 상대한 사람들이 바로 그런 사람들이었어요. 무모한 미치광이들이요."

에를링이 탐험대 이야기를 아주 많이 아는 것 같아서 나는 영화를 보며 들었던 생각에 대해 물어봤다. 탐험대에서 사진 촬영을 맡았던 닐스 스트린드베리가 극작가 스트린드베리와 친척 관계가 아니었느냐고. 스트린드베리가 스웨덴에서는 흔한 성이 아닌 것 같아서 들었던 생각이다.

"닐스는 스트린드베리 사촌의 아들이었어요. 스웨덴 신문에서 탐험대 관련 기사가 올라오기 시작했을 때 아우구스트 스트린드베리의 아내는 안드레와 기구를 타려는 사람이 자기 남편이라고 생각했어요. 별거 중이라 잘 몰랐던 겁니다. 스트린드베리의 일기를 보면 아내가 이성을 잃고 편지를 써 보내 아직도 당신을 사랑한다며 가지 말라고, 자살 행위를 하지 말라고 애원했다고 나와 있어요. 그의 아내가 그 탐험을 어떻게 생각했는지 알 만하죠. 그게 1896년이었고, 당시 독수리호의 첫 이륙 시도는 끝내 이루어지지 않았어요. 몇 주일이 지나도록 비행에 유리한 바람이 불어오지 않아서 어쩔 수 없었죠. 스트린드베리의 일기를 계속 읽어 보면, 이듬해 7월에 스트린드베리가 악셀 헤를린이라는 친구와 나란히 걷고 있을 때 비둘기 두 마리가 머리 위로 날아와서 헤를린이 손으로 가리키며 '봐봐. 안드레의 비둘기야'라고 했대요.

스트린드베리의 일기에 따르면, 다음 날에는 위쪽 어딘가에서 괴성이 들려와 잠에서 깼다고 해요. 그런데 그 소리가 '죽어가는 인간을 조롱하는 듯한' 소리로 들려서 곧바로 안드레의 기구가 생각났대요. 이때가 안드레의 기구가 이륙한 지 고작 6일 후로, 단스쾨위아에서 북동쪽으로 190킬로미터 떨어진 거리에 불시착한 지는 3일이 지났을 때였죠. 당시에는 아무도 그 사실을 알 수 없었던 점을 고려하면, 스트린드베리에게 정말 신통력이라도 있었던 건가 싶어요."

에를링이 그쯤에서 말을 끊더니, 의자 등받이에 걸쳐둔 양가죽 재킷의 호주머니에 손을 찔러 넣어 담배 마는 기구와 작은 직사각형의 연초 팩을 꺼내 기구 한쪽에 연초 종이를 끼워 넣은 다음 롤러 사이에 연초를 채우고 고르게 펴주었다.

그가 끊었던 말을 이었다. "비둘기는 알프레드 노벨Alfred Nobel의 아이디어였어요. 노벨은 안드레의 특허청 상관과 친구 사이였고 그 인연으로 만나게 되었죠. 노벨은 탐험대에 관심이 지대했어요. 1897년의 시도에 6만 5,000크로네를 쾌척한 이후부터 특히 더 그랬죠. 6만 5,000크로네면 탐험 경비의 절반에 해당하는 큰 금액이었어요. 노벨은 이미 융스트룀 형제의 날개치기 비행기, 그러니까 새처럼 상하로 날개짓해서 나는 방식의 비행기 제작 구상에 자금을 대준 적이 있었어요. 게다가 공기가 많이 새나가지 않도록 기구에 프랑스산 특수 바니시를 칠하라고 안드레에게 조언해주기도 했어요. 기구의 솔기 사이로 공기가 많이 새고 있었거든요. 하지만 안드레는 그 말을 귓등으로 흘려들었죠. 아마 그게 노벨이 생전에 마지막으로 후원한 프로젝트가 아니었을까 싶어요. 1896년 겨울에 숨을 거두었으니까요. 안드레는 노벨의 장례식에 갔어요. 틀림없이 그 장례식장에서 이런 생각을 했겠죠. 이렇게 살아 있다는 것은 정말 기쁜 일이라고. 겨우 63세에 사망한 노벨보다는 더 오래 살았으면 좋겠다고. 또 자신에게 후원금을 주고 죽어서 다행이라고. 그게 어쩔 수 없는 사람의 심리니, 그렇게 생각했더라도 뭐라고 비난할 문제는 아니죠."

에를링은 담배 마는 기구에서 담배를 꺼내 가장자리 면을 혀로 핥아 붙인 다음, 지포 라이터로 불을 붙이고 한 모금 빨아 위를 올려다보며 원뿔 모양의 담배 연기를 후 불었다. 천장을 보니 갈색 반점들로 얼룩져 있었다. 흡연이 금지되기 전에 잉글랜드의 2층 버스 위층 색깔이 딱 저랬다.

"정말 한 잔 더 안 할 거예요?" 웨이터가 우리 테이블 앞을 또 지나갈 때 에를링이 물었다. 손목시계를 보니 7시 정각이었다. 돌아가기엔 아직도 너무 이른 시간 같았다. 나는 맥주를 추가 주문하며 땅콩도 같이 달라고 했다.

"그 사람들이 북극에 도달하는 최초의 기록을 세우려고 기를 쓴 이유가 뭔지 알아요?" 에를링이 물으며 다시 말을 이어갔다. "그 일을 왜 그렇게 중요시했을까요? 스칸디나비아의 문화를 이해하려고 한다면 흥미롭게 들릴 만한 이유죠. 그건 스웨덴인이었기 때문이에요. 당시엔 노르웨이가, 약소국 노르웨이가 북극 탐험 분야에서 스웨덴을 크게 앞서 있었어요. 우리 노르웨이는 나라는 작아도 극지 탐험에서만큼은 초강국이었죠. 노르웨이의 북극 탐험가 프리드쇼프 난센Fridtjof Nansen은 세계적으로 명성이 자자했어요. 스웨덴은 아무도 없었어요. 뭐, 아돌프 노르덴시욀드♦가 있긴 했지만 분야가 달랐어요. 영국과 미국에서 신문에 극지 탐험 기사를 실었다 하면 그 기사는 바로 우리의 얘기였죠. 동생이 형보다 더 빛나고 있었던 셈이죠. 그리고 이 점을 기억해야 해요. 이때가 독립하기 불과 8년 전이었다는 거요. 스웨덴과 노르웨이 사이에는 긴장감이 아주, 아주 팽배했어요. 그런 상황에서 아직 북극에 도달한 사람이 아무도 없었던 거죠. 영화에 보면 스웨덴에서 대원들이 어떤 대접을 받았는지 나오잖아요. 여기저기서 벌여주는 잔치와 향연, 왕과의 만찬, 대원들을 바라보는 여자들의 흠모 어린 시선이요. 대원들은 곤돌라에 오르기도 전부터 영웅 대접을 받았어요. 안드레가 그 이전까지 기구를 타고 날아본 경험이 몇 번이었는지 알아요? 아홉 번이에요. 어쩌면 열 번일 수도 있고요. 아마추어였다는 얘기예요. 그런데 이런 아마추어 영웅이 이제껏 아무도 해본 적 없는 경이롭고 선진적인 업적을 이루려 하고 있었어요. 파리 상공에서 기구를 타고 몇 시간을 나는 일이었죠." 그가 마지막에 덧붙이는 대목에서 멸시적인 어조를 냈다. 기구를 타고 파리 상공을 나는 것이 북극 탐험보다

♦　Adolf Nordenskjöld. 1864년 스피츠베르겐 제도를 탐험하고, 1878년부터 1880년까지 유럽 대륙 북방 항로를 발견하였다.

도 훨씬 더 가소로운 계획이었다는 듯이.

"대원들이 스톡홀름역에서 기차를 타는 장면을 보면 수많은 사람이 승강장으로 몰려들어서 몸이라도 만져보려 손을 뻗고 악수를 하고 사인을 받느라 법석을 부립니다. 국기도 흔들어대죠. 틀림없이 다들 속으로는 노르웨이인의 기를 꺾어놓길 바라며 그랬을 테죠. 하지만 이 계획에서 최악은 따로 있어요. 안드레는 아주 불성실했어요. 사람은 포기해야 할 때를 알아야 해요. 안 그래요? 누구든 성공하려면 가장 기본적으로 그런 자세가 필요하지 않을까요? 사람들을 실망시킬까 봐, 스스로에게 실망할까 봐 두려운 나머지 차라리 죽음을 택하는 사람만큼 한심한 사람이 또 있을까요?"

그가 말을 끊더니, 담배마저 피우다 말고 나를 빤히 쳐다봤다. 눈빛이 하도 강렬해서 그가 내 대답을 듣고 싶어서 저러나, 하는 생각이 잠깐 들었다. 그래서 자기 통찰이 부족한 것보다 더 한심한 일도 있을지 모른다고 말하려는데 미처 입을 떼기도 전에 그가 다시 말을 이어갔다.

"당시에 스트린드베리는 겨우 스물세 살의 풋풋한 청년이었어요. 안드레는 그에 비해 나이가 두 배 가까이 많았죠. 그리고 제 생각엔, 안드레가 두 번째 시도 때는 정말로 가고 싶은 열정이 없었을 것 같아요. 첫 번째 시도와 두 번째 시도 사이에 그의 삶에 변화를 일으킨 두 가지 사건 때문이죠."

그가 왼손을 펴더니 손바닥에 무슨 메모를 적어놓기라도 한 것처럼 빤히 내려다보다가, 다른 손의 집게손가락으로 그 손바닥을 툭툭 두드렸다.

"그 첫 번째 사건은 대원의 교체였어요. 안드레와 스트린드베리 말고 다른 한 명의 대원은 원래 다른 사람이었어요. 프라엥켈은 나중에 바뀐 대원이고 원래는 닐스 엑홀름Nils Ekholm이라는 기상학자가 있었어요. 그는 성숙한 사람이었어요. 안드레와 나이가 얼추 비슷했고요. 그는 기구의 800만 개 바늘땀 구멍 사이로 공기가 새나가서 기구가 탐험을 완수할 만큼 팽팽하게 버텨주지 못할 거라고 간파했어요. 대원들은 온갖 시도를 다 해봤어요. 안쪽 면과 겉면에 천을 덧대어도 보고 덧칠도 해봤어요. 천 조각을 대고 깁는 방법도 써봤고요. 하지만 조치를 취한 후 일종의 리트머스 시험지로 수소가 빠져나가는지 테스트를 해보면 여전히 공기가 새 나와 시험지가 검게 변했죠. 아무리 해도 안 되니까 안드레가 어떻게 했는지 알아요? 일곱 번이나 혼자 몰래 기구 격납고에 가서 펌프질로 공기를 더 채워 넣으라고 지시했어요. 무려 일곱 번이나 그랬다고요. 다른 두 대원에게는 아무 말도 없어요. 안드레는 남의 말을 잘 듣지 않았어요. 어쨌든 자신이 옳다는 독선으로, 증거 조작도 대수롭지 않게 여겼어요. 엑홀름은 그런 그를 간파했어요. 어떤 일이 벌어지고 있는지 파악하고는 팀에서 빠졌죠. 엑홀름은 어느 모로 보나 괜찮은 인물이에요. 그는 자신을 믿었고 그 덕분에 25년의 생을 더 얻었어요."

그가 다시 손바닥을 쳐다보더니 이번엔 손가락 두 개로 두드리며 말을 이어갔다. "두 번째 사건은, 안드레의 어머니가 1897년에 사망한 일이었죠. 대원들이 스톡홀름을 떠나기 불과 한 달 전이었어요. 안드레는 아내도 자식도 없었고, 아버지도 돌아가시고 안 계셨어요. 영화에서는 안드레에게 몰래 만나는 연인이 있는 것으로 나오지만 저는 연인도 없었을 거라고 봐요. 안드레의 어머니는 아들을 애지중지했어요. 그 누구보다도 그를 열렬히 지지해줬어요. 뭘 하든 잘한다고 응원해줬죠. 안드레는 어머니를 잃은 심정을 토로하면서 살아가야 할 유일한 이유를 잃었다고 말했어요. 그리고 2주 후에 스톡홀름에서 기차를 탔고, 두 청년과 함께 자신의 멋진 기구에 올랐어요. 그렇게 위로, 위로 떠오르다 차갑고 하얀 하늘로 날아오르면서 살아가야 할 유일한 이유를 잃은 세상을 향해 작별의 손짓을 했죠."

나는 에를링의 감정 이입된 열띤 이야기에 점점 빠져들어서 다른 곳으로 자리를 옮기자는 그의 제안에 선뜻 응했다. 우리는 드론닝엔스 거리를 따라 걷다가 왼쪽으로 돌아 칼 요한 거리의 상점들을 지나고 대성당을 지나 계속 갔다. 나는 도널드 크로허스트Don-ald Crowhurst의 이야기가 안드레의 이야기와 비슷한 것 같아서 걷는 동안 에를링에게 그 이야기를 들려주었다.

크로허스트는 1960년대 세계 일주 독주 항해 대회에 참가했던 인물이다. 당시 프랜시스 치체스터 경이 범선인 집시모스호로 독주 항해하여 가장 먼저 세계 일주를 하고 돌아온 이후라 이 대회에 어마어마한 관심이 쏟아졌다. 크로허스트는 일주의 마지막 구간에서 모습을 보이며 예상 승자로 떠올랐고, 영광과 상금으로 자신이 운영하는 영세한 코니시 조선소의 파산을 면하게 될 순간을 향해 항해하던 중 돌연 주파수 채널에서 사라졌다. 며칠 후, 그의 쌍동선◆ 틴머스 일렉트론호는 아무도 없이 혼자 표류하다가 발견되었다. 크로허스트의 시신은 어디에서도 발견되지 않았다.

◆　두 척의 작은 배를 널빤지로 연결하여 돛을 단 것.

나는 에를링에게 틴머스 일렉트론호의 갑판에서 발견된 몇 권의 항해 일지 얘기를 해주었다. 한 항해 일지는 대중의 환심을 사기 위해 허구로 꾸며 써서 세계 일주에서 승리를 거둔 것으로 구성되어 있었는가 하면, 또 다른 항해 일지에는 그 배로 일주를 완수하는 게 무리라는 사실을 깨달으며 점점 무너져가는 정신 상태가 고스란히 담긴 진솔한 기록이었다. 진솔한 항해 일지를 보면 그는 출발한 지 며칠도 안 되어 몰래 연안으로 가서 배를 수리했다. 경주에서 이겨 영웅이 되고 싶은 마음이 너무 간절한 나머지 리워드 제도 앞바다의 외진 만에서 수신 간섭을 받은 것으로 위장했다가 몇 주 후 선두 주자 대열에 합류한 것으로 주파수 채널에 의기양양하게 재등장했다. 자신의 사기가 성공할지 초조한 마음과 고독에 시달리다가 결국엔 자신이 상대성 이론의 비율과 관련된 비밀을 발견했다고 믿게 되는 지경에 이르렀다. 그 각성에 너무 벅차 한 나머지 상상만으로 세계를 일주하는 요령이 있다며 전체 문장을 블록체 대문자◆로 썼다.

내가 강조하고 싶은 요지는 『도널드 크로허스트의 기이한 마지막 항해The Strange Voyage of Donald Crowhurst』에서 느낀 점이었다. 스무 살 때 밤을 꼬박 새워 읽은 몇 안 되는 책들 중 하나였던 그 책을 통해, 나는 절대 이룰 수 없는 일을 시작하는 것에 대해 오싹한 경각심이 일었다. 자신의 능력 밖이라는 것을 깨닫게 된다면 자신이 틀렸다고 말하길 두려워해서는 안 된다고. 사람들을 실망시킬까 봐 두려워해서는 안 된다고. 안드레 역시 자신이 성공하지 못할 걸 깨

◆ 단어 각각의 글자를 대문자로 쓴 것.

달았을 것이다. 그의 바람이 아무리 간절해도, 또 탐험대의 일이 잘 되기를 바라는 사람들이 아무리 많아도 절대 성공하지 못하리라고. 자신은 위대한 일을 해낼 만한 인물이 못 된다고. 그와 크로허스트 모두 본인의 바람만큼 비범한 인물이 아니었으나 두 사람은 그 사실을 받아들이지 못했다. 자신이나 자신의 지지자들을 실망시킬까 봐 포기하지 못한 것이다.

우리는 에예르토르예의 사거리 보행로를 지났다. 이곳은 서편 끝에는 궁전이 보이고 동편 끝으로는 철도역이 보이는 칼 요한 거리의 요충지였다. 주 출입구의 교체된 지 오래된 세로 간판에는 볼 때마다 절로 미소가 지어지는 'GOD MAD'의 광고 문구가 박혀 있는데 'god mat(맛 좋은 음식)'의 옛 스펠링이다. 눈발이 날리기 시작했다. 모나리자Mona Lisa의 웨이터가 1층 발코니 난간에 몸을 기대어 담배를 피우고 있었다. 흰 셔츠와 조끼 차림이라 추워 보였다. 나는 에를링에게, 안드레에 대한 평가가 너무 가혹한 것 같다고 말했다. 모든 상황의 전반적 비극에 감상적으로 감정이입을 하여, 세 사람을 단명으로 몰고 간 한 개인의 잘못된 독선적 판단과 통찰력이 아니라 배짱 있게 그런 원대한 꿈을 꾸었던 숭고함에 마음이 기울어서였다. 그래서 성공했든 못 했든 간에 나에겐 그들도 영웅으로 느껴진다고 말하며 에를링의 판단에 반박했다. "어쨌든 그 사람들은 목숨을 걸었어요. 실패할 경우 얼마나 큰 위험이 닥칠지 알면서도요."

에를링이 내가 말하는 중간에 불쑥 끼어들었다. "그렇군요. 하지만 그 사람들이 알았을까요? 저는 몰랐을 거라고 생각하는데요. 안드레는 탐험 계획을 구상하는 순간부터 말 그대로 공중에 붕 떠 있었어요.♦ 비교적 편안하게 기구를 타고 북극까지 떠가는 꿈을 꾸고 있었어요. 힘겹게 빙판길을 묵묵히 걸어서 가는 게 아니라, 머리를 써서 현대적이고 영리한 방법으로 며칠 만에 탐험을 완수하려고 했어요. 그 정도는 쉬운 죽 먹기라고 여겼어요."

그가 그렇게 말하며 나를 보고 싱긋 웃었다. 자신의 말장난에 우쭐해하면서 본인의 언어 실력이 이 정도라는 듯이. 그와 비슷하게, 나도 한때 이름이 '토르 곰Thor Bear'이라는 뜻의 토르비외른Torbjørn이나 '섬 바람Island Wind'이라는 뜻의 외위빈Øyvind인 사람은 스스로 아주 멋진 이름이라고 자부할 거라고 생각했었다(둘 다 노르웨이에서는 아주 흔한 남자 이름이다). 하지만 그런 이름을 가진 노르웨이 사람들 가운데 내 생각에 공감해준 사람은 아무도 없었다. 언어 탐방객에게 멋지게 들리는 말장난과 말 그대로의 의미가, 원어민에게는 별로 인상적이지 않은가 보다.

"내 얘기 좀 들어봐요." 내가 그날 저녁에 줄곧 내 할 말만 하면서 들어주지 않기라도 한 것처럼, 에를링이 나에게 손바닥을 들어 보이며 말했다. "이륙하는 몇 분 사이에 두 가지 일이 생겼어요. 하나는, '특허청 등록 가이드 로프'♦♦ 네 개 중 세 개가 소켓에서 느슨하게 빠지면서 곤돌라에서 떨어져 나간 거예요. 지상에 있는 팀원들이 잘 다녀오라고 여전히 모자를 벗어 흔들고 있을 때였죠. 기구가 수면을 향해 마치 돌처럼 떨어지자 대원들은 귀한 모래주머니를 이리저리 마구 던져버려야 했어요. 옷가지며 먹을거리까지 다요. 하

♦　원문의 'up in the air'는 '이성을 잃고 흥분하다'는 뜻으로도 쓰인다.
♦♦　기구나 비행선을 유도하는 끈이나 줄.

지만 샴페인은 지켰어요! 샴페인을 버리다니, 안 될 일이죠. 그리고
나중에 북극을 지나갈 때 그 위로 떨어뜨릴 계획이었던 그 같잖은
부표 같은 것들도요….”

그때 내가 다시 끼어들었다. 마침 그날 아침에 후고 하밀톤
Hugo Hamilton의 『혹콤스테르Hågkomster』를 읽다가 1928년에 쓰인 이
정치 회고록에서 알프레드 노벨의 얘기가 나와 흥미로웠는데, 그
날 저녁에 영화를 보면서 떠올렸던 의문과 관련하여 그 책의 일부
대목이 생각나서였다. ‘기구를 탄 사람들이 하늘 높이 떠 있는 상
태에서 북극에 도달한 시점을 어떻게 알아내려 했을까?’ 탐험대의
주요 후원자들이 모인 자리에서(노벨뿐만 아니라, 스웨덴의 왕 오스카
르 2세도 많은 자금을 투자했다) 스웨덴 왕이 바로 그 질문을 했던 모
양이다. 이때 안드레가 미처 대답하기 전에, 노벨이 먼저 나서서 설
명해주었다. 북극의 위치는 자명할 것이라고. 지구가 북극점을 축
으로 돌아가는 추정 속도나 지구의 자전이 억겁의 세월 동안 계속
되어 왔던 점을 고려하면 ‘이 지점에서 어마어마한 양의 지구 속
물질이 끊임없이 배출되었을 테니 곤돌라에서도 한눈에 보일 만큼
아주 큰 구멍이 있을 게 틀림없다’고 했다.

하밀톤의 글에 따르면, 왕은 다소 놀라서 노벨을 뚫어지게 쳐
다보다가 안드레에게 어떻게 생각하느냐고 물었다. 안드레는 살짝
당황한 표정으로, 확실히 그런 이론이 있다고 웅얼웅얼 대답했다.
왕은 ‘그럼, 그런가 보군’이라고 말하고는 화제를 바꾸었다.

안드레와 노벨이 참석한 어느 만찬 파티에서, 한 손님이 이전
의 모임에서 노벨이 언급했던 프로젝트를 화제로 꺼냈다고 한다.
어떤 기묘한 이유로 파리의 대로변에 자리한 여러 채의 집을 구매

하려는 프로젝트에 대한 얘기였다. 손님은 노벨에게 그 기묘한 프로젝트가 진전이 좀 있느냐고 물었다. 노벨은 아무 진전이 없다고 대답하며 이런 얘기를 했다. '그런 일이 세계 최고의 문명국에서 일어나다니, 그건 수치다. 나는 예전부터 파리 사람들을 위해 뭔가를 하고 싶다는 생각을 자주 했다. 그동안 파리 사람들이 나를 아주 다정하게 대해주었고 이런저런 일로 도움도 많이 주었다. 그래서 그간의 친절에 보답할 만한 방법이 없을까 생각하던 차에 해괴한 사실이 퍼뜩 떠올랐다. 바로 파리에서, 세계 최고의 문명국인 나라에서 너무도 역겹고 품위 없는 환경 속에서 자살하는 이들이 많다는 사실이다. 이제, 문명화된 사회라면 이생을 떠나고 싶은 시민들 누구라도 존엄하게 떠날 수 있게 해주는 것이 의무이다. 어느 초라한 골목에서 목을 베어 자살하지 않도록, 센강에 몸을 던져 같은 시민들이 이용하는 물을 오염시키지 않도록.' 노벨은 이런 문제를 오래전부터 생각해왔다고 말했다.

그러던 중 그의 구상에 두 명의 지인인, 건축가와 의사가 동참하면서 구체적인 계획에 돌입하게 되었다. 그가 사람들의 흥미를 크게 끌 거라고 장담하면서, 성공하면 세계의 다른 곳에 영감을 줄 수도 있다며 제안한 계획은 이랬다. 파리의 중심가 대로변에 아담하면서도 운치 있는 저택 여러 채를 짓고, 자살을 희망하는 사람이라면 누구든 묵게 해주어 기분 좋고 고통 없는 방법으로 자살하는 데 필요한 지원을 해주며, 자신의 시신이 정중히 처리되고 유언이 제대로 지켜지리라는 확신을 품은 채 임종을 맞도록 의학 전문가만이 아니라 법 전문가들까지 대비시키는 것이다. 말을 꺼냈던 손님이 왜 계획이 아무 진전도 못 이룬 건지 묻자 노벨은 파리 경찰이 이를 금지시켰다고 아주 격분하며 대답했다. 격렬히 항의하면서 온갖 유력 인사들과 면담 자리를 가져봤지만 모두 허사였단다. 노벨은 어쩔 수 없이 계획을 포기하면서 언젠가는 자신의 구상을 더 잘 이해해줄 시대가 올 것이라고 스스로를 위안했다.

우리는 국회의사당과 그랜드 호텔을 지난 다음 로센크란츠 거리를 따라가다 오른쪽으로 꺾어서 오리지널 닐센으로 들어갔다. 오리지널 닐센은 CJ. 함브로스 광장 귀퉁이에 있는 더 큰 헤르 닐센 펍과 구별하기 위해 붙여진 상호였다. 이제는 사라진 오리지널 닐센은 작은 바였다. 벽과 천장이 까만색이고 한쪽 끝에는 베이스 드럼까지 갖춰진 소노르 드럼 키트, 심벌즈 거치대, 작은 북이 놓여 있었다. 작은 북 가장자리의 반짝이 장식이 어둑한 불빛 속에서 희미하게 빛났다. 그날은 화요일 밤이라 라이브 음악 공연이 없어서 바 안의 술손님은 몇 명 되지 않았다. 우리는 작은 무대 바로 옆의 작은 원형 테이블로 가서 앉았다. 에를링이 세 번째인지 네 번째인지 모를 아콰비트의 첫 모금을 홀짝일 때, 나도 첫 아콰비트를 한 모금 홀짝였다. 그는 내가 이 나라와 문화에 아직 낯서니 '이런 것도 배워둬야 한다'며 한잔 사겠다고 고집을 부리는 통에 마시게 되었다. 그리고 그가 다시 불운했던 안드레의 탐험대 이야기를 꺼냈다. 듣다 보니 그가 벌써 몇 번이나 '자살적'이라는 표현을 가져다 붙이는 것이 신경 쓰였다. 내 느낌상으론, 수반되는 위험성을 강조하려는 의도가 아니라 말뜻 그대로 쓰고 있는 듯했다.

"안드레의 기구 항해에 자꾸 자살적이라는 말을 붙이는데, 그게 닐스와 프라엥켈에게도 해당할까요? 두 사람은 자살하고 싶은 마음이 없지 않았을까요?" 트로엘 감독의 영화 관람 중 자신을 기다리는 약혼녀가 닐스 스트린드베리를 버티게 한 힘으로 그려낸 부분을 보면서, 주제를 아주 훌륭하게 살려냈다고 느꼈던 터라 던진 반문이었다.

에를링은 내 반문에 담긴 은근한 불만을 감지한 모양인지 나를 빤히 쳐다봤다. 그러다 말아 피우던 담배의 꽁지를 마지막으로 깊이 빤 후 재떨이에 대고 엄지손가락을 비틀어 비벼 껐다.

"자살하는 사람들 상당수는 자신과 같이 다른 누가 죽든 말든 신경 쓰지 않아요. 심지어 자신이 호의를 베풀어주는 것이라고 생각하는 경우도 있을 거라고 봐요, 저는. 자신이 남들보다 인간의 고통의 본질을 더 깊이 꿰뚫어 보고 있다고, 자신이 남들이 원하는 바를 그들 자신보다 더 잘 간파하고 있다고 믿으면서 말이죠. 물론 닐스는 자살할 마음이 없었겠죠. 누군가가 있었으니까요. 사랑하는 여자가 있었고 그녀도 그를 사랑했죠. 닐스는 아주 자상하고 다정다감한 남자였어요. 그가 남긴 일기나, 안나 샬리에르에게 보낸 애절하고도 감미로운 연애 편지만 봐도 바로 느껴지죠. 그리고 그가 계속 찍었던 사진들 얘기도 빼놓을 수 없어요. 카메라 안에 현상되지 않은 채로 남아 있던 사진들 가운데 전문가들이 93장을 복구시켰어요. 그 사진들을 들여다보고 있으면 패기와 희망이 느껴져요. 계속해서 주위 풍경을 사진에 담고 있으면 어떻게든 통제력을 잃지 않으면서 일종의 모험을 펼치는 것으로 여긴 것처럼요. 아주 힘들고 버거운 휴가를 보내고 있지만 훗날 뭔가 이야깃거리로 남을 거라고 믿으며 우리가 여기에 있었다는 증거를 남기듯 이런저런 모습을 담았어요. 소총을 들고서 처음으로 쏴 죽인 북극곰을 내려다보고 있는 사진. 안드레와 프라엥켈이 곤돌라 옆에 서 있는 사진.

또 얼음 위로 툭 떨어진, 쓸데도 없는 시커먼 폴립♦의 사진. 대원들은 그 폴립을 보고 몇 번 발길질을 했을 걸요. '저리 가버려. 징그러운 놈. 썩 꺼져버려' 하면서요.

널스는 상상했겠죠. 이듬해에, 아니면 그다음 해에 고생이 끝나면 풍요롭고 잊지 못할 기억을 잔뜩 들고 돌아가서 이제는 아내가 된 안나를 데리고 세계 각지를 돌아다니며 강연과 슬라이드 쇼를 통해 그 모든 사진을 보여주리라고. 사람들이 그의 사진을 보면서, 하늘에서 떨어지고도 살아 돌아와 그 이야기를 들려주는 자신의 모습을 지켜보며 감탄할 거라고. '자, 보세요, 여러분. 이건 안드레가 프라엥켈에게 만들어준 포크입니다. 이걸 보고 우리가 얼마나 웃었는지 모릅니다!'"

"그럼 안드레가 자살 행위를 했다고 생각하는 거예요? 또 널스와 프라엥켈도 죽고 싶어 한다고 생각했고요?" 내가 물었다.

"너무 말뜻 그대로 받아들이는 것 같네요. 사람은 누구나 자신이 죽어가고 있다는 공포에서 벗어나고 싶어 해요. 행복한 사람도 예외가 아니에요. 함께 죽는 이들에게 자살이 선사하는 선물이 바로 그런 해방이에요. 가장 두려워하는 것을 안겨줌으로써 공포에서 벗어나게 해주는 거죠."

보기 흉할 만큼 비대한 몸집에 허접스러운 옷차림을 한 남자가 두 손을 뒷짐 지고 종종걸음을 하여 벽처럼 검게 칠해진 화장실 문 쪽으로 걸어갔다. 남자는 우리 테이블 옆에서 멈춰 서더니 에를링과 몇 마디를 주고받고는 가던 길을 계속 갔다. 나는 두 사람이

♦ 자포동물(해파리, 말미잘, 산호 따위)의 한 시기에 나타나는 체형으로 원통 모양이다.

나눈 말을 하나도 알아듣지 못했다. 그래서 에를링에게 그 얘기를 했더니 그가 웃으며 이유를 설명해줬다. 루네는 하르당에르의 외위스테세 출신으로, 자신과 고향이 같다고 했다. "우리 고향 출신들은 오슬로에 오면 말투를 바꿔야 해요. 안 그러면 아무도 우리 말을 못 알아듣거든요." 나는 잉글랜드에서는 아무도 그러지 않는다고 말했다. 조르디인◆이나 리버풀 출신자들은 런던 사람들이 잘 알아듣게 억양을 바꾸는 것을 수치로 여길 거라고. 하지만 에를링은 노르웨이에서는 그런 일을 전혀 수치로 여기지 않고, 다만 실용적 차원으로 생각한다고 했다.

"그쪽은 너무 말뜻 그대로 받아들이는 것 같아요." 그가 같은 말을 또 했다. "세상에는 자신이 죽을 줄 알면서도 그 일을 멈추지 못하는 사람들도 있어요. 안드레는 기구에 구멍을 뚫어서 죽은 게 아니에요. 자기가 죽어가고 있다는 것도 의식하지 못하는 채로 죽고 싶어 했어요. 그는 식물을 채집하며 과학적 '관찰'을 했어요. 과학적 '관찰'을 하던 중에 그냥 잠들길 바랐어요."

나는 안드레가 계속해서 표본을 채집하며 관찰을 이어갔던 것과 닐스가 계속해서 카메라로 사진을 찍은 것 사이의 차이를 별로 느끼지 못했지만 아무 말도 하지 않았다. 내 생각엔, 에를링이 개인적으로 안드레를 싫어하는 것 같았다.

"저 여인과는 달랐어요." 에를링이 위쪽을 올려다보며 덧붙여 말했다.

시선을 따라 올려다보니, 위쪽 벽의 띠 모양 장식에 나란히 걸

◆ 잉글랜드 북동부 타인사이드 출신의 사람.

린 흑백 인물 사진 중 하나를 뚫어지게 보고 있었다. 쭉 걸린 사진 속 인물들 가운데 몇 명은 나도 아는 얼굴이었다. 마일스 데이비스, 존 콜트레인[*], 얀 가르바레크[**]였다. 하지만 그 여인은 처음 보는 얼굴이었다.

"누군데요?"

"라드카 토네프요. 그리고 저쪽은 욘 에베르손, 테리에 예벨트, 아릴 안데르센, 옌스 벤델보에, 폴 토브센…." 그가 손가락으로 사진을 쭉 가리키며 누구인지 일일이 알려주었다. 다들 유명한 사람이라 당연히 내가 이름을 들어봤을 거라고 여기는 모양새였다. 나는 짙은 색 머리의 젊은 여인 사진으로 시선을 되돌렸다. 이제 막 소녀티를 벗은 듯한 앳된 얼굴이었다.

"어떤 악기를 연주했는데요?"

"가수였어요. 가창력이 아주 뛰어났죠. 여기에 와서 그녀의 노래를 자주 들었어요. 클럽 7에서도요. 라드카 토네프는 눈을 뜨고 노래했어요." 들어보니, 그녀는 불행한 애정사를 비관해 자살했다. 뼛속까지 시린 추운 겨울의 어느 날, 오슬로 외곽의 뷔그되위반도로 차를 몰고 가서 주차장에 세웠단다. 그리고 그곳에서 과량의 수면제를 입에 털어놓고 위스키로 삼킨 후 차 밖으로 나와 걷다가 숨을 거두었다.

"그때가 몇 살이었는데요?"

"서른인가, 서른두 살인가 그랬어요. 제대로 자살했죠."

---

[*]　　John Coltrane. 미국의 재즈 테너색소폰 연주자이자 작곡가.
[**]　　Jan Garbarek. 노르웨이의 색소폰 연주자.

에를링은 어느 정도 독백하듯 얘기하는 눈치였다. 심지어 내가 자신의 얘기를 잘 알아듣고 있는지도 거의 관심 없어 보였다. 하지만 당시의 나는 노르웨이와 노르웨이의 문화에 대한 모든 것이 새롭고 이국적이었다. 여전히 언어를 배우면서 얻는, 그런 뜻밖의 덤에 이루 말할 수 없이 짜릿함을 느꼈다. 그와 동시에 내게 완전한 문화적 평행우주가 열리고 있었다. 파르테인 발렌, 예이르 트베이트, 다비드 몬라드 요한센, 외위스테인 솜메르펠트 같은 작곡가, 롤프 야콥센, 스웨덴인 토마스 트란스트뢰메르 같은 시인, 거의 모든 영화에 출연하는 이곳 나름의 스타 배우들(좀 전에 본 트로엘 감독의 영화에서 크누트 프라엥켈 역을 맡은 스베레 안케르 오우스달, 아름다운 셰르스티 홀멘, 주름진 얼굴과 걸쭉한 베르겐 사투리가 인상적인 헬가 요르달 등)을 거느린 영화 산업, 경주마 같은 별명을 가진 축구선수들(스베레 '브랜디Brandy' 브란헤우, 얀 이바르 '미니Mini' 야콥센)을 갖춘 평행우주가. 이런 예술가, 작가, 스포츠선수 들은 외부 세계에는 대체로 덜 알려져 있지만, 일단 미국과 영국 문화권의 스타들이 누리는 그런 세계적 명성의 틀에서 온순하고 피상적 추앙의 기준을 탈피하고 나니 이런 이름들이 더 소중하고도 노르웨이의 심장과 정신에 가깝게 느껴졌다.

"제가 말이 헛나갔네요." 그가 잠시 후 말을 정정했다. "제대로 자살했다니, 그건 얼빠지고 생각 없는 말이었어요. 그녀는 스스로 목숨을 끊은 거예요. 그것뿐이에요. 달콤하고 사소한 상처를 못 이겨 목숨을 끊은 거예요."

에를링은 줄담배를 피우는 골초였다. 어느새 연초를 그만 말고 테디 담뱃갑에서 담배를 꺼내 피우는 중이었다. 그가 연푸른색과 흰색으로 어우러진 담뱃갑에서 담배 하나를 더 꺼내 툭툭 치다가 지포 라이터로 불을 붙였다.

"한 번의 실수만으로도 버거울 수 있어요. 그래서 세상이 어둡게 변하죠. 다시는 밝아지지 못할 것만 같아지죠. 아니, 밝아질 수 있단 생각이 들기도 하죠. 술을 마시면요. 그래서 술을 마셔요. 하지만 밝아지기는커녕 매일 눈을 뜰 때마다 전날보다 더 어두워지고 그러다 마침내 어느 날, 또 다른 하루를 맞을 자신이 없어져요. 이제는 한계를 느껴요. 더 이상 견딜 수 없어지죠."

바 안에는 지미 쥐프리의 〈The Green Country〉가 잔잔히 흐르고 있었다. 어깨까지 내려오는 백발에 눈물 젖은 눈을 한 남자가 술에 취해 거의 인사불성이 된 채로 택시 운전사의 지극히 상냥한 부축을 받으며 문가로 나가고 있었다.

"그들은 아편을 소지했어요. 안드레는 프라엥켈에게 뭔가 문제가 생길 때마다 계속 아편을 주었어요. 영화에서 주목해서 봤는지 모르겠지만 발에 염증이 생겨도 아편을 주고, 설사를 해도 아편을 줬어요. 닐스가 죽고 시신을 얼음 벽 안으로 밀어 넣을 때 두 사람은 그의 재킷과 바지를 따로 챙겼어요. 안드레는 한쪽엔 안나 샤를리에르의 똘똘 말린 머리카락이, 다른 한쪽엔 그녀의 사진이 담겨 있는 로켓♦도 챙겨뒀고요. 몸이 약해질 대로 약해져 있었던 모양인지 시신 위에 돌도 겨우겨우 쌓아 올렸던 것 같아요. 남은 두 사람이 텐트로 돌아오는 모습이 상상되네요. 프라이머스 스토브를 켜서 커피를 만들었겠죠. 그런 다음엔 할 일이 없지 않았을까요?

♦ 사진 등을 넣어 목걸이에 다는 작은 갑.

아무런 기약 없이 기다리는 일 말고는 정말 할 일이 없었을 테죠. 프라엥켈은 기분이 안 좋다고 아편을 달라고 하죠. 안드레는 아직 까진 대장 노릇을 제대로 하려고 애쓰느라 안 된다고 해요. 프라엥 켈은 말을 안 듣고 아편을 빼앗아버리죠. 얼마 못 버티고 안드레도 아편을 섭취해요. 온기를 위해 다 같이 들어가서 자던 대형 침낭에 도 안 들어가요. 눈으로 보면서도 둘 다 그 안에 들어가질 않아요. 추위를 느끼지 않으리란 걸 알았으니까요. 두 사람은 이미 유령이 었어요. 죽기 한참 전부터 유령으로 변해 있었어요."

머리 위 뿌연 연기 사이로 어떤 여자의 목소리가 들려왔다.

"들어봐요. 라드카 토네프예요." 에를링이 내 손등을 가볍게 치며 말했다.

나는 귀를 바짝 기울이고 노래를 들었다. 귀신 목소리처럼 가 날프면서 퍼지는 음성이었다. He moon's a harsh mistress, the moon can be so cold…[다음 사이트에 들어가면 노래를 들어볼 수 있다. https://youtu.be/XtgIxU8TCyY].

"한번 들려주고 싶어서 제가 직원한테 틀어달라고 했어요. 당 신이 영국에서 온 관광객인데 우리 노르웨이의 재즈 가수 노래를 좀 듣고 싶어 한다고요." 나는 사실 관광객이 아니라 노르웨이에 살러 온 사람이라는 말을 해주고 싶은 마음을 꾹 누르며 아까 했던 질문을 다시 던졌다. "그러니까, 자살이었다고 생각해요?"

"그걸 누가 알겠어요? 그냥 술잔이나 비워요." 에를링이 갑자 기 생기를 띠며 자리에서 일어나더니 어깨를 으쓱거리며 양가죽 재킷을 입었다. 나중에 들어서 알았는데 그건 그가 가진 유일한 재 킷이었다. "보여주고 싶은 게 있어요."

우리는 계산을 하고 바를 나왔다. 로센크란츠 거리로 나서자 아직도 눈이 내리고 있었다. 오슬로에 와서 맞이한 네다섯 번의 겨울에는 내내 눈이 내렸던 것 같다. 밤 기온은 항상 영하로 떨어져 차가운 공기에 살갗이 오그라들도록 얼얼하고 콧구멍이 다 아플 정도라서, 예전에 아이슬란드에 갔던 때가 절로 생각났다.

우리는 칼 요한 거리에서 오른쪽으로 꺾어 우니베르시텟스 거리 모퉁이를 지나고, 전에 『굶주림』을 읽어서 그 내력을 알고 있는 커피 바도 지나갔다. 옛날에는 그 커피 바 자리에 1880년대에 오슬로의 유일한 서점이자 출판사였던 캄메르메위에르스가 있었다. 당대의 노르웨이 4대 작가였던 입센, 비에른스티에르네 비에른손 Bjørnstjerne Bjørnson, 알렉산데르 실란, 요나스 리 같은 거장들의 책을 출판하기에는 너무 영세 업체라 네 작가는 희곡과 소설을 코펜하겐으로 가져가 귈덴달에 출판을 맡겼다.

우리는 칼 요한 거리를 가로질러 국립극장 앞에서 헨리크 입센과 비에른스티에르네 비에른손의 초록빛 동상 사이를 지나 드람멘스베이엔 거리를 걸었다. 오른쪽에는 왕립 공원이 있고, 우리 왼편으로는 아르빈스 거리 모퉁이의 2층짜리 아파트가 보였다. 입센이 이탈리아와 독일에서 27년간의 망명 생활 후에 돌아와 도로 건너편으로 궁전과 왕가를 이웃하여 살았던 바로 그 아파트다. 에를링이 또 다른 탐험가에 대해 이야기를 해주었다. 얄마르 요한센 Hjal-mar Johansen이라는 노르웨이인이었다. 나는 처음 들어보는 사람이었는데, 프리드쇼프 난센과 로알 아문센 두 사람 모두와 극지 탐험에 나섰던 유일한 사람으로 유명하다고 했다. 하지만 그 캄캄한 밤에, 우리 양쪽의 가로등에서 쏟아지는 시리고 하얀 불빛이 궁정 정원을 비추며 자아내는 신비롭고 환상적인 정경에 푹 빠져 있느라 안드레와 알마르 요한센의 인연을 얘기해주는 중요한 대목을 제대로 듣지 못해 에를링에게 한 번 더 말해달라고 부탁했다.

그는 두말없이 처음부터 다시 얘기해주었다. 그런데 말을 이어가는 사이에 그의 걸음이 점점 느려지는 것 같았다. 그는 이전에도 몇 번 오슬로 중심가에서 술을 마시고 2차, 3차를 돌아다니다 보면 취해서 제대로 못 듣고 다시 얘기해달라고 말하는 사람을 겪어본 듯한 느낌이었다. 그래서였는지 걸음을 완전히 멈추고 나를 마주 보며 잘 알아듣게 이야기해주려고 했다. 나는 그러지 못하게 하려고 한두 번 나름의 시도로 고개를 그에게 둔 채 천천히 끄덕끄덕하며 확실한 신호를 보내주었다. (그 순간엔 꼭 그렇지도 않았지만) 내가 그의 말에 온 주의를 기울여 듣고 있으니, 굳이 걸음을 멈추고 얘기해주지 않아도 된다고.

"안드레와 다른 대원들의 시신은 1930년 스톡홀름에 유해로 귀환했을 당시, 제대로 부검이 이루어지지 않았어요. 추모 행렬식과 장례식 후에 화장되었죠. 크비퇴위아에서는 어느 대원의 것인지는 모르지만 장갑과 벙어리장갑이 발견되어 현재 그레나의 안드레 박물관에 전시되어 있죠. 이 장갑 안에서 손톱 파편들이 나왔는데 검사 시료로도 적합한 크기였어요. 일각에서는 대원들의 사망 원인을 놓고, 통조림 음식만 먹다가 납 중독으로 사망했다는 납 중독설도 제기되었지만 시료의 검사 결과 납 중독의 증거는 나오지 않았어요. 납 중독에 걸릴 만큼 통조림 음식을 오래 먹진 않았다는 얘기죠. 일기에서도 납 중독의 한 증상인 정신 착란의 징후는 없었어요. 하지만 대원들이 아주 많이 먹었던 건…."

그가 말을 뚝 끊더니 건너편 도로의 가로등 불빛 주위로 소용돌이치는 눈발을 경이로운 눈빛으로 물끄러미 쳐다봤다. 그렇게 멋진 광경은 처음 본다는 듯이 입까지 살짝 벌린 채로. 눈송이가 불빛을 갈구하듯 아래에서 위로 소용돌이쳐 올라가던 그 광경은, 정말로 멋졌다. 어찌나 빠르게 소용돌이치는지 저 눈송이들이 영영 떨어져 내리지 않을 것만 같았다. 언젠가 도로와 공원과 난간 위로, 지붕과 나무 위로, 주차된 차와 동상과 꽁꽁 언 분수 위로, 아케르 브뤼게♦ 아래쪽 어둠 속에 정박된 배 위로, 6월 7일 광장♦♦의 키 크고 홀쭉한 호콘 7세♦♦♦의 동상 머리 위로 내려앉을 그 순간이 오리라고는 상상하기가 힘들었다.

"제가 어디까지 얘기했죠?" 에를링이 갑자기 나를 쳐다보며 물었고, 순간 그가 얼마나 취한 걸까 궁금해졌다.

"안드레 탐험대와 다른 탐험가 사이의 인연을 얘기하면서 그 사람…."

"아, 맞다, 그랬죠. 얄마르 요한센." 에를링이 내 말이 끝나기도 전에 조급히 끼어들었다.

그는 기억을 떠올리더니 갑자기 다시 걸음을 떼었고 나는 그를 따라 드람멘스베이엔 거리를 쭉 가다가 도로를 건너 노벨 연구소의 멋스러운 정면을 지나갔다. 그때 그가 앙상한 손목을 가볍게

♦ Aker Brygge. 항만 창구 지역을 재개발하여 만든 현대식 쇼핑가.
♦♦ 7 Juni plass. 1905년 6월 7일 스웨덴으로부터 독립한 것을 기리기 위해 붙여진 명칭.
♦♦♦ Haakon VII. 노르웨이가 독립 국가 지위를 회복한 이후에 즉위한 최초의 국왕.

팅겨서 돌아보니 정면 입구 쪽 정원에 알프레드 노벨의 석재 두상이 있었다. 그 뒤에는 내가 지금까지도 그 거리의 명칭에 신비로움을 느끼며 끌리는, 인코그니토가테Inkognitogate, 가명 거리를 가로지른 다음, 솜메로가테로 접어들었다가 솔리 플라스에 들어서서 공부하느라 이미 몇 번 와봤던 대학 도서관의 육중한 석조 건물 쪽으로 오게 되었다.

"사망 원인을 놓고 여러 의견이 제기되었지만 그중 가장 많은 지지를 받은 설은 선모충증으로 인한 사망설이었어요. 선모충증은 북극곰 고기를 과도하게 섭취할 경우에 걸리는, 일종의 식중독이에요. 하지만 간을 먹고 그 병에 걸린 건 아니에요. 안드레의 일기로 미루어 볼 때 그가 비타민 A의 과도 섭취로 인한 중독 위험을 잘 알고 있었던 게 틀림없으니까요. 하지만 대원들은 고기를 거의 날것으로 먹을 때가 많았을 거예요. 프라이머스 스토브를 가지고 있긴 했지만 안드레는 스토브가 제대로 작동되지 않은 문제를 몇 번이나 언급해놓았어요. 그리고 일기가 중단되기 직전인 10월 초에 크비퇴위아에 도달해 그곳에서 모직 옷만 입고 북극의 겨울 몇 달을 버텨야 할 상황에 직면했던 시기엔 모피도 없이 추위에 떨며 매 순간 곰들에게 공격당할 위험에 노출되어 있었어요. 그런 상황을 고려하면 대원들이 곰을 잡아서 먹은 것은 운이 좋아야 한 번이었을 거예요. 그렇게 잡은 곰이나 물개는 생고기 덩어리로 보관해두었어요. 그리고 온갖 부위를 먹었어요. 혀와 머리는 물론이고, 프라엥켈이 팬케이크처럼 만든 피도 먹고, 골수까지 먹었어요. 그런데 물고기는 전혀 먹지 않았어요. 물고기를 잡지 못했기 때문이죠. 안드레는 임시변통으로 갈고리와 안전핀으로 낚싯줄을 만들었지

만 한 마리도 못 잡았죠. 그 낚싯줄도 박물관에 가면 있어요. 믿어
져요? 그런 탐험에 나서면서 깃발, 샴페인, 캐비아, 북극점에 떨어
뜨릴 특수제작 부표는 챙겨가면서 낚싯줄을 챙겨가지 않았다는 게
믿어지냐고요?"

우리는 솜메로가테와 나란히 뻗어 있는 공원의 좁은 둑길을
지나갔다. 망토를 입고 움츠린 자세의 석재 조각상이 머리에 원뿔
모양으로 눈이 쌓인 채로 손에 큼지막한 열쇠 같은 것을 쥐고 있었
다. 오귀스트 로댕이 〈칼레의 시민Burghers of Calais〉 습작으로 만든 조
각상이었다.

에를링이 말을 이어갔다. "그래도 저는 식중독이 사망 원인
인 것 같진 않아요. 그 기구탐험대의 탐험 바로 전해에 난센은 프
람Fram호로 같은 지역에 탐험을 나서기 위한 야심 찬 계획을 세웠
어요. 빙압氷壓에 견디도록 특수 제작된 배로 유빙을 따라 흘러 세
계의 맨 꼭대기인 북극까지 가보려는 것이었죠. 하지만 시간이 지
나는 사이에, 생각보다 훨씬 더 많은 시간이 걸리겠다는 걸 깨닫
게 되죠. 5년, 아니 어쩌면 8년까지도 걸릴지 모르겠다고요. 그래서
1895년 3월, 배를 놔두고 동행자 한 사람과 함께 걸어서 북극점까
지 가보기로 해요. 동행자로 선택한 사람은 얄마르였어요. 얄마르
가 대원 중 개를 제일 잘 다루고 실력도 뛰어나 그 일에 가장 적합
했거든요. 두 사람은 매일 걸어야 할 평균 주파 거리를 약 18킬로미
터로 계산했어요.

초반에는 꽤 순탄했지만 얼마 못 가서부터, 안드레가 그러했
듯 두 사람도 심하게 울퉁불퉁한 데다 빙벽이 끝도 없이 솟아 있
는 빙원의 현실을 피부로 느끼게 돼요. 진전 속도가 더뎌지면서 예

상 거리에 크게 못 미쳐 결국 4월 초에 난센은 포기하고 프란츠요 제프 제도로 되돌아가기로 해요. 그 후 두 사람은 18개월에 걸쳐 단 둘이서만 보내게 됩니다. 난센은 노르웨이의 상류층이었어요. 얄마 르 요한센은 북부 지역인 보뫼 출신 잡역부 아들이었고요. 신분 차 이가 컸죠. 당신네 나라에서, 노르웨이인 선생님들이 노르웨이에는 신분 제도가 없다고들 말할 겁니다. 오래전인 1821년 귀족제가 폐 지되었다고 떠벌리겠죠. 그런데 그렇지가 않아요, 영국인 친구. 여 기에도 상류층, 중산층, 노동자 계층으로 신분이 나뉘어 있어요. 다 른 곳과 다를 거 없어요. 대대로 부자 계층, 신흥 갑부 계층, 가난뱅 이 계층으로 나뉘어요. 칭호만 없을 뿐이지 귀족이나 다름없는 집 안들이 있죠. 정치인, 화가와 작가, TV와 라디오 저널리스트들을 보면 같은 성을 가진 사람들이 대물림하고 있다니까요.

몇 달 내내 난센과 얄마르는 남녀처럼 붙어서 잤어요. 온기를 나누려고 2인용 침낭을 같이 썼죠. 셀 수 없을 정도로 많이 서로의 목숨을 살려주기도 했어요. 동물원을 차려도 될 만큼 많은 수의 물 개며 새며 개며 온갖 동물을 잡아먹고 하루하루 버텼어요. 북극곰 도 열아홉 마리를 잡아먹었고요. 생사를 같이하며 모든 일을 함께 했으니 이 정도면 무지막지하게 허물없는 사이라고 할 만했죠. 그 런데 이렇게 지낸 지 열 달이 지난 1895년 12월 31일에야, 고래와 물개의 뼈, 가죽, 힘줄로 만든 은신처에서, 덩치도 키도 큰 난센이 허리를 똑바로 펴고 서지도 못할 만큼 그 좁은 은신처 안에서 얄마 르를 보며 말했대요. '이제는 서로 두Du로 불러도 되지 않을까?' 이 말은 '이봐, 우리가 이렇게 지낸 지도 제법 오래됐으니 이제는 서 로 성이 아닌 이름으로 부를 만하지 않을까'라고 말한 셈이에요. 그 몇 달이나 단둘이 의지해 살다가 그제야 이런 말을 꺼낸 겁니다."

에를링은 잠시 걸음을 멈추더니, 그 뒤로 내가 수년 동안 익히 보게 될 특유의 제스처를 취했다. 격해진 생각을 다잡으려는 듯 그 큰 오른손의 손가락을 쫙 펴서 이마를 움켜쥐었다.

"그동안 내내 격식을 지켜왔답니다. 말하자면 사회적 예법을 차렸던 거죠. 곰의 피로 만든 팬케이크를 먹으면서도 여전히 사회적 예법을 차렸다고요. 당신네 여왕이 봤으면 대견해했겠네요. 저 사람도 대견해했겠고요." 에를링이 건너편의 녹청이 낀 윈스턴 처칠 경 조각상 쪽으로 손짓해 보였다. 인두스트린스 오그 엑스포르텐스 후스Industriens og Eksportens-Hus, 아니면 사람들이 줄여서 부르는 대로 인텍스후세라는 건물동 밖에서 호전적으로 지팡이를 짚고 있는 모습이었다.

이제 우리는 그 당시엔 대학 도서관이었다가 현재는 국립도서관이 된 건물의 입구 바로 맞은편에 있는 작은 공원을 지나갔다. 멀리 시청 시계탑에서 11시를 알리는 종소리가 들려왔다. 눈발이 휘날리는 가운데 유독 신비롭던 그날 밤의 분위기에 빠져 격정적이고 입담 좋은 말동무와 함께 있으니, 노르웨이에서의 초창기 시절에 특히 밤과 겨울날이면 곧잘 떠오르던 생각이 났다. 함순의 자전적 소설인『굶주림』과 집도 없이 옛 크리스티아니아 거리를 하염없이 떠돌며 처절한 굶주림에 시달리는 소설 속 화자 말이다. 지금쯤 내가 어디에 있는지 걱정할 것이 뻔한 미래의 아내가 마음 쓰였다. 빨리 이 산책을 깨고 그녀가 있는 숙소로 돌아가야 할 것 같았다. 드람멘스베이엔 거리와 도서관에서 제일 가까운 쪽 공원 끄트머리에 짙은 색 직사각형 석판이 있었다. 나치 점령기에 검열을 받지 않은 불법 출판에 관여한 죄로 처형된 이들을 기리는 석판이었다. 그 석판에서 몇 발짝 떨어진 곳에는, 낮은 담장으로 둘러싸인 넓고 얕은 연못이 있었다. 연못은 꽁꽁 얼어붙어 있었다. 그 빙판 위에서 까치 두 마리가 뭔가를 쪼아 먹었다. 에를링은 담장에서 눈을 쓸어내더니 다리를 꼬고 걸터앉은 후 재킷 호주머니에서 작고 납작한 휴대용 술병을 꺼냈다. 병 아래쪽 부분은 아연 소재 같아 보이는 갑에 끼워져 있고, 위쪽은 수제 바느질로 제작된 검은색의 얇은 가죽 보호 덮개가 씌워져 있었다. 노르웨이에서는 이런 납작한 휴대용 병을 '노래를 지저귀는 호주머니 속 종달새'라는 뜻으로, 로멜레르세lommelerke라고 부른다. 에를링이 금속 뚜껑을 돌려 열고 한 모금 쭉 들이켠 후 나에게도 권했다. 나는 받아 마셨다. 감멜 단스크 위스키였다. 독하고 달콤한 맛에 톡 쏘는 허브 향과 시럽에 가까운 묵직한 느낌이었다. 어떤 브랜드의 기침약이 연상되는 맛이었고, 기온이 영하 8, 9도 정도까지 떨어지며 점점 극심해지는 추위를 녹여주는 해독제로도 그만이었다.

"여기가 그가 총으로 자살한 곳이에요." 에를링이 갑자기 손바닥으로 빙판 위의 허공을 어루만지며 말했다.

"누가 어디에서 자살했는데요?"

"알마르 요한센이요. 여기 솔리 공원에서 1913년 1월 6일에요. 외투 호주머니에 자신의 군용 권총을 집어넣고 에예르토르예의 작고 형편없는 단칸 셋방에서 여기까지 걸어와 이곳 벤치 중 하나에 앉아 자신의 머리에 총알을 박아 넣었어요. 그게 이해가 돼요? 온갖 고통을 다 겪으며 살기 위해 악착같이 싸운 사람이 어떻게 그럴 수 있죠? 자신의 목숨을 소중히 여기며 어떻게든 살고 싶어 한 사람처럼 그래놓고선….”

그는 손을 아래로 뻗어 맨손의 주먹으로 빙판 표면을 두어 번 내리쳤다. 그가 장갑을 끼지 않았다는 것은 진즉에 눈치채고 있었다. 나는 이제 기침을 하고 손목시계를 보면서 시간이 너무 늦어 걱정하는 티를 내며 이제 집에 가봐야겠다고 말할 작정이었다. 그런데 계획을 실행에 옮기기도 전에 그가 다시 말을 이어갔다.

“있잖아요, 얄마르는 술꾼이었어요. 당장 목숨을 잃을 위험에 처해 있을 때만 목숨을 중요하게 여겼어요. 곰이 나온다거나 험악한 상황에 처해 있을 때는 싸워서 목숨을 지켰어요. 싸우지 않으면 죽으니까요. 그런 상황에서는, 죽음이 아주 가까이에 와 있어요. 죽음이 목덜미에 바짝 붙어서, 바로 눈앞에서 숨을 내뱉죠. 곰에게 공격당했던 때처럼요. 그때 얄마르는 빙원에 등을 대고 쓰러진 채 자신을 내려다보고 서 있는 곰의 코를 마구 때렸어요. 그러면서 난센에게 뭐라고 소리친 줄 알아요? ‘어서 빨리 좀요. 너무 늦기 전에 어서요!’ 숨을 헐떡이며 이 말을 노르웨이어로 계속 외쳤어요. 영어로는 제대로 뜻이 전달되지 않을까 봐 걱정하는 사람처럼요. Nå får De nok skynde Dem, skal det ikke bli for sent. 사가에 나오는 인물들처럼요. 하지만 두 사람은 실존 인물이었죠.”

“음주에서의 구조가 너무 늦어진 탓에 총으로 자살을 한 거군요.” 내가 무슨 말인지 알겠다는 뜻으로 말했다.

에를링은 나에게는 권하지도 않고, 고개를 뒤로 젖혀 남은 감멜 단스크를 비웠다. “빙원과 어둠의 공포, 빙원 속 눈보라, 북극곰. 그런 것들도 위스키에 비하면 상대도 안 되는 위험이죠.” 그가 씁쓸한 웃음을 흘리며 말했다.

그러다 몸을 반쯤 돌려 손목을 획 튕기며 빈 병을 빙판 맞은편으로 빙글빙글 던졌다. 병은 빙판 표면 위로 미끄러져 애처로운 흐느낌 같은 소리를 날카롭게 울리다가 반대편 담장에 부딪혀 멈췄다. 그는 병을 던지다 몸의 중심을 잃는 바람에 손을 아래로 뻗어 빙판을 짚고 균형을 바로 잡았다. 그런 다음 일어나서 휘청거리는 걸음으로 연못을 빙 돌아가 병을 다시 집어 들었다. 나는 그가 한눈 팔린 사이에 큰 소리로 작별 인사를 하고 눈송이가 뚝뚝 떨어지는 밤나무 아래로 들어서서 뷔그되위 알레 거리를 지나 크링쇼로 돌아가는 먼 길을 터벅터벅 걸어갔다.

　　가는 길에 그날 저녁의 일이나 에를링과의 대화를 되짚으며 많은 생각을 했다. 그는 실패에 나름의 일가견이 있는 사람 같았다. 실패에 대해 호기심과 강한 끌림을 느끼는 것 같았다. 대화를 나누던 중 어디쯤에선가 들은 바로는, 오슬로 대학교에서 생화학과 박사학위 과정을 5년인가 6년째 밟는 중이었고, 학위 취득이 지연된 하나의 이유가 화가 활동도 병행하고 있어서라고 했다. 그는 그 탐험대 이야기에 심취해 있었다. 아니, 어쩌면 사로잡혀 있다는 표현이 더 적절할지 모르겠다. 에드바르 뭉크의 '생의 프리즈'를 본뜬 일명 '죽음의 프리즈'라는 연작을 작업 중이라고도 들었는데, 닐스 스트린드베리가 마지막 순간에 임박할 때까지 찍었던 사진에서 영감을 얻었다고 했다. 그 세 사람이 죽음을 향해 터벅터벅 걸어가던 6주간의 끔찍하고 참혹한 과정이 담긴 사진과 더불어, 브라트보그 호 선원들에게 파편 더미로 발견된 유해 역시 그림의 영감으로 작용했단다. 그는 프리드쇼프 난센이나 로알 아문센의 성공과 기복 있는 영광보다 실패하고 비영웅적인 탐험가들에게 더 친밀한 유대를 느끼는 듯했다. 문득 이런 의문이 일었다. 그가 아우구스트 안드레와 알마르 요한센의 운명을 하나의 전형으로 여기는 것은 아닐까? 난센과 아문센이라는 두 영웅을 둘러싼 영광에 가려진, 한 종족으로서의 스칸디나비아인의 어떤 중요한 단면을 상징하는 전형으로 여기는 것은 아닐까? 극지 탐험가들의 지극한 개인주의와 때때로 중압감을 주는 스칸디나비아 사회의 연대감 사이에 존재하는 긴장을 지적하려 했던 게 아닐까?

———

집에 돌아왔을 때는 자정이 훌쩍 지나 있었다. 내 미래의 아내는 이미 침대에서 잠들어 있었다. 나는 취하진 않았다. 밤 날씨가 너무 추워 취하려야 취할 수도 없었다. 하지만 아침에 일어나면 괜히 술을 마셨다고 후회할 것이 안 봐도 뻔했다. 나는 침대 안, 그녀 옆으로 살금살금 들어가 누우면서 서른네 살이라는 늦은 나이에 새로이 거듭나는, 이런 뜻밖의 선물을 얻었으니 계속 이런 식으로 살진 말자고 결심했다. 나 자신이 잘 알았듯, 내게 음주는 계속 청년인 것처럼 살려는 의사 표출이었다. 시간의 흐름을 받아들이지 않으려는 심리였다. 죽음에 대한 거북함 때문에 마시는 에를링 같은 진짜 술꾼과는 달랐다. 나는 그녀의 분별력 있는 생각을 새겨들어 그에 따라 날마다 배우며 살자고 결심했고, 이튿날 아침에 일어나자마자 청혼했다. 그녀는 청혼을 받아주었다. 바로 그날 오후에 남성복 브랜드 드레스만에서 회색 양복을 샀고 2주 후 수요일 아침 11시에 우리 두 사람은 시청에서 결혼식을 올렸다. 에를링은 신랑 들러리가 되어 주었다. 아내와 다섯 살 때부터 절친한 사이인 모나를 빼면, 에를링이 그날 오후 칼 요한 거리의 그랜드 호텔 식사 자리에 초대된 유일한 손님이었다. 그날은 피아노 3중주가 연주되고 있었다. 내 기억으론, 셀로니어스 몽크♦의 〈Round Midnight〉을 라이브 연주로 들은 것은 그때가 처음이었다. 휘파람으로 부르기가 거의 불가능한 곡조였다.

─────────

서로 우정을 막 쌓아나가던 초반에 에를링은 술을 마시지 않는 날이 거의 없었다. 사실상 볼 때마다 취한 모습이었다. 줄담배를 피우기도 했다. 가끔씩은 줄담배를 끊고 예스러운 브라이어 파이프♦♦를 피우기도 했는데 그에게도 몇 번이나 얘기했듯, 파이프는 그의 중후한 분위기와 잘 어울렸다. 하지만 얼마 못 가 파이프가 치워지면서, 우리가 수년 동안 다닌 바와 카페의 테이블 위로 다시 담배 마는 기구나 파란색과 흰색의 테디 담뱃갑이 꺼내지곤 했다.

에를링은 내가 결혼하고 얼마 후 결혼했고, 그와 거의 동시에 생화학 공부를 접고 그림, 음주, 대화, 음악 감상에 매진했다. 물어보기 전까지는 그가 얘기한 적이 없어서 나중에야 알고 놀랐는데, 그는 성경을 글자 그대로 믿기도 했다. 더 젊었을 때는 선교사가 되려고 성경 학교에 다니기도 했단다. 히브리어를 잘 읽어서 선생님들을 따라 의미 풀이 논쟁 자리에 하도 많이 참여하자 나중엔 굳이 수업에 나오지 않아도 된다는 권유를 들었다고 한다. 하지만 그는

♦　Thelonius Monk. 미국의 재즈 작곡가이자 피아니스트.
♦♦　남유럽산 히스(진달랫과 관목)의 일종인 브라이어 뿌리로 만든 파이프.

사적인 얘기는 웬만해선 하지 않았다. 내가 아는 그의 얼마 안 되는 성장담도, 어쩌다 우연히 듣게 된 한두 마디로 알게 된 것이었다. 그가 카롤리네와 결혼하고 이사 간 스토로 근처 아파트 1층에 그가 직접 꾸민 작업실에서, 그가 좋아하는 〈마태 수난곡St Matthew Passion〉이나 글렌 굴드◆의 곡을 들으면서 아직 미완인 '죽음의 프리즈' 작품에 둘러싸여 늦은 밤 이런저런 얘기를 나누던 중 드물게 듣게 된 얘기였다. 그의 가족은 노르웨이 남해안 지역으로, 독실한 신앙의 전통이 깊은 시엔 출신이었다. 시엔은 헨리크 입센의 출신지이기도 하며, 입센의 형제인 올레와 누이인 헤드비가 구스타브 아돌프 람메르스의 주도로 이곳에서 일어난 신앙부흥운동에 동참한 바 있다. 이 신앙부흥운동으로 시엔에서는 1850년대에 국교회가 해체되고 자체적인 비국교파 교회가 세워졌다. 람메르스는 문학을 악마의 작품으로 매도했는가 하면 커튼 사용도 금지했다. 인간이 하는 모든 행위는 낮의 햇빛을 견뎌야 한다는 것이 그가 내세운 근거였다. 람메르스를 추종하는 여성 신도들은 그가 그리스도의 환생이라고 믿었다. 그의 신앙부흥운동은 노르웨이의 남해안을 따라 확산되면서, 현재까지도 이 지역에서 명맥을 유지하고 있는 엄격한 경건주의 전통의 토대가 되었다.

에를링은 태어나고 8, 9년을 아르헨티나에서 보냈다고 했다. 그곳에서 계부가 선교사로 활동했다는데, 아주 드물게 계부 얘기를 꺼낼 때는 평상시 그와 다른 모습을 보였다. 사람들에 대한 관대하고 악의 없는 무관심이 아닌, 아주 잠깐 질겁하는 기색을 내비치

◆　Glenn Gould. 숱한 기행을 남긴 피아니스트로, J.S 바흐 음악의 해석자로 유명하다.

며 비통해하는 태도였다. 하지만 남미에서 보낸 유년기의 영향으로 라틴아메리카의 기후를 아주 좋아하게 되었단다. 자기는 개신교 노르웨이의 쌀쌀함보다 훨씬 더 좋다고 했다. 스페인어도 유창했다. F1 드라이버 후안 판히오를 우상처럼 떠받들었고, 팝 음악은 질색했지만 집시 킹즈◆만은 예외였다. 그리고 언제나 흥분하지 않고 차분하면서도 끈질기게, 포클랜드 제도◆◆를 아르헨티나 명칭대로 말비나스라고 불렀다.

알고 지낸 지 좀 되었을 때, 에를링은 점점 잠을 못 이루겠다고 하소연했다. 작업실에서 술을 마시고 그림을 그리고 올리 무스토넨의 〈바흐와 쇼스타코비치: 전주곡과 푸가〉 같은 좋아하는 앨범을 들으며 밤을 꼬박 지새울 때가 많다고. 그림이 잘 안 그려지는 횟수가 점점 늘고 있다며, 그럴 때마다 시간을 보낼 다른 방법을 찾는다고 했다. 그러다 한번은 새벽 3시 30분쯤 머리카락을 자르기로 했다. 무딘 가위와 손거울을 들고 머리카락을 자르며 위스키로 인한 지각 장애 사이에서 어느 쯤엔가 보니, 머리 꼴이 너무 엉망진창이라 상당 부분을 면도칼로 밀어낼 수밖에 없었다. 그러느라 진을 뺐더니 피곤해져 침대로 기어들어 가 잠들어 있는 아내 옆에 누워 곯아떨어졌는데, 3시간쯤 지나 아내가 옆자리 남편의 몰골을 보고 속이 상해서 악을 써대는 통에 잠이 깼다. 에를링은 그날 저녁에 나와 함께 묄레르가타 거리의 위스티센 위층 구석에 앉아 맥주를 마시면서 그 얘기를 해주었다. 얘기하는 투를 들어보니 카롤리네의 반

◆　Gipsy Kings. 프랑스 남부 지역의 집시 출신 밴드.
◆◆　Falkland Islands. 대서양에 위치한 영국의 해외 영토로, 영국과 아르헨티나 간의 영토 분쟁 지역.

응이 정말로 어리둥절하고, 심지어 화가 난 듯한 기색이었지만 아내의 요구에 순순히 응해 머리가 좀 자랄 때까지 털모자를 쓰기로 했단다.

바로 이 무렵에 에를링은 밤늦게 전화를 걸어와 다소 두서없는 애길 늘어놓는 버릇이 생겼다. 나는 웬만해선 그 횡설수설을 참고 들어주지 않았고, 나중엔 아예 들어주지 않았다. 하여튼 전화를 해서 늘어놓는 얘기는 카롤리네가 자신의 음주에 말도 안 되는 반응을 보인다는 불만이기 일쑤였다. 에를링은 이 무렵 완전히 자기만의 세계에 살고 있었다. 한번은 그가 온종일 집에 들어오지 않고, 다음 날도 하루가 다 지날 무렵까지 집에 전화 한 통 없이 늦을 거라는 얘기도 안 해주어 카롤리네가 화를 낸 일을 놓고 격분해서 불만을 쏟아놓았다. 그의 변명은 대체로 한결같았다. **얘기를 나누느라 들어오지 못했다고.** 그런 말로 모든 일을 정당화시키면서 자신에게 무슨 일이 생겼을까 봐 마음 졸이는 아내의 걱정을 도통 이해하지 못했다. 나는 에를링을 많이 좋아했지만 이런 문제에서는 그의 편을 들어주며 카롤리네를 욕할 수가 없었다. 그래서 결국엔 발신자 번호 표시장치를 샀고, 죄책감에 마음이 무거웠지만 그의 번호가 뜨면 전화를 받지 않았다.

내가 에를링을 마지막으로 본 것은 2004년이었다. 그가 사망하기 1년쯤 전이었고 우리가 우정을 나눈 지 15년째 되던 해였다. 한번은 한밤중에 전화 통화를 하다가 오슬로의 마르카(오슬로의 3면을 에워싼 울창한 숲 지대)로 같이 산책을 가자고 약속한 적이 있었다. 그 무렵 우리 부부는 람베르트세테르의 동쪽 교외 지역에 있는 아파트로 이사를 가서 살고 있던 터라, 나는 아침 10시에 우리 집으로 와달라고 했다. 아무도, 심지어 에를링조차도 그 시간이면 술에 취해 나타날 일이 없을 거라는 나름의 생각으로 정한 시간 약속이었다. 에를링은 1시간 15분 정도 늦게 왔다. 유행이 지나고 해진 작은 회색 배낭을 메고 왔는데 그 안에는 도슨 위스키 병 하나만 달랑 있었고 그나마도 4분의 1밖에 남아 있지 않았다. 밤새 한잠도 못 잔 모양이었다. 계절은 초봄이었지만 송느스반 호수 위쪽 숲에는 아직도 눈이 수북이 쌓여 있었다. 산책하기 좋은 날씨가 아니라 우리는 눈이 다져진 스키 트랙 한가운데를 따라 걷다가 쌩쌩 지나가는 스키어들에게 욕을 먹었다. 이제 와서 그날의 산책을 돌아보면 여러 감정이 교차한다. 나는 에를링에게 화가 나 있었다. 음주 버릇을 고치려는 **노력조차** 하지 않는 것도, 자꾸만 걷다 말고 위스키 병을 꺼내는 것도 마음에 들지 않았다. 그는 그 나름대로 같이 마시지 않는 나를 보며 서운해하고 어리둥절해했다. 나중에 그가 학생촌에서 세탁소 일을 하고 있던 크링쇼의 지하철역에서 헤어질 때는 측은함과 슬픔이 일었다. 그 무렵엔 '죽음의 프리즈' 얘기를 들은 지 한참 되었고 예의상 물어볼 수도 없었다.

승강장에는 예닐곱 살 되어 보이는 아들과 지하철을 기다리는 젊은 어머니가 있었다. 여자들은 누구나 에를링에게 호감을 가졌다. 심지어 술 냄새를 풀풀 풍기고 다녀도 그랬다. 그의 점잖고 온화한 심성을 감지하면서, 다른 사람들과 같은 세계에 어우러져 살아가기에 절대 어울리지 않는 사람이라는 것을 알아보는 것처럼. 에를링은 몇 마디 말로 그 젊은 어머니의 관심을 끌었다. 크링쇼 주변 전역에 새 건물이 들어서서 오슬로로 유학을 오는 외국인 학생들의 늘어난 주거 수요를 충당하게 될 거라는 등의 얘기였다. 그런

데 허리를 숙여 아이에게 말을 걸려다가 분위기가 이상해졌다. 행동에 확신이 없는 듯 경련을 일으키며 얼굴이 붉어지고 푸른 눈빛이 흐릿해졌다. 벌린 입에서는 독한 위스키 냄새가 확 풍겼다. 그 바람에 겁을 먹은 아이는 에를링의 얼굴을 잠깐 빤히 쳐다보다가 돌아서서 어머니 품으로 달려들어 허벅지에 얼굴을 묻었다.

산책을 하던 중 나는 그에게 다시는 같이 위스키를 마시지 않겠다고 말했다. 그것이 내가 그를 위해 해줄 수 있는 마지막 호의 같아서 꺼낸 얘기였다. 그 뒤로 어쩌다 보니 다시는 그와 위스키만이 아니라 그 어떤 것도 같이 마시지 않게 되었다. 두 번 다시 얼굴도 보지 않고 지냈다. 그렇게 헤어져 지낸 몇 달 동안, 우리 둘 다 알고 지내는 비아르네에게 그의 소식을 전해 듣기는 했다. 치과의사였던 비아르네는 아내와 중학교 시절부터 가깝게 어울리던 사이라 나와도 친해졌고, 그래서 자연스럽게 에를링과도 친구가 되었다. 어느 날 저녁에 비아르네에게 에를링의 이혼과 재혼 소식을 들었다. 에를링이 카롤리네를 떠나 이혼을 했고, 얼마 후 어린 시절 여자 친구와 결혼했다고. 새 부인은 그에게서 들어본 적 없는 모르는 여자였지만, 비아르네에게 듣기론 아주 잘나가는 생화학자이고 에를링과는 성경의 글자 그대로를 믿는 신앙심에서 서로 잘 통한다고 했다. 두 사람이 아침 식사 자리에서 함께 찬송가를 불렀다고도 했다. 에를링은 속을 다 버려 더 이상 독주를 마실 수 없어 물에 희석한 와인만 마시고 있었다. 대소변의 실금失禁 증상이 심해서 웬만해선 바깥출입도 못하며 살았다. 그러던 어느 날 치통 때문에 하는 수 없이 비아르네의 치과에 와서 이를 뽑았는데, 저녁에 집에 가서 이를 뽑은 자리에 출혈이 생긴 후 지혈이 되지 않았다.

아주 기독교적인 장례식에서 이루어진 에를링의 추도사에서 목사는 그의 사망에 알코올 형제가 펼친 역할과 관련해서는 한마디도 꺼내지 않았다. 하지만 내 평생에서, 설교단에 선 목사의 추도사가 그 아래쪽 꽃으로 장식된 흰색 관에 잠든 시신에게 진실되고 의미심장하게 느껴진 몇 안 되는 경우 중 하나였다. 에를링의 신앙심은 흔들린 적이 없었다. 그는 자신이 지금보다 더 나은 세상으로 가는 도중에 있다고 맹목적으로 믿었다. 예배 후에 관이 배터리로 작동되는 철제 수레에 실려 꼬불꼬불한 길을 따라 심하게 흔들리며 옮겨질 때 우리는 밝고 차가운 햇빛 속에서 그 뒤를 따라갔다. 빙 둘러서서 관이 땅속으로 내려지는 모습을 지켜보고 관 뚜껑 위로 흙과 돌이 덮이는 소리도 들으며 그 곁을 지켰다. 기억을 더듬어보면 그때 나는 슬픔이 느껴지지 않았다. 단지 삶이 너무 가볍다고 느꼈다. 생각해보면 기묘하다. 이 글을 쓰는 지금도 에를링은 여전히 그 땅속에 누워, 여전히 그 양복을 입고 있겠지? 어쩌면 어떤 식으로든 생전의 모습이 어렴풋하게나마 남아 있을 수도 있지 않을까? 천 년도 더 이전에 이븐 파들란이 볼가 강둑에서 만났던 스웨덴 무역상의 얘기가 떠오른다. 그 루스족은 이렇게 말했다. 우리는 고인을 태운다고. 그러면 순식간에 고인이 이승을 떠나 이미 다음 세계로 들어서 있다고.

———

트로엘의 영화 막바지에는 세 탐험가가 돌아가며 작은 거울을 들여다보는 장면이 나온다. 닐스 스트린드베리가 카메라 부속품 사이에서 뜻하지 않게 발견한 이 거울을 보며 처음엔 장난감을 가지고 놀 듯 신나 한다. 그러다 예전의 자신들 모습이 떠올라 말을 잃는다. 차라리 스트린드베리가 거울을 발견하지 않았더라면 좋았다는 듯이. 다음 순간 영화의 화면이 바뀌며 닐스 스트린드베리가 북극곰에 깔려 발버둥 치다 몸부림을 포기하는 장면이 나온다. 크누트 프라엥켈은 장화와 장갑을 벗고 아편을 과다 복용하고 드러누웠다가 숨을 거둔다. 뒤이어 아우구스트 안드레 역을 맡은 막스 폰 쉬도브가 바위투성이 해변에 홀로 서서 거울을 들여다보고 그지난 일을 회고한다. 내면의 목소리를 들으며 우리 인간이 자신의 모습을 제대로 보지 못하는 사실을 다시 상기한다. 인간은 앞만 볼수 있다고. 자신의 뒷모습도 볼 수 없고, 얼굴조차 볼 수 없다고. 폰쉬도브는 새처럼 손을 옆으로 펼쳐 펄럭거린다. 두 손을 미끄러지듯 펼치며 날갯짓한다. 그는 고개를 돌려 자신의 퍼덕거리는 손을 쳐다본다. 그 손이 자신의 통제력에서 벗어난 것처럼, 다른 사람의 손인 것처럼 말이다. 얼떨떨해하면서도 푹 빠져 구경하는 아이처럼 손의 퍼덕거림을 눈으로 계속 좇는다.

──── 10
이민

2014년 노르웨이 통계청에서는 오슬로 시민의 가장 흔한 남자 이름이 '무함마드Mohammed'라는 조사 결과를 발표했다. 무슬림 농담에는, 무슬림 다섯 명 중 한 명은 무함마드이고 나머지 네 명은 철자만 좀 다르다는 얘기가 있다. 그래서 통계청 발표 자체에는 그리 놀라진 않았지만 노르웨이의 전통적 이름인 크누트, 하콘, 올라브가 무함마드에 추월당한 속도에는 얼떨떨한 감이 있었다. 새삼스레 전반적인 이민 현상을 곰곰이 생각해보게 되었다. 그 뒤로 2015년에는 그해 내내 거의 모든 일간지의 지면에서 이른바 '이주 위기'의 시대니 어쩌니 떠들어대는 통에 또다시 이민 문제를 생각하다가 20여 년 전에 친구인 돈 넬슨Don Nelson과 그의 아내 아네Ane의 집에서 가졌던 조촐한 만찬 모임을 떠올렸다. 그날의 식사 자리에서 스칸디나비아인이 19세기와 20세기 초에 미국으로 대거 이주한 일이 화제에 오른 순간이었다.

돈은 캐나다인 사진작가로, 나처럼 노르웨이 여자와 결혼해서 노르웨이에 정착한 경우였다. 그는 주로 노르웨이 영화 업계에서 스틸 포토그래퍼♦로 활동했다. 우리가 함께 식사를 했던 당시엔 헤닝 카를센Henning Carlsen이 감독을 맡고 덴마크-노르웨이 합작으로 제작 중인『목신 판Pan』의 영화화 작업에 참여하고 있었다. 사실, 함순의 대표적인 소설이 영화화된 것은 이번으로 네 번째였다. 카를센은 1966년에 함순의 획기적 소설『굶주림』을 영화화하여 감독으로서 명성을 얻었고 영화에 출연한 스웨덴인 페르 오스카르손 Per Oscarsson은 1967년도 칸영화제에서 남우주연상을 받았다. 내가 받은 인상으로는, 함순의 짧고 몽환적인 단편소설『목신 판』의 여운이 헤닝의 삶을 한참동안 따라다녔고, 마침내 그가 너무 늦기 전에 뭔가를 해보기로 결심한 듯했다. 그가 토마스 글란의 연인 에드바르다의 역으로 캐스팅한 덴마크의 여배우 소피 그로뵐Sofie Gråbøl 은 역할을 아주 완벽하게 소화해냈다. 연기를 너무 잘해서 나에겐 개인적 후유증까지 남았을 정도다. 스칸디나비아에 누아르 TV 시리즈 시대가 도래했을 때 〈더 킬링The Killing〉의 형사 사라 룬으로는 도저히 몰입되지 않았다. 아무래도 나에겐 영원히 카를센의 영화 속에서, 서로에게 고통을 주는 글란의 연인으로 기억될 것 같다. 나는 〈목신 판〉이 아직 제작 전이던 시기에 카를센에게서 유럽의 잠재 투자자들에게 돌리려고 한다며 영화 대본을 영어로 번역해달라는 의뢰를 받았다. 당시엔 수용 폭이 좁은 자신들의 언어권을 넘어서고 싶어 하는 야심 찬 스칸디나비아의 영화 제작자들이 일반적

♦ 영화의 스틸을 촬영하는 사람. 영화 제작이 이루어지는 동안 필요한 모든 사진을 찍는다. 연기자의 연기 장면, 스태프 작업 장면, 촬영장 주변 모습 이외에도 제작 발표회 등 영화를 위한 이벤트 등을 촬영한다.

으로 그런 절차를 거치고 있어서, 그런 영화의 대본 번역을 수년 동안 수차례 맡아온 터였다. 그 대본들 대부분이 실제 영화로 제작되진 못했지만 〈목신 판〉은 실제로 제작되어 스크린에 걸렸다. 내가 돈을 처음 만나게 된 것은, 이 영화의 제작 완료를 축하하기 위해 국립영화관 필멘스후스에서 전 제작팀이 일종의 친목 모임을 가졌던 자리로 기억한다. 이날의 축하 자리에는 피아노 3중주단이 섭외되었는데 어느 시점엔가 돈과 나는 스칸디나비아의 재즈와 독창성을 화제로 삼아 대화에 빠져들면서 스칸디나비아 재즈 특유의 서정성과 멜랑콜리를 이야기했다. 내가 평소 품어온 지론으론, 스칸디나비아에 이런 특성이 생겨난 시기는 1964년 초로 특정된다. 빌 에반스♦가 자신의 3중주단을 데리고 스톡홀름으로 건너와 모니카 세텔룬드♦♦의 〈Waltz for Debby〉 앨범 작업에 참여하면서 그 앨범에 에반스 자신이 편곡한 스웨덴 민요 〈Jag vet en dejlig rosa〉가 수록되었던 그때부터라고 보았다. 그러나 돈은 동의하지 않으며 그러한 명예는 얀 요한손Jan Johansson이라는 스웨덴의 피아니스트에게 돌리는 것이 더 타당하다고 했다. 세텔룬드의 앨범이 나오기 1, 2년 전에 녹음된 그의 앨범 〈Jazz på svenska〉는 수록곡 전체가 스웨덴 민요를 편곡한 곡이었다. 돈의 개인적 견해로 그중에서 가장 주목할 만한 곡은 〈우리는 집을 팔았다Vi sålde våra hemman〉나 〈이주자의 노래Emigrantvisa〉라는 제목으로 알려진 곡인데, 1854년 처음으로 기록으로 남겨졌고 스웨덴인의 미국 이민을 배경으로 생겨난 수

♦   Bill Evans. 미국의 재즈 피아니스트이자 작곡가.
♦♦ Monica Zetterlund. 스웨덴의 재즈 가수.

많은 민요 중 하나라고 했다[다음 사이트를 방문하면 얀 요한손이 연주한 이 곡을 직접 들어볼 수 있다. https://www.youtube.com/watch?v=ej4P6m7L-4U]. 돈의 박학한 지식과 반백의 긴 머리를 하나로 묶은 머리 스타일은 내게 깊은 인상을 주었고 그 뒤로 우리는 자연스럽게 친해졌다.

돈과 아네는 오슬로 서부의 녹음이 무성하고 안락한 교외 지역인 하슬룸에 거주했다. 노르웨이의 영화사 대부분이 사무실과 리허설 스튜디오를 운영하고 있는 대단지, 필름파르켄에서 멀지 않은 곳이었다. 넬손 부부의 집은 짙은 와인색 재목으로 19세기 말에 지어진 저택인데, 노르웨이의 기준으로는 오래된 집이었다. 주변에는 키 큰 칠엽수와 소나무가 그늘을 드리워주고 있었다. 그 집만의 독특한 공간은 자갈 깔린 마당 한쪽에 멀찍이, 몇 미터쯤 떨어진 곳에 있는 작은 별채였다. 부부는 집에 영화 기술자나 배우들이 찾아오면 그곳을 숙소로 내주곤 했다.

그 특별한 경우로, 스웨덴 배우 막스 폰 쉬도브도 그 별채에서 손님으로 묵은 적이 있었다. 트로엘의 또 다른 영화에 출연해 노르웨이에서 마지막 장면을 찍던 때였는데, 우연히도 그 영화가 함순의 생애를 다룬 전기 영화였다. 영화 대본은 트로엘과 같은 스웨덴인 P.O. 엔퀴스트가 썼고, 덴마크 유명 작가 토르킬 한센Thorkild Hansen의 1976년 출간작 『함순의 재판Prosessen mod Hamsun』을 대본의 바탕으로 삼았다. 어느 모로 보나 트로엘의 영화는 내가 10여 년 전에 썼던 함순의 전기 『수수께끼: 크누트 함순의 삶Gåten Knut Hamsun』을 바탕으로 그 근래에 제작 완료된 TV 프로그램과 경쟁작이었다. 노르웨이 국영 방송에서 같은 작가의 삶을 극화하여 50분짜리 에피소드 여섯 편으로 구성한 프로그램이었다. 노르웨이 국영 방송에서는 투자금 회수를 극대화하고자, 이 TV 시리즈를 극장 상영용의 90분짜리 장편 영화로도 제작했다. 공교롭게도 두 영화가 거의 동시에 제작되던 당시에, 폰 쉬도브 같은 유명한 사람이 말년에 명성이 실추된 함순 역을 연기함으로써 어느 쪽이 더 시선을 끌지는 안 봐도 뻔했다. 하지만 나로선 노르웨이 국영 방송 측에 별 애정도 없었다. 내가 TV 시리즈의 토대가 될 여섯 편의 에피소드를 쓰긴 했지만 감독은 자신의 '극작가'를 별도로 데려왔고, 이 극작가는 어느새 제작자를 설득시켰다. 아우구스트 스트린드베리의 삶을 극화하며 배우 토미 베르그렌이 이 위대한 극작가 역으로 나온, 그 근래의 스웨덴 TV 작품과 최대한 비슷하게 만들어야 한다고 주장하여 끝내 관철시켰다. 그에 따라 에피소드마다 함순과 아내 마리 사이의 부부 '갈등' 장면이 길고 지루하게 들어갔다. 원래의 대본에 대폭 수정된 부분이 20여 개가 넘으면서부터는 도저히 내가 쓴 원고라고 볼 수도 없었다. 이미 지급받아 써버리고 없는 원고료를 돌려줘야 할지도 모른다는 걱정만 없었다면 시리즈에서 내 이름을 아예 빼버렸을 것이다. 이런 사정이 얽혀 있어서 나는 노르웨이 영화에 극심한 애증을 품게 되었는데 그것이 나에겐 오히려 다행이었다. 덕분에 당시 폰 쉬도브가 우리 영화를 영화사의 뒤안길로 보내버릴 것이 뻔한 영화의 촬영을 끝마쳐가고 있다는 생각에 마음이 거북해서 그날 넬손 부부 집에서의 저녁 식사 자리를 망칠 염려가 없었으니까.

나는 돈이 나를 저녁 식사에 초대한 것을 놓고, 막스 폰 쉬도브가 함순의 삶과 성격에 대해 나와 의견을 나누고 싶어 한 것은 아닐까 넘겨짚었다. 나의 함순 전기가 언어를 막론하고 그때껏 출간된 책 중에서 함순의 전 생애를 상세하게 다룬 유일한 책이었기 때문이다. 하지만 식탁에 앉자마자 곧바로 느껴지는 게 있었다. 이 대배우는 지극히 정중하긴 하지만, 자신의 창작 활동에 나름의 확고한 소신이 있어서 괜히 중심점을 잃을까 봐 작업 얘기는 한 마디도 꺼내지 않을 것처럼 보였다. 일단 중심을 잃으면 다시 수습하기가 너무 힘들어 완전히 포기하고 짐을 싸서 스톡홀름으로 돌아가야 할지 모른다는 두려움에 절대로 말을 꺼내지 않을 듯했다. 그런 느낌을 받고 나자, 함순의 얘기는 일체 입 밖에 꺼내지 말아야겠다는 생각이 들었다. 폰 쉬도브는 정말로 예의가 바랐다. 안주인이 대접해준 루테피스크(말린 대구를 잿물에 불려 익혀 삶아 으깬 완두콩과 잘게 썰어 바삭하게 구운 베이컨을 고명으로 얹어 먹는 요리로, 흐물흐물한 젤리 같은 식감 때문에 용기 없는 사람들은 선뜻 도전하기 힘들다)를 일품요리라며 몇 번이나 칭찬했다. 하지만 내가 기억하는 한, 그가 자신의 내면세계에서 완전히 빠져나온 순간은 돈과 아내가 미스터리로 남아 있는 실종 사건을 화두로 꺼냈을 때뿐이었다. 그 실종 사건은 15세기의 어느 시기에, 약 400년 전부터 그린란드 남쪽과 서쪽에 정착해 살아가던 그린란드 식민지 개척자들이 사라진 이야기다.

아메리카 원주민 역사에 낭만적인 관심이 있던 돈은 이들의 실종 이유로 제시된 다소 별난 주장 하나를 이야기해주었다. 맨던족이라는 평원인디언♦ 종족과 연관된 주장이었다. 맨던족은 19세기 초에 프랑스의 모피 무역상들에게 천연두를 옮아 멸종되었지만

♦ 북아메리카대륙 중부의 평원 지대에 사는 원주민의 총칭.

(조지 캐틀린George Catlin의 연구 논문 「북아메리카 인디언North American Indians」
에 보면 맨던족이 천연두에 맞서 짧은 기간 동안 치열한 싸움을 벌인 가슴 아픈 이야기가 나온다) 이들이 멸종되기 오래전부터 외부인들은 종족 일원 가운데 밝은 머리카락 색과 파란 눈을 가진 이들이 있는 것을 신기하게 봤다. 돈이 이야기해준 주장에 따르면 그린란드의 두 식민지는 중세 온난기가 끝나고 그린란드의 연안이 다시 얼어붙자 바다를 통한 접근로가 막히면서 스칸디나비아 본국과 격리되었다. 살아남은 주민들은 굶어 죽을 궁지에서 벗어나려 필사적으로 데이비스해협을 건너 북아메리카대륙으로 건너갔다가 자의로든 타의로든 맨던족에게 동화되었을 것이란다. 실제로 하얀 머리카락과 푸른 눈은 오래전에 사라진 그린란드 주민들의 유전적 특징이다. 돈은 말하길, 현대 유전학자들은 그 주장을 인정하지 않을 테지만 마음이 돌처럼 차가운 냉혈한이 아닌 한 그 이야기에 어느 정도 홀릴 만하지 않냐고 했다.

"그 주장을 뒷받침해주는 증거는 없나요?" 폰 쉬도브가 작은 하얀색 사발에서 베이컨을 한 숟갈 듬뿍 떠 대구살 위로 뿌리다가 동작을 멈추며 물었다.

돈은 켄싱턴Kensington 룬 스톤이 가끔씩 증거로 제시되고 있다며 자세한 이야기를 들려주었다. 1898년 여름에 올로프 오만이라는 스웨덴 출신 이민 농부는 미네소타주 더글라스 카운티의 켄싱턴이라는 마을 인근인 솔렘에 있는 자신의 농장에서 그루터기를 뽑으며 개간 작업을 하던 중 특이한 나무를 보게 되었다. 작고 흉한 모양의 사시나무였는데 아무리 해도 뽑히지 않았다. 안 되겠다 싶어 뿌리 주변 흙을 파보니 문제의 원인이 밝혀졌다. 나무 바로 아래에 큼지막하고 평평한 돌이 박혀 있었던 것이다. 돌덩이는 가장 두꺼운 뿌리 두 개 사이에 단단히 붙들려 있어서 오만은 도끼의 날이 나가지 않도록 조심스럽게 도끼질을 해야 했다. 그렇게 성가신 돌덩이를 빼낸 후 하던 일을 마저 하는 사이 그의 열 살 된 아들이 아버지를 도와주러 왔다. 그러던 어느 순간, 아들이 일을 하다 말고 그 돌을 유심히 살펴보았다. 아들은 매끄럽고 평평한 돌 표면을 들여다보다가 모자로 먼지를 닦아냈다. 다음 순간 흥분한 아들은 목청을 높이며 아버지에게 와서 이것 좀 보라고 소리쳤다. 돌의 한쪽 면과 한쪽 측면에 일련의 규칙적인 기호가 새겨져 있었다. 기호들은 확실히 어떤 메시지를 담고 있는 듯했지만 잘 모르는 언어였다. 그 뒤 알쏭달쏭한 이 기호의 사본이 미네소타주 스칸디나비아어 교수인 O.J. 브레다O.J. Breda에게 보내졌다. 브레다는 끝내 그 기호들이 고대 스칸디나비아어 룬 문자인 것을 확인하여 그 뜻을 번역해냈다.

고트족 여덟 명과 노르웨이인 스물두 명이 빈랜드♦에서 서쪽으로 떠난 발견의 여행 중 어느 날, 이 돌에서 북쪽 지대인 두 개의 작은 섬 근처에서 야영을 했다.

우리 일행은 어느 날 낚시를 나갔다. 집으로 돌아오니 남자 열 명이 붉은 피를 흘리며 죽어 있었다. A V MAve Virgo Maria, 성처녀 아베 마리아여, 저희를 악에서 구하소서.

♦ Vinland. 북아메리카의 해안.

한쪽 측면에 새겨진 더 짤막한 룬 문자열은 다음의 뜻으로 번역되었다.

이 섬에서의 14일 동안의 여정 중 열 명의 남자를 바닷가에 보초 세워 우리 배를 지키게 하다. 1362년.

돈의 말마따나, 돌덩이에 새겨진 이야기가 사실이라면 이 스칸디나비아인들은 크리스토퍼 콜럼버스가 나타나기 100년도 더 이전에 북아메리카대륙을 돌아다녔다는 얘기가 되니, 유럽의 아메리카대륙 발견 역사는 다시 쓰여야 할 것이다. 아이슬란드의 사가 두 곳에서 11세기 초 바이킹 시대에 그린란드인들이 아메리카를 발견했다고 기술된 대목과 더불어 이 룬 문자를 토대로 미루어보면, 스칸디나비아인이 콜럼버스 이전에 북아메리카대륙을 최소한 두 차례 방문했다는 설이 설득력 있게 들린다. 하지만 브레다를 필두로 해서 뒤이어 여러 학자들까지도, 이 돌덩이가 역사적 근거뿐만 아니라 언어학적 근거로 볼 때 어설픈 날조라고 일축했다. 학자들의 주된 반박 근거는 룬 문자의 형태다. 그 형태가 돌에 새겨진 이들의 등장 시기에는 한물가서 쓰이지 않았거나, 아직 언어에 등장하지 않은 형태였다는 것이다. 돈은 '발견의 여행'이라는 뜻의 단어 'opthagelsesfardth'의 사용이 특히 반론의 대상이라고 했다. 추정상 이 단어가 스칸디나비아어에 등장한 시기가 16세기 말이나 17세기 초이기 때문이란다.

돌의 발견으로 인한 흥분이 가라앉고 나자 오만은 그 돌을 구부러진 못을 바로 펴는 용도로 사용하기 시작했다. 여전히 그런 용도로 쓰고 있던 어느 날, 돌의 문구를 그대로 믿고 있던 얄마르 홀란Hjalmar Holand이라는 노르웨이계 미국인 이민자가 그의 농장으로 찾아와 10달러를 주고 돌을 사 갔다. 홀란은 그 뒤로 이 돌이 위조품이 아니라는 것을 증명하기 위해 평생을 바쳤다. 그는 학자들이 위조품으로 폄하하는 근거인 언어학적 예외성이 오히려 진품임을 뒷받침해주는 최고의 증거라고 보았다. 돌에 새겨진 일행에 고트족(즉, 스웨덴인)과 노르웨이인의 두 무리가 섞여 있었던 점을 지적했고, 당시에는 스칸디나비아어의 이상적인 표준화에 대한 개념이 부족하던 시기였다. 그러면서 주장하길, 동떨어진 지역에 머물던 이들 여행자들이 나름의 독자성을 발전시켜 고국의 대인구 거주 중심지에서 지켜지는 표준과는 다른 형태의 언어를 쓰게 되었을 것이라고 했다. 이 돌에 대한 홀란의 뜨거운 믿음은 돌의 진품 여부를 둘러싼 논쟁이 오늘날까지 이어지고 있는 주된 이유라 할 수 있다.

"막스, 하지만 당신의 질문에 대답하기 위해 덧붙이자면, 홀란의 이론이 토대로 삼은 것은 폴 크눗손의 통솔 아래 1355년에 착수한 원정 기록에서 언급된 내용이었어요. 원정단은 노르웨이와 스웨덴의 마그누스왕에게 그린란드로 가서 그곳의 식민지 상태를 보고하고 식민지 개척 주민들이 기독교 신앙을 버렸다는 소문의 진위를 조사해오라는 명을 받고 출발했어요. 두 식민지가 인적 없이 버려진 것을 발견한 후엔 주민 수색을 이어가다가 바다 건너 북아메리카로 건너가게 되었고, 내륙의 미네소타까지 들어갔다가 그곳에서 1362년 켄싱턴 룬 스톤에 새겨진 그 일행의 최후 생존자 중한 명에게 주민들의 운명을 듣게 되었답니다."

"그 얘길 믿어요?" 막스가 물었다.

돈은 코를 찡그려 반신반의하는 표정을 지으며 말했다. "마음 같아선 믿고 싶지만 원정단이 항해를 떠났다는 증거조차 없어요. 사실, 개인적으로 자주 생각해보는 흥미로운 관점이 하나 있어요. 그 모든 일이 19세기 말 이주민들 간의 위상 문제가 아니었을까, 하는 관점이에요. 대규모 이주가 이루어진 19세기 말 그 수십 년 동안에는 하층민 이주자 무리 사이의 경쟁이 치열했어요. 특히 이탈리아 이주민과 스칸디나비아 이주민의 경쟁이 심했죠. 그런 상황에서 자신의 조국 사람들이 배를 타고 북아메리카대륙 땅에 처음 발을 디딘 유럽인이라고 과시할 수 있다면, 그것이 어떤 의미를 띠었을까요. 저는 위상의 문제였다고 생각해요. 일자리 경쟁과는 별 상관이 없었을 겁니다. 이탈리아 이주민들은 뉴욕과 보스턴 같은 대도시에 정착하려는 경향이 있었던 반면 스칸디나비아 이주민들은 떠나온 스웨덴에서와 비슷한 공동체를 재현할 수 있을 만한 농촌 지역을 선호해 주로 미국 중서부로 들어갔으니까요. 막스, 당신의 영화 〈이민자들Utvandrarna〉에서 카를 오스카르와 크리스티나도 그랬잖아요."

막스 폰 쉬도브는 소리 내어 웃으며 고개를 끄덕이더니 촬영 뒷얘기를 들려주었다. 영화에서 스웨덴인들이 미국에서의 새로운 삶에 정착하는 장면이 나오는, 키 치 사가Ki Chi Saga의 목가적인 호숫가 정착지가 사실은 스웨덴이었단다[트로엘의 1971년 작 스웨덴 영화 〈이민자들〉 상영 이후 1972년에 속편으로 〈새로운 땅Nybyggarna〉이 제작되었다. 두 영화 모두에 막스 폰 쉬도브가 출연했고, 두 영화 모두 빌헬름 모베리Vilhelm Moberg가 1949~1959년에 발표한 4부작 소설 『이민자들』이 원작이다]. 얀 트로엘은 제작자와 함께 미국 중서부 지역에서 촬영 장소를 사방으로 물색했지만 이미 현대화의 영향으로 옛 모습이 훼손되어 적당한 장소를 찾지 못했다고 한다.

돈이 하던 말을 이어갔다. "그런데, 그 영화에서 궁금한 게 있었어요. 영화 속 반항적인 성직자, 다니엘 안드레아손의 캐릭터에 유독 흥미가 끌렸거든요. 안드레아손은 국교회와 국교회 사제의 허가도 없이 영성체를 자기 집 부엌에 보관한 죄로 몇 번이나 붙잡혀 감옥에 갇히잖아요. 루터교의 정식 사제가 자신을 지지하는 그 지역 유지들을 죄다 데리고 부엌으로 들이닥쳐 다니엘 안드레아손이 신도들과 함께 앉아 있는 모습을 발견하는 장면에서 안드레아손이 쳐들어온 자들을 보고 '사탄의 최고 공작원들'이라고 지탄하죠. '악마의 피조물들'이라고요. 물론, 그 지탄은 아주 정략적이었죠. 안드레아손의 신도들은 수적으로 적은 데다 사회 부적응자, 개심한 매춘부, 정신 질환자, 극빈자 들로, 스웨덴 사회의 계급 제도에서 본질적 역할을 맡고 있지만 스웨덴의 국교회에서 거들떠보지 않는 부류였으니까요. 그런데 그거 알아요? 빌헬름 모베리가 그 소설을 쓸 때 에리크 얀손Erik Jansson을 모델로 삼았다는 거요?"

"에리크 얀손이 누군데요?" 아네가 간발의 차로 내가 묻고 싶었던 얘길 먼저 물었다.

"스칸디나바아인의 이민 초창기 인물이에요. 아직 종교 박해가 성행했던 당시 농부 출신이던 얀손은 스웨덴에서 국교회를 거부하고 루터교에 반항하는 종파를 이끌었어요. 추종자들이 수백 명에 달했죠. 구약 성서 설교를 5시간이 넘도록 막힘없이 술술 펼치면서 신도들에게 믿음이 모든 죄를 사면해준다고 전도했어요.

국교회의 사제들을 악마의 조력자라고도 칭했어요. 〈이민자들〉의 안드레아손이 그랬던 것처럼요. 또 성경만이 유일한 책이라고 가르쳤어요. 루터에게는 적대적이었어요. 루터를 부정하면서 저녁에는 루터의 저서들을 태우는 분서 의식을 가진 후에 찬송을 부르고 기도를 올렸죠. 그러다 1844년에 당국으로부터 다섯 번이나 체포되었어요. 그때마다 격렬히 저항했고 추종자들도 그를 보호하려고 나섰어요. 그 과정에서 한번은 그의 아내가 쓰러져 의식을 잃기도 했죠. 1845년에도 또 체포되었는데 예블레의 감옥으로 호송되던 중 추종자들이 호송 마차를 매복 공격해서 탈출시켜 주었어요. 그 뒤로는 지하활동을 벌이며 여기저기 옮겨 다니면서 설교를 했어요. 때로는 여자로 변장하기까지 했죠.

마침내 노르웨이까지 넘어가서 약 1,500명의 추종자들과 함께 배를 타고 시카고 서남쪽인 일리노이주 빅토리아로 건너가 그 자신이 비숍스 힐Bishop's Hill, 주교의 언덕이라고 이름 붙인 식민지를 세웠어요. 비숍스 힐은 새로운 예루살렘이자 새로운 시온산♦이었죠. 얀손은 추종자들에게 성경에 나오는 하느님의 선민選民 예언이 그들을 가리키는 것이라고 가르쳤어요. 그는 독재자이자 절대 권력자였어요. 누구든 자신을 멸시하는 자는 곧 하느님을 멸시하는 것이라고 선포했어요. 1848년에 이르자 200명이 이 종파 운동에서 탈퇴했고 이듬해에는 또 다른 150명이 콜레라가 돌아 사망했어요. 그는 규칙으로 종파 탈퇴를 허용치 않았어요. 누구든 종파를 탈퇴하면 가진 재산을 전부 몰수하고 가족을 데리고 나가지 못하게 했어

♦ 예루살렘 성지의 언덕.

요. 그러다 끝내 총에 맞고 말아요. 얀손의 사촌과 결혼한 존 루트라는 남자가 그를 쏴 죽였죠. 존 루트가 종파를 탈퇴할 때 가족을 데려가지 못하게 막으려고 했거든요."

"영화에 나온 사제와 아주 비슷한 것 같지는 않은데요." 아네가 돈의 말을 다 듣고 나서 말했다.

"맞아요. 서로 결말이 다르죠. 내가 생각의 초점을 맞춘 부분은 그 시작이에요. 국교회에 반발해 들고 일어선 부분이요."

이번엔 폰 쉬도브가 말했다. "모베리가 얀손을 염두에 두고 글을 썼다고는 여겨지지 않아요. 저는 키르케고르와 그가 말년의 몇 달 동안 덴마크 교회에 대항해 벌인 운동에서 영감을 받았을지 모른다는 생각이 드네요. 그래도 종교 박해가 스웨덴인의 이민에 주된 요인이었을 거라고는 생각하지 않는데, 안 그런가요?"

돈은 폰 쉬도브의 아콰비트 잔을 채워주려 했지만 폰 쉬도브가 그 큼지막한 손을 작은 잔 위로 살짝 내저으며 사양했다. 돈은 약간 놀란 듯 눈썹을 추켜세우는 의례적 표정도 지어 보이지 않고 아네의 잔에 이어, 나와 자신의 잔을 채웠다.

"아니에요, 종교 박해가 주된 요인이었어요. 적어도 스칸디나비아 전역에서 약 1850년까지는요. 그 무렵 얀손 신봉자들 외에, 구스타프 우노니우스라는 사람도 이민을 떠나와 위스콘신주에서 비국교파 공동체를 일으켰어요. 노르웨이 최초의 주목할 만한 이민도 틀림없이 종교 박해를 피하려는 바람이 그 계기였다고 봐요. 일부 노르웨이 선원들이 나폴레옹 전쟁 중에 채텀♦에 붙잡혀 있다

♦　Chatham. 캐나다 온타리오주에 있는 도시.

가 영국의 퀘이커 교도들에게 감응을 받게 되었어요. 선원들의 마음을 가장 끌었던 것은 퀘이커 교도의 평화주의였을 거예요. 어떠한 형태로든 전쟁을 반대한다는 평화주의요. 이들은 전쟁이 끝나고 노르웨이로 돌아오자 스타방에르에서 소규모 퀘이커교 집단을 꾸렸어요. 노르웨이는 1814년 자체적 헌법을 마련하면서 제2항을 통해 복음주의 루터교를 정식 국교로 분명히 규정하고 노르웨이 국민이라면 자식들을 루터교 신자로 기르도록 의무화시켰어요. 예수회와 가톨릭교 예배는 물론이고 유대교 예배도 금지되었죠. 그런데 1789년의 미국 헌법은 어땠죠? 의회는 종교 설립에 관여하는 법이나 자유로운 종교 활동을 방해하는 어떤 법도 통과시켜서는 안 된다고 규정되어 있었어요. 그래서 퀘이커 교도들이 사망한 신도들을 성별聖別되지 않은 땅에 묻고 노르웨이 법에서 인정하지 않는 결혼식을 치르자마자 문제가 발생했어요. 바로 그런 이유로 일단의 퀘이커 교도가 미국을 향해 떠났어요. 39톤 무게의 작은 외돛배, 레스테우라티온호에 총 마흔다섯 명의 승객과 일곱 명의 선원이 탑승했어요. 출항 3개월 후. 1825년 10월의 어느 일요일 아침, 배가 뉴욕에 닿았을 때는 승객이 마흔여섯 명으로 늘어 있었어요. 오는 도중에 임산부가 아이를 낳았거든요. 항해 도중에는 마데이라 제도의 푼샬에 잠시 머물기도 했어요. 뉴욕의 항구에 닿기 얼마 전에 해상에서 통 하나를 건져 올렸는데 알고 보니 상하지 않고 온전한 마데이라 와인이 담겨 있었어요. 배가 항구로 들어설 무렵, 그 통은 텅 비어 있었고, 선원들과 상당수 승객들이 곤드레만드레 취해서 깃발을 들어 올릴 정신도 없었어요. 그 바람에 전염병 환자 격리선으로 오인되어 지나가는 독일 함선에게서 경고를 받았죠. 금방이라도 항구에서 총이 발사될지 모르니 빨리 깃발을 게양하라고요.

이들의 입항은 뉴욕에서 떠들썩한 사건으로 떠올랐어요.《뉴욕 데일리 애드버타이저New York Daily Advertiser》에서는 선체가 15 × 5.5미터에 불과한 작은 배에 쉰세 명이 다닥다닥 붙어 타고 대서양을 가로질러온 이야기를 대서특필했어요. 그런데 이런 이목 집중이 오히려 이들의 발목을 잡을 뻔합니다. 1819년 연방법에 따라 대서양 횡단 선박의 경우 선박 용적톤수 5톤당 탑승 승객 수가 두 명으로 제한되어 있어서 레스테우라티온호의 법정 최소 용적톤수는 115톤이었죠. 그 바람에 레스테우라티온호는 압수당했고 선장도 한동안 감금되었어요. 하지만 이 사건에 뜨거운 동정론이 일어 모든 혐의가 취하되고 배도 돌려받았어요. 덕분에 이들 일행은 배를 판 돈에, 연민 어린 뉴욕 시민들이 보내준 성금과 의복들을 밑천 삼아 선발 대원 클렝 페르손Cleng Peerson이 미리 물색해둔 온타리오호의 호숫가 터전까지 여정을 이어갔어요."

"흥미로운 이야기군요. 영화로 만들어도 되겠어요." 폰 쉬도브가 말했다.

"뮤지컬로도 제작할 만하죠." 돈이 대꾸했다. "사실, 오늘 필름파르켄의 구내식당에서 어떤 사람이 말해줬는데, 아바의 뵈른과 베니가 『이민자들』을 원작으로 뮤지컬을 제작 중이래요[사실이었다. 비에른 울바에우스Björn Ulvaeus와 베뉘 안데르손Benny Andersson이 제작한 〈두베몰라에서 온 크리스티나Kristina från Duvemåla〉가 1995년 10월 7일에 말뫼에서 초연되었다]. 4부작인지 3부작인지 헷갈리는데, 아무튼 이 연작 소설은 대략 19세기 중반부터 시대 배경에 따라 이민의 캐릭터가 바뀌어요. 종교 박해의 관점을 떠나서 생각해보면, 막스, 저는 영화

속 당신 캐릭터인 카를 오스카르가 스웨덴 이민 초반기 몇십 년간의 전형적인 인물이었다고 봐요. 스웨덴이나 노르웨이의 찢어지게 가난한 빈농 계층으로, 노예나 다름없이 살던 이들의 전형이라고요. 첫 번째 영화에 나오는 두 청년, 아르비드와… 누구더라, 카를 오스카르와 형제였는데, 그 사람 이름이 뭐였죠?"

"로베르트요." 막스 폰 쉬도브가 대답해줬다.

"그 두 사람이 당한 대접은 차마 믿을 수 없을 정도였어요. 사실, 스웨덴은 항상 노르웨이보다 더 계급에 얽매인 사회였잖아요. 노르웨이 출신 이민자들은 대체로 20대와 30대 젊은 남자들이었어요. 장자에게 가족 농장 상속의 우선권을 주는 오델스레트odelsrett라는 전통의 굴레에 묶인 농부의 아들들이었죠. 장자 아래의 형제자매들은 일거리를 찾아 크리스티아니아나 베르겐이나 스타방에르로 가든가 미국에서 새로운 삶의 기회에 도전하든가 선택해야 했어요. 1862년 홈스테드법◆이 시행되면서 캔자스, 미네소타, 네브래스카, 아이오와, 위스콘신에 이르는 중서부 지역의 비옥한 농지 곳곳에 젊은 스웨덴인과 노르웨이인이 몰려들었죠. 대규모 농장주와 건설업계 거물들이 스웨덴과 노르웨이로 대리인을 보내 저임금을 받고 열심히 일할 만한 젊은이들을 모집해오도록 지시하기도 했어요. 그 결과로 시카고와 미네소타에 스웨덴인과 노르웨이인의 인구 밀집 정착지가 생겨나면서 자체적인 교회, 클럽, 학교, 신문이

◆ Homestead Act. 남북 전쟁 당시에 성립된 미국의 자영농지법. 5년간 일정한 토지에 거주하여 개척을 한 자(이민 포함)에게는 20만 평의 토지를 무상으로 제공한다는 것과 5년간의 거주 대신 6개월을 경과하면 그 토지를 1,200평에 1달러 25센트의 염가로 구입할 수 있다는 것이 규정되어 있다.

갖추어졌어요. 1860년대를 거쳐 세기의 전환기에 이를 때까지는 이런 폐쇄적 사회 안에 살면서 영어를 몰라도 정든 고향에서와 같이 불편함 없이 지낼 수 있었죠."

"지금 오슬로의 일부 중장년층 파키스탄인들이 꼭 그렇죠." 아네가 이렇게 말한 후 폰 쉬도브에게 돌아보며 물었다. "그런데 궁금한 게 있어요, 막스. 모베리를 직접 만나본 적 있어요? 자살한 거로 아는데, 맞죠? 나이가 꽤 들어서 자살하지 않았나요?"

그 당시만 해도 나는 아직 노르웨이의 소설가 페르 페테르손 Per Petterson이 이름 붙인 'evighetsperspektiv', 즉 평생토록 품어온 확신 한 가지가 있었다. 사람이 삶에 지겨워질 수도 있다는 생각은 말도 안 된다는 확신이었다. 그래서 이미 존경할 만한 노년을 일군 사람들의 자살을 접하면 대체 자연이 데려갈 때까지 기다리지 못할 만큼 마음이 움직일 만한 이유가 무엇일지 의문이 일었던 터라, 모베리의 자살에 숨겨진 내막이 너무 듣고 싶었다. 하지만 폰 쉬도브는 모베리가 암에 걸려 고통스러워했다는 요지의 얘기를 짤막하게만 들려주고 다른 얘기로 넘어갔다. 모베리가 〈이민자들〉의 촬영 현장에 찾아온 적이 있는데 그때 기억나는 건 그가 촬영 팀이 묵고 있던 호텔의 복도에서 하모니카를 연주하며 영화 촬영 팀을 밤새 깨어 있게 했단다.

"생각할 때마다 당혹스러운 게 뭔지 알아요? 그곳에서는 왜 스칸디나비아인이라고 하면 죄다 싸잡아서 '스웨덴인'으로 여겼을까요?" 별난 일화를 듣고 난 이후 내려앉은 침묵을 깨고 돈이 말을 꺼냈다. "순전히 수적으로만 따지면 1915년까지 쭉 스웨덴보다 노르웨이 출신의 이민자 수가 많았는데 말이에요. 잠깐 실례할게요."

돈이 의자를 뒤로 밀고 일어나 집안에서 늘 신고 있는 갈색의 호피족 모카신을 끌고 터벅터벅 걸어 포니테일로 묶은 반백의 긴 머리를 등 뒤로 찰랑거리면서 촛불로 은은하게 밝혀진 실내를 가로질러 책장 쪽으로 갔다. 헤매지도 않고 단번에 팔을 뻗어 원하는 책을 빼낸 후, 맨 위쪽에 살짝 쌓인 뿌연 먼지를 훅 불고 식탁으로 가져와 책을 올려놓을 공간을 만드느라 빈 베이컨 그릇을 옆으로 밀어냈다.

"이 책은 테오도레 블레옌Theodore Blegen의 『노르웨이인의 미국 이민Norwegian Migration to America』이에요." 돈이 책 제목을 알려주며 반원형의 독서용 안경을 끼더니 원하는 쪽을 찾느라 잠시 말이 없다가 헛기침을 한 후 말을 이어갔다. "1851년과 1855년 사이 노르웨이의 이민자가 거주민 1,000명당 2.81명꼴이었을 때 스웨덴은 0.63명꼴이었어요. 1866년과 1870년 사이에는 8.64명 대 3.87명이었고, 1881년과 1885년 사이에는 11.05명 대 6.41명이었어요. 1836년부터 1915년까지 미국에 이민 온 노르웨이인은 80만 명으로, 1801년 기준 노르웨이 인구의 5분의 4가 넘었어요. 유럽 국가를 통틀어 이 비율을 넘어서는 곳은 아일랜드뿐이었어요. 같은 기간 동안 스웨덴의 수치는 12만 5,000명이었어요. 1870년에는 미국 인구 가운데 스칸디나비아인이 24만 1,669명 더 늘었는데 노르웨이 출신이 11만 4,243명, 스웨덴 출신이 9만 7,328명, 덴마크 출신이 3만 98명이었어요."

돈은 책에서 눈을 들더니 설명을 이어갔다. 미국의 남북 전쟁 종식 무렵부터 1920년대까지 스칸디나비아인 이민의 두 번째 단계는 이민자 수의 대폭 증가가 특징을 이루었고, 이민자 수가 절정에 달했던 이 시기는 고국인 노르웨이와 스웨덴의 작물 흉작 시기와 밀접하게 맞물려 있다는 얘기였다. 이민자 수가 크게 증가한 데는 확실히 연쇄 이민 현상의 영향도 있었다. 즉, 공동체 전체가 와해되면서 사람들이 새로운 국가로 이민하여 새로운 공동체를 이룬 현상도 무시하지 못할 요인이었다. 금 채굴 역시 이민 증가의 요인이었다. 또한 19세기에 평화로운 시기가 이어진 데다, 영양섭취와 보건이 개선되면서 스칸디나비아 인구가 두 배에 가깝게 늘어난 것도 이민 증가의 한 요인이었다.

돈이 말을 이어갔다. "블레옌은 이 책에서 알코올의 영향도 언급해놓았어요. 1816년 노르웨이 농장에서의 자가 양조가 합법화되면서 노르웨이 전역이 하나의 거대한 술집처럼 변하고 말았어요. 농장주들은 경작 가능한 땅에 죄다 감자를 심었고 알코올의존증과 더불어 풍기 문란, 소자작농의 몰락, 가정 파탄, 패가망신이 만연해졌죠. 그래서 어떤 이들에게는 미국으로의 이민이 악마의 음료에서 벗어나려는 최후의 몸부림이었어요. 얼마나 필사적이었는지 알만하지 않아요?" 그가 안경 너머로 나를 넘겨다보며 끝말을 덧붙였다.

"이민자들이 전부 다 미국까지 원만히 도착했던 건 아니었어요. 블레옌의 이 책에는 9월 30일 트론헤임을 떠나 리우데자네이루와 혼곶♦을 경유해 샌프란시스코로 향하던 금광쟁이 무리가 리우데자네이루에서 발이 묶이고 마는 이야기가 나와요. 배의 선장은 항해 중 걸핏하면 승객들과 티격태격하다가 리우데자네이루에 입항하자 자신의 배(솝히호)가 더는 항해할 만한 상태가 못 된다며

♦　Cape Horn. 남미 최남단의 곶.

갑자기 그 배를 팔아버리는 바람에 승객들은 그곳에서 발이 묶이게 돼요. 승객 중 일부는 산타카타리나 구역에 이미 독일 식민지가 세워졌다는 소문을 듣고 그곳에 합류해 샌프란시스코에서 금을 캐는 대신 브라질에서 커피, 면, 벼, 레몬, 바나나 같은 이국의 농산물을 재배하게 되었어요. 다음 배가 오길 기다렸다가 캘리포니아까지 여정을 이어간 이들도 있었고요. 이도 저도 아닌 나머지 사람들은 이 모든 곤경을 불길한 징조로 여겨 애초의 계획을 포기하고 노르웨이로 돌아갔죠. 하지만 이들 중 성공해서 금의환향한 사람도 몇 명 있었어요. 목표대로 샌프란시스코에 당도했던 원래 무리 중 세 명이 몇 년 후 레방에르로 돌아왔는데 배에서 육지를 잇는 판자를 걸어 내려올 때 보니 손가락에는 두툼한 금반지가 번쩍거리고, 몸에는 번쩍이는 브로치, 반짝반짝 빛나는 넥타이핀, 쇠줄 달린 회중시계 등등 비싼 보석으로 치장하고 있었대요."

폰 쉬도브는 돈이 이 문제를 화제로 꺼낸 이후로 다른 생각은 전혀 하지 않았던 것처럼 그제야 내리깔고 있던 시선을 들더니 입을 뗐다. 미국인이 모든 스칸디나비아인을 '스웨덴인'으로 치부했던 이유는 아마도 노르웨이가 19세기 내내 아직 한 왕이 양국을 다스리는 스웨덴-노르웨이에 속해 있었기 때문일 가능성이 있다며, 생각에 잠긴 표정으로 덧붙였다. "하지만 그 가능성은 덴마크인에게는 해당되지 않겠네요. 그나저나 덴마크인이 미국에 이민을 가긴 갔나요?"

"노르웨이와 스웨덴 출신 이민자 수에 비하면 아주 적었어요." 돈이 다시 책을 참고하며 말했다. "블레옌의 이 책에 보면 1820년과 1920년 사이 기간을 통틀어 추정 이민자 수가 35만 명에 불과해요. 노르웨이 이민자 수 절반에도 훨씬 못 미치고 스웨덴 이민자 수의 3분의 1도 안 되었어요. 금을 찾아 모험을 나선 이민자들도 있었지만 블레엔에 따르면 이 중 상당수가 운을 시험해볼 장소로 오스트레일리아를 더 선호했어요. 그리고 브리검 영이 이끄는 모르몬교로 개종한 사람들도 엄청 많았어요. 아네의 할아버지도 그중 한 사람이었죠." 돈이 식탁 맞은편의 아내를 가리키며 말했다. 아네는 그렇다는 뜻으로 고개를 끄덕여 보였다. 잠깐은 표정으로 보아, 할아버지 얘기를 자세히 들려주며 덴마크계 집안 내력을 알려줄 것 같았지만 기대와는 달리 자신의 접시에서 포크로 막 퍼 올리고 있던 삶아 으깬 완두콩을 입으로 가져갔다.

돈이 말을 마저 이어갔다. "결국엔 약 2,000명이 유타주의 모르몬교 본부에 정착했어요. 하지만 이들은 대체로 농장주나 농장 일꾼들이었어요. 다른 수많은 스칸디나비아인처럼 1862년의 홈스테드법에 동기를 자극받은 사람들이었어요. 그러니까 등록비를 내고 5년 동안 그 땅에서 일할 수 있다면 누구에게든 최대 20만 평의 농장을 무료로 내주는 이 법에 혹해서 온 거였죠. 노르웨이나 스웨덴과 마찬가지로 1880년대에는 덴마크에서도 대규모 이주가 일어나 8만 4,000명가량이 코펜하겐과 뉴욕을 오가는 덴마크의 팅발라 여객선을 타고 미국으로 건너갔어요."

돈은 책에서 시선을 떼고 고개를 들며 얼굴을 살짝 찡그렸다. "이 여객선에 올랐던 사람 중에 야콥 리스Jacob Riis라는 사진작가가 있었어요. 『나머지 절반의 사람들이 사는 법How the Other Half Lives』이라는 책을 펴내며 자신이 찍은 사진들을 삽화로 실은 사람이죠. 리스는 1901년 자비를 털어 노숙자를 위한 숙박 시설을 열었어요. 테디 루스벨트Teddy Roosevelt(시어도어 루스벨트)는 그를 '뉴욕의 가장 유익한 시민'이라고 칭하기도 했죠. 한동안 리스를 주인공으로 한 다큐멘터리를 제작할 생각도 했지만 그럴 짬이 없어서 못 했어요."

"계속 진행해봐요. 정말 좋은 아이디어인데." 아네가 손을 뻗어 식탁 위에 있는 남편의 손을 살포시 감싸며 말했다.

돈이 싱숭생숭한 표정으로 어깨를 으쓱했다. "그래요. 좋은 아이디어죠. 좋은 아이디어를 떠올리긴 쉬워요. 실행에 옮기기가 어려워서 탈이지."

살짝 멋쩍은 침묵이 이어졌지만 마침내 폰 쉬도브가 정중한 어조로 질문을 던지며 침묵을 깼다. 그 책의 제목으로 쓴 문구가 리스의 구상이었냐는 질문이었다. "지금은 그 문구가 워낙 유명하게 쓰이니까 꼭 1950년대 사회학 책 제목이었을 것 같은 느낌이잖아요. '고독한 군중'이나 'X세대'처럼 '나머지 절반의 사람들이 사는 법'이라는 사회학 책도 있었을 것 같단 말이죠."

돈은 자기도 잘은 모르겠지만 예전에 알았던 기억으로는 다른 사람의 말을 인용해서 지은 제목이었던 것 같다고 했다. 아마 라블레♦의 말을 따왔던 것 같다고. 하지만 그 문구에 주목해 그렇게 제목으로 쓴 건 리스가 처음일 것이라고도 덧붙였다.

"흥미로운 사람 같네요." 폰 쉬도브가 대꾸하며 더 이상 묻지 않았다.

"저희 집 어딘가에 아직 할아버지의 편지가 몇 통 있어요." 아네가 밝은 어조로 말문을 열었다. "예전엔 자주 읽었는데 지금은

♦ Rabelais. 프랑스의 작가·의사·인문주의 학자.

안 본 지 꽤 됐네요. 그건 다른 편지들과 다르게 신문에 실린 적이 없어요. 이민자들은 고국의 사람들에게 약속의 땅이 온통 별천지라도 되는 것처럼 얘기하며 좋은 소식만 전하죠. 돈, 그 편지들이 어디에 있는지 알아요?"

돈은 고개를 저으며 코펜하겐의 처제가 가지고 있을지 모르겠다고 대답했다. 아이가 이민을 주제로 학교 숙제를 해야 한다고 해서 빌려주었던 것 같은데, 그게 맞으면 다시 달라고 말해야 하지 않겠냐고. 눈치로 미루어 보아, 아무래도 돈은 리스에 대한 다큐멘터리 영화 제작의 구상을 실행에 옮기지 못한 일을 떠올린 뒤로 여전히 마음이 심란한 듯했다. 그래서 나는 대화를 계속 이어갈 셈으로 크누트 함순 얘기를 꺼내지 말자던 결심을 깼다. 함순이 1880년대의 북아메리카 이민 생활을 바탕으로 쓴 신문 기사와 단편소설들은 열정이 끓어 넘치던 젊은 노르웨이인들만이 아니라 비에른스티에르네 비에른손 같은 사회의 존경받는 기둥들까지도 품고 있던 이상화에 귀중한 중화제 역할을 했다고 지적했다. 미국을 자유와 기회의 땅으로 봤던 이상은 입센조차 『사회의 기둥들The Pillars of Society』을 통해 더욱 조장한 바 있다고도 덧붙였다.

"함순이 미국에 가서 겪은 경험은 비에른손 같은 유명하고 명성 높은 작가의 경험과는 차원이 달랐어요. 비에른손은 곳곳의 작은 초원 마을에 들어갈 때마다 열차에서 내려서는 순간부터 행진 악단의 환영을 받았어요. 반면 함순은 아메리칸 드림을 꿈꾸고 이민 온 가난하고 평범한 사람이었어요. 시카고에서 전차 차장으로 일했던 시절의 경험은 뛰어난 단편소설의 소재로도 쓰였는데, 그 시절 함순은 시카고의 그 추운 겨울에 따뜻한 옷을 사 입을 돈이 없어서 부랑자들이 하듯 추위를 이기기 위해 옷 안쪽에 신문을 겹겹이 두르고 다녔어요. 동료들은 바스락거리는 소리를 들으려고 재미 삼아 그를 쿡쿡 찔러댔다고 해요. 「사케우스Zachæus」와 「초원에서On the Prairie」 같은 단편소설에서도 올리버 달림플이 운영하는 레드리버 밸리의 대규모 밀 농장 같은 곳에서 일했던 경험담을 담았죠. 농장의 규모가 어마어마해서 농장 일꾼이 천 명이 넘고 자체적인 잡화점까지 있는 데다, 전속 대장장이와 짐마차 수리인과 페인트공과 창녀들까지 거느리고 있었다고 해요. 일꾼들은 매일 새벽 3시 30분부터 15시간씩 일을 했어요. 대부분이 스칸디나비아인과 아일랜드인이었죠.

광활하고 탁 트인 밭에는 그늘이라곤 없어서 뜨겁게 달궈졌고 딱딱한 땅을 밟으며 일하다 보면 발이 타는 듯 후끈거렸어요. 그가 쓴 글을 보면 노새 한 마리가 열사병으로 쓰러지자 그 자리에서 죽도록 내버려 둔 채 다른 노새를 데려왔다는 얘기도 나와요. 몇 분 후에 다시 데려온 노새도 쓰러지자 그제야 십장은 일꾼들에게 땡볕이 한풀 꺾일 때까지 일을 멈추고 짐마차 그늘에서 쉬라고 명령해요. 달림플 같은 부유한 밀 업계의 제왕은 인력 모집꾼을 따로 채용해서 스칸디나비아 여기저기를 다니며 일꾼을 모집해오게 했어요. 스웨덴인과 노르웨이인이 이런 지독한 환경에서도 군말 없이 꿋꿋이 일 잘하는 일꾼들이라고 소문나 있었기 때문이죠. 함순은 한 신문 기사에서 이민을 생각하는 젊은이들에게 무슨 일이 있어도 그런 농장에서는 일하지 말라며 아주 극렬한 어조로 충고했어요. 아실지도 모르겠지만 '8시간 근무제 운동' 얘기도 해주죠. 동부의 공장 근로자들이 하루에 8시간 근무를 요구하고 있는데 중서부 지역에는 '8시간 근무제 운동'이 아직 퍼지지 않았다고요.

하지만 선생님의 영화는 함순의 생애를 다룬 내용은 아니죠? 전쟁에 관련된 부분과 친독 행위로 전후에 재판을 받는 부분만 다루지 않나요?" 나는 말을 꺼내고 보니 어쩔 수 없이 폰 쉬도브에게 묻게 되었다.

그는 퉁명스럽게 고개를 까딱이더니 깎아놓은 듯한 머리를 아래로 살짝 숙였다. 그 모습을 보니 내가 제대로 추측한 듯했다. 자신에겐 하나의 배역이자 창작인 그의 함순을 놓고 이러쿵저러쿵 얘기하고 싶지 않은 눈치였다. 나의 함순이나 토르킬 한센의 함순도 아니요, 한센의 책이 출간되었던 1976년 당시, 함순에 대해 미묘한 감정을 실어 동정 어린 글을 썼다며 한센이 파시스트라고 격렬히 비난한 젊은 노르웨이 작가들의 함순도 아닌, 그의 함순을 지키고 싶어 하는 것 같았다. 찬찬히 보니 얼굴 생김새도 함순과 많이 닮아 보여서 순간 절로 드는 생각이 있었다. 혹시 내가 그의 천재적인 연기력 때문에 일어난 일종의 환각을 보고 있는 건 아닐까? 그 순간에 그가 거의 함순이 된 것 같았던 인상은 나중에 영화를 보면서 더 굳어졌다. 1943년에 베르히테스가덴에서 아돌프 히틀러와 대면하는 그 유명한 만남이 연출된 장면에서는 특히 더 그랬다. 함순이 히틀러에게 노르웨이의 국가판무관◆ 요제프 테르보펜Josef Terboven을 물리고 그 자리에 노르웨이인을 앉혀 달라고 부탁하는 장면을 볼 때는 정말로 함순을 보는 기분이었다. 이 장면에서 알베르트 슈페

◆ Reichskommissar. 나치독일이 점령 지역에 파견한 행정 책임자.

어◆의 어린 딸이 방 안으로 아장아장 걸어 들어오자 막스 폰 쉬도 브가 분한 함순은 완전히 한눈이 팔린다. 그는 히틀러는 안중에도 없이 아이에게 온 관심을 쏟는다. 폰 쉬도브가 그 작품에서, 몰입을 일으키는 환상적인 연기력을 발했던 여러 순간 중 하나였다.

———

아네가 접시들을 집어 들어 주방으로 치우는 사이에 돈이 이 민 문제로 화제를 되돌렸다. "〈올레안나Oleanna〉라는 노래 들어본 적 있어요? 올레 불Ole Bull이 미국에 세운 노르웨이 식민지에 대한 노랜데."◆◆ 그가 묻더니 말을 다시 이었다. "옛날에 벌 아이브스◆◆ ◆가 불렀던 〈큰 바위 사탕 산Big Rock Candy Mountain〉과 비슷해요. '오, 담배 나무에서 윙윙거리는 벌떼들/큰 바위 사-아-탕 산'이라는 그 노래 말이에요. 말하자면 〈올레안나〉는 뉴 노르웨이와 그 수도 마 을인 올레안나로 떠나며 그곳에서 맞을 새로운 삶에 대해 온갖 허 무맹랑한 장밋빛 기대를 거는 사람들을 조롱하는 노래죠."

다음 순간, 돈은 우리 모두를 깜짝 놀라게 했다. 이건 어디까 지나 내 생각이지만, 자신의 기운을 북돋으려는 듯 무릎의 냅킨을 홱 잡아당겨 식탁 위에 올려놓고, 의자를 뒤로 밀고 일어나 식탁에 서 두어 걸음 떼더니 힘차게 노래를 부르기 시작했다. 〈데드우드

◆　Albert Speer. 독일의 건축가, 정치가. 히틀러의 주임 건축가로 활약한 바 있다.
◆◆　노르웨이의 유명한 바이올리니스트이자 작곡가인 올레 불이, 1852년에 해외 공연으로
　　벌어들인 출연료를 모아 동포들을 위해 펜실베이니아에 대규모의 땅을 사서 뉴 노르웨
　　이라는 식민지를 세웠다.
◆◆◆　Burl Ives. 미국의 포크가수이자 기타 연주자.

Deadwood〉◆ 속 술집에 나오는 술 취한 늙은 금광쟁이처럼 무릎을 딱 딱 치고 팔꿈치를 퍼덕이며 율동까지 넣었다.

올레, 올레안나, 올레, 올레안나
올레, 올레, 올레, 올레, 올레, 올레안나

오, 올레안나에 가고 싶어요
노예의 굴레를 견디며
노르웨이에 사느니
그곳에 가고 싶어요

새끼 돼지 구이가
도시 거리 여기저기에서 불쑥 나타나
아주 깍듯이 물어요
한 조각 먹어보지 않겠냐고요

고향에서처럼 달콤한 맥주가
땅에서 솟아 나와 흐르고
소들이 자기들이 알아서 젖을 짜고
닭들이 하루에 열 번씩 알을 낳고
그곳에서는 여자들이 이 밭 저 밭을 바삐 돌며

◆ 금광 붐이 일던 다코타 지역의 데드우드 마을을 배경으로 서부 시대를 다룬 미국의 미
    니시리즈.

모든 일을 하고

다들 히코리♦ 회초리를 가지고 다니면서

일이 너무 더디면 자기가 자기를 채찍질하지요

올레안나에서는 땅이 공짜예요

밀과 옥수수가 저 혼자 뿌리를 내려

날마다 4피트씩 쭉쭉 자라서

침대에 누워 쉬어도 돼요

"올레 불은 생각이 대범한 사람이었어요." 아네가 식힌 에그 크럼블 파이와 노르웨이인이 '면사포를 쓴 농장 아가씨들tilslørte bon-depiker'♦♦이라는 알쏭달쏭한 이름으로 부르는 휘핑크림 디저트를 가지고 오며 말했다. "전 그래서 좋더라고요. 뭐든 생각이 대범해서요."

"세계 최고의 바이올리니스트였어요." 돈이 노래하고 춤추느라 아직도 숨을 헐떡이며 식탁 앞에 돌아와 앉아 말했다. "녹음 시대가 도래하기 전에 죽다니 유감이에요. 그의 연주를 들어볼 수 있다면 얼마나 감동스러울까요? 하지만 꿈 같은 일이죠. 뉴 노르웨이. 펜실베이니아 북부의 황야에 정착한 수백 명의 노르웨이 이주민. 무에서 유의 창조. 교회, 법원, 호텔, 학교, 거리, 주택, 신문을 모두 갖춘 버젓한 마을 다섯 곳. 그런데 2년이 채 못 되어 이 모든 것

♦   북미산의 호두나무 비슷한 나무의 총칭.
♦♦ 셰리 또는 와인에 담근 스펀지나 커스터드케이크와 휘핑크림, 젤리 등을 층층이 올려 쌓는 영국식 디저트 '트라이플'.

이, 한순간에 펑." 그가 두 손으로 호를 그리며 폭발을 묘사하는 손 동작을 해 보이다가 아네의 트라이플 접시에 놓인 숟가락을 툭 쳐서 떨어뜨렸다. 그러자 주저 없이 허리를 숙여 러그에서 숟가락을 집어 들고 냅킨으로 숟가락의 끝부분을 닦은 후 아네에게 주려다가 마음을 바꿔 자기 숟가락을 대신 건넸다.

"올레안나에 무슨 일이 있었는데요?" 폰 쉬도브가 물었다.

"언젠가는 일이 터질 수밖에 없었죠. 개간 작업은 아주 고된 일이었어요. 그런데 힘들게 개간을 하고 나서 봤더니 그 땅을 사며 걸었던 기대에 크게 못 미쳤어요. 가장 가까운 철도역도 45킬로미터나 떨어진 쿠더스포츠에 있었어요. 게다가 불이 구매 계약을 한 중개인들은 알고 보니 사기꾼들이었어요. 애초에 땅을 팔 권리도 없던 자들이었죠. 불은 모든 정착지 개척자들에게 일거리와 일당을 약속하며 주거지와 식량 등등 모든 생활필수품을 대주기로 했었어요. 하지만 얼마 못 가서, 그대로는 감당이 안 될 것 같아 약속을 어느 정도 물려야겠다고 절감하게 되죠. 불은 이곳 식민지를 찾는 발길이 뜸해졌어요. 식민지 운영의 막대한 경비를 충당하려면 장기간 순회 콘서트를 다녀야 했기 때문이죠. 그가 좋은 의도로 시작한 일이었지만 식민지 개척자들 중에는 그곳에 정이 떨어져서 불에게 밀린 돈을 받자마자 떠나는 사람들이 하나둘 나왔어요.

불은 대범한 생각을 접은 적이 없어요. 다른 식으로는 생각할 줄을 몰랐죠. 형제들에게 편지를 보내 이런 구상을 알려줬어요. 다섯 곳의 마을을 동시에 세우고, 식민지 남쪽 끝을 가까이 지나가는 선버리와 이리 간 도로 건설을 위해 필라델피아 사람들로부터 200만 달러 기부를 유치하고, 이리와 뉴욕 간 철도의 지선 노선을 놓고 뉴욕과 또다시 협상을 벌여 엘마이라에서부터 올레안나까지 철도가 이어지도록 해서 뉴욕에서는 12시간 만에, 필라델피아에서는 10시간 만에 그곳 마을까지 이동할 수 있도록 하는 등등의 구상이었죠. 이런 도로와 철도의 건설은 결과적으로 노르웨이 식민지 개척자들 수천 명에게 수년간의 일자리가 보장되는 것이었어요. 하지만 토지 매매가 변칙적으로 이루어졌다는 구설수가 터지면서 토지를 팔았던 이들 중 한 명에게 그 땅을 다시 양도하고 7만 달러 정도로 추정되는 손실을 입으며 구설수를 모면해야 했어요."

"돈, 그때가 언제였어요?" 내가 물었다.

"1853년 겨울이었을 거예요. 1년도 채 못 되어 물거품으로 돌아간 셈이죠."

"그럼 불이 베르겐에 국립극장을 세운 바로 그 무렵이겠네요. 올레 불은 입센에게 일자리를 주었던 사람이기도 해요. 입센을 이 신설 극장의 관장 자리에 앉혔어요. 이 모두가 노르웨이의 독립 추진을 위한 포석이었죠. 덴마크식 노르웨이어로 상연되던 수도와는 달리 베르겐의 극장에 올리는 작품은 모두 노르웨이어로 상연하려는 계획을 세웠어요. 그것은 시류의 문제였어요. 세련된 사람들은 노르웨이어를 농부들이나 쓰는 언어로 치부했거든요. 국어國語로 쓰기에는 격이 떨어진다고 여겼죠. 입센에게 인식이 이 지경이 될 때까지 뭘 했냐고 책임을 물을 순 없어요. 당시 그는 겨우 스물다섯 살이었어요. 발표한 작품도 『카틸리나Catilina』 하나뿐이었죠. 그는 베르겐에서 펜실베이니아의 식민지 개척자들이 겪은 것과 똑같은 경험을 했어요. 그 사람 어디에 있어요? 불은 어디에 있냐고요? 불은 대범한 아이디어를 구상해서 사람들을 죄다 흥분하게 한 후, 그곳을 떠나 사람들이 스스로 사태를 깨닫게 방치했어요. 『페르 귄트』에 나오는 귄트의 나라Gyntiania 기억하세요? 그 소재는 올레 불이 북아메리카에서 올레안나로 감행했던 모험에서 착상을 따온 거예요. 페르 귄트라는 인물은 올레 불과 많이 닮았어요. 물론 불이 전설적인 바이올린의 대가였던 반면 페르는 별 볼일 없는 인물이었지만요. 불은 인재를 알아보는 눈썰미가 뛰어나기도 했어요. 헨리크 입센만이 아니라 에드바르 그리그의 재능도 알아봤어요. 그리그가 열다섯 살 때 불이 그의 연주를 듣고는 그리그의 부모님을 설득해 라이프치히의 음악 학교로 유학을 보내게 했어요."

막스 폰 쉬도브는 다시 자신만의 내면세계에 빠져들어 있었다. 다 같이 커피와 코냑을 마시기 위해 식탁에서 유리 상판의 거실 테이블 쪽으로 자리를 옮기고 얼마 후, 그가 자리에서 일어서더니 아침 일찍부터 촬영이 있다며 그만 가봐야겠다고 말했다. 아네가 현관문까지 배웅을 나가 옥외등을 켜주며 그가 어둠 속에서도 별채까지 잘 찾아가게 챙겨주었다. 나는 잠시 아무 말 없이 앉아 돈이 가지고 온 바슈-가브리엘센 코냑을 함께 음미했다. 그러다 돈이 일어나 다시 거실을 가로질러 책장 쪽으로 가더니 세 칸을 빈틈없이 메운 방대한 수집 CD들을 쭉 훑어보았다. 좀 전에 꺼냈던 블레옌의 책처럼 CD들의 위치도 죄다 꿰고 있는 듯, 금세 그중 하나를 꺼내 CD 플레이어에 집어넣었다. 얼마 전 그가 60년대 프리재즈♦와 젊은 시절의 열정을 재발견하며 나와 서로 공감대를 갖게 되었던

♦ 1950년대 후반에 생겨난 자유스럽고 즉흥적인 연주 방식 재즈. 모든 정통적인 규칙과 원칙이 파괴된 형태로, 조성이나 박자, 형식 같은 것에 전혀 구애받지 않고 연주자의 느낌이나 감정에만 충실하여 즉흥적으로 표현해낸 재즈이다.

터라, 내심 무슨 곡일지 예상해봤다. 아니, 예상을 넘어 심지어 희망하기까지 했다. 그가 요즘 즐겨 듣는 오넷 콜먼의 라이브 공연 앨범 〈At the 'Golden Circle' Stockholm〉일 수도 있다고. 오넷은 조지 러셀처럼, 스웨덴에 와서야 진가를 인정받은 미국의 천재 뮤지션이다. 하지만 거실 안에 흘러나온 음악은 오넷의 긴박감 넘치고 우렁찬 음조와는 거리가 멀었다. 오히려 빅밴드재즈♦ 스타일의 포근하고 편안한 음악이었다. 멜로디는 친숙했지만 무슨 곡인지 콕 짚을 수가 없었다. 그래서 돈이 폰 쉬도브에게 잘 자라는 인사를 하려고 거실에서 나간 사이에 CD 케이스를 슬쩍 보고 싶은 마음을 억누르며 알 듯 말 듯한 그 친숙한 멜로디가 무슨 곡인지 머리를 쥐어짰다. 1, 2분쯤 후에 돈이 다시 거실로 돌아왔을 무렵, 드디어 알 것 같았다.

"그리그, 맞죠?"

"맞아요." 돈이 CD 케이스를 건네주며 대답했다. "듀크 엘링턴♦♦의 〈페르 귄트 모음곡〉 편곡 앨범이에요. 좀 전에 올레 불과 그리그 얘기를 하다가 이 CD 생각이 나서 당신도 들어봤는지 궁금했어요."

나는 한 번도 들어본 적이 없고, 그런 앨범이 있는지조차 몰랐다고 대답했다.

"듀크 엘링턴의 앨범 중에서는 그다지 알려지지 않은 편이에요. 제 생각엔 듀크는 일종의 격조를 세우려는 차원에서 클래식 곡

♦　10명 이상의 대편성 악단으로 연주하는 1930년대 유행한 재즈 스타일.
♦♦　Duke Ellington. 미국의 재즈피아노 연주자·작곡가·편곡자·밴드리더.

을 연주하지 않았을까 싶어요. 자신의 음악이 격조가 떨어진다고 여기기라도 한 것처럼요. 여기에서는 별로 히트하지 못했죠. 1960년 대에 이 앨범이 발매되었을 때 노르웨이 국영 방송에서는 방송을 금지했어요. 아니면 과거 역사의 무지에 한 방 먹이는 기분으로 우쭐거리며 '금지'시켰다고도, 말할 수 있죠. 노르웨이 국영 방송에서는 그 앨범이 그냥 싫었을 거예요. 그리그와 〈페르 귄트〉는 'nasjonal helligdom국가적 성역'이니까요." 그가 노르웨이어로 바꾸어 말하며 영어만큼 유창하게 그 말에 담긴 속뜻을 설명해주었다. '그리그는 건드리지 마. 옛날이 좋았지, 안 그래? 그래도 그때는 사람들이 분별 있게 행동했는데.'

"건배!" 돈이 잔을 들어 빈정대는 뉘앙스의 건배를 제의해와 나도 내 잔을 들어 올렸다. 명색이 입센의 전기 작가로서 몇 년 동안이나 입센과 관련된 정보를 샅샅이 조사했는데도 이렇게 귀한 정보를 놓쳤다고 생각하니, 살짝 무안해졌다. 나는 최대한 덤덤한 표정을 지으며 곧바로 도전장을 내밀 듯, 하랄 세베루드Harald Sæverud가 입센의 희곡 공연을 위해 작곡했던 것을 아냐고 물었다. 전후인 1947년에 노르웨이의 또 다른 공식 언어인 뉘노르스크로 오슬로의 노르웨이 극장에서 공연된 반국가주의적이고 낭만적인 작품 〈페리 귄트〉의 음악을 작곡한 것이다. 동의하지 않을 수도 있겠지만, 이 곡 작업은 예술가로서의 용기가 발휘된 것이라고 친근한 어조로 덧붙였다. 세베루드 입장에선 당대의 잘나가는 젊은 노르웨이인 작곡가로서 일생일대의 음악적 헌정을 통해 국가 최고 작곡가의 실력을 펼쳐 보여야 하는 중책을 떠맡은 셈이었으니 말이다. 돈은 세베루드의 곡이 들어볼 만한 음악인지 물었다. 사실, 나는 그 곡을 처음 들었을 때 실제로 느낀 감동에 비해 과장된 호감을 품게 되었지만, 그 곡에는 나중에 또 들어보고 싶도록 자극하는 뭔가가 있었다. 다시 들어봤을 때는 이전의 거짓 열광 수준에 맞먹을 만큼 작곡 실력에 대한 뜨거운 존경심이 일었다.

———

한참 뒤 북적거리는 막차 지하철을 타고 마요르스투아로 돌아오며 6인석 자리에서 무슨 말인지 하나도 못 알아듣겠는 언어로 수다를 떠는 다섯 명의 에스토니아 사람들과 앉아 있다 보니 또다시 이민에 대해 생각하게 되었다. 더불어 이민 생활이 실패할 경우에 찾아오는 불안정함에 대한 생각도 꼬리를 물었다. 나는 운이 좋은 사람이었다. 엄연한 이민자였음에도 나 자신을 이민자라고 생각해본 적이 없었다. 내가 노르웨이에 오기로 선택한 것은 노르웨이 문화에서 느껴지는 인상에 푹 빠져서였다. 나에겐 이곳에서 살 수 있게 된 그 자체만으로도 특별한 영광이었고, 그 마음은 지금도 마찬가지다. 나는 가난이나 굶주림, 혹은 잉글랜드의 규모 자체와 혼잡스러움 외에 별다른 위협으로부터 도망쳐온 것이 아니었다. 막스 폰 쉬도브가 자리를 뜨고 아네가 인사를 건네며 잠자리에 든 후에 돈이 해준 이야기를 떠올려봤다. 돈은 듀크의 장엄한 〈페리 귄트 모음곡〉이 나직이 흘러나오는 가운데 등나무 안락의자에 앉아 갸름한 병에 담긴 바슈-가브리엘센을 천천히 비워가면서 켄싱턴 룬스톤 이야기의 마지막 결말을 이야기해주었다. 이어서 오래전부터 켄싱턴 룬 스톤 위조의 배후 인물로 의심받아온 사람이라며, 수수께끼 같은 인물인 스벤 포엘블라드Sven Fogelblad라는 스웨덴 술꾼 목사의 인생사도 들려주었다.

1820년대 어느 즈음에 태어난 포옐블라드는 웁살라 대학교에서 신학과 고전문학을 공부했다고 한다. 졸업 후에는 한동안 베스테르예틀란드 교구에서 목사로 재직하다가 술을 절제하지 못해 괴로워하며 목사직에서 사임해 미국으로 이민을 갔고, 1885년 무렵 어느 시기에 켄싱턴 지역으로 들어가게 되었다. 그곳에선 조국의 루터교 모교회母敎會와의 연계가 원활치 못해 성직자들이 부족하던 터라, 포옐블라드는 설득에 못 이겨 목사직을 다시 맡기 직전까지 마음이 움직였다. 하지만 또다시 술 문제로 계획이 허사가 되면서 그 이후로 그의 삶은 종잡을 수 없이 불확실하고 불안정한 상태에 빠졌다.

그는 배운 지식을 활용해 떠돌이 교사 일을 했다. 여러 농가들을 다니며 한 번에 몇 주일씩 머물면서 숙식 제공과 가르치는 아이 한 명당 월 50센트의 수업료를 받아 생활했다. 계절에 따라 농장 일이 교육보다 우선시되어 아이들이 논밭일을 거들어야 할 때도 농장주의 집에서 숙박이 허용되었다. 그런데도 수확 철에 일손을 거드는 일이 단 한 번도 없었고, 누군가를 위해 물통을 날라다 주거나 장작을 옮겨준 적도 없었다고 한다. 하지만 농장주들은 언제든 그를 반겨주었다. 올 때마다 근래에 어느 집에 아이가 태어났고, 또 누가 죽었는지 이웃 동네 소식과 새롭게 나도는 화젯거리를 미주알고주알 알려주었기 때문이다. 그는 겉보기엔 언제나 만족스러운 듯 보였다. 하지만 마음속 깊이 멜랑콜리를 숨기고 있다는 것을 다른 사람들도 다 눈치채고 있었다. 그를 잘 아는 사람들은 그가 스웨덴을 떠나온 이후 한 번도 행복을 느낀 적이 없다고 말했다. 그는 곧잘 학창 시절의 추억에 잠겨 시간을 보냈다. 그러다 웁살라 대학교에서 300명이나 400명의 다른 학생들과 함께 스웨덴 민요를 부르던 때의 가슴 벅찬 기쁨을 떠올릴 때면 눈가에 눈물이 그렁그렁 차오르곤 했다. 1895년에는, 1년 동안 스콧 카운티에서 조카와 함께 지나다가 켄싱턴으로 돌아와 옛 친구들을 만났다. 그런데 그 친구 중 한 사람인 앤드루 앤더슨 목사의 집 근처에서 쓰러졌다가 3일 후 사인 미상으로 숨을 거두었다.

알마르 홀란은 켄싱턴 룬 스톤의 기호와 포엘블라드가 연관되었다는 소문을 듣고 일단 올로프 오만에게 돌을 사서 그 소문의 진위 여부를 확인하는 일에 착수했다. 그랜트 카운티와 더글러스 카운티에서 포엘블라드를 잘 알고 지냈던 사람들을 찾아다니며 이야기 좀 나누자고 청해 똑같은 것을 물어봤다. 그 사람이 창틀에 룬 문자를 새기는 모습을 직접 보셨거나, 그런 모습을 봤다는 얘길 전해 들은 적이 있으세요? 그 사람이 아메리카대륙을 스칸디나비아인이 발견했다고 말하는 걸 들은 적이 있으세요? 그 사람이 켄싱턴의 비문과 관련이 있을 것 같다고 보시나요? 홀란이 남긴 기록에 따르면 이 모든 질문에 다들 한결같이 딱 잘라 '아니오'라고 대답했단다. 사람들의 말로는, 포엘블라드는 너무 정직하고 성실해서 그런 위조 행위를 저지를 사람이 못 되었다. 또 고약한 장난을 저지를 만한 사람이 못 된다거나, 너무 게으른 사람이라 그런 짓은 벌일 생각도 안 했을 거라거나, 정말로 그랬다면 입이 워낙 싸서 다 털어놨을 거라는 등의 얘기도 했다. 게다가 포엘블라드는 배운 사람이긴 해도 비문과 관련된 룬 문자학 및 언어학 분야에는 문외한이었다. 그의 소유품에서 낡은 스웨덴 문법책 한 권이 발견되었고 그 문법책 중 스웨덴어 문자의 발달 과정을 설명하는 장에 룬 문자 두 줄이 실려 있긴 했었다. 하지만 이 두 줄의 룬 문자는 16세기 표준 푸사르크(룬 문자)였을 뿐, 돌에 새겨진 문구에 나타난 특성이나 변칙성의 징후가 전혀 없었다.

내가 돈을 좋아하는 또 한 가지 이유는 풀리지 않는 미스터리에 대한 그의 지대한 관심 때문이었다. 과연 그런 그답게, 이 이야기에 수년 동안 신빙성을 둘러싸고 여러 주장이 제기되면서 새롭게 발생한 소식들에도 관심을 가져왔다. 돈의 말을 들어보니, 어느 정도는 그 이야기를 둘러싼 식을 줄 모르는 논쟁의 결과로, 최근에는 그 돌을 스톡홀름의 역사박물관에서 전시하기 위해 스웨덴으로 실려왔다고 한다. 원래는 전시 후 미네소타로 반환될 예정이었지만 오만이 100년도 더 전에 이민을 떠나온 곳인 스웨덴 중부 지방, 헬싱란드에서 각별한 관심을 나타냈다. 결국 미국으로의 반환 일정이 조정되어 후딕스발의 지방 박물관에서 몇 주간 전시할 수 있게 되었다.

관련 소식이 여러 언론에 보도되던 와중에 퇴직한 언어학 교수 트뤼그베 스쾰드Tryggve Sköld는 우연히 라디오에서 이 전시회 뉴스를 들었다. 당시 스쾰드는 우메오의 방언및지명연구소에서, 달라르나 지방 태생의 재단사이자 음악가인 에드바르드 라르손의 이름을 따서 명명된 수집 문서를 연구 중이었다. 마침 이 라르손 컬렉션 가운데 각각 1883년과 1885년에 작성된 두 문서에서 이제껏 어디에서도 본 적 없는 룬 문자 암호문을 여러 줄 발견하고 흥미를 느끼고 있던 차에 그 뉴스를 듣자 호기심이 일었다. 그래서 돌에 사용된 특성과 이 룬 문자 암호문을 비교하여 살펴보니 그 둘이 거의 같다는 것을 깨달았다. 스퀼드가 추측한 바에 따르면, 켄싱턴 스톤을 새긴 이는 라르손 컬렉션의 룬 문자와 같은 형태에 익숙한 어떤 재단사였다. 말하자면 이 재단사가 스웨덴의 떠돌이 재단사들끼리 쓰던 업계 내 은어로 치밀하고 짓궂은 장난을 쳤다가 대성공을 거둔 것이었다.

하지만 돈의 말마따나, 논쟁이 이어지는 사이 돌에 위조 여부와 상관없는 별개의 위상이 부여되었고, 오만이 돌을 발견한 장소에서 가장 가까운 도시인 알렉산드리아는 이 돌을 14세기의 용감무쌍한 스칸디나비아 탐험가들이 인근에서 아메리카 원주민들의 손에 죽음을 맞은 확실한 증거로 오래전부터 받아들여왔다.

알렉산드리아는 고대 스칸디나비아의 정체성이 암시되는 측면이라면 뭐든 다 알리려는 듯이 도시 내 노스 브로드웨이 소재 룬 스톤 박물관 근처에 세워진 대형 바이킹상을 자랑거리로 내세우고 있다. 화려한 색채의 바이킹상은 이 지역 사람들끼리 빅 올레라는 별칭으로 부르며 높이 약 8.5미터에 무게는 6톤에 가깝다. 조각상이 들고 있는 방패에는 '미국의 발상지 알렉산드리아'라는 문구가 박혀 있다. 머리에는 날개 달린 멋진 투구가 씌워져 있는데, 사실 이런 모양의 투구는 바그너의 반지 연작◆이 바이로이트에서 초연될 당시에 무대 디자이너들의 환상이 만들어낸 투구일 뿐 바이킹들이 실제로 쓴 적도 없다.

까마득히 오래전 일이었던 그날 하슬룸에서의 저녁 시간 중 그 외에 떠오르는 기억은 딱 하나뿐이다. 돈에게 데이비드 마멧이

◆ 북구 바이킹 신화를 각색한, 바그너의 4부작 오페라 〈니벨룽의 반지〉를 말한다.

자신의 희곡에 '올레안나(올레나)'라는 제목을 붙인 이유를 아는지 물어보려 마음먹고 있다가 깜빡했던 일이다. 아무리 오랜 시간에 매달려 열심히 생각해봐도 나로선 별 연관성을 찾지 못하고 있던 터라 꼭 물어보고 싶었는데 깜빡하고 아쉬워했던 순간이 기억난다. 그리고 지하철을 타고 하슬룸에서 오슬로 중심가를 향해 덜컹덜컹 달려가는 동안에 다행이라고 여겼던 순간도 있었다. 폰 쉬도브에게 영화 〈이민자들〉에서의 연기에 대해 찬사를 쏟아내지 않길 잘했다 싶었다. 마음 같아선 그의 연기가 정말로 감탄스러웠다느니, 처음부터 끝까지 모든 배우의 연기가 너무 훌륭했다느니 하는 얘기를 마구 늘어놓고 싶었지만 참았다. 배우 데뷔 초반에 스웨덴인 역할을 많이 맡았던 노르웨이 배우 리브 울만은 그의 아내 카타리나로 출연해서 아주 뛰어난 연기를 펼쳤다. 형제지간인 로베르트를 연기한 에디에 악스베리 역시 신들린 연기를 보여주었다. 수시로 도지는 귓병의 고통을 감추는 남자의 연기가 너무 여운이 남아서 영화를 본 후 한참 동안 밤마다 자꾸 생각날 정도였다. 로베르트의 친구인 아르비드로 분해 지구 끝까지라도 로베르트를 따라갈 듯한 어수룩하고 사람 잘 믿는 덩치 큰 젊은이 연기를 펼친 피에레 린드스테트도 인상 깊었다. 황금을 찾아 서쪽의 캘리포니아로 따라갔지만 가는 도중에 오염된 물을 마셔 죽고 마는 연기를 아주 잘해냈다. 가수 모니카 세텔룬드도 이 영화를 통해 처음으로 연기에 도전했는데, 마음을 고쳐먹고 살다가 마지막에 침례교 목사와 결혼하는 매춘부 울리카 역을 훌륭히 소화해냈다. 말이 나왔으니 말이지만 본격적으로 이 영화의 찬사를 늘어놓자면 밤새도록 할 말이 많다. 3시간의 상영 시간 동안 계속 이어지는 몰입도, 시적 감성,

박진감, 이민의 진정한 의미를 생각해보게 해주는 유익함, 도박 문제, 고난, 상실의 고통, 더 나은 미래를 희망하며 찾아온 새로운 땅의 언어와 문화를 받아들이려고 고군분투하면서도 사라져가는 뿌리에 집착하는 모습 등등 이야깃거리가 한보따리다.

지하철에서 마요르스투아에 내렸을 때는 자정이 한참 지나 있었다. 객차 차고 지붕에 두껍게 낀 서리가 역사驛舍의 허연 전등 불빛 속에서 눈처럼 보였다. 경찰 전문대학과 진료소 사이의 좁은 길에 늘어선 헐벗은 밤나무 아래를 걸으며 집으로 돌아가는 길에, 아내가 그날 저녁 식사 자리가 어땠냐며 막스 폰 쉬도브에 대해 물으면 뭐라고 대답해야 할지 고민하게 되었다. 폰 쉬도브가 절도 있고 점잖고 근면한 사람 같아 보였다는 사실 말고는 별달리 할 말이 없을 것 같았다. 문득 잉마르 베리만과 연관된 인물들 가운데 세계적 명성을 얻게 된 배우와 전문가들이 정말 많다는 생각이 들었다. 막스 폰 쉬도브 외에 리브 울만, 엘링 요셉손(스웨덴 배우), 비비 안데르손(스웨덴 여배우), 스벤 뉘크비스트(스웨덴 촬영 감독)가 모두 그런 인물들이었다.

하지만 페르 오스카르손은 아니었다. 오스카르손은 명배우였지만 베리만 정예 사단에 든 적이 없었고 스칸디나비아 이외의 지역에서는 이름이 그다지 알려지지 않았다. 나는 오스카르손을 한 번 만난 적이 있다. 노르웨이 북단 지역 하마뢰위에서 열린 함순협회 모임에서였다. 1주일간의 문학 축제 기간에 열린 〈굶주림〉상영회의 주빈으로 초대된 그는 이른 나이에 하얗게 센 백발 머리를 어깨까지 기르고 있어서 한눈에 띄었다. 오스카르손은 수많은 영화에 출연했지만 〈굶주림〉은 언제나 그의 최고 작품으로 꼽히고 있었다. 1980년대 말이던 당시엔 스카이 채널이 뉴스 채널로 바뀌기 전으로, 아직도 영국판 MTV가 되려고 어설픈 시도를 벌이고 있었다. 나는 토요일 밤마다 12시가 되면 습관적으로 스카이 채널을 틀어 영화 소개 프로그램을 시청했다. 보리스 칼로프♦를 꼭 닮은 자칭 '무서운 어니스트Deadly Ernest'라는 진행자가 검은색의 긴 망토를 두르고 나와 혀 짧은 소리로 그날 선정된 저예산 공포 영화를 소개해주는 프로그램이었다. 이 프로그램을 통해 수많은 영화를 봤지만 단연코 가장 기억에 남는 영화가 바로 〈테러 오브 프랑켄슈타인Victor Frankenstein〉이었다. 페르 오스카르손이 괴물 역을 아주 감명 깊게 연기해서 오래도록 기억에 남았다. 그래서 하마뢰위에서 그를 만나자마자 꺼낸 말은 그 영화에서의 연기가 너무 좋았다는 찬사였다. 그 말을 듣고 순간적으로 그의 얼굴에 스친, 크게 상처받은 표정을 잊을 수가 없다. 내가 비아냥거리려고 꺼낸 말로 오해한 것이다. 그 바람에 15분간이나 정말로 그런 의도가 아니었다고 설명하느라 진땀 꽤나 뺐다.

그날의 만남은 또 다른 이유로도 긴장감을 일으켰다. 〈굶주림〉은 역대 최고의 흑백 영화로 꼽힐 만한 영화였는데, 그와 이야기를 나누는 내내 나는 흑백 화면 속이 아닌 실제 현실에서 보는 그의 모습에 영 익숙해지지 않아서, 가끔씩 모든 것이 정말로 꿈 같은 느낌이었다. 아주 오래전에도, 그러니까 나 자신이 이민자가 되기 훨씬 전에도, 현실인지 꿈인지 헷갈리던 비슷한 경험을 한 적이 있었다. 처음으로 런던에 와서 1주일 정도 지난, 1968년인가 1969년인가의

<hr>

♦ Boris Karloff. 영국 태생의 영화배우이며 프랑켄슈타인 역으로 유명하다.

어느 날 밤이었다. 섀프츠베리 애비뉴에서 좀 떨어진 오래된 술집에 들어가 성당처럼 은은한 불빛 속에서 워딩턴 E 맥주를 마시다가 우연히 맥주잔에서 시선을 들었는데 당시 잉글랜드의 유명 배우 레슬리 필립스를 봤다. 바 앞에서 느긋하게 톨 드링크♦를 즐기고 있었다. 리덤세인트앤스에 있는 윈저 로드의 정든 우리 집에서 TV로 봤던 흑백의 모습이 아닌, 컬러판의 실제 모습을 봤을 때의 놀라움은 어이가 없을 만큼 한참이 지나서야 가셨다.

♦ 알코올음료에 소다·과즙·얼음 등을 넣어 운두가 높은 잔에 마시는 칵테일.

제2차 세계대전:
스칸디나비아의 전쟁 수난사

1940년 4월 9일 오전 4시 30분이었다. 오드 한센이라는 이름의 열
네 살 소년이 드뢰바크 북부 할랑스폴렌의 윌테 소재 집에서 자고
있다가 무시무시한 굉음에 깨어났다. 굉음은 오슬로 피오르 쪽에
서 울린 것 같았다. 소년은 침대에서 일어나 앉았다. 여동생 리그모
르는 옆에서 아직 잠에 빠져 있었다. 어슴푸레한 어둠 속에서 맞은
편을 보니 어머니의 침대가 비어 있었다. 오드가 슬그머니 침대 밖
으로 나와 양말을 신으려 할 때였다. 요란한 폭발음과 함께 집 전체
가 흔들렸다. 침실 벽 맞은편 부엌 쪽에서 들려온 소리 같았다. 리
그모르가 눈을 뜨고 비명을 질렀다. 오드는 문가로 냉큼 달려가 방
문을 열었다. 코를 찌르는 독한 냄새의 가스 덩어리가 소년 쪽으로
굴러왔다. 부엌 창문이 산산조각 나 있었다. 오드는 맨발로 깨진 유
리 파편을 가로지르며 쓰러져 있는 어머니에게로 달려갔다. 유산
탄에 허리를 맞아 몸이 두 동강 나다시피 한 처참한 모습이었다.
　아버지는 드뢰바크와 오슬로 중간 지점 피오르에 있는 유조

선 시설로 야간 근무를 나가 있었다. 오드는 어머니를 보자마자 돌아가셨다는 것을 알았지만 어머니를 일으키려 애썼다. 잠시 후, 아이들은 잠옷 차림으로 어둠 속을 달려 길 위쪽에 삼촌 집으로 갔다. 날씨가 쌀쌀했다. 밤새 눈이 두껍게 쌓여 땅이 질퍽거렸다. 삼촌은 아이들이 하는 말을 묵묵히 들었다. 그런 다음 아이들에게 집으로 돌아가 제일 따뜻한 옷을 입고 최대한 빨리 보트 쪽으로 오라고 일렀다. 불과 몇 분 사이에 이 작은 마을의 주민들이 네 척의 조각배에 올라 북쪽의 오슬로 피오르로 노를 저어 갔다.

1987년부터 1989년까지 대략 2년 동안 아내와 나는 드뢰바크에 있는, 오슬로 피오르의 경사진 둑변에 자리 잡은 하얀색 목조 주택, 메우르바켄Maurbakken에서 살았다. 1904년 크누트 함순 본인의 설계에 따라 지어진 집이었다. 부잣집 저택이었지만 건축할 때 집값을 치른 인세는 노르웨이에서 벌어들인 돈이 아니라 독일에서 책을 팔아 번 돈이었다. 당시 함순은 노르웨이에선 아직 무명의 현대 작가에 불과했던 반면 독일에서는 『굶주림』, 『미스터리들Mysteries』, 『목신 판』으로 순식간에 뛰어난 작가 반열에 올라서 있었다.

함순은 가난한 집안에서 자랐고 정식 교육이라 봐야 지역의 동네 학교에서 받았던 252일의 교육이 전부였다. 그는 열아홉 살 때 자신의 재능에 확신을 품고 그 지역 대지주(즉, 노를란 지역의 호칭대로 부르자면 마타도르matador) 에라스무스 잘에게 의식적으로 현란한 문장의 편지를 써 보내 작가의 꿈을 후원해달라고 청했다. 잘은 직접 만나서 얘기하자며 그를 셰링외위로 불렀다. 그 후 자기 확신이 남달리 확고한 이 청년에게 흡족한 인상을 받아, 소설을 써서 코펜하겐으로 가져가 출판을 하는 데 필요한 수 개월의 생활비와 여행 경비를 후원해주었다. 계획대로 된다면 그는 유명해지고 잘에게 후원금을 갚을 만큼 충분한 돈을 벌 수 있었다.

그러나 그 꿈은 실패로 돌아갔다. 함순은 10년 후에 집필한 『굶주림』에서 그때의 패배감을 처절하도록 풍자적으로 담아냈다. 하지만 부잣집 생활에 대한 꿈은 『굶주림』에 담아낸 그 적나라한 좌절 속에서도 온전히 지켜졌다. 드뢰바크 저택에 있는 샹들리에와 거실 벽에 세워진 여섯 개의 기둥은 그가 25년 전에 잘의 셰링 외위 집을 잠깐 방문했을 때 봤던 모습을 그대로 재현한 것이었다.

결과적으로 이 집은 그의 꿈의 시작이 아니라 마지막을 상징하게 되었다. 함순은 1898년 부유한 상류층 이혼녀 베르글리오트 베크와 결혼해서 1902년에 딸 빅토리아를 낳았다. 하지만 이때는 이미 베르글리오트에게 사랑이 식어 있었다. 메우르바켄에서 세 사람이 한 가족으로 산 지 불과 몇 개월 만에 함순은 집을 나가 그때까진 아직 크리스티아니아로 불리던 오슬로의 아파트로 거처를 옮겨갔다. 오슬로의 국립도서관 친필 원고 소장실에는 그가 이 집의 구조를 그린 연필 스케치와 각 방의 용도를 적어놓은 메모가 보존되어 있다. 내가 사진으로 찍어온 그 스케치와 메모에서 확인한 바로는, 메우르바켄에 살던 2년여 동안 아내와 내가 잤던 방이 바로 함순의 그 침실이었다. 이 침실은 (그가 살던 시대 이후로 없어진) 연결 문을 통해 메모에 '베르글리오트'라고 표시된 옆방과 이어져 있었다. 하지만 나는 그의 꿈을 꾼 적이 한 번도 없었고 그의 유령조차 마주친 적이 없었다. 그렇게라도 만나 이야기를 나누어봤으면 좋았을 텐데, 정말 아쉬운 일이다.

몇 년 전에 운치 없는 터널이 개통되어 지금은 볼 수 없지만, 우리가 드뢰바크에서 보냈던 1980년대 말에만 해도 그곳엔 카 페리♦ 한 척이 30분 간격으로 후룸라네트까지 피오르를 평화로이 가로지르고 다녔다. 흰색과 검은색의 아담한 페리가 피오르를 비스듬히 가로지르는 모습을 우리 집 정면부 방 창문에서 바라볼 때의 그 즐거움이란 말로는 다 표현할 수 없을 정도였다. 딱히 더 마음에 끌리는 활동 거리가 없거나, 그날 분의 작업을 충분히 했다는 흡족함이 들 때나, 작업이 진전될 가망이 없어 보일 때면 나는 좁고 꼬불꼬불한 베스트뷔베인 거리를 걸어 언덕 기슭의 페리 터미널로 나가 10분이 소요되는 페리에 올라타서 후룸라네트로 건너갔다. 건너편에 가도 할 일은 없었다. 기껏해야 언제 가봐도 인적 없이 썰렁한 터미널 카페에서 커피 한 잔에 갈색 염소젖 치즈 한 조각이 얹어진 와플을 먹는 것이 다였다. 가끔은 창가에 앉아 평상시와 다른 멀리 떨어진 각도에서 물 건너편 드뢰바크를 바라보다 몽상에 빠져들며 지금까지의 운명에 감사한 마음이 들었다. 아내와 집과 가정, 그리고 노르웨이에서 숨 쉬며 살게 된 것까지 그 모든 인생 경로를 누구에게 감사해야 할지 감상에 젖어들었다.

후룸라네트로 건너가 있다가 피오르의 물이 잔잔하고 햇살이 적절한 각도로 내리쬐면, 종종 페리가 석유 산출 지대를 지나며 방향을 이리저리 틀면서 물나라의 지도에 토지의 윤곽선 같은 환상적인 궤적을 그리기도 했다. 이 석유 산출 지대에서는 블뤼허호의

♦ 여객과 자동차를 싣고 운항하는 배.

잔해가 눈으로도 보인다. 블뤼허호는 1940년 4월 9일 아침 이른 시각에 피오르를 따라 오슬로로 향하던 중에 오스카르스보르그섬 요새에서 쏜 포탄에 맞아 침몰했다. 이 순양함 안에는 약 2,400명의 선원과 군대가 독일의 노르웨이 점령을 위한 첫 단계로, 수도인 오슬로를 무력으로 정복하는 임무를 띠고 승선해 있었다. 블뤼허호 외에도 '공격 함대 5'에는 또 한 척의 중순양함(뤼트조브호), 경순양함(엠덴호), 세 척의 구축함(뫼베호, 알바트로스호, 콘도르호), 소해정♦ 여덟 척과 소해정의 보급선 두 척이 편성되어 있었다. 1939년에 진수된 블뤼허호는 배수량 1만 2,200톤에 길이 193미터였고 대포 40개와 어뢰 발사대 12문이 장착되어 있었다. 또 현대 컴퓨터의 전신 격인, 포병과 어뢰 담당자들을 위한 자동계산기까지 갖추어져 세계에서 가장 현대적인 군함에 들었다.

등불을 끄고 깃발도 내걸지 않은 채로 항해하던 이 소함대는 그 전날 저녁 23시 15분에, 안개 같은 보슬비 속에서 오슬로 피오르로 들어서던 중 해안 초계정의 선장에게 발각되었다. 초계정 선장이 피오르 상류의 아군에게 무전으로 이 소함대의 진입 정보를 미리 알려주면서 함대가 드뢰바크의 좁은 해협에 이르렀을 무렵 오스카르스보르그 요새에는 대포 3문에 병사가 배치되어 있었다. 도시 바로 외곽의 피오르 동쪽 지대에도 포병대와 어뢰 공격대가 배치되어 대기 중이었다. 이때까지만 해도 노르웨이군 대다수는 이 소함대가 해전에서 손상을 입고 오슬로 피오르로 대피 온 것이

♦ 수중에 부설된 지뢰를 발견하고 제거·파괴하여 함선이 안전하게 항행할 수 있도록 하는 해군 군함.

려니 확신하고 있었다. 하지만 소함대가 오슬로 쪽으로 점점 더 가까이 들어서자 확신이 흔들렸다. 결국 오스카르스보르그섬 북단의 어뢰 공격대 지휘관에게 어뢰를 장착하고 발사 준비에 들어가라는 명령이 내려졌다. 이 지휘관이 훗날 털어놓은 회고담에 따르면, 그 상황이 꿈인지 생시인지 믿기지 않아 자기 팔을 꼬집어 봤다가 요새 사령관 비르예르 에릭센에게 무선 통신을 넣어 군함들이 시야에 들어오면 정말로 어뢰를 발사해야 하냐고 물어봤다고 한다. '물론이네. 요새 안전선을 넘으면 발사하게.' 에릭센의 대답이었다. 에릭센이 훗날 언급한 바로는, 이때까지만 해도 이 침입자들의 정체를 아는 사람이 아무도 없었다고 한다.

그리고 블뤼허호가 안전선을 넘는 순간, 오스카르스보르그 요새의 대포 3문 중 한 곳에서 첫 번째 포탄이 발사되어 좌현 쪽 사령탑을 맞췄다. 최신식 발포 통제탑이 격추당해 물속으로 무너져 내리자 블뤼허호는 응사 조준 포격이 불가능해졌다. 뒤이어 날아온 또 한 발의 포탄으로 전기 시스템이 무력화되고 격납고와 비행기들마저 박살 나고 말았다. 불길에 휩싸인 채로 통제 불능에 빠진 블뤼허호는 섬 주위를 표류하며 사방으로 마구 포를 쏘아대 안개 낀 이른 새벽을 대낮처럼 환하게 밝혔다. 노르웨이의 한 포수가 훗날 비유한 표현을 빌리자면, 번쩍거리는 포탄들이 수평으로 퍼붓는 눈보라처럼 쏟아졌다고 한다. 이 섬뜩한 섬광 속에서 섬에 있는 사람들과 드뢰바크의 집 안에서 창밖으로 내다보던 사람들은 갑판의 병사들을 똑똑히 보았다. 부상당해 죽어가는 병사들의 처절한 절규와 '세계에 군림하는 독일Deutschland über alles'이라는 군가 합창 소리가 한데 뒤섞여 비현실적 대비를 불러일으키던 그 순간의 아우성을 생생히 들을 수 있었다. 어뢰 두 발이 치명적 타격을 입히면서 첫 포탄에 맞은 후로 2시간 1분 만에 블뤼허호는 선체가 크게 기울어 프로펠러와 배의 뒷부분이 허공으로 들리며 몇 초 동안 그 상태로 있다가 서서히 물 밑으로 가라앉았다. 그 큰 배가 물 밑으로 사라지기 직전에 드뢰바크에서 지켜보던 이들의 눈에 한 병사가 한쪽 팔을 쭉 뻗어 나치식 경례를 하는 모습이 포착되었다고 한다.

노르웨이에서 전투가 개시된 그 첫날에, 포격 공격으로 불에 타거나 물에 빠져 죽은 독일 침입군 수는 약 천여 명이었다. 노르웨이인은 세 명이 목숨을 잃었다. 월테의 마리 한센 외에, 베스트뷔베인의 끝자락에 있는 렌스케우 호텔에서 일하던 열여섯 살 하녀가 호텔 뒤쪽의 나무 사이로 뛰어가다가 포탄에 맞아 죽고 아세르스후스베인 거리에 사는 한 남자가 계단에서 떨어져 죽었다. 오스카르스보르그에서는 포수 한 명이 경미한 부상을 입기도 했다.

이 전투는 노르웨이의 자존심에 쉬이 지워지지 않는 영향을 미쳤다. 하지만 영웅적 전투였음에도 노르웨이에서의 전쟁 추이와 독일 점령의 특성에 결정적 영향을 미치기도 했다. 오슬로 진입이 계획보다 30시간 지체되면서 노르웨이의 왕실과 정부는 요한 뉘고르스볼Johan Nygaardsvold 총리의 통솔 아래 수도를 떠나 북쪽으로 숨바꼭질 피난길에 나설 시간을 벌어 매번 독일군의 진군에 간발의 차이로 앞서 피신하면서, 처음엔 하마르에서 잠깐 멈췄다가 오슬로에서 북동쪽으로 약 96킬로미터 떨어진 엘베룸에서 다시 멈추었다. 또한 그날 아침에는 국가의 금보유고를 실은 일련의 자동차도 수도를 떠나 길고 위험한 여정에 올라서, 결국 금을 미국으로 무탈하게 실어 보냈다.

덴마크나 스웨덴과 마찬가지로 노르웨이 역시 1939년의 전쟁 발발 당시에 중립을 선포했고 정부가 국가총동원♦ 명령을 내린 상태였지만 그런 갑작스러운 침략 앞에서는 독일군의 진군을 저지하기 위해 할 수 있는 일이 거의 없었다. 그나마 노르웨이 북부 지역에서는 비교적 지속적이고도 실질적인 저항이 이루어졌다. 이 지역은 핀란드와 러시아 간 전쟁 발발의 영향으로 1940년대 초 이후부터 부분 동원령이 시행되고 있었던 데다, 불충분하긴 했으나 급하게 조직된 영국 해군, 프랑스군, 폴란드군의 지원에 힘입어 노르웨이 북부의 항구도시 나르비크에서나마 독일군의 진군이 저지되었다. 하지만 6월 초에 이들 지원군이 프랑스에서의 전투로 소환되어 떠나게 되자 그 뒤로 6월 7일에 왕실과 정부는 상대가 안 되는 전투에 두 손을 들고 잉글랜드 망명길에 올랐다. 그전의 1940년 4월 9일에 통과된 결의안에 따라 전쟁이 지속되는 동안 이들 왕실과 망명 정부가 여전히 노르웨이의 합법 정부였다.

───────

알프레트 로젠베르크 같은 유전학자들이 체계화시킨 나치 이데올로기를 뒷받침하던 인종 이론에 따르면 스칸디나비아인은 호모 유로파이우스Homo Europaeus, 즉 속칭으로 '아리아 민족'에 속했다. 이 최상층의 인종 분류 중에서는 덴마크인, 스웨덴인, 노르웨이인이 'übergermanere', 다시 말해 아리아 민족 가운데 가장 순혈

♦ 비상사태로 인한 소요에 대응하기 위하여 현역 및 예비군 체제 이외에 추가적으로 부대 또는 인원을 조직하거나 편성하여 현역군을 증원시키며, 이러한 부대를 편성 및 유지하는데 필요한 국가 총자원을 동원하는 것.

로 평가되었고, 이 중에서도 외지고 접근하기 어려운 노르웨이의 주민들이 가장 순혈이었다. 하지만 블뤼허호가 침몰하고 왕과 내각이 도피한 순간부터 노르웨이의 '시범적 점령' 문제는 반론의 여지가 없어졌다. 노르웨이 점령은 독일의 전쟁 수행에서 중대한 문제였다. 독일의 군수품 공장들은 철광석 공급을 스웨덴의 키루나와 말름베르예트에 의존하고 있었던 만큼 나르비크의 항구에서부터 노르웨이 서해안을 따라 독일까지 철광석이 무사히 수송되도록 보호 조치를 취해야 할 필요가 있었다. 나르비크는 다른 노르웨이 지역과 철도로 연결되지 않은 북부의 외진 도시였지만 동쪽의 스웨덴까지 횡단로가 놓여 있어서 나르비크까지 철광석 수송로를 확보하기에 용이했다. 독일군에게 노르웨이 연안의 장악은 북대서양 잠수함 함대의 작전 기지나 영국 본토 항공전의 공군 기지 확보에도 유용했다. 게다가 독일은 노르웨이와 함께 덴마크까지 점령하여 발트해 접근로의 통제권을 거머쥐면서 스웨덴을 격리시키고 적어도 전쟁 초반 3년간은 스웨덴의 중립 상태를 자신들에게 유리하게 끌고 갔다.

점령 첫날의 오후, 비드쿤 크비슬링이 자신이 1933년에 창당한 노르웨이의 나치당인, 민족통합당의 당수로서 오슬로 마린뤼스트에 있는 노르웨이 국영 방송 스튜디오에 들어와 그 자신이 수반을 맡는 새로운 정부의 구성을 발표했다. 독일 침공에 대한 크비슬링의 이런 파렴치한 대응은 그의 이름이 수십 년에 걸쳐 '매국노'와 동의어로 통하게 되는 계기가 되었다. 이 음산한 신조어가 처음으로 등장한 것은 1940년 4월 19일자의 《타임스The Times》 조간에 실린 한 사설에서였다. 사설은 "우리 모두 크비슬링 수상에게 심히 감사해야 한다"라는 글로 운을 뗀 후 "그가 영어에 새로운 단어를 보태주었다"라고 하면서 그 이유를 다음과 같이 설명했다.

언론인을 비롯한 작가들이 안 그래도 다른 표현을 찾느라 머리를 짜내거나 손때 묻은 『로젯 유의어 분류 사전Roget's Thesaurus』을 샅샅이 뒤지는 데 지쳐있던 이 와중에 Quisling이라는 단어는 신들이 내려준 선물과도 같다. 작가들이 '반역자'의 새로운 단어를 만들어내라는 명령을 받으며 알파벳에 자유재량을 받았다고 해도 이만큼 뛰어난 문자 조합은 생각해내지 못했을 것이다. 청각적인 면에서도 듣자마자 어쩐지 교활하고 사악한 느낌이 든다. 시각적으로 따져도 'Q'로 시작된다는 것은 더없이 절묘하다. Q는 questionable수상쩍은, querulous성마른, quavering벌벌 떠는, quagmire수렁, quivering quicksands진동하는 유사(流砂), quibble발뺌, quarrel다툼, queasiness메스꺼움, quackery엉터리 치료, qualm양심의 가책, Quilp퀼프♦ 등이 연상되어 (하나의 존귀한 예외 단어가 있긴 하지만) 오래전부터 영국인의 의식에 비뚤어지고 미심쩍고 살짝 비루한 감을 풍겨온 문자이니 말이다. 그러니 Quisling이야말로 딱 좋은 표현이다. 우리는 그 속에 암시된 특징을 혐오하는 것에 못지않게, 이 신조어를 진심으로 환영한다.

침공 다음 날, 크비슬링은 뉘고르스볼 정부가 발동시킨 국가총동원령을 철회했다. 5일 후에는 독일이 국정을 운영할 행정협의회

♦   찰스 디킨스의 소설 『오래된 골동품 상점』에 나오는 야비하고 잔인한 악당.

를 세우면서 크비슬링이 사임했다. 1940년 가을에는 나치의 노르웨이 국가판무관 요제프 테르보펜이 이 행정협의회를 해산하고 노르웨이의 내정을 운영할 개별 장관들을 임명했다. 모든 정치 활동과 크비슬링의 민족통합당을 제외한 모든 정당은 금지되었다.

이후 크비슬링의 열성적 동참 아래 나치는 노르웨이에 새로운 체제를 구축해나갔다. 민족통합당은 재판관 구성을 장악하려는 시도에 나서 법원 활동에 개입했고 결국 1940년 12월에 노르웨이 대법원 재판관들 전원이 사임하며 새 정권이 도입한 법을 기꺼이 집행할 의향이 있는 재판관들로 새롭게 교체되었다. 1941년 8월에는 모든 무선전신기가 몰수되었다. 파업이 불법화되어 엄벌에 처해지기도 했다. 1941년 9월 8일에 오슬로의 수많은 작업장으로 우유 배달이 이루어지지 않자 그다음 날에 오슬로 지역의 약 2만 5,000명의 근로자들이 파업에 들어갔다. 이때 노조 지도자 두 명인 비고 한스텐과 롤프 비크스트룀이 파업의 책임자로 체포된 후 재판을 받고 9월 10일, 해가 떨어지기도 전에 처형되었다. 한편 민족통합당으로부터 임명된 사람들이 고용주연맹과 노르웨이 노동조합총협의회 책임자 자리에 앉혀졌다.

1942년 초 비드쿤 크비슬링은 자신을 멸시하던 테르보펜으로부터 총리로 임명되어 괴뢰정권의 수장이 되었다. 그는 새로운 체제를 집행시킬 교원 노조를 세웠다. 노조 가입은 강제적이었다. 노르웨이판 히틀러 유겐트♦도 설립되었고 노르웨이의 학생들은 가입이 의무화되었다. 교사들이 항의하고 나서자 3월에 1,300명이 체

♦ Hitler-Jugend. 독일 나치당이 만든 청소년 조직.

포되고 600명 이상이 러시아와 국경을 접한 북단의 시르케네스로 추방되었다. 노르웨이의 성직자들도 저항의 의미로 맡은 직분에서 사임했다가 오슬로에서 추방되었다. 린예단Company Linge의 저항 투사들은 사보타주♦나 직접적 군사 행동을 수행하며 대항했다. 린예단은 영국에서 특수 훈련을 받은 초기 지휘자 마르틴 린예Martin Linge의 이름을 따서 붙인 명칭이다. 10월에 이르자 테르보펜은 트론헤임에 비상사태를 선포했다. 저항 운동과 무관한 열 명의 주요 시민들이 경고 차원에서 처형당했고 스물네 명의 린예단 지지자들이 사형을 선고받았다. 10월과 11월에는 노르웨이에서 보잘것없이 작은 공동체를 이루고 있던 유대인들이 체포되어 강제 이송되었다. 유대인 이송에는 배(도나우호) 한 척을 딱 한 차례 띄우는 것만으로도 충분했다. 540명의 유대인이 폴란드 북서부의 슈체친주까지 실려 갔다가 그곳에서 다시 기차로 아우슈비츠까지 끌려갔다. 이들 중 전쟁이 끝날 때까지 살아남은 사람은 겨우 아홉 명뿐이었다. 1943년에는 오슬로 대학교에서 학생들이 잇따라 체포되자 에울라 건물에서 항의자들이 방화 시위를 시작했다. 독일은 대학을 봉쇄하고 1,200명의 학생과 30명의 교수를 체포했다. 이 중 가장 적극적으로 항의 활동을 벌인 300명은 도나우호에 실려 젠하임의 수용소로 이송되었고 친위대 장교들에게 시민으로서의 책임을 교육받았다. 또 다른 다수의 집단도 부헨발트 수용소로 이송되어 비슷한 교육을 받았다.

♦　전선의 배후 또는 점령 지역에서 적의 군사기재, 통신선과 군사시설에 피해를 주거나 그것들을 파괴하는 것을 목적으로 하거나 그 효과를 갖는 행위.

1943년 중반 이후 독일군의 패색이 점차 짙어지면서 독일 점령군과 노르웨이인 앞잡이들의 만행은 도를 더해갔다. 노르웨이의 국가안보 수장이자 노르웨이의 유대인 강제 이송의 숨은 주동자였던 칼 마르틴센이 1945년 2월 8일 오슬로 교외에서 자신의 차 안에 있다가 저항운동 밀로르그의 일원들에게 암살되는 사건이 터졌을 때는 그 보복으로 스물아홉 명의 노르웨이인이 총살당했다.

노르웨이인은 모진 전쟁을 겪어냈다. 오슬로는 유럽의 점령 수도 가운데 가장 마지막에 해방되었다. 5월 8일, 독일이 공식적으로 항복을 선언했고 망명 정부 일원들이 귀환한 5월 13일까지 밀로르그가 임시로 국가 통치권을 맡았다. 하콘왕은 귀국을 연기하여 40년 전에 노르웨이가 스웨덴으로부터 독립을 선언했던 날인 6월 7일에 맞춰 돌아왔다.

———

덴마크의 경우 헌법적 지위나 이후의 독일군 점령 특성이 노르웨이와는 달랐다. 덴마크는 스칸디나비아 국가 중 유일하게 1939년 5월 독일과 불가침협정을 맺었고 침공 무렵엔 이 협정에 따라 군대 규모가 3만 6,000명에서 1만 4,000명으로 감축되었다. 또한 유틀란트반도에서 독일과 국경을 접하고 있던 탓에 노르웨이처럼 자기방어의 지리적 이점을 누리지 못했고 덴마크 정부가 무의미한 인명 손실을 피하고자 저항다운 저항도 없이 불과 몇 시간 만에 항복하면서 덴마크인의 인명 손실은 열여섯 명에 그쳤다.

당시 독일은 덴마크의 중립정책을 존중한다며 덴마크 내정에 불간섭 정책을 시행하고 국왕의 직무를 침해하지 않겠다고 선언하며 뉴스피크♦가 무엇인지를 생생히 예견해 보여주었다. 우선 초반부터 책동을 벌이고 사임을 유도한 후 덴마크 4대 정당의 연합당이 1940년 7월에 출범하면서 그 뒤 3년 반 동안 덴마크의 국정을 계속 운영하게 되었다. 덴마크인은 점령을 평화롭게 수용한 대가로 입헌 민주주의의 유지를 용인받았지만 여기에는 여러 가지 엄격한 제약이 뒤따랐다. 코펜하겐 연합국 대사관들의 폐쇄, 영국 및 연합국과의 무역 관계 금지 등의 일부 제약은 전쟁이 진전될수록 곤경을 가중시켰다. 한편 1941년 11월에 덴마크 공산당Danish Communist Party을 불법화하여 당원들의 일제 검거를 합법화시키는 등 또 다른 몇몇 조치들은 덴마크의 국민 정서에 잘 부합하고 별 저항 없이 수용되었다.

하지만 덴마크 국민은 그 외의 중대한 측면에서는 독일 나치주의의 이상에 여전히 공감하지 않았다. 침공이 일어났을 당시에 해상에 나가 있던 덴마크 선박 200척 가운데 4분의 3 이상이 분쟁 지대 밖의 항구로 이동하라는 본국의 명령에 반항하여 연합국이 장악한 항구로 갔다. 또한 덴마크 선원의 압도적 다수는 독일과 교전 중인 국가들을 위해 활동했다.

독일은 내각의 대표단을 나치에게 유리하게 구성하기 위해 온갖 시도를 벌였지만 덴마크 정부에서 번번이 거부하며 응하지 않았다. 나치의 이데올로기에서 중심축이었던 일종의 반유대주의적 조치를 도입하려 했던 시도 역시 마찬가지였다. 역사적으로 거슬

♦ Newspeak. 조지 오웰의 소설 『1984』에 나오는 전체주의 국가의 신(新)언어. 정부 관리 등이 여론 조작을 위해 애매하게 말해서 사람들을 기만하는 표현법.

러 가보면 1622년 이후로 스페인이나 포르투갈계 유대인들이 홀슈타인 여기저기에 살아왔고 드문드문 차별 대우를 받긴 했으나 점차 원주민으로 인정받으면서 1849년의 헌법에 따라 그때껏 남아 있던 차별 대우가 전면 철폐된 바 있어서 이런 시도가 잘 통하지 않을 만도 했다. 실제로 아브라함 파이스Abraham Pais가 쓴 닐스 보어♦의 전기에 보면 유대인을 외계인 보듯 하는 개념이 당시의 보통 덴마크인에게 얼마나 이질적이었는지를 보여주는 일화가 실려 있다. 나치가 운영하는 덴마크의 한 신문에서, 보어가 코펜하겐 대학교의 신임 학장 후보로 물망에 올라 있다는 소문이 들려오자 그의 임명을 반대하는 기사를 게재했다고 한다. 보어가 유대인이고 이제 유대인의 시대는 끝났으니 그 자리의 적임자로 덴마크인을 찾아보는 것이 좋지 않겠냐는 투의 기사였다. 하지만 다른 신문에서 "보어가 덴마크인이 아니라면 누가 덴마크인인가?"라고 반문하며 그 신문이 강조체로 실은 문구에 내포된 억측을 조롱했다. 파이스가 지적했듯, 이런 반응은 나치에게 점령당한 다른 국가들에서는 상상도 할 수 없는 일이었다.

독일이 덴마크의 민주주의 전통을 너그럽게 봐주면서 1943년 3월에는 꽤 자유로운 총선이 치러져 공산당을 제외한 모든 당이 선거에 뛰어들 수 있었다. 하지만 이런 와중에도 점령군에게 제공되는 전반적 편의 수준에 대한 거북함이 점점 늘어나던 차에, 그해 가을에 이르면서 전환점을 맞게 되었다. 그 무렵 독일의 전세가 역전되기 시작하면서 한때는 독일의 승리를 당연시하던 기류에 차츰

♦ Niels Bohr. 덴마크의 물리학자. 원자모형 문제를 해결해 핵분열 이론을 세웠다.

의심이 드리워졌고 의심이 짙어질수록 점령군에 대항하는 덴마크인의 저항도 거세졌다. 1940년 10건에 그쳤던 사보타주 행위가 점차 확산되어 1942년에는 100건을 넘어서더니 1943년에는 1,000건을 넘었다. 점령군은 파업 금지와 사보타주 행위 혐의자의 처형을 요구하고 나섰다. 의회가 거부하자 독일은 1943년 8월 29일에 계엄령 체제를 발동하여 군 시설을 점령하고 덴마크인 장교들을 구금시켰다. 그 후 덴마크 정부가 사퇴하고 독일이 베르너 베스트의 통솔 아래 덴마크의 내정을 직접 통치하게 되었다.

이런 긴장감 증대는 머지않아 덴마크 유대인들의 강제 이송 시도가 벌어지리라는 전조였다. 그때까지 덴마크의 유대인들은 다른 덴마크인과 마찬가지로 '시범 점령'의 혜택을 똑같이 누려왔다. 점령국의 유대인들 중 유일하게 자신의 고유 직업에 계속 종사할 수 있었고, 덴마크 법에 따라 시민권이 보장되었으며, 예전과 똑같이 종교의식을 자유롭게 수행하며 지내왔다. 초조하게 누려오던 이 모든 호강이 9월 28일에 이르러 기어코 뒤집어지고 말았다. 이날 강제 이송을 위해 덴마크의 모든 유대인을 검거해 오라는 명령이 내려지며 3일 후인 10월 1일 저녁 9시 정각을 기해 명령 집행이 예고되었다.

하지만 명령이 내려진 그날, 베스트의 최측근 인사 중 한 명인 독일인 해상운송 담당관 게오르그 페르디난드 두크비츠가 마음의 결단을 내려, 두 명의 쟁쟁한 덴마크 정치인에게 명령 집행의 일자와 시간을 전달해주었다. 그리고 이 정치인들이 7,500명에 이르는 덴마크의 유대인 집단에게 힘닿는 데까지 최대한으로 위험 상황을 알렸다. 9월 29일에 두 명의 독일인 운송업자가 유대인을 수용소로 수송하기 위해 코펜하겐에 당도하였으나 10월 1일 저녁 검거 명령이 집행될 때 구금된 유대인은 284명에 그쳤다. 나머지 사람들은 이미 집에서 도망쳐 도움을 자청한 덴마크 일반 시민의 제안에 응해 민간주택, 교회, 병원에 몸을 숨기고 있었다. 많은 유대인이 길거리에서 잘 모르는 사람들이 다가와 아파트 열쇠나 시골 별장의 열쇠를 건네주는 뜻밖의 도움의 손길에 놀라워했다. 결국 보헤미아의 테레지엔슈타트 수용소까지 강제 이송된 총인원은 474명에 불과했다. 몸을 숨긴 7,000명에게 이제 남은 일은 바다 건너 안전한 스웨덴으로의 피신이었다. 이런 피신은 덴마크 저항운동 대원들, 수십 척의 소형 어선이 가담하면서 한 편의 드라마처럼 전개되었다. 이때 코펜하겐의 독일인 항구 지휘관의 묵인도 큰 몫을 했다. 스웨덴으로 이어진 해협을 가로지르는 선박의 통행이 가장 잦았을 때, 그는 순시선 상태가 항해할 만한 상황이 아니라서 수리를 받아야 한다는 핑계로 순시선 선단을 막무가내로 부두에 묶어두어 극적인 드라마가 완성될 수 있었다.

시민 불복종♦ 의사 표시와 더불어 원주민들 사이에 독일이 결국엔 전쟁에서 승리하지 못할 것이라는 인식이 점점 높아짐에 따라 덴마크 점령기의 남은 18개월 사이에는 마지막으로 남아 있던 비교적 덜 야만적인 점령 특징마저 급속도로 소멸되었다. 독일군과 덴마크 경찰 간의 긴장은 점차 높아졌다. 1944년 초반 내내 나치는 비판적 목소리를 내는 다수의 인물을 살해했다. 그렇게 갑작스럽고 폭력적으로 침묵시키는 것이 상책이라는 계산에 따라 살해당

♦ 납세 거부 따위에 의한 시민의 정치적 공동 반항.

한 이들 중에는 목사이자 당대 덴마크의 대세 극작가로도 유명했던 카이 뭉크Kaj Munk도 있었다. 뭉크는 1944년 1월 4일 밤 베데르쇠의 목사관에서 일명 샬부르크 군단Schalburg Corps이라는 덴마크의 나치에게 붙잡혀 마구잡이식 심문을 거친 후에 총살되었고 시신은 10킬로미터 떨어진 길가 도랑에 버려졌다. 이틀 후에는 의사이자 지역 정치인인 빌뤼 비그홀트가 슬라겔세의 진찰실에서 총에 맞아 사망했다. 독일은 신문사들을 다그쳐 두 사건에 대한 기사를 서로 가까이에 게재하게 하여 독자들이 그 연관성을 확실히 느끼도록 했다. 이런 식으로 자행된 보복 살인이 100건이 넘었다. 독일은 얼마 지나지 않아 더 무시무시한 방식의 보복 살해로 전환하여, 이제는 길거리의 행인이나 자전거를 탄 사람까지 무작위로 총에 맞아 죽을 수도 있었다.

점령군을 향한 심화되는 적개심을 억누르기 위한 이런 작전의 와중에 덴마크의 전쟁 역사에 길이길이 남을 만한 일화가 탄생하기도 했다. 1944년 5월 26일 새벽 5시 30분, 스벤트 팔루단 뮐레르Svend Paludan-Müller 대령이 거주하는 그로스텐의 집으로 게슈타포(비밀경찰)가 찾아와 문을 두드렸다. 팔루단 뮐레르는 유틀란트반도 동쪽의 덴마크-독일의 국경 지대 순찰 임무를 맡고 있던 덴마크 헌병대 대장이었고, 평소에 점령군의 타협책에 불쾌감을 품고 있던 차에 독일군에 대항하는 적극적인 군사 활동 계획에 가담해 있었다. 이른 새벽의 방문객들은 할 이야기가 있어 찾아왔다고 했다. 대령은 그런 용무라면 10시 정각에 다시 오라며 면담은 정식 업무 시간에나 가능하다고 대답했다. 대령이 한사코 문을 열어주지 않자 게슈타포 무리는 문을 폭파하고 집 안으로 들어갔다. 그 즉시 대령은 방어에 나서 가장 먼저 들어온 게슈타포를 총으로 쏴 죽였다. 게슈타포들이 모두 안전거리로 물러나자 대령은 문에 방벽을 쳤다. 그 후의 상황은『날의 사가Njal's Saga』에 나오는 날의 위대하고 고결한 벗, 흘리다렌디의 군나르가 맞은 최후의 순간을 연상시켰다. 그는 자신의 집에서 적들에게 꼼짝없이 갇힌 채 일방적으로 불리한 상황에서도 끝까지 맞서 싸웠다.

게슈타포들이 어떻게 대처할지 서로 논의하는 사이에 대령은 아내에게 자신은 절대 산 채로 붙잡혀갈 마음이 없다고 단호히 말한 후 아내, 딸 라그뉘, 하녀를 데리고 지하실로 대피하여 앞으로 벌어질 일에 대기했다. 게슈타포들이 이 아담한 집을 에워싸며 버티고 서 있고 오벤로에서 더 중무장한 포병대가 오고 있던 와중에, 그 지역 목사가 허락을 얻고 포위된 대령에게 항복을 설득하고자 나섰다. 목사는 세 여자가 집에서 무사히 나가도록 주선했지만 대령의 항복은 설득해내지 못했다. 홀스트라는 이름의 이 목사가 훗날 서술한 바에 따르면 팔루단 뮐레르 대령은 목사의 설득을 거절하며 피할 수 없는 죽음을 받아들이던 그때, 차분하고 숙명론적인 결의를 내보이며 무릎을 꿇고 하느님의 이름으로 축복해줄 것을 청했다고 한다.

대령은 지하실 계단 꼭대기에서 아내와 딸에게 키스하며 인사했다. "안녕. 주님의 은총이 함께하길." 이제 결과는 그저 시간문제일 뿐이었다. 대령은 소이탄, 수류탄, 기관총으로 무장한 50명에 맞서 장장 2시간에 걸쳐 끝까지 대항했다. 아침 8시 30분경에 집이 불길에 휩싸이면서 팔루단 뮐레르 대령은 다섯 명의 독일 병사들과 함께 생을 다했다. 오후 늦게야 잿더미에서 대령의 시신이 수습

되었다. 독일 점령군은 그 지역에서 장례식이 치러질 경우 소요 사태가 벌어질까 봐 우려하여 유틀란트 서부에서의 장례식 거행을 허락해주지 않았다. 그에 따라 팔루단 뮐레르는 어린 시절에 살았던 스네세레의 교구 교회에 묻혔고, 이날 조문 온 방문객은 2,500명으로 추산되었다. 이들 모두 그의 매장을 불법으로 간주해 금지한다는 공식 발표를 대놓고 위반하며 참석한 것이었다.

1944년 9월 중반에 팔루단 뮐레르의 헌병대 총 337명 가운데 약 300명이 체포되었다. 체포된 헌병대 대부분이 함부르크 외곽의 죽음의 수용소, 노이엔감메 강제노동 수용소로 보내졌다. 생존자들이 진술한 바에 따르면 수용소의 샤워장은 가스실 역할을 겸하기도 했으나 '오로지' 소련의 전쟁포로들만 이 시설에서 살해되었다. 교수형 처형은 죄수들 스스로 집행해야 했다. 두 번째 교수형 죄수가 첫 번째 죄수를 목매달고, 또 세 번째 죄수가 두 번째 죄수를, 네 번째 죄수가 세 번째 죄수를 목매다는 식으로 이어졌다. 같은 목적을 띠는 숙청의 일환으로, 당시에 덴마크의 정규 경찰 2,000명이 체포되어 부헨발트로 이송되기도 했다.

덴마크 언론의 항의에도 불구하고 보어는 끝내 코펜하겐 대학교의 학장에 오르지 못했다. 그래도 곧 닥칠 검거 집행의 경고를 제때 전달받은 7,000명의 덴마크 유대인 중 한 명에 들었다. 검거가 집행될 무렵 보어는 다른 유대인 피난자 대부분과 함께 스톡홀름에 있었다. 그는 아내 마르그레테와 함께 피난자들이 모여 있던 코펜하겐 교외의 작은 별채에 숨어 있다가 밤늦게 밖으로 나와 해안으로 향하면서 이따금 지시에 따라 네발로 기어가기도 했는데, 그때마다 보어는 살짝 자괴감에 빠졌다.

해안에 이르러 그들은 작은 어선에 올라 외레순해협까지 실려 갔다. 그곳에서 저인망 어선으로 옮겨 타고 이른 아침 스웨덴의 림함 항구에 닿았다. 보어는 그날 늦게 기차에 올라 스톡홀름으로 향했고, 마르그레테는 그곳에 남아 다른 일행에 섞여 오는 나머지 가족을 기다렸다. 보어는 워낙에 귀하고 소중한 지식인으로 인정받고 있던 터라 영국에서 당장 모셔 오고 싶다는 연락을 보내왔고, 그에 따라 무장을 해제하고 승객 수송기로 바꾼 드 하빌랜드 모스키토♦ 한 대가 스톡홀름의 브롬마 공항에서 대기 중이었다.

전후의 뉘른베르크 전범 재판 진행 중에 드러난 사실이지만, 나치는 원래 8월 29일의 계엄령 선포 직후 보어를 체포하여 독일로 끌고 가려 했다가 그다음 달에 덴마크의 모든 유대인을 붙잡아 들이는 과정에서 티 나지 않게 체포하기로 계획을 바꾸었다. 아브라함 파이스가 쓴 보어의 전기를 보면, 이 어둡고 위험천만했던 시기에 별나면서 재미있는 일화도 몇 가지 일어났다. 그중 하나는 스코틀랜드행 비행이 예정되어 있던 전날 밤에 보어가 머물던 개인 주택에서 개인 경호를 맡았던 기스 대위가 겪은 일이다. 대위는 그 스톡홀름 주택의 보어의 방에서 밤을 새우다가 다음 날 이른 시각에 낮은 소리로 가까이 다가오는 인기척을 들었다. 그 즉시 한 손엔 집주인의 구형 권총을 들고 다른 한 손엔 묵직한 촛대를 든 채로 바짝 긴장했다. 낮은 발소리가 문가 앞까지 다가오는가 싶더니 뒤이어 문의 우편함이 열리고 카펫 위로 조간신문이 떨어졌다. 잠시 후 기스 대위가 창밖을 슬쩍 내다보니 신문을 배달해주는 노부인이 사

♦　de Havilland Mosquito. 제2차 세계대전 당시 영국 공군의 대표적인 경폭격기.

람들을 깨우지 않으려고 양털 슬리퍼를 신은 발을 질질 끌며 가고 있었다.

같은 날 늦은 시간에 비행 중에도 한 가지 일화가 생겼다. 드 하빌랜드 모스키토가 점령당한 덴마크 상공을 날 때 인터폰으로 보어에게 산소를 켜라는 안내가 전달되었다. 그런데 보어가 누워 있던 뒤 칸의 폭탄 탑재실에서 아무 응답이 없자 조종사는 달리 대안이 없어 남은 비행시간 내내 해수면 가까이 고도를 낮추고 비행해야 했다. 10월 6일 이른 아침에 비행기가 스코틀랜드에 착륙했을 때, 보어는 오는 내내 거의 잠을 잤더니 기분이 좋다고 말했다. 그런데 나중에 밝혀진 바에 따르면, 사실 보어는 브롬마에서 그의 안전과 관련된 브리핑이 진행되는 내내 수다를 떠느라 조종사가 중요하게 설명해준 얘기를 못 알아듣고 이륙 직후 산소 부족으로 무의식 상태에 빠졌던 것이었다.

보어의 제자였던 물리학자 조지 가모George Gamow의 회고담을 보면, 보어는 물리 연구소에서의 일을 마친 후에 긴장을 풀기 위해 서부 영화를 즐겨 봤다고 한다. 그때마다 서부 영화의 줄거리가 너무 복잡하다며 설명해줄 학생 한두 명을 꼭 데려갔다. 그렇게 서부 영화를 관람한 뒤의 어느 날 저녁에, 결투를 벌일 때 착한 사람과 나쁜 사람 중 누가 더 유리한가를 놓고 논쟁이 벌어졌다. 보어는 착한 사람이 더 유리할 것이라고 봤다. 착한 사람은 도저히 먼저 총을 쏘지 못하겠어서 나쁜 사람을 향해 방아쇠를 당길 시점을 정하는 데 압박을 받게 마련이고, 그래서 이 착한 영웅은 그저 맞수의 손을 지켜만 보다가 조건 반사에 따라 적수보다 손을 더 빨리 움직이게 될 것이라고 했다. 학생들은 반대 의견을 냈다. 그래서 의견 차이를 해결하기 위해 가모는 이튿날 아침 장난감 가게에 가서 장난감 총 두 개를 사 왔고 보어가 착한 사람 역을 맡아 잇따른 결투를 치른 결과 전부 이겼다.

이쯤에서 궁금해지는 것이 있다. 보어가 잉글랜드에 도착해서 연합국이 원자폭탄 제조에 어느 수준까지 진척되어 있는지를 확인했을 때, 그날 오후의 악의 없는 장난을 떠올리지는 않았을까? 원자폭탄이 1945년에 히로시마와 나가사키에 선제적으로 사용됨으로써 그의 지론을 무효화시켰다고 여긴 적은 없을까? 밝혀진 바에 따르면 보어는 원자폭탄 프로젝트 활동에 그다지 적극적으로 참여하진 않았지만, 영국의 튜브 앨로이스♦ 핵무기 개발 팀이나 원자폭탄의 설계와 제작이 진행되고 있던 뉴멕시코주 로스앨러모스의 미국 팀에서 일하던 물리학자들 사이에서 비범한 천재, 그 존재감 자체만으로도 의욕을 북돋워주었을 것이다.

사실 그들에게 보어의 진가는 따로 있었다. 독일 측이 비슷한 종류의 폭탄을 제작 중인 것으로 파악된 상황에서 어느 정도까지 진전을 이루었는지 가늠해볼 만한, 보어의 정보였다. 그에 따라 보어가 전시 중에 독일 연구 팀의 팀장을 맡은 베르너 하이젠베르크 Werner Heisenberg와 만났던 이야기가 굉장히 중요해졌다. 하이젠베르크는 1941년 가을, 코펜하겐 소재 독일 연구소에서 점령국이 주관하는 회의에 참석하기 위해 코펜하겐을 찾은 바 있었다. 이때 보어가 세운 이론물리학 연구소 출신의 덴마크 물리학자들은 이 회의

♦　Tube Alloys. 제2차 세계대전 중에 미국이 주도하고 영국과 캐나다가 공동으로 참여한 핵폭탄 개발 프로그램. 공식명을 대신하는 미국 측 암호명은 맨해튼 프로젝트였고, 영국 측 참가 조직의 암호명은 튜브 앨로이스였다.

의 참여를 거부하면서, 하이젠베르크에게 그가 아끼고 존경하는 오랜 벗이자 동료인 보어를 만나고 싶으면 연구소로 직접 찾아오라고 했다. 보어는 그 만남에 대해 이야기해주었는데, 아마도 이때 하이젠베르크에게 들은 내용을 근거로 독일의 진전 상황도 추측해주었을 것이다. 영국과 노르웨이 유격대의 사보타주 활동이 수차례 이어진 이후로 독일 측이 노르웨이 텔레마르크주 리우칸에 있는 노르웨이 수력발전소에서 생산 중인 중수의 공급량을 늘리려고 시도 중이라는 정보도 연합국 측에 알려줬을 만하다. 하이젠베르크는 그 중수가 '오로지 산업적 목적'을 위한 용도라고 밝혔지만, 보어는 그 얘기가 신뢰할 수 없는 주장임을 간파했다. 연합국 측은 보어가 하이젠베르크에게 들었다고 알려준 내용을 특별 문서로 작성했을 것이며, 이 문서에는 하이젠베르크가 이전의 2년 동안 원자에너지의 해방 문제에만 '전적으로' 매달렸다고 털어놓은 내용이나, 독일이 기대와 달리 재래식 군사 무기를 통해 전쟁에서 승리하지 못해서 장기전으로 돌아선다면 그 장기전의 승패는 원자폭탄의 사용을 통해 결정될 것이라는 확신을 품고 있었다는 내용도 담겼을 것이다.

오스트리아 작가 로버트 정크Robert Jungk는 맨해튼 프로젝트와 독일의 원자폭탄 프로젝트를 다룬 최초의 출판물인 1958년 작 『천 개의 태양보다 밝은Brighter Than a Thousand Suns』에서 베르너 하이젠베르크를 중요 증인 중 한 명으로 섭외했다. 보어는 2년 후에 정크의 저서를 덴마크어 번역판으로 읽은 후 하이젠베르크가 정크에게 밝힌 내용 대부분에 이의를 제기했다. "그 방문 중에 있었던 일에 대해서, 나는 당신이 정크의 저서에서 밝힌 것과는 완전히 다른 생각을 하고 있소." 보어는 두 가지 논점에서 불쾌해했다. 한 가지는 전문적인 문제였다. 저서에서 하이젠베르크는 수행 중인 프로젝트의 얘기를 듣더니 보어가 침묵으로 반응했다고 회고하며, 그 침묵이 의미하는 바는 그런 일이 사실상 가능하겠냐는 과학적 의혹의 표현이었다고 했다. 보어는 그렇지 않다고 반박하며 그것은 공포의 침묵이었다고 말했다.

또 다른 논점은 개인적인 문제였다. 보어는 정크의 책을 읽다 보니, 하이젠베르크가 본인의 역할을 역사적으로 보다 우호적인 관점에서 비추려 하느라 두 사람이 나누었던 실제 대화의 기억을 수년 사이에 변질되게 내버려 두었다는 사실을 알게 되었다면서, 특히 하이젠베르크의 한 주장을 콕 짚어 반박했다. 하이젠베르크 자신이 이끄는 독일 팀이 결정적 연구에서 성공적인 결과가 나오지 못하도록 방해하기 위해 신중한 노력을 벌이고 있다는 투의 암시를 보어에게 강하게 내비친 바 있다는 주장이었다. 여기에 대해 보어는 그때 하이젠베르크의 방문이 "아주 별나게 느껴졌던" 기억이 떠오른다며 이렇게 반박했다. 그는 "대화 중에 오가는 단어 하나하나를 조심스럽게 적었고, 대화 내내 독일 경찰에게 감시를 받는 통에 나는 극도로 신중을 기해야만 했다"라고. 상황이 그렇다 보니 하이젠베르크가 은근한 암시든 아니든 간에, 독일의 원자폭탄 프로젝트를 사보타주하려 했다는 식의 얘기를 꺼냈는지도 잘 기억나지 않는다고. 이 모든 폭로는 2002년에 보어 기록보관소에서 대중에게 공개한 열한 통의 편지 초안에 담겨 있었는데 편지는 단 한 통도 발송되지 않았다. 워낙에 점잖은 사람이던 보어가, 괜히 긁어 부스럼 만들지 말자고 마음먹었던 듯하다.

나치는 스웨덴의 중립 선언을 유일하게 존중해주었고 그로써 나폴레옹 전쟁 이후 채택된 스웨덴의 중립 입장은 계속 이어졌다. 이런 역사적 맥락에서 따지면 그 근래 130년 사이에 스웨덴에서 배출한 가장 유명한 인물 중 한 명이 알프레드 노벨이었던 사실이 역설적으로 느껴진다. 노벨은 다른 것도 아닌 다이너마이트의 발명으로 떼돈을 번 인물이 아닌가. 노벨의 생애는 여러 면에서 닐스 보어와 대조된다. 보어는 행복한 결혼생활을 하며 여섯 명의 자식을 낳았다. 마음이 열려 있고 즉흥적이었으며 온화하고 몽환적이었다. 또 젊은 시절엔 코펜하겐의 아카데미스크 BK◆에서 골키퍼로 활동했다. 반면에 노벨은 줄곧 몸이 허약했고 결혼한 적도 없다. 43세이던 1876년에는 작가이자 평화운동가인 베르타 킨스키를 만나 사랑에 빠졌다. 노벨은 그녀에게 '사랑을 하고 있는지' 물었다. 그녀는 사랑에 빠져 있었고, 그것을 증명하듯 그해 여름에 젊은 남작 아르투르 폰 주트너와 결혼했다. 같은 해 가을에 노벨은 스물세 살 연하인 상점 점원 조피 헤스에게 빠져 오랜 기간 순종적인 물주 노릇을 했다. 절대금주주의자에 담배도 피우지 않고 스웨덴의 한 전기 작가에 따르면 웃는 모습을 보인 적도 없었던 노벨은 언젠가 스스로를 "반쪽 삶을 사는 가련한" 존재로 술회하기도 했다. 그는 산 채로 묻히는 것을 두려워했다. 유언장 마지막 단락에도 자신의 사후에 정맥을 절개해 달라고 당부하며 "절개를 마치면 실력 있는 의사들

◆ Akademisk Boldklub. 1889년에 창단된 덴마크 코펜하겐의 축구 클럽.

에게 확실한 사망 확인을 받은 후에 화장장이라는 곳에서 화장해달라"라고 남길 정도였다.

노벨의 유언장은 조피 헤스에 유산을 남기는 대목도 있었지만 가장 잘 알려진 대목은 막대한 금액을 노벨상 설립 기금으로 남기는 내용이었다. 노벨상 가운데 가장 영예로운 상으로 여겨지는 평화상을 특별히 언급해놓아 오랜 세월에 걸쳐 많은 이들이 노벨상 설립의 진의를 파악하는 데 애를 먹었다. 그것이 박애주의의 의사 표시인지, 전쟁에서 한꺼번에 수많은 목숨을 앗아가는 훨씬 더 효율적인 수단을 연구하느라 평생을 바치며 재물을 쌓은 것에 양심의 가책을 느껴서인지 구분하기 힘들게 했다. 하지만 보어와 동시대를 살았던 알베르트 아인슈타인Albert Einstein은 노벨의 유증과 연구 업적 사이의 상관관계를 이렇게 확신했다. "그는 그전까지 보급된 것보다 더 위력이 센 폭발물을 발명했다. 그것은 아주 아주 효력 있는 파괴 수단이었다. 그래서 양심의 짐을 덜기 위해 노벨상을 창설한 것이다." 아우구스트 스트린드베리는 1910년의 '스웨덴 국민에게 고하는 글'에서 노벨상 상금을 도덕적으로 타락한 돈으로 폄하했다. "몇몇 사람들은 노벨상 상금을 놓고 다이너마이트 돈이라고 부른다"라고 하면서. 루트비히 비트겐슈타인◆은 평화의 알쏭달쏭한 논리를 탐구하고자 외진 장소를 찾다가 노르웨이에서 이상적인 곳을 찾아냈다. 에이드스바트네 호수가 내려다보이는, 숄덴의 곳이었다. 그는 이곳에 자신의 설계 기준대로 집 한 채를 지어달라고 의뢰하며 현지 건설업자들 입장에서는 아주 성가시고 불편했을

◆   Ludwig Wittgenstein. 오스트리아 출생의 영국 철학자.

법한 요구를 했다. 노벨의 발명과 그 발명으로 벌어들인 떼돈을 도덕적으로 용납할 수 없다는 이유를 들어, 화약은 기초 토대 공사에만 사용해 달라는 것이었다.

노벨 본인은 자신의 기술혁신에서 도덕적 측면들을 확실히 의식했다. 아니, 사실대로 말하면 의식하는 정도를 넘어 깊은 관심을 가졌다. 이는 조수였던 랑나르 솔만Ragnar Sohlman의 회고담에서도 잘 엿보인다. "한번은 철판을 뚫고 들어가 폭발하는 성능이 있어, 갑옷도 부수는 수류탄의 실험을 논의하던 중에 그가 말했다. '그런데 말이야, 우리가 지금 실험하려는 도구는 사실 악마같이 사악한 물건이야. 하지만 어려운 문제로서 보면 아주 흥미롭단 말이지. 금전적 문제나 영리적 문제를 떠나서 순전히 기술적 문제에서는 정말 흥미로워. 그 이유 하나만으로도 연구해볼 가치가 있어.'" 결혼해선 베르타 폰 주트너가 되었고 1905년 여성 최초로 평화상을 수상한 베르타 킨스키에게 노벨은 직접 이렇게 밝힌 적도 있다. "대량학살급의 무시무시한 위력을 가진 물질이나 기구를 만들어서 영원히 전쟁이 벌어질 엄두도 안 나게 할 수 있으면 좋겠어요."

닐스 보어의 발견에 큰 도움을 얻어 개발된 원자폭탄은 어쩌면 노벨이 꿈꾸었던 발명품에 가까울지 모른다. 보어 역시 노벨과 같은 관점에서, 원자폭탄을 전쟁사를 새로 쓸 기회로 보았기 때문이다. 당시에 소련은 맨해튼 프로젝트의 목표를 알아챘다. 그래서 뒤처지면 안 된다는 결의로 독자적인 개발을 희망하며 보어의 마음을 얻기 위한 섬뜩한 의중의 구애를 벌이는 작전에 끼어들었다. 영국에 도착하고 몇 달이 지난 1944년 4월, 보어는 소련으로 초청하는 내용의 편지 한 통을 발송된 지 한참이 지나서야 받았다. 그때껏 생각에 확신이 없었던 보어는 그 초청 편지를 보고 나서 확신을 굳히게 되었다. 그 자신이 늘 덴마크어식으로 'atomic bum'이라고 고쳐 발음했던 원자폭탄의 발명이 정말로 세상을 완전히 바꾸어놓았다고. 노벨이 그러했듯 보어도 '공포의 균형'이 세계 평화를 위한 최선의 보장책이라는 것을 본능적으로 감지했다. 그런 식의 세계 평화를 위해 1944년 5월에 윈스턴 처칠과 만난 자리에서 소련과의 상호 개방이 최선책이라는 견해를 제안했다. 처칠은 그의 견해를 아주 별나게 받아들여 제3자에게 보낸 편지에 보어를 "감금시키거나, 심각한 범죄를 저지를 낌새가 보이는지 감시라도 붙여야겠다"라고 썼다. 그 후 보어는 프랭클린 루스벨트Franklin D. Roosevelt 대통령에게도 같은 생각을 제안했는데, 돌아온 반응은 잉글랜드로 돌아가서 영국의 승인을 얻어 보는 게 어떻겠냐는 얘기뿐이었다.

이런 별스러운 의견 교환은 결국 헛수고로 끝나 1944년 9월, 뉴욕 하이드파크에 있는 루스벨트 저택에서 이루어진 처칠과 루스벨트의 만남에서 원자폭탄 개발 프로젝트를 비밀에 부치기로 결정했다. 두 사람의 대화 기록에 첨부된 비공식 메모에서 "보어 교수의 활동에 관한 조사와 더불어, 교수가 특히 러시아 측에 정보를 누설했는지의 여부를 확인해보기 위한 조치가 필요"하다고 지적되기도 했다. 한국 전쟁이 임박한 1950년 6월에, 보어는 유엔에 공개서한을 보내 "기술이 발전하여 이제는 통신 시설이 모든 인류를 공동협력체로 묶을 만한 수단을 마련해주고 있다"라며 다음과 같이 썼다.

그와 동시에 현재의 기술 발전 수준이라면, 세계적인 의견 차이를 모든 관련 정보의 자유로운 접근을 기반으로 한 협의를 통해 해결될 수 있는 문제로 인식하지 않는다면 문명에 치명적 결과를 불러올 소지도 있습니다. 지식이 그 자체로 문명의 토대라는 사실을 고려하면 현재의 위기를 극복할 방법은 바로 개방에 있습니다. 국제 문제를 안정시키기 위해 어떤 식의 국제적인 사법 및 행정 기관들이 창설되든 간에 신뢰를 촉진시키고 공동안보를 확립시키려면 전면적인 상호 개방이 필수입니다.

보어의 이런 타고난 낙관주의는 현대에도 여전히 매력적으로 다가온다. 언젠가 한 친구가 왜 서재 문에 사슴뿔을 걸어두었냐고 묻자 보어는 행운을 빌기 위한 것이라고 대답했다. 정말로 그런 걸 믿냐고 놀리자 그제야 사실은 자신도 믿지 않는다고 털어놓더니 경이로움이 밴 미소를 띠며 이렇게 말했다. 믿지 않아도 행운은 확실히 일어나지 않냐고.

————

거의 필연적인 결과일 테지만 노르웨이 점령 이후 노르웨이의 민족통합당 당원 가입이 급증했다. 당원이 되면 설탕, 버터, 의류, 가죽 구두 등 공급이 달리는 여러 가지 일상용품을 더 잘 구할 수 있었기 때문에, 이런 현상을 무턱대고 비난하기는 힘들다. 다만, 대다수 사람들이 정치적 이데올로기에 얼마나 무관심한지 보여주는 그 본질적 의미에는 주목할 만하다.

노르웨이의 자부심이자 기쁨이었고, 아이작 싱어♦가 서양 세

♦　Isaac Bashevis Singer. 폴란드계 미국 작가이며 노벨문학상 수상자.

계의 20세기 저서는 모두 그의 코트 자락을 잘라낸 것이라며 문학 천재로 치켜세운 크누트 함순은, 평생토록 독일을 찬미했을 뿐만 아니라 제1차 세계대전 중에 독일을 지지한 5퍼센트가량의 노르웨이인에 들었던 열렬한 영국 혐오자이기도 했다. 동포들에게는 크게 실망스러운 노릇이었지만, 함순은 제2차 세계대전의 전운이 감돌 때도 진영을 바꿀 만한 이유를 찾지 못했다. 독일은 그가 다시 자신들 편에 선 것을 기뻐하며 전쟁이 한창이던 중에 그를 독일로 초청했고, 그곳에서 요제프 괴벨스와 아돌프 히틀러를 만났다. 괴벨스가 그의 소설을 정말 좋아했다면, 히틀러는 그의 소설에는 별 관심이 없고 단지 연합국의 선전기관에 낭패감을 안기기 위한 측면에서 루이페르디낭 셀린♦과 에즈라 파운드♦♦보다 간발의 차이로 더 존경받는 문학계의 지지자로서 반갑게 맞아들인 듯하다. 당시 노르웨이인들은 직접 만들어 신은 생선 가죽 신발을 질질 끌고 오슬로 거리를 돌아다니며 농담을 했다. '그 얘기 들었어? 나치가 함순의 작품을 두 종류로 분리시키고 있대. 『대지의 성장』은 자기들 거로 가져가고 『굶주림』은 우리에게 주는 식으로.'

　　민족통합당 당원 가입은 망명 정부로부터 범죄로 간주되었고 전후에 소급 적용되는 법률에 따라 9만 건 이상의 재판이 행해졌다. 크비슬링과 그에게 협력한 정치인, 공무원, 판사 일당을 향한 혐오감이 너무 극심해서 정부로선 사형제를 부활시키지 않으면 린치 폭도들이 들고일어날 게 우려될 정도였고, 때문에 노르웨이에

♦　Louis-Ferdinand Céline. 프랑스의 소설가. 허무적 사상, 반체제·반유대 입장을 관철하였다.
♦♦　Ezra Pound. 미국의 시인·평론가.

서는 1876년 이후 처음으로 사법적 살해가 행해졌다. 게슈타포에 협력한 노르웨이인 고문기술자 레이다르 홀란과 아르네 브로 소트베드트가 첫 번째 대상이 되어 1945년의 겨울로 들어서기 전, 사형에 처했다. 비드쿤 크비슬링은 재판을 받고 묄레르가타 19번지의 감옥 방에 들어가 앉아 사형 집행을 기다리며 마지막 남은 시간 동안 자신의 취향에 끼워 맞춘 잡종 철학서 『우니베르시스멘』의 원고를 가다듬으며 보냈다. 젊은 시절 재능 있는 수학자였던 크비슬링은 자신이 신이 존재한다는 수학적 증거를 제시해낸 최초의 인물이라고 자평하며 스스로에 대한 과대망상에 빠져들었다. 가여운 마음이 들 만큼 지독히도 어리석었던 그는 결국 1945년 10월 24일 새벽 2시 40분에 총살형 집행부대에게 총살되었다. 병사들이 목표물을 더 잘 조준할 수 있게 그의 가슴에 A4 용지가 핀으로 꽂힌 채였다. 그의 마지막 요청은 눈가리개를 쓰지 않는 것이었지만 거부되었다.

전후 재판에서 사형을 받은 사람은 총 30명이었다. 이 중 네 명은 사면을 받았고 한 명은 투옥 중에 사망했다. 마지막 사법 살해된 대상자는 크비슬링의 밑에서 교육 및 종교 부문 장관을 지냈던 라그나르 스칸케로, 1948년 8월에 총살형 집행부대에게 총살당했다. 그 이후로 들끓던 분노의 분위기는 차츰 희미해졌다. 종신형을 선고받은 이들은 1950년대 초반에 다시 자유의 몸으로 풀려났다. 이제 사람들은 새롭게 재건된 삶을 즐기고 싶어 했다. 노르웨이인들은 독립을 얻은 지 불과 30년 만에 독립을 너무 갑작스레 빼앗겼다. 5년간의 독일 점령은 노르웨이인에게 주목할 만한 영향 한 가지를 남겼다. 바로 민족주의의 강화였다. 뜨거운 애국심, 자부심, 개방성,

관대함이 한데 뒤섞인 이러한 이례적인 민족주의는 현재 매년 5월 17일마다 유쾌하면서도 어느 모로 보나 비군사적인 국경일(제헌절) 축제를 통해 표출되면서, 갑자기 온 나라가 국기를 흔드는 어린아이들의 행진 물결로 뒤덮인다.

덴마크인 역시 전쟁의 상당 시기 동안 민주적이고 제도적인 체제를 대부분 지켜내면서 해방 후에 자신들이 적어도 시인 H.P. 홀스트H.P. Holst의 시구절의 명예를 더럽히진 않았다고 자부할 수 있었다. 1864년의 전쟁에서 덴마크가 패배하여 프러시아에게 슬레스비-홀스텐을 빼앗긴 후에 거의 국민적 모토로 채택되다시피 한 홀스트의 시구 'hvad udad tabes, det maa indad vindes'[이 문구의 의미는 204쪽 논의를 참고하기 바람]에 부끄럽지 않게 살면서, '밖에서 잃고 안에서 되찾게 되리라'는 개념이 국민적 수양에서 아주 효과적인 주문임을 보여주었다고. 하지만 덴마크에서도 점령군과 '옳지 않은' 편을 택했던 이들은 1943년 스탈린그라드에서 전세가 역전된 이후 차츰 패색을 감지하자 변질된 세력 강화를 벌이면서 전쟁이 끝난 뒤의 호된 응징을 확실히 예약했다. 결국엔 협력 혐의로 4만 명이 체포되어 그중 3분의 1가량이 어떤 형태로든 처벌을 받았고 대다수의 경우에 4년 이하의 징역형이었다. 노르웨이에서와 마찬가지로 잠자고 있던 사형제가 재개되어 일흔여덟 명의 협력자가 사형을 선고받았다. 이 중 마흔여섯 명에게 사형이 집행되었고 나머지는 징역형으로 감형되었다.

크비슬링은 『우니베르시스멘』에서 직접적인 정치적 발언은 거의 하지 않았지만, 나치가 스칸디나비아를 완전히 점령해서 내친김에 스웨덴까지 침략해야 했다며 군사적 유감을 표출하기는 했다. 하지만 굳이 스웨덴을 침략해서 무슨 이득을 얻었을지는 잘 모르겠다. 노르웨이와 덴마크가 점령되고 독일이 프랑스와 영국에서 승리를 거두자 당시의 스웨덴은 포위를 당한 채 사실상 고립되어 있었다. 식량, 연료, 원재료가 필요한 상황이라 독일이 자국의 중립 상태 조건을 정하려 나서도 저지할 만한 형편이 못 되었고, 실제로 전쟁 개시 후 3년 동안 독일은 그런 시도를 펼쳤다. 1940년 7월 체결된 통행 협정에 따라 (문서상으론 의료진으로 서술된) 독일 병사들이 스웨덴의 철도망을 이용해 인력과 물자를 노르웨이와 발트해 항구들 사이로 이동시킬 수 있었는데, 이는 명백한 중립성 위반이었다. 1941년에도 스웨덴은 압박에 못 이겨 노르웨이에서 출발한 군부대가 스웨덴을 관통해 핀란드 전쟁에 참전할 수 있도록 길목을 열어주었다. 스칸디나비아반도 맨 위쪽 지대를 가로질러 나르비크까지 수송되는 키루나와 말름베르예트 산의 철광석 화물에 대해서도 스웨덴은 전쟁 전 수준의 물량을 유지하기로 했고, 실제로 3년 동안 이 약속을 지켰다.

다른 지역과 마찬가지로 스웨덴에게도 스탈린그라드 전투는 분수령이 되었다. 스웨덴은 1943년 8월 통행 협정을 철회했다. 또 크비슬링을 비롯한 히틀러의 여러 자발적 조력자들이 10월에 들어서면서부터 스칸디나비아의 유대인들을 체포해 강제 이송할 때는 위험한 국경을 무사히 넘어온 이들 5,000여 명에게 피난처를 내주기도 했다. 전세의 균형이 독일에 점점 불리하게 돌아가자 영국과 미국의 압박에 따라 스웨덴의 중립성이 제대로 작동되기 시작했다. 그로써 독일로 수송되는 볼베어링 등의 중요 물품 물량이 줄어들었고 전쟁 종식 몇 달 전부터는 독일과의 교역이 아예 중단되었다.

전쟁의 마지막 몇 주 동안 유럽의 다른 점령지에서는 친위대가 나치 수용소에 남겨진 증거와 그곳에서 행해진 일들을 은폐하려 발악했다. 이때 베를린에서 북쪽으로 80킬로미터 떨어진 라벤스브뤼크에서는 무려 6,000명의 여자들이 가스실로 보내졌다. 만약에 스웨덴의 각별한 노력이 없었다면 더 많은 목숨이 희생되었을 것이다. 군용 차량과 구별하기 위해 흰색으로 페인트칠되어 그런 이름이 붙은, 그 유명한 '흰색 버스단White Buses' 덕분에 많은 목숨이 죽음을 면했다. 이 버스들은 3월 15일에 스웨덴에서 출발해 독일의 강제수용소들을 돌면서 덴마크인과 노르웨이인 수용자들을 태워 스웨덴으로 무사히 데려왔다. 당시에 프랑스인, 폴란드인, 네덜란드인들도 함께 구조되었다. 어느 모로 보나 위험천만한 작전이었지만 독일인들의 협력 덕분에 가능했다.

비슷한 일로, 현대 스웨덴의 위대한 인도주의 영웅으로 꼽히는 라울 발렌베리Raoul Wallenberg는 훨씬 더 위험한 상황에서 부다페스트의 헝가리 유대인 12만 명을 구해냈다. 그는 1933년 6월에 구조 목적으로 일부러 부다페스트를 찾아 일부 유대인에게 특별 발급된 스웨덴 여권을 발행해주는 한편, 다른 이들의 목숨도 더 구하기 위해 책임자로 있는 친위대 장군을 설득해냈다. 그 친위대 장군에게 훗날 부다페스트 유대인 강제 거주 지역의 마지막 대학살에 대한 책임을 짊어지고 전범으로 재판을 받으면 어쩔 거냐고 으르며 얻어낸 설득이었다.

발렌베리는 1945년 초, 미스터리에 얽힌 실종으로 더더욱 전설로 남게 되었다. 1월 17일에 그는 적군♦의 호위를 받으며 부다페스트를 떠나 헝가리의 임시 정부 요원들을 만나러 가던 길에 흔적도 없이 사라졌고, 그 뒤 아무런 소식이 들려오지 않았다. 추정되는 바로는 부다페스트를 떠나자마자 소련에 체포되어 미국의 스파이 혐의 죄를 추궁받았던 것으로 보인다. 소련 당국이 1957년 2월 6일에 공개했으나 1947년 7월 17일 자로 기록된 문서상에서는 작성일 바로 얼마 전에 모스크바에 있는 KGB의 루비얀카 감옥에서 심장마비로 사망했다고 되어 있다. 하지만 다른 출처의 정보들을 근거로 미루어 보면 처형당했을 가능성도 있으며, 이와 관련해서는 독살되었다는 설도 있고 총살 집행대에게 총살되었다는 설도 있다.

———

스칸디나비아 3국이 각자 아주 다른 식으로 전쟁을 겪으면서 전쟁이 끝난 이후 그에 따른 영향이 남게 되었다. 스웨덴은 지역 내부로 관심을 돌려 덴마크와 노르웨이에게 북유럽 국가들의 방어 동맹을 함께하길 촉구하고 싶어 했다면, 덴마크와 노르웨이는 중립 선언이 얼마나 무의미한 일이 될 수 있는지를 직접 겪은 탓에 NATO(북대서양조약기구)의 강한 힘에 보호받고 싶어 했다. 전쟁 초반에 스웨덴이 특히 철광석 운송, 부대 이동, 친교를 통해 나치 독일에 대해 편파성을 취했던 일은 많은 이들에게 쓰디쓴 실망감을 안겼다. 전시에 망명 중이던 노르웨이 총리 뉘고르스볼은 런던에서 스톡홀름 대사관원에게 격노가 담긴 편지를 써 보내 스웨덴 총리에게 자신의 분노를 전하도록 지시했다. "총리에게 안부를 전해주게. 그리고 나의 바람 두 가지도 전해주게. 하나는 독일인이 노

♦ 赤軍. 옛 소련군의 공식명.

르웨이에서 쫓겨나는 것이고, 또 하나는 내가 오래오래 살아서 스웨덴 총리와 총리의 정부에게 내가 그들을 어떻게 생각하는지 확실히 알려주는 것이라고." 뉘고르스볼은 그 뒤에 다음과 같이 쓰기도 했다. "내가 이토록 뜨겁고 이토록 걷잡을 수 없이 혐오하는 상대는 스웨덴 외에 또 없네. 정말 없네." 현재까지도 일부 노르웨이인은 스웨덴이 인도주의의 초강국 역할을 자임하는 것이 자국의 전시 중 행동에 대한 죄책감에 따른 것이라고 생각한다. 스웨덴에 들어오는 난민 한 명 한 명을 1940년과 1944년 사이 노르웨이와 스웨덴의 국경을 넘은 독일 병사들 명단에서 그 이름을 하나씩 줄 긋는 마음으로 받아주는 것이라고.

———

2006년에 아내와 나는 해안을 따라 차를 몰아 그림스타드 외곽의 널찍한 채석장 부지 야외극장, 피에레헤이아로 향했다. 좀처럼 볼 기회가 드문 영화 한 편을 보러 가는 길이었는데, 바로 입센의 『테리에 비엔』을 영화화한 빅토르 셰스트룀Viktor Sjøstrøm의 1916년 작 무성영화였다. 세계 최고의 데스메탈◆ 밴드로 꼽히는 '인슬레이브드'가 영화 상영 중에 사운드트랙을 연주해주기로 되어 있었다. 공연 시간은 저녁 11시였다. 기온이 포근하고 바람이 부는 8월의 밤이었다. 영화가 탁탁거리는 소리를 내며 큼지막한 스크린에서 살아날 때, 네 명의 청년이 발목까지 내려오는 까만색 가죽 코트

◆ 헤비메탈의 하위 장르. 대부분 과격하고 극악한 사운드를 띠며, 파괴, 죽음, 고통 등 무거운 소재를 사용하는 것이 특징이다.

를 입고 어두워지는 하늘을 배경으로 허리까지 기른 머리를 미풍에 날리며 상영 시간 내내 밀도 있는 소리의 벽을 둘렀다. 창백한 피부와 시커먼 메이크업을 한 멤버들의 '고딕풍' 스타일이, 원시적인 영화 카메라의 단점을 메우기 위해 영화 속 배우들이 얼굴을 하얗게 칠하고 눈가를 까만 아이섀도로 칠한 모습과 으스스한 대칭을 자아냈다.

영화를 감독하고 테리에 역도 맡은 셰스트룀은 잉마르 베리만에게 하늘 같은 우상이자 영감의 원천이었다. 수십 년이 지나 셰스트룀이 78세가 되었을 때 베리만은 영화 〈산딸기Smultronstället〉의 대본을 쓰면서 그를 위해 보리 박사라는 배역을 넣었다. 극장의 담을 이룬 바위들에 스크린의 영상에서 반사된 빛이 깜빡거리고, 기타 악절이 그 주위를 휘감았다. 그렇게 살짝 비현실적인 분위기 속에 앉아 입센이 풀어낸 나폴레옹 전쟁 당시 노르웨이인의 고난사를 보고 있다 보니, 어느새 그 장소에 얽힌 역사로 생각이 흘러갔다. 이곳 채석장은 알베르트 슈페어가 이곳의 돌로 뉘른베르크의 구舊 체펠린 부두 부지에 대규모 경기장을 지으려던 구상을 내놓으며 생겨난 곳이었다. 수용 인원 40만 명 규모의 경기장을 지어 범독일제국이 세워지면 그곳에서 열리게 될 향후의 올림픽 게임 때마다 유용하게 쓰려던 구상으로, 전시 중에는 피에레헤이아에서 캐낸 돌이 독일 뉘른베르크로 실어 보내기 위해 그림스타드의 여러 부두에 수북이 쌓여 있었다. 하지만 그 이후로 더 이상 신규 주문이 들어오지 않으면서 채석장은 그대로 방치된 채 이끼가 끼고 희끗희끗한 지의류가 여기저기 퍼져 한때의 어리석고 무참한 꿈이 깃든 덩치만 크고 쓸데없는 유물로 전락했다. 그런데 따지고 보면 꼭

쓸데없는 유물도 아니었다. 돌을 캐내면서 생긴 그 구멍이 지금 내가 앉아 있는 극장이 되었으니까.

—— 12
스칸디나비아의 우먼 파워

맥락의 차원에서 아주 오래전인 1960년대의 어린 시절 얘기부터
꺼내보려 한다. 내가 열한 살 정도 되었던 때였다. 나는 세인트앤
스의 윈저 로드에 있는 집으로 이사 온 지 얼마 안 돼서 집 안 구석
구석을 살펴보던 중에 지하 석탄고의 뒤쪽 선반에서 A5 용지 크기
의 잡지 더미를 발견했다. 요즘엔 보기 힘든, 짚같이 거칠거칠한 삼
끈으로 말끔히 묶인 채 먼지를 잔뜩 뒤집어쓰고 있었다.《릴리풋
Lilliput》이라는 잡지였는데 40여 권쯤 되는 잡지들마다 젊은 나체 여
성들의 흑백 사진이 빼곡했다. 자세도 다들 '우아해서' 무릎을 꿇
거나, 긴 머리를 한쪽으로 쓸어 넘겨 한 손으로 잡고 있거나, 카메
라를 등지고 서서 고개를 돌리고 있거나 했다. 나는 그 잡지를 발견
한 것에 들떠 툭하면 지하 석탄고 뒤쪽보다 훨씬 더 접근하기 어려
운 곳, 그러니까 아버지가 발길을 하지 않을 법한 곳 여기저기로 잡
지를 숨겨놓았다. 하지만 한편으로는 얼떨떨함을 넘어 실망스러운
기분도 들었다. 사진마다 음모와 그 안쪽이 정교하게 지워져서 살

만 흐릿하게 겨우 보였기 때문이다.

이번엔 시간을 빠르게 돌려서 1967년의 〈포옹과 키스Hugs and Kisses〉라는 스웨덴 영화 이야기로 넘어가 보자. 당시의 영국영화등급분류위원회는 여전히 나체 장면을 검열하여 삭제하기에 급급했고, 영화관에 갈 때마다 커튼이 젖히고 나면 검은 스크린에 흰색 글씨로 그 영화의 적정 관람 연령층을 알려주는 자막이 나왔다. X등급은 16세 이상 관람가였고, A등급은 성인을 동반한 16세 미만 관람가였으며, U등급은 연령 제한이 없다는 의미였다. X등급에 드는 영화는 16세 미만의 아이들에게 일종의 성배나 다름없었는데, 블랙풀에는 상대적으로 쉽게 들어갈 수 있는 곳으로 소문난 영화관이 두 곳 있었다. 프롬나드 소재 뉴 리츠와 해안 길에서 좀 더 떨어지고 탤벗 로드 버스 터미널에서 그리 멀지 않은 위치에 있는 티볼리였다. 두 영화관 모두 지저분하고 관리도 소홀한 싸구려 극장이었다. 내가 기억하는 한 두 영화관은 주구장창 X등급이나 A등급 영화만 상영했다. 그때 나는 아직 면도도 해본 적 없는 열네 살이어서, 티볼리와 뉴 리츠는 형 윌리엄에게 말로만 들어 아는 곳이었다. 그러다 뉴 리츠에서 상영 중인 영화에 여자가 거울 앞에서 알몸으로 서 있는 장면이 나오고 음모, 가슴, 엉덩이까지 **모조리** 다 보인다는 소문을 듣게 되었다. 운동장에서 그 얘기를 듣고 우리 남자애들은 믿기지 않아 숨넘어갈 듯 놀랐다.

형은 금요일 밤이 되면 친구 둘이랑 그 영화관에 자주 갔다. 그 주의 금요일엔 어떤 이유에서인지 같이 영화를 보러 가지 못하게 되어 마지못해 나에게 같이 가자고 했다. 우리 형제는 세인트앤스 광장에서 11A 버스를 탔다가 목적지에 내려서 영화관 입구 쪽으로 걸어갔다. 비도 안 내리는데 형은 자기가 입는 짧은 비옷을 건네주며 입으라고 했다. 그러면 더 나이 들어 보일 거라면서. 네온사인이 켜진 입구로 들어서기 직전, 형은 영화관 바로 옆에 있는 루이스 투소 밀랍 인형관 앞에서 멈춰 서더니 내 모습을 유심히 뜯어보았다. 그러더니 비옷의 옷깃을 세우고, 안쪽 호주머니에서 엠버시 담뱃갑을 꺼내 담배 한 개비에 자기가 피우던 담뱃불로 불을 붙여 내 입에 찔러 넣었다.

매표원이 몇 살이냐고 물으면 열여섯 살이라고 대답하라며, 굳이 말해주지 않아도 다 아는 당부까지 했다. 가서 보니 매표소를 지키는 사람은 피곤에 절은 노령의 연금생활자였고 보던 신문에서 눈길을 돌리는 것조차 귀찮아하며 대충 표를 팔았다. 그렇게 해서 나는 〈포옹과 키스〉를 보러 들어가 태어나서 처음으로 여자의 음모를 봤다. 음모의 주인은 아그네타 에크마네르였다. 현재는 일흔아홉이지만 영화 전문 웹 사이트 IMDb에 따르면 여전히 연기를 하고 있다. 수산네 오스텐Suzanne Osten 감독의 〈모차르트의 형제들 Bröderna Mozart〉에서는 정말 인상적이었다. 스웨덴 전 총리 올로프 팔메가 밤에 이 영화를 보고 나오다가 살해된 바 있다. 〈포옹과 키스〉는 스웨덴 영화였고 이 영화를 통해 나는 섹슈얼리티sexuality에 솔직한 스칸디나비아인의 그 유명한 특성을 처음으로 접했다. 이런 솔직함은 예전부터 다른 세계 사람들이 스칸디나비아인 하면 떠올리는 인상에서 큰 부분을 차지했다. 아니, 더 정확하게 말하자면 스웨덴인과 덴마크인으로만 한정해야 맞는 말이겠다. 노르웨이인과 노르웨이 영화는 이웃의 두 국가가 20세기의 마지막 수십 년 동안 수출해왔고, 21세기에도 여전히 덴마크인 라르스 본 트리에르Lars von

Trier 감독의 〈백치들The Idiots〉과 〈님포매니악Nymphomaniac〉 같은 영화를 통해 수출하고 있는 성 혁명에 함께한 적이 없었다. 인터넷이 등장하기 전인 1980년대에는 도로를 통해 노르웨이에서 스웨덴으로 국경을 넘어가면 색다른 광경이 펼쳐져, 스웨덴 쪽의 노는 농지에 주차된 캐러밴마다 죄다 대문짝만한 손글씨로 '포르노' 판매 광고가 나붙어 있었다.

———

외부 세계는 예전부터 줄곧 스칸디나비아 여자들을 이국적으로 느꼈다. 그 좋은 예가 바이킹이 이베리아반도♦에서 활동했던 초창기 시대의 이야기로, 그 출처는 12세기 무슬림 학자이자 전기 작가 이븐 디흐야 알 칼비Ibn Dihya al-Kalbi가 구전을 바탕으로 전해준 기록이다. 이야기는 안달루시아의 시인이자 여행가 야흐야 이븐 하캄 알 바크리 알 자이야니, 즉 북유럽 바이킹 왕의 궁정에서는 알 가잘리al-Ghazali나 알 가잘al-Ghazal이라는 이름으로 더 유명했던 인물이 845년경에 펼친 외교 임무와 얽혀 있다. 이 임무 수행 길은 코르도바♦♦의 군주 압드 알 라흐만 2세Abd-ar-Rahman II의 명에 따른 것이었다. 그것도 844년, 리스본 앞바다 타구스강 어귀에 사각형의 갈색 돛을 단 80척의 바이킹선 함대가 "시커먼 새떼처럼 바다를 뒤덮으며" 나타나 13일에 걸쳐 현지 함선들과 세 차례의 해전을 벌인 후 남쪽으로 더 멀리 진출한 이후에 내려진 명령이었다. 당시엔 카

♦　유럽 남서부, 스페인·포르투갈을 포함하는 반도.
♦♦　Cordova. 스페인 남부 도시로, 무어인 지배 시대의 수도.

디스의 항구가 침략자들에게 점령당했고, 한 무리의 바이킹이 내륙의 메디나 시도니아에 파고든 상태인 데다 본진 함대가 과달키비르강까지 진입해 알 안달루스의 심장부를 뚫고 들어가 세비야에서 멀지 않은 섬에 기지를 세운 터였다.

주민 대다수가 카르모나나 세비야 북부 산악 지대로 도망치면서 세비야는 변변한 저항도 없이 점령되다시피 해서 약 2주 동안 바이킹의 손아귀에 들어갔다. 과달키비르강의 강둑 지대는 말 번식장으로 유명하던 곳이라 바이킹들이 그 지역 도처를 여기저기 누비고 다니며 약탈을 자행하는 데 유리한 기회를 열어주었다. 여러 척의 배들이 더 들어와 점령군에 합류하면서 미처 도망치지 못한 주민들은 학살당하거나 포로로 붙잡혔다. 압드 알 라흐만 2세는 말 그대로 불시에 이루어진 세비야의 급습에 망연자실해 있었던 모양인지, 시간이 좀 지나고 나서야 적과 맞서 싸울 군의 출병 명령을 내렸다. 출병군은 투석기에 힘입어 세비야에서 바이킹들을 몰아내며 약 500명을 죽이고 선박 여러 척을 나포했다. 이들 바이킹은 11월 중순에 또다시 전투에서 패하며 이번에도 막대한 인명 손실을 입었다. 30척의 바이킹선이 불에 타버렸고 붙잡힌 바이킹 포로들은 시신이 되어 세비야와 탈리아타의 야자나무에 매달렸다. 승리의 상징으로 그 지휘자와 부하 200명의 참수된 머리가 탕헤르의 베르베르족 군주에게 보내지기도 했다.

압드 알 라흐만 2세는 이 무시무시하고도 생경한 급습 사태를 겪은 뒤로 장기적 대응책으로써 자체적 전함을 여러 척 건조하여 대서양 연안을 따라 경계 초소를 배치했다. 세비야는 복구 과정에서 방어 시설이 강화되고 무기고도 세워졌다. 이븐 디흐야의 기록에서 전하고 있듯, 비교적 즉각적인 대응도 행해졌다. 압드 알 라흐만 2세는 급습 공격 이면의 지시자인 바이킹 왕 투르게시우스Turgesius가 평화를 요청하며 보낸 사절단을 맞아들였고, 바로 그 요청에 대한 응답으로 알 가잘이 임무를 띠고 배에 올라 잔류해 있던 바이킹 함대와 함께 비스케이만을 지나 항해에 올랐다.

이들은 위험하고 폭풍우 몰아치는 항해를 마치고 투르게시우스의 왕국에 당도했다. 왕은 극진히 대접하라며 마중을 나가도록 명했다. 이븐 디흐야가 전해준 바에 따르면, "바이킹들은 이들을 보려고 떼 지어 몰려들었다가 이들의 외모와 복장을 보고 크게 감탄했다"고 한다. 알 가잘은 왕의 앞으로 안내받아 압드 알 라흐만 2세의 친서를 전달했다. 왕은 친서를 읽어달라고 명한 후 그 내용에 흡족함을 표했다. 압드 알 라흐만 2세가 보낸 선물을 전달받았을 때는 갖가지 의상과 그릇들을 찬찬히 살펴보다가 아주 마음에 든다고 밝혔다. 그리고 이렇게 격식을 갖춘 의례가 끝난 뒤에는 서로 문화적 교류를 나누게 되었다.

이븐 디흐야의 서술에 따르면 알 가잘은 도착 즉시 임무를 잘 수행했다. 투르게시우스가 자신을 알현하러 들어오는 입구를 아주 낮게 만들어 무릎을 꿇어야만 들어올 수 있게 해놓고 기선을 제압하려 했으나 여기에 말려들지 않았다. 무릎을 꿇는 대신 엉덩이를 댄 상태로 질질 끌면서 발을 먼저 들이밀며 신발의 발바닥이 왕을 가리키도록 하여 아랍식 모욕으로 응수했다. 투르게시우스가 그 모욕을 알고도 본체만체하거나 아예 모르는 채로 당하도록 한 것이다. 재치와 학식을 겨루는 자리에서는 현지의 일인자들에게 완승을 거둔 데다 대체로 좋은 인상을 남기기까지 해서 왕비인 누드

Nud가 직접 보고 싶다며 데려오도록 명하기도 했다.

이븐 디흐야의 기록에는 이후로 이어진 이 두 사람의 관계 진전을 중점적으로 다루고 있다. 쭉 읽어 보면 알 가잘은 내내 여자에게 작업을 거는 사람처럼 왕비를 바라보는 순간엔 경이로움에 빠져 할 말을 잃은 듯 과장된 모습을 보이는가 하면, 스칸디나비아 여자들이 자국의 여자들과 여러 면에서 크게 다르다고 진정 어린 놀라움을 드러내며 경의 어린 감탄의 말을 표하기도 한다.

알 가잘은 왕비를 알현하자 인사를 한 후 한참 동안 왕비에게서 눈을 떼지 못했다. 놀라서 할 말을 잃은 사람처럼 멍하니 쳐다보았다. 왕비는 통역관에게 그가 자신을 왜 그렇게 빤히 쳐다보는지 물어보라고 시켰다. '내가 너무 아름다워서인지 아니면 그 정반대인지 물어보거라.'

알 가잘이 대답했다. '세상에 이런 절세미인이 계실 줄은 상상도 못 했습니다. 저희 왕께서 거하시는 궁전에서 세계 각지의 민족들 중 간택되어 온 여자들을 봤지만 여기 계신 분만큼 아름다운 미모는 본 적이 없습니다.'

왕비가 통역관에게 전했다. '저자가 진심으로 하는 말인지 그냥 농담으로 하는 소리인지 물어보거라.'

'한 치의 거짓도 없는 진심입니다.'

'그럼 너희 나라에는 미인들이 없는 것이냐?'

알 가잘은 미모를 비교해볼 수 있도록 그곳 여자들 몇 명을 보게 해달라고 청했다. 왕비는 그곳에서 아름답기로 소문난 미녀들을 그의 앞으로 데려오라고 시켰다. 미녀들이 불려오자 알 가잘은 그 미녀들을 이리저리 뜯어보았다.

'다들 아름답지만 왕비님의 아름다움과는 다릅니다. 왕비님에
겐 보통의 평범한 남자는 제대로 표현할 수도 없는 아름다움과 자
태가 풍기십니다. 시인이 아니면 도저히 표현할 수가 없습니다. 왕
비께서 원하시면 이 몸이 그 아름다움과 자태와 지혜를 시로 지어
우리나라 곳곳에 퍼뜨리고 싶을 정도입니다.'

왕비는 그 말을 듣고 기뻐하며 그에게 선물을 내리라고 지시했
다. 알 가잘은 선물을 받지 않겠다고 사양했다.

'이유를 물어보라. 내가 싫어서인지 선물이 마음에 안 들어서
그러는지 물어보거라.' 왕비가 통역관에게 지시했다.

알 가잘이 대답했다. '왕비이시자 왕의 딸이신 저분이 선물을
내리신다는 것은 그야말로 굉장한 일이죠. 그런 선물을 받는다면
그지없는 영광일 것입니다. 하지만 그저 이렇게 바라보며 바로 앞
에서 대면하는 것만으로도 저에겐 과분한 선물이자 받고 싶은 단
하나의 선물입니다. 다만 제 바람이 있다면 왕비께서 앞으로도 저
의 알현을 받아주십사 하는 것뿐입니다.'

통역관이 이 말을 전해주자 왕비는 이루 말할 수 없이 기뻐하고
탄복했다.

'선물을 저자의 거처로 옮겨주거라. 그리고 저자가 나를 보러
오고 싶어 하면 언제든 문을 열어주거라. 내가 언제든 귀하게 맞
을 테니까.'

알 가잘은 왕비에게 감사의 마음과 인사를 전하며 그 자리에서
물러났다.

탐맘 이븐 알카마는 알 가잘에게 그 얘기를 듣고 물어봤다고 한

다. 왕비가 정말로 그렇게나 아름다웠냐고.

그러자 알 가잘이 이렇게 말했다. '자네 아버지의 이름을 걸고 말하네만, 왕비는 정말 매력이 넘쳤어. 그리고 그런 미모의 칭송으로 황송한 은총까지 입었네.'

탐맘 이븐 알카마가 임무 수행단의 이야기를 계속하며, 알 가잘과 동행했던 사람에게 들은 이야기를 전해주었다. '바이킹 왕의 왕비가 알 가잘에게 푹 빠져서 단 하루도 그를 부르지 않은 날이 없었어요. 알 가잘은 왕비와 함께 있으면서 무슬림들의 삶과 역사와 나라와 이웃에 대한 얘기를 들려주었죠. 그리고 매번 찾아갈 때마다 왕비가 그에게 고마움의 표시로 옷이나 음식을 내려주었고, 가끔은 향료도 하사했어요.'

그런 방문이 너무 눈에 띄자 일행들이 하나둘씩 걱정하기 시작했다. 누군가 나서서 알 가잘에게 주의를 주자 그는 한동안 더 신중한 태도를 취하여 하루걸러 한 번씩만 왕비를 만나러 갔다. 왕비가 그 이유를 묻자 그는 주의를 들어서라고 했다.

그러자 왕비가 까르르 웃으며 말했다. '우리 종교에서는 그러지 않아요. 우리는 그런 일로 시샘하지도 않아요. 우리 왕국의 여자들은 자기가 원할 때만 남자들하고 어울려요. 여기 여자들은 남편과도 만족을 느껴야만 같이 살아요. 남편에게 질리면 곁을 떠나버리죠.'

로마의 종교가 들어오기 전까지, 여자는 어떤 남자와도 자유롭게 어울리는 것이 바이킹의 전통이었다. 단, 귀족층 여자가 비천한 신분인 남자의 마음을 받아들이면 손가락질을 받을 일이라 가족들이 두 사람을 갈라놓으려고 했다.

알 가잘은 왕비의 말을 듣고 마음을 놓으며 다시 예전처럼 친교를 가졌다.

다음은 탐만의 이야기다. '알 가잘은 이 시기에 중년에 들어서 있었지만 여전히 눈길을 끄는 외모였다. 알 가잘(가젤♦)이라는 이름도 젊은 시절에 너무 잘생겨서 사람들이 붙여준 별명이었다. 바이킹의 땅을 찾았던 그 무렵에 50세 정도 되었던 그는 어느새 머리가 희끗희끗해졌지만 여전히 기운차고 박력 있는 남자였고, 보기 좋은 외모에 꼿꼿이 펴진 등을 유지하고 있었다. 어느 날 왕비가 나이를 물었을 때는 농담으로 스무 살이라고 말했다.

'스무 살의 젊은 사람이 어떻게 회색으로 센 머리가 나죠?' 왕비가 통역관을 통해 묻자 그가 대답했다. '그게 그리 이상한 일일까요? 당나귀가 회색 털의 새끼를 낳는 걸 본 적 없으세요?'

왕비는 그의 대답에 재미있어하며 까르르 웃음을 터뜨렸다. 알 가잘은 그 자리에서 즉흥시를 지어 읊었다.

오, 나의 심장이여 고단한 열정의 짐을 짊어진 채
사자와 겨루듯 몸부림치누나.
이 몸이 홀딱 반한 바이킹 여인은
미美의 태양을 절대로 지게 하지 않고,
신의 세계의 경계에 살아
그 여인에게 가려 해도 길을 찾지 못하네.
오, 왕비여, 오, 젊고 아리따운 왕비여,

♦ 작은 영양의 일종.

그대의 옷 단추에서 별이 떠오르오.

오 그대여, 내 아버지의 이름을 걸고 맹세컨대, 내 눈은 지금껏

심장에 이보다 달콤하고 즐거운 설렘을 안겨준 이를 본 적이

없다오.

어느 날 내 눈이 그대 같은 이를 보았노라는

말을 하게 된다면 그것은 분명 거짓일 테요.

그 여인이 전에 말했었다오. '당신 머리가 회색으로

세었는데요.'

그 여인의 농담에 나도 농담으로 받았다오.

'내 아버지의 이름을 걸고 맹세컨대,

당나귀 새끼도 이렇게 회색으로 태어난답니다.'

　　　　　　　　　　—W.E.D. 앨런W.E.D. Allen의 영문 번역판

　왕비와 알 가잘의 만남에 대한 이야기는 그 뒤로도 계속 이어
진다. 통역관이 시를 왕비에게 번역해주자 왕비가 또 웃음을 터뜨
리며 가잘에게 머리를 염색하면 어떻겠냐고 권했다고 한다. 다음
날 아침에 그가 까만 머리로 염색을 하고 왕비 앞에 나타났다. 왕비
가 잘 어울리는 것 같다고 말해주자 그는 왕비를 위해 시 한 편을
더 지어 읊었다.

　아침에 그 여인이 까맣게 염색한 내 머리를 칭찬해주니

청춘으로 되돌아간 기분이 들었네.

하지만 나는 알고 있다오. 염색약에 덮여 있을 뿐 회색 머리가

그대로임을.

안개에 덮인 태양처럼

한동안 가려져 있다가 바람에 노출되어

덮여 있던 가림막이 서서히 벗겨지면

그때는 그 반짝이는 흰머리를 얕보지 마오.

그것은 젊은이들이 갈망하는

깨우침과 지혜의 꽃이자

기품과 문화와 혈통의 정취이니.

임무를 완수하고 알 가잘과 나머지 사절단은 바이킹의 궁을 떠나 샨트 야쿱Shant Ya'qub(산티아고데콤포스텔라)을 거쳐 귀향길에 올라 마침내 20개월 만에 술탄 압드 알 라흐만 2세의 궁으로 귀환했다.

누드 왕비가 아랍 방문객의 잦은 알현에 대해 그것은 왕비 자신이 아닌 그 누구도 상관할 일이 아니라며 시원스럽게 걱정을 날려주었던 이 일화는, 옛날부터 외부 지역 사람들이 스칸디나비아 여성 하면 으레 연상 짓던 그런 성적 자유와 독립성을 그대로 보여준 초기 사례에 해당한다. 스칸디나비아 여성의 힘과 독립성의 전통은, 10세기와 11세기에 기독교에 밀려나기 전까지 대다수 스칸디나비아인이 따랐던 종교인 아사트루의 여성적 원칙에 부여된 힘과 지위에도 그대로 반영되어 있다. 기독교가 일신교였던 반면 다신교였던 아사트루는 만신전萬神殿에 여신들도 있었다. 예를 들어 다산의 여신 프레이야, 오딘의 아내 프릭그, 지하세계와 죽음의 여신 헬, 젊음의 여신 이둔을 비롯해, 토르의 아내 시프도 있다. 이 중 시프는 금발의 여신이라는 것 말고 전해지는 이야기가 별로 없는데, 들판과 작물의 수호자로서의 역할이 바로 이 금발을 근거로 유추되었을지 모른다. 이 대목에서는 발키리의 얘기도 빼놓을 수 없다. 전사처럼 쇠사슬 갑옷을 입고 무장한 이 여자 요정들은 날아다니는 능력을 갖추고 있어서 전쟁터의 허공에 무리 지어 맴돌며 살자와 죽을 자를 가려내 전사한 영웅들을 발할라의 오딘에게 데려다주었다. 이 영웅들은 발할라에서 다른 발키리들에게 환영을 받으며 뿔로 만든 술잔으로 벌꿀 술을 대접받기도 했는데, 이는 발키리들이 죽은 전사들의 시녀이자 벗이기도 했기 때문이다. 아이가 태어나면 나타나 운명을 점지해준다는, 노른이라는 여신들도 있었다. 말년을 맞은 남녀 앞에 찾아오거나, 꿈이나 환영 속에서 모습을 보이거나, 개인의 운명을 결정하는 중대한 순간에 나타난다는 여자 요정들, 디스와 필기야도 있었다.

중세의 상상력은 거침없이 뻗어 나가 당시에 알려져 있던 세계의 끝에까지 이르렀다. 아담의 『함부르크-브레멘 주교들의 사적』에 보면 태어날 때부터 회색의 반백 머리인 알라네르, 혹은 알바네레라는 인간 종족, 남달리 오래 사는 연초록색의 장수 종족, 발트해 연안의 '여자들의 땅terra feminarum'에 사는 여자들의 후손으로 개처럼 생긴 머리를 가슴 쪽으로 숙이고 다니며 짖는 소리로 의사소통을 나누는 종족 등이 나온다. '여자들의 땅'은 그 위치가 스웨덴의 인접지로, 무자비하고 남성을 혐오하는 여자 종족이 살았다고 하는데, 해당 대목을 읽어보면 스웨덴 왕이 영토 획득을 꾀하려 발트해 너머로 원정군을 보냈다는 내용도 있다. 그렇게 해서 원정군이 '여자들의 땅'에 이르렀을 때 남성을 혐오하는 이 땅의 종족이 이들의 식수원에 독을 풀어 지휘관과 부하 전원을 소탕했다고 한다.

강인하고 완강하며 위험한 여자들이 사는 땅이 있었으리라는 이런 믿음은, 아담이 해당 자료를 참조하고 크벤란드Kvenland라는 머나먼 북쪽 세계에 대한 역사를 쓰면서 현자들에게 조언을 구하던 중에 그 근거를 얻었으리라고 추정된다. 9세기 말 무렵 앵글로색슨족의 왕 앨프레드 대왕의 웨섹스 왕궁에 찾아왔던 노르웨이의 교역상 오타르는 스칸디나비아에 대해 자세한 이야기를 들려주며 크벤란드를 발트해 주변의 북단 지역으로 언급한 바 있다. 이때 여자들이 지배하는 곳이라는 등의 얘기는 한마디도 없었지만, 아무튼 'kven'은 공통 스칸디나비아어로 '여자'를 뜻하는 단어인 'kvinne'의 변형이었을 것으로 짐작된다. 물론 이는 어디까지나 직관적인 추측이다. 천 년 전에 살았던 학자들을 상대로 어원을 추론할 만한 도구는 직관뿐이니 말이다. 현대 학계에서는 크벤란드가 '저지대'라는 의미일 가능성도 제기하고 있다.

스칸디나비아 여자들을 떠올릴 때 전통적으로 힘과 독립성을 갖추었고 예로부터 성 평등적이었던 면을 연상하게 된 데에는, 덴마크인, 스웨덴인, 노르웨이인이 근래까지도 항해를 업으로 삼은 민족이었다는 사실이 어느 정도 기여했다. 항해가 업이었던 만큼 집안의 남자들은 바다에 나가 오랫동안 집을 비웠고 그 사이에 집안 살림과 가족 건사는 아내들의 몫으로 남겨졌다. 13세기 초에 기록되었으나 그곳에서 300년 전에 살았던 사람들의 삶을 서술한 『오크닝가 사가Orkneyinga Saga』에서 당시의 환경을 설명하는 장을 펼쳐보면 전형적인 바이킹 스베인 아우슬레이파르손이 연중 계획을 짜는 대목이 나온다. 봄에는 농장에 씨를 뿌리고 여름에는 배를 타고 나가 헤브리디스 제도와 아일랜드를 급습하고 늦여름에는 수확 일을 위해 돌아왔다가 겨울이 오기 전에 다시 급습을 나가는 일정이었다. 그가 장기간 집을 비우면 누가 농장을 운영하는지에 대해서는 언급하지 않았지만 그의 아내 잉그리드였을 게 뻔하다.

여러 사가를 보면, 자신이 부당한 취급을 당했다는 생각이 들면 치명적일 만큼 무자비해지는 강하고 완강한 여성 캐릭터가 많이 나온다. 그중에서도 『냘의 사가』 속 캐릭터가 가장 기억에 남는데, 냘과 가장 가까운 벗인 흘리다렌디의 군나르가 죽음을 맞는 장면에 등장한다. 군나르는 추방형을 선고받아 3년 동안 아이슬란드를 떠나 있어야 하는 상황에 처하여 자신을 실어갈 배에 타기 위해 말에 올랐다. 그의 형제도 같은 벌을 받아 함께 말을 타고 바다로 향했다. 길을 가던 도중에 군나르의 말이 발을 헛디디면서 군나르가 그만 땅바닥에 내동댕이쳐졌다. 그가 일어서려는 그때, 자꾸만 눈에 밟히는 집과 농장 흘리다렌디를 마지막으로 한 번 더 보고 싶은 마음이 도저히 억눌러지지 않았다. 그다음 순간이 치명적인 결과를 낳을 줄도 모르고. 군나르가 형제에게 말했다. "저 비탈 좀 봐. 너무 아름답지 않아? 예전엔 왜 몰랐을까. 여물어가는 낟알과 갓 베어들인 건초들이 어우러진 풍경이 저리 아름다울 줄이야. 집으로 돌아가야겠어. 난 떠나지 않을 거야." 그렇게 해서 군나르의 형제만 대기 중인 배를 향해 길을 계속 갔고 군나르는 말을 돌려세워 다시 집으로 몰았다.

군나르는 이제 법적 구속력이 있는 형벌을 위반한 무법자였다. 따라서 힘 있는 적수들이 자신을 죽여도 합법적인 행위로 인정받을 만한 이 상황을 노릴 것이라고 직감했다. 이제 며칠 내로 죽음에 맞닥뜨리게 될지도 모른다고. 아니나 다를까 아내 할게르드와 함께 있을 때 적수들이 찾아왔다. 가망이 없을 정도의 수적 열세를 무릅쓰고 군나르는 집 주위를 포위당한 그 상황에서도 두 명을 죽이고 여덟 명에게 상처를 입혔다. 자신도 부상을 입었지만 여전히 그 역경을 극복할 수 있다는 자신감에 차 있었다. 하지만 잠시 후 재앙이 닥쳤다. 활의 줄이 끊어진 것이다. 그때 군나르는 묘안을 떠올려, 아내 할게르드에게 그 긴 머리에서 두 가닥만 잘라달라고 했다. 머리카락 두 가닥을 서로 꼬아 새 줄을 만들 셈이었다.

"이게 그렇게 중요한가요?" 할게르드가 물었다.

군나르는 목숨이 걸린 문제일 수도 있다고 대답했다. 자신에게 활이 있는 한 적들이 자신을 죽일 수 있는 거리만큼 가까이 다가오지 못하게 막을 수 있다고. 그러자 할게르드가 몇 주 전에 있었던 일을 언급했다. 그녀가 노예 한 명에게 다른 농장에서 음식을 훔쳐오라고 시키면서 빚어진 일이었다. 그때 군나르는 그 일을 알고 나서 아내에게 충고했다가 서로 말다툼을 벌이게 되었고 그 와중에 그만 아내의 뺨을 때렸다. 할게르드는 분한 마음에 이 일을 똑똑히 기억해두겠다고 경고하는 조로 말했다. 그리고 이제는 그때의 그 말이 헛소리가 아니었음을 알게 해주었다. "그러고 보니 당신이 내 뺨을 때렸던 그때가 생각나네요. 당신의 목숨 줄이 계속 붙어 있든 지금 끝장나든 난 상관없어요."

"누구에게나 지켜야 할 자존심이 있는 법이지요. 내 다시 부탁하진 않겠소." 군나르가 쓸쓸해하며 말했다. 그는 싸움을 이어가며 여덟 명을 더 부상 입혔지만 끝내는 칼에 베어 쓰러졌다.

———

자신의 말이 진심이었음을 확실히 보여주는 면에서 입센이 탄생시킨 냉혹하고 도도한 복수의 여왕, 헤다 가블레르도 할게르드에 비하면 약과였다. 나는 이 글을 쓰기 전 아침 시간에 그녀를 생각하며 매일 하는 산책을 나가, 당시에 묵고 있던 윈첼시 해변의 춥고 아담한 집에서 자갈이 깔린 해변을 걸어 라이 항구까지 갔다. 그리고 동네 가게에 들어가 구식 플라스틱 잔에다 주는 커피, 신문, 캐드버리 땅콩 초코바를 샀다. '정복왕 윌리엄'이 아직 개점 전이라 그 술집의 목재 야외 테이블 하나에 자리를 잡고 앉아 신문을 펼쳐놓고 훑어보면서 커피를 홀짝였다. 11월의 화창한 아침이었다. 공기는 차가웠지만 아주 잔잔했다. 그 순간에는 온전한 판단력을 지켜야 했던 터라, 신문에서 이민, 테러, 요리 프로그램과 관련된 이야기나 독자투고는 읽지 않으려고 애쓰다 보니 어느새 뒷장의 2쪽에 걸쳐 실린 문화란을 보게 되었다. '여자들의 영혼을 이해했던 남자'라는 제목 아래 극단 연출가 리처드 이어Richard Eyre가 입센의 여성 캐릭터를 주제로 쓴 기사가 실려 있었다. 노라 헬머, 헤다 가블레르, 리타, 프루 알빙 등등 기사에 언급된 캐릭터들 대다수는 우리 사회에 아주 강한 인상을 남겨온 인물들이었다. 기사에서 다루어지진 않았으나 엘리다 반겔, 레베카 웨스트, 디나 도르프, 『들오리The Wild Duck』에 나오는 얄마르 엑달의 비범한 딸 헤드비이 역시 그런 캐릭터에 넣을 만했다. 이어는 입센의 공감 능력만이 아니라 여성 캐릭터 탄생의 재능까지 극구 칭송했다. 셰익스피어 작품의 여느 인물 못지않게 실존적 문제와 복잡한 씨름을 벌이는 여성 캐릭터들을 만들어냈다며 아낌없는 찬사를 쏟아냈다. 이를테면 가족 앞에서 문을 쾅 닫는 노라의 모습을 통해 입센은 이렇게 독자의 의식을 자극한다고. '나랑 똑같네. 나도 그러고 싶을 때가 한두 번이 아닌데.' 나는 오슬로 국립극장에서 매년 열리는 입센 페스티벌에서 〈인형의 집〉 공연을 여러 번 봤는데 그중에서도 유독 인상 깊었던 공연이 있다. 그날 공연의 관객은 역시나 대부분이 젊은 층 여성이었다. 관객은 극의 진행에 푹 빠져들어 노라의 남편 토르발의 대사가 나올 때마다 절로 야유를 터뜨리며 악당 취급했다. 아마도 그때 제일 처음 떠올렸던 것으로 생각되는데, 해보면 재미있을 것 같은 공연 콘셉트가 하나 있다. 〈인형의 집〉 공연에서 감독의 지시에 따라 토르발이 여성성에 가장 모욕적인 대사를 우물쭈물 기어들어가는 목소리로 연기하면 어떨까 싶다. 개인적으로는 생각이 다르면서도 사회적 맥락에서 마지못해 보수주의를 취하는, 그런 남성의 역을 펼치게 하고, 반면에 노라는 귀에 거슬리는 날카로운 목소리로 연기시키면 재미있지 않을까?

그런 구상을 떠올렸던 이유는 순전히 짜증이 나서였다. 이렇게 심원한 작품을 영웅 같은 여성과 괴물 같은 남성이 등장하는 상투적 이야기로 둔갑시켜놓은 것에 삐딱한 짜증이 일어서였다. 그래서였는지, 여배우 리브 울만이 1975년 뉴욕에서 상연한 〈인형의 집〉에서 샘 워터스턴의 상대역으로 주연을 맡았던 당시의 일이 담긴 자전적 글을 읽고, 그 이야기가 두고두고 기억에 남았다. 첫 공연 날 아침, 워터스턴이 발목을 삔 데다 다리에 다른 부상까지 입은 바람에 저녁 공연에서 지팡이를 짚고 연기해야만 했단다. 이 미미한 설정 조정으로 폭군 같은 토르발이 지팡이를 짚고 무대를 절뚝거리고 다니면서 고통으로 헐떡이는 모습을 보이는 통에 관객의 공감대에 혼란을 일으켰다. 울만은 그 상황이 우스꽝스럽게 느껴지긴 했지만 그 바람에 맡은 배역을 연기하기가 너무 힘들었다고 한다. 나 역시 우스꽝스럽게 느껴진 것은 마찬가지지만 가능성도 엿봤다.

　나는 커피를 다 마시고 빈 잔을 길가의 녹색 쓰레기통에 던져 넣은 후 몇 분 더 그 자리에 앉아서 술집 문가에 넓게 고인 웅덩이에 모여든 열다섯 마리나 스무 마리 정도의 찌르레기를 지켜봤다. 너도나도 날개로 웅덩이를 튕겨 몸에 물을 끼얹으며 희열을 즐기고 있었다. 나는 이제 그만 자리를 털고 일어나 발걸음을 되돌렸다. 해안의 광대한 자연보호 지역을 따라 내륙 쪽으로 이어지는 구불구불한 진흙탕 길을 걸어 라이 항구에서 윈첼시 해변의 고개 쪽으로 걸었다. 커피가 들어가자 정신이 지나치게 각성된 나머지 걸어오는 동안 리처드 이어에게 보낼 편지 내용을 머릿속으로 구상한답시고 이 생각 저 생각으로 골머리를 앓았다. 내가 15년 전부터 가끔씩 떠올리는 그 구상을 자세히 말해주고 싶었다. 어떻게 하면 이 훌륭한 희곡 작품에 윤리적 도전이라는 의미를 제대로 되살려 줄지에 대한 내 나름의 구상을. 사실, 예전에 울만의 일화를 읽고 난 이후로 구상에 마지막 마무리를 지어줄 뭔가를 기다려온 것처럼, 어느 날 저녁 오스카 와일드의 『이상적인 남편An Ideal Husband』을 원작으로 삼은 영화를 보다가 어떤 생각이 떠올랐다. 루퍼트 에버릿이 아서 고링 경 역으로 나오고 영국에서 제일가는 입센 연구 학자이자 번역가였던 고故 존 노담의 아들 제레미 노담이 제목의 '이상적인 남편' 로버트 칠턴 경으로 출연한 영화를 중간쯤 보다가 퍼뜩 떠오르는 것이 있어서 자리에서 일어났다. "맞아. 와일드가 『인형의 집』을 고쳐 썼잖아." 나는 혼잣말을 했다. 와일드는 노라가 절망감에 빠져 사과하는 토르발을 끝내 용서해주지 않은 부분에 불만스러워하며 같은 상황을 반대로 뒤집어 이야기를 재구성한 바 있다. 부당한 대우를 받은 주인공이 그의 못된 아내를 용서해주는 줄거리로. 동성애자였던 와일드는 남들의 약점만이 아니라 자신의 약점까지 아울러, 인간의 약점에 깃든 힘을 깊이 있게 간파하면서 『인형의 집』에 담긴 가혹한 교훈을 그 나름대로 교정해 보여주었다.

그 뒤로 몇 주 동안 나는 안면이 있는 노르웨이의 극단 연출가들 몇 명에게 내 구상을 제안하며 흥미를 유도해보려 했다. 국립순회극단의 셰틸 방 한센, 테리에 메를리, 톱 렘로브에게도 의향을 묻는 편지를 보내봤다. 하지만 별 반응들이 없었다. 나는 유감스러운 마음에 혼잣말을 했다. "결국은 이렇게 되네. 이번에도 또 15년이라는 시간을 허비한 꼴이 되었네. 또 한 번 장황하고 어쭙잖은 편지나 써 보내고 말았어. 이 위대한 희곡 작품 두 편을 동시 상연 형식으로 무대에 올려 둘 다 같은 배역을 캐스팅해서 연속 공연하면 괜찮을 것 같아 제안했던 건데. 내 생각엔 연극을 좋아하는 사람들이 기꺼이 두 작품의 표를 사서 매 공연 이후에 열띤 토론을 벌일 것 같은데. 관객들이 공연이 끝나도 쉽게 자리를 뜨지 못할 것 같은데. 저녁이 깊어져 스태프들이 관객들에게 이제 그만 좀 나가달라고 할 때까지…."

나는 지친 마음으로 고개를 설레설레 저었다. 방금 마신 커피의 각성 효과 탓에 쉽지는 않았지만 그 생각을 억지로 떨쳐내고 『인형의 집』에 관련해서 가벼우면서도 더 긍정적인 생각을 떠올려봤다. 이번엔 이 희곡이 입센이 여성들을 대신해 열렬히 제기한 요구가 아직 충분히 배어들지 못한 사회의 관객들에게 여전히 폭발력을 갖는 측면으로 초점을 돌렸다. 예를 들어 무슬림 세계를 살펴보면, 이란 감독 다리우스 메흐르지Dariush Mehrjui가 입센의 희곡을 각색한 1993년 작 영화 〈사라Sara〉를 통해 노라의 딱한 사정들을 가슴 절절히 담아낸 바 있다. 〈사라〉는 줄거리 전개가 원작과는 많이 다르지만, 원작의 극적 효과는 시나리오까지 직접 쓴 감독 자신의 문화적 프리즘을 통해 훌륭히 여과된 덕분에 오롯이 전달되었다. 메흐르지는 현대적 해석을 통해 사회적 타당성도 이끌어냈다. 서양식 해석이 아닌 이슬람의 문화 환경을 바탕으로 한 해석으로, 자아실현 주의를 포용한 이후 오랜 세월이 흐르면서 결혼한 부부의 50퍼센트 이상이 결국 별거나 이혼으로 이어지고 있는 이곳 사회에 호소력을 발휘하고 있다. 메흐르지판 노라는 현대 관객의 관점에서 볼 때 요즘 시대엔 걸맞지 않을 정도로 순진한 모습이 각색되어, 가령 남편이 못 먹게 한 마카롱을 몰래 조금씩 먹는 모습은 몰래 담배를 피우는 것으로 설정되었다. 마찬가지로 그대로 가져와 재현하기 곤란한 타란텔라♦ 춤 장면은 그냥 넌지시 살짝만 보여주는 식으로 처리되어, 사라(메흐르지판 노라)가 클로즈업 화면에서 음악에 맞춰 고개를 애처롭고 멍하게 흔드는 장면으로 대체되었다. 몸을 정열적으로 움직이며 춤추는 원작의 장면을 심금을 울리면서 정감 있고 미묘하게 영화적 효과를 발산하는 장면으로 전환시킨 것이다. 토르발의 병은 20세기 및 21세기형 질병인 암으로 바뀌었다. 그것도 치료할 수 있지만 형편상 어림도 없는 거액을 들여 스위스에 다녀오지 않으면 고칠 수 없는 중병으로 설정했다. 이 영화는

♦　이탈리아 남부의 템포가 **빠른** 춤.

입센의 이야기에서 전하는 메시지가 자연스럽게 녹아들도록 사회적·종교적·문화적 배경이 잘 짜여 있다. 메흐르지는 뛰어나고 타고난 자신감을 발휘해 은행도 역동적인 무대로 살려냈다. 노라를 협박하는 인물 크로그스타드의 편지와 얽힌 대목을 새롭게 구성해 도시를 가로지르는 흥미진진한 택시 추격에 이어 은행의 복도를 달려가 토르발의 우편을 중간에서 가로채는 장면으로 긴장감 있게 그려냈다.

메흐르지가 줄거리에서 살짝 변화를 준 장면들이 입센의 정신에 전적으로 부합한다면, 그의 결말부는 사라(노라)가 집을 나가며 어린 자식을 데리고 가는 식으로 바꿈으로써 원작의 급진성을 한 차원 끌어올렸다. 이렇게 바뀐 결말을 통해 노라가 아무 죄 없는 자식들을 버리고 떠나는 식의 입센의 결말부에 대해 꾸준히 제기된 윤리적 반감의 요소 한 가지를 극복해낸 동시에, 결혼 생활이 파탄나면 자식들은 어김없이 아버지가 보호자가 되는 이슬람 문화 내에 혁신적 여운을 끌어내기도 했다. 인상 깊은 마지막 장면에서는 입센의 그 유명한 마지막 무대 지문 "문 닫히는 소리"가 차문이 쾅 닫히는 소리로 바뀌어, 사라(노라)가 잠든 아기를 안고 택시에 타서 문을 닫고 헤삼프(토르발)와의 동반 인생에서 떠나온다[입센의 희곡을 창의적으로 각색한 작품 가운데『민중의 적An Enemy of the People』을 각색한 사티아지트 레이Satyajit Ray의 영화도 훌륭한 작품이다. 이 영화에서 레이는 입센의 온천수를 신전의 물로 바꾸었다].

———

헨리크 입센은 스칸디나비아 여성들의 내면적 삶을 글로 훌륭하게 옮겨냈다. 특히 (독일 관객이 그의 세계적인 천재성을 알아본 이후로 약 15년이 지난) 1890년대에 영어권에서 큰 인기를 얻은 뒤로, 그의 후기 희곡 작품들이 대성공을 거둠에 따라 작품들에 등장하는 주연 여성 캐릭터들의 연속된 계보를 통해 스칸디나비아 외부 세계 관객들에게 스칸디나비아 여성의 이미지를 구축시켜 주었고, 그 이미지가 지금까지 명맥을 잇고 있다. 노르웨이 내에서조차 입센의 노라, 레베카, 엘리다, 헤다는 노르웨이 여성들에게 행동의 신념을 부여해주는 한편, 프리드쇼프 난센처럼 거칠고 겁을 모르는 모험가로서의 노르웨이 남성의 이미지를 효과적으로 보완해주는 노르웨이 민족의 여성 정체성 형성에도 이바지했다. 이렇듯 강하면서도 유기적으로 확실히 연관된 각각의 캐릭터들은 외부 세계에 노르웨이인이 독자적 정체성을 갖추고 있다는 사실을 확인시키는 면에서도 중요한 역할을 펼쳤다. 즉, 서로 공통의 군주를 두었던 스웨덴인과 확실히 별개이며, 독립국으로 충분히 자립할 능력을 갖춘 민족으로서의, 독자적 정체성을 심어주었다. 그렇긴 하나, 압도적 다수가 찬성하면서 노르웨이의 독립을 이끌어낸 1905년 국민투표 당시 노르웨이 여성에게는 투표 자격이 주어지지 않았다. 여성의 투표권은 1913년에야 부여되었다. 덴마크에서는 여성 투표권이 그보다 2년 전에 부여되었고 스웨덴에서는 8년 전이었다. 한편 스웨덴은 현재까지도 여성이 총리로 선출된 사례가 없으며 덴마크는 2014~2015년에 잠깐 여성 총리가 나온 반면, 노르웨이에서는 첫 여성 총리인 노동당 당수 그로 할렘 브룬틀란Gro Harlem Brundtland이 세 차례나 총리직을 맡아, 1981년에는 소수당 정부를 거의 9개월 동안 이끌다가 보수당의 코레 빌로크에게 총리직을 내주었다. 사회민주주의의 노동당이 1986년에 다시 집권한 뒤에는 열여덟 명으로 구성된 내각에 여성이 여덟 명 포함되었는데 이는 당시에 전 세계를 통틀어 여성 비율이 가장 높은 내각 구성이었다. 이러한 내각 구성원을 담은 아주 인상적인 사진이 세계 각지로 퍼지면서 그 뒤 유럽의 다른 국가들 대다수에도 정부 구성에 변화가 일어났다. 어떤 면에서 보면 입센이 1878년에 로마에서 『인형의 집』 초고 작업을 진행하며 적어두었던 다음의 생각이 한참이나 지체된 끝에 비로소 결실을 이룬 셈이다. "현대 사회에서 여성들은 온전한 자신이 될 수 없다. 현대 사회가 전적으로 남성 중심의 사회이기 때문이다. 법도 남자들이 만들고, 여성의 행동을 판단하는 것도 남성적 관점을 가진 검사와 판사들이다." 어쨌든, 이제야 여성은 온전한 자신으로 설 수 있게 되었다.

―――――――

이후인 1970년대와 1980년대에 들어오면서 적극적인 여권 신장 운동을 통해 스칸디나비아 여성의 이미지에 변화가 생겼지만 이런 변화된 이미지는 아직까지 지역 내부적 개념으로만 남아 있다. 이렇게 된 데는, 새롭게 자리 잡힌 성 평등을 통해서 나타난 가장 눈에 띄는 결과 중 하나가 동계 스포츠였던 점이 큰 이유로 작용했다. 동계 스포츠는 영국 같은 나라에서는 최고 영예로 여겨지는 알파인 스키 경기 말고는 특별한 관심을 두지 않는 분야였기 때문이다. 노르웨이와 스웨덴에서는 마리트 비에르겐, 테레세 요헤우, 샬로테 칼라 같은 성공한 크로스컨트리 스키 선수들이 국가적 명사들 중에서도 특히 더 주목과 존경을 받고 있지만 동계 스포츠 국가 이외의 지역에서는 무명인에 가깝다. 스웨덴과 노르웨이는 영국에서 유명세를 끌기 훨씬 전부터 여자 축구를 개척한 국가이기도 했다. 두 나라 모두 유럽축구연맹 주최 여자 월드컵 축구 대회에서 우승을 차지한 바 있다.

스칸디나비아 여성들은 서로를 비슷하게 보는 경향이 아주 자연스럽게 자리 잡혀 있다. 자신들 같은 스칸디나비아 여성을 적극적이고 스포츠를 좋아하는 야외형 부류라고 여긴다. 내가 눌러살기 위해 오슬로에 왔다가 스톡홀름과 코펜하겐에 다녀왔던 1980년대 초가 생각난다. 당시엔 연령대를 막론하고 여자들 사이에서 짧은 머리와 화장기가 거의 없는 스타일이 유행이었다. 목에는 흰색과 검은색 무늬나 빨간색과 흰색 무늬의 큼지막하고 가벼운 숄 같은 스카프를 두르고 다녔는데 야세르 아라파트가 보란 듯이 머리에 두르고 다니던 그 천을 닮았다고 해서 일명 '팔레스티나셰르프 Palestinaskjerf, 팔레스타인 스카프'로 불렸다. 그런 스카프를 어찌나 많이들 하고 다니던지 페미니스트 유니폼이나 다름없을 정도였다. 어디까지나 내 추측이지만 당시의 패션은 정치적 동기에 따른 유행 같았다. 다시 말해, 성적 매력에 대한 노골적인 거부였다. 하지만 유행은 변하기 마련이라, 수년 후 젊은 여성들 사이에서 다시 긴 머리와 화장 등이 유행을 타게 되었지만 그렇다고 해서 그들의 어머니와 할머니가 그토록 열심히 싸우며 개혁시켜 놓은 여성의 지위가 뒤집히지는 않았다. 그렇게 획득한 지위가 이제는 당연시되고 있다.

외부에서 멋모르고 바라보는 이들의 관점에서는, 스칸디나비아 여성에 대한 이 새로운 이미지와 함께 옛 이미지가 여전히 남아 있다. 이런 옛 이미지는 100여 년 동안 영화와 TV에서 스칸디나비아 여성들이 아주 아름답고 복잡하고 에로틱하고 감정적이고 도도하고 신비롭고 까다롭고 관능적인 여자들로 묘사되면서 탄생한 상투적 이미지다. 수많은 스칸디나비아인이 여전히 전형적인 영국 남자 하면 갈색 브로그♦와 스리피스 정장 차림을 즐기고 어떤 상황에서든 옥스브리지♦♦ 특유의 느릿느릿 끌며 절제된 말투를 쓰는 이미지에 애착하는 것과 다르지 않다. 스칸디나비아 여성에 대한 '또 다른' 유형의 가장 최초이자, 아마도 가장 유명하다고 볼만한 전형은 스웨덴의 여배우 그레타 가르보였다. 가르보는 1925년부터 1941년까지 28편의 영화를 찍고 서른다섯 살의 나이에 은퇴할 때까지 할리우드 최고의 여성 스타로 군림했다. 은퇴 이후 은둔의 삶을 생각하면 존 베리모어, 조앤 크로포드, 프랑스인으로 오해받을 만한 이름을 가진 덴마크 배우 진 허숄트와 출연한 1932년 작 영화 〈그랜드 호텔Grand Hotel〉 속 그녀의 특정 대사가 유독 가슴 절절하게 다가온다. 〈그랜드 호텔〉에서 가르보는 재능이 뛰어나지만 자기 회의에 시달리는, 러시아의 발레 댄서 그루신스카야 역을 연기했다. 그루신스카야는 자신의 재능이 관중들과 함께 자신을 저버릴까 봐 걱정한다. 그러다 예정된 공연에 나오지 못하고 다음 장면은 호텔 방으로 옮겨진다. 어두운색 코트와 모자 차림의 중년 여자가 러시아식 억양으로 전화 통화 중이다. 두 손으로 검은색 수화기를 움켜쥔 채 흐느끼며 말한다. "아씨가 사라졌어요. 아니요, 여기에 없어요."

거들먹거리는 남자가 열려 있는 문으로 요란스레 들어서더니

♦   가죽에 무늬가 새겨져 있는 튼튼한 구두.
♦♦ 옥스퍼드 대학교, 케임브리지 대학교를 함께 부르는 명칭.

중년 여자에게 다가가 수화기를 빼앗아 쥔다. 중산모를 쓰고 있다.

남자가 수화기에 대고 땍땍거린다. "잉바르? 어떻게 된 거야? 아니, 못 찾았어. 지금 누가 춤추고 있어? 두프레스? 그래서, 어땠는데? 잘했어. 알았어. 쇼에 차질이 안 생기게 잘 챙겨."

남자가 수화기를 쾅 내려놓는다. 10초도 안 되어 통화를 끝내고선, 방 한복판에서 소리 죽여 훌쩍이고 있는 여자에게 돌아선다.

"이런 짓을 벌이다니, 계약 위반으로 소송을 걸 테니 각오하라고 하시오."

"아씨가 아파요. 신경과민에 시달리고 있어서 그래요!" 중년 여자가 애원조로 말한다.

남자는 가소롭다는 듯 말을 받는다. "신경과민? 내 신경과민은 어쩌고? 제까짓 게 뭔데? 주제를 알아야지? 지가 지금 러시아에 사는 줄 아는 거야?"

그때 마침 가르보가 문가로 다가왔다가 그 소리를 듣는다. 엷은 안개로 몸을 감싼 것처럼 보이는 튀튀♦ 차림으로 나타났다가 그 자리에 우뚝 멈춰 선다. 뒤로 몸을 기대며 문설주에 어깨를 딱 붙이고는 사랑스러운 얼굴을 축 늘어뜨린다.

거들먹거리는 남자가 그녀를 노려본다. 두 걸음으로 성큼성큼 방을 가로질러 그녀 앞으로 다가오며 중산모를 벗어버린다.

"뭐 하자는 거야?"

"혼자 있고 싶어요." 가르보가 말한다.

"어디에 있다 온 거야? 이따위로 하면 다른 계약까지 취소할

♦ 발레리나가 입는 스커트.

수도 있어."

"정말 혼자 있고 싶다고요."[〈그랜드 호텔〉 속 이 장면은 다음에서 볼
수 있다. https://www.youtube.com/watch?v=tojjWQvlPN8]

가르보의 마지막 영화는 조지 쿠커George Cukor 감독의 현대식
로맨틱 코미디 〈두 얼굴의 여인Two-Faced Woman〉이었다. 이 작품에서
가르보가 연기한 카린 보그는 스키 강사이다. 충동적으로 패션 저
널리스트와 결혼했다가 얼마 못 가 후회한다. 자신에게 독립성을
버리고 아내 노릇에 충실해주길 기대하는 결혼의 현실을 못 견뎌
하다가 결국 갈라선다. 남편은 뉴욕으로 돌아가 옛 애인을 만나기
시작한다. 그러다 과장된 구식 스타일로 사건이 묘하게 꼬이면서,
가르보가 뉴욕에 왔다가 카린의 쌍둥이 자매인 척 행세하게 된다.
폭음과 룸바춤을 즐기고 이 남자 저 남자와 잠자리를 갖는 날라리
행세를 하며 '자매'의 남편을 유혹하기 시작한다. 극장용 예고편을
보면 쿠커와 MGM 영화사가 이 영화에서 가르보를 재탄생시키는
측면을 얼마나 의식했는지 잘 엿보인다. 예고편에는 스크린에 흰
색 글씨의 'Who누구일까요'가 연달아 뜨면서 다음과 같은 잇따른 질
문으로 관객들을 감질나게 한다.

누구일까요… 스크린의 새로운 룸바 여왕은?
누구일까요… 당신에게 여전히 최고의 톱스타인 그 사람은?
누구일까요… 더 이상 '혼자 있고 싶어 하지' 않는 그 사람은?

그리고 잠시 뒤에 그 답이 뜬다.

바로 가르보입니다… 그리고 이 영화가 그 이유입니다.

  당시의 엄격한 잣대로 보면, 가르보가 연기한 캐릭터는 도덕 관념이 없는 여자였고 영화 자체도 결혼생활에 대한 무례하고 냉소적인 공격으로 비쳤다. 영화심의위원회와 가톨릭교회 측에서 항의를 제기하는 통에 몇몇 장면의 대본 수정과 재촬영 이후에야 1942년 1월에 개봉되었을 정도다. 평론가들은 영화의 평에 당혹감을 드러냈다.《타임Time》지에서는 당시 서른여섯 살이었지만 더 나이가 들어 보이는 가르보에 대해 그녀의 술주정꾼 연기를 보고 있으면 "어머니가 술 마시는 모습을 보는 것처럼 충격을 금하기 힘들다"라고 평을 게재했다. 대중의 반응 역시 싸늘했다. 영화 개봉 3주 전에 일본의 진주만 폭격이 터졌던 터라 그 공포감 속에서 영화의 경박성이 더 예민하게 부각되었을 법도 하니, 시기상으로도 분위기가 좋지 않았다. 가르보는 당시 할리우드에서 가장 떠받들어지던 여배우였지만 이런 박한 평가들로 사실상 연기 인생에 종지부를 찍었다. '더 이상 혼자 있고 싶어 하지 말라'는 MGM 영화사의 제안을 거절하면서 내면으로의 긴 망명 생활에 들어갔다.

  할리우드가 가르보를 전형적인 '현대' 미국 여성으로 변신시키려 애쓰다 그녀를 사실상 영화계에서 매장시킨 그 해에 스웨덴 인기 미인의 상징은 잉그리드 버그만Ingrid Bergman에게로 넘어갔다. 잉그리드 버그만은 굉장한 미모와 지성을 겸비한 데다 품위와 교양이 흐르면서도 동시에 섹시함까지 갖추어 〈카사블랑카Casablanca〉의 흥행에 일등 공신 역할을 톡톡히 해냈다. 이 영화로 버그만은 세계적 스타로 떠올랐고 남은 1940년대 내내 1년에 한 편씩 영화를 찍다시피 활발히 활동하며 네 차례나 아카데미 여우주연상 후보에 오르다가 1943년에는 〈가스등Gaslight〉으로 드디어 생애 첫 여우주연상을 받았다.

1950년에 버그만은 외부 세계 사람들에게 스웨덴 여자에 대한 또 다른 시각을 보태주었다. 이탈리아의 영화감독 로베르토 로셀리니Roberto Rossellini와 〈스트롬볼리Stromboli〉를 찍던 중에 서로 사랑에 빠져 그의 아이를 임신하게 된 사건이 그 계기였다. 당시에 그녀는 첫 남편인 스웨덴인 치과의사와 아직 혼인 관계에 있었고 둘 사이에는 이미 딸까지 있었다. 그런데도 전혀 부끄러워하는 기색을 보이지 않으면서 미국의 중산층에 충격을 안겨주었다. 버그만은 그런 일을 아주 거리낌 없고 자연스럽게 여겼고 그 후 몇 년 동안 할리우드 내에서 윤리적으로 문제가 많은 요주의 인물로 낙인찍혔다. 또한 그녀는 결혼생활의 파경도 별 괴로움 없이 받아들이고 자신에게 쏟아지는 윤리적 비난에도 개의치 않는 모습을 보이기도 했다. 어쩌면 이런 모습이 20세기 후반기에 특히 미국인과 영국인 사이에 자리 잡은 스칸디나비아 여성에 대한 인식을 부추긴 데 다른 무엇보다 큰 영향을 미치지 않았을까? 스웨덴 여성은 성관계 문제에서 인위적 죄책감에 얽매이지 않는 남다른 면이 있다는 개념을 더더욱 부채질하지 않았을까?

버그만은 남편과 이혼한 뒤에 아들을 낳고 곧바로 로셀리니와 결혼했다. 이후 어느 정도 시간이 지나자 연기 활동에 복귀해서 두 번째 아카데미 여우주연상을 수상했다. 러시아 로마노프 왕조의 가짜 '공주'를 주인공으로 다룬, 아나톨 리트박Anatole Litvak 감독의 1956년 작 영화 〈아나스타샤Anastasia〉로 받은 상이었다. 1982년

67세의 나이로 유방암으로 숨지기 전에 그녀가 마지막에서 두 번째로 찍은 영화는 잉마르 베리만의 1978년 작 〈가을 소나타Autumn Sonata〉였다. 이 영화에서는 평범하고 안정적인 가정생활을 희생하며 성공한 유명 콘서트 피아니스트 역을 맡았다. 영화 속 그녀의 삶과 피아니스트 활동은 스칸디나비아 외부 사람들이 스웨덴 여성에 대해 갖는 생각의 궤도를 아주 뚜렷이 묘사했다. 신비스러운 사랑의 대상에서 해방된 여성 애인이 되어 모성애의 요구와 커리어 쌓기를 통한 자아실현 욕망 사이의 갈등으로 괴로워하는 변화의 궤도를 잘 그려냈다. 1960년대와 1970년대 내내 잉마르 베리만은 스웨덴 여성의 이미지 변천사에 나타난 이런 최신 버전을 가다듬고 이해를 심화시키는 일에 힘쓰며, 자신보다 1세기 전의 헨리크 입센에 못지않게 여성의 정신을 날카롭고 계몽적으로 탐구하고 풀어냈다. 사실상 의도한 바는 아니었지만, 〈페르소나Persona〉와 〈가을 소나타〉 같은 영화들은 외국 관객들에게 특정 관점에서 본 스웨덴 여성들의 이미지를 전해주고 있었다. 현재는 스티그 라르손Stieg Larsson의 『밀레니엄Millennium』 시리즈 소설이나 스웨덴-덴마크 합작 TV 시리즈 〈브론Broen/Bron〉 등 일명 '노르딕 누아르'라는 마케팅 트렌드에서 가장 성공적인 작품 몇 편이, 비록 그 목적의 깊이나 진지함이 베리만의 영화들에는 못 미치지만 이런 식의 이미지 묘사를 이어가고 있다. 가령 소피아 헬린Sofia Helin은 스웨덴 형사 사가 노렌 역을 통해 전통적인 여러 이미지를 보여주면서, 꾸밈없는 아름다움, 신비로움, 강인함, 독립성, 뛰어난 지성의 이미지를 나름대로 흠이 있고 심지어 병적이기도 한 모습으로 그려냈다.

2015년에 영국의 기자가 시리즈 방송을 앞두고 헬린과 특별

인터뷰를 가지며 까다로운 질문을 던졌다. 이 시리즈를 시청한 수많은 남성들이 그녀의 캐릭터를 섹스 심벌로 바라보는 듯한데 거기에 대해 어떻게 느끼느냐는 질문에, 헬린은 기분이 아주 좋지는 않다며 이렇게 답했다. "사가 노렌이 페미니스트의 아이콘이라고 얘기하는 사람들도 있는데 그게 바로 제가 듣고 싶은 얘기예요. 런던에서의 질의응답 시간에 몇몇 학생들이 노렌을 페미니스트의 아이콘이라고 말해서 정말 기분 좋았어요." 배우 아니타 엑베리는 말할 것도 없고 가르보와 버그만이었다면 과연 이런 식으로 대답할 수 있었을까?

—— 13
다그니 유엘과 멜랑콜리의 창안

2013년 여름, 런던의 한 일간지 기자가 내가 사는 오슬로의 아파트로 전화를 걸어왔다. 얼마 전 런던의 레가툼 연구소에서 "물질적 풍요와 주관적 행복의 수준을 가늠케 해주는, 세계 유일의 측정 지표"라는 주장 아래 번영 지수Prosperity Index를 발표한 바 있는데 기자가 나에게 전화를 건 용건이 바로 그 번영 지수와 관련된 것이었다. 당시에 레가툼 연구소에서 총 80개의 변수를 분석한 결과, 노르웨이가 행복한 국가에 사는 행복한 국민의 순위에서 1위를 차지했다. 영국은 조사 대상에 포함된 110개국 가운데 13위였고 평균 수명이 44세인 짐바브웨는 최하위 국가였다. 북한은 아예 조사 대상에 들어가지도 않았다. 조사에 포함되어 '번영의 기둥'으로 분류된 기준 요소 가운데는 순전히 경제적 지표인 요소들도 있고 사회자본, 개인의 자유, 안전과 안보 같은 추상적 요소들도 있었다. 그 외에 결혼과 이혼, 종교 활동, 자원봉사 참여 시민의 통계치, 시민들 간 상호 신뢰도 등의 등급도 포함되었다.

기자는 나에게 오랜 세월 노르웨이에 거주한 영국인의 입장에서 이 결과에 대해 뭔가 밝히고 싶은 견해가 있는지 물었다. 순간 머릿속에서 대답으로 꺼내고 싶은 말들이 수두룩하게 스쳐 지나갔다. 이런 말들이었다. 이곳은 아주 열린 사회이다. 징벌적이지 않은 사회이다. 국민들 사이에는, 정부가 언제나 여론에 응할 것이라는 의식이 강하게 자리 잡혀 있다. 남녀 간의 기회 평등과 권리 평등이라는 관점에서 보면 세계에서 가장 진보적인 국가에 든다. 여성의 취업률이 최대 75퍼센트에 이르며 많은 남성이 육아에 동참한다. 이곳 노르웨이는 인성人性에 대한 신뢰와 믿음을 바탕으로 세워진 사회다. 한 노르웨이인이 바깥 세계에 나가서 성공하면 전 국민이 축하해준다. 애지중지하는 아들이나 딸이 집안을 빛낸 것처럼 좋아한다. 모두 다 그 성과를 내 일처럼 기뻐하며 집단 자긍심을 느낀다. 험담하는 경우는 아주 드물다. 노르웨이에서 가장 구독자가 많은 2대 타블로이드판 신문인 《다그블라데트Dagbladet》와 《VG》는 서평을 자주 싣는다. 영국의 타블로이드 《데일리 미러Daily Mirror》나 《더 선The Sun》에서는 서평이 실린 적 없는 것과 비교된다. 오슬로 국립도서관은 1980년대와 1990년대에 잇따른 히트곡을 냈던 노르웨이 3인조 팝 밴드, 아하의 회고전을 현재까지 25년째 이어오고 있다. 1990년대 어느 시기에 노르웨이가 월드컵에서 아주 좋은 성적을 거둔 이후로 영국의 프리미어리그에서 뛰는 노르웨이 선수가 30명인가 40명쯤 나온 적이 있었다. 그 당시 감독들은 노르웨이 선수들을 아주 좋아했는데 거의 예외 없이 다들 건전한 생활을 하고 착실하게 훈련도 열심히 받고 예의 바랐기 때문이었다. 노르웨이에는 가자◆나 조지 베스트◆◆ 같은 선수가 한 명도 없었다.

마음 같아선 그 여기자에게 이 모든 얘기를 기꺼이 해주고 싶었지만 하필이면 그럴 여건이 안 되었다. 장인어른을 차에 태워 진료가 예약된 치과에 모시고 가는 길이었던 데다 안 그래도 이미 예약 시간에 늦은 상태였다. 기자는 추천해줄 만한 다른 사람이 없겠느냐고 물었고 나는 오랜 친구인 비르예르 뢰닝Birger Rønning을 떠올렸다. 비르예르는 영어를 노르웨이어로 옮기는 번역가로, 모친이 이스트앵글리아 대학교에서 강사로 활동하는 동안 유년기와 학창 시절을 잉글랜드에서 오래 살다 온 친구였다. 기자는 고맙다는 인사와 함께 전화를 끊었고 나는 그 뒤로 그 일을 까맣게 잊고 지냈다. 몇 달 후 어느 저녁에야 로드후스 거리에 있는 번역가연맹 모임에서 비르예르를 만나 이야기를 나누던 중에 그 전화 통화를 기억해냈다. 나는 기자의 전화를 받았느냐고 물어봤다.

"받았지. 바로 전화가 왔더라고. 그런데 내가 해준 얘기를 쓰지 않은 것 같아."

"무슨 얘길 해줬는데?"

"그 결과를 하나도 믿지 않는다고. 그런 걸 측정 가능하다고 생각해? 그 이성주의자들도 여호와의 증인들만큼 엉터리야. 종교적 믿음, 인간애, 인간적 행복. 이 모든 것에 이성의 빛만 비추면 문제가 모조리 설명될 것처럼 생각하는 거잖아. 로버트, 나는 내가 믿는 그대로를 말해줬어. 여기 사람들이 다른 나라 사람들보다 딱히

♦　Gazza. 1990년대에 잉글랜드 축구를 호령한 영웅 폴 개스코인의 별명. 알코올의존증과 이혼 경력 등으로 사생활이 복잡했다.

♦♦　George Best. 북아일랜드의 전 축구 선수로, 맨체스터 유나이티드에서 수준급의 활약을 펼쳤지만 음주로 말썽이 많았다.

더 행복한 건 아니라고. 그랬더니 자기가 듣고 싶었던 얘기가 아니었던지 나 말고 어느 똑똑한 체하는 사회학 교수에게 문의한 것 같아. 그 교수한테 이것저것 물어봤겠지. 교수는 듣고 싶어 하는 얘길 해주었을 테고."

"대체 기자에게 어떤 식으로 얘길 한 건데? 멜랑콜리가 어쩌고 저쩌고하는 얘길 꺼낸 거야?"

비르예르가 못마땅하다는 투로 대답했다. "그것과는 극과 극이지만 그런 얘기도 상투적이긴 마찬가지야." 그는 이미 내가 스칸디나비아 문화에 대해 글을 써볼 생각이 있다는 걸 알았고, 이전에도 스칸디나비아인이 음울하고 정신적으로 불안정한 우울증 환자들이라는 식의 얘기는 책에 싣지 않았으면 좋겠다며 부정적인 견해를 내비친 바 있었다.

나는 반박했다. "이봐, 비르예르. 영국인은 재미있지만 섹스에는 젬병이야. 이탈리아인은 섹스는 잘하지만 재미가 없지. 프랑스인은 지적이고. 독일인은 무조건 파란불이 들어와야만 길을 건너가. 그리고 스칸디나비아인이 뛰어난 품질의 가구를 만들거나 자살을 하지 않을 때는 어둠 속에 앉아 가구를 만들거나 자살할 생각을 하지. 이런 민족성 얘기가 전적으로 맞다고는 할 수 없지만 간단한 지침으로는 유용하다고."

사실 이 말은 친구를 약 올리려고 일부러 꺼낸 얘기였다. 스칸디나비아 문화의 역사를 책으로 엮어보자는 생각을 처음 떠올린 이후, 나는 쭉 멜랑콜리를 암시하는 제목을 붙여보려고 '어둠의 북구로 들어서는 좁은 길'이나 '멜랑콜리의 열세 가지 유형' 같은 제목을 구상했다. 하지만 집필 작업에 깊이 있게 파고들수록 그것이 맞는 생각인지 확신이 줄어들었다.

"스칸디나비아인의 멜랑콜리는 문학적 환상이라고." 비르예르는 제대로 약이 올라서 화이트 와인 잔을 키 낮은 탁자의, 손도 안 댄 트위글렛◆ 접시 옆에 내려놓으며 말했다. "예술적 허구야. 사가 문학, 아우구스트 스트린드베리, 에드바르 뭉크의 죽음에 대한 집착, 잉마르 베리만의 소통 실패에 대한 집착이 빚어낸 환상이란 말이야." 그는 주먹을 들어 올려 이름을 말할 때마다 손가락을 하나씩 폈다. "그것이 100년에 걸쳐 외부 세계 사람들이 스칸디나비아인에 대해 알았던 전부였어. 유럽의 다른 세계에서는 우리 스칸디나비아인을 공식적인 멜랑콜리 조달자나 다름없게 여겼어. 그런 상투적인 이미지에 어울리지 않는 것은 알고 싶어 하지도 않았어. 자네도 에드워드 사이드의 오르엔탈리즘 알지? 외부의 시각에서 규정지은 문화 해석의 강요 말이야. 어쨌든, 이건 노르디시즘에 해당해. 누군가를 고소하고 싶을 만큼, 심각한 문제라니까."

나는 흥미로운 이론이지만 수긍하지 못하겠다고 대꾸했다. 스트린드베리는 『지옥Inferno』에서 자신이 정신 착란증에 빠졌던 비참한 얘기를 서술했다. 그것은 엄연한 실제 얘기가 아닌가? 친구의 이론은 헨리크 입센의 그 유명한 발언, 그러니까 외진 계곡에 외떨어져 길고 어두운 겨울밤이 오면 노르웨이인은 모두 철학자로 변해 심각한 사색에 잠긴다던 그 발언과도 부합하지 않았다.

비르예르는 와인 잔 옆의 안락의자에 몸을 깊숙이 기대앉으며 마음을 가라앉힌 후 잔을 비웠다. "입센은 무늬만 노르웨이인이었

◆ Twiglets. 이스트 추출물 등으로 만들어진 마마이트 맛의 영국 과자.

어." 그가 조롱하는 투로 뒷말을 이었다. "입센이 뭘 알았겠어? 인생의 대부분을 이탈리아에서 살았는데. 스트린드베리의 경우엔 사람들이 그를 오해한 거야. 스트린드베리는 익살꾼이었어. 사무엘 베케트보다도 더 재미있는 작가였다고. 내가 얘길 하나 해줄 테니까 들어봐. 스트린드베리가 프리다 울에게 청혼했을 때, 그녀는 생각할 시간이 필요하다고 했어. 그래서 아무 날에 레드 룸에서 만나 그 대답을 해주기로 약속했지. 약속한 날, 울이 레드 룸에 도착했을 때 스트린드베리는 벌써 와서 늘 앉던 테이블 앞에 앉아 있었어. 계단의 그림자가 지는 뒤쪽 부근이라, 빛이 잘 들지 않는 곳이었어. 그는 빛을 못 견뎠거든. 그 점은 그녀와 만나는 초반에 털어놓은 적이 있었어. 결혼을 해서 원만히 살아갈지 정하려면 그녀도 미리 알아두어야 할 것 같아서였지. 그 일은 그녀가 스트린드베리에게 처음으로 깊은 인상을 받은 점 중 하나였어. 아무튼 프리다가 드디어 안으로 들어왔어. 그는 시선을 들진 않았지만 프리다가 온 걸 알았고, 그녀도 그런 사실을 눈치챘지. 그녀가 프릴 달린 까만색 우산에 축축이 젖은 눈을 털어내고 그의 옆자리 의자 등받이에 걸어두었어. 코트를 벗고 그의 옆으로 앉았어. 밤을 꼬박 지새우며 이것저것 생각해서 이제는 대답할 준비가 되어 있었지. 스트린드베리는 한잠도 못 잔 얼굴이었어. 그의 도드라지고 우아한 광대뼈 부근에 옅은 홍조가 끼어 있었고, 푸른 눈은 흰자위가 붉게 충혈된 채로 바의 붉은 벽을 초조하게 이리저리 쳐다보고 있었지. 이따금 그 눈이 그녀를 흘끗 스쳐 갈 때면 그녀는 피부에 불이 붙은 듯 화끈거렸어. 그러던 어느 순간, 그가 갑자기 의자에서 허리를 똑바로 펴고는 아직까지 벗지 않고 있던 두툼한 검은색 코트의 위쪽 호주머니 안으로 손을 집어넣었어. 손을 더듬어 뭔가를 찾는 듯 보였지. 하지만 손을 다시 꺼냈을 때는 빈손이었어. 그러다 이번엔 허리까지 숙이며 발작하듯 마른기침을 터뜨렸어. 기침이 가라앉자 다시 허리를 펴고 앉아 달뜬 눈빛으로 눈을 반짝이다가 생각을 정리하려는 듯 머리를 마구 흔들어댔어. 손가락 끝으로 입술을 세게 문지르고 왁스를 발라 날개 모양으로 잡아 놓은 콧수염을 집게손가락과 엄지손가락 끝으로 네다섯 번쯤 위로 밀어올리기도 했지. 그러다 마침내 그녀를 똑바로 응시했어. 그녀도 이제는 말을 해야 한다고 느꼈어. 자신의 대답을 들을 때까지 그가 시선을 돌리지 않을 거라고.

그녀는 크게 숨을 들이쉬었어. 한 번 더, 더 깊이 숨을 들이쉬고 입을 뗐지. '좋아요, 아우구스트. 대답할게요. 청혼을 받아들일게요.'

그녀의 눈에 스트린드베리의 몸에서 긴장이 빠져나가는 것이 보였어. 검은 코트를 걸친 어깨가 내려가고 가슴 쪽에서 모피로 된 옷깃이 들썩였지. 그가 다시 코트 안 호주머니로 손을 넣었는데 이번엔 손을 빼자 가느다란 총신의 까만색 권총이 들려 있었어. 그는 그 총을 조심스럽게, 거의 소리도 나지 않게 자기 앞의 테이블에 올려놓았어.

'어머나 세상에, 아우구스트! 내가 거절했으면 총을 쏴서 자살하려고 했던 거예요?' 프리다가 겁에 질려 낮게 말했지.

그가 그 푸른 눈을 동그랗게 뜨며 놀란 얼굴을 하고는 그녀를 봤어. '아니요, 당신을 쏘려고 했지요.'"

비르예르가 스트린드베리가 했다는 농담을 큰 소리로 말하자, 주위 사람들이 우리가 대체 무슨 얘기를 나누는지 궁금한 표정으로 돌아봤다. 그는 말을 맺으며 내 어깨를 토닥토닥 두들겼다. 내 환상을 깨는 것이 즐겁지 않다는 듯이. 그는 뒤이어 스트린드베리가 60세 생일 때 가진 인터뷰 글을 얘기해주었다. 그 인터뷰에서 이 스웨덴 작가가 일곱 살 때 처음으로 자살 생각을 했다는 고백을 털어놨다고.

"하지만 그 고백조차 농담이었을지 몰라." 그가 반쯤은 혼잣말 하듯 덧붙였다.

나는 주장을 굽히지 않았다. 스칸디나비아의 뛰어난 작가, 화가, 영화 제작가 들이 하나같이 질병, 죽음, 실연 등 인간 실존의 가장 어둡고 가장 고통스러운 측면에 몰입하는 예술에 관심을 가졌던 것은 그저 우연의 일치가 아니라고. 근친상간, 광기, 아동 학대, 세계 종말의 임박을 주제로 다룬 덴마크의 도그마 영화♦의 작품들을 상기시키기도 하며, 이렇게 주제가 일관적인 점을 무시할 수는 없지 않겠냐고 물었다.

비르예르는 물러서지 않았다. "자네가 말한 영화들은 전부 다 예술영화잖아. 본 트리에르나 토마스 빈테르베르나 잉마르 베리만의 영화류라고. 지금까지 외국인들은 스칸디나비아의 예술영화만 봐왔어. 〈올센 갱Olsen Gang〉 같은 범죄 영화 시리즈나, 아니면 그 유치한 〈셀스캅스레산Sällskapsresan〉 시리즈 중 하나인 라세 오베리와 욘 스콜멘이 나오는 얼간이들의 패키지 관광 여행기 영화를 보여주면 반응들이 어떤지 알아? 그 영화들은 진짜 스칸디나비아가 아

♦   Dogme films. '도그마 95' 선언에 따라 만들어진 영화를 말한다. 몇몇 덴마크 영화감독이 상업 영화에 반기를 들고 주도한 이 선언은 '신작가주의'와 '영화제작의 민주화'를 지향했다.

니라고 투덜거리며 극장을 나오는 경우가 허다해. '노르딕 누아르'라는 쓰레기 말고 트리스탄 빈토른Triztán Vindtorn의 시를 읽어보게 하면 또 어떨까? 내가 아는 바로는 헛수고♦야."

비르예르는 영어 구사력이 뛰어난 편이었지만 관용어의 이해에서 가끔 허점을 드러내며 나를 놀라게 한다. 예전에는 우리 둘 다 알고 지내는 친구 에를링 욘스루에게 자신의 애견 군스테인의 '자화상'을 의뢰했다고 말한 적도 있었다. 군스테인은 돌아가신 어머니에게 물려받은 리아브루의 집에서 같이 사는 다리가 길고 슬픈 눈을 가진 푸들인데, 언젠가 한번은 군스테인이 프로그네르 공원에서 시커멓고 덩치 큰 'ascension'♦♦ 개에게 겁을 잔뜩 먹었다는 애처로운 얘기도 해준 적이 있다. 친구가 얘기한 〈올센 갱〉은 1960년대부터 1970년대까지 제작된 시리즈 영화로, 형편없는 옷차림에 실력도 없는 노르웨이 범죄자들이 등장하여 〈캐리온Carry On〉♦♦♦과 다름없는 익살스러운 분위기로 전개된다. 빈토른은 노르웨이의 초현실주의 시인이며, 62세 때 이름을 셸 에리크에서 개명했다.

나는 비르예르에게 내 요점을 이해하지 못하는 것 같다고 말했다. 친구는 부루퉁한 얼굴로 자신의 빈 잔을 노려보다가 잔을 채우려 사람들 사이로 사라졌다. 이런 모임에서 아주 흔한 일이지만 그가 자리를 뜨자마자 바로 또 다른 사람과 대화를 나누었다. 상대는 머리에서 향기를 풍기는 젊은 여성이었다. 컬덴달 출판사의 의

♦ 영어로 '헛수고'라는 숙어는 원래 'coals to Newcastle(석탄의 산지)'이라는 문구가 쓰이는데 비르예르가 Newcastle 대신 Newmarket이라고 잘못 썼다.
♦♦ 승천이라는 뜻. '공격적인'의 뜻인 'aggressive'나 'aggression'을 잘못 말한 것으로 짐작된다.
♦♦♦ B급 저예산 코미디 영화 시리즈.

뢰로 영어 소설을 번역 중인데 어떤 구절에서 헤매고 있다며 영국인인 내 지혜를 빌리고 싶어 했다. "'push the envelope'◆라는 구절이에요. 누군가가 'push the envelope' 한다고 말할 때 그게 무슨 의미죠?" 나는 전혀 감이 오지 않았다. 뇌물을 건네는 것과 관련된 걸까? 돈을 두툼한 봉투에 담아 탁자 건너편으로 밀어주는, 그런 상황인 걸까? 하지만 아무래도 확신이 서질 않아서 미국인에게 물어보라고 권했다.

후에, 그만 가려던 참에 나는 계단에서 비르예르를 지나쳤다. 체크무늬 셔츠 차림에 붉은 뺨과 텁수룩한 턱수염이 있는 통통한 청년과 맞담배를 피우며 한창 이야기 중이었다. 그 순간에는 비르예르의 앨런 베이츠 얘기에 청년이 열심히 귀 기울여 듣고 있었다. 나도 여러 번 들었던 얘기지만 항상 저녁 늦은 시간이어서 요지를 제대로 이해한 적은 없었다. 비르예르가 예전에 배우 앨런 베이츠를 만난 적이 있다느니, 어찌어찌해서 베이츠가 〈고스포드 파크 Gosford Park〉를 찍던 무렵에 서로 전화 통화를 하게 되었는데 베이츠가 자기 이름을 제대로 기억하지 못해서 대화 내내 '걸음 빠른 양반Mr Trotting'이라고 불렀다는 정도만 확실히 들었다. 사소한 얘기였지만 비르예르가 다시 얘기할 때마다 흥밋거리를 끌어내서 중독성이 있었다. 그 일화는 그에게 앨런 베이츠에 대한 일종의 집착이 생기게 했다. 최근에야 든 생각인데, 그런 집착에는 두 사람의 얼굴이 살짝 닮은 것이 관계가 있을지도 몰랐다. 둘이 닮은 것이 다른 식으로는 도저히 설명할 수 없는 그런 집착의 이유라는 느낌이 들었고,

---

◆ 직역하면 '봉투를 밀다'라는 뜻이며 관용어로는 '한계를 초월하다'라는 뜻으로 쓴다.

나중엔 몇몇 친구도 여기에 동의했다. 내가 계단을 내려가 안뜰 쪽으로 들어서려 할 때 그가 하던 얘기를 마저 끝내지도 않고 돌아서서 어깨를 툭 치며 말을 걸어왔다. 이대로 가만히는 못 있겠다고 했다. 내가 스칸디나비아인이 선천적으로 멜랑콜리하다는 환상을 계속 품고 있게 내버려둘 수가 없으니 언제 자신에게 전화를 주어 약속을 잡자고. 그때 만나면 그 환상이 인위적으로 생성된 것이라는 자신의 논리를 'irrevocably 번복 불가하게' 설명해주겠다며 갑자기 중간에 단어를 영어로 바꾸어가면서 말했다. 노르웨이어로는 자신이 전달하려는 절대적 최종성을 제대로 전달할 수 없다는 듯이 그렇게 말하며 자기 말을 강조하듯 손가락으로 내 어깨를 쿡 찔렀다. 나는 알겠다고 했다.

"지금부터 내가 스칸디나비아 멜랑콜리의 황금시대라고 이름 붙인 때에 대해 얘기해줄게." 비르예르가 선생이 학생을 가르치듯 다정한 투로 말문을 열었다. 그런 점 때문에 그와 같이 있으면 마음이 아주 편했다. 우리는 만날 때마다 늘 그런 식이었다. 비르예르가 이야기를 하면 나는 계속 고개를 끄덕이고 불만 섞인 입소리나 낮은 신음을 터뜨리다가 대개는 그가 말을 이어가도록 부추기거나 도발하려는 의도로 몇 분에 한 번씩 제대로 된 문장으로 의견 표출을 했다. "그것이 수 세기 동안 변하지 않고 이어진 민족성이 아니라는 증거를 말해줄게. 어느 모로 보나 예술적인 환경 속에서 싹튼 게 확실하다는 증거 말이야. 사실, 그 직접적인 뿌리를 거슬러 올라가면 잉마르 베리만의 영화, 욘 포세의 희곡, 그리고 무엇보다 자네

나라에서 요즘 아주 인기를 끌고 있는 '스칸디나비아 누아르' 소설
의 유파로 닿게 돼. 19세기 전환기 무렵의 라이프스타일과 더불어
당시의 몇몇 스칸디나비아 예술가들 작품 덕분에, 우리 민족 사람
들은 멜랑콜리와 광기의 달인 역에 캐스팅되어왔지. 그 부분에 대
해선 우리도 어떻게 할 도리가 없어."

때는 12월 중순이었다. 우리는 마요르스투아역에서 만나기로
약속을 잡았다. 역에서 지하철을 타고 오슬로의 동쪽 외곽 지대인
쇠위에노센으로 가서 외스텐시에 호수를 빙 돌며 산책하다 루스타
사가 길을 지나 스쿨레루로 간 다음, 지하철이나 74번 버스를 타고
오슬로로 다시 돌아오기로 했다. 우리는 쇠위에노센에 도착해 역
에서 나온 뒤에 호수 아래쪽을 빙 돌아 실내 아이스하키 경기장을
지나가는 오르막 숲길로 들어서서 호숫물이 훤히 보이는 동쪽의
내리막길로 향했다. 호수 주변의 소규모 삼림 개간 프로젝트와 관
련된 노란색 포터캐빈♦에서 콧노래 소리가 나직이 들려왔다. 우리
는 나무 사이를 헤치고 나오며 이따금 그곳을 흘끗 돌아봤다.

————

"옛날 옛적에 다그니 유엘Dagny Juel이라는 여자가 살았어." 비
르예르가 입을 뗐다. "1867년 콩스빙에르에서 태어났는데 집안이
노르웨이에서도 알아주는 가문이었어. 스웨덴-노르웨이 동맹 시
절에 삼촌인 오토 블레르가 스톡홀름에서 노르웨이의 총리를 지냈
지. 다그니의 부모님은 의식이 깨어 있고 현대적인 사람들이었어.

♦　임시 사무실 등으로 쓸 수 있도록 차량에 달고 이동 가능한 작은 건물.

가족들은 음악에 재능이 있었고 다그니의 자매도 노래 실력이 뛰어났어. 에드바르 뭉크는 두 자매의 피아노 연주 모습을 그린 적이 있어. 다그니가 피아노를 등지고 앉아 있고 랑힐이 정면을 보며 노래를 부르는 모습으로, 멜랑콜리와는 거리가 먼 그림이었지. 다그니는 작가가 되고 싶어 했어. 그녀의 이야기가 실린 신간 도서를 번역해서 잘 알고 있지. 미국 학자가 쓴 책이었어. 아무튼 다그니는 독일 에르푸르트의 신부학교◆ 같은 곳에서 2년을 공부하면서 독일어가 유창해졌어. 그 후에 노르웨이로 돌아왔다가 몇 년 뒤 크리스티아니아로 가서 음악 공부를 했어. 이곳 크리스티아니아에서 화가와 소설가와 시인 여럿을 알게 되었지. 빌헬름 크라그, 시비에른 옵스트펠데르 같은 이들이었어. 이때 에드바르 뭉크와도 아는 사이가 되었던 거고. 그녀는 1893년 2월에 음악 공부를 계속하기 위해 베를린으로 떠났다가 뭉크를 다시 만나게 돼. 뭉크는 그녀를 춤 슈바르첸 페르켈Zum Schwarzen Ferkel, 흑돼지이라는 바에서 죽치고 지내는 무리에게 소개해주었지. 그 바는 스칸디나비아의 망명 화가들이 너도나도 몰려드는 곳이었고 그중엔 스트린드베리도 끼어 있었어. 스칸디나비아 외 다른 나라 사람들 몇 명과도 친분을 맺었는데 스타니스와프 프시비셰프스키◆◆ 같은 폴란드인들이었지. 사실 '흑돼지'가 그 바의 실제 이름은 아니었어. 원래 이름은 다스 클로스터 Das Kloster, 수도원였지만 스트린드베리가 문 위에 걸려 있는 와인용 가죽 부대가 흑돼지처럼 보인다고 해서 그렇게 부르게 된 거야."

◆   사교계 진출을 위한 특별 교육을 시키는 학교.
◆◆ Stanisław Przybyszewski. 폴란드의 소설가이자 극작가이자 시인.

우리가 외스텐시에 호수 끄트머리에 있는 육교에 이르렀을 즈음 호수에 오리 떼가 모여 있었다. 비르예르는 그곳까지 걸어오는 사이에 벌써 안색이 창백해져서 숨을 헐떡이고 있었다. 이제 호수 끝에 있는 숲길 언덕 꼭대기까지만 가면 이후부터는 쭉 평지였지만 쉬어갈 좋은 핑곗거리가 생겼다 싶었던지, 두 팔을 목재 난간에 기대고는 아래쪽 호숫물에서 빙글빙글 돌며 빵을 달라고 꽥꽥거리는 청둥오리들에게 크게 흥미가 끌린 척했다.

"예전에 프랑스 TV 채널에서 우디 앨런이 나오는 걸 본 적이 있어." 그가 몇 분쯤 지나서 말했다. "인터뷰어가 선택할 수 있다면 다음 생에는 무엇으로 태어나고 싶냐고 묻더군. 우디 앨런은 스펀지라고 대답했어. 인터뷰어가 깔깔 웃으며 이유를 물었어. 농담이라고 생각했던 거야. 우디 앨런은 이렇게 대답했어. 스펀지는 생기가 있지만 고통을 느낄 수 없어서라고."

"그런데 우디 앨런이 그걸 어떻게 알아?"

비르예르는 어깨를 으쓱했다. "그야 뭐, 자기 생각이겠지. 어쨌든, 다그니는 '스타후'라는 별명으로 불리던 스타니스와프 프시비셰프스키에게 푹 빠졌어. 프시비셰프스키는 그녀보다 한 살 어렸지만 자식 셋을 낳고 같이 살던 여자가 있었어. 프시비셰프스키는 소란을 피우고 다니는 부류였지. 그러니까, 집에 찾아와 집안의 술을 죄다 마시고 카펫 여기저기에다 토해놓는 그런 부류 있잖아. 그는 작가였고 독학으로 피아노도 익혔어. 슈만과 쇼팽의 곡을 칠 때는 의자에서 들썩거리며 격정적으로 피아노를 쳤지. 흑돼지에 모이면 음악 공연이 벌어지곤 했어. 스트린드베리는 가끔 기타를 가져와서 자기가 고안한 방식으로 조율한 선율로 반주를 넣으며 포크송과 발라드를 불렀지. 시비에른 옵스트펠데르는 바이올린을 가지고 다니며 그리그, 스벤센,♦ 바흐를 연주했고. 여자들은 참 이상해, 안 그래? 남자의 뭘 보고 홀딱 빠지는 걸까? 다그니는 그녀 자신이 피아니스트였으니 스타후의 연주하는 모습에 홀딱 반한 걸까? 그는 옛 연인을 계속 만나면서도 1893년 8월에 다그니와 결혼을 했어.

　지금부터는 일종의 상황 배경을 그림 그리듯 설명해줄게. 이 그림에서 가장 유명한 두 인물은 에드바르 뭉크와 아우구스트 스트린드베리야. 스트린드베리가 그때 40세였으니, 무리 내에서 가장 나이가 많은 사람이었어. 당시 그는 자기 나이의 절반밖에 안 되는 오스트리아 여인, 프리다 울이라는 여배우와 몰래 약혼을 했어. 스트린드베리의 말대로라면, 프리다가 베를린을 떠나 있는 3주 동안 다그니와 연인 사이로 지내다가 그 자신이 당당하게 표현한 말 그대로 벵트 리드포르스라는 젊은 스웨덴 학자에게 **그녀를 넘겨주**었대. 그 이후엔 그녀를 향한 증오 운동에 돌입했지. 한 벗에게는 편지를 써서 그녀에 대해 이런 식으로 말했어. '그녀가 홍등가에 방 하나를 세냈다. 그 여자는 윤리적으로 저능하다. 조만간 경찰이 들이닥쳐 그녀를 잡아갈지 모른다. 믿기지 않는 소설 같은 얘기지만, 그녀가 행복한 가정을 깨뜨리고 재능 있는 남자들을 망쳐놓아 남자들이 아내와 가정과 직업과 책임감을 내팽개치게 충동질한다. 분명히 말해두는데 나는 그런 꼬임에 휘둘리지 않았다. 지금은 다른 사람을 사귀고 있다. 하지만 그녀 자신을 위해서나, 그녀의 가족

　♦　Johan Svendsen. 노르웨이의 작곡가이자 지휘자.

을 위해서는 누군가 와서 그녀를 집으로 데려갔으면 좋겠다.' 뭐 이런 내용이었어."

우리는 이때쯤 고가 도로 아래를 느릿느릿 걸으며 호수 반대편을 가로질러 루스타사가 방향으로 가는 중이었다. 루스타사가에서 잠깐 멈춰서 와플과 커피를 마실 계획이었다. 나는 얘기를 듣다 보니 새삼 다시 든 생각인데 스트린드베리와 헨리크 입센은 서로 성격이 크게 달랐던 것 같다고 말했다.

"내가 번역한 책의 저자는 그렇게 다그니를 향한 증오와 다그니의 파괴력에 대한 공포를 드러낸 게, 그때 막 프리다 울과의 구속력 있는 관계에 들어서려 했던 사실에서 찾았어. 스트린드베리 자신의 판단에 따르면 필연적으로 자신을 무력화시키고 약화시킬 그런 관계에 들어서기 전에 평계의 희생양이 될 여자가 필요했고, 마침 다그니가 그 희생양으로 편리했다는 거야."

"자네 생각도 그래?"

비르예르는 어깨를 으쓱하며 때 묻은 흰색 운동화 발끝으로 석탄재 포장 보도를 비벼댔다.

"맞을지도 모르지. 아니면 그녀가 그와 경쟁을 벌여서일 수도 있고. 그는 경쟁을 질색했어. 자네가 쓴 함순 전기에서 본 기억으로도, 함순과 스트린드베리가 파리에 있었을 당시 스트린드베리는 성격이 너무 세다는 이유로 함순과 함께 어울리는 걸 좋아하지 않았다며. 다그니도 센 여자였어. 느긋하고 자신만만한 정신력으로 그를 미치게 했어. 다그니는 1895년『더 강한 자Den Sterkere』라는 희곡을 썼는데, 그 6년 전에 스트린드베리가『더 강한 자Den Starkare』라는 희곡을 쓴 적이 있어. 더 강한 것보다 더 강한 것은 오직 하나, 바로 그 뒤에 나타난 것이지. 내 생각엔 그녀가 일부러 그 희곡을 쓴 것 같아. 그녀는 그의 허튼소리를 곧이곧대로 믿지 않았어. 기타의 새로운 조율 방식을 고안했다거나 자신이 새로운 행성을 발견했다는 그의 말을 믿지 않았지. 왜 믿지 않았을까? 재미있는 얘기잖아. 물론 그건 스트린드베리의 편에서 우호적으로 보면야 그렇지. 그에게 정면으로 맞서서 보면 그렇지 않아. 내 생각엔 다그니는 그를 정면으로 맞서서 봤고 그는 그것을 용납할 수 없었을 거야."

호수 북단의 축구 경기장에서 벗어나면서부터 길이 살짝 오르막으로 이어지자 비르예르가 숨 가빠하며 다시 걸음을 멈췄다. 숨을 고르느라 애쓰며 보도의 맞은편 잔디를 부릅뜬 눈으로 쳐다보다가 아직도 눈이 내리지 않아 걱정이라는 뜬금없는 얘기를 했다. 곧 크리스마스인데 아직도 눈이 내리지 않아 어쩌냐고. 내가 아는 한 그는 기후 변화에 조금도 관심이 없는 사람이라, 나는 별 대꾸 없이 그 말을 흘려 넘겼다. 그가 기운을 차려서 우리는 다시 느긋하게 걸으며 하던 이야기를 마저 이어갔다. 스칸디나비아인의 멜랑콜리가 신화이자 하나의 폐단적 노르디시즘이거나, 심지어 상업적 해석이기까지 하다는 증거를 번복 불가하게 설명하려고 비르예르가 다시 입을 뗐다.

"물론, 스트린드베리가 다그니를 증오한 것은 단지 예술적 편의 때문이었는지도 몰라. 글을 쓰기 위해 증오할 대상이 필요해서였을 수도 있어. 누구든 그 대상이 될 수 있었지만 어쩌다 보니 그녀가 된 거지. 그는 다그니를 글의 모델로 삼았어. 그녀는 그에게 어둠의 뮤즈였지. 그의 『지옥』과 『검은 기Svarta fanor』에서 아스파시아였고, 『범죄와 범죄Brott och Brott』에서의 헨리에테였고, 『수도원

Klostret』과 『검역소장의 두 번째 이야기Karantänmästarns andra berädttelse』
에서의 라이스였어. 에드바르 뭉크도 그녀를 그림과 석판화 모델
로 삼았지. 다그니는 그에게 황홀한 마돈나이자 뱀파이어였어. 〈질
투Sjalusi〉, 〈재〉, 〈키스Kyss〉가 그녀를 모델로 삼은 작품이었지. 그녀
는 미인은 아니었어. 굳이 따지자면 매력적인 여자였던 것 같아. 직
접 만나봐야 그 매력이 드러나는 사람. 그녀의 사진을 봤다가 뭉크
의 〈마돈나〉를 봐봐. 그 눈을 봐봐. 그녀는 만인의 모델이었어. 스타
후도 첫 소설 『토텐메세Totenmesse』에서 그녀를 모델로 삼았지. 『우
버보드Über Bord』에서도 모델로 삼았어. 그 외에도 그녀를 수차례 모
델로 삼았지. 맙소사, 만인의 뮤즈라니. 얼마나 진이 빠졌을까. 스
타후는 '호모사피엔스Homo Sapiens' 3부작의 첫 번째 작품인 『우버
보드』에서 뭉크도 모델로 삼았어. 동료 화가의 여인을 빼앗는 작가
얘기가 나오는 부분이었지. 그래서 뭉크도 그를 모델로 삼았어. 몇
번씩이나. 〈질투〉나 〈빨간 넝쿨 풀Red Virginia Creeper〉 같은 그림에서
정면을 뚫어지게 쳐다보고 있는, 그 불안하고 창백한 얼굴을 한 염
소 같은 남자가 스타후를 모델로 그린 거야."

　　"그게 〈절규Skrik〉를 그리기 전이야, 후야?"[뭉크의 〈절규〉의 영어
제목은 대개 정관사를 붙여서 'The Scream'으로 표기되고 있다]

　　"뭉크가 〈절규〉를 처음 그린 게 1893년이니까 그 작품의 작업
중간이었네. 다그니는 1895년 말에 아들 제논을 낳았어. 스타후는
다그니 때문에 버린 여자를 여전히 만나고 있었어. 이름이 마르타
포에르데르였지." 비르예르가 한숨을 쉬었다가 말을 이었다. "이
사람들 얘기를 읽다 보면 정력들이 대단하다는 생각이 든다니까.
물론 그렇지 못한 사람도 있었지만. 1896년 6월 마르타는 자살했

어. 스타후는 그녀의 죽음과 관련하여 의혹이 제기되면서 체포당해 감옥에 갇혔다가 2주 후 무혐의로 풀려났지. 1897년 겨울에 다그니는 둘째 아이를 낳았어. 이번엔 딸이었고 이바라는 세례명이 지어졌어. 스타후는 모국인 폴란드에서 차츰 유명세를 얻게 되었고 크라코우에서 발행되는 문예지《지치에Zycie》의 편집장 자리를 제안받아. 그래서 1898년에는 가족이 다 같이 폴란드로 이사를 했어. 몇 달 후 아버지가 돌아가셨지만 다그니는 장례식 참석을 위해 고향에 돌아갈 처지가 못 되었어. 남편이 알코올의존증에 빠진 데다 이 여자 저 여자와 계속 바람을 피워댔거든. 게다가 어린아이 둘을 돌봐야 했고 폴란드어는 한마디도 할 줄 몰랐어. 한마디로 말해 폴란드에서 겉만 번지르르하고 별 볼일 없는 놈팡이와 살면서 감옥 같은 나날을 보낸 거야." 비르예르가 마지막 말에 어찌나 강한 앙심을 담아 말하던지 그를 흘끗 쳐다봤는데 순간적으로 이런 생각이 스쳤다. 다그니의 전기를 번역하면서 그녀에게 푹 빠져버린 게 아닐까, 하는. 하지만 둥글둥글하고 지적인 그의 얼굴에는 아무런 감정도 내비치지 않았다.

"다그니는 참다못해 그를 떠났어. 폴란드와 아이들 곁을 떠나 1900년 거의 내내 여기저기로 떠돌았어. 베를린, 프라하, 파리에 머물다 콩스빙에르의 고향에 돌아간 후, 다시 스톡홀름으로 떠났지. 그러다 스타후에게 다시 한번 기회를 주기로 마음먹어. 아이들 때문이었겠지. 결국 그녀는 『인형의 집』의 노라 헬머는 아니었던 거야. 스타후는 기회를 주면 다시 노력해보겠다고 했어."

우리는 지하철 3호선이 오가는 철교 아래를 지난 후 갈색 보도가 깔린 급경사 길을 올라 외스트마르카의 우거진 숲길로 들어섰다. 어느새 가랑비가 내리면서 진흙이 살짝 흩뿌려져 있던 길이 미끌미끌했다. 비르예르는 그 짧은 오르막길을 오르는 동안 다섯 번은 쉬었던 것 같다. 창백해진 얼굴이 비와 땀으로 뒤범벅되어 번들거리고 숱 적은 갈색 머리가 이마에 들러붙은 채로, 그렇게 중간중간 멈춰 서서 들썩거리는 가슴에 오른손 손바닥을 가져다 얹었다. 저러다 쓰러지기라도 할까 봐 걱정이 될 정도였다. 하지만 그는 경사로 꼭대기까지 탈 없이 올라간 후에 두어 번 더 멈췄고, 몇 분 후 드디어 우리 둘은 루스타사가의 카페에 들어가 앉았다.

그곳은 노르웨이에서 시골길로 산책을 나온 사람들이 찾는 전형적인 카페였다. 마르카의 숲길 여기저기에 점점이 흩어진 그런 흔한 카페여서, 1950년대풍 분위기로 휘감겨 있고 나무 벽을 장식한 파리똥 얼룩이 묻은 흑백 사진에는 그 시절을 살아간 순박한 사람들이 묵직한 바람막이를 입고 구식 나무 스키를 착용한 모습으로 담겨 있었다. 루스타사가는 카페에 앉아서 창밖의 나무들 사이로 뇌클레반 호수의 푸른 호숫물을 얼핏얼핏 구경하며 노르웨이의 달콤한 브라운 치즈 몇 조각을 끼워 반으로 접혀 나오는 따뜻한 황금빛 와플을 맛보기에 아주 좋은 위치였다. 이건 내 생각이지만, 노르웨이인이 왜 그렇게 삶에 만족스러워 보이는지 알고 싶다면 레가툼 연구소 사람들 모두 여기까지 걸어와 루스타사가에서 30분 정도 커피에 와플을 먹어봐야 한다.

우리는 15분쯤 다른 얘기를 했지만 비르예르가 테이블로 커피한 잔을 더 주문하고 돌아온 후 아까 하던 본론을 방금까지도 서로 얘기하고 있었던 것처럼 자연스럽게 이어갔다.

"부부에겐 흑돼지에서 죽치고 지내면서 알게 된 친구가 한 명 있었어. 블라디슬라브 에메리크Wladislav Emeryk라는 20대 초반의 젊은 폴란드인이었어. 스타후에게 노예같이 헌신한다는 이유로 개Dog라는 별명이 붙기도 했지. 백만장자 산업가 아버지를 두었던 에메리크는, 부부를 트빌리시◆ 인근의 가족 집에서 같이 지내자고 초대했어. 가여운 다그니는 스타후가 폴란드에서 유명인이 되었으니 이제는 철이 들어 마음을 고쳐먹었겠지, 하는 생각을 했던 것 같아. 그런 데다 그는 연애편지를 정말 잘 썼어. 한번 들어봐."

비르예르는 배낭을 집어 들어 조임 끈을 풀고 아이패드를 꺼냈다. 아이패드 화면을 두 번쯤 툭툭 두드려 자신의 번역 원고를 띄워놓고 읽어나갔다.

나의 두하Ducha, (⋯) 이제는 알겠소. 이제야 깨달았소. 내가 당신을 사랑한다는 것을 (⋯) 다 기억하오. (⋯) 내가 술독에 빠져 있는 동안 당신이 나를 얼마나 참아줬는지. 당신이 나와 지내며 얼마나 마음고생을 했고 얼마나 좋아했는지도. 당신의 사랑스럽고 우아하고 귀족적인 뺨이 눈에 선하오. 내 손에 닿던 당신의 실크처럼 부드럽고 고운 살결이 느껴지오. (⋯) 당신에게 이 말을 해주고 싶소. 나라는 사람을 만든 것은 당신이라고. 당신을 처음 갖는 것처럼 당신을 갖고 싶다고. 당신의 파르르 떠는 발가벗은 영혼과 파르르 떠는 발가벗은 생각을 갖고 싶소. (⋯) 나 같은 천성의 사람은 당신 안에서만 존재할 수 있소. 당신만이 나에게 절대적이고 가장 고매하고 가장 친밀한 이상이기 때문이오. (⋯) 이제부터는

◆　　Tbilisi. 구소련 그루지야 공화국의 수도.

세상에서 가장 뛰어난 글을 쓰겠소. 아주 아주 훌륭한 사람이 되겠소. 뭐든지, 뭐든지 다 하겠소. 하지만 당신이 나를 사랑하는지를 알기 전에는 그럴 수가 없소.

비르예르가 화면에서 시선을 들며 말했다. "두하는 폴란드어로 '영혼'을 뜻하는 말이야. 그가 그녀를 부르는 애칭이었지. 이런 편지까지 써보냈으니 당연히 그랬을 테지만, 그녀는 여행 가방과 모든 소지품을 챙겨서 제논을 데리고 역으로 나갔어. 에메리크도 역으로 나와서 같이 스타후를 기다렸어. 그런데 아무리 기다려도 나타나질 않았어. 출발 시각 직전에 자신은 늦을 것 같으니 먼저 출발하라는 전보만 보내왔어. 자기는 이바를 데리고 최대한 빨리 뒤따라 가겠다고. 그렇게 해서 세 사람은 1901년 4월에 바르샤바를 떠나 캅카스까지 긴 열차 여행길에 올랐지.

5월 중순에 세 사람은 트빌리시에 도착했어. 에메리크가 다그니의 남동생인 척하며 그랜드 호텔에 두 사람의 방을 잡았지. 스타후에게선 소식도, 편지도 없었어. 짧게라도 편지 한 통을 안 보냈다고. 그녀의 여권을 자기가 가지고 있으면서 말이야. 하루하루 지날수록 다그니는 점점 절망과 혼란 속에 빠졌지."

비르예르가 헛기침을 하고 안경을 고쳐 쓰더니, 다시 화면을 보며 글을 읽어주었다.

마음이 꽁꽁 얼어붙었어요. 한 달이 지났는데 연락 한마디 없다니, 너무해요. 크라쿠프, 리보프, 바르샤바로 전보를 쳤는데도 아무 답이 없네요. 그래서, 마음을 정했어요! 우리는 내일 트빌리시를 떠나 흑해 근처 시골에 있는 에메리크의 집으로 갈 거예요. 당연한 얘기지만 당신에게 연락이 오기 전에는 나도 더는 어떻게 해야 할지 모르겠어요. 트빌리시의 그랜드 호텔에 주소를 남겨놓을게요. 당장 나와 제논을 위해 여권을 보내줘요. 중요한 일이니까 꼭이요. 안 그러면 나한테 아주 곤란한 일이 생길 수도 있어요. 이틀 후 여권을 보내주기로 약속했었잖아요! 제발 부탁이니까 당장 좀 보내줘요.

비르예르가 말을 이어갔다. "그녀가 이 편지를 쓴 날, 에메리크가 호텔 방으로 들어왔고 그때 그녀는 문 쪽으로 등을 돌린 채 의자에 앉아 졸고 있었어. 제논은 바닥에 앉아 색칠 공부 책을 가지고 놀다가 안으로 들어오는 에메리크를 올려다봤지. 에메리크는 손가락을 입술에 가져다 대 조용히 하라고 시키며 아이에게 한 손을 내밀었어. 제논이 그 손을 잡자 에메리크가 조용히 복도로 데리고 나가 자기 친구가 묵고 있던 방으로 들어갔어. 그곳에서 제논에게 입을 맞춘 다음 다그니의 방으로 다시 돌아와 아주 가까이에서 그녀의 뒤통수를 총으로 쐈어. 그녀의 몸을 의자에서 들어 안아 침대에 똑바로 눕혀준 후 이번엔 자신에게 총을 겨눠 자살했고. 5일 전에 그 호텔에서 편지 여러 통을 쓰고 봉인해둔 뒤였지. 하나는 스타후에게 보내는 것이었어. 그녀를 위해 그녀를 죽이겠다는 내용이었지. 제논 앞으로 쓴 편지도 있었는데 봉인된 봉투 앞면에 제논이 스무 살 생일을 맞으면 전해주라고 적어놓았어. 이런 내용이었지."

사랑하는 제논 보아라! 나는 너에게서 네 어머니를 빼앗아가려

한다. 어머니에 대한 아주 이상한 얘기들을 듣게 될 테지만 문학은, 지금껏 쓰였던 글들과 보나 마나 앞으로도 쓰일 것이 뻔한 글들 모두 (…) 사실이 아닐 것이다. 왜냐하면 네 어머닌 이 세상 사람이 아니셨기 때문이다 (…) 너에게 또 다른 얘길 해주는 사람들도 있을 것이다. 그분은 절대 전능자의 화신이셨고, 신이셨다고. 이 말만은 꼭 해주고 싶구나. 세속적인 말로 표현해서 네 어머닌 성스러운 분이셨다. 여신 자체셨다. 경멸 속에서 피어난 고귀한 여신이셨다. 너는 네 어머니에게 모든 것이었다. (…) 자신이 이루어야 할 목적에 신념이 있으셨다. 이 세상에 보내진 목적과 이유가 너를 세상에 태어나게 하기 위함임을. 나는 너에게서 어머니를 빼앗아가려 한다. 끔찍하고도 이루 말할 수 없이 몹쓸 짓을 벌이려 한다. 이 일로 네 삶이 망가질지도 모르지만 달리 어떻게 할 수가 없구나. 네 어머닐 생각하면 달리 어찌할 도리가 없다. 영원 속에서 우리가 만나면….

비르예르가 화면을 끄고 아이패드를 배낭에 도로 집어넣으며 말했다. "이 살인 사건에 대해 생각을 많이 했어. 생각하면 뭐하나 싶으면서도 자꾸 밤마다 생각이 나서 잠이 안 오더라고. 당시에 신문들은 그 사건으로 도배가 되다시피 했어. 그 일이 모두 그녀의 잘못이라는 투였지. 팜므 파탈에, 가정 파탄녀에, 남의 마음을 찢어놓는 무정한 여자라는 등. 어느 프랑스 신문에서는 두 스트린드베리를 혼동해서 오보까지 냈어. 아우구스트가 다그니에게 푹 빠졌다가 그녀에게 퇴짜맞자 절망감을 못 이겨 안드레의 기구 탐험대에 들어가 북극으로 떠나 소식이 끊겼다고. 이런 기사 말고도 별의별

해괴한 소문들이 사람들의 입방아에 오르내렸어. 지금까지도 일각에서는 사건의 배후에 스타후가 있었다는 설이 나돌아. 스타후가 '개'에게 자신을 위해 뒤죽박죽 엉킨 상황을 정리해달라고 부탁했다는 주장이지."

"에메리크가 단지 그런 이유만으로 그녀를 죽였을까? 그녀가 천상의 존재니 어쩌니 하는 정신 나간 그 헛소리는?"

비르예르는 고개를 끄덕이며 대답했다. "하지만 이 무의미하고 이루 말할 수 없이 잔인한 살인이 일어나게 된 딱 한 가지 이유는 이거야. 지극히 정상적이고 남자와도 친구가 될 수 있다고 생각할 수 있을 만큼 성숙한 경지에 이른 여자가 그런 경지에 이르지 못한 채 성별에 집착한 듯한 이 천재들과, 그러니까 이 몸만 큰 어린 아이들과 어울리게 된 탓이었어. 내 생각엔 바로 이 이야기에 스칸디나비아인의 멜랑콜리에 대한 전반적 신화가 요약된 것 같아. 딱 맞는 표현은 아니지만 스칸디나비아인의 멜랑콜리, 정신 장애, 성적 암흑, 광기 같은 것들이 모두 집약되어 있다고 봐. 유감스러운 그런 신화가 죄다 내포된 이야기 같아. 그 신화가 스칸디나비아 예술 전반에 퍼져 있어. 곳곳에 침투해 있지. 마치 물처럼 말이야. 한 예로 에드바르 뭉크는 입센의 마지막 희곡 작품 『우리 죽은 자들이 깨어날 때When We Dead Awaken』에 등장하는 이레네가 다그니를 모델로 삼은 것이라고 확신했어. 그 희곡에서 이레네가 조각가 루베크 교수의 모델이자 뮤즈로 나오잖아."

"제논은 그 편지를 읽어본 거야?"

"그건 나도 잘 모르겠어. 그런데 한 친구가 나한테 제논과 관련된 흥미로운 얘기를 들려준 적이 있어. 그 친구가 양심적 병역거

부자라 군 복무 대신 삼푼스티에네스테samfunnstjeneste[노르웨이에서 대체 복무로 행하는 지역 봉사 활동]를 택했다가 퇴위엔의 뭉크 박물관에서 안내원으로 일하던 때의 얘기야. 어느 날 좀 슬프고 절망스러운 표정의 나이 지긋한 스웨덴인이 부인과 함께 박물관에 찾아와서 '자신의 어머니가 그린 뭉크의 초상화'로 안내해달라고 부탁했대. 복제본은 여러 점 봤지만 진품은 한 번도 본 적이 없다면서. 공교롭게도 당시 그 그림은 전시되어 있지 않았어. 작품을 모두 걸기엔 벽의 공간이 한정되어 있으니까. 그래서 관장을 불러왔대. 내 기억엔 그때 관장이 아르네 에옌이었을 거야. 스웨덴 노신사는 자신이 누구인지 밝힌 후 허가를 받고 지하실에 내려가게 되었어. 에옌은 같이 따라 내려가서 그림을 찾은 다음 노인이 볼 수 있게 배치해주고 앉을 의자도 그 앞에 놔준 후 혼자 있게 해주었지. 노인의 아내는 위층 카페테리아에서 남편을 기다렸고. 노인은 어머니가 그린 뭉크의 초상화를 가만히 들여다보며 지하실에서 한참 있었어. 못해도 30분쯤 되었대. 그런 후 다시 올라왔을 때는, 내 친구 말로는 딴 사람 같아 보였대. 하마터면 못 알아볼 뻔했을 정도로. 그림을 보고 나서 노인이 달라진 거지."

비르예르는 남은 커피를 마저 마시고 자리에서 일어나 배낭을 멨다. "그만 가자고. 안 그러면 스쿨레루에 제시간에 못 가겠어."

비르예르는 무엇을 증명하려 한 걸까? 비범한 삶을 살며 비범한 예술을 창작해낸 이 화가와 작가들이 외부 세계 사람들 대다수가 현재까지도 호응하는 스칸디나비아인의 민족적 비유를 생성해낸 장본인들이란 건가? TV 시리즈 〈브론〉, 망켈 등의 이 모든 것이 음울한 분위기를 띠는 이유가 단지 그것이 스칸디나비아에서 만

들어진 것이기 때문이라고? 그러니까 스칸디나비아에서는 19세기 선조들에게 음울함을 물려받았기 때문에 누구나 다 음울한 예술을 만들어낸다고? 말도 안 된다. 그렇다면 헨리크 입센은 어떻게 설명해야 할까? 입센은 그림스타드의 약국에서 수습 직원으로 일하던 시절에 사생아를 낳게 한 일만 빼면, 트롤럽♦도 헨리 밀러♦♦처럼 보이게 할 만한 삶을 살았다. 그럼에도 입센이 그 알코올의존증 보헤미안들보다 더 많은 영향을 미쳐서, 다른 유럽 지역에서 스칸디나비아 하면 으레 연상하는 이런 개념들을 학습시킨 것은, 그의 엄청난 명성, 그의 작품 속 브란, 그레게르스 베를레, 프루 알빙, 오스발드, 헤드비이, 레베카 웨스트 같은 캐릭터, 근친상간, 매독, 맹목성, 자살의 소재 때문이었다고? 아니, 그렇지 않다. 비르예르의 '노르디시즘' 주장은 지나치게 냉소적이다. 키르케고르는 자기 나름의 방식대로 생각했고, 입센은 자기 나름의 방식대로 글을 썼고, 스트린드베리는 자기 나름의 방식대로 글을 쓰고 그림을 그렸으며, 뭉크는 자기 나름의 방식대로 그림을 그리고 글을 썼다. 베리만도 다른 식으로는 할 수 없었기 때문에 자기 나름의 방식대로 영화를 찍은 것이다. 그게 아니라면 스웨덴의 오스카 와일드는 왜 없는가? 덴마크의 노엘 카워드♦♦♦는 왜 없는가? 또 노르웨이의 톰 스토

♦ Anthony Trollope. 영국의 소설가로 대표작은 가공의 주 바셋주의 풍속을 그린 연작 소설 『바셋주 이야기』이다. 영국 태생인 로즈 헤젤틴과 결혼하였고 빅토리아시대 소설가들 중에서 가장 완고하게 결혼의 미덕에 집착하는 사람이었다.

♦♦ Henry Miller. 외설 시비로 유명한 『북회귀선』을 쓴 미국의 소설가. 자유로운 연애를 즐기며 평생에 걸쳐 여덟 번 결혼했다.

♦♦♦ Noel Coward. 영국의 극작가이자 배우이며 작곡가. 소년 시절부터 무대에서 활동하다가 제1차 세계대전 후 런던 연극계에 『소용돌이(The Vortex)』 등 분방한 성생활을 다룬 희극을 가지고 등장, 전후파 작가로서 호평을 받았다.

파드[◆]는? 아니, 입센은 선천적으로 어둠에 끌렸을 뿐이다. 스칸디나비아인은 선천적으로 그늘에 끌리는 것이다.

나는 나무들 사이로 꼬불꼬불한 길을 따라 스쿨레루로 향하는 내내 비르예르에게 이런 내 생각을 설명한 후 그의 반박을 은근히 기대했다. 일반적 스칸디나비아인들의 전형과는 딴판인, 그 술에 절은 보헤미안 몇 사람들이 외부 세계 사람들이 갖는 이미지에 책임이 있다는 자신의 이론을 계속 옹호할 것으로 기대하고 기다렸다. 하지만 그는 입씨름에 지친 모양인지 딴소리를 꺼냈다. 입센이 노르딕 누아르의 작가들에게 큰 영향력을 미쳐왔다는 얘기였다. 그는 손을 휘저으며 작가들의 이름을 쭉 열거했다. 요 네스뵈, 리사 마르클룬드, 페터 회, 스티그 라르손….

그의 의견을 쭉 듣다 보니 내 견해상 명백한 오류로 들리는 부분이 있었다. 나는 신경이 쓰여 그냥 넘어갈 수가 없어서, 그 작가들의 착상은 다소 미국적이라고 반박했다. 레이먼드 챈들러, 조셉 웜보, 엘모어 레너드, 마이클 코넬리 같은 미국 작가들의 스타일이라고. 입센은 동시대 사람들의 삶과 고민을 극화하는 혁신적 아이디어로 현대연극의 탄생에 확실한 영향을 미치긴 했지만 범죄소설의 장르는 사실상 또 다른 미국 작가, 에드거 앨런 포가 창시한 것이라고.

그는 쉽게 생각을 굽히지 않고 대꾸했다. "문화 제국주의의 안타까운 사례지. 미국인이나 영국인이 창시하기 전까지는 그 무엇

◆　Tom Stoppard. 영국의 극작가. 『햄릿』의 단역인 두 친구를 주역으로 삼아, 인생의 부조리를 추구한 작품 『로젠크란츠와 길덴스턴은 죽었다』를 썼다.

도 창시된 적이 없다고 보는 식이라고. 아일랜드 작가 제임스 조이스와 의식의 흐름 기법도 마찬가지 사례야. 원래 의식의 흐름은 우리 노르웨이 작가 크누트 함순의 1894년 출간작 『미스터리들』에서 처음으로 사용한 기법이거든. 사실상 따지고 보면 현대 범죄소설의 창시자도 1794년 7월 5일에 모둠에서 출생한 메우리츠 크리스토페르 한센Maurits Christopher Hansen이라는 19세기의 노르웨이 무명 작가였어. 그의 중편소설 『기계공 롤프센의 살인Mordet på Maskinbygger Roolfsen』은 포의 『모르그가의 살인Murders on the Rue Morgue』이 나오기 18개월 전인 1839년에 먼저 출간되었다고. 『기계공 롤프센의 살인』을 보면 오늘날 범죄소설 구성의 전형적인 모든 특징이 담겨 있어. 한 명 이상의 정체불명 범인이 저지른 범죄를 파헤쳐가는 과정에 초점이 맞추어지고, 탐정이나 변호사나 경찰 서장이 등장해 용의자와 증인들을 심문하면서 차근차근 서서히 사건의 얼개를 맞춰나가는 식이지. 밝혀지는 단서 중에는 과학수사 기법의 초창기 사례도 있어.

수사관인 바르트는 수집한 정보를 조합해서 두 가지 놀라운 사실을 밝혀내. 하나는 가해자가 그 도시의 최고 유력자라는 사실이야. 그동안 사건이 신속히 잘 해결되도록 누구보다 강한 압박을 넣었던 인물이었어. 또 한 가지는 롤프센이 살해된 것이 아니라 누가 봐도 살해된 것처럼 여겨질 만한 방식으로 실종되었다는 사실이야. 요한네스 바르트는 아르센 뤼팽, 셜록 홈스, 에르퀼 푸아로♦ 같은 문학 속 후예들과는 달리 현실적이고 평범한 인물이야. 심지

♦ Hercule Poirot. 애거사 크리스티의 소설에 나오는 탐정의 이름.

어 사건 수사에서 큰 약점까지 갖고 있지. 유력 용의자의 어머니가 젊은 시절의 연인이거든. 하류층 출신이라는 이유로 자신을 떠난 옛 연인을 그때껏 마음에서 지운 적이 없었지.

한센은 글을 써서는 벌이가 신통치 못해서 주로 교사 활동과 문법 교재 집필 활동으로 생계를 유지했어.『기계공 롤프센의 살인』이 출간되고 3년 후, 48세의 나이로 숨을 거두었지. 자신의 학파를 세우지 못한 채였고, 결국 그의 책은 오래 못 가 잊혔어. 하지만 유명한 제자가 한 명 있었어. 잘 알려졌다시피 헨리크 입센은 그에게 받은 영향을 함구했지만 끝까지 마무리 짓지 못한 자서전에서 자신이 초창기에 인상 깊게 읽었던 글의 작가 몇 명을 거론하며 메우리츠 한센의 이름을 언급했지. 입센의 희곡 작품에서 사용된 그 회고 기법 말인데, 과거의 비밀이 한겹 한겹 서서히 드러나다 결국엔 현재의 진실이 까발려지는 그 기법은 모든 범죄소설의 핵심적 요소잖아. 그 기법도『기계공 롤프센의 살인』같은 책을 통해 익힌 요령으로 큰 도움을 받은 거라고.”

비르예르가 스칸디나비아의 음울함이라는 신화를 해체하는 주장을 펼 때 나는 지나치게 흡족해하며 이어가는 그의 이야기에 귀를 기울였고, 얼마 후 우리 둘은 오슬로 중심가로 돌아가는 열차를 타기 위해 스쿨레루의 지하철역으로 말없이 걸었다. 어쩐지 내가 졌다는 기분이 들었다. 직관적 확신이 드는 내 관점을 제대로 옹호해내지 못한 것 같았다.

나는 지하철역에 들어섰다가 나르벤센 편의점의 바깥 신문 가판대에서 우뚝 걸음을 멈췄다. “『햄릿』은 어때? 그건 출처가 어디지?” 내가 의기양양하게 물었다.

"햄릿은 실존 인물이 아니었잖아." 그가 가차 없이 반박하더니 역의 경사져내려간 구역으로 방향을 꺾으며 걸음을 계속 뗐다. 그의 말이 당연한 소리라, 더 할 말이 없었다.

시내로 들어서는 열차에 오른 뒤로 비르예르는 거의 내내 창밖만 내다보며 갔다. 유리창으로 비친 모습을 보니 인상을 쓴 채 이따금 고개를 설레설레 젓고 있었다. 마음속 논쟁을 벌이는 사람처럼. 그러다 어느 순간 문득 스치는 생각이 있었다. 그가 자신의 승리를 그저 테크니컬 녹아웃♦에 불과한 것으로 여기는 건 아닐까, 하는. 그러자 의욕이 솟아 한 번 더 반론을 제기해보기로 했다.

"그래, 그럼 삭소 그라마티쿠스의 역사서에 햄릿이 실존 인물로 나와 있다는 사실은 별개로 치고 볼 때, 셰익스피어가 햄릿의 인물 특징들을 어디에서 착상해냈을까? 그 정신착란, 치열함, 쓸데없는 철학적 사색 속으로의 몰입 같은 특징들 말이야? 햄릿은 스칸디나비아인이어야 했어. 스칸디나비아인만이 햄릿과 유사한 특징을 띠니까. 햄릿은 엘리자베스 여왕 시대의 전형이었어. 상류 계층이긴 했지만 그래도 전형적인 인물이었어."

비르예르가 코웃음을 쳤다. "말도 안 돼. 존 다울런드♦♦에게서 착상을 얻은 거야. 다울런드는 셰익스피어가 『햄릿』을 쓰던 당시에 덴마크에서 머물렀어[다울런드는 1598~1606년에 덴마크에 있었고 『햄릿』의 집필 시기는 대체로 1599~1602년 사이로 추정되고 있다]. 그는 엘

♦ 복싱에서 정당한 기술로 상대 선수가 심각한 부상에 의해 경기를 지속할 수 없을 때 주심의 판단으로 경기를 중단하는 것이다.
♦♦ John Dowland. 영국의 작곡가·류트(발현악기의 한 종류) 연주자. 덴마크와 영국 왕실 류트 연주자를 지냈다.

시노어의 크리스티안 4세의 궁에서 왕립 오케스트라 140번이라는 번호를 가지고 있었어."

"다울런드에게 번호가 있었다고?"

"다들 번호가 있었지. 덴마크 왕립 오케스트라는 세계에서 가장 역사가 오래된 오케스트라야. 1448년 창설된 이후 아직까지도 건재하지. 덴마크 왕립 오케스트라는 당시에 어떤 식으로든 단원들을 관리해야 했을 테니 그렇게 번호를 붙였을 거야. 어쨌거나 셰익스피어는 다울런드가 아닌 56번, 그러니까 윌리엄 켐프를 통해 착상을 얻었을 가능성도 있어. 당시에 켐프도 셰익스피어, 리처드 버비지와 마찬가지로 궁내장관 극단에 속해 있었으니까. 덴마크의 뛰어난 교향곡 작곡가, 카를 닐센은 657번이었지."

그대로 듣고만 있으면 그가 오케스트라 일원이었던 사람들의 이름과 번호를 하염없이 늘어놓을 듯한 불안한 마음이 들어서 나는 끼어들어 질문을 던졌다. 다울런드와 셰익스피어가 서로 영향을 주고받았는지는 차치하고라도, 서로 아는 사이였다는 증거가 있냐고.

비르예르는 대답하기 전에 잠시 뜸을 들였다. 묵직한 검은 테 안경을 벗어 인상을 찡그린 채 멍한 표정으로 쳐다봤다. 그 안경을 처음 보는 것처럼. 그러더니 양쪽 렌즈에 번갈아 입김을 불고는 오트밀색 스웨터 밑에 받쳐입은 빛바랜 검은색 티셔츠 자락으로 문질러 닦았다. 전에 본 적이 있어서 그 티셔츠에 헨리크 입센의 이미지와 『브란』의 대사가 박혀 있다는 것은 안 봐도 알았다. 줄곧 들었던 생각이지만 이 완고한 친구에게 특히 잘 맞는 대사였다. '온 마음을 다해 너 자신이 돼라. 이따금씩도 아니고, 어중간하게도 아닌

온 마음을 다해서Det som du er, vær/fullt og helt/og ikke stykkevis og delt.' 잠시 후 그가 독특한 동작으로 손을 틀어 올리며 안경을 다시 썼다.

"두 사람이 모르는 사이였을 리가 없어." 그가 지친 기색으로 끈기 있게 대답했다. "서로 친구였을 가능성이 아주 높아. 그것도 아주 친한 사이였을 거야. 두 사람이 어느 어두컴컴한 선술집 구석에 앉아 있었을 모습이 상상돼. 이를테면 런던 이스트칩 거리의 보어스 헤드The Boar's Head 같은 곳에서 함께 술을 마시며 이랬을 것 같아. 『햄릿』을 집필 중이던 셰익스피어가 에일을 마시면서 다울런드의 지혜를 구하는 거지. '존, 덴마크 사람들은 어때? 자네가 보기에 어떤 사람들 같아?' '슬프고 고민이 많은 사람들 같아, 윌리엄. 생각이 너무 많아.' '단어로 콕 짚어 표현한다면 뭐라고 말할 만한데?' '멜랑콜리, 슬픔, 고뇌, 음울.' 하지만 다울런드의 이런 대답이 어떻게 나왔던 건지 알아? 자신의 멜랑콜리를 덴마크인에게 투영시켜서 한 말이겠지. 다울런드는 자기 자신에 대해 말했을 거야. 그가 그때 베르사유에 있다 와서 프랑스인에 대해 얘기했다면 그때도 똑같이 말했을걸. 나도 그렇고 자네도 그렇고 우리는 누구나 다 그래."

비르예르는 그렇게 말을 맺은 후 의자 등받이에 기대앉으며 팔짱을 끼고 다시 창밖을 빤히 내다봤다. 열차가 회위엔할렌역에서 멈췄을 때였다. 그가 벌떡 일어나서 눈 위로 손 그늘까지 만들며 창밖을 뚫어져라 내다봤다.

"저기 저 집 보여?" 그가 나를 돌아보지도 않은 채 물으며 학교 지붕 건너편 집을 가리켰다. 쓸쓸한 겨울 정원 사이에 홀로 서 있는 집이었다. 그의 목소리에는 전에 없이 팽팽한 흥분이 배어 있었다.

그 집을 보며 흠칫 놀람과 동시에 설렘이 일기도 한 기색이었다. 나는 몸을 앞으로 빼며 자세히 살펴봤다. 집 정면부의 진흙투성이 진입로 한쪽 측면을 따라 흰색 말뚝 울타리가 쭉 둘려져 있고, 지붕은 검은색 타일로 덮여 있었다. 현관 밖에는 가녀리고 헐벗은 나무 한 그루가 보초를 서고 있었다. 집 외관에서 단연코 눈에 띄는 한 가지는 정면부를 완전히 뒤덮다시피 한 붉은색 미국담쟁이덩굴이었다. "처음 결혼했을 때 살던 집이야. 1층에 살았지."

나는 깜짝 놀랐다. 알고 지낸 지 20년이 되어가도록 그가 한 번도 아내 얘기를 꺼낸 적이 없어서였다. "결혼한 줄 몰랐어, 비르예르. 결혼한 지는 얼마나 된 거야?"

열차가 역으로 들어설 때쯤 그가 대답했다. "9일 만에 헤어졌어. 아내가 딴 남자랑 도망쳤거든. 그게 누구냐면." 그는 이어서 노르웨이에서 알 만한 사람은 다 아는 소설가 이름을 말했다. "그때 임신 중이었지."

"그럼 자네가 아이 아버지인 거야?" 나는 좀 전보다 훨씬 더 놀란 마음을 붙잡고 물었다.

"아니." 그가 대답하며 단호히 고개를 돌려버려서 더 이상 묻지 않았다.

———

우리는 국립극장 앞에서 작별인사를 나누었다. 나는 경사진 보행로를 올라가 극장 뒤편의 길로 향했다. 지난 2주 동안 그 보행로를 자신들 소유인 양 점유하고 있는 로마에서 온 음악가 두 명을 지나갔다. 크리스마스를 겨우 2주 앞둔 터라 때가 때이니 만큼 목청껏 고래고래 〈징글 벨〉을 뽑고 있었다. 그런데 잘 들어보면 은근슬쩍 사이도 띄우지 않고 〈라밤바〉를 이어 부르다 다시 〈징글 벨〉을 부르는 식이었다. 나는 역 맞은편 나르벤센 편의점에서 영자 신문을 사기 위해 스토르팅스가타 거리를 가로질렀다. 그곳의 나르벤센이 콘티넨털 호텔과 가까운 터라 시내에서 신문 가판대를 가장 잘 갖추고 있었는데, 그새 또 깜빡하고 말았다. 최근에 《파이낸셜 타임스Financial Times》를 제외한 모든 영자 일간지의 비치가 영구 중단된 상태였다는 걸. 수입 업체가 채산성이 맞지 않아 비치 중단 결정을 내린 것이 뻔했다. 말하자면 인터넷의 저주였다.

부른스 바에서 1시간 정도 맥주와 아콰비트를 마시며 조용히 영자 신문을 읽으려던 계획이 틀어지자 나는 국립미술관에 가서 뭉크의 〈절규〉를 또 한 번 보고 오기로 마음먹었다. 도로를 다시 건너 국립극장 정면부의 자갈길 공터를 비스듬히 가로질러서 조각가 신딩에 의해 원형 대좌臺座 위에 받쳐진 입센과 비에른손의 대형 조각상 앞으로 지나갔다. 두 손을 뒷짐 지고 고개를 숙인 자세로 서 있는 입센의 모습은 내 눈엔 아무리 봐도 생각에 잠겨 내면의 소리에 몰입한 것처럼 보였다. 비에른스티에르네 비에른손은 생전의 자신감에 찬 대장 이미지 그대로 가슴을 부풀려 내밀고 두 손을 허리에 얹어 팔꿈치를 양옆으로 뻗친 채 고개를 뒤로 젖히고 서 있었다. 언젠가 입센이 했던 말마따나 침 뱉기 대회에라도 나선 사람 같았다.

나는 칼 요한 거리 모퉁이의 하드록 카페를 가로지른 후 우니베르시텟스 거리를 지나 국립미술관으로 향했다. 미술관 계단을 오를 때면 어김없이 지난 1990년대의 〈절규〉 도난 사건이 생각난다. 오슬로에서 차로 2시간 거리인 릴레함메르에서 열리는 동계 올림픽 개막식에 온 국민과 경찰대의 관심이 몰려 있던 틈에 벌어진 사건이었다. 절도범은 폴 엥에르Pål Enger라는 트베이타 출신의 삼류 건달이었다. 엥에르는 젊은 시절엔 나름대로 재능 있는 축구선수였다. 오슬로 최고의 명문 클럽 볼레렝아에서 활약할 만큼 실력을 인정받고 있었지만 몇 경기 뛰지도 못하고 탈의실에서 팀 동료들의 호주머니를 뒤지다가 들켜 퇴출당하고 말았다.

비르예르가 올센 갱 영화 얘기를 꺼내서 하는 말이지만, 엥에르가 〈절규〉를 훔쳐낸 방법은 그런 부류의 옛 올센 갱 범죄영화들에서 나올 법한 그림이었다. 엥에르는 1994년 2월 12일 오전 7시 30분에 미술관의 계단 바로 앞쪽 벽에다 사다리를 받쳐놓고 올라가다가 도중에 굴러떨어져 다시 올라간 다음, 창문을 깨고 안으로 들어가 벽에서 그림을 떼어내 다시 사다리를 타고 나온다. 그러곤 도로변에 대기 중이던 훔친 차 마쓰다 에스테이트로 뛰어들어가 그 자리를 떠났다. 이 모든 과정이 CCTV 카메라에 찍혔지만 해상도가 좋지 못해 신원 확인은 힘들었다. 엥에르가 미술관 안으로 뛰어내리자마자 동작 센서가 작동되어 수위실에 경고음이 울렸는데도 근무 중이던 보안 요원은 읽고 있던 책에서 고개를 들어 경고음을 끄고는 다시 책을 읽었다. 사다리의 경우, 엥에르와 공범이 검은색 옷을 입고 전날 밤늦은 시각에 별 경계를 받지 않으며 사다리를 든 채 오슬로를 누비다가 우니베르시텟스 거리 사방을 휙휙 훑어본 후 미술관 벽 쪽 덤불 뒤에 숨겨놓은 것이었다. 두 사람은 틀림없이 사람들 눈에 띄었을 테지만 그들의 행동을 수상쩍게 여긴 사람이 없었다. 이 대목에서 노르웨이인들이 상호 신뢰도에서 최고 순위에 올라 있다던, 레가툼 연구소의 보고서가 생각났다.

엥에르는 1996년에 체포되어 재판에서 절도죄로 6년형을 선고받았다. 선고가 내려진 순간 그는 법정의 탁자로 뛰어 올라가 물병을 깨뜨리며 난동을 부리다 경찰에게 제지당했다. "나는 죄가 없어!" 질질 끌려나가면서 고래고래 무죄를 주장하기도 했다. 그 뒤로도 범죄 사실을 계속 부인하다, 방치된 캐러밴에서 오리털 재킷을 몇 벌 훔치고 체인 마트 키비에서 양말 두 짝을 슬쩍한 죄로 1년형을 복역하던 2008년에, 복역하던 수감자들 사진을 개인적 진술과 함께 묶는 일종의 아트 프로젝트가 진행되자 엥에르도 진술서를 내서 참여하겠다고 나섰다. 그리고 뭉크의 그림을 친척 집 식탁쪽에 잘 안 보이게 숨겨놓았던 사실을 실토했다.

미술관에서 뭉크가 아주 초반에 그린 이미지(그가 그린 〈절규〉의 다섯 가지 버전 중 하나) 앞에 서 있으니 이 그림에 얽힌 또 하나의 별난 역사 한 토막이 생각났다. 도난 사건 이후 언론 매체에서 격앙된 어조로 온갖 주장이 난무하던 와중에, 낙태 반대파 사제들이던 뵈레 크누센과 루드비 네사가 그 사건을 자신들의 명분을 위해 이용한 일이 있었다. 노르웨이의 진보적 낙태법에 반대하는 운동을 장기간에 걸쳐 외롭게 벌여오던 중 이 사건에 자신들이 연루된 듯한 암시까지 흘리며 사람들의 주목을 받으려 한 것이다. 두 사람은 무방비 상태의 〈절규〉 그림을 한 손으로 단단히 움켜쥔 스케치를 공개하며 이런 캡션을 달았다. '어느 쪽이 더 소중한가? 그림인가, 아이인가?' 크누센이 오슬로 중심가의 스피세르수파에서 열린 반낙태 집회에서 무대에 올라 〈절규〉의 이미지를 흉내 냈을 때는 군중에 섞여 있던 반나치동맹 지지자들이 침을 뱉고 돌을 던지는 바람

에 경찰들이 플렉시글라스 소재의 폭동 진압용 방패를 들고 막아
줘야 했다.

──── 14
말렉산데르

수십 년 전, 영국에서는 여러 신문마다 프랭크 미첼Frank Mitchell이라는 남자의 기사로 떠들썩했다. 프랭크 미첼은 크레이 형제♦와 한패인 그는, 언론에서 일명 '미친 도끼맨the Mad Axeman'이라는 별명으로 불렸다. 미첼은 당시 영국 덴버주 다트무어 교도소에서 복역 중이었으나 이따금 묵인하에 인근 마을로 나가 맥주를 마시고 왔다. 그렇게 맥주를 마시러 나갔던 어느 날, 교도소로 돌아오던 무렵 비가 마구 쏟아졌다. 교도소 밖에서 비에 흠뻑 젖은 채로 출입문을 탕탕 두드리고 벨을 누르길 5분이 지나서야 교도관이 모습을 보였다. "뭐 하다 이제 나오는 거야? 우라질, 홀딱 젖었네!" 출입문이 마침내 열리자 그가 버럭 소리 질렀다.

　내가 올해 초에 이 일을 떠올리게 된 계기는, 1999년 스웨덴 남부 외스테르예틀란드의 조용한 마을 말렉산데르에서 일어난 살

　♦　Kray brothers. 1960년대 런던의 암흑가를 주름잡았던 갱스터 쌍둥이 형제.

인 사건을 다룬 엘리사베트 오스브링크Elisabeth Åsbrink의 저서를 읽으면서였다. 그녀는 이 저서에서 스웨덴 교도소들의 진보주의 체제에 대해 전반적으로 짚어나가던 중 1975년의 일화를 소개해주었다. 당시 스웨덴 북부 소재 우메오 교도소 소장, 군나르 엥스트룀Gunnar Engström은 수감자의 여자친구와 어머니들의 요구가 너무 빗발치자 급기야 마지못해 크리스마스 휴가 기간에 모든 수감자를 집에 다녀오게 해주었다. 이런 믿기 힘든 소문이 언론에 흘러들면서 한 기자가 확인을 위해 전화를 걸었다. 엥스트룀은 변명을 좀 늘어놓다가 10분 후 다시 전화해달라고 부탁했다. 그런 후 여러 수감동으로 전화를 넣어 모든 수감자가 귀소했는지 확인했다. 그 결과 모두 다 돌아왔으니 걱정 말라는 답변을 전해 들었다. 테르나 요한이 아직까지 술에 잔뜩 취해 있는 점만 빼면 별문제가 없다고 했다. 몇 분 후, 아까 그 기자가 다시 전화를 걸어왔을 때 엥스트룀은 그 소문이 사실이며, 모험적 시도였지만 결과적으로 아무 탈 없이 성공했노라고 답변할 수 있었다. 교도소 수감자 전원을 내보내준 이 이야기가 전 세계로 퍼지자, 스웨덴은 교도소 재소자 대우에 관한 한 다른 세계보다 더 진보적인 별천지일 뿐만 아니라 그들을 아주 잘 관리하고 있다는 인상이 더욱 굳어졌다.

스웨덴이 범죄자를 처우하는 최선의 방법이나, 성적 본능과 사회질서 유지의 필요성을 조화시키기 위한 가장 실용적 방법 등의 문제에서 기존 통념에 과감히 의문을 제기하는 측면으로 명성을 얻게 된 시기가 정확히 언제부터였는지 콕 짚어 말하기 힘들다. 얼마 전 델머 데이브스Delmer Daves 감독의 1959년 작 영화 〈피서지에서 생긴 일A Summer Place〉을 보던 중 인상적인 대목이 있었다. 콘스탄스 포드가 연기한 헬렌 조겐슨이 영화상의 남편 켄(리처드 이건 분)에게 화가 나서 장광설을 쏘아붙이다가, 켄이 두 사람의 딸 몰리와 동네 청년 조니 헌터 사이의 관계에 관대한 태도를 보이는 것이 켄의 스웨덴계 뿌리 때문이라고 몰아붙이는 대목이었다. "하여튼 스웨덴 사람들이란, 결혼도 실험적으로 여긴다니까." 나는 그 장면에서 스웨덴의 그런 명성이 얼마나 오래되었는지 느끼며 놀랐다.

물론, 우메오 교도소에서 엥스트룀이 한 실험 같은 일들이 언제나 성공하는 것은 아니며, 실험이 성공하지 못하면 스웨덴인 자신들이 누구보다 먼저 비웃음을 보낸다. 1985년 4월, 극단 감독 얀 옌손Jan Jönson이 쿰라 교도소의 재소자 다섯 명을 배우로 캐스팅해 사무엘 베케트의 『고도를 기다리며Waiting for Godot』를 무대에 올리려 했다. 모두 마약 사범으로 장기 복역 중인 그 재소자들이 연기 활동을 통해 갱생하는 기회가 되길 바라는 마음에서 예테보리 시립 극장에서의 대중 공연 자리까지 마련했다. 공연 당일, 막이 걷히기 몇 분 전에 다섯 명의 배우 중 네 명이 비상구로 슬그머니 빠져나가 도망쳤다. 베케트는 그 얘기를 전해 듣고 박장대소했고, 1999년 스웨덴 감독 다니엘 린드 라겔뢰프Daniel Lind Lagerlöf는 이 이야기를 소재로 코미디극 〈탈출구Vägen ut〉를 찍었다. 하지만 라겔뢰프의 영화가 개봉된 바로 그 해에 역시 익살극의 소재가 될 만한 또 하나의 이상주의적 실험이 벌어졌으나 사뭇 다른 결과로 이어져 익살극이 아닌 참극을 낳았다.

이 특별한 실험이 실행되었던 당시 베스트라예탈란드주 티다홀름 교도소의 최고 수준 보안 수용동에는 '7:3' 부류 재소자 열 명이 수감되어 있었다. 이 분류 명칭은 1974년의 형법전刑法典 중 탈출을 시도할 가능성이 가장 높은 재소자들의 관리 요강을 개설한 세부 항목에서 따온 것이었고, 해당 재소자들이 수감되는 독방은 크기와 편의가 스칸디나비아 학생촌의 여느 학생 숙소와 비슷했다. 차이라면 창살 달린 창문과 감시용 구멍이 뚫린 철문으로 보강되어 있다는 점 정도였다. 공용 취사장의 칼들도 강철선으로 두툼한 벽돌에 고정해서 떼어가지 못하게 조치해놓았다. 수감동 밖에는 재소자들이 마음 내키는 대로 이리저리 걷거나 빙빙 돌아다닐 만한 작은 풀밭이 있었다. 이런 곳에서의 시간은 주체할 수 없이 따분하기 마련이었다. 침대 발치 쪽을 향해 설치된 TV를 시청하고 교도소 체육관에서 마냥 역기와 아령 따위를 들어 올리는 일 말고는 딱히 할 일이 없었다.

연극을 치유책으로 활용하는 아이디어는 이제 새로운 것도 아니었는데, 어느 날 티다홀름 교도소의 여성 소장이 재소자들에게 연극단을 꾸려보면 어떻겠냐고 제안했다. 그녀는 연극이 따분함을 덜어주는 동시에 자기 통찰의 기회까지 넓혀줄 것이라는 견해를 제안의 근거로 제시했다. 연극 활동에 흥미를 보인 재소자 네 명 가운데 한 명은 활동 초반에 빠지게 되었고 나머지 세 명은 다음과 같았다.

칼 툰베리Carl Thunberg. 32세. 작전의 치밀한 계획과 효율성으로 스웨덴 언론에서 '군인 동맹'이라고 알려진 무장 강도 갱단의 두목. 약 10~12곳의 은행에서 강도 행각을 벌인 죄로 14년형 복역 중.

토뉘 올손Tony Olsson. 25세. 수 건의 절도 전과가 있으며 현재 살인

모의죄로 6년형 복역 중.

맛스 닐손Mats Nilsson. 22세. 경찰관 폭행 및 현금 수송 차량 절도죄로 5년형 복역 중.

그들은 자신들의 계획을 어떻게 진행시킬지조차 확신하지 못한 채로 거의 전설적 위상에 올라 있던 극작가 라르스 노렌에게 편지를 써 보냈다. 라르스 노렌은 아우구스트 스트린드베리 이후 스웨덴 최고 극작가로 널리 인정받고 있었으나, 작가 활동 초창기에는 미국의 유진 오닐과 테네시 윌리엄스 같이 가족의 해체를 주로 다룬 미국 극작가의 영향을 더 많이 받은 작가였다. 수많은 이들로부터 진보적 중산층의 양심으로 평가받으며 도덕적 신망을 누리면서 동시대의 영국이나 미국 작가들 사이에서 경쟁 상대가 없을 정도의 추종을 받고 있기도 했다. 1998년 3월, 칼 툰베리는 그에게 편지를 보내 자신들이 어떤 사람들이고 어디에서 지내는지 소개한후 용건을 밝혔다. 연극단을 꾸리고 싶은데 네 사람이 배역을 맡아연기 연습을 해서 공연에 올릴 만한 희곡이 있느냐는 문의의 내용이었다. 이렇게 써 보내긴 했으나 답장이 오리라고 별로 기대하지않고 있던 그들에게 놀라운 일이 벌어졌다. 답장을 받기만 했을 뿐아니라 노렌이 티다홀름 교도소에 직접 만나러 오겠다고 전해온것이다.

어느 날 노렌은 약속대로 교도소로 찾아왔다. 국립순회극단 릭스테아테른Riksteatern의 이사 스테른베리Isa Sternberg와 함께였다. 노렌은 이 극단의 예술 부문 총괄자였고 스테른베리는 여러 프로젝트에서 그와 긴밀히 협력해온 제작자였다. 두 사람은 편지를 보낸 재소자들을 만나 이야기를 나누었다. 커피에 곁들여 빵을 함께 먹으며 화기애애한 분위기가 이어졌다. 이사 스테른베리는 그녀의 일기에, 그들이 "편하고 친절하며 재미있을" 뿐만 아니라 "의견 표출이 분명하고 똑똑하고 박식한" 사람들이라고 썼다. 결국 두 사람은 이 젊은이들의 딱한 사정에 마음이 흔들려 도와주기로 했다. 구체적 얘기가 시작되었을 때 그들의 조건에 맞는 마땅한 희곡이 없다는 노렌의 말에 재소자들은 실망했지만 뒤이어 훨씬 솔깃한 제안을 듣고 기뻐했다. 그들을 위해 특별히 희곡을 써주겠다는 제안이었다.

노렌은 그 첫 만남의 대화를 녹음하였고, 4월 20일 다시 스테른베리와 함께 티다홀름에 찾아와 새로 쓴 희곡의 제1막 초안을 보여주었다. 철저히 첫 만남의 대화를 바탕으로 쓴 내용이었다. 재소자들은 실망스러운 기색이 역력했으나 노렌처럼 유명하고 존경받는 인물의 관심을 끌어낸 게 어디냐며 여전히 영광스러운 마음으로 우쭐하여 프로젝트를 이어가기로 했다. 이후의 만남도 매번 이런 형식이었다. 네 명의 재소자가 서로 옥신각신 다투고 웃으며 떠들고 벌컥 화내는 이야기들이 하나도 빠짐없이 녹음되면 이사 스테른베리의 수고스러운 필사를 거쳐 노렌에게 넘겨져 희곡으로 구성이 잡히는 식이었다. 시간이 지나면서 세 재소자는 노렌이 원하는 바가 무엇인지 감을 잡았다. 자신들이 직접 연극을 꾸려가길 원하는 것 같다고. 실제로 노렌은 전통적인 극단의 허구성과 겉치레에 넌더리가 나서 이제는 연극이라고 말하기 어렵지만 그렇다고 해서 연극이 아니라고 따지기도 힘든 극을 쓰고 싶었다. 자신의 재소자 배우들이 있는 그대로의 그들 자신이 되길, 이런저런 온갖 생각을 허심탄회하고 아무런 거리낌 없이 드러내길 바랐다.

게다가 재소자들이 대사를 읊는 것도 아니고 실제 배우처럼 자신이 아닌 누군가의 행세를 하는 것도 아닌 만큼, 연극 속에서 재소자들의 이름을 그대로 썼다. 맛스, 토뉘, 칼이 맛스, 토뉘, 칼을 연기하게 했다. 이 엄밀한 사실주의에서 유일한 예외라면, 배역의 네 번째 인물인 작가의 이름이 라르스가 아닌 욘이라는 것이었다. 사실상 연극 연습은 재소자 배우들 자신이 이전에 논의하고 왈가왈부 입씨름하면서 했던 얘기들을 '대사'로 익히는 과정이었다. 노렌은 작업 중인 대본 전체를 보여주며 내용 중 문제가 있다고 여겨지는 부분이 있으면 지적해달라고 권하기도 했다. 그런 지적에 열렬함이 배어 있으면 자신의 예술적 판단에는 있는 편이 더 나을 것 같더라도 그 대사를 빼버렸다. 적절한 시점에 이르자 노렌은 릭스테아테른의 전문 배우를 데려와 자신의 역을 맡겼다. 네 개의 의자 중 하나에 앉아 맛스, 토뉘, 칼에게 마음을 열도록 격려하는 욘을 연기하게 된 전문 배우는 스웨덴의 대세 배우이자 스웨덴 내에서 꽤 인지도가 높았던 레이네 브뤼놀프손이다. 브뤼놀프손이 교구 목사 역으로 출연하여 특히 유명세를 얻은 작품 〈천사들의 집Änglagård〉은, 스웨덴을 주 무대로 활동 중인 영국인 감독 콜린 너틀리의 마음 따뜻해지는 히피 영화로 1990년 초 개봉 당시 크게 흥행한 바 있었다.

이런 식의 회의 겸 연습은 여름에 잠시 중단되었다가 가을에 다시 시작되었다. 이 프로젝트에 대한 노렌의 끈질긴 열정은 전염성이 있었다. 그는 10월 말에 군나르 엥스트룀을 만났다. 20년도 더 전에 우메오 교도소에서 재소자들을 전부 내보내는 실험을 성공리에 해낸 바로 그 교도소장이자 당시엔 스톡홀름의 교정국 행정수장을 맡고 있던 엥스트룀은, 라르스 노렌의 프로젝트를 적극 지지하며 초연 공연이 이루어질 때까지 후원해주기로 약속했다. 이런 후원까지 필요해진 이유는 이 무렵 일이 너무 커져 있었기 때문이다. 즉, 프로젝트의 갱생 목적이 본질적인 효과를 내려면 연극을 교도소 담장 밖으로 가지고 나가 유료 관객 앞에서 공연해야 한다는 결정이 내려진 탓이었다. 그에 따라 재소자 배우들이 가석방을 받은 셈의 상황이 펼쳐졌다. 수차례 외출을 나갔고, 그렇게 외출을 나가면 대체로 사람들과 어울리며 라르스 노렌과의 합동 작업으로 얻게 된 위상을 즐기고, 릭스테아테른 건물 복도를 여기저기 돌아다니며 극단의 유력 인사들과 어울리면서 스웨덴 진보적 사상의 최첨단 물결에 올라탔다. 어느새 재소자 배우들은 자유인의 특권을 대부분 누리게 되었다. 이 프로젝트로 그와 합동 작업을 하던 대략 15개월이 넘는 기간 동안, 토뉘 올손은 90일간의 외출을 얻어 나갔고 간혹 덤으로 외박까지 얻어냈다.

　겨울이 다가오고 연습 활동이 진전되어 가는 사이에 여성 교도소장이던 비르기타 예란손의 눈에 이사 스테른베리의 예사롭지 않은 변화가 감지되었다. 아무래도 그 세 명의 매력적인 젊은 재소자들에게 지나치다시피 공감하는 듯 보였다. 모성 본능이 발동된 듯한 눈치였다. 예란손은 걱정스러운 마음에, 네 사람 모두를 불러 일은 일로만 봐야 한다고 강조했다. 연극단은 갱생 목적의 심리학적 작업일 뿐 그 이상도, 이하도 아니라고. 하지만 너무 늦은 경고였다. 이미 이사 스테른베리는 올손의 지정 연락자가 되어 그가 자신의 집에서 하룻밤 묵고 가도록 마련해주었다. 하지만 단속을 엄하게 하는 편이 아니라 그런 경우마다 대체로 그가 실제로 어디에서 밤을 보내는지 알 수 없었다. 그녀는 그 프로젝트에 너무 철저히 몰입한 나머지, 자신의 마음과 자신의 책임(특히 올손에 대한 책임) 사이에 적당한 거리를 두기 힘들어하는 상태에까지 이르렀다. 그 정도가 지나쳐서 한번은 한 친구에게 '토뉘가 나치주의 친구들과 모임을 갖고 싶어해서' 자기 아파트에서 쫓겨났다고 투덜거린 일도 있었다. 그런가 하면 차를 몰고 교도소로 가기 위해 집을 나서며 평범해 보이는 갈색 봉투 하나를 챙겼다. 그러고는 같이 있던 친구에게 그 안에 토뉘와 다른 재소자들이 사다 달라고 부탁한 무기 및 총기 문화 전문 잡지들이 들어 있다고 말했다. 그러면서 '불법이지만 난들 어쩌겠어?'라며 자신도 어쩔 수 없다고 하소연했다. 심지어 올손의 친구들 가운데 한 명이 그녀를 대신해, 연습이나 이후의 실제 공연에 데려오고 다시 데려다주는 목적으로 위임된 재소자들의 담당 운전사 의무를 넘겨받기도 했다. 이런 식의 안드레아스 악셀손Andreas Axelsson의 임명은 전적으로 비공식적이었다. 교정 당국의 그 누구로부터도 심사를 받지 않은 채 이루어졌고 그에 따라 그가 신나치주의 신문의 편집장이기도 했던 사실이 발각되지 않았다. 비르기타 예란손이 의심한 것처럼, 이사 스테른베리의 공감력은 통제 불능 상태였다.

세 명의 재소자들은 노렌이 따르려는 기본 방식을 이해하면서도 그 방식의 예술적 가치에는 회의를 느꼈다. 내심 그 모든 착상이 황당하다고 여겼다. '이게 다 무슨 헛소리래?' 맛스 닐손은 관객들이 이런 푸념을 늘어놓을 상황이 상상되었다. 저녁 내내 자기들 자신이나 자기들의 생각이 이러니저러니 하며 늘어놓는 횡설수설을 재미있게 들어줄 사람이 얼마나 될까 싶었다. 더더군다나 돈을 내고 들어와 그런 소리를 들으며 재미있어할 사람이 과연 있을까 싶기도 했다. 세 사람은 이런 회의감을 입 밖에는 꺼내지 않았다. 그러던 어느 순간, 셋 중에 가장 자기 확신이 뚜렷하고 편지를 썼던 장본인이자 노렌이 사실은 자신도 두렵다고 실토했던 유일한 대상인 칼 툰베리가 넌지시 털어놓았다. 자신들이 관객에게 선보이려는 이 연극이 사회적 물의를 빚으면 어쩌냐고. 이 말에, 노렌은 그럴 일은 절대 없을 거라고 장담했다.

이 대목에서는 짚고 넘어갈 만한 일화가 한 가지 더 있다. 여름철의 연습 중지 기간 사이에 1시간 분량의 대화가 삭제되었다. 맛스 닐손에 따르면 삭제된 대화의 대부분이 옳고 그름의 문제나, 병든 정신과 건강한 정신의 문제에 관련된 미묘한 내용이었다고 한다. 닐손은 기억하는 한 살면서 가장 행복했던 순간을 얘기해달라는 노렌의 부탁에 최선을 다해 대답해줬더니 그 부분도 빼먹었다며, 특히 더 유감스러워했다. 그 부분이 빠지는 바람에 연극이 습작 취급되어 주목받지 못한 것 같다며 아쉬워했다. 노렌이 세 사람을 당황하게 한 문제들은 이 외에도 또 있었다. 가령 이 연극에 '7:3'이라는 제목을 붙였는가 하면, 불이 켜지면서 재소자들이 처음으로 관객을 대면하게 되는 첫 장면에서 몸에 딱 붙는 티셔츠 차림으로 근육을 불끈거리며 등장한 후 무대 뒤 카운트에 맞춰 격렬히 팔굽혀펴기를 하다가 칼과 토뉘가 한 명씩 빠지고 맛스 혼자 남아 팔굽혀펴기를 하게 되는 상황으로 연출하는 것을 고집했다. 노렌은 그렇게 하면 관객들이 재미있어할 거라고 장담했고 세 사람은 그의 극적 통찰력에 경의를 표하며 따랐다.

11월 말에 〈7:3〉의 최종본이 완성되자 작업에 참여한 모두가 외스테르말름에 있는 스테른베리의 아파트에서 자축 만찬을 즐겼다. 몇 주 후인 1999년 2월 6일, 작품마다 관객들을 매료시켜온 라르스 노렌의 작품에 걸맞게 대중의 뜨거운 관심과 여기에 더해 단순한 사회적 관음 심리까지 자극되는 가운데, 드디어 〈7:3〉의 첫 공연이 우메오의 문화센터, 우메오 폴켓스후스에서 막이 올랐다. 이날의 공연을 시작으로 유료 관객 앞에서 총 22차례의 공연이 이어졌다. 마지막 공연이 있었던 5월 27일, 토뉘 올손은 차에 실려 외스테로케르 교도소로 돌아와 밤을 보냈다. 5월 28일 금요일부터 5월 30일 일요일까지 72시간의 외출을 승인받아 놓은 터라 다음 날 1시 정각이면 또 나갈 수 있었다. 금요일 저녁에는 맛스 닐손, 안드레아스 악셀손, 라르스 노렌과 함께 모든 일을 마무리하는 대단원의 의미에서 스톡홀름으로 메탈리카 콘서트를 보러 가기로 약속해두었다. 하지만 올손은 외스테로케르로 돌아와 외출 시간을 다음 날 1시가 아닌 아침 8시로 변경해달라고 요청했다. 메탈리카 콘서트를 보러 가고 싶은 마음은 그대로였으나 그 전에 해야 할 일이 있었다. 외출 시간 변경 요청은 승인되었다.

———

그 뒤에 일어난 일을 생각하면 라르스 노렌은 〈7:3〉 대본을 쓰지 말았어야 했다. 하지만 프로젝트 거의 초반부터 다큐멘터리 촬영 팀의 교도소 출입이 허용되면서 연습을 하며 논의하는 모습이나, 그 과정에서 옥신각신 입씨름을 벌이는 모습이 고스란히 노출되었다. 다큐멘터리에는 아령 따위를 들며 근육을 단련하는 모습,

침대에 누워 있는 모습, 운동장을 걸어서 왔다 갔다 하는 모습 등 재소자들의 일상생활도 곳곳에 담겼다. 2005년에는 이 다큐멘터리 촬영의 90분짜리 편집본이 〈리허설Repetitioner〉이라는 제목으로 개봉되었다.

이 영화는 연극과는 묘하게 대비된다. 노렌이 추구했던 목표, 즉 재구성이 거의 없는 실생활의 묘사 면에서 연극 자체보다 훨씬 더 근접해 보인다. 앤디 워홀 정신에 순수히 부합된다. 긴장 형성도, 극적 전개도 없으며 내용을 인위적으로 조절한 증거가 별로 눈에 띄지도 않는다. 연극의 실제 공연 모습도 여러 장면 담겨 있다. 대부분의 공연 장면은 의자 네 개와 복싱 링 크기 무대를 비춰주는 구석의 조명이 화면 안에 잡힌 구조다. 권투 시합에서처럼 관객은 무대 사방을 둘러싸고 있으며 맨 앞줄은 앞으로 몸을 뻗으면 공연자들을 만질 수도 있을 만큼 무대와 가깝다. 뻔히 예상되는 바이지만 레이네 브뤼놀프손 분의 욘을 빼면 연기 수준은 아마추어급이다. 다들 서툰 연기로, 대화에는 잔뜩 힘이 들어가 있지만 그래도 설득력 있게 전달된다.

공연을 보다가 충격을 받게 되는 첫 번째 순간은 제9장에 나온다. 토뉘 올손이 자발적으로 나서서 이렇게 말하는 장면이다. "나는 개인적으로 반유대주의야. 나에게 유대인은 외계인이야. 여기 사람이 아니야. 우리 문화와 공동체 의식을 분열시키니까. 유대인은 거머리처럼 우리 피를 빨아 먹는 족속이야…" 영화를 보면 이 대목에서 비난조의 휘파람 소리가 살짝 터지는 바람에 대화가 끊겼다 다시 이어진다. 그리고 연극이 끝났을 때 세 재소자와 전문 배우는 스칸디나비아의 전형적인 '트람페클라프trampeklapp'를 받는다. 다시 말해, 자발적 갈채가 터져 일제히 우레와 같은 박수를 보내다 발까지 쿵쿵 굴러주는 식의 열렬한 환호를 받는다. 배우들은 전문 배우들이 그렇듯, 한 줄로 서서 허리 숙여 인사한다. 관객들에게 꽃다발도 받는다. 한눈에도 배우들이 흥분해서 한껏 들떠 있는 것이 느껴진다. 과격한 성향으로 참담한 공연이 되었을 소지가 있던 프로젝트가 결국엔 그런 식으로 정당성을 얻은 셈이었으니 말이다.

하지만 관객의 갈채는 무슨 의미였을까? 유아용 자전거를 타고 서커스 링을 빙빙 도는 원숭이에게 환호하는 식의 그런 갈채였을까? 잘해서가 아니라 어쨌든 해냈다는 의미에서의 환호였을까? 관객들이 방금 본 그것은 연극이었을까, 실제상황이었을까? 공연자들은 대사를 읊은 연기자로 봐야 할까, 아니면 자신의 견해를 밝힌 실제 사람들로 봐야 할까? 《스벤스카 다그블라데트Svenska Dagbladet》의 기자 에리크 시덴블라드는 그 답에 일말의 의혹도 없었다. 그것은 토뉘 올손도 마찬가지였다. 올손의 반유대주의 표명을 들은 시덴블라드는 단순히 짧은 비난조의 휘파람 정도로 넘어가지 않았다. 그는 할룬다에서의 공연 중간에 벌떡 일어나 외쳤다. "그걸 지금 말이라고 하는 거야!" 그러자 올손은 무대에서 애드리브로 맞받아쳐 대꾸했다. "거기 당신, 입 닥치지 못해! 지금 우리가 우리 생각을 말하고 있잖아." 시덴블라드는 인종 간 혐오 선동을 금지하는 스웨덴 법에 따라 두 배우를 고소하려 했다가 변호사들의 말을 듣고 포기했다. 올손의 말이, 발언이나 견해 표현을 예술 작업의 필수적 요소로서 인정하는 법에 따라 보호받는다고 하니 별도리가 없었다.

〈리허설〉에는 원래의 연습(리허설) 겸 대화의 장면도 담겨 있다. 이 장면에서 라르스 노렌은 올손과 닐손이 홀로코스트를 부정할 거라고 넘겨짚었다가 그렇지 않다는 것을 알자 처음엔 당황스러워한다. 올손과 닐손이 설명한 그들의 입장은 이런 식이다. '나치가 독일에서 벌인 일은 스웨덴이나 스웨덴의 반유대주의와는 상관이 없다. 그것은 독일의 문제다. 자신들이 말하려는 것은 스웨덴의 국가사회주의다.' 논의가 이어지던 중 노렌은 두 사람에게 넌지시 말한다. 유대인들이 사회에서 전문가로 성공하기 위해 힘쓴 것은, 그들이 유럽에서 수백 년 동안 노출되어온 일종의 편견에 맞서 싸우려는 지극히 당연한 선택이었을 것이라고. 연극 속에서 올손은 '그들은 여기 사람이 아니다. 우리 문화와 연대 의식을 깨뜨리기 때문이다'라는 식의 불만을 투덜댔다. 노렌은 이에 대해서도 이의를 제기할 만했다. 겨우 1만 5,000명의 유대계 스웨덴인이 비유대계 스웨덴인의 수가 950만 명이 넘는 나라에 그런 파멸적 영향을 미칠 수 있겠냐고. 하지만 노렌은 고백의 진실성을 내세워 검열을 자제하기로 마음먹으며, 반유대주의 표출을 그대로 방치시켰다. 자백의 진실성을 통해 재소자들이나 관객들 모두에게 공감과 이해의 폭을 넓혀주는 동시에, 공연의 사실성에서 전례 없는 새로운 수준을 달성하게 되리라고 믿은 것이다. 연습 겸 토론이 진행되는 사이에 올손과 닐손 둘 다 백인 분리주의자들이며 스웨덴의 다문화주의에 완강히 반대하고 있다는 사실이 드러났다. 닐손은 북아프리카 출신의 수감자가 많다는 이유로 이른바 '가자 지구Gaza Strip'로 통하던 교도소 수감동에서의 수감 경험도 밝힌다. 그 수감동에는 말을 섞는 것조차 경멸스러운 소아성애자 한 명만 빼고, 스웨덴어를 사용하는 백인은 자신뿐이었다고.

노렌은 서로 주고받는 식으로 대화가 이어지게 하려고, 반유대주의에 반박하고 나서는 욘의 대사를 넣자고 제안한다. 욘이 한 유대교 예배당에서는 강제수용소에서 희생당한 모든 유대인의 이름을 큰 소리로 낭독하며 시간이 얼마나 걸리든 모든 죽음을 추도하고 있다는 말을 하면 어떻겠냐고. 이 제안에 토뉘는 반대한다. 자신의 말에 반박하는 것에 아주 거세게 반대하여 대본을 내던지더니 이제 프로젝트 일에는 상관하지 않겠다고 유치하게 성을 내며 냅다 방을 나가버린다. 잠시 후, 라르스 노렌이 자리에서 일어나 자기 의자에 대본을 내려놓고 말없이 그를 따라 복도로 나간다. 그를 계속 붙잡아두려고 마음을 다잡으면서.

노렌은 자신과 〈7:3〉을 작업 중인 세 재소자 중 두 명이 신나치주의자라는 것을 알고 있었다. 속을 알 수 없고 아주 영리한 칼 툰베리는 어느 순간에, '군인 동맹'이 은행을 털러 가기 전에 검은 복면과 검은 옷을 입었을 때 배역을 맡는 것 같았다고 말한다. 배역을 맡으며 한동안 다른 누군가가 되는 것 같았다고 하며 신나치주의에 대해 뻔히 보이는 경멸을 나타낸다. 하지만 맛스 닐손과 특히 토뉘 올손은 신나치주의에 드러내놓고 열광하며 적극적으로 옹호한다. 세 사람이 몸에 딱 붙는 티셔츠를 입고 보디빌더처럼 울룩불룩한 근육을 과시하며 등장하는 연극의 첫 장면에서, 맛스와 토뉘가 만卍자 문신을 노골적으로 드러내며 체력 과시를 하는 모습은 (그 과시적 행동에 배인 천진한 자부심 때문에) 어쩐지 아슬아슬한 분위기를 풍긴다. 관객들은 그 즉시 깨닫는다. 이들이 교도소에 갇혀 지내

는 대부분의 시간 동안 몸을 살인 기계로 단련시키는 데 써왔음을. 노렌은 그들이 전문 배우였다면 누구도 그런 효과를 끌어내지 못할 것이라고 주장했다. 그것이 그가 우메오의 무대에 올리고 싶었던 착상이었다.

하지만 그의 착상은 정확히 무엇이었을까?

노렌은 이후에 벌어진 사건들로 인해 〈7:3〉에 대해 거론할 만한 발언이 대폭 제한되기 전까지는, 특히 이들을 위해 이렇게 특별한 형식의 희곡을 쓰고 싶어 한 이유에 대해서나 극적 의식의 틀을 잡는 측면은 물론이요, 심지어 내용을 검열하는 측면에서조차 그 자신이 거의 '부재하는' 편을 선택한 것에 대해 여러 가지 이유를 댔다. 어떤 면에서 보면 이런 시도는 영국을 비롯한 다른 세계의 신문 독자들이나 공인들에게 낯설 테지만 스웨덴, 노르웨이, 덴마크 사회는 공개 토론의 문화가 뿌리 깊이 박혀 있다. 인터넷이 등장하기 훨씬 전부터 이런 공개 토론을 건강하고 효율적인 민주주의의 핵심으로 여겼다. 노렌이 추구한 목표 한 가지는 한 시민으로서의 책임감에 따른 것으로, 교도소와 교도소 체제가 수감자들에게 미치는 비인간화의 영향에 대해 대중매체적 토론을 시작해보려는 것이었다. 그는 〈7:3〉은 예술 활동이지 치유 요법이 아님을 줄기차게 주장했으나 또 한편으로는 교도소 수감자들이 그런 연극 세계에 몰입해봄으로써 형기를 마친 후 사회에 재편입할 때 전반적으로 더 수월히 적응하게 되리라고 믿기도 했다.

모든 사람이 그의 낙관론에 공감했던 것은 아니다. 노렌은 외스테로케르 교도소의 목사가 프로젝트에 동참하길 희망하며 〈7:3〉의 시연에 초대했다. 목사는 시연을 본 후 그 프로젝트가 비참한 결과를 불러올 소지가 있다며 동참을 거부했다. 노렌이 하려는 일이 범죄자들을 범죄자 의식에서 해방시켜주기보다 오히려 범죄자 의식을 더 부추길지 모른다는 견해도 밝혔다. 이런 반응에 노렌은 '악을 파헤쳐 악의 본질을 알아내고' 싶다는 바람을 밝히는 것으로 회답했다. 그는 극작가로서도 뭔가 새로운 것을 시도해보고 싶어 했다. 예전에 사무엘 베케트가 당대의 전통적인 극 형식을 거부하며 밝힌 것과 같은 이유에서였다. "대단찮은 업적에 넌더리가 나고, 예전부터 해온 고리타분하고 똑같은 일을 조금 더 잘할 수 있는 척 하고, 황량한 길에서 조금 더 멀리까지 갈 수 있는 척하는 것에 넌더리가 난다"라고 말하던 베케트와 같은 심정으로, 이제 그만 전통적 극 형식에서 탈피하고 싶어 했다. 미국의 기자 스탠 슈워츠와의 인터뷰에서 노렌은 이렇게 말했다. "이제 연극을 보는 게 식상해요. 거리의 언어를 담아내고 싶어요. 일상적인 연극의 언어가 아니라요. 극에서도 정신요법의 정신분석처럼 사실성에 철저히 집중해볼 수 있어요." 그는 불분명성의 위험, 다시 말해 생각을 제대로 표현하지 못해 필연적으로 폭력으로 이어지게 될 위험을 얘기했다.

〈리허설〉을 보면, 노렌은 재소자들과의 대화에서 고백하는 분위기를 조성하려 애쓰며 자신의 가장 어둡고 가장 불가해한 비밀과 두려움 몇 가지도 기꺼이 털어놓는다. 사실 노렌에게는 거의 종교적 열성으로 추구하는 예술 신조가 하나 있다. 노르웨이의 소설가 한스 예거Hans Jæger를 통해 가장 확실히 표현되었을 법한 신조로, 1890년대 크리스티아니아의 보헤미안들을 상징하는 인물인 예거가 자신의 보헤미안 9대 '계명'의 첫 번째로 밝힌 '너 자신의 삶을 글로 쓰라'이다. 이 신조에서 주목할 만한 특징은 딱 하나, 바로 문학적으로나 치유적으로나 가치를 띠는 유일한 예술은 고백 예술 뿐이라는 주장이다. 스칸디나비아의 문학에서는 함순의 『굶주림』, 『미스터리들』이 바로 그런 고백 예술의 탁월한 사례에 든다. 우리 시대의 뛰어난 사례로는, 칼 오베 크나우스고르가 쓴 총 여섯 권의 『나의 투쟁Min Kamp』이 있다. 덴마크에서는 톰 크리스텐센과 수산네 브뢰게르가, 스웨덴에서는 아우구스트 스트린드베리와 잉마르 베리만이 이 전통을 받들었으나 노렌이 〈7:3〉에서 보여준 것처럼 손질을 거의 가하지 않은 사례는 드물다. 영어권 독자들에게 친숙한 작가들의 사례로는 헨리 밀러, 잭 케루악, 찰스 부코스키, 레이먼드 카버가 있다. 노렌은 고백에 구원의 힘이 있다고 믿었다. 교도소 프로젝트를 떠받친 동력도 그런 믿음이었다. 변화란 우리 내면 가장 깊숙이에 잠재된 것이 수면으로 떠올라 빛 속으로 나와야만 가능하다는, 그런 신앙에 가까운 믿음이었다.

———

노렌은 스텐 슈워츠와의 신문사 인터뷰에서 이렇게 말했다. "언외의 뜻이 중요해요. 연극의 핵심은 언외의 뜻이에요." 토뉘 올손이 언외의 뜻이 무엇이었는지 알았다면 틀림없이 그의 말에 공감했을 것이다. 프로젝트 공동 작업을 벌이던 그해 거의 내내 올손은 노렌의 〈7:3〉에 자신의 언외의 뜻을 끊임없이 불어넣었다. 그 언외의 뜻이란, 한마디로 말해 NRA라고 할 만했다. NRA는 같은 관심사로 뭉친 단체 '국민혁명군Nationella Revolutionera Armé'의 약칭으로, 그는 연극 프로젝트에 쏟지 않은 나머지 열정을 여기에 모조리 바쳤다. 세 사람의 조직에 불과했던 이 '혁명군'의 모델은 IRAIrish Republican Army, 아일랜드 공화국군였다. IRA가 스스로를 정당한 정치적 목표를 갖춘 정당한 군사 독립체로 여기며 은행 강도 등의 범죄 행위를 통해 정치적 운영 자금을 조달했던 방법을 특히 중점적 모델로 본 떴다. NRA의 목표는 그런 자금 조달 방법을 통해 스웨덴 신나치주의를 활성화하는 것이었다.

〈7:3〉의 연습이 잠깐 중단된 기간에, 그리고 감독자가 동반하지 않는 72시간의 자율 외출 수차례 가운데 올손은 몇 번 동안 아주 다른 종류의 연습에 동참했다. 즉 일련의 강도 연습을 벌이며 스웨덴의 외진 동네를 골라, 경찰서와의 거리상 유리한 위치에 있는 우체국, 슈퍼마켓, 주류 판매점 등을 털었다. 올손, 악셀손 외에 이 패거리의 나머지 한 명은 야키에 아르클뢰브Jackie Arklöv였다. 아르클뢰브는 1990년대에 발칸반도에서 용병으로 활동한 바 있는데 이후 민간인에 대한 범죄행위로 체포당해 보스니아 법정에서 재판을 받고 13년형을 선고받았다. 복역 몇 개월 만에 죄수 교환의 일환으로 석방되어 얼마 뒤 스웨덴으로 돌아왔고, 스웨덴 당국으로부터 단기간 구금을 당한 후 자유인으로서 새 삶을 시작했다(이 구금 처분은 나중에 부당한 구금으로 판정되어 6만 크로나의 배상금을 받게 되었다). 반은 라이베리아인이고 반은 스웨덴인이라 피부가 검었던 아르클뢰브는 아돌프 히틀러의 견해를 열렬히 옹호하며 비현실적이기까지 한 변칙적 열정을 품었고, 히틀러의 군대에 아프리카 흑인 나치주의자들의 특수 군단도 있었다는 말로 이런 변칙적 열정을 정당화했다. 실전에 참여하여 수차례 살인을 했던 사람이라는 점에서 야키에 아르클뢰브는 토뉘 올손의 눈에 영웅으로 비쳤다. 올손은 교도소에 수감되어 있는 동안 아르클뢰브와 편지 왕래를 시작하여 어느새 서로 끈끈한 유대감을 키우게 되었다. 급기야는 스웨덴에서의 나치 혁명이라는 꿈을 펼쳐나가는 일환으로, 아르클뢰브를 NRA의 군사령관으로 임명하기도 했다.

목표 대상, 작전 경로와 대체 경로, 첫 번째 도주차량을 버리고 두 번째 도주차량으로 옮겨 탈 장소 등의 선택은 올손의 교도소 출입 담당 운전사 안드레아스 악셸손이 맡아서 치밀하게 수행했다. 1999년 초봄에 이 3인조가 스웨덴 남동부 린셰핑 인근의 시골에서 연이은 기습 강도를 벌이며 동원한 폭력과 위압의 정도는 이른바 강도질에는 어울리지 않을 만큼 과도했다. 하지만 이 강도질의 목적은 돈이 아니었다. 강도질을 벌이며 폭력의 사용에 익숙해지는 것이 그 진짜 목적이었다.

———

5월 29일 금요일 이른 오후, 린셰핑에서 남쪽으로 50킬로미터 정도 떨어지고 주민 수가 4,000명이 채 안 되는 지역인 시사의 경찰서에서 케너트 에클룬드Kenneth Eklund가 근무를 서고 있을 때 주민 한 명이 말렉산데르의 큰길에 있는 외스트예타 엔스킬다 은행에 강도가 든 것 같다고 신고했다. 에클룬드는 한달음에 차에 올라타 은행 쪽으로 출동해 약간 떨어진 거리에 차를 세워놓고 주변 상황을 살펴봤다. 은행 밖 보도에 한 남자가 서 있고 옆에는 녹색 사브 3000이 세워져 있었다. 남자는 검은색 옷에 눈구멍이 뚫린 검은색 복면을 뒤집어쓴 모습으로 자동소총을 품에 끼고 있었다. 에클룬드는 검은색과 흰색으로 칠해진 순찰차를 200미터쯤 떨어진 지점의 나무들 뒤에 안 보이게 주차해놓았다. 표준 지침에 따라 강도질을 방해하려 끼어들지 않고, 그 흉악 범죄가 흔해 빠진 수법으로 느릿하게 벌어지는 상황을 주시했다. 중간중간 차에서 나와 길가에서 상황을 살펴보기도 했다. 복면을 뒤집어쓰고 은행 입구에서 보초를 서던 남자는 에클룬드가 지켜보는 걸 알아채, 이 경찰관이 빼꼼히 내다볼 때마다 총을 겨누며 더 이상 가까이 오지 말라고 소리쳤다. 차들이 그 상황을 구경하느라 서행으로 지나갔다. 한 관광버스는 아예 차를 세우고 승객들이 기관단총을 든 복면 쓴 남자의 사진을 찍게 해주다가 보초남이 그 총을 운전사에게 겨누자 그제야 다시 출발했다. 어느 순간엔 한 노인이 도로를 건너 어슬렁어슬렁 보초남에게로 곧장 걸어갔다. 보초남이 총을 들어 돌아가라는 신호를 보냈다. 노인은 아랑곳하지 않았다. 그는 기어이 노인의 가슴에 총을 겨누며 걸음을 멈춰 돌아가라고 외쳤다.

"내가 왜?" 노인이 물었다.

"지금 강도질 중이잖아. 보고도 모르겠어?" 보초남이 말했다.

"알아. 그치만 난 여기에 사는데."

실랑이 끝에 노인은 돌아가기로 하여 여전히 느긋한 걸음으로 왔던 길을 되돌아갔다.

그 외에도 몇 건의 기상천외한 일들이 이어지며 15분쯤 지났을 때, 다른 두 명이 역시 복면을 쓰고 멜빵 작업복 차림으로 자동소총을 든 채 은행 문밖으로 달려 나왔다. 은행 보관함과 돈을 묵직이 채운 배낭을 들고 나와서 서둘러 사브에 올라탔다. 운전자는 차를 빙 돌린 후 속도를 높여 역주행으로 달아났다. 에클룬드는 간발의 차이로 위험을 피했다. 차창 밖으로 총신이 튀어나온 것을 보고는 사브가 불과 4, 5미터 떨어진 거리에서 지나가는 순간 자신의 차 뒤로 몸을 홱 숙였다. 사브는 시사를 벗어나기 위해 내달았다. 에클룬드는 얼른 순찰차에 올라 뒤쫓아갔다. 지원팀이 올 때까지 뒤를 추적할 생각이었다. 하지만 그 뒤 상황은 그의 의도와는 다소 다르게 전개된다.

———

에클룬드가 1.6킬로미터쯤 달려 S자 커브 길의 첫 번째 커브를 도는 순간, 두 번째 커브 지점 중간에 사브가 멈춰 서 있는 것이 눈에 들어왔다. 세 명이 다 차 밖으로 나와 차를 둘러싸고 서 있다가 총을 들어 올려 발사했다. 에클룬드는 브레이크를 밟은 후 기어를 후진으로 넣고 최대한 세게 액셀을 밟았다. 3인조 강도들은 급히 차에 올라타더니 빠른 속도로 출발했다. 에클룬드도 다시 그 뒤를 따라갔다. E34번 도로의 좁고 꾸불꾸불한 커브 길을 달릴 때는 속도계 바늘이 150킬로미터 언저리에서 왔다 갔다 했다.

1, 2분 후 강도들이 아까처럼 커브 길에서 차를 세워놓고 에클룬드의 순찰차가 시야에 들어오는 순간 총을 발사했다. 에클룬드가 이번에도 브레이크를 세게 밟으며 어렵사리 핸들을 조종해서 차가 끼익 소리와 함께 옆으로 미끄러지며 섰다. 차가 멈춰섰을 때 두 차량 간의 거리는 25미터에 불과했다. 강도들이 계속해서 총질을 해대자 에클룬드는 다시 차를 후진시키려 했다. 하지만 엔진에 과부하가 걸려 시동이 꺼져버렸다. 하는 수 없이 강도들이 다시 사브에 올라타 가버리기만을 바라며 잠시 조수석 쪽으로 엎드려 있었다. 몇 초 정도 후 주위가 조용했다. 에클룬드는 강도들이 이제 갔겠거니 생각하며 허리를 펴고 앉았다. 그 순간 그의 눈앞에 자신

의 차로 다가오는 강도들이 보였다. 머릿속에 한 가지 생각밖에는 떠오르지 않았다. 그대로 차 안에서 죽고 싶지 않다는 일념뿐이었다. 에클룬드는 차 문을 열고 급히 나와 도로변의 관목 무성한 습지대로 죽을힘을 다해 달렸다. 자동소총 연발 소리에 이어 수류탄 두 개가 바로 몇 미터 뒤에서 폭발하는 소리까지 들려왔다. 나무들 사이로 달려 들어갔다가 뒤집혀 있는 흰색 보트를 발견하고 그 뒤로 가서 숨었다. 그곳에서 15분을 그대로 있었다. 이제는 안전할 것 같은 생각에 일어났는데 나무들 사이로 다가오는 남자가 보였다. 남자의 손에는 총처럼 보이는 것이 들려 있었다. 강도 중 한 명이 틀림없다는 생각에 에클룬드는 권총을 겨누며 그 자리에 서지 않으면 발사하겠다고 소리쳤다. 남자가 큰 소리로 자신은 기자라고 말했다. 에클룬드는 총을 내렸다. 기자가 가까이 다가왔을 때 보니 총인 줄 알았던 그것은 카메라였다.

한편 다른 경찰관 두 명도 막 오후 교대 근무를 시작했다가 비상경보가 울리자 대응 조치에 나섰다. 두 경찰관의 근무지는 모탈라 소재 미엘뷔 경찰 지구였다. 사실상 말렉산데르는 이 경찰 지구의 관할 구역은 아니었지만 로베르트 칼스트룀Robert Karlström과 올레 보렌Olle Borén은 강도들이 향했을 것 같은 복스홀름 지역으로 출동하겠다고 무전기로 알렸다. 두 경찰관은 E34번 도로에 차를 세워놓고 차량을 지켜보았다. 그러다 오토바이를 타고 지나가던 사람에게 눈길이 끌려 신분증을 보여달라는 신호를 보냈다. 공교롭게도 이 사람은 몇 분 전 강도들이 에클룬드를 쫓아 관목지로 들어가고 두 개의 수류탄 중 하나가 폭발했던 바로 그 순간에 그곳 현장을 지나왔다. 경찰관이 신분증을 확인할 때 오토바이를 탄 남자는 조금 전 겪은 일을 이야기해주며 충격파로 인한 진동을 느꼈다고 말했다. 훗날, 이때의 경찰 대면과 관련된 질문에서 그는 당시 경찰이 자신의 신분증 확인에 더 관심을 보이며 그 얘기를 진지하게 듣지 않는 듯했다고 밝혔다. 두 경찰관은 그를 보내준 뒤 계속 지나가는 차량을 주시했다. 이 외에도, 케너트 에클룬드의 살해 시도에 대한 소식이 린셰핑 주파수에만 전해지고 미엘뷔 주파수대에는 중계되지 않았다는 사실까지 고려해 보면, 칼스트룀과 보렌은 자신들이 수색 중인 범인들에 대해 실질적으로 아는 것이 없었다.

어느 순간 불쑥 흰색 도요타 한 대가 나타났다. 빠른 속도로 불안하게 운전하는 모양새로 미루어 아무래도 수상쩍었다. 차에는 운전자 혼자인 것으로 보였다. 차량 도난이나 음주 운전이 의심되었다. 올레 보렌이 무전으로 번호판 조회를 요청하며 차를 빼내 도요타를 추격했다. 모탈라에서는 근무 중이던 경찰관은 이제 막 교대 근무를 시작한 터라 이 조회 문의에 답해주려면 컴퓨터에 로그인부터 해야 했다. 볼보 경찰차가 도요타를 뒤쫓아가면서 '차를 길가에 대라는' 파란색 경광등을 켜는 동안 보렌은 무전기를 통화 상태로 켜두었다. 모탈라의 경찰관이 보렌에게 그 차가 스톡홀름의 스타토일 주유소에서 빌린 렌터카라고 말해주려 할 때 두 경찰관 중 한 명이 뭐라고 얘기하는 소리가 들렸다. 그러더니 잠시 후 자동소총 소리가 이어졌다.

강도들은 커브 길 중간에서 기습적으로 차를 세워놓고 기다리는 수법을 또 한 번 동원했다. 이번에 차를 세워둔 곳은 일시 정차 구역을 바로 지난 위치로, 회색의 철제 가드레일이 설치된 곳이었다. 보렌이 비상정지로 차를 세우면서 순찰차는 도요타 뒤로 6, 7미터 떨어진 거리에 멈춰 서게 되었다. 그 순간 도요타의 뒷좌석에 엎드려 있었던 것으로 추정되는 남자가 일어나 앉더니 곧바로 뒷유리로 예닐곱의 연발탄을 두 차례 발사했다. 보렌과 칼스트뢰은 각자 차 문을 열고 몸을 굴려서 밖으로 나와 권총으로 응사 사격을 했다. 조수석 발밑 공간에 웅크리고 숨어 있던 또 다른 남자가 차 문을 발로 차서 열더니 문을 방패 삼아 총을 쏴댔다. 두 경찰관은 화력에서 속수무책으로 밀렸다. 결국 칼스트뢰은 순찰차의 뒤편에서 총에 맞아 쓰러지고 말았다. 보렌은 엄호를 위해 도로 맞은편으로 돌진하다가 총을 맞고 도로변 도랑에 얼굴을 처박으며 쓰러졌다. 이후 범죄 현장 조사관들이 살펴봤더니 순찰차에 박히거나 관통한 총탄이 모두 열네 발이었고, 차량 외부와 내부의 탄착점♦도 각각 스물여섯 개와 열아홉 개나 되었다.

강도들은 사망한 두 경찰관을 그대로 버려둔 채 흰색 도요타에 다시 올라타 그 자리를 떠나버렸다. 악셀손이 가슴과 복부에 심한 부상을 입은 터라 총격 이후 얼마 지나지 않은 시점에 올손과 아르클뢰브는 오토바이를 타고 지나가는 사람을 멈춰 세워 자신들이 심한 교통사고를 당했다는 거짓말을 둘러대며 부탁을 했다. 자신들은 도울 일이 없는지 알아보러 사고 현장에 돌아가봐야 하니 악셀손을 복스홀름 지구 보건소까지 태워다 달라고 했다. 오토바이 운전자는 그 말을 한마디도 믿지 않았지만 부상을 입고 치료가 필요한 남자를 외면할 수 없었다. 한편 올손과 아르클뢰브는 폐가로 방치된 농가의 텅 빈 헛간에 도요타를 버리고, 돈으로 빵빵하게 채

♦ 총포에서 발사한 탄알이 처음으로 도달한 지점.

운 배낭에 무기를 최대한 많이 챙겨 넣어 숲으로 걸어 들어갔다.

스웨덴에서는 경찰의 휴가가 전면 취소되고 대대적인 범인 수색이 이루어졌다. 경찰은 악셀손의 일기장을 뒤져보던 중 토뉘 올손의 이름을 알아내는 한편, 악셀손을 병원에 태워다준 남자를 통해 이 패거리의 두 사람 외에 또 다른 일원이 검은 피부를 가졌다는 사실도 파악했다. 아르클뢰브는 어이가 없을 만큼 무모하게 행동했다. 은행 습격 중 어느 순간에 얼굴을 긁느라 복면을 벗어 올렸는가 하면 오토바이 운전자에게 악셀손을 병원에 태워다 달라고 설득할 때는 복면을 아예 쓰지도 않았다. 이렇게까지 신상이 밝혀진 상황에서 스웨덴어가 원어민처럼 유창한 검은 피부의 남자로서는 은행을 털어 250만 크로나가 넘는 현금을 강탈하고 두 명의 경찰관을 살해하고 또 한 명의 경찰관을 살해하려다 미수에 그친 범죄와 연루되어 수배를 받는 와중에 체포를 피해가기 어려웠다. 1999년 5월 31일, 야키에 아르클뢰브는 튀레쇠에 있는 안드레아스 악셀손의 아파트 밖에서 짧은 총격전 끝에 부상을 입고 체포되었다. 토뉘 올손은 여자친구 레나의 도움으로 대대적인 경찰의 검거망을 피해 독일로 건너가 코스타리카행 비행기에 올랐다. 이후 비밀 정보에 따른 검거 작전이 벌어지면서, 임대해 지내던 아파트가 6월 5일 현지 경찰에게 포위당하자 저항도 없이 항복했고 코스타리카의 감옥에서 몇 주 동안 갇혀 있다가 스웨덴으로 송환되었다.

1999년 11월의 재판에서 세 사람 모두 살인, 살인미수, 시사의 은행 강도, 우체국, 슈퍼마켓, 주류 판매점에서의 강도 연습 등의 혐의에 대해 유죄 판결을 받으며 종신형을 선고받았다. 이 강도 사건이 일어나던 무렵 자유의 몸으로 풀려나 있던 맛스 닐손은 도난 현금의 처리를 도운 죄로 1년형을 받았다. 야키에 아르클뢰브는 몇 년의 형을 살던 중 스웨덴 법정에서 재판을 받아 1990년대에 보스니아에서 용병으로 활동하던 당시 저지른 고문과 살인 등의 범죄에 대해 유죄를 선고받았다. 이는 스웨덴에서 전범으로 유죄를 선고받은 최초의 사례였다.

강도 패거리들은 재판 내내 올레 보렌과 로베르트 칼스트룀에게 치명상을 입힌 총격범이 누구인지 말하지 않았다. 경찰과 기자들 사이의 전반적 견해에 따르면 토뉘 올손이었을 가능성이 가장 높았다. 그가 셋 중 유일하게 사이코패스로 진단받았기 때문이다. 안드레아스 악셀손이 부상에서 회복된 이후의 인터뷰에서 올손이 그 총격범이라는 뉘앙스를 넌지시 내비친 바 있었다. 올손은 자신에 대한 그런 추정을 인정하지도, 부인하지도 않았다. 진실은 2년 후에야 드러났다. 스웨덴 TV에서 폴케 뤼덴Folke Rydén의 다큐멘터리 〈말렉산데르로 가는 길Vägen til Malexander〉이 방송된 이후였다. 야키에 아르클뢰브는 이 다큐멘터리를 본 후 고위 경찰관 두 명과의 정식 면담을 요청했다. 그가 변호사의 입회 아래 실토한 2년 전 사건의 전모는 이러했다. 패거리는 가드레일 옆의 커브 길에 차를 세웠다. 아르클뢰브 자신은 조수석 문을 열고 몸을 웅크린 채로 총을 쏘기 시작했고 몇 초가 흐르도록 대응 사격이 없어서 몸을 똑바로 펴봤다고 한다. 도요타가 가드레일과 너무 가까워서 몸이 빠져나갈 만큼 문이 제대로 열리지 않아 가드레일을 넘어가 경사지에 내려서야 했단다. 파란색과 흰색으로 칠해진 순찰차 뒤로 돌아가 보니 로베르트 칼스트룀이 바닥에 쓰러져 있고 코와 입에서 피를 철철 쏟아내며 머리 쪽 아스팔트에 피가 흥건했다. 근처에 떨어져 있는 칼스트룀의 권총을 집어 들고 올레 보렌이 얕은 도랑에 얼굴을 묻고 쓰러져 있는 맞은편 도로로 건너가보니 그때까지 보렌은 경상만 입은 상태였다. 아르클뢰브가 몸을 앞으로 숙여 칼스트룀의 권총으로 뒤통수를 쏘지 않았다면 틀림없이 회복되었을 만한 가벼운 부상이었다. 잠시 후 아르클뢰브는 보렌의 총을 집어 들고 볼보 뒤쪽으로 다시 갔다. 그리고 10센티미터 정도 떨어진 거리에서 칼스트룀의 이마에 총알을 박아넣었다.

———

어떻게 보면 라르스 노렌이 세 재소자 배우들 중 두 명이 품었던 반유대주의 견해에 공감했던 걸까? 아니, 그 반대였다. 헨리크 입센은 노년에 국민으로서의 부담으로부터 자유로운 유대인에 대해 부러운 마음을 살며시 표한 적이 있다. 노렌은 (그 자신이 문학계에서 우상으로 떠받드는 인물 중 한 명인) 프리모 레비와 함께 아우슈비츠 수용소에 붙잡혀 있었던 남자와의 TV 방송 인터뷰 중에 똑같은 부러움을 훨씬 더 열렬히 표출했다. 자신은 늘 유대인처럼 느껴왔다며 유대인이었으면 좋겠다고. 이제는 말렉산데르 살인 사건의 반향이 희미해진 시점인 만큼, 〈7:3〉을 통해 그가 추구했던 시도를 다시 살펴보기에 적기라 여겨진다.

이 연극과 관련해서 거의 논의된 적이 없는 한 측면이 있다. 스웨덴에서의 언론의 자유 조건이나, 사회적으로 보수적인 우파가 스웨덴의 정치적 삶 전반에서 보이는 입장과 태도를 반영해주는 관점이다. 최근 몇 년 사이 노르웨이 진보당FrP은 노르웨이의 중도우파 연립정부를 구성해왔다. 덴마크에서는 덴마크 국민당DF이 2015년 총선에서 20퍼센트 이상의 표를 얻어 덴마크 내각에 여러 의석을 차지했다. 스웨덴의 스웨덴 민주당SD은 노르웨이 진보당, 덴마크 국민당 모두와 자매결연 당이다. 세 당 모두 이민과 다문화주의의 문제에서 보수주의를 취하면서 자신들의 입장은 인종주의와는 절대적으로 별개임을 표방했다. 스웨덴 민주당은 2014년 말 총선에서 여덟 개의 정당 가운데 세 번째 다수당이 되어 스웨덴 의회에 여러 의석을 확보했다. 하지만 2010년 그들이 스웨덴 의회에서 최초로 의석을 차지한 이후 이 정당에 대한 방역선◆이 처져 있던 터여서, 의회에 의석을 차지한 여섯 개의 다른 당들은 이 방역선을 깨고 스웨덴 민주당의 정부 발언권 행사를 허용하기보다 사회민주당 당수 스테판 뢰프벤의 지휘 아래 연합을 형성했다. 스웨덴 민주당의 목소리를 부정하려는 결의가 이들 연합의 유일한 공통 기반이나 다름없었다.

이런 스웨덴의 제도는 비례대표제의 가치를 무의미하게 만들었다. 스웨덴 민주당에 표를 준 상당수 유권자의 선거권을 박탈한 것이나 다름없었기 때문이다. 이들 유권자가 사실상 투표를 하지 않은 셈이 된 것이다. 2010년대 이민 위기와 2015년《샤를리 에브도》테러로 인해 투표에서 스웨덴 민주당의 인기가 오히려 높아지고, 2016년 초 몇 주 사이 스웨덴에 이민 위기감이 팽배해졌을 때

◆   cordon sanitaire. 전염병을 격리하듯 극단적 정치 세력을 격리시킨다는 의미의 정치 용어.

정당 연립은 스웨덴 민주당이 한동안 옹호해온 모든 규제 조치를 꺼내들었다. 국경을 폐쇄하고, 외레순 다리♦를 건너는 열차, 페리, 자동차를 검문하고, 최근에 망명을 요구하며 스웨덴으로 들어온 무려 8만 명이 불법 이민자로 추방당할지도 모를 만한 건의를 했다.

이런 어수선한 상황 속에서 스웨덴은 한없이 급진적인 인도주의에 전념해온 자국의 또 다른 측면을 스스로 드러냈다. 즉, 사회적 보수주의 견해를 거의 병적일 정도로 두려워하며 그런 견해의 지지자들을 악마로 여기는, 그런 급진적 인도주의를 펼치는 스웨덴의 또 다른 모습이 부각되었다. 사실 이런 인도주의 태도를 '정치적 정당성'♦♦으로 간주한다면 요점을 놓치게 된다. 스웨덴의 문화계 및 정치계 엘리트층이 내면화해온 사회민주주의의 핵심 가치는, 그 필연적 결과로서 다문화주의와 페미니즘을 정치철학으로 적극 추진하는 한편, 세계화된 문화의 이상을 열렬히 추구하는 나머지 때로는 민족국가의 폐기를 검토하는 것까지 불사하도록 부추긴다. 어쩌면 이사 스테른베리가 토뉘 올손과 맛스 닐손 같은 사람들의 요구 앞에서 충동적이고도 한없는 관용을 베풀어준 것은, 스웨덴의 지적·문화적 엘리트층 전반의 전형적인 마음가짐을 개인적 차원에서 반영해준 사례일지 모른다. 이들 엘리트층에게 스웨덴이라는 나라는 정부의 본질적 양식에 일반인들의 견해와 무관하게 **반드시** 사회민주주의의 가치가 반영되어야 하는 그런 나라다. 이런 사람들에게는 그런 견해에 반대하는 것은 좋게 말하면 잘못된 생각이

♦　외레순해협에 걸친 도로·철도 병용교.
♦♦　차별적인 언어 사용·행동을 피하는 원칙.

고, 나쁘게 말하면 죄스러운 것이다.

스웨덴 민주당이 2014년 선거에서 성공한 이후 그들을 대상으로 펼쳐진 방역선의 몇몇 사례는 도덕적 허영심이 엿보이기도 한다. 한 예로 스웨덴 민주당이 의회에 의석을 차지하게 되면서 위원회 회의실의 좌석 배치에 변화가 생기게 되었다. 전통적인 두 열의 좌석 대신에, 정부석 한 열과 야당석 한 열 외에 스웨덴 민주당을 위한 특별 좌석이 한 열 더 추가되었다. 이유는 다른 야당들이 여러 가지 쟁점에서 자신들의 입장을 스웨덴 민주당 의원들이 눈치채지 못하게 하고 싶어서였다. 그들이 자신들과 같은 표를 던질까 봐 말이다. 비교적 최근에는 연립 여당의 한 의원이 도덕적 오염을 경계하는 이런 식의 두려움을 어처구니없는 지경까지 표출하기도 했다. 그 의원은 스웨덴 민주당 출신의 어떤 의원과 TV 프로그램에 함께 출연하기로 되어 있었는데 민주당 의원이 메이크업을 받는 동안엔 같이 분장실에 들어가 있을 수 없다고 버텼다.

생각해보면 참으로 역설적이다. 스웨덴인은 사회의 가장 뿌리 깊은 금기에 도전하는 개방성으로 명성이 높아 금기를 야기하는 모든 생각에 도전하는 것처럼 보일 정도인데, 그런 개방성에 너무 집착함으로써 오히려 우리의 세계는 어차피 완벽한 세상이 될 수 없다는 견디기 힘든 암시를 보여주고 있다. 라르스 노렌이 〈7:3〉을 통해 올손과 닐손에게 반유대주의 견해를 표출할 무대를 마련해준 이유가 뭘지 생각하다 보면 가끔 드는 의문이 있다. 혹시 그가 일종의 압력솥 같은 위험을 본능적으로 깨달은 건 아닐까? 추악하고 충격적으로 느껴질 법한 견해의 표출을 공공연히든 암암리든 억제할 경우 압력솥이 터지듯 위험해질 것이라고 여겼던 걸까? 이런 깨달음에 대한 그의 거북함이 〈7:3〉에 담긴 언외의 뜻 중 하나는 아니었을까? 노렌은 관객들에게 상기시키고 싶었던 걸지도 모른다. 그나 관객들이 아무리 마음에 안 들어 해도 올손, 닐손, 아르클뢰브 같은 사람들이 옹호하는 견해는 엄연히 존재한다는 것을. 또한 그 자신이 직접 지적했듯 그런 견해를 검열로 묵살할 경우 그에 대한 결과로 폭력성이 나타날 가능성이 있음을. 노렌은 선의에 따른 검열이 막되고 불쾌한 말이나 생각에 대항하는 최선책이 아닐 수도 있다는 얘길 하고 싶었던 걸까? 그런 말이나 생각을 입 밖으로 표명하지 못하게 억제하면 마음속에 분개심이 쌓여 지하 조직을 이루도록 내몰게 되어 급기야 어느 순간 갑작스럽고 이해 불가해 보이는 광란의 폭력 사태로 폭발할 수 있음을 상기시키려던 걸까? 〈7:3〉은 그 외 여러 언외의 뜻을 통해, 스웨덴에서 표현의 자유라는 문제를 논의해보도록 기여한 작품인 걸까?

———

유튜브에는 2013년에 찍은 야키에 아르클뢰브의 인터뷰 동영상이 20분 분량으로 올라와 있다. TV 방송의 인터뷰어가 탁자를 사이에 두고 그와 인터뷰를 가진 영상이다. 아르클뢰브는 연한 파란색 티셔츠 위에 파란색 죄수복 상의를 입고 나온다. 잘생기고 건강해 보이는 모습이다. 인터뷰 후반부에서, 상의를 벗을 때 보면 〈리허설〉에 나오는 토뉘 올손, 맛스 닐손, 칼 툰베리가 감옥에서 운동으로 몸을 단련시켜서 만든 그런 근육질의 몸이 드러나기도 한다. 그의 태도는 온순하다. 심지어 수줍어하기까지 한다. 의견 표출이 분명하고 사려 깊은 사람처럼 보인다. 인터뷰에서는 말렉산데르에 대한 이야기와 2001년의 자백 이야기가 화제로 나온다. 그는 그날의 사건을 사실대로 털어놓기로 한 동기를 밝힌다. 아직도 두 경찰관을 잃고 슬퍼하고 있는 누군가의 말 때문이었다고. 대화가 이어지는 사이에 그는 차츰 긴장이 풀린다. "현재 당신의 정체성은 어떤가요?" "현재의 당신은 어떤 사람인가요?" 인터뷰어가 묻자 아르클뢰브는 한참 뜸을 들이다 대답한다. "진작 되었어야 하는 그런 사람이요. 그 모든 사건이 일어나기 전의 진작에요."

두 사람은 노르웨이의 연쇄살인범 아네르스 브레이비크의 이야기도 나눈다. 인터뷰어가 브레이비크가 그런 짓을 벌인 것이 이해가 되냐고 물었다. 아르클뢰브는 한참을 곰곰이 생각하다가 다음과 같은 비유를 제시했다. '어떤 남자가 차를 몰고 가다가 엔진에 이상이 있다는 것을 감지한다. 차에서 내려 보닛을 열고 보니 점화 플러그가 문제였다. 남자는 쓸모없는 그 점화 플러그를 빼내서 버린다. 하지만 그 점화 플러그가 미워서 버린 것이 아니다.' 아르클뢰브는 브레이비크도 자신이 죽인 희생자들을 미워하지 않았다고 말한다. 둘 다 문제의 근원을 밝혀내 처리하는 경우였다고. 개인적 감정으로 그런 것은 아니라고. 아르클뢰브는 우주선이 착륙하면서 우리와 똑같아 보이지만 사실은 우리와 전혀 다른, 그런 외계인들이 쏟아져 나오는 SF 영화들을 떠올리며 말을 잇는다. 브레이비크의 모습을 처음 봤을 때 그가 그런 외계인처럼 생각되었다고. 이런 비유를 들면서 탁자 너머로 설핏 미소를 지어 보이기도 한다. 살짝 믿기지 않는다는 뉘앙스로, 고개를 내저으며 자연스럽게 짓는 미소다. 인터뷰어가 브레이비크 같은 사람의 미스터리에 대한 자신의 서글픈 당혹감에 공감해주길 바라는 것처럼. "하지만 많은 사람이 당신에 대해 그런 식으로 생각해요." 인터뷰어가 곧바로 그에게 상기시킨다. 아르클뢰브는 고개를 끄덕인다. 미소가 사라지면서 바로 그 순간, 그가 저지른 짓을 알면서도, 그가 유발한 이루 다 말할 수 없는 고통을 알면서도 그가 안쓰러워 보인다. 노먼 메일러♦가 살인과 강도죄로 19년형을 선고받아 유타 교도소에 복역 중이던 잭 헨리 애벗의 석방 운동을 하면서 제기한 주장이 떠오른다. 최악의 한순간만으로 한 사람의 평생을 판단하는 것은 너무 가혹하다는 것이다. 뒤이어 애벗이 석방된 후 일어난 사건도 떠오른다. 석방 14일 후 레스토랑에서 직원용 화장실 사용을 허락해주지 않았다는 이유로 웨이터를 칼로 찔러 죽인 사건이다. 그러다 다시 야키에 아르클뢰브가 떠오르면서, 그의 최악의 순간이 끔찍하도록 길게 이어지고 있는 듯하다. 그러다 또 잠시 후엔, 그 인터뷰어처럼 악수를 하고 방을 나오며 문을 굳게 닫는다.

♦ Norman Mailer. 미국 소설가. 전쟁 때 체험한 사실을 바탕으로 한 장편소설 『나자와 사자(The Naked and the Dead)』는 가장 우수한 전쟁문학의 하나로 인정받아 세계적 주목을 받았다. 그 밖에 인간 문제나 베트남 전쟁의 내용을 다룬 『밤의 군대들』로 퓰리처상을 받았다.

—— 15
오슬로, 2016

오랜 친구 에를링이 세상을 떠나기 2년 전쯤 나는 그와 〈마이너리티 리포트Minority Report〉의 톰 크루즈를 보러 드론닝엔스 거리의 시네마테케에 갔다. 영화는 노골적인 상업영화치고 드물게도 시사하는 바가 컸다. 필립 K. 딕의 동명의 단편소설을 원작으로 제작된 이 영화는 미래를 배경으로 하여, 꿈에서 미래의 살인자를 보는 '프리코그'라는 사람들이 나온다. 이들의 예지력을 활용해 경찰이 유능하게 사건에 개입하여 살인이 아예 일어나지 않아 뉴욕의 살인율(아니, 정확히 말해서 영화상 뉴욕 살인율)은 0으로 떨어진다. 체포된 미래의 살인자들은 일종의 거대한 지하 교도소에 있는 대형 시험관 안에 냉동 보존된다. 이 영화가 던지는 화두는, 이들이 실제로 저지른 적도 없는 범죄로 인해 영구적인 식물인간 상태로 붙잡혀 있다는 사실에서 제기되는 윤리적 문제이다.

나는 드론닝엔스 거리를 따라 칼 요한 거리 쪽을 향해 걸으며 에를링에게 영화를 보고 느낀 흥분을 전하려 했다. 에를링은 중간

중간 우뚝 멈춰 서면서 대꾸를 해주려 애쓰는 듯한 모습을 보였다. 눈을 크게 뜨기도 하고 머리가 폭발할 것 같은 사람처럼 머리 위로 손가락을 깍지 끼기도 했다. 지금 와서 돌이켜 보면 에를링의 그런 행동은 영화를 보고 느낀 윤리적 문제와는 아무 상관이 없었다. 단지 알코올의존증 때문에 미국 영화의 감각 공격에 가련할 만큼 취약해져 있었다. 시끌벅적한 배경 음악, 폭발음, 둥둥 울리는 소리에 너무 스트레스를 받아서 15분이 지난 그때까지도 아직 만신창이가 된 머리를 회복시키느라 안간힘을 쓰던 것이었다.

우리는 에예르토르예에서 헤어졌고 나는 서쪽행 지하철을 탔다. 지하철에 오르자마자 젊은 청년이 내 눈길을 끌었다. 금발 머리에 30대 초반쯤 되어 보였고 편하면서도 세련된 평상복 차림이었다. 페이퍼백 서적에 푹 빠져 있는 것이 한눈에 느껴질 정도였다. 열차 안에서 다른 사람들이 책을 읽는 모습을 보면 언제나 흥미가 생긴다. 표지를 흘끗 봤더니 노르웨이에 거주하는 미국인 작가 브루스 바워Bruce Bawer의 영문판 책이었다. 브루스는 나와 잘 아는 사이였다. 우리는 국외 거주자인 데다 얼추 비슷한 세대의 작가들이라 가치판단의 기준이 서로 잘 통했다. 주로 크리스티안 4세 거리에 있는 에일레프스 란한레리로 맥주를 마시러 간 그 많은 저녁 시간들은, 보통은 조용히 흘러가는 내 삶에서 다채롭고 시사적인 대화가 술술 오가는 오아시스 같은 순간이었다. 내가 아는 누군가의 책을 생판 모르는 사람이 읽고 있는 모습을 본 것은 그때가 처음이었다. 그래서 잠시 그 청년에게 알려주고 싶었다. 청년이 읽고 있는 그 책의 저자가 바로 여기 오슬로에 살고 있다고. 하지만 에예르토르예에서 마요르스투아까지는 겨우 두 구간밖에 안 돼서 얘기해줄 만한 틈을 놓쳤다.

　브루스는 결혼한 동성애자다. 작가 활동 초창기에는 『예수 그리스도의 도용Stealing Jesus』을 통해 미국의 근본주의 기독교를 겨냥하여 포용과 이타적 사랑이라는 복음의 진정한 메시지를 무시하는 행태를 꼬집은 바 있다. 지하철의 그 청년이 읽고 있던 책인 『유럽이 잠들어 있던 사이에While Europe Slept』 역시 증오와 배제를 부추기는 종교에 대한 혐오가 담겨 있는데 그가 특히 우려를 나타낸 부분이 있었다. 세속적이고 대체로 무신론적인 유럽에 갑작스레 무슬림이 대대적으로 유입되면서 사회적 긴장이 불거져 종교사회와 세속사회 사이의 타협 필요성이 생겨난 점이었다. 그런 타협의 영향을 동성애 남성들이 가장 먼저 느끼게 될 것이 확실해 보인다는 우려와 함께, 동성애 남성들이 이제 막 힘들게 얻어낸 사회적 자유가 비상시에 협상 가능한 사안으로 여겨질지 모른다고 내다봤다.

　마요르스투아 지하철역에 내리면서도 브루스가 이 얘기를 들으면 얼마나 좋아할까 생각했다. 하지만 얼마 지나지 않아 브루스의 책에 푹 빠져 있던 그 청년을 까맣게 잊고 있다가 다시 기억을 떠올린 건 몇 달 후 7월의 어느 날이었다. 그날, 바로 그 청년이 경찰처럼 옷을 입고 일흔일곱 명을 살해하고 수많은 부상자를 속출시키며 오슬로 중심부 정부청사 건물에 폭발 시도까지 벌였다. 개인적 차원에서 이 사건에 대해 이렇게 저렇게 생각하던 중 문득 〈마이너리티 리포트〉가 떠올랐다. 톰 크루즈가 요란한 발소리를 내며 지하철 객차 안으로 뛰어들어와 아네르스 브레이비크에게 수갑을 채워 그런 광란을 벌이기 전에 붙잡아가는 세상을 상상하였다. 하지만 아무리 그런 세상이라 해도 이것 한 가지는 확실하다. 노르웨이인도, 스웨덴인도, 덴마크인도 그를 지하 감옥에 냉동보존 상태로 가두어놓고 열쇠를 내던질 일은 없을 것이다.

2016년 3월, 브레이비크는 앞선 5년의 복역 기간 중 상당 시간 동안 자신을 독방에 감금시킨 것을 두고 인권 침해를 제기하며 노르웨이 정부를 상대로 소송을 걸었다. 안전상의 이유로 심리는 시엔의 텔레마르크 교도소에서 진행되었다. 교도소 체육관을 특별히 개조하여 진행된 이 날의 심리에는 전 세계 언론이 대거 몰려들었다. 이때 《뉴욕 타임스》는 보도 기사의 첫 단락으로 시엔의 수감 생활부터 설명했다. 브레이비크가 창문이 여러 개 나 있고 넓이가 31.5제곱미터 정도 되는 방 세 칸짜리 스위트룸 같은 곳에 개인용 운동 시설, 개인용 냉장고, DVD 플레이어, 소니 플레이스테이션, 타자기 딸린 책상까지 갖춘 환경 속에서 형을 살고 있으며, 오슬로 대학교에서 통신 교육을 받았는가 하면 TV, 라디오, 신문을 자유롭게 볼 수 있을 뿐만 아니라 직접 요리도 해먹을 수 있고 지난해에는 교도소에서 크리스마스 행사로 개최한 집 모양 생강빵 굽기 대회에도 나갔다는 등의 내용이었다. 스칸디나비아계가 아닌 다른 언론들 대다수도 비슷한 분위기의 보도를 내보냈다. 근래 최악의 연쇄살인범에 꼽히는 죄수에 대한 이런 처우를 믿을 수 없다는 듯한 뉘앙스로 은근히 의구심을 표했다. 이후 법정에서 브레이비크에게 유리하고 정부에 불리한 판결이 내려져 이런 의구심 해소에는 별 도움이 되지 않았다.

사건이 일어났던 그날 본능적으로 든 생각은, 경찰이 그를 빈 라덴처럼 사살해서 시신을 바다에 수장시켜야 한다는 것이었다. 장기간 휴면상태이던 사형을 부활시켜 크비슬링과 그의 나치 조력자와 협력자들을 처형한 1945년 노르웨이인들의 방침에 따라서 보면, 그 일은 너무 극악무도하고 이례적인 범죄라 이례적인 대응이 필요하다고 느꼈다. 일단 재판이 시작되면 논란거리도 별로 없을 거라는 생각이 들었다. 브레이비크가 범행을 자백했고 그에게 불리한 증거는 무더기이니 모든 것이 1, 2주 만에 끝날 거라고.

하지만 재판은 수 개월간 이어졌다. 사망자와 부상자 개개인에 대해 별개의 범죄로 다루어져 건별로 개별적이고 상세한 조사와 평결이 필요했기 때문이다. 재판 개시 후 몇 주가 지나는 사이에 나는 차츰 깨달았다. 재판의 중심은 브레이비크가 아니었다. 길고 고통스러운 재판 과정의 중심에는 그 참혹한 날에 목숨을 잃은 한 사람 한 사람에 대한 마음 깊이에서 우러난 경의가 자리 잡고 있었다. 브레이비크가 받게 될 최고형이 21년형이라는 사실을 알았을 때 [포르바링forvaring이라는 예방 구금 조항에 따라, 국가에서는 죄수가 여전히 사회에 위협이 된다고 간주될 경우 최고형을 무기한으로 연장할 수 있는 선택권을 갖는다] 내 노르웨이인 친구들 상당수와 마찬가지로 나 역시 희생자 한 명당 4개월이란 형기는 인간의 격을 대폭 실추시킨 범죄에 비해 턱없이 부족하다고 느꼈다. 하지만 선고 기일에 최고형이 내려졌을 때 내 반응은 분노보다 말로는 표현할 수 없는 경의였다. 그것은 법의 승리였다. 11~12세기에 작성된 노르웨이의 현존 최고最古 법전, 트렌델라그 프로스타팅에 명시되어 있는 '우리 국가는 법을 기반으로 삼아야 한다'라는 조항이 당시에도, 현재도 그대로 지켜지고 있는 것이다.

어떤 경우에도 법의 존엄을 한결같이 지켜온 사례는 1988년 스웨덴에서도 있었다. 예전에도 생판 모르는 사람을 살인하고 또 다른 사람의 목숨까지 앗아갈 뻔한 전과가 있던 사이코패스 방랑자 크리스테르 페테르손Christer Pettersson은 2년 전 스웨덴 총리 올로프 팔메를 총으로 쏜 혐의로 유죄 판결을 받아 종신형에 처했다. 얼마쯤 지난 같은 해에, 페테르손은 항소에서 절차상의 문제로 풀려나면서 부당한 구속에 대한 배상금으로 30만 크로나를 받았다. 그는 석방되기가 무섭게 유명인으로 떠올랐다. 진gin 두 병과 베일리스 한 병을 팔 안쪽에 끼고 입에는 담배를 문 채 석방을 자축하며 밖으로 나오는 그의 사진이 여러 언론에 실리자 바로 그날 저녁에 스톡홀름의 바텐더들은 진과 베일리스로 만든 칵테일을 메뉴에 올리며 '드레파렌dräparen, 살인자'이라고 이름 붙여 팔았다.

사건 당일 밤, 팔메 총리는 아내 리스베트와 단둘이 영화관에 갔다. 그는 경호원들에게 경호가 필요 없다고 말해둔 상태였다. 부부는 원래 라세 할스트룀Lasse Hallström의 〈개 같은 내 인생My Life as a Dog〉을 보려고 했다가 아들 모르텐이 전화를 걸어와 여자 친구와 같이 스베아가탄 거리의 릿스Ritz로 수산네 오스텐의 〈모차르트의 형제들〉을 보러 간다고 해서 마음을 바꿔 아들 커플과 같이 영화를 보기로 했다. 사실 몇 개월 전, 수산네 오스텐은 팔메에게 연락을 해와 영화에 카메오 출연을 제의한 적이 있었다. 그녀는 그 영화가 익살극이라고 설명하며 막스 형제♦의 〈오페라의 밤A Night at the Opera〉이 연상될 만한 작품이라고 알려주었다. 하지만 팔메는 오래 생각할 것도 없이 바로 거절했다. 재미있을 것 같긴 한데 못 하겠다

♦ Marx brothers. 미국의 코미디 영화배우 치코, 하포, 그루초, 제포 4형제. 1930년대 후반부터는 제포를 뺀 3형제가 슬랩스틱 코미디에서 활약했다.

고. 하지만 영화가 어떻게 나왔는지 궁금하고, 최종적으로 '자신' 역에 캐스팅된 배우가 연기를 어떻게 했는지 보고 싶기도 했다. 총리 부부는 영화를 본 후 영화관을 나와 걸어서 집에 가기로 했다. 그러다 리스베트가 진열창 밖에서 구경만 하고 가자고 해서 어떤 상점으로 가기 위해 스베아가탄 거리를 건너갔다. 부부가 계속 걸으며 번잡한 번화가인 스베아가탄 모퉁이를 돌아, 양옆으로 벽이 세워진 돌계단으로 이어지는 오래되고 좁은 도시의 횡단로 툰넬가탄에 50미터쯤 들어갔을 때, 리스베트 팔메의 귓가에 쾅 하는 요란한 소리가 울렸다. 리스베트는 아이들이 폭죽을 가지고 노는 소리려니 생각했다. 그런데 남편에게 말을 하기 위해 고개를 돌렸더니 남편이 보도에 얼굴을 대고 쓰러져 있었다. 총을 든 남자가 이번엔 그녀를 겨냥해 총을 쏘면서 또 한 번 쾅, 소리가 울렸다. 총알은 그녀의 코트를 관통했다. 그녀가 쓰러져 있는 팔메의 몸 위로 무릎을 꿇으며 쓰러지는 순간, 한 목격자가 그녀의 비명을 들었다. 그 남자 목격자의 귀에는 외국어로 말하는 듯한 소리였단다. 여성인 또 다른 목격자가 고통스럽게 울부짖는 그 비명을 똑같이 들었는데, 자신에겐 이렇게 말하는 것 같았다고 한다. '세상에, 이게 무슨 짓이에요?' 살인범은 툰넬가탄을 따라 조깅하듯 달려 그 자리를 벗어난 뒤 계단을 올라갔다.

올로프 팔메의 살인 수사는 여전히 미제 사건으로 남아 다섯 명으로 구성된 상시 수사단이 지금도 조사를 벌이고 있다. 그 사이 역사상 가장 대대적 살인 수사가 되어, 이제는 케네디 대통령 암살 사건 수사에 투입된 전체 인력의 작업 시간과 증거자료 조사의 규모조차 넘어섰다. 사건 관련 정보를 밀접히 알고 있는 이들을 비롯해 스웨덴인의 압도적 다수는 여전히 페테르손을 살인범으로 확신하고 있다. 2008년에 그가 간질 발작 중 두부 손상을 입어 끝내 사망했을 때 그의 시신은 찾으러 오는 이가 없어 5개월이 되어가도록 시체 안치소에 방치되었다. 급기야 솔렌투나 교회 측이 장례식을 주선하면서, 음악과 노래는 페테르손이 말년의 몇 달 동안 관심을 가진 근본주의 기독교 단체, 마라나타 종파의 신도들이 맡고 장례비는 솔렌투나 지방 의회에서 대주었다.

팔메의 살인에 복잡하게 얽힌 모든 인물과 사건들은 그의 가족에게는 순전한 비극이다. 살인자가 영영 법의 심판을 받지 못하리라는 것을 아는 채로 살아가야 하니 말이다. 이는 더 넓게는 스웨덴 국민에게도 마찬가지다. 아주 오랜 세월에 걸쳐 자신들의 관대한 사회가 만들어지고 지탱되고 명성을 얻게 된 원천인 가치관에 대한 가슴 아픈 충실함 때문에 트라우마라는 대가를 치르고 있는 셈이니까. 이 대목에서는 스웨덴의 외무 장관이자 많은 이들이 사회민주당의 당수이자 스웨덴 최초의 여성 총리감으로 예상하던 인물이었으며 팔메를 따르던 추종자 중 한 명이던 안나 린드Anna Lindh의 얘기도 빼놓을 수 없다. 그녀는 이런 가치관을 굳건히 지키던 중 2003년 스톡홀름 중심부의 NK 쇼핑몰에 경호원들 없이 들어갔다가 사람들이 다 보는 앞에서 칼에 찔려 사망했다. 며칠 내에 밝혀진 살인범, 미야일로 미야일로비크는 재판에서 종신형을 선고받았다. 스웨덴인에게 팔메의 살인은 '미해결된 미제 사건'이라는 점에서 역사상 최악의 범죄소설로 각인되어 있다. 스웨덴의 범죄소설 작가 세대는 그 이후로 이런 역사의 오명을 바로잡으려는 노력을 벌여오면서, 예외 없이 살인범이 잡히고야 마는 소설을 쓰고 또 써내고 있다.

———

  스칸디나비아 종족 3국들 사이에는 줄곧 신경전이 끊이지 않았다. 수년간 《데일리 텔레그래프Daily Telegraph》에서 일했던 영국의 작가 롤랜드 헌트퍼드Roland Huntford는 1971년 『새로운 전체주의자들The New Totalitarians』을 출간하면서 스웨덴 사회민주주의의 강한 독재주의 특징에 대한 나름의 의혹을 표명한 바 있다. 1983년에는 사회의 부정적 특징에 관해 포괄적으로 비방한 책인 『스웨덴의 재판Tilfældet Sverige』이 출간되었는데, 책의 저자인 덴마크 기자 모엔스 베렌트Mogens Berendt는 스웨덴을 "모든 것이 금지되고 허용되는 것이 아무것도 없는" 땅으로 간주했다.

  한편 스웨덴인은 노르웨이인을 전체주의적 사회주의라고 비난했다. 1999년 9월, 한 TV 뉴스 방송에서 스웨덴의 산업부 장관 비에른 로센그렌Björn Rosengren이 마이크가 꺼진 줄 알고 스웨덴의 텔리아와 노르웨이의 텔레노르 통신사 사이 합병 문제와 관련된 노르웨이 산업부 장관과의 협상에 대한 분노를 쏟아냈다. 그 바람에 "노르웨이는 유럽에 마지막으로 남아 있는 소련 국가나 다름없다니까요. 말도 못 하게 민족주의적이에요…. 모든 것이 정치예요"라는 불만이 그대로 전파를 탔다. 로센그렌은 그 발언이 농담이었다고 해명하려 했으나 정치인에게는 농담이 허용되지 않는다는 사실을 모르고 한 해명이었다. 결국 당시 언론계 유행에 따라 전체 노르웨이 국민에게 진정성 없는 '사과'를 해야 했다.

  이런 불편한 신경전의 이면에는 스칸디나비아 종족 간 전통적 서열의 잔재가 뚜렷이 엿보인다. 스칸디나비아는 17세기 스웨덴의 강대국 시대 동안 잠깐의 단절이 있긴 했으나 천 년에 걸쳐 덴마크의 지배 아래 있었고, 이 당시 노르웨이는 내내 꼬맹이 동생 역을 맡으며 덴마크인과 스웨덴인에게 돌아가며 지시를 받는 위치였다. 말하자면 스웨덴 산업부 장관의 분노 표출은 풍부한 석유자원을 등에 업고 갑작스레 덴마크와 스웨덴 양국을 추월한 노르웨이의 저돌성에 대한 불편한 속내를 옹색하게 위장한 것이었다.

한 종족에서 갈라진 이들 분파 사이의 다툼은 사실 그 역사가 아주 오래전으로 거슬러올라간다. 나폴레옹 전쟁의 격변기 동안 스웨덴과 덴마크-노르웨이 양측 모두 단역 배우 노릇을 하며 덴마크-노르웨이는 프랑스 편에 서고 스웨덴은 영국과 영국 연합국 편에 섰다. 스웨덴의 왕 칼 요한Karl Johan이 태생상 프랑스인이었던 만큼, 1810년 그를 왕위에 올려주었던 이들은 내심 기대했다. 그 이전 해에 러시아에게 잃은 핀란드를 되찾아오는 일에 나폴레옹의 도움을 끌어내주길 은근히 바랐다. 하지만 칼 요한은 핀란드 상실에 대한 보상으로 덴마크로부터 노르웨이를 획득하는 쪽에 더 관심을 두었다. 실제로 1814년 1월에 체결된 킬조약의 조건에 따라 스웨덴은 전리품으로 노르웨이를 할양받게 되었다. 노르웨이인들은 이 합의에 불복했다. 5월 17일 에이드스볼에서 열린 노르웨이의 지도층 회합에서 헌법이 제정되는 한편, 노르웨이에서 덴마크의 섭정으로 있던 크리스티안 프레데리크Christian Frederik 왕자가 노르웨이의 새로운 왕으로 선출되었다. 이에 따라 스웨덴은 전리품을 무력으로 차지해야 하는 부담스러운 입장에 놓였고 당장 실행에 나서서 저항을 위해 소집된 3만 명의 노르웨이군에 맞서 싸울

4만 5,000명 규모의 군대를 꾸렸다. 전투 개시 후 불과 몇 주 만인 1814년 8월 9일, 노르웨이 남쪽 프레드릭스타드 인근의 셀베리 다리에서 최후의 혈투가 치러졌다.

노르웨이 진영의 지휘관 옌스 크리스티안 블리크Jens Christian Blich가 자신이 직접 휘말린 작은 접전을 상세한 기록으로 남겨놓았는데, 이 이야기를 통해 그날의 전투를 들여다보자. 전투는 새벽 4시경 이른 시간부터 개시되었다. 폭우가 쏟아지고 있었다. 블리크는 200명의 휘하 병사를 좌측 공격대와 우측 공격대로 나누고 얕은 오두막 꼭대기에 자리 잡은 스웨덴 진영을 공격할 계획을 세웠다. 그런 뒤 좌측 공격대에서 부하들을 이끌고 숲을 헤쳐나가면서 큰 소리로 명령을 내렸다. 양 진영의 병사들은 하나같이 원통 모양 모자를 쓰고 있어서 시야 확보가 불리했던 데다 쏟아지는 폭우 때문에 머스킷 총의 연기가 나뭇가지들 사이에 갇혀 버렸다. 어느 순간 블리크가 돌연 정신을 차리고 보니 자신이 스웨덴 병사들에게 소리를 지르고 있었다. 스웨덴 병사들은 다들 혼돈에 빠져 블리크와 그의 주변 병사들도 같은 스웨덴군이라고 착각하며 곧바로 합류하기 위해 그들 쪽으로 왔다.

블리크는 자신의 병사들에게 장전 명령을 내리며 직접 선두에 나섰고 그 순간 스웨덴 병사들은 한 명만 제외하고 모두 도망쳤다. 블리크는 직접 어깨에 머스킷 총을 메고 그 병사를 겨냥했지만 화약이 빗물에 흠뻑 젖어 점화되지 않았다. 스웨덴 병사는 블리크의 총에 문제가 있는 것을 눈치채고 자신의 총검을 블리크에게 겨누며 맹렬한 기세로 돌진해서 찔렀다. 블리크의 말마따나 천만다행으로, 그는 상의 주머니 안에 지갑을 넣어둔 덕분에 지갑이 칼날을 대신 맞았다. 블리크는 뒤이어 왼손으로 그 총검을 막고 오른손으로 자신의 검을 뽑아 스웨덴 병사의 얼굴을 아주 세게 찔렀다. 어찌나 힘을 주었던지 날밑♦이 부서져 검이 무기로써 쓸모를 잃고 말았다. 부상을 입은 스웨덴 병사는 무릎을 꿇으며 쓰러졌으나 용케 소총을 붙잡고 있었다. 한편 이 병사의 동료들은 자신들을 추격하는 노르웨이 병사가 한 명뿐이라는 것을 알아채고는 전우를 돕기 위해 뒤돌아 달려왔다. 바로 이때, 또 다른 노르웨이 병사가 그 자리에 나타나 소총의 아랫부분으로 그 스웨덴 병사를 가격했다고 한다. 스웨덴 병사가 비틀거리며 땅바닥에 쓰러지자 블리크는 쓰러진 병사의 손에서 총을 낚아채 그 총검으로 그를 찔러 죽였다. 노르웨이군 병사들이 몇 명 더 도착하면서 수적으로 다시 열세해진 스웨덴군 병사들은 나무 사이로 후퇴했다. 이후로도 전투는 오전 내내 이처럼 정신없고 혼란스러운 양상으로 계속되었다.

다음 날인 1814년 8월 5일에 휴전이 요구되었고 이날을 기점으로 스웨덴은 공식적으로 200년간의 중립 상태에 들어섰다. 접전은 킬조약의 조건을 변경시키는 데 아무런 도움도 되지 않았다. 크리스티안 프레데리크 왕자는 스웨덴군의 규모에 기가 눌려 마지못해 노르웨이의 통치권을 포기하고 칼 요한에게 권력을 이양해주었다. 아니, 거의 이양해주었다. 노르웨이 국회가 재구성되어 새롭게 바뀐 이 현실을 정식으로 비준하기 전까지 노르웨이에 자치를 맡긴다는 합의에 따라, 공식적으로는 스웨덴 왕이 아니라 노르웨이 정부에 권력이 이양되었기 때문이다. 칼 요한은 5월 17일에 제정된

♦ 칼날과 칼자루 사이에 끼워서 칼자루를 쥐는 한계를 삼으며, 손을 보호하는 테.

헌법을 존중해주기로 약속하기도 했다. 단, 스웨덴과의 동맹을 병기하는 수정 조항을 반드시 넣는다는 조건이 붙었다. 그 계기가 관대함의 실천이었든, 정치적 안목의 부족이었든 간에 칼 요한의 이런 결정은 현재까지도 역사가들에게 놀라운 사건으로 받아들여지고 있다. 그도 그럴 것이 그 합의 조건이 받아들여지면 스웨덴의 왕권이 소유하게 되는 노르웨이는 킬조약에서 부여된 것과는 크게 다른 국가가 되는 셈이었다. 이제 노르웨이는 단순한 스웨덴의 속국이 아니라 자체적인 헌법과 국회를 갖춘 어엿한 국가였다. 단지 독립적인 영사 대표권을 행사하지 못하고 외무부 장관이 없을 뿐이었다. 그 뒤로 수백 년 동안 이 두 가지 국가적 권한에 대한 요구의 기세가 꺾일 줄 모르며 거세졌고, 결국 1905년 노르웨이의 독립 선언을 통해 그 요구가 성취되었다.

———

칼마르동맹을 맺으며 스칸디나비아 종족들이 하나의 '사랑의 결속'으로 뭉친 1397년에서부터 킬조약이 체결된 1814년 사이의 400여 년 기간 중, 스웨덴과 덴마크-노르웨이 왕국은 134년 동안 서로 전쟁을 벌였다. 이것도 공식 선포된 전쟁만으로 계산된 햇수다. 또한 같은 기간 동안 잉글랜드와 스코틀랜드 사이의 적대적 충돌 햇수를 훌쩍 뛰어넘는 수준이다.

이 지역에서의 자존심 경쟁은 결코 끝나지 않았다. 축구라는 다른 수단에 의한 대립이 계속 이어지며, 신생 독립국 노르웨이와 노르웨이 상실에 여전히 굴욕을 느끼고 있던 스웨덴은 일찌감치 1908년 초 예테보리에서 3,000명의 관중이 지켜보는 가운데 최초의 국제전을 벌였다. 당시 스칸디나비아의 조직화된 스포츠는 아직 걸음마 단계였다. 덴마크는 1876년에 스포츠 클럽, 키외벤하운 볼클루브Kjøbenhavn Boldklub를 창설하며 스칸디나비아 최초로 클럽을 개시했다. 키외벤하운 볼클루브는 여름에는 크리켓 등의 활동을 펼쳤는데 이들 크리켓 선수들에게 겨울의 활동 거리를 마련해주기 위해 축구팀이 출범되었다. 다른 덴마크의 크리켓 클럽들도 이 선례를 따르면서 1889년에는 덴마크축구협회DBU가 창설되며 조직화의 발판이 갖추어졌다. 스웨덴에서는 1910년에 이르러서야 리그제 축구 경기가 도입되어 민간 주도로 이어지다가 1924년 축구 리그 알스벤스칸 시리즈가 출범했다.

3국 모두 1960년대까지만 해도 축구가 여전히 아마추어 스포츠여서 프로 선수로 뛰고 싶은 야망을 품은 스칸디나비아 선수들은 해외에서 운을 시험해보는 수밖에 없었다. 덴마크인 센터 포워드 카를 '더 슈메이커the Shoemaker' 한센도 그런 선수였다. 한센은 1921년 글래스고 레인저스에 입단한 후 스코틀랜드 챔피언전에서 팀의 우승을 세 차례 견인했다. 축구에 관한 한, 덴마크인은 줄곧 스스로를 3국 중 큰형으로 자부하며 스칸디나비아 이웃국들보다 독일이나 잉글랜드를 맞수로 여겼다. 1908년 올림픽에서는 준결승전에서 프랑스를 17:1로 무찌른 후 결승전에서 잉글랜드에 2:0으로 패하며 은메달을 차지했다. 이때 저명한 물리학자 닐스 보어와 형제 사이인 하랄 보어가 포워드 라인을 이끌었다.

동맹 해체 후 불과 3년 후인 1908년 예테보리에서 열린 축구 시합은 스웨덴인과 노르웨이인이 서로에 대한 상대적 위상을 조율해가야 했던 길고도 험난한 시기의 출발점이 되었다. 노르웨이 팀은 크리스티아니아(오슬로) 클럽 메르칸틸레 FK 출신의 선수 몇 명을 출전시켰는데, 여기에는 당시 마침 노르웨이에서 일하던 벨기에인 엔지니어도 끼어 있었다. 노르웨이 팀은 경기 초반에 눈부신 경기력을 펼쳤다. 오른쪽 공격수로 출전한 트뤼그베 그란Tryggve Gran이 경기 시작 1분 만에 현란한 발놀림으로 구장을 누비며 스웨덴 선수 두 명을 제치고 몸을 획 틀어 갑작스러운 방향 전환으로 또 다른 스웨덴 선수를 따돌린 후 중앙 공격수 올레 뵌에게 자로 잰 듯 정확한 크로스를 올려주었고 뵌이 이 공을 받아 스웨덴 팀의 골망을 흔들었다. 예테보리 관중은 순식간에 충격에 빠졌다. 하지만 스웨덴 팀은 하프타임이 다 되어갈 무렵 만회 골을 넣으며 5:3으로 앞서나갔고 마지막엔 11:3으로 쉽게 승리를 가져갔다. 경기 막판에 한 무리의 스웨덴인이 노르웨이 국기를 조기 게양으로 낮추는 도발을 벌이자 애국심이 투철한 그란은 격분을 참지 못하고 아직 경기가 진행 중이던 와중에 구장을 벗어나 직접 국기를 원래대로 높이 게양해놓았다.

결과적으로 이 경기는 그란이 대표선수로 출전한 유일한 경기가 되었다. 하지만 그는 노르웨이에서 최정상급 스키 선수이기도 했다. 예테보리 경기 후 3년 뒤, 로버트 스콧 선장◆은 친구인 프리드쇼프 난센의 조언에 따라 그란에게 자신의 남극 탐험대 대원들에게 스키를 잘 타는 요령을 가르쳐달라고 청하기도 했다. 이 남극 탐험대가 귀환하지 못해 스콧, 오츠, 윌슨, 바우어스, 에반스를 찾

◆ Robert Scott. 영국의 남극 탐험가. 1901~1904년 남극 탐험을 지휘해 남한 도달 기록인 남위 82도 17분을 기록했고 제2차 남극 탐험에 나서 남극점에 도달했으나 귀로에 악천후로 조난, 전원 비명의 최후를 마쳤다.

기 위한 수색대가 꾸려지자 그란은 이 수색대에 동참했다. 파묻힌 텐트를 발견해서 눈과 얼음을 치워냈을 때 그란은 누구보다 먼저 안으로 들어갔다. 그리고 그때 본 모습을 모친에게 써 보낸 편지에 이렇게 전했다. 텐트 안에는 스콧, 윌슨, 바우어스, 세 사람이 죽어 있었고, 그 가운데에 스콧이 침낭에서 몸을 반쯤 빼낸 채 앉아 있었는데 마치 자신들을 맞아주려는 듯한 기괴한 느낌이었다고. 극한의 추위 속에서 얼어붙은 세 사람의 피부는 유리처럼 섬뜩하게 번들거리면서 그 밑의 파란색 정맥이 선명히 비쳤다고도 한다. 피부가 마치 인간의 몸에서 지질 단면도를 보는 기분이었단다. 그가 밝힌 바에 따르면, 유류품을 수습하는 과정에서 누군가 팔 안쪽에 끼어 있던 일기장을 빼내느라 스콧의 팔을 부러뜨리던 소리가 남은 평생 도저히 잊히지 않았다고 한다. 채찍 내리치듯 날카롭게 울리던 그 소리가 두고두고 귓가에 맴돌았단다. 그란은 현장을 떠나오기 전 추도의 마음과 기념비를 남기는 의미로, 자신의 스키를 벗어 텐트 위에 십자가 모양으로 묶어놓았다. 그런 다음 아주 조심조심하며 스콧이 타던 스키를 신었다. 그 자신의 말마따나, 그렇게나마 그들이 탐험을 완수할 수 있게 해주고 싶어서였다.

11:3의 대승을 거둔 다음 날, 스웨덴과 노르웨이 선수들은 같이 아침을 먹고 네덜란드산 진, 슈냅스를 마신 후 아주 좋은 관계로 헤어졌다. 그 뒤로 10년 동안 대체로 축구 시합에서 노르웨이는 스웨덴에 번번이 패배하며 결과에 깨끗이 승복했다. 그러나 겨울 스포츠에서는 달랐다. 스웨덴에서 연속적 동계 행사가 되길 바라며 주최한 대회의 첫 회가 1903년 크리스티아니아에서 개최되었다. 2년 후 이 노르디스카 스펠렌◆의 다음 개최지가 스톡홀름으로 결

정되었을 때 노르웨이 팀은 참가를 거부하며, 독립 요구에 스웨덴의 부정적 반응으로 인한 '심한 우울증'을 불참의 이유로 댔다. 당시 스웨덴인들은 정치와 스포츠를 의도적으로 결부시켰다며 분개했다. 1907년 대회가 열릴 무렵까지도 두 국가 간의 스포츠 교류 관계는 여전히 껄끄러웠다. 노르웨이인들은 아예 트론헤임에서 자체적인 대회를 주최해 외국 선수들까지 초대했으나 아무도 참석하지 않았다. 1909년에 이르러서야 공식적인 동계 스포츠 교류 관계가 재개되었다. 오슬로 출신의 뛰어난 선수 오스카르 마티센이 스케이팅의 거리별 네 부문 모두에서 금메달을 따내 주최국 스웨덴인들은 노르웨이 국기가 게양되며 리카르 노르로크가 작곡한 사랑스러운 노르웨이 국가가 연주되는 순간을 견뎌내야 했다.

제2차 세계대전이 종식되면서 이웃국 간에 스포츠와 결부된 긴장이 재점화되었다. 세계대전 중 이들 이웃국은 서로 사뭇 다른 경험을 치렀다. 중립 상태에 있던 스웨덴과는 크게 대조적으로, 노르웨이는 5년간 혹독한 점령을 당했다. 스웨덴이 용케 중립 상태를 유지해낸 방식의 몇몇 측면은 수많은 노르웨이인들에게 쓸쓸한 앙금을 남겼다. 스웨덴은 전쟁 초반 몇 년간 동계 대회를 주최하면서 독일과 이탈리아의 선수들도 초대했다. 그래서 최초의 홀멘콜렌(오슬로 북부 교외의 홀멘콜렌 스키 점프장 지대에서 열리는 노르웨이 동계 스포츠 대회로, 이후 전통적 국가 행사가 되었다) 개최 회의가 열렸을 때 노르웨이인들은 절차상 문제를 들어 경주 부문에는 국내 선수만 참가 가능하다고 선언했다. 사실, 노르웨이의 스키 선수들은 국민

♦ Nordiska Spelen. 직역하면 북유럽 게임.

533

적 영웅이었다. 그런데 지난 5년 동안 영양 부족을 겪으며 굴욕적으로 살아온 마당에, 이런 국민적 영웅들이 바로 옆 이웃 국가들에 패배하는 모습을 눈앞에서 지켜봐야 하는 굴욕까지 자초하고 싶지 않았던 것이다. 하지만 똑같은 절차상의 문제는 스키 점프 부문에는 해당되지 않아 다섯 명의 스웨덴 선수와 두 명의 덴마크 선수들에게 오슬로 상공으로 점프해 오를 수 있는 자격이 주어졌다. 이들 중 그 누구도 시상대 근처에 얼씬도 못 하리라는 확신에 따른 결정이었다. 대회의 최고 명예인 50킬로미터 스키 경주 부문 경우엔 덴마크 선수들은 굳이 참가할 생각도 안 할 것으로 예상되었다. 덴마크 사람들은 단순히 지리적 이유로 겨울 스포츠를 그다지 즐기지 않기 때문이다.

1990년대에 들어와 축구에서의 위상이 급변함에 따라 이제 전 세계 사람들은 스웨덴의 즐라탄 이브라히모비치Zlatan Ibrahimović의 이름을 잉마르 베리만의 이름보다 더 잘 알고, 노르웨이의 올레 군나르 솔셰르Ole Gunnar Solskjær의 사진은 알아보지만 에드바르 뭉크의 사진은 얼떨떨한 표정으로 쳐다보는 것이 예삿일이 되었다. 이제 사람들 대다수는 스칸디나비아의 예술가나 정치인들보다는 스칸디나비아 출신의 축구 영웅들에 더 친숙하다. 덴마크, 노르웨이, 스웨덴의 최근 역사를 떠올릴 때 자연스럽게 연상되거나 기억하는 일들도 궁극적으로 훨씬 더 중요한 사회나 정치 분야보다 스포츠 분야인 경우가 흔하다. 몇 가지만 예를 들자면 1958년 스웨덴이 월드컵 결승전에 올라가 브라질과 겨루어 5:2로 패배한 일, 2012년 스웨덴의 즐라탄이 잉글랜드를 상대로 네 골을 넣었을 때, 특히 중앙선 근처에서 환상적인 오버헤드킥으로 골키퍼 조 하트의 머리를 지나 빈 골대로 골이 들어간 일, 다혈질의 축구 천재 즐라탄이 스웨덴 역대 최고의 스포츠 스타를 선정하는 스포츠 기자단 투표에서 테니스 선수 비에른 보리에 밀려 2위로 뽑히자 굉장히 불쾌해했던 일, 1999년 바이에른 뮌헨을 상대로 겨룬 챔피언스리그 결승전에서 솔셰르가 경기 종료 몇 초를 남겨놓고 발끝으로 찔러넣는 골을 넣어 맨체스터 유나이티드에 트로피를 안겨준 일, 1992년 유럽 챔피언전 때 유고슬라비아가 해체 국면을 겪으며♦ 출전하지 못하게 되어 덴마크가 와일드카드로 출전했다가 결승전까지 올라가 독일을 2:0으로 이긴 일(나는 튄스베르그에 갔다가 차를 몰고 오슬로로 돌아오는 길에 라디오로 이 경기의 중계방송을 들었다. 덴마크의 승리를 바라는 마음이 너무 간절해서 경기 종료 15분 전에는 확실한 쐐기골을 기대하는 조마조마함에 산데의 주유소에 차를 대기까지 했다), 같은 해에 폴 개스코인이 친한 기자와 인터뷰 중 잉글랜드 대 노르웨이전을 앞두고 노르웨이 사람들에게 전하고 싶은 메시지가 있냐는 질문에 "노르웨이, 꺼져버려"라고 말했던 일, 최근 몇 년 사이에 잉글랜드 대표팀 감독 가운데 가장 성공한, 도회적이고 패션 감각이 세련된 스웨덴인 스벤 예란 에릭손Sven-Göran Eriksson이 육감적인 낸시 델올리오, 파리아 앨럼과 불륜을 저지른 사건에 대해 영국 타블로이드판 신문들의 뜨거운 보도 열기가 이어지자 스웨덴 사람들이 영국 레드톱♦♦의 선정성을 처음으로 실감하며 충격에 빠졌던 일, 도회적인 이미지나 세련된 옷차림에서는 에릭손에게 밀리지만

♦ 유고슬라비아 연방은 1990년대 내내 잔혹한 내전을 겪으며 해체되는 과정을 거쳤다.
♦♦ redtop. 첫 면 상단의 주요 뉴스 제목의 배경이 빨간색인 영국의 타블로이드판 신문을 가리킨다.

1990년대에 노르웨이 대표팀을 두 차례나 월드컵 본선으로 이끌었던 에길 '드릴로Drillo' 올센이 툭하면 선수 대기석에서 고무장화를 신고 수년간 노르웨이 공산당의 정식 당원으로 활동했던 일화 등등이다.

올센은 자신이 가장 좋아하는 축구 팀은 거의 모든 시대의 브라질 팀과 아일랜드 출신 선수이자 감독 조 키니어의 '미친 갱단'♦ 시대의 윔블던 팀이라고 입버릇처럼 말했는데, 이후 윔블던 팀의 감독을 맡았다가 신통치 못한 성적으로 단기간에 물러나야 했다. 하지만 올센이 감독으로서 일생일대의 영광을 맞은 것은 국가 대표팀 감독을 맡아 1998년 본선 조별 리그에서 브라질을 이겨야 했을 때 셰틸 레크달의 페널티킥 덕분에 그 임무를 완수했던 순간이었다. 나는 이 시합을 파크 레인의 호텔 방에서 할스테인 레움사와 같이 봤다. 레움사는 아내가 일하는 출판사의 상관으로, 나와는 그날 처음 알게 된 사이였다. 당시 그가 우연히 런던으로 출장을 와서 힐튼 호텔에 묵고 있었고, 나는 시합을 같이 볼만한 사람을 찾다가 그의 호텔 방을 방문하게 되었다. 우리 두 사람은 호텔 방에서 미니바 안을 싹 비우며 시합을 보다가 경기 종료 호루라기가 울렸을 때 서로를 얼싸안고 미친 사람들처럼 좋아했다. 노르웨이가 인간을 달에 착륙시키는 위업이라도 세운 듯, 흥분을 주체할 수 없었다. 할스테인과 나는 시합이 끝난 후 축하주를 들기 위해 호텔을 나왔다. 덴마크 스트리트의 아담한 포크 앤 블루스 클럽인 트웰브 바에 들

♦ crazy gang. 1980년대와 1990년대에 영국 언론에서, 곧잘 건방지고 사나운 행동을
   보이는 윔블던 팀 선수들에게 붙여준 별명.

어갔다가 2차로 장소를 옮겨 프리트 스트리트의 로니 스콧츠에 갔다. 우리는 가끔 말을 하다 말고 꿈을 꾸는 것 같은 들뜨고 황홀한 마음에 서로의 옷깃을 잡고 마주 보며 큰 소리로 외쳤다. "우리가 브라질을 이기다니!"

하지만 여전히 수많은 노르웨이인에게는 1981년 울레볼 경기장에서 잉글랜드를 상대로 거둔 2:1 승리가 더 대단한 업적이었다. 그 시합은 종료 호루라기가 울리는 순간 노르웨이의 해설자 비에르예 릴레인Bjørge Lillelien이 2개국어로 쏟아낸 열변으로 인상 깊게 각인되며 불후의 명성을 얻었다.

노르웨이가 잉글랜드를 2:1로 이겼습니다! 이제 우리가 세계 최고입니다! 우리가 세계 최고예요! 믿기지 않는 일이 일어났습니다! 우리가 거물들의 고향, 잉글랜드를 이겼어요. 넬슨 경, 비버브룩 경,♦ 윈스턴 처칠 경, 앤서니 이든,♦♦ 클레맨트 애틀리,♦♦♦ 헨리 쿠퍼,♦♦♦♦ 다이애나 비妃 같은 수많은 거물들의 나라를 우리가 무찔렀습니다! 우리가 거물들의 나라를 무찔렀습니다! 매기 대처,♦♦♦♦♦ 듣고 있나요? 매기 대처, 한창 선거전 중인 당신네들에게 전할 소식이 있어요. 우리가 월드컵 축구에서 잉글랜드를 꺾었다고요!

♦ Beaverbrook. 영국의 신문 발행인·보수당 정치가.
♦♦ Anthony Eden. 영국의 정치가로 1955년에 처칠의 뒤를 이어 총리가 되었다.
♦♦♦ Clement Attlee. 영국의 정치가. 인도의 독립을 인정하는 등 식민지 축소에 힘쓰고 국민의료보험제도의 창설 등 사회보장제도 확립에 노력하였다.
♦♦♦♦ Henry Cooper. 영국 복싱의 전설.
♦♦♦♦♦ 매기는 마거릿 대처의 애칭.

매기 대처, 뉴욕의 매디슨 스퀘어 가든 경기장 주변의 복싱 바♦들
에서 당신네들 말로 사람들이 떠들고 있을 때 당신네 선수들이 패
배의 지옥을 맛봤다고요! 당신네 선수들이 패배의 지옥을 맛봤단
말입니다, 매기 대처! 노르웨이가 축구에서 잉글랜드를 이겼어요!
우리가 세계 최고입니다!

40여 년이 지난 지금까지도 호들갑스럽게 떠벌리던 그 멘트는
별스러운 끌림을 일으켜서 흐뭇해지는 한편, 그 유치함에 난감해
지는 면도 있다. 아무튼 지금도 기억난다. 잉글랜드가 완전히 우세
했던 장면도, 각각의 세 골에 똑같은 기쁨의 함성과 주먹을 치켜들
며 펄쩍펄쩍 뛰어서 나 자신도 놀란 그 순간까지 모두. 그로부터 수
년 후 나는 노르웨이 서해안 지대 헤우게순에 가 있었다. 입센의 희
곡에 영감을 받은 그림들이 전시된 그곳 미술관에 초빙되어 전시
회와 결부 지은 주제로 입센에 대한 강연을 하러 간 것이었다. 마침
미술관의 큐레이터는 얼마 전 그 미술관에서 일하기 위해 노르웨이
로 이주한 영국 남자여서 강연을 마친 후 그와 한잔하러 나갔다.
나는 다른 나라의 문화에 푹 빠져드는 희열이 어떤 느낌인지를 전
해주려던 중 1981년 그날 저녁의 이야기를 꺼내며 세 골 모두에 환
희를 느꼈던 기쁨을 이야기했다. 그는 몸서리치듯 살짝 몸을 떨며
자신은 그렇게 되지 않았으면 좋겠다고 대꾸했다. 하지만 그때나
지금이나, 나는 그때의 환희를 쪼개진 애국심이 아닌 이중의 애국
심이라고 생각한다.

♦ boxing bar. 복싱 관련 사진과 물건들로 꾸민 바.

나는 그 시합을 어머니의 집에서 봤다. 베리 인근 에덴필드 소재의, 자갈 섞은 시멘트로 외벽이 마무리된 아담한 공영주택 거실에서 흑백 TV로 시청했다. 바로 그 전 해에 나는 유니버시티 칼리지 런던을 졸업하며 스칸디나비아학 학위를 취득했다. 그때 내 나이는 서른세 살이었다. 내가 스칸디나비아학을 전공한 이유는 딱 하나, 크누트 함순의 소설을 원어로 읽기 위해서였다. 함순의 알쏭달쏭한 문체의 비밀을 푸는 데 더 가까이 다가가는 것 외에 스칸디나비아학 공부가 날 어디로 이끌고 가줄지에는 별다른 생각이 없었다. 어디가 되었든 이끌고 가주길 바라는 특별한 기대도 없었다. 그날 밤, 침대에 누워 휴대용 카세트플레이어를 틀어 1959년에 녹음된 노르웨이 배우 올라프르 하브레볼의 그 유명한 『굶주림』 낭독 테이프를 들으며 강렬하고 흡인력 있게 내면을 파고드는 소설의 특징이 라디오 드라마 소재로 아주 좋겠다는 생각이 들었다. 다음 날, 열차를 타고 런던으로 돌아오면서 몇 장면의 각색 초안을 썼고 며칠 후 그 초안을 BBC 라디오 드라마국의 리처드 이미손에게 보냈다. 그는 초안을 드라마로 제작할 만하다며 흡족해했고 몇 달 후 그 각색본이 방송을 타게 되었다.

그 드라마를 들었던 사람 중에는 예전에 런던에서 노르웨이 문화 담당 일을 하던 토르비에른 스퇴베루도 있었다. 방송이 나가고 얼마 지나지 않아, 잃어버린 줄 알았던 도서관 대여 도서(악셀 산데모세의 소설 『도망자, 지나온 발자취를 다시 밟다』였던 것으로 기억한다)를 반납하러 모교 대학에 들렀다가 구내식당에서 그를 만났다. 저가 항공비와 인터넷이 등장하기 전이던 그 아득한 시절엔, 한때의 나처럼 오슬로 거리에 북극곰이 걸어다니고 스톡홀름이 노르웨이의 수도인 줄 아는 멋모르는 영국인들이 드물지 않았다. 그래서 그곳의 외진 사회에 푹 빠져 있는 기색을 조금이라도 내비치는 사람이라면 누구든, 노르웨이인들에게 관심을 더 갖도록 의욕을 부추김당하기 마련이었다. 스퇴베루도 나에게 정부 장학금을 신청하면 노르웨이에서 1년간 지내볼 수 있다며 의욕을 자극했다. 나로선 그야말로 솔깃한 제안이었다. 그래서 그의 말대로 정부 장학금을 신청했고 1983년 10월 말에 레딩 출신의 남자가 모는 소형 트럭에 올라 잉글랜드를 떠났다. 소형 트럭을 가지고 있다는 것 말고는 어떤 사람인지 잘 모르던 그 남자의 차에 타서 함께 하리치에서 예테보리행 페리에 올라 밤을 보낸 후 E6번 도로를 타고 오슬로로 들어갔다. 트럭 뒤 칸에는 내가 가진 전부이자 내 모든 귀중품이자 새로운 삶을 시작하는 데 필요할 법한 모든 물건이 실려 있었다. 마분지 상자 네 개에 담긴 LP판, 레코드 플레이어 하나, 옷으로 꽉꽉 채운 여행 가방 하나였다.

나는 오슬로에서 1년을 채운 후에도 떠나지 않고 눌러앉았다.

스칸디나비아 연대표

서기 400~800년경 —— 스웨덴의 고틀란드 픽처 스톤이 건립됨.

550~790년경 —— 스웨덴 문화의 일명 '벤델' 시대.

793년 —— 바이킹 시대의 서막을 상징하는, 잉글랜드 북동부 연안 지역 린디스판 공격이 벌어짐.

813년 —— 『카롤링거 왕조 연대기Carolingian Chronicles』에 노르웨이 베스트폴에 대한 덴마크의 응징 공격이 기록됨.

839년 —— 『성 베르탱 연대기』에 스웨덴의 '루스'라는 바이킹족에 대한 기록이 처음 실림.

865년 —— 데인족이 주를 이루었고, 앵글로색슨족이 이른바 '이교도 대군세'로 이름 붙인 무리가 잉글랜드를 침략하면서 120년에 걸친 정복 활동이 개시됨.

870~930년 —— 노르웨이 서쪽의 이주자들이 아이슬란드로 들어옴.

880년경 —— 오타르라는 노르웨이 북부의 교역상이 웨섹스를 찾아와 앨프레드 대왕의 조신들에게 자신의 생활 방식에 대해서나, 스칸

디나비아에서의 덴마크인, 스웨덴인, 노르웨이인 사이의 세력 분
포에 대해 상세히 알려줌.

921년 —— 아랍의 여행자 이븐 파들란이 볼가강 강둑에서 스웨덴의
루스족 뜨내기 무리들의 장례식을 보고 인상적인 관찰담을 남김.

930년 —— 아이슬란드의 알싱기 의회가 수립됨. 왕을 세우는 대신 일
명 울플리오트 법Ulfljot's Law이라는 법전이 통치 수단으로 채택됨.

970년경 —— 덴마크가 기독교를 채택하고, 하랄 블루투스가 종교 개
종을 기념하기 위해 유틀란트반도 남동쪽에 옐링 스톤을 세움.

986년 —— 에릭 더 레드의 주도로 아이슬란드에서 그린란드로의 이
주가 이루어지면서 식민지 두 곳이 세워짐.

999/1000년 —— 아이슬란드가 기독교를 채택함.

1000~1020년경 —— 그린란드인들이 북아메리카에 식민지를 세우려
는 시도를 펼쳤으나 아메리카 원주민들로부터 공격을 받으면서
실패로 끝남. 두 권으로 쓰인 『빈란드 사가Vinland Sagas』에는 이 식
민지 개척담이 살짝 허구가 가미되어 기록됨.

1013년 —— 덴마크 왕 스벤 포크비어드가 잉글랜드를 정복하고 옐링
왕조를 세움. 스벤 포크비어드는 왕좌에 오른 지 몇주 만에 사망
하면서 아들인 크누트가 왕위를 계승함.

1018~1035년 —— 크누트 대왕의 북해 제국이 잉글랜드, 덴마크, 노
르웨이를 아우르게 되지만 크누트 대왕이 사망하면서 잉글랜드
의 옐링 왕조는 막을 내리게 됨.

1024년경 —— 올라브 하랄손이 노르웨이에 기독교를 도입시킴.

1100년경 —— 오랜 반대 끝에 스웨덴이 마침내 기독교를 채택함.

1103/1104년 —— 당시에는 덴마크 영토였던 스코네의 룬드에 스칸

디나비아 최초의 주교 관할구가 세워짐.

1122~1132년 ─── 아이슬란드의 사제 현명한 아리가 870년의 아이슬란드 정착사를 담은 『아이슬란드인의 서Íslendingabók』를 집필함.

1208~1218년경 ─── 삭소 그라마티쿠스가 덴마크 역사서 『덴마크인의 사적』을 편찬함.

1241년 이전 ─── 아이슬란드의 족장이자 시인이자 역사가 스노리 스툴루손이 노르웨이 왕조의 연대기를 담은 『노르웨이 왕조사』를 집필함.

1262~1263년 ─── 아이슬란드 연방 체제가 왕조의 불화로 인해 종식되면서 노르웨이의 속령이 됨.

1349년 ─── 흑사병의 마수가 스칸디나비아까지 뻗침. 이후 수십 년 사이에 인구의 무려 3분의 1이 흑사병으로 목숨을 잃음.

1397년 ─── 덴마크, 스웨덴, 노르웨이가 한 왕의 통치하에 통합된 칼마르동맹이 시작됨. 이후 120년 동안 덴마크가 주도권을 행사함.

1420년대 ─── 덴마크의 왕 에리크 7세가 엘시노어에 최초의 성을 세움. 바로 이 성이 이후 셰익스피어 『햄릿』의 배경이 됨.

1500년경 ─── 그린란드 이주 시도가 끝내 좌절됨.

1517년 ─── 마틴 루터가 '95개조 반박문'을 발표하면서 유럽에서 종교개혁의 신호탄이 쏘아 올려짐.

1520년 ─── 덴마크 왕 크리스티안 2세는 스텐 스투레가 주축이 된 반대파의 궐기에 맞서 칼마르동맹을 지키기 위해 스웨덴을 침략함. 일명 '스톡홀름 피바다'라고 명명된 11월의 며칠 사이에 몇몇 주교들을 비롯한 스웨덴의 반대파 주동 인물 80명 이상이 '이단' 죄로 처형됨.

1523년 —— 크리스티안 2세가 폐위되고 삼촌이자 루터교 지지자인 프레데리크 1세가 왕위를 계승함. 구스타브 1세 바사 치하기에 스웨덴이 덴마크로부터 독립하면서 사실상 칼마르동맹이 종식됨.

1536년 —— 덴마크 교회가 국교회 체제가 되면서 루터교의 방침이 채택됨. 교리와 예배 의식의 변화가 노르웨이에도 적용되고, 노르웨이는 일개 지방으로 전락하면서 그 뒤 수백 년 동안 스칸디나비아 이웃국들에게 종속됨.

1541년 —— 일명 '구스타브 바사 성경'이라는 스웨덴어 완역판 성경이 출간됨.

1550년 —— 덴마크어로 번역된 '크리스티안 3세의 성경'이 출간됨.

1563~1570년 —— 덴마크-노르웨이와 스웨덴 사이에 북방 7년 전쟁이 발발하면서 결과적으로 스웨덴이 영토를 확장하게 됨.

1611년 —— 스웨덴의 '강대국 시대', 즉 스웨덴 제국의 시대가 구스타부스 아돌푸스 치하기(1611~1632)에 개시되어 1718년까지 이어짐.

덴마크-노르웨이와 스웨덴이 칼마르 전쟁을 벌임(1613년에 종결됨).

1625년 —— 덴마크가 유럽의 30년 전쟁 불길에 휘말림.

1627년 —— 바버리의 해적들이 이른바 '터키의 급습'으로 아이슬란드에 쳐들어옴.

1628년 —— 스웨덴의 전함 바사호가 처녀항해에서 침몰함.

1630년 —— 스웨덴이 30년 전쟁에 참전함.

1644~1654년 —— 크리스티나 여왕이 스웨덴을 다스리다 퇴위하여 로마가톨릭교로 개종함.

1658년 —— 칼 10세가 스웨덴군을 이끌고 꽁꽁 언 해협을 건너 셸란섬으로 진군함. 로스킬레 평화조약에 따라 스웨덴이 덴마크-노르웨이로부터 스코네, 할란드, 블레킹에, 보후슬렌을 얻어내며 현대 스웨덴의 국경선이 형성됨.

1660년 —— 덴마크가 절대군주제를 채택함.

1679년 —— 올로프 루드베크가 자신의 역작 『아틀란티카』를 출간하기 시작하면서 사라진 아틀란티스 문명의 발상지가 스웨덴이라는 주장을 펼침.

1682년 —— 스웨덴에서 사실상 절대군주제가 채택됨.

1700~1721년 —— 대북방 전쟁이 발발해 러시아가 (그리고 때때로 덴마크-노르웨이까지 가세하여) 주도한 국가 동맹이 칼 12세 치하의 스웨덴 제국과 맞서 싸움. 스웨덴의 패배는 스웨덴 제국과 절대군주제 종말의 신호탄이 됨.

1719~1772년 —— 정부조직법에 따라 스웨덴의 '자유의 시대'가 열림. 권력이 군주에서 스웨덴 의회로 넘어가면서 하타르당과 뫼소르당의 두 정당이 서로 정권을 장악하려 경쟁하게 됨.

1770년 —— 왕실 주치의이자 사실상의 섭정이자 왕비의 연인이던 요한 프리드리히 슈트루엔제가 덴마크에 계몽사상을 확립시키려 시도함. 그 과정에서 언론의 자유를 유럽 최초로 도입시킴.

덴마크 해군이 북아프리카의 해적 행위에 맞서 싸우기 위한 시도의 일환으로써, 알제에 대한 사상 최대의 포격 작전을 펼침.

1772년 —— 덴마크에서 슈트루엔제가 처형당함.

스웨덴에서는 구스타브 3세(재위 1771~1792)가 왕실 쿠데타로 군주제를 복원시킴.

1807년 —— 나폴레옹이 덴마크 함대를 징용할지 모른다는 두려움에 사로잡혀 영국 해군함이 코펜하겐을 폭격하고 덴마크 함대를 징발함.

영국의 노르웨이 봉쇄가 개시되면서 이후로 7년 동안 노르웨이 남부와 동부 지역이 기근에 시달리게 됨.

1809년 —— 외르겐 외르겐센이 덴마크로부터 아이슬란드의 (일시적) 독립을 선포함.

스웨덴이 핀란드 전쟁(1808~1809)에서의 패배로 인해 핀란드를 러시아에 할양하고 혁명이 촉발됨.

스웨덴의 왕 구스타브 4세 아돌프가 퇴위하고 새로운 정부조직법에 따라 스웨덴 의회가 권력을 되찾음.

1814년 —— 킬조약에 따라 스웨덴은 러시아에게 핀란드를 빼앗긴 것에 대한 보상으로 덴마크로부터 노르웨이를 할양받음. 덴마크는 아이슬란드를 여전히 속국으로 유지함.

노르웨이가 셸베리 다리 전투에서 패하면서 스웨덴의 지배를 인정하지만 자체적 헌법과 국회를 승인받음.

스웨덴이 꾸준히 중립을 지키며 국제적 협정 및 동맹을 피하는 시대가 개시됨.

1818년 —— 프랑스 장군 출신 장 밥티스트 베르나도트가 스웨덴-노르웨이의 왕 칼 요한(칼 14세)이 되어 현재까지도 스웨덴 왕가로 이어져온 베르나도트 왕조를 세움.

1837년 —— 한스 크리스티안 안데르센이 「인어공주」와 「벌거벗은 임금님」 등이 실린 첫 번째 『안데르센 동화집』을 출간함.

1843년 —— 쇠렌 오뷔에 키르케고르의 『이것이냐 저것이냐』와 『공포와 전율』이 모두 익명으로 출간됨.

1844년 —— 키르케고르가 『불안의 개념』을 출간함.

1848~1863년 —— 고대 연구에 치우친 성향의 프레데리크 7세가 덴마크를 다스림.

1848~1851년 —— 인종적으로나 언어적으로 혼재되어 있던 슬레스비-홀스텐과 작센라우엔부르크의 유틀란트 공국들에 대한 권리를 놓고 덴마크가 (스웨덴의 합세를 얻어) 프러시아와 전쟁을 벌임.

1849년 —— 덴마크에서 새로운 헌법이 제정되며 절대군주제가 종식되는 계기가 됨.

1864년 —— 슬레스비-홀스텐 전쟁의 재발로 프러시아와 오스트리아 군대가 뒤뷀 전투에서 덴마크군을 물리치고 유틀란트 지역에 대한 통치권을 획득하면서 덴마크 영토가 크게 줄어듦. 북부 슬레스비는 1920년 국민투표에 따라 결국 덴마크로 반환됨.

1865년 —— 헨리크 입센이 운문 희곡 『브란』을 집필함.

1867년 —— 입센이 또 한편의 운문 희곡 『페르 귄트』를 집필함.

1868년 —— 에드바르 그리그가 〈피아노 협주곡 A단조〉를 작곡함.

1876년 —— 덴마크의 사회민주당이 창설됨.

키외벤하운 볼클루브의 일부로서, 스칸디나비아 최초의 축구 클럽이 창설됨.

입센이 『인형의 집』을 집필함.

『페르 귄트』가 연극판으로 각색되어 오슬로의 크리스티아니아 극장에서 초연됨. 에드바르 그리그의 〈산왕의 궁전에서In the Hall of the Mountain King〉와 〈아침의 기분Morning Mood〉 등이 삽입곡으로 쓰임.

1880~1900년 —— 스칸디나비아인의 미국 이민이 가장 활발히 일어났던 20년의 기간.

1887년—— 노르웨이의 노동당이 창설됨.

아우구스트 스트린드베리가『아버지The Father』를 집필함.

1888년—— 스트린드베리가『미스 줄리Miss Julie』를 집필함.

1889년—— 스웨덴의 사회민주당이 창설됨.

1890년—— 크누트 함순의 명작 소설『굶주림』이 출간됨.

1891년—— 스웨덴에서 안나 몬스도테르가 며느리를 살해한 죄로 사
형당하고 그녀의 아들이자 연인이 공동피고로 기소됨. 1910년 무
렵엔 스칸디나비아 전역에서 사형제가 폐지됨(다만 노르웨이와 덴
마크에서는 나치 협력자들의 처벌을 위해 잠깐 부활되기도 함).

1894년—— 에드바르 뭉크가 〈절규〉를 그림.

1897년—— 스웨덴인 살로몬 아우구스트 안드레가 수소 기구를 타고
북극을 종단하기 위한 시도에 나섰다가 불운을 맞음. 그와 동료들
의 유해는 33년 후에야 발견됨.

1898년—— 스트린드베리의 준자서전적 산문집『지옥』이 출간됨.

1901년—— 자유분방한 기질을 가졌고 뭉크를 비롯한 여러 인물들의
뮤즈였던 노르웨이의 작가 다그니 유엘이 그루지야 트빌리시에
서 살해됨.

스트린드베리가『꿈의 연극A Dream Play』을 집필함. 이 작품은 1907년에
야 무대에 올려짐.

스웨덴의 실업가이자 다이너마이트 발명자 알프레드 노벨(1833~1896)
의 유산인 노벨상이 처음으로 수여됨.

1903년—— 헨리크 입센의 아들 시구르 입센이 스웨덴-노르웨이 동
맹의 노르웨이 수상으로 임명됨.

1905년—— 이미 내정 자치권을 대부분 획득한 상태이던 노르웨이가

스웨덴으로부터 독립을 선포함. 국민투표에서 노르웨이 군주제의 복원을 압도적으로 지지함. 덴마크 왕자가 호콘 7세로 왕위에 올라, 노르웨이에서 500여 년 만에 처음으로 즉위한 국왕이 됨.

1911년 —— 노르웨이의 탐험가 로알 아문센이 남극에 도달함.

1913년 —— 노르웨이 여성들이 투표권을 얻음. 뒤이어 덴마크에서도 1915년에 여성 투표권이 인정됨.

1914~1918년 —— 스칸디나비아 국가들은 제1차 세계대전 동안 중립 상태를 유지했으나 영국 해군의 독일 봉쇄와 독일의 기뢰로 인해 교역과 통신에 지장을 입음. 독일에서 미국으로 보내는 전보는 중립국인 스웨덴을 거쳐서 (하지만 영국 측이 읽어볼 수 있어 보안이 취약한 채로) 전송되었는가 하면, 독일이 무제한 잠수함전을 감행하면서 특히 노르웨이의 선박 손실 피해가 컸다. 1916년에는 유틀란트반도 연안에서 영국과 독일 해군이 맞붙은 제1차 세계대전의 최대 해전이 벌어짐.

1917년 —— 잉마르 베리만의 영화계 우상인, 스웨덴인 빅토르 셰스트룀이 입센의 『테리에 비엔』을 영화화하며 감독과 주연을 맡음.

1921년 —— 스웨덴 여성들이 참정권을 쟁취함.

1922년 —— 덴마크의 닐스 보어에게 노벨물리학상이 수여됨.

카를 닐센의 〈교향곡 제5번〉이 코펜하겐에서 초연됨.

1925년 —— 1624년 이후 크리스티아니아로 불리던 노르웨이 수도가 그 이전 명칭인 오슬로로 변경됨.

1929년 —— 덴마크에서 처음으로 사회민주당 정부가 집권함.

1932년 —— 스웨덴에서 처음으로 사회민주당 정부가 탄생되었고, 이후 44년 동안 사실상 집권을 이어감.

할리우드 영화 〈그랜드 호텔〉에서 주연을 맡은 스웨덴 출신 은막의 여신 그레타 가르보가 "혼자 있고 싶어요"라는 인상적인 대사를 함.

1935년 —— 노르웨이에서 최초로 노동당 정부가 들어섬.

1940년 —— 나치 독일의 군대가 노르웨이와 덴마크를 동시 침공하여 (4월 9일) 양국을 점령하기 시작함. 오슬로 피오르에서 노르웨이의 포격으로 독일 군함 블뤼허호가 침몰했고, 영국과 연합국의 나르비크 전투는 끝내 패전함. 노르웨이의 왕과 정부는 피신할 시간은 벌지만 나치 독일의 점령기를 틈타 비드쿤 크비슬링과 그의 부역 도당 민족통합당이 부상하게 됨. 스웨덴은 세계대전 중 공식적으로 중립국 지위를 이어가면서, 처음엔 지정학적으로 추축국과의 교역에 꼼짝없이 묶여 있었으나 나중엔 덴마크의 유대인들에게 피난처가 되어 줌.

영국 군대가 아이슬란드를 장악함.

1941년 —— 노르웨이의 노조 지도자들인 비고 한스텐과 롤프 비크스트룀이 파업과 시민 불복종 운동 이후 책임자로 체포되어 처형당함. 독일의 국가판무관 요제프 테르보펜이 비상사태를 선포함.

1942년 —— 스웨덴 출신 배우 잉그리드 버그만이 할리우드 전시영화의 고전 〈카사블랑카〉에 험프리 보가트의 상대역으로 출연함. 그 이후엔 히치콕 감독의 영화 〈스펠바운드Spellbound〉(1945)와 〈오명 Notorious〉(1946)에서도 주연을 맡음.

1943년 —— 크비슬링이 노르웨이의 총리 권한에 올라 테르보펜의 수하가 됨.

덴마크 정부가 사임하고 독일이 덴마크를 직접 지배함.

덴마크의 유대인 대다수가 덴마크 민중의 도움 덕분에 스웨덴으로 망명하면서 나치 수용소로 이송될 위기를 모면함.

1944년 ── 덴마크로부터 독립된 아이슬란드 공화국이 수립됨.

스웨덴인 라울 발렌베리가 주로 스웨덴 여권을 발행해주는 방식을 통해 헝가리 유대인 약 12만 명의 생명을 구함.

1945년 ── 스웨덴의 '흰색 버스단'이 독일의 강제수용소에 수감되어 있던 덴마크인과 노르웨이인, 유럽인들을 탈출시킴.

덴마크와 노르웨이가 나치 점령에서 해방됨. 크비슬링을 비롯한 스칸디나비아의 주요 나치 당원과 부역자들이 처형됨.

1949년 ── 냉전 세력의 틀이 형성되어 가던 중에 덴마크와 노르웨이가 NATO에 가입함. 스웨덴은 여전히 중립국으로 남음.

1951년 ── 스웨덴에서 이케아의 가구 카탈로그 첫 호가 발행됨.

1957년 ── 잉마르 베리만이 감독한, 막스 폰 쉬도브 주연의 〈제7의 봉인The Seventh Seal〉과 빅토르 셰스트룀, 비비 안데르손 주연의 〈산딸기〉가 개봉됨.

1958년 ── 스웨덴이 월드컵 결승전에 올라 브라질에 5:2로 패함.

1959년 ── 스웨덴의 권투 선수 잉에마르 요한손이 플로이드 패터슨을 꺾고 헤비급 세계 챔피언이 됨.

1959년 ── 스톡홀름에서 유럽자유무역지역EFTA 협정이 체결됨.

1961년 ── 스웨덴인 유엔 사무총장 다그 함마르셸드가 콩고의 독립을 둘러싸고 위기가 고조되어 있던 와중에 아프리카 상공에서 의문의 비행기 사고를 당해 사망함.

1964년 ── 얀 요한손이 LP판 앨범 〈Jazz på svenska〉를 발표하면서 스칸디나비아 고유의 재즈를 탄생시킴.

1966년 ── 노르웨이가 북해 원유의 시추를 개시함.

잉마르 베리만이 감독한 노르웨이 여배우 리브 울만 주연의 영화 〈페르소나〉가 개봉됨.

1967년 —— 덴마크 감독 헤닝 카를센의 영화 〈굶주림〉이 개봉됨. 주연배우 페르 오스카르손은 칸영화제에서 남우 주연상을 받음.

1969년 —— 덴마크가 모든 종류의 포르노를 합법화하면서 미성년자에게 판매를 금지하는 제약을 둠. 10년 후에는 아동 포르노와 관련된 제약 규정이 추가로 도입됨.

1971년 —— 빌헬름 모베리의 4부작 소설 『이민자들』을 원작으로 제작된 얀 트로엘 감독의 영화 〈이민자들〉이 개봉됨. 막스 폰 쉬도브와 리브 울만 등이 배우로 출연함.

1972년 —— 노르웨이의 유럽경제공동체 가입 시도가 국민투표에서 반대표가 우세하게 나타나 무산됨.

1974년 —— 아바의 노래 〈Waterloo〉가 유로비전 송 콘테스트에서 우승을 차지하면서, 이후 이 4인조 밴드가 장기간에 걸쳐 세계적 인기를 끌게 됨.

1976년 —— 아이슬란드가 영해에서 배타적 어업수역을 국제적으로 인정받으면서 영국의 트롤선이나 해군함들을 상대로 간헐적으로 벌어지던 대구 전쟁이 종식됨.

스웨덴의 테니스 선수 비에른 보리가 라이벌인 일리에 너스타세를 이기면서 윔블던 대회 5연속 남자 단식 우승의 첫 단추를 채움.

1978년 —— 잉그리드 버그만, 리브 울만, 레나 뉘만이 출연한, 잉마르 베리만 감독의 〈가을 소나타〉가 개봉됨.

파리에서, 얀 테이겐이 부른 노르웨이 곡 〈Mil etter Mil〉이 유로비전 송 콘테스트 심사에서 0점을 받은 가장 유명한 곡이 되는데, 이런 사례는 콘테스트 역사상 그 이전이나 이후에도 있었음.

1981년 ── 그로 할렘 브룬틀란이 노르웨이 최초의 여성 총리가 됨. 그녀의 2기 내각(1986~1989)에서는 열여덟 명의 각료 중 여덟 명이 여성으로 구성되면서, 당시 세계의 전 내각을 통틀어 가장 여성 비율이 높았음.

노르웨이 축구 국가대표팀이 잉글랜드를 2:1로 이김. 노르웨이의 해설자 비에르예 릴레인이 이날 "매기 대처… 당신네 선수들이 패배의 지옥을 맛봤어요"라며 열변을 토함.

1982년 ── 잉마르 베리만의 감동적 가족극 〈화니와 알렉산더Fanny and Alexander〉가 개봉됨.

1983년 ── 토마스 트란스트뢰메르의 아홉 번째 시집 『야생의 시장 Det vilda Torget』이 출간됨.

1986년 ── 스웨덴 전 총리 올로프 팔메가 스톡홀름에서 암살당함.

1990년 ── 노르웨이 석유기금Norwegian Oil Fund이 설립됨.

1991년 ── 형사 쿠르트 발란더가 등장하는, 스웨덴 작가 헨닝 망켈의 첫 번째 범죄소설 『얼굴 없는 살인자Faceless Killers』가 출간됨.

1992년 ── 덴마크 축구팀이 유럽 챔피언전 결승에서 독일을 2:0으로 이김.

1993년 ── 살만 루슈디의 『악마의 시』 노르웨이어판 출판업자 빌리 암 뉘고르를 노린 암살 시도가 일어남.

1994년 ── 노르웨이가 유럽경제공동체에 가입하며, 회원국에 여권 없이 국경을 넘을 수 있게 해주는 셍겐협정에 서명함. 하지만 노르웨이 유권자들은 두 번째 국민투표에서 정회원 가입을 거부함.

1995년 ── 덴마크 영화감독 라르스 본 트리에르와 토마스 빈테르베르가 '도그마 95 선언'을 발표하면서 특수효과 등의 영화제작 수단을 배제한 채 스토리를 중시하자고 주창함.

1998년 —— 월드컵에서 노르웨이가 브라질을 2:1로 물리침.

1999년 —— 스웨덴 말렉산데르에서 벌어진 악명 높은 사건으로, 경찰관 두 명이 신나치주의 재소자 배우 토뉘 올손이 가담한 강도단에게 살해당함.

2000년 —— 스웨덴에서 정식으로 정교분리가 이루어짐.

2003년 —— 스웨덴 외무장관 안나 린드가 스톡홀름의 쇼핑몰에서 칼에 찔려 사망함.

2005년 —— 스웨덴 작가 스티그 라르손의 3부작 범죄소설 시리즈 『밀레니엄』의 첫 편 『여자를 증오한 남자들The Girl With the Dragon Tattoo』이 유작으로 출간됨.

2007년 —— 소피 그로뵐이 형사 사라 룬을 연기한 덴마크 수사극 〈더 킬링〉의 첫 번째 시리즈가 방송됨.

2009년 —— 칼 오베 크나우스고르의 자전적 소설 『나의 투쟁』(전 6권) 첫 편이 출간됨.

2011년 —— 노르웨이에서 아네르스 브레이비크가 다문화주의 이상에 대한 공격으로 일흔일곱 명을 살해함. 희생자 대다수는 노르웨이 노동당 여름 캠프에 참가한 청소년이었고 브레이비크는 21년의 예방구금을 선고받음.

2011년 —— 스웨덴의 시인 토마스 트란스트뢰메르가 노벨문학상을 수상함.

2012년 —— 노르웨이의 루터교회가 400년 만에 정식으로 국가와 분리되면서, 정교분리 발효일이 2017년으로 정해짐.

소피아 헬린이 형사 사가 노렌 역으로 나오는 덴마크-스웨덴 합작 TV 범죄 드라마 〈브론〉의 첫 시리즈가 방송됨.

2016년 —— 브레이비크가 형기 개시 후 5년 동안 독방에 감금된 것을 문제 삼아 노르웨이 정부를 상대로 소송을 제기해 승소함.

감사의 말

스칸디나비아에 진심 어린 애정을 가진, 나의 출판 대리인 데이비드 밀러와 편집자 리처드 밀뱅크에게 기쁜 마음으로 감사 인사를 전한다. 이 책을 쓰는 동안 한결같은 격려를 보내주고 신중한 조언을 해주어 정말 고맙다. 소설가 헨리크 안데르센에게도 덴마크의 문화나 언어와 관련된 질문에 도움을 주어 고맙다고 말하고 싶다. 오슬로의 입센 박물관 관장 에리크 헤닝 에드바르센에게도 감사의 마음을 전한다. 입센과 입센주의에 관한 한 누구도 따라올 수 없는 식견을 갖춘 분에게 수년에 걸쳐 도움을 받은 일은 나에겐 행운이었다. 지난 15년 동안 잠깐씩 고틀란드에 머물다 오는 일은 내 삶의 진정한 기쁨이 되어주었고, 그런 점에서 비스뷔의 발트연안작가및번역가협회에 관대히 재정을 지원해주는 고틀란드 주민들에게 감사드린다. 늘 따뜻하게 맞아주는 협회의 회장, 레나 파스테르나크에게도 감사하다. 오슬로의 국립도서관 측에도 지난 2년간 자료실 책상을 사용하게 해준 점에 대해 감사 인사를 보낸다.

W.E.D. 앨런 번역의 『시인과 여 예언자The Poet and the Spae Wife』에서 글을 인용해 쓰도록 허락해준 바이킹북구연구협회에게 감사드린다. 동 협회에서는 1960년에 사가집Saga Book 제15권 제3호를 통해 앨런이 알 가잘의 여로를 연구한 자료를 출간하기도 했다.

찾아보기